國譯 澤齋集

國譯
澤齋集

柳潛 著

【附錄】 柳湜 著 崑東逸稿
柳基馨 著 中山遺稿

고려대학교 명예교수 유승주 감수
조창래 번역·유호선 편집·윤희찬 교정

차 례

서 문 ·· 1

澤齋集 권1 ·· 3
澤齋集 권2 ·· 27
澤齋集 권3 ·· 69
澤齋集 권4 ·· 91
澤齋集 권5 ·· 189

康州世紀(강주세기) ·· 255
丹邱姓苑(단구성원) ·· 285
嶠東逸稿(우동일고) ·· 399
中山遺稿(중산유고) ·· 443

택재집 발문 ·· 485

서문

 내가 언제인가 한문공(韓文公)의 송맹동야서(送孟東野序)[1]에서 "사물이 편안함을 얻지 못하면 운다〈物不得其平則鳴〉"는 뜻을 극언하는 것을 읽고 사람이 때를 만나지 못함이 이러한 것이라고 하며 거듭 개탄하였다. 잇따라 주역(周易)의 택목(澤木 ; 大過卦)의 상(象)에 "독립하여 두려워하지 않고 세상에 은둔하여도 시름이 없다"라는 것을 관찰하면서 또 의심스러운 것은, 독립하고 은둔함은 이미 때를 못 만났음을 알아서 그제야 두려워하거나 시름이 없다고 한 것이니 어찌 다시 불편하여 우는 것이 있겠느냐. 이로 인해 한문공의 말이 아직 마음 쓰임을 모면하지 못하였고 주역에서처럼 만난 상황마다 편안히 하는 것에 비하면 거리가 멀다는 것을 알겠다.
 지난번 우리 중 한 사람이 처음에는 별호를 동야(東野)라고 하였다가 만년에는 택재(澤齋)라고 고친 이가 있었는데 어쩌면 이 의미를 깨달은 이가 아니겠는가. 바로 유공 해엽 회부(柳公 海曄 晦敷)씨가 그 사람이다. 공은 재품이 호준하고 일찍이 시문에 종사하여 사우 간에 명성이 있었으나 돌아보면 나라가 망한 시대를 만나 항상 낙척불우한 마음을 품고 있었다. 그 아호를 동야라고 한 것은 그로서 그 불평함을 스스로 울린 것이다. 이윽고 마침내 손을 써도 성공할 수 없다는 것을 알고는 월성산 마루에 집을 짓고 이름 부르기를 '택재'라고 하였으니 역시 그 뜻이 "독립하고 은둔하여 두려워하지 않고 시름이 없다"는 지조이니 일상적인 언설로는 쉽게 개유할 수 없는 것이었다.
 공은 나에게 동문의 선배가 되며 한 고을에 살고 있으면서 틈 없이 왕래하여 자연스럽게 망년의 교우가 되었고 그 사람됨을 소상히 알았다. 지금 세

---

[1] 한유(韓愈, 768-824)의 자는 退之요 諡號가 文公이다. 중국 唐代를 대표하는 문장가로서 그가 망년지교를 맺은 孟郊(751-814, 자 東野)가 시문에 뛰어났으나 45세에 급제하고 낮은 벼슬을 받아 강남으로 떠날 때 지어준 글이다.

상 떠난 지도 이십여 년이 되어 가는데 그의 아들 기형(基馨)이 건급(巾笈)을 열어 유저(遺著) 약간 뭉치를 수집하여 세상에 내어놓으려 하면서 먼저 나에게 책머리에 일언을 청하였다.

  공은 애초에 자신의 시문이 후대에 전하기를 바란 것이 아니었으나 그 글들을 살펴보니 더러는 차탄하고 불평하는 감이 많았다. 인하여 다시 그 평소를 생각하여 보니 비록 주역의 쾌상(卦象)으로 자처하였으나 그 경우가 한문공이 말한 것을 끝내는 가릴 수 없다는 것을 면하지 못하였으니 요컨대 쌍행을 하여 서로 어긋나지 않았다. 대개 공이 별세할 즈음에 국가가 비록 새로이 광복했다고 하나 그 목전에 접한 것이 마침내 우리들이 일찍이 강구한 것이 아니라, 이 또한 공을 불평함에 울게 한 것일지니 그 아우 우동 선부(峒東善夫)와 소가언지(嘯歌言志)한 것을 누구도 간여할 수 없었다. 나 역시 그 일의 대략을 기록하였는데 그의 죽음이 이미 공보다 앞서서 평상에 나란히 하며 속에 쌓인 것을 털어 놓을 곳이 없었으니 공의 회포가 어떠하였겠는가. 지금도 느낀 바를 상기하며 이러하게 쓰니 혹시라도 명부의 슬픔을 위로하고 겸하여 보는 이에게 나의 절현(絶絃)의 슬픔을 알게 함이라고나 할까. 정사년 소한절에 단산(丹山)의 동문 우생 김황(金榥)²이 서하노라.

---

2 김황(金榥, 1896~1978) : 자는 이회(而晦) 호는 중재(重齋). 경남 의령 출신. 俛宇 郭鍾錫의 門人. 일제강점기 도학 정립 및 후진 양성에 전념한 학자이자 독립운동가다. 건국훈장 애족장이 추서되었다.

澤齋集
권1

시(詩)

〈제월대(霽月臺)[3] 뱃놀이〉

"조각배는 느린데 산은 정오가 되었고, 강물은 차가운데 암석은 바람을 보낸다. 갑자기 휘파람 한 소리에, 어둠이 숲속에 지는구나."

〈공무 유민수(柳 公武 敏秀) 박윤경(朴允卿)과 함께〉

"바람에 쑥대 된 지 칠 년 만인데, 얼굴 모습 꿈 인양 분명하다. 점잖은 이야기에 뭇 산은 고요하고, 읊는 모습에 온 좌중이 맑구나. 통쾌한 글씨는 장욱(張旭)*도 물러앉고, 문장을 토론하니 유신(庾信)**이 기뻐한다. 오성산이 무한히 좋으니, 어떻게 기이한 뜻을 함께하리오."

* 장욱은 글씨를 잘 쓰는 사람을 비유.
** 유신은 유개부의 이름으로 육조 때 清新한 시인.

〈화암(畵岩) [정선 주변에 있다]〉

"높은 돛 달아 몇 리 길 가는데, 고운 노을 비단 폭 펼친듯하다. 쳐다보이는 작은 폭포에, 행인은 바위 틈을 엿본다."

〈거연정(居然亭)〉

"산 끊어지고 돌개울 급한데, 개울 언덕은 밤낮으로 정갈하다. 길손 지나며 은둔이라도 하고 싶은데, 옥 같은 사람은 끝내 함께하기 어려워라."

〈족선조 집의공 유의정(柳宜貞)의 무신소(戊申疏)[2] 뒤에 쓰다〉

"옥당 선생이 놀고먹는 것이 부끄러워, 궁중에 들어가 몸으로 흉년의 곡

---

3 제월대(霽月臺) : 유씨 집안의 현조인 서경공 유근이 충청감사로 있을 때 괴산의 절경인 제월대 위에 고산정을 건립하셨고, 임진왜란에 공헌이 커서 진양부원군에 봉해지면서 그 주변에 영정각이 세워졌다.
4 유의정(柳宜貞, 1794~1861) : 자는 元用. 조선후기 학자로 본관 진주이다. 이조정

식을 만들었다. 쾌검을 안으니 광망히 하늘을 쏘았고, 순식간에 살아있는 용의 나래를 벨 듯하였다. 무신 시월에 왕이 일이 있어, 황황히 빛나는 옥련이 묘당에 임하였다. 잠깐 사이에 검은 바람이 급히 비를 몰아치고, 우렛소리는 산악을 크게 흔들었다. 주상은 마음 편치 못해 도리어 자신을 책망하며, 구언의 조서를 중외에 선포하였다. 선생은 뜻에 따라 간담을 쏟아 놓으니, 높은 뜻은 구름에 닿으며 반열의 최고였다. 일언은 내달려 교목〈大臣〉의 혼을 되돌려 놓고, 일언은 날아서 창생의 기운을 깨어나게 하였다. 뭇 간사함이 뭉쳐 끝내 받아들이지 못하니, 차마 봉황을 거물에 곤욕스럽게 하였다. 북방은 예부터 풍토가 악하니, 부자가 귀양살이에 마주하여 울었다. 평상에 내려가면 뱀이 두렵고 음식은 독이 두려웠으며, 변방 안개에 찌들어 의복은 항시 젖어있었다. 밝은 하늘이 문득 깨달아 역참의 별이 흐르더니, 사면 서찰 어느 곳에서 신변에 떨어졌다. 황연히 따스한 기운에 얼음이 풀림을 깨달으니, 선생은 문을 나서 야만 풍속에 들어섰다. 한강을 바라보며 가는 길에 통곡이 긴 것은, 옛 님은 이미 예장하였는데 신하가 살아 돌아감이다. 홀로 붉은 마음 스스로 괴로울 뿐임을 아파하며, 백발에 거친 산골에서 포기하였다. 나는 선생을 위하여 이 노래를 부르니, 붓 들어 쓰기도 전에 마음이 먼저 놀란다. 회계산의 사 척 봉분에는 봄풀이 푸른데, 주조(朱鳥) 그림자 끝에 이름이나 달렸으려나."

〈척암 김도화 선생(金拓庵先生 道和)⁵의 만사〉

"의연한 세 영사(英士)를, 해동에서 김자(金子)를 보도다. 일생을 인의로 업을 삼으니, 찬란하고 아름다운 비단일세. 님을 위해 곤룡포 기우려 하나, 곤룡포 찢어져 다스릴 수 없었다오. 말년이라 손쓰기 어려워, 청산에 백발만

랑이던 헌종14년(1848년, 무신) 당시의 폐정개혁(時弊五事)을 주장하는 상소가 문제되어 경흥에 유배되었다가 이듬해 풀려났다. 이조정랑, 집의, 사간 등을 역임했고. 저서에 『사와문집』이 있다.
5 김도화(金道和, 1825~1912) : 자는 달민(達民), 호는 척암(拓庵)이다. 구한말 학자이자 의병장으로 을미사변 후 안동지방의 의병활동을 지휘하였다. 『拓庵全集』이 전하며 1983년 대한민국건국포장, 1990년 대한민국건국훈장 애국장이 추서되었다.

더하였네. 새하얀 가슴속의 쇠가, 한가로이 한 장의 종이에 떨어진다. 지금도 찬 채색 남았으니, 백 년 동안 남쪽 지방에 전하리. 지난날 고문(高門)에 올랐을 때, 시를 보내어 나를 격려하였다. 어느덧 해가 세 번 바뀌고, 낙수의 거북은 아름다운 빛 잠기었네. 맥맥한 이 정리는, 바라노니 구원(九原)을 일으키고 싶다오."

〈저문 봄날 종인 천려 만형(川黎 萬馨), 매부 익삼 권의현(權益三 宜鉉)과 함께 등산하여 술잔을 나누며 이야기하다〉

"해동의 나라 강산은 아직 태초인데, 풍물은 다시 옛 모습이 아니구나. 백년을 자고 먹는 형역(形役)에만 머물렀고, 삼일을 높은 곳 올라 뱃속의 서책 볕 쬐었네. 아름답게 사물을 매혹하는 봄꽃도 늦어지고, 옥색 기운 공중 가득한데 해 그림자 엉성하구나. 내 원함은 동쪽 집 일천 동이 술로, 그대와 함께 강가 집에서 흠뻑 취하고 싶다네."

〈족선조 물재공 증만(勿齋公 增萬)의 연경시(燕京詩) 뒤에 쓰다〉

"물재의 문장은 기이하고 예스러워, 긴 바람이 땅을 쓸어가고 놀란 파도를 잠재우듯 하다. 어느 날 하늘을 덮는 나래를 펼치고 싶어, 북으로 만 리를 달려 중국에 놀았다네. 압록강은 하늘같고 요동 들판 아득한데, 독룡이 노하여 소리치니 현무가 움찔하도다. 발에는 신발 손에는 지팡이 배 위에 서니, 살이 터지고 모발도 빠질듯하다. 느린 여행길 먼 행마에 여관 잠자는데, 변방의 사정 무쇠처럼 차고 새벽엔 죽을 공급한다. 아침에 장성(長城)을 건너니 봄풀이 무성하고, 저녁에 계문(薊門)에 드니 안개 자욱한 숲 아득하다. 여섯 나라 재로 사라지고 여산(驪山)은 우뚝한데, 어쩌자고 연조(燕趙)의 노는 아이는 부질없이 축악(筑樂)을 희롱하며, 또한 당시 늙은 선우는, # 앉아서 삼황오제 집안의 사슴을 씹었는지. 후인이 연경시를 좋아하여, 지난 자취 묘사하니 기이한 기운 깃들어있네."

#표시는 원문에 〈어찌하여 이하는 아마도 빠진 문구가 있는 것 같다〉는 주해가 있다.

〈계축년 제야〉

"촛불도 종소리도 잦아지고 새해가 또 밝아오니, 이날 부질없이 머리 들어 산하를 돌아본다. 험한 세상이라 벗을 청하는 편지는 게을러지고, 고당(高堂)에 기쁘게 축수의 잔 올린다. 병사들의 먼지는 동북에 그칠 날 없고, 정서는 삼천리에 괴롭게 열리지 않았다네. 집안은 쓸쓸해도 글 짓는 생각은 섬세하여, 홀로 구슬 꿰며 밤을 지새운다."

〈세모. 5수〉

"호시탐탐 노리는 교만한 호랑이 청해로 향하니,* 진득한 안개 공중 가득하고 풍색이 괴롭도다. 어째서 동쪽 백성 피를 쥐어짜서, 서쪽 전쟁에 해마다 전고(戰鼓)에 바르고 있느냐." "창문을 일백 겹이라도 가려서, 황촌(荒村)의 야곡성(野哭聲) 듣기 싫다. 뱃속 가득 찬 천 권의 글자, 가련히도 백성을 살리는 데는 도움이 되지 못하는구나." "추운 강 얼음이 꽁꽁 얼어서, 물가 아녀자들의 손 모두 터졌구나. 지금도 여전히 교남의 풍속 남아, 새 옷 전해주며 옛 봄을 맞는도다." "구름처럼 몰려가는 역로는 끝이 없는데, 사람과 수레 소리 밤을 시끄럽게 채운다. 일시에 눈 달린 시시덕이던 무리들 호미는 던져버리고 시장 먼지로 배불리네." "이미 몸뚱이는 촘촘한 그물에 걸렸으니, 가슴의 울혈은 부글부글 끓는다. 때로는 꿈속에 천하(天河)의 길 통하다가, 단심을 토하려 하면 원통하게 구름이 덥힌다네."

*당시 일본이 청해를 침략하였다.

〈사제 선부(善夫)가 환아정(換鵝亭)에 놀며 시를 지어서 차운하였다〉

"자네의 시가 경호강 수면에 날아 움직이는 모습이, 마치 가까이 두 눈에 보이는 것 같군. 전날의 오어사(吳御史)가 보이지 않으니, 백 년에 부질없이 돌아오는 봄을 저버린 듯하군."

〈창강 김택영(金滄江 澤榮)⁴에게 부쳐드린다. 4수〉

"기국(杞國)의 하늘을 우러러보니 밤낮으로 낮아지니, 자그마한 칠 척 몸도 오래 깃들기 어려워라. 닻줄 풀어 표연히 바다에 뜨는 날, 정화(精華)가 낭산 서쪽에 먼저 움직였다오." "만 리 먼 고국의 혼 손짓하여 부르니, 오호라는 한편 글 하늘에 통할는지. 알겠노라. 삼 일간 회남(淮南)의 통곡이, 흰색 의관 일백 봄을 움직일 것을." "문장의 봉황이 한번 날아 서운하게도 아득하니, 바다와 산이 쓸쓸하고 반은 먼지일세. 문득 놀람은 붓대 아래 천둥의 빛이, 긴 하수를 뒤집어 땅에 뿌림을." "풍진에 주하사(柱下史)*라 공의 현명함 알 만하니, 붓의 삼엄함은 곧게 하늘을 지적하였네. 우습다 촘촘한 사나운 귀물들을, 역사의 등 앞에 조용히 포박하도다."

* 주하사는 도서관직.

〈심재 조긍섭(曺深齋 兢燮)에게 부치다〉
"듣기로 그대는 이십여 세 때 방장산에 놀면서, 일곱 자의 시를 지어 만인을 놀라게 하였다지. 일시에 술잔이 질퍽한 자리에, 식·적(湜籍)* 무리가 분분히 주맹(主盟)을 사양하였다지." "풍진에 서적 안고 구주(邱州)로 뜨나니, 비슬산은 한층 더 깊어졌다네. 수염과 모발의 엉성한 모양 나날이 쓸쓸한데, 사문(斯文)의 슬픈 한은 모두 거두기 어려워라." "인간의 옥촉(玉燭)인 곤언(困言)**이란 붓은, 심장의 피가 붉고 글자마다 향기롭다. 한번 개방하면 숲의 귀신이라도 도망갈 것인데, 명산석실에 어찌하여 광채를 가리는가." "동쪽 바람 세력이 맹렬하여 국혼을 포박하는데, 무지랭이로 오래되어 뜻을 밝히지 못하였다. 청하노니 자네는 부지런히 작은 아교를 던져, 황하가 조속히 하늘같이 맑게 해다오." "사해의 기이한 복장은 천고의 슬픔인데, 서방으로 곧장 수렴***에 향하였군. 누가 장부를 굶주린 기색이라 하였나, 입으로 인간 세상의 맑은 기운을 흡인하네."

* 皇甫湜과 張籍은 당나라 시인. ** 玉燭은 좋은 시절을 의미한다. 困言은 심재가 지은 논설. **** 조씨가 있는 곳의 陶谷 水簾은 남방의 절경이라 칭한다.

6 김택영(金澤榮 1850~1927) : 자는 우림(于霖), 호는 창강(滄江). 조선 후기 한문학에 대한 정리 및 평가와 역사 서술에 힘쓰며 『麗韓九家文鈔』, 『韓國歷代小史』, 『滄江稿』 등을 저술한 학자다. 2018년 건국훈장 애국장이 추서됨.

〈창강(滄江)에게 답하다〉
"까마득한 화주(華冑)로 금천씨(金天氏)를 접속하니. 신성한 산하에 꿈이 항상 달렸다네. 누가 풍진에 분묘와 멀리 떨어졌다 하는가, 사람을 몰아 선조의 나라 주변에 있다네."

〈제야에 선부(善夫)와 재종제 견부 해기(見夫 海冀)등 여러 종형제와 함께 일을 기록하다. 2수〉
"사십여 년을 즐겁게 어버이 슬하에 놀면서, 여섯 집의 동기가 마을을 이웃하여 살았다. 몸으로 성현의 일천 말씀을 읽었으니, 장상 공명도 보물이라 할 수 없다." "두 아이는 힘난함을 거울삼아 산문(山門)을 올랐고, 한 동생은 서책을 안으니 등불이 향기롭다. 깊은 밤 맑은 꿈이 북두성에 비추니, 지붕 위 은하수가 한층 길어지네."

〈율천정(栗泉亭)〉
서강 유원중(柳西岡遠重)이 사는 곳. "오성산 속에 외로운 정자를 두고, 백옥 같은 마음 천고를 기약하네. 베갯머리에 주공의 꿈은 돌아오지 않고, 때때로 보내는 거문고 소리에 먼 슬픔이 있는 듯."

〈국사암에 유숙하다〉
"험한 벼랑 다 지나서 옛 사찰 나오니, 유혼 불러 안정하고 천년을 위문한다. 흰 구름은 의상의 끝에 그림 그리고, 노한 폭포 우렛소리는 음식 먹는 근처로다. 팔상각 등불 밝아 금부처 눈을 떴고, 오경에 종소리 흩어지자 산령도 잠이 드네. 청학은 불러도 돌아오지 않고, 인간세상 굽어보니 문득 망연하도다."

〈쌍계사에서 전현의 주고받은 운을 사용하다〉
"좋은 숲은 십 리에 가득하고, 공간 밖은 인간세계의 연기 단절되었네. 길손은 서늘한 기운 품었는데, 밤은 깊어 달빛만 비추네."

〈치일재(致一齋)에서 가대인을 모시고 소송 노태현, 위암 허용두(盧小松泰鉉, 許渭岩容斗) 두 상장(庠丈)의 주심을 삼가 차운함〉
"침침한 구름 낀 골짜기 옛 강 머리에, 국자가 시를 쓰며 작은 누각에 가득하다. 필묵의 향기는 산 빛에 더하여 깨끗하고, 난간은 밤비 내리는 소리를 끌어 떠오른다. 인간의 운명이 박하여 막힌 세상에 태어났으니, 어느 곳에서 밝은 빛의 옛 고을을 알아볼까. 흰머리에 잘도 의관의 기세를 가져서, 무한한 소음 누르고 한동안 놀았다네."

〈두 어른의 주심을 다시 차운하다〉
"의관도 깨끗하게 석문을 나서니, 떠도는 구름과 함께 외로운 마을을 찾았네. 나누어 쓰니 곧장 명산의 약속을 결정하였고, 술잔 들어 기쁘게 열해(熱海)의 어둠을 헤쳤다. 적현관 앞에서 구로에 참여하고, 응천의 배 위에서 삼혼을 방문하였다."
생각하니 매공(梅公)이 간수하는 솜씨 있어, 그 문중의 의로움은 오래도록 거론할 만하다. 두 어른은 『星湖集』을 간행한 곳으로 가는 중이다.

〈선유동에서 송산 권재규, 치선 이교우(權松山載奎, 李致善敎宇) 등 여러 벗과 함께 짓다〉
"흰 반석 깊은 숲이 차례로 생겨나니, 소금강* 어느 곳인들 정이 끌리지 않을까. 온 집안을 삼청굴(三淸窟)에 둔듯하고, 부유하게 누림은 굳이 일백 리 성 뿐이겠나. 정오의 이야기 들을 만하고, 이십 년 넓이 이에 다시 밝아지네. 자강**이 돌아오지 않으니 명산도 옛날이 되고, 애석하다 남방에 해악(海惡)이 퍼짐이여."

* 고을 사람들이 이 골짜기를 小金剛이라고 칭한다.
** 자강은 德溪 吳健의 자다. 오덕계의 杖几가 이곳에 있다.

〈칠월 이십일 해삼위(海蔘威)의 전신(電信)을 듣고 감상을 쓰다. 2수〉
"거친 주먹 부자(夫子)의 기백은 공간을 비끼는데, 의리와 인도를 이야기하여 비웅(貔熊)을 겪었다. 청하노니 무경(武經)을 전부 거두어 불에 던져 버리고, 어상(魚桑) 일사만으로 천공(天工)을 시험하세." "괴이하다 세계가 오래도록 비린내에 잠겼으니, 군웅들을 묶어 상형(上刑)을 시행하고 싶다. 맹진(孟津)을 바라보아도 군사는 나오지 않으니, 단사두갱(簞食豆羹)을 누굴 위해 내올까나."

〈이경재 건승(李耕齋 建昇)[7]에게 서간을 보내다. 2수〉
"북문 풍설은 영중의 슬픔인데, 하늘의 기러기 홀로 날아가고 돌아오지 않는다. 더러는 문혼(文魂)이 포효하는 곳에, 채색 무지개 때때로 덮인 구름을 여는구나." "사해의 문장가 명미당 노인은 지금 의발(衣鉢)을 황문에 부쳤도다. 분명히 주묘(周廟) 천구의 상서로움은 홀로 요동의 서쪽 풀뿌리에 숨겼으리."

〈면우 곽선생(俛宇 郭先生) 만사〉
"건곤이 납납(納納)한 이때 나타나, 풍류는 옛적 현인을 뛰어넘고자 하였다. 명성은 곧게 통하여 요사(姚姒)와 사귀었고, 담소는 길게 몰아 묵신(墨申)을 내몰았다. 석고(石鼓)에 마음이 매여 몸은 고생하였고, 인경(麟經)을 머리에 이니 형세 높다랗다. 천추에 전국은 전일의 역사에 빛나니, 말로의 제생은 석상*의 보물을 힘입었다."
* 선비를 席上珍이라고 한다.

〈가릉(嘉陵) 도중에 족형 상직 해성, 재종제 견부, 희원 이훈석군(族兄尙直海性, 再從弟見夫, 李君希遠薰錫)등과 면우선생을 조문 갔다〉
"서풍이 돛에 불어 긴 해안을 올라가니, 눈에 가득 경파악랑(鯨波鱷浪)이 완악하다. 해내에 아직 삼만의 빈객이 있으니, 북으로 와서 함께 조문하고 대구로 돌아왔다."

---

7 이건승(李建昇 1858-1924) : 호는 경재(耕齋)이며 일제강점기 『해경당수초』를 저술한 유학자이자 양명학으로 이름난 학자이다.

〈신안 서사(書社)에서 권송산, 안보 이정수(權松山, 李安甫定洙)와 함께 짓다.〉
"석림 저문 날 행인이 지나는데, 이십 년 음혼(吟魂)이 새롭게 맺음 기쁘네. 파도가 거륙(巨陸)을 흔들어 짧은 상투만 남았고, 유경(幽經)은 귀신이 보호하여 천년 봄을 바라본다. 창문이 고요하니 마음은 완전 담담하고, 관패는 높다랗게 옛 모습 진솔하다. 내게 좋은 거문고 있어 좋은 이에게 주려는데 강하를 일망하니 이 시대가 슬프다."

〈회봉 하숙형 겸진(河晦峰叔亨謙鎭)에게 보내는 서간〉
"풍우에 새벽이 희미하여 귀양살이 같은데, 공을 대하니 노나라 영광(靈光)을 마주한 것 같다. 육경을 손에 들었으니 몸은 응당 편안할 것이며, 삼고(三古)에 넋이 노니 한은 더욱 길리라. 이 건곤에 떨어져 한세상에서 생활하고, 저 운수에 맡기니 고향만 같도다. 마음의 애호함은 진실로 끊기 어려워 종이 한 장에 백겁(百劫)의 속을 담는다오."

〈가을밤에 이경재(李耕齋)를 생각하다〉
"음신이 끊어진지 해가 두 번째 가을인데, 외로운 구름 사해에 내 시름 아득하다. 역당(易堂)*의 아름다운 절의 계승할 만하고, 영상(潁上)의 맑은 재주 짝하지 못하리라. 몸은 괴롭게 날개 꺾여 택국(澤國)에 잠기었고, 꿈은 낙타를 이웃하여 요루(遼樓)를 지난다오. 우선은 눈앞의 모든 악업은 차치하고, 몸이나 잘 움직여 취향에 놀아 보세요."

* 易堂은 청나라 초기에 復明운동을 하던 인사들의 근거지. 易 자는 日 자에 勿 자를 붙이면 明 자가 된다고 重齋선생이 말하였다.

〈만암에서 김이회 황(金而晦 榥)의 서실에 유숙하다〉
"긴 개울 흰 돌은 맑고 깊음을 간직하여, 두 귀에 마치 태초의 음률이 들리는 듯하구나. 여기에 남초의 바람 들리는 듯하니 문득 인간의 일곱 번 마음가짐을 보노라."

〈이경재의 만사. 3수〉

"가진 회포는 작은 티끌도 없는데, 옥같은 모습 겨울 마음은 늙어도 더욱 새로웠다. 그러고도 문장은 세상 상식 벗어나니, 어느 사람의 역사 붓 영원히 빛나리." "선생이 고국을 떠나 사람을 상심하게 하였는데, 비처럼 탄식하고 바람처럼 한숨지은 세월도 길었다네. 이날에 구천으로 사로를 따라가니,* 유독 가여운 건 주조가 명향에 매인 것이라오." "상자 여니 완연히 얼굴을 대하는 듯하니,** 절대 풍류는 따라갈 수 없었네. 내 알기로 봉성은 봄이 이미 반이니, 운거(雲車)는 이 어쩌라 하늘 향해 드리우니."***

* 이공의 조고 충정공이 병인년에 순국하였다. ** 공의 詩語를 차용함.
*** 공의 서신에서 중춘에 鳳城으로 옮긴다 하였다.]

〈김이회가 보냄에 차운함〉

"호연한 오모는 꿈에도 이끌리는데, 들녘은 망망하니 이 뜻이 가엽다. 반 세상 침명(沉冥)함은 완필(阮畢)*을 벗어남인데, 한 상자 전주(箋註)는 융현(融玄)**보다 풍부하구나. 도는 육합에 가득하나 끝내 괴롭고, 재주는 천에 하나이지만 어질다는 인정 못 받았다. 어떻게 하면 신변에 누가 작게 하여, 그대와 함께 골짜기 연하에서 신을 끌려나."

* 완필은 阮籍, 畢原? ** 융현은 馬融. 鄭玄.

〈유서경선생 근(柳西坰先生 根)이 행인 웅화(熊化)[8]와 함께 서호에 배를 띄운 시의 후면에 쓴다〉

"부사의 문장 후세에 보다 클 수 없으니, 글의 근원은 한강을 뒤집어 쏟아 부은 듯하였다. 황화 옥절 풍류의 자리에, 한 구역 무궁화가 붓끝에 향기롭네."

〈세모에 소동파가 자유(子由)에게 보낸 시를 사용해 아우 선부에게 보인다〉

"들 집에서 종신토록 올올이 지키고 있으니, 외로운 쑥대 바람 속으로 향

---

8 웅화(熊化) : 명나라 사신. 고산정에 들러서 시를 써 현판을 붙였다.

하기 두려워라. 일백 시름 손에 닥치니 헤치기 바쁘고, 좋은 책 곁에 있으니 적막하게 본다. 너의 선하지 못함은 나의 어리석음을 배움이니, 예전에 병들고 지금에 두려워 들쭉날쭉 많다. 형체의 누를 결단함을 구름 걷듯 하고 싶고, 옷을 풀어 뜰 앞의 달을 함께 밟고 싶다. 달의 차고 기움에 사람 일도 따르고, 세상의 이곳에는 슬픔도 많다. 다시 옛 업을 다스려 주공 공자 사모하고, 이 젊음 아끼게 달리는 말처럼 경홀 하나니. 찬 등잔 서로 대하여 이불을 끼고, 때때로 밤비의 소슬한 소리 듣는다네. 천륜지락은 천하에 소중하니, 베옷이라도 삼공이 부럽지 않다네."

〈하랑 자회 광환(河郞 子晦 光煥)에게 보인다〉
"그대 얼굴 대하면 옥처럼 따스하니, 내 모습이 앞뒤로 비치지 못함이 부끄럽다. 별도로 성인(成人)이 되는 좋은 길 있으니, 천심이 무한하게 책에 실려 있다네."

〈서사(書社)에 우연히 쓰다〉
"집마다 서사는 절간 같은데, 종일토록 매미만 나무 그늘에 우는구나. 일백 성인 전하는 마음 하늘은 버리지 않았는데 군생의 넋이 바뀌니 세상의 깊이가 얼마인가. 의관을 훼손하니 몸은 무명초와 짝을 하고, 서책을 덮을 때도 거문고는 울리지 않는다. 부질없이 야인과 서로 무릎을 재촉하여 시의 대적에 참여하려고 한번 길게 읊는다네."

〈구월 십일일에 승산으로 행하는 차 속에 감흥이 있었다. 3수〉
"가여운 경*이 열여섯에 가정을 사양하였는데, 이날이 다시 오니 짧은 머리를 휘날린다. 비록 아손이 좌우에 참여함은 없으나 죽두(竹兜)**를 함께 하는 장부의 돌아감이구나."
"그대가 방산에 가서 고궁을 굽어보면, 황연히 정학(丁鶴)이 다시 요동에 온 것 같으리라.*** 후원의 감과 알밤은 가을빛을 띠었으니, 어린 시절 수예 솜씨를 증명하여 보게나."

"을미년이 옛날 맞았던 때인 줄 아는데, 어느덧 인간에 삼십 번째 봄이구려. 두 집의 선생은 모두 떨어지고, 남은 어린 것 어느 곳에도 덕을 이웃할 곳 없구나."

* 경은 부인을 자칭함. ** 竹兜부인네의 쓰개 족두리. *** 丁令威가 요도에서 신선술을 배워 학을 타고 떠났다가 천년 후에 다시 학을 타고 요동으로 돌아왔다는 고사.

〈모 부인 칠십이 세를 축수한다〉

"자애로운 모친이 늙어가는 집에, 약한 아들은 때로 하늘에 축수한다. 바라노니 흉년이 들지 말아서, 소박한 음식이나마 끼니를 잇게 하소서. 전지가 만경을 넘기를 생각하지 않고, 오직 수명이 천년을 넘기를 생각한다오. 지락은 오로지 여기 있으니, 부귀를 내 어찌 바라겠느냐."

〈혼자 있으며 스스로 애상함을 짓다. 4수〉

"선비가 하늘을 되돌릴 힘을 품고, 쌍수로 불주산*을 받들었다. 큰 조화는 급히 서로 선위하는데, 사람 일은 본래 유유하였다. 지는 해에 난조**를 애상하니, 눈물이 하수와 함께 흐른다. 노래 마치고 복부 재촉하여, 동으로 건너 제후를 찾았다. 수염 쓰다듬고 도리어 우스움은 망가졌는데 다시 어찌 구하랴." "사해가 훼복(卉服)에 매혹되었는데, 한 선비는 하용(荷蓉)을 지어 입었다. 교교한 빛을 쌓아, 찬란하여 닿을 수 없었다. 바라보니 마음에 싫지 않아서, 여유롭게 가까이 하고 싶었다. 인생에 항상 함께하기 어려워, 강호 칼날에 막혔다. 서로 잃은 지 걸핏하면 십 년이라, 무슨 인연으로 꿈에라도 만날까." "동방의 사람들 오래도록 밤 속에 처하여, 이십 년을 해와 별이 없었다. 뭇 맹인이 스스로 서로 밟으며 울며불며 하늘을 원망하는데, 누가 구름 자르는 검이 있어 휩쓸고 내 길을 열어주려나. 부질없는 천고의 기약만 가지고, 유유히 일이 잠겨 들었다. 돌아가 창해수와 함께 물가에서 갓끈이나 세탁할까보다.****" "배가 지구를 누비니, 만 리가 곧 이웃이다. 다섯 종락이 서로 삼키고 씹으니, 천하가 인종을 없애려 하나. 나는 옹졸하고 작은 것이 한스러운데, 지나친 솜씨는 나날이 천진을 상실한다. 어떻게 하면 담을 높이 쌓고,

눈을 감고 정신을 살찌우려나. 더구나 듣기로 남이(南夷)로 호적한다니, 온 식구가 노예의 신세일세. 은하수 머리 위에 있으니, 탑연히 맑은 새벽에 호소할거나."

* 불주산: 곤륜산의 일부로, 淮南子는 不周山을 天柱라고 하였다. ** 난조는 공자가 지은 擬蘭操로 때를 만나지 못함을 自傷함이다. *** 淸斯濯纓 濁斯濯足의 의미.

⟨이익재(李益齋)[9] 영정을 배알하다⟩

"보배로운 기운 청해에 전하니, 질펀히 육백 번의 봄이다. 땅이 머니 청풍이 일어나고, 시대가 침잠하니 좋은 운은 새롭다. 글을 읽으니 깊은 덕이요 영정을 살피니 옥 같은 몸이네. 당에 올라 장궤를 가까이 하니, 내게 힘을 주는 마음 맞는 사람일세."

⟨내 늘그막에 집에 있으면서 재앙과 환란에 누차 놀랐고 인하여 집을 옮겨 진주 북곽 밖으로 이사를 하여 초연히 홀로 살면서 뜻을 기록하는 4수를 지어 동호인에게 보이다⟩

"수척한 몸 증릉하여 앉았기를 더욱 깊이 하니, 내 집 어느 곳인들 선림이 아니겠느냐. 수레와 말 사방으로 달려도 문에 객이 없으니, 누워서 성루의 등불이 찬 이불 비춤을 보노라." "외로운 몸 초췌하여 성곽 밑에 사는데, 이름은 달게 판축(版築)의 무리가 되었다. 그래도 남은 한가함 있어 읊고 휘파람 불기 족하니, 조용한 속에 줄 없는 고금(古琴)을 비축하였다네." "일찍이 수석과 송죽을 즐겼는데, 눈 아래 어느 곳에서 시원하고 상쾌함을 찾으랴. 유독 좋아함은 타강(沱江)의 다정한 달이, 야심한데 찾아와 손속의 잔과 함께함일세."

---

9 이익재(李益齋) : 이제현(李齊賢, 1288-1367)을 가리키며, 고려 후기의 시인·문신·성리학자·역사학자·화가이다. 초명은 지공(之公), 자는 중사(仲思), 호는 익재(益齋), 역옹(櫟翁), 실재(實齋)이고, 시호는 문충(文忠)이며, 본관은 경주(慶州). 검교정승(檢校政丞) 이진(李瑱)의 아들이다. 백이정의 문인으로 과거에 급제한 후 요직을 거쳤으나 1357년 문하시중 시절 기철 등 친원파 암살을 중재하다 실패하여 사직하고 은퇴, 학문 연구와 후진 양성, 저술에 몰두하였다.

〈새 거처에 모옥을 신축하고 혼돈암(混沌菴)이라 이름하고 인하여 쓰다. 3수〉

"남화 노인도 역시 미친 것이, 일찍이 인간을 혼돈에 죽는 것이라 하였다. 스스로 웃어봄은 분수(汾水) 중에 유력한 인사가 있는데, 세상 끝까지 크게 불러서 혼을 돌아오게 하려 한다네." "천지가 번복되고 자신까지 망각하였는데, 공연히 두 글자를 남겨 무한에 부치고자 한다네. 지금은 아울러 혼연히 꿈으로 돌리니, 나는 다른 시대에 오직 내 천진을 찾으리라." "궁통이나 우락에 매이지 않으니, 어찌 알겠느냐 고금의 시비를. 차게 살면서 한 자루 붓에 진의를 담아, 혼돈암을 향해 이 글을 쓰고 돌아가노라."

〈촉석루에서 퇴계선생 운을 사용하다〉

"눈앞에 진양을 거두니, 하늘가에 다시 촉석루가 따라왔다. 잔을 잡고 천고의 일을 거론하려 하니, 분산은 맥맥하고 분수는 흐른다. 성곽 가득 밤낮으로 나쁜 기운 몰려들고, 붓에 떨어지는 맑은 향기 한 가닥 떠오른다. 거간꾼이 어찌 책상에 기댄 뜻을 알겠나, 북과 피리가 봄 강가를 요란하게 함을 맡겨둘 수밖에."

〈조심재 중근(曺深齋 仲謹)[10]이 나의 혼돈암을 찾으니 인하여 조복재 효근, 현규, 윤사언(趙復齋孝謹 顯珪, 尹士彦)》 등 여러 벗과 함께 짓다〉

"복성이 분명 우리 문에 비치니, 눈앞 성안의 나쁜 기운 쓸어 없앤다. 십년의 안면 깨고 손으로 술을 권하고, 오악에 인연 깊어 가정은 손자에 드는다네. 노자(老子)의 관문가에 도의 기운 알겠고, 주운(周篔)의 후원에 시의 논란 풍성하다. 그대에게 권하노니 비슬산 나막신을 다듬어, 남쪽 객이 때때로 이야기 거리를 풍성하게 하게나."

---

10 조긍섭(曺兢燮) : 자는 중근(仲謹). 호는 심재(深齋). 근대 개항기부터 일제강점기까지 활동하며 『암서집』, 『심재집』 등을 저술한 문인이자 학자로 영남 사림에서 거목으로 칭해졌다.

〈유월 초 길일에 꿈속에 선비(先妣)를 모시고 수레를 몰아 남쪽 궁한 곳으로 갔다 온 느낌〉

"쉰 살 먹은 어리석은 아이 모친의 수레 몰고 나니, 존망의 세월이 다시 망연해지네. 살아평생 한 가지 즐거움 융융한 곳에, 오늘 밤의 기억 진정 헛되지 않으리라."

〈하동 명월리에서 하회봉 여해(河晦峰 汝海)[11] 제공과 마시다〉

"내 생애 늙어가니 다시 가여워, 나의 몸은 쑥대 같고 일은 연기 같다네. 우연히 하양에 이르러 네 밤을 유숙하니, 흰 물결 푸른 봉우리가 새 인연 맺은 듯하네."

〈진주 사람이 서로 전하기를 '임진년 흑치의 난에 처사 성공여효(成公汝孝)가 오성(五聖)의 위판을 안고 성을 나와 강에 빠져 죽었다는 사실이 주지에 실려 있다'고 하였다. 내가 일찍이 듣기로 동시에 지례 포의 송천상 권안성(宋天祥 權安聖)이 등곡 사숙에 영정을 걸어두고 팔 년을 폐하지 않고 참배하였다. 그 후 한상공 준겸(韓相公 浚謙)이 사운시를 지어 찬미하였다. 대체로 두 공의 의리됨은 같으나 명운이 일치하지 못하니 진실로 광감의 생각이 있다. 인하여 그 운을 사용하여 진주향교의 벽상에 써서 붙인다〉

"성인의 순절한 영령은 아! 자연 외로우니, 온 나라에 겨우 한 명의 포의 선비가 있었노라. 강에 잠긴 구슬은 전일의 급란이 슬프고, 땅에 솟은 무지개는 후인을 이끌어 주네. 술 부어 누가 무덤 위 흙에 적시랴, 남긴 이름은 길이 진양 동쪽에 부치리라. 지금 눈에 가득 봄풀의 느낌 있으니, 사당 벽에 시를 써서 완고한 이를 격려하노라."

〈며느리 들인 느낌〉

"오십이란 연광이 공처럼 굴러가, 두 분이 세상에 없으니 한 몸이 차갑다.

---

11 하겸진(河謙鎭 1870~1946) : 자는 숙형(叔亨). 호는 회봉(晦峯). 근대의 유학자로 안동·선산·성주 등지의 많은 선비들과 사귀었다.

오늘 아침 예쁜 며느리 손속 술잔을, 구천에 뿌리고 싶으니 어찌 기쁠 수만 있겠나."

〈제석 전날에 이부 능재(姨夫 能齋) 사제 선부와 함께 쓰다. 2수〉
"기쁠 때는 쉽게 여러 슬픔이 가벼워지는데, 한곳에는 그나마 내 삶 의탁할 곳이 남아야 하지. 백발 깊은 등에 친척과 이야기하니, 술잔 속에 산 그림자 눈앞에 밝다네." "또 이렇게 인간 세상에 새해 기간을 알리니 분분한 사죽(絲竹)이 좋은 시기에 요란하구나. 가여운 귀 없는 늙은 포객은, 매화가 소매를 떨침을 홀로 보노라."

〈기아(基兒)의 운에 차하다〉
"병든 어미에 자식 하나 따라서, 십일을 이름난 성에 객이 되었다. 단 약이 무슨 소용 있나, 산수의 기운이 밝았다. 열심히 숨을 쉬니, 깊은 병 떠나고 몸은 가벼워졌다. 일어나 춤추며 산수에 절하니, 기쁨이 지극하여 감정을 추스르기 어렵구나. 네게 권하니 시종을 생각하라, 하늘의 덕은 반드시 정성에서 비롯된다는 것을."

〈심경회 상복(沈景晦 相福)의 화평정사(華坪精舍)에 쓰다〉
"건곤은 넓고 넓은데 또 어느 물가이냐, 늦게야 화산으로 찾아가 도인이 되려는지. 장상의 사업 낮아 환몽이 되고, 시서는 덩치 커서 온전한 정신 살찌우네. 낚시질이 그림에 드니 당의 편액 정결하고, 돌을 달이는 연기 나니 계곡이 다시 새롭다. 부끄러운 나의 풍진에 늙은 포객의 자취 긴 세월 갖은 고생에 오래도록 참됨을 몰랐노라."

〈성중 불사(佛舍)에서 우연히 쓰다〉
"선방에 와서 머물며 기쁜 얼굴 대하니, 가슴 속에 뿌리 한 풍진을 씻으려 한다. 눈은 삼분(三墳)에 놓아 즐거운 바다에 빠져들고, 꿈은 전철(前哲)을 따라 명산에 취하네. 일찍이 종사를 회복하여 함께 통곡하며 노래하지 않고,

어찌 이 남촌에서 오갈 수 있겠느냐. 몸 앞에 무한한 크나큰 외로움은, 천공도 시름하여 후하게 주기를 꺼리는가."

〈노순민 시용(盧舜民 是容)이 한 달 가까이 나를 따라 선방에 놀았다. 인하여 이 시를 지어주노라〉
"고운 가을 구름 하늘에 떠있는데, 가여운 북방 손님 의의하게 생각난다. 성곽에 떠도는 밤빛은 전등불을 보겠고, 물 건너 가을 구름에 다듬이질 소리 들린다. 구루(句漏)의 신선은 이별한 지 오래인데, 금릉의 늙은이는 함께 돌아가려 하네. 머리가 희고 나서 비로소 서책의 삼매를 믿게 되니, 침묵 속에 제왕의 위엄을 세운다네."

〈목은 선생의 질병과 싸우며 가난함을 지킨다는 시의 운율을 사용하여 채워 짓다. 2수〉
"몸이 병과 대적하니 오래도록 지탱하기 어렵고,#. 오래 지탱하여도 도저히 나라를 치료할 계책은 없다. 만약 죽도록 바깥 멍에에 매인다고 한다면, 좋게 천상으로 돌아가 신선을 찾으리라." "마음이 가난에 편안하기는 이미 이루어 내었고,#. 이루어 내었으니 다시 세상에 나와 다툴 이 없으리라. 문득 하면을 보니 일천 겹이나 비어있으니, 이 길이 인간의 상쾌한 나의 삶이로세."
　#. 목은 시.

〈용문정사 판상 운에 차하다〉
"#족 선조 평해공(平海公)이 벼슬을 그만두고 강주의 별업으로 돌아갔는데 여기가 그때 놀던 곳이라 한다. 맑은 바람 옛 정자에 가득한 것을 알고, 공이 와서 거북처럼 여기에 거주하였다. 편주로 몇 번이나 지이자* 곁을 방문하였으며, 두 다리는 아직 위수 늙은이** 곁에 머문 듯하다. 우는 새가 섬돌을 스치는데 달이 아직 있고, 흰 구름이 숲을 거두니 산이 다시 푸르다. 누구 집이 정히 용문의 운을 이었느냐, 좋게 영궁을 향하여 혜성을 부친다."
　* 지이자: 伍子胥. ** 위수 늙은이: 강태공.

〈정경시 인보(鄭景施 寅普)에게 주다〉

"어진 나라는 어두울 수 없으니, 정자가 문성을 담당하였네. 폐지된 샘에 무지개 일어나고, 차가운 산에는 한 필의 비단이 밝았다. 궁한 세상 원망을 거두려고, 길이 태초의 소리를 생각하였다. 대택(大澤) 중의 늙은이를 생각하여, 천애에 만년의 정을 맺는다."

〈김창강(金滄江) 만사〉

"인간 세상에 태어나도 어찌 이러한 시기였나. 살아서는 천애에 막히고 죽음은 땅의 가이었네. 오시(吳市) 문전의 명성은 군졸도 알아보고, 용산이 무덤 아래는 술이 진흙 되었네. 이미 나쁜 기운이 구미를 석권함을 알았고, 유독 문장 명성은 제노를 변화하였으리라. 누워서 진회(秦淮)가 밤낮으로 흐름을 생각하니, 영령이 동으로 돌아보면 길이 희미해지리라."

〈신미년 인일(人日) 밤에 화분의 매화가 활짝 피어 가지에 가득하니 시 한수를 지어 동호인에게 보인다〉

"희미한 등잔에 관모를 벗고 초연히 앉았는데, 밤새 그대와 함께 담담하게 말을 잊었노라. 갑자기 온 몸의 풍설 기운에, 부인을 불러 꽃 앞에서 한잔 마시노라."

〈탁연정에서 권능재 천려 기당(權能齋 川黎 畸堂) 등 여러 종인과 함께 작은 술자리를 열었다〉

"일만 가지가 모두 낮게 떨어지니, 누가 제일 머리인가. 근심은 태어나면 함께하고, 일인들 어찌 죽전에 끝나겠나. 심하게 마시는 이가 모두 명사이니, 회포를 잊고 스스로 내세우는 무리일세. 외로운 정자에 반나절 이야기는, 이렇게라도 내 시름을 씻는 거라오."

〈유월 오일 밤에 작은 등을 독대하여 밤이 새도록 잠들지 못하였다. 인하여 시를 지어 민망함을 보내다〉

"지리한 네 모습 어찌 이 시기이더냐, 유유한 신세는 정한 기간도 없는데. 가시 숲은 고단한 난새가 머물 곳이 아니며, 단절된 언덕은 진실로 늙은 말이 달리기 어렵다네. 북으로 달리는 강성은 지난 업적이 슬프고, 남으로 오는 산색은 새로 아는 것이 기쁘다. 내 생애 백세까지 아직 많은 세월이니, 잔편을 향하여 생각하는 바를 밝히려 한다."

〈조정암 선생의 난죽시를 읽고 느낌을 차운하다〉

"난초는 썩어도 향기는 남아있고, 대나무는 외로우나 운치는 자연스레 통한다. 남긴 시 백 세에 떨치니, 사람과 물체 둘이 서로 같구나."

〈우제 (偶題)〉 생략?

〈흑치(黑齒)의 군사가 만주를 공략함을 듣다.〉

"듣기로 포연(砲煙)이 만주를 석권한다 하니, 서풍이 장부의 시름을 끌어 움직인다. 아우와 형은 해내에 촛불 따르는 부나비 같고, 융적은 성중에 새가 음식을 기르는 것 같다. 하궤(荷蕢)가 사람을 피한 것은 진실로 고귀한 것이며, 송경(宋牼)이 혀를 놀리었으나 결국 무엇을 구하였느냐. 눈으로 잠깐 사이 상해(桑海)가 바뀌는 것을 보니, 내 생애 이미 백발임이 이상할 것도 없구나."

〈통영 충렬사에서 판상의 운을 상용하다〉

"우주에 돌아와 이 한나라를 받드니, 천추에 해와 별이 남은 제단에 비친다. 가령 중원을 채찍으로 달릴 수 있다면, 작은 섬은 분명 탄환으로 정복되었으리라. 신비로운 예술을 누가 경세의 솜씨라 하였느냐, 전신이 모두 충성스런 간담으로 수를 놓았다. 파도가 암벽을 치니 어룡이 도망가고, 영원히 믿는 공의 혼은 오래도록 춤지는 않으리라."

〈권석주(權石洲) 시를 읽으니 자못 기장하고 기격 있어 인하여 쓴다. 3수〉

"승상(繩床)에 혼자 누우니 지나는 객은 없고, 유명한 벗은 때로 책 속에서 많이 만난다. 맑은 기쁨 맺고 싶으나 사람은 이미 백골이 되었으니, 침음하고 소슬하여 노래가 이루어지지 않는다." "높은 곳은 용용하여 노두(老杜)보다 지나치고 가끔 노웅(奴熊)이 오는 것은 아직 많다. 한 편의 최고인 비광(飛光)이란 붓, 마치 당시의 취후가를 듣는 것 같다." #. "궁유(宮柳)라 남긴 글은 보과(補過)에 나열하였는데, 간림(諫林)의 문채가 포의에 많다. 문득 천년의 굴원(屈原)을 조문하니, 지금도 애원은 초강가(楚江歌)이다."

#.석주가 지은 飛光長句는 老杜의 醉時歌와 서로 같다.

〈조심재중근(曺深齋仲謹) 만사. 4수〉

"동토 건곤의 기운이 나날이 비어가니, 문성이 혼자 누락된 이 늙은이에게 의탁하였다. 갑자기 한밤에 야중에 떨어지니, 선비 동산의 모범인데 뭇 몽매한 이들 어찌하라고." "좋은 명문 손에 나와 선혼(先魂)을 되돌렸는데, 가을 풀만 무성하게 옛 언덕에 가득하다. 다른 날 편주로 낙동 강변 따라가서, 사사로운 정성을 호소하려니 상심이 끝이 없다." "탄탄한 교제를 서신 보낸 날에야 정하였고, 옥모는 처음으로 집을 방문할 때 만났다. 좋은 일백 잔에 달은 일천 발인데, 현주를 동으로 바라보니 사람을 슬프게 하네." "문장과 경술이 둘 다 영롱하였고, 한퇴지의 살에 주회암의 근골로 특별히 공부하였지. 땅 밑에 방옹(方翁)이 이마에 손대고 기다릴 것이니, 영령이 함께 장공에 오르리라."

〈육방옹의 삼산 복거운(陸放翁 三山卜居韻)을 사용하여 월성장구(月城長句)를 지어 기아(基兒)에게 보이다〉

"척박한 땅에 사람 사는 것이 떼배를 띄우는 것 같아, 돌이 예리하고 담장이 잘 무너져 깨달을 시간도 없다. 옹배기에 저장하고 해가 묵으면 겨우 입을 채우니, 아이로 나서 글자를 읽어도 결국 어리석게 된다. 포의로 여러 세대 마을에 깔려도, 성자태반은 딸을 낳아 시집간 집이다. 듣기로 제비가 화서를 상한다 하는데, 예장을 생산하지 못하고 상자만 길었다. 물리가 이러하니 내 마음이 아프지만, 오래전에 선공이 여기에 자리 잡았다. 나는 지금 집을 옮겨 월성에 복거하니, 길한 기운이 사람 따라 분명 틈이 없으리라. 경이나 고가 자손에 이르면, 이 땅이 다른 해에 유촌이라 이름하리라. 너는 절하고 머리 숙여 시를 간직하여라, 노부는 상 앞의 존장임을 사양치 않으리라."

택재집 권1 종

澤齋集
권2

시(詩)

〈여헌(旅軒)선생 무제운을 사용하다. 2수〉

"내 발은 땅 위를 따라서 놀고 싶고, 내 마음은 하늘 가운데를 향하여 닦고 싶다. 지상을 왕래하며 무리에서 혼자를 구하고, 천중과 문합하여 유와 명을 관철하련다. 일시에 다 못하였다고 어찌 크게 굴한 것이랴, 항상 사해를 기약하니 서로 짝하기가 드물다. 문득 이 이치를 보니 끝내 극점이 없으니, 누가 우리들 얼마간의 시름을 금지하여 주려나." "한 꿈이 아득히 우주에 노는데, 관신(冠紳)은 항상 밝게 수행하려고 한다. 바다 기울어 어별이 도망하고 일천 파도가 선다고 하여도, 서리가 다급하고 난초가 꺾이어도 구원(九畹)은 그윽하리라. 소년 때에 북으로 공부하였으나 지금 흰머리가 생기고, 칠 척으로 남으로 가니 끝내 짝이 없었다. 이미 왕관(王官)의 신후지를 마련하였으니, 때가 오면 술을 기울이며 한가히 시름은 놓으리라."

〈남이천(南夷川) 노인이 준 것에 사례하다〉

"어느 누가 지극한 도를 체감하였나, 하나의 고요함이 일만 극함을 다스린다. 이 즐거움이 천지와 함께하여, 몸을 가지고 경의 껍질에 들어간다. 오직 성인이 이에 앞에 있고, 오직 옥제도 척촌 앞에 어기지 않는다. 찬연한 명리의 글을, 공손히 향안에 읽는다. 내가 그때 찾아가 따르니, 작은 선이라도 스스로 쌓으려 하였다. 예로부터 남촌이 좋았으니, 아침저녁으로 한 성곽에 함께하였다. 사슴의 성품이 들녘의 편함이 어려워, 늦게야 운림지역으로 달아났다. 호랑이가 있어 살을 선택하지 않으니, 밤이 깊으면 혼자 다니기 어려웠다. 비록 숨어도 굳센 활을 찌어버리니, 누가 이를 함께 하겠는가. 장부가 헛되이 상심하고 슬퍼하지만, 흰머리 날리는데 어찌 요찰이겠나. 시를 짓고 앙천대소하니, 외로운 회포 등불에 비쳐 영롱하도다."

〈인곡정사(仁谷精舍)의 차운. 권송산 군옥(權松山 君玉)이 지은 것이다〉

"강남의 작은 언덕 하나를 가려 얻어, 내 생애 여기에서 다시 무엇을 구하

라. 이미 우주에 창을 휘두를 장소를 어겼으나, 또한 춘추로 지팡이 꽂을 전원은 생겼다. 옛 성인 밤에 맞음은 천고의 꿈이며, 좋은 벗 때로 사방에서 꾀한다. 동가의 석마는 진정 하늘의 상서이니, 그나마 쇠년(衰年)에 함께 몰며 노는데 합당하리라."

〈산거기사(山居記事)〉
"이미 서주의 제일가는 산을 가렸으니, 또한 동쪽 집 두세 간은 꾀하였다. 내닫는 일백 길의 샘은 맑아 급수하기 좋고, 일천 벼랑 베개 삼으니 가까워도 오를 수 없다. 꽃을 찾기에 뜻이 많으니 먼 줄을 모르고, 대나무 구경을 한참 하니 점차 한가롭게 된다. 별도로 밭 갈고 땔감 구함은 거론할 것 없고, 누대머리에 아침저녁으로 서책이나 검토한다네."

〈물천서당(勿川書堂)을 지나며〉
"삼동에 손수 달인 차를 마시며, 나의 청화가 나날이 얼굴에 오르기를 기원하리라. 열여덟 먹던 사람이 지금은 백발이 되고, 서당에 오르니 옛 거문고를 연주하는 것 같다." #
#.내 나이 십팔 세에 중용을 물천 김공에게 배웠다. 기아(基兒)의 꿈에 얻은 한 구절이 "고요한 밤 시냇물 소리 옥피리를 깨는 듯하다"하니 내가 세 구절을 채워 그 뜻을 실하게 하였다. "고요한 밤 시냇물 소리 옥피리를 깨니, 밝은 달에 산 빛은 구슬 숲으로 변한다. 꿈속의 맑은 경지 모두 이러하니, 마음마다 조화와 함께 깊음을 취하여라."

〈동짓날 밤에 우연히 쓰다〉
"신령스런 언덕에 한 남자가 살기 이처럼 관대하니, 석지의 남은 형체 오래도록 옮기지 않았다. 흰 암석에 서리 덥히니 산 역시 늙었고, 엉성한 대나무에 달 비치니 경지가 더욱 기이하다. 찰랑이는 동이 막걸리로 삼경에 취하고, 평범한 등불은 만고에 기쁘다. 곁에서 어린 손자 깊게 잠에 빠졌는데, 혼자 외로운 종소리 시간 알림을 듣는다."

〈백마산 잡영(白馬山 雜詠). 5수〉〈옥홍문(玉虹門)〉

"돌길 구름 뚫고 일천 길이나 열었는데, 문득 땅에 거꾸로 선 옥무지개로 의심하였다. 신선이 내려오는 제 일문이 여기이니, 노는 사람을 쉽사리 보내어 중매하지 말아라." 〈강선대(降仙臺)〉 "강에 임한 푸른빛은 옥부용을 쓸고, 구름은 높이 올라 때때로 형태가 변한다. 우개(羽蓋) 든 어느 사람이 염염히 오는 것인지. 만일에 팽악이 아니라면 교송이겠지." 〈불적암(佛跡岩)〉 "백마산 위 암자 터는 햇수를 기억도 못하니, 지금도 선석(禪石)은 예전의 인연 말해준다. 마음에 찍은 달은 가고 영적만 남아, 문득 높다랗게 의지하니 쓸쓸해진다." 〈제상천(帝觴泉)〉 "창생이 더위 먹어 오래도록 망망한데, 뭇 원성 때로는 제좌 곁에 통한다. 아름다운 주성(酒星)은 어디에 있느냐, 아마도 인세에 하늘 잔을 부으리라." 〈황정포(黃精圃)〉 "가슴 속에 초목이 모두 자라지 않는데, 장상 공명인들 어찌 나의 심정이겠나. 웃으며 하의(荷衣) 입고 솔 아래 돌에, 안개비에 홀로 황정을 심는다네."

〈타상의 풍속이 허탄함을 숭상하여 더러는 집집이 신방을 두고 철따라 음식으로 즐기며 서로 복을 기원하였다. 선부가 그 무위함을 미워하여 하루는 나정(儺丁)을 이끌고 가서 밖으로 몰아쳤다. 내가 듣고 기뻐서 지었다〉

"신나(神儺)가 한번 나서서 세 변두리를 손질하니, 이십 음사(淫祠)가 곧장 연기 쓸 듯하였다. 산해(山海)가 옷깃을 연 지 삼백 년에, 우리 고을 아름다운 이야기가 전해지리라." #

#.명종 조에 金履道 등이 성중의 음사를 불태우니 조남명이 바람을 향하여 깃을 열며 "내 마음이 활연하다."하였다.

〈선부가 일찍이 탄식하기를 "유자가 명물로 서로 의론만 하고 일을 이루는 것으로 규모를 삼는 것이 드물다."하며 하루는 사창(社倉)을 천상에 지어 주자(朱子)의 유제(遺制)를 따라 행하였다. 시행한 지 몇 년이 되니 사는 사람들이 편안하게 여기고 더러는 소자산(小子産)에 견주었다. 역시 기록하지 않을 수 없어 이로써 내세에 권장한다〉

"사창은 분명 흉년에 공이 있다. 비새는 집과 연기 차는 부엌은 부녀자라면 같으리라. 천리의 농상(農桑)에 정자산을 노래하였는데, 지금은 겨우 한 방곡 중이라네. 인생은 흡사 강에 뜬 나무와 같아, 북육 동만(北陸 東灣)을 종횡으로 오간다. 아프게 이르노니 함께하는 사람들아 이 지방을 사랑하라, 달팽이는 침으로 죽도록 스스로 적신단다."

〈그믐밤에 진천(震川)의 제석 운을 사용하다〉
"부자가 중산사(中山社)에서, 세성(歲星)의 달림을 두 번째로 맞는다. 어린 손자는 세대의 아름다움을 따르고, 아름다운 조카는 서생이 되었다. 아우는 앓으면서 자리를 나누었고, 처는 노쇠하여 혼자 등불을 지킨다. 동으로 보면 누이의 묘를 봉하였으니, 애락을 둘 다 밝히기 어렵다."

〈사월 이십칠일에 하회봉, 하제남경락, 이노계용, 박입암헌수, 정사강(河晦峯 河濟南經洛 李老溪鎔 朴立岩憲修 鄭士强) 제공과 함께 백마산에 올라 마시었다〉
"명사와 함께 와 명산을 부르니, 이처럼 천지간에 마음대로 노는구나. 스스로 우스운 건 삼 년 동안 자리를 뚫던 늙은이가, 우연한 하루에 얼굴을 풀고 돌아간다."

〈다음 날 함께 송산을 방문하고 인곡정사에 유숙하였다〉
"우리들이 여기에 이르니 참으로 가엾구나, 지루하게 인세의 연기 많이 먹었지. 형편은 서로 잔인하게 되니 땅이 좁은 것을 어찌하랴, 도는 끝내 멸하지 않는 것이니 자연 하늘에 달렸잖은가. 팔선이 명산 머리에서 마시기를 파하니, 삼소의 그림이 고벽의 앞에 생기었다. 책 속에 달게 말라 죽을 물건이니, 남은 해는 부지런히 종현(琮弦)이나 다스리세."

〈김매서극영(金梅西克永) 송산(松山) 제공이 정취암(淨趣庵)에서 결하(結夏)를 한다는 소리를 들었는데 기간이 지난 후라 만나지 못하고 쓸쓸히 혼자 돌아오다〉

"내 행함이 중하가 되었는지라, 고사는 적적하게 사람이 없었다. 누대는 높은 구름에 눌려 덥혀 있고, 산은 푸른 대나무와 나누어 새롭다. 신비한 문자는 아직 세월을 기록하고, 금면은 어찌 참됨을 전하겠느냐. 본래 천성이 계곡을 좋아하여, 둘러보니 이웃에 살고 싶다."

〈희롱하여 창질(昌姪)과 함께 응수하였다. 2수〉
"여덟 식구가 산가를 함께하니, 나이는 예순에 비끼었다. 세상에 시험하려니 구목(溝木)이 수치이며, 책상을 옮기니 화다(火茶)가 걸린다. 구름을 탐하여 긴 대는 베었고, 이슬을 받으려 그윽한 꽃을 살폈다. 고단한 학문은 시대에 비록 버렸으나, 빈 당에서 꽃을 피우려 한다." "긴 시름을 천고와 함께 하니, 큰 술을 어느 때 깨려나. 바위 길에 찾는 사람 드물고, 산 빛은 집을 비춰 푸르다. 선방의 정경은 소식(素食)을 갖추었고, 도의 교훈은 낡은 병풍에 나열되었다. 경내에 지금 일이 많으니, 어느덧 많은 나이를 먹었구나."

〈소재허가숙(素齋許可叔)이 오시목(烏柿木)을 가지고 이십팔주 영락(二十八珠纓珞)을 만들어 나에게 주니 내가 장구를 지어 사례하다〉
"소군의 손에 신화가 전하나, 이십팔 개의 검은 구슬이 만들어졌다. 긴 실에 꿰어 대나무에 들어가니, 떨어짐이 가벼워 차츰 소리가 없어진다. 고당의 여름날 땀이 비 오듯 한데, 주인이 갓끈을 만지면 청풍이 생긴다. 시험으로 이아(爾雅)의 칠절(七絕) 논함을 읽어보니, 가엾게도 보물 같은 영락은 빠졌다. 괴이하다 생은 귀하고 사는 귀하지 않은 것인데, 감이 떫은 것은 입이 있다면 응당 알 것이다. 내 삶이 크게 일천 사람을 덮는다면, 안으로 받은 수덕(水德)이 현정(玄精)을 자라게 할 것이다. 빛 기운은 일백 번 꺾여도 결코 사라지기 어려우니, 창자에 가득한 마음의 경계는 볼수록 더욱 맑으리라. 아! 소군은 나를 아는 자이니, 산방에 옮겨 두고 기쁘게 서로 맞으리라. 단지 원한다면 내 몸을 천억 개로 변화하여, 흩어져 서생을 따라 천하를 행하리라. 지금 이들도 역시 머리를 깎게 되니, 나를 어찌 쓰다 버린 가발처럼 버리기를 가볍게 하리오. 삼가 저 가벼운 모습일랑 베풀지 마라, 역대로 이 고혼의 올곧음을 포창하였느니라."

⟨중산만조(中山晩眺)⟩
 "흰 암석 일천 머리에 항상 옷을 떨치니, 신변에 구름이 나와 떨어졌다 다시 날아오른다. 가엽다 봄날이 이렇게 깊을 줄이야, 다시 송화가 있어 작은 사립으로 들어온다."

⟨사제 선부와 함께 이인언(李寅彦)의 일신당을 방문하였다⟩
 "반나절 동으로 오며 시가 손에 가득한데, 계산은 마치 태초의 해와 같도다. 대나무 사이 우는 새나 연못가의 제비는, 묘한 곳은 의연히 현묘한 설법일세. 산 군세고 물 빠른 옛 청사(青社)에, 창공(滄公)을 못 본 지 이미 구 년일세. 오늘 묘군*과 한번 웃음을 여니, 존전에서 마치 다시 현담을 듣는듯하구나."
 * 아우를 묘군이라 한다. 소식(蘇軾)이 기묘년에 태어난 아우 소철(蘇轍)을 묘군(卯君)이라고 불렀던 예도 보인다. 《蘇東坡詩集 卷37, 子由生日云云》

⟨오월 십칠일에 첫째 손자가 태어나다. 동파가 자유(子由)의 손자를 안은 것을 축하하는 장구 운을 사용하였다⟩
 "지난해 분수 상에 우거할 때, 산천이 목욕한 것 같았다. 신령께 기원하기를 때맞춰 복됨을 생산하여, 나에게 천린(天麟)의 목욕을 주라고. 이상하게 자부가 회임하는 날에, 분명 칠양이 회복하였다. 단구에 여름이 오니, 운뢰가 집의 중심에 울렸다. 교교한 한 마리의 용이 내려오니, 노부가 기뻐 실족하였다. 마음의 꽃이 도리(桃李)처럼 피니, 찬란하여 눈이 부시었다. 너의 이마가 높은 것을 만지니, 찬연히 옥관을 쓰고 있는 듯하구나. 너의 목 근육 장함을 보니, 육비(六轡)가 옥옥 한 듯하구나. 어떻게 하여 일찍 성립되게 하여, 이름자가 역사에 남게 할까. 문을 익혀 나는 오래도록 미천하였고, 무를 업 삼음은 집안에 익숙치 못하다. 예부터 물이 개울을 만드는 것이니, 우선은 밭 갈고 글 읽게 맡겨 두자. 이름난 산이 이처럼 좋으니, 시시로 멀리 바라본다. 다시 생각하니 부암(傅岩)이 은일이나, 혹시 지존의 선택을 만날 수도 있겠다. 괴롭게도 나는 어찌 바라는 것도 많은지, 웃으며 가독(家督)에게 보인다."

〈산거잡영(山居雜詠). 3수〉

"크게 웃고 산에 들기를 깊이 하니, 건곤에 한 채의 초가일세. 구부려 낮은 처마를 받으니, 땅과 거리가 겨우 한자 남짓하다. 떨어진 자리는 좌우로 퍼졌고, 처자는 저녁거리를 기울인다. 무릎 맞대고 둘러앉으니, 진풍경이 참으로 헛것이 아닐세. 흔연히 얼굴 펴고 기뻐하며, 만나는 사람마다 편한 삶을 자랑한다. 하늘이 이미 만든 명이 있으니, 즐겁게 세월을 보낸다." "갑주는 산의 돌에 입히고, 옥 소리는 밤에 들리는 개울물이다. 하늘 위엄은 외경을 막아주고, 하늘 음악은 정통을 닦았다. 나는 노쇠하나 진실로 이러함이 있으니, 따를 곳 없음을 어찌하여 걱정하랴. 또 원함은 천경을 본성으로 삼는다면, 인의를 거의 원천에 만나리라." "공자가 세상에서 없어지니, 우모(羽毛)가 어리석은 백성에게 난다. 기르는 개는 주인을 물지 않는 것인데, 다투어 그 원수를 섬긴다. 하늘은 어찌하여 나에게 어질지 못한 것인지, 우리를 비호함을 돈연히 망각하였다더냐. 지금 명산을 가려서, 머리 조아리고 구함을 기원한다. 원컨대 상제는 좋은 사람을 살리고, 원컨대 사람은 좋은 일을 수행하라. 사경이 하나같이 연화가 나고, 죽도록 시대의 근심이 없게 하라고."

〈족선조 동천의한 심재의삼(東川宜漢 深齋宜三) 두 공은 순조 때 명유였다. 죽어 자손이 없고 허묘(墟墓)가 황폐하였는데, 을해년 동짓달 십사일 사제 선부가 종족과 논의하여 타상의 북록으로 이장하고 인하여 돈을 거두어 세제(歲祭)의 의식을 수행하였다. 때문에 시 한 수를 써서 기록한다〉

"뇌락한 선조(先朝)의 두 부자(父子)는, 살아서 샘을 함께 쓰고 죽어서도 이웃하였다. 지금도 용산 운이 있음으로 인하여, 옥패가 춘추로 다투어 잔을 올린다네."

〈본생 고왕고 목헌(木軒)선생 기일에 우연히 쓰다〉

"팔십 포의로 구원에 드니, 호장(湖庄)의 약제(禴祭)도 또 잔손일세. 유독 가여운 벽월이 머리에 비추니, 영령이 여기 의탁하였음을 기억하리라."

〈송산이 송춘시(送春詩)를 보이는데, "開花敷葉滿天下 一日辭歸無係心"이라 하였기에 내가 '이 시는 봄을 찬미하는 데는 족하지만 경지에 대하여는 아니다.' 하고 인하여 그 뜻을 뒤집어 부질없이 한 수를 지었다〉

"길도 끝나가고 술도 떨어지니 내 옷깃을 펴는데, 꽃소식 비었음을 전하여 동쪽 땅에 임하였다. 만목은 영화를 향하고 무궁화는 혜택이 없는데, 옥황의 정은 응당 수치스런 마음이 변하리라."

〈팔월 십오야에 혼자 앉아 심재집(深齋集) 중 운을 사용하다〉

"좋은 때가 이러한데 사람을 슬프게 하니, 생각이 산하에 들어갈 때 그때이다. 선비가 놀기 어려우니 봉이 없는 나라이며, 시서를 허락하지 않으니 뱁새의 가지를 빌린다. 일천 바위에 길이 끊기니 사람을 만나면 반갑고, 한 자리에 세월이 깊으니 도를 깨달음이 더디다. 처와 아이를 일어나라 하여 혼자 취하려하니, 다시 기쁨은 수염이 서리로 드리움이다."

〈중양절에 권송산을 방문하다〉

"하나의 일이 당연히 거두어야 할 좋은 것이 있다면, 백 년에 가장 좋은 것이 중양절을 만나는 것이다. 친구는 반이나 자대(紫垈)의 호적에 들어갔으니, 이날 어찌 황국의 잔을 사양하리오. 뉘엿뉘엿 몸도 따라 서리 색으로 변하고, 소슬한 시절은 달빛의 떨침을 당긴다. 유독 어여쁜 건 백마산이 펼쳐 놓은 기이한 그림이니, 건곤이 고금에 분망함을 알지 못한다."

〈가을밤에 혼자 앉아. 3수〉

"고욕 속에 정신은 만고를 다녀오고, 내 몸은 문득 백 천 번을 깨달았다. 산문에 종일 구름은 오히려 젖어 있는데, 바람 앞으로 향하지 않고 스스로 열리게 맡겨 둔다.""천옹은 자연 호생(好生)을 숨김이 있는지, 이상하게 인간의 일은 나날이 잘못되어 간다. 서방의 심인판(心印板)을 보아라, 좋은 규모가 끝내는 적인(賊仁)의 기구에 가두고 있다." "마음은 본래 회회하여 우주에 차는데, 만약 다하지 않았다고 한다면 곧 삶이 아니다. 분명 천리는 전체를 갖추고 있는데, 어느 사람에게 실어 보내고 끝내 이루지 못하느냐."

〈영사(詠史). 3수. 최문창 치원(崔文昌 致遠)〉
"열두 살 신동의 손으로 조화를 빼앗으니, 청구의 초목이 일시에 영화롭다. 풍류는 문명의 세계를 독점하였으니, 작은 하자를 지적하여 백형(白珩)을 물리치지 마라." 최문헌 충(崔文憲 冲). "여씨의 산하가 부처의 나라로 가는데, 선생이 능히 대응을 바로 잡은 공이 있었다. 구재의 제자들이 오수(鰲首)가 되어, 청천을 혼돈 중에 세워내었다." 김문열 부식(金文烈 富軾). "삼국의 흥망을 일필로 쓰고, 용문의 문업(文業)이 공을 기다려 전하였다. 흉중의 무고는 아는 사람 없으나, 서경을 지적하고 개선을 아뢰고 돌아왔다."

〈이진암자명 병헌(李眞菴子明 炳憲)[12]의 만사〉
"일생을 오고 감이 진실로 중한데, 책임도 근심도 큰 것은 지금 비할 데가 없다. 일백 도를 눈으로 분석하니 집은 스스로 있는데, 육경에 머리가 희도록 길에서 구슬을 찾는다. 엄대(嚴坮)가 대나무를 치니 끝내 의뢰됨이 없었고, 노묘(魯廟)에 향을 올리니 유독 재림하였다. 다시는 현금을 소낙비 속에서 들을 수 없으니, 산문에 부고가 오니 문득 눈물이 옷깃을 적신다."#.지난해에 백운산 산중으로 옹을 방문하였는데 비가 와서 하루를 유숙하니 거문고를 타서 객을 위로하였다.

〈음빙실집(飮氷室集)을 읽다〉
"천지가 모두 이 이치를 따라 돌아가니, 승침(昇沈)을 내 앞에 지나가게 하지 마라. 임공(任公)은 끝내 서풍객(西風客)이니, 뭇 경전을 뒤집어 한편으로 떨어졌다."

---

12 이병헌(李炳憲 1870~1940) : 호는 진암(眞菴). 일제강점기 때, 유교의 종교개혁운동인 공교운동을 전개하였으며, 「역사교리착종담」, 「오족당봉유교론」 등을 저술한 학자이다.

〈서유기행 6수. 산천재에서 남명선생 계정 운을 사용하다〉
 "나라의 먹은 귀를 종래 깨칠 수 없으니, 천재에 쇳소리를 달았다. 지척에 천왕이 가까우니, 사람이 달려가 울리고 싶다." 경우당(景愚堂). "은하로도 씻지 못할 노년의 마음을, 선령이 좌우에 임함이 부끄럽다. 골짜기에서 뛰노는 다람쥐를 짝하고 싶고, 교외에 생긴 융마가 어찌 침입하리오. 동산 속 초목은 자연히 봄가을인데, 산마루 흰 구름은 고금이 없구나. 구슬 같은 숲 삼십 리를 점단하니, 광화가 여기로 집중되어 호탕한 음을 권한다." 평촌도중. "관목이 침침하여 하늘도 통하지 않는데, 돌아보니 몸이 백운 속에 있구나. 갑자기 서로 보이다 또 서로 잃어버리니, 이제야 건곤의 색이 곧 공임을 믿겠다."

〈대원사〉
 "서쪽으로 와서 석가생과 짝을 하여보니, 여기에 이르러 겨우 물체를 떠난 정을 알겠다. 음골(吟骨)은 갑자기 산골(山骨)을 따라 용솟고, 심파(心波)는 수파(水波)를 향하여 밝아지려한다. 천애에 한번 취하니 다시 나라가 애상되고, 주머니 속 일천 시가 어찌 성곽에 견주랴. 육십에 등림하고 지금이 두 번째이니, 하늘가 가벼운 구름은 지금 몇 번을 나는 것일까."

〈열천정(洌泉亭). 진양 서쪽에 있는데 성씨(成氏)가 축조한 것이다〉
 "골짜기는 도가 유에 상접한 것 같고, 꽃과 나무 서로 섞이어 다시 보니 그윽하다. 경권은 해를 옮겨 범위가 넓고, 명분이 길을 막아 하늘 놀이 꿈꾼다. 운산이 멀리 모여 옷 위에 밝은데, 일월이 탄환처럼 나무 머리에 나온다. 나는 고정에서 철적(鐵笛)을 듣고 싶은데, 음혼이 발발하여 오래도록 머문다."

〈사양정사(泗陽精舍)에 유숙하다. 사상(泗上)에 있는데 오천 정씨(烏川鄭氏)의 선정(先亭)이다〉
 "가련한 옥패가 서로 권하며 이끌어, 황야에 서성이며 갈 곳이 아득하다. 빈손으로 공연히 천하의 뜻을 품었고, 긴 끈으로 백년의 세월을 잡아매려 하였다. 선산(仙山)은 발아래 신에 구름이 따르고, 명사는 술동이 앞에 달이 옷에 있다. 누대 위 춘추는 옛 세대를 증명하니, 문충의 남긴 단서 아마 적지 않으리라."

〈사월 육일에 회봉이 동으로 개골산 놀이를 하는데, 내가 서신을 보낸 기간에 가기로 하였으나 실행하지 못하였다. 후에 관동행초 수십 편을 얻어 그중 가장 이름난 것을 택하여 작품에 따라 잡되게 써서 일곱 수를 얻어 웃으며 회봉에게 주었다〉

〈금강산(金剛山)〉
"강포의 문장은 회로가 놀라운데, 관동의 안면은 금강이 기쁘다. 천부는 인간에 견루 되어 가지 못하니, 부질없이 긴 바람 한 돛대의 행함을 저 버렸다네."

〈신라왕자의 옛터. #마의태자(麻衣太子)가 나라가 망하자 이 산에 들어와 돌아가지 않았다〉
"개골은 태자산이라고 할 만하니, 남은 위엄 아직 만봉에 뻗쳐 편안하다. 상심한 창덕궁 앞 버들은, 서풍에 다 꺾이고 스스로 한가롭지 못하다."

〈연광정(練光亭)〉
"들으니 동에서 모임의 일을 발한다하니, 산하와 인물이 모두 길상이라 할만하다. 응당 이 날밤 정자머리 달이, 강성에 흘러 비침이 모두 비단광채 이리라." #
#.이 때 한양성중의 명사 정인보[13] 최익현[14] 등 이십여 명의 인사가 모인다고 하였다.

---

13 정인보(鄭寅普, 1893~?) : 해방 이후 『조선사연구』, 『양명학연론』 등을 저술한 학자. 한학자, 교육자, 역사가로서 〈3·1절 노래〉 가사를 지었다. 1990년 건국훈장 독립장이 추서되었다.
14 최익현(崔益鉉 1833~1906) : 자는 찬겸(贊謙). 조선 말에서 근대기의 문신이자 학자, 애국지사이자 서예가이다. 위정척사론의 사상적 지주이자 실천적 활동가였다.

〈시월에 선조 평해공(平海公)의 세일제(歲一祭)에 참석하고
북정기행(北征紀行)을 얻었다. 십수〉
"영창에서 김사문 수(金斯文 洙)를 방문하는데 도중에 비를 만나다. "객이 대량국(大良國)에 이르니, 수레는 황엽의 포위를 뚫는다. 짧은 다리는 물이 한자나 빠졌고, 먼 길은 비가 옷을 침입한다. 골짜기가 가까워 집이 환히 보이고, 풍속이 순박하여 사립을 모두 열어 두었다. 하늘이 개어 먼 길을 나서니, 물가의 새가 사람 가까이 난다."

〈노강재(魯岡齋)〉
"삼십 년 만에 현실을 참배하니, 유손의 눈이 머리에 가득하다. "흙 속에는 천년의 안면이요, 머리 위는 한 집안의 하늘이다. 남으로 돌아보니 진분(秦氛)이 합하고, 북으로 오니 위회(韋會)와 연결된다. 머문 잔에 기쁜 기운 발하고, 남은 생각은 씁쓸하게 변한다."

〈한일재윤삼 승일(韓一齋允三 承一)에게 주다〉
"지는 해 찬 숲에 객 그림자 달렸는데, 도원의 한 길은 외로운 연기 끌린다. 동중에 우연히 신문(晨門)의 늙은이 만나, 주후(肘後) 농서 이야기하여 전한다."

〈홍유동(紅流洞)〉
"도가 굴하니 몸을 장차 숨으려는데, 초연히 세상의 번잡함도 싫다. 변화한 불자의 나라요, 적막한 최후의 문이다. 바위의 먹은 일천 귀신을 놀라게 하고, 개울의 우레는 백운 속에 나온다. 공산에 황엽이 싸우는데, 역시 그나마 아군을 장하게 한다."

〈비에 용산 정씨 집에 유하다〉
"용산은 진정 고사(古祠)이니, 거민은 당풍을 좋아한다. 백우에 나그네가 추워하고, 늦가을 들 술을 함께한다. 닭은 뽕나무 밖에서 울고, 부인네는 대나무

울 물을 긷는다. 두 세 동자 아름다우니, 이웃 글방에 밤이면 서로 따른다."

〈가서에서 곽선생 묘에 참배하다〉
"광풍제월 가서(伽西)의 길에, 천한 내가 어긴 지 이십 년이다. 청목(靑木)에 미혹한 혼 아직도 돌아오지 않으니, 지금도 남은 노여움 무덤에 가득하다."

〈장군석에서. #.홍류동 아래 십리에 있다〉
"구름밖에 아기(牙旗)가 나열하고, 멀리 한 진지가 빗겠다. 문득 천장이 내려옴을 만나니, 갑주를 벗고 깊은 성을 지킨다."

〈허굴(墟堀)산방에 유숙하다〉
"가현의 삼산은 진정 닮을 수 없는데, 누가 이 지방을 지도에 넣었나. 눈 앞의 일천 부처를 모두 관리하면서, 예사로 세상 호걸에 든다고 하지는 못하리라."

〈양청사 성윤(梁晴蓑 性潤)에게 주다〉
"청사노자는 붓에 바람이 나는데, 운연(雲煙)을 흩뿌리다 보면 한낮 종이 울린다. 진환에 우연히 만나 옷이 젖지 않음은, 군의 먹 솜씨 기이하게 깊이 침투함이다."

〈황계폭포〉
"제왕의 도끼 동으로 행하여 극히 생각 허비하고, 음아질타하여 기이한 모습으로 변하였다. 내가 와서 그나마 장하다며 귀먹을까 시름하는 폭포를, 공산에 큰비 올 때를 보지 못함이다."

〈십일월 사일 생일. 경진(庚辰)〉
"망망한 대괴는 아직 많이 비어있는데, 어쩌다 이 몸은 작은 해동에 오게 되었나. 천상의 기성은 아직 노하지 않는데, 인간의 노적은 어찌 길이 궁한

가. 연명(淵明)의 책자(責子)는 천명이 좋았다고 할 수 있고, 정칙(正則)*을 긴 해로 함께 하려 생각한다. 소나무 아래 한천은 밤낮으로 가는데, 앞기약 그나마 기쁨은 선공을 배알함일세."
　* 正則은 굴원의 字이다. 도연명에게 화답함을 의작하다.

〈구일한거(九日閑居)〉
　"국화를 운명이 좋다고 하는 것은, 천재에 도연명을 만난 것이다. 일찍이 품평을 거치지 않았으니, 어느 사람이 그 이름을 귀하게 여기었나. 찬 꽃송이가 후세에 퍼져서, 지금도 영원히 명성이 남았다. 유연한 취지를 알지 못하고, 미련한 신선은 한갓 수명만 배양한다. 해마다 구일의 아름다운 취지는, 누구와 혼자 잔을 기울이나. 탄식한들 번잡한 심사만 얽히니, 시나 읽는 것이 역시 영광이다. 전오(典午)*는 시대가 이미 바뀌었으니, @. 취하여 외로운 정을 의탁한다. 죽으면 당연 성자(星子)를 따를 것이니,** 이 뜻을 혹 이루려나."
　* 전오의 典은 司이며 午는 馬이니 즉 司馬氏 晉을 말함이다. ** 도연명의 葬處.

〈귀전원거(歸田園居). 5수〉
　"여러 초목을 관리하고, 작은 움집은 청산에 붙어있다. 공명은 이만해도 넉넉하고, 유유히 햇수도 기억 못한다. 뜻이 일면 혹 몸조차 잊고, 한 길로 현연에 들어간다. 갑자기 이웃 늙은이 만나면, 손을 끌고 전원의 밭에 들어간다. 가까운 골짜기 석장도 많으니, 서로 읍하고 앞뒤로 늘어선다. 지팡이 세우고 오래도록 이야기하다, 굽어보면 이미 저녁연기 난다. 나무 베는 소리도 따라 적적하여지고, 푸른빛이 절정에 이른다. 문에 들어가니 옷은 반이나 젖어있고, 무너지듯 시서 사이에 눕는다. 군이 흥이 항상 많아야 할 것 없고, 쾌한 곳에 매번 웃는다." 우(又). "구우(九宇)에 지금 일이 많아서, 장자(長者)의 말을 보지 못하였다. 한 꿈이 융중(隆中)으로 인도하여, 졸면서 먼 생각은 단절되었다. 천리의 나라가 길이 가버리니, 대초(大招)도 갈 곳이 없다. 귀밑에 세월이 비치고, 팔 아래 버들이 자란다. 모양을 살피니 분명 할 말이 있는데, 거처가 넓지 않음이 무슨 한 되느냐. 신무(神武)가 천명을 저버리니, 풀덤

불에 버림이 마땅하지 않다." 우. "약을 캐러 앞산에 들어가니, 구름 깊어 보이는 사람이 드물다. 영지는 잡초로 변하고, 종일 빈전대로 돌아온다. 세상 병은 끝내 치료가 어려우니, 눈물 글썽이며 내 옷을 적신다. 기황(岐黃)이 남긴 요결이 있는데, 뒤적이던 차에 아마 어기었나보다." 우. "우연히 좋게 죽을 땅을 얻어, 산언덕에 깊은 놀이를 맺었다. 옛 대나무는 해를 지나 무성하여, 푸르게 집터를 옹호하였다. 앞 사람도 응당 속되지 않아서, 나에게 유거를 사치하게 하였다. 너무 맑으면 오래하기 어려우니, 나는 이제 과수를 심으리라. 천 그루의 밤으로 가을빛을 점치고, 세 가지 복숭아로 낮 비단같이 하리라. 때가 되면 증상(烝甞)을 받들고, 아손은 쓰고 남음에 배 불리리라. 나에게 산업(山業)이 부유하다 하나, 언제 빈말을 하였느냐. 동쪽 집과 밭길이 연하였으니, 남길 문서는 지금 만들 것 없다." 우. "자고 나니 담담히 일이 없어, 기구하게 돌 굽이를 지난다. 산 꿩은 사람 놀라게 하며 지나가고, 돌아 보니 구름이 발에 따른다. 창송은 팔구 주는, 안색이 친속이 되었다. 뜻을 구하면 후조(后凋)에 있으니, 이 뜻을 군은 응당 알리라. 어찌 내가 긴 탄식을 발하느냐, 이미 육십이 지났는걸."

〈사천(斜川)에서 놀다. 계축 삼월 십일에, 천려, 능재, 기당, 창재, 제공 등과 함께 기산에 가서 놀면서 풀을 깔고 나누어 앉아 돌 위에 술을 채우고 서로 시를 내어놓고 기쁨을 다하고 돌아왔는데, 지금 이미 이십칠 년이 되었다. 창재, 기당은 선후로 나무에 들어갔고, 남은 몇 사람도 역시 모두 노쇠하여 다시 성할 때의 풍운을 볼 수 없으니 개연히 애상이 더하여 미루어 부하였다. 1수〉

"천지는 유구하니, 나는 장차 쉬어야겠다. 곧 기산 위를 바라보니, 옛날 거들먹임 이루어졌다. 창공은 높은 휘파람을 잘 불고, 기자는 맑은 흐름을 좋아하였다. 천옹은 나이 제일 많았고, 취한 후에는 머리가 갈매기 같았다. 능재는 나처럼 수척하였고, 멀리 바라보며 언덕에 의지하였다. 홀홀히 나는 빛은 달아나고, 네 사람 중 반은 귀신 짝이 되었다. 지금의 풍일도 좋은데, 전일의 기쁨도 역시 이루어지려나. 척척하게 내 걸음 짧고, 초초하게 내 마음 근심된다. 원만한 모임은 구원에서나 될까, 이때는 구하고 싶지도 않다."

〈이거(移居). 갑술 섣달그믐께 내가 진양부에서 월성으로 들어갔다. 다음 해 병자에 새로 집을 중산 아래 구성하였다. 계산해 보니 내 평생에 대체로 세 번을 옮기었다. 마치 나귀가 맷돌을 돌 듯 그칠 수 없었다. 세상의 시끄러움은 날로 심한데, 떠도는 자취가 더욱 우습다〉

"다행히 희이수(希夷叟)에 의하여, 나를 위해 집 하나를 가렸다. 산중이라 목숙(苜蓿)도 많아, 처자의 조석을 공궤하였다. 산을 보며 구름 날개를 보내고, 한가로움이 도리어 노역이 되었다. 괴롭게 지키어 무엇을 하느냐, 응당 자손에게 자리를 남길 것을. 아름다운 땅에는 사람이 많이 어지르니, 이 이치는 예로부터 전한다. 뭇 악함이 때로는 서로 조롱하지만, 혼자 웃으며 스스로 분석하지 않는다."

〈계묘년 십이월 중에 종제 경원(敬遠)과 함께 하다. 가제 선부가 오랜 병으로 일어나지 못하니 세월이 탕로(湯爐)에 사라지고 환락은 연상(聯床)에 비었다. 우연히 신결(神訣)을 얻어 완전히 깨어남을 기대한다〉

"생각하면 아우는 인덕이 많으니, 어찌 하늘이 단절하는 바가 되겠느냐. 삼 년을 자리에 누웠으니, 가시 사립을 낮에도 닫아둔다. 꿈속에 신비함을 얻으니, 모든 마가 눈 녹는듯하다. 고목에 곧 영화가 돌아오고, 피부가 빙옥처럼 깨끗하다. 세간의 큰 기쁨이, 이에 대해 비유하기 어렵다. 이 형은 나이 이미 많아, 돌아가 두 분을 기쁘게 볼 것이다. 남은 그늘이 백 세를 덮을 것이니, 이 보답은 앞선 공이다. 만난 시대는 지금 늠름하지만, 다행히 혹시라도 절차를 훼손함이 없다. 감히 천고의 단서야 엿볼 수 있나, 누가 일러 내 꾀가 옹졸하다 하느냐. 원함은 가진 것을 굳게 하여, 죽음에 이르고 나서야 이별하라." 우. "꿋꿋한 이충무는, 한 손으로 청목을 붙들었다. 궁민(穹閩)으로 해파(海波)를 자르니, 동추(東醜)가 심곡으로 달아났다. 어리석은 진린(陳璘)도 역시 마음이 꺾이어, 조정에 주달하여 보욕(補浴)이라 칭하였다.* 주의하라 너 꿈틀대는 것아, 영령이 밝게 밝힐 것이다." 우. "내 종족의 서경(西冏) 늙은이는, 충략(忠略)이 옛을 떨쳐 길다. 하늘이 중엽 때에, 재능을 내림은 예사롭지 않았다. 고혈이 원야에 가득하고, 다행히 고생하며 군사의 도량을 이었다. 지금은 외로운 산이 푸르니, 이 사람이 속에 있다."
 * '여왜가 하늘을 메우다(女媧補天)'와 '희화가 해를 목욕시키다(羲和浴日)'

〈무이정사(武夷精舍)에 쓰다. #정명암(鄭明菴)이 남긴 정자다〉
"명절이 사물(私物)이 된 것은, 동방의 수양(首陽)이다. 천구가 하도와 병합되니, 역세에 빛을 입혔다. 환환한 충의(忠毅)의 검은, 동방의 기백이 북비의 넋을 빼앗았다. 시무(詩誣)로 장성을 무너뜨리고, 소조(小朝)는 어쩔 줄 몰랐다. 피사(皮使)가 요동 벌을 달리고, 묘당은 수치를 당하였다. 막연한 백 년간에, 헛되게 장부의 뜻만 상하였다. 영력(永曆)의 늙은이를 보라, 영화롭게 오랫동안 아름다움을 누렸다. 몸 가득 풍상의 기운은, 천왕의 지척에 자정하였다. 버젓한 무이동에, 머리 위는 일월이 달랐다. 하나의 맑음이 후를 강신한 말이, 천추에 공의 비사를 밝혔다. 황황한 세 글자의 먹이, 구곡의 숲 도깨비를 막았다. 공이 운이(雲螭)를 멍에 하였다고 하니, 초동목부도 인서(人瑞)에 놀랐다. 구슬 같은 삼백의 눈물이, 수도(隧道)를 진흙탕으로 만들었다. 세월이 오래라고 어찌 잊으랴, 군중의 모의로 정자 하나 일어났다. 원함은 강리(江蘺)를 캐어, 멀리 산자락에서 기다림이다. 고방(古邦)의 혼아의 곡함에, 공이 오는데 누가 고삐를 모느냐. 군을 한 고을의 선인이라 하니, 아직 한가(漢家)의 기치를 세우고 있다. 서로 만나 옛 겁난을 이야기하니, 교교하여 사람의 의지가 되었다. 시를 써서 천한 이름 의탁하니, 굽히며 도리어 스스로 탄식한다."

〈김매서 극영(金梅西 克永)의 만사〉 "
백번 죽는 인간이 나에게서 시작하니, 지금의 군국에는 이 옹이 참되다. 미언(微言)은 줄줄이 은하를 단듯하고, 고기(古氣)는 등등하여 쇠를 잘라 새롭다. 사마(司馬)의 남긴 거동 서로 집에 비치고, 위고(韋高)의 제자는 다시 정신을 전한다. 종래로 천지가 저 근본으로 돌아가니, 누가 외로운 거처에 반드시 이웃이 있음을 믿으랴."

〈탁연정에서 회봉 복재 원곡한우석(元谷韓禹錫) 제공과 함께 하다〉
 "조객이 찾아오니 어둠이 깨지고, 등 앞에 술이 다하니 거문고 타는 소리 연속된다. 세간의 논란에 이르러 다시 말이 없으니, 득실이 누구 집의 범과 형이냐."*
 *슬프게도 의표는 모두 죽었고, 堪嗟毅豹均爲死,
  형범도 각각 보전되지 못했지요. 定識荊凡各未全.

〈존도재(尊道齋)에서 회봉과 김사문수 정직부덕영(晦峯 金斯文銖 鄭直夫德永)과 함께 한운(限韻)*으로 짓다〉
 "사수 동쪽머리에 옛 문벌 찾아서, 문에 드니 위졸이 노송을 읊는다. 신이 노는 곳마다 일천 봉 푸르고, 머리 희어 돌아오니 사해가 어둡다. 민호 풍속을 보니 호랑이가 날개를 달았고, 선림에 글을 지으니 거문고 마음이 불러난다. 제남 명사가 허다히 이러하니, 적막하게 상봉하니 의기도 깊다."
 *한운은 원운과 같은 의미로 정해진 운자다.

〈사수정(泗水亭)에 쓰다. #. 최씨가 건축하였다〉
 "좋은 때에 혼자 가며 명산을 읊는데, 이웃집 옥적은 달을 노래함이 들린다. 우주는 어느 때 일천 형상이 고요하려나, 건곤은 쉬지 않고 일심으로 한가롭다. 청풍이 움직이려 하니 동파의 먹이요, 백석을 만난 것 같음은 미불의 안면이다. 대를 두르고 꽃에 물주니 하는 일이 아름답고, 암문에 해가 끝나도록 혼자 한가롭다."

〈선부의 병중에 부친다. 6수〉
 "우연히 온 요세(饒世)에 부쳐 살기 고생인데, 베개 위의 광음이 육회를 돌아온다. 조용한 창에 황엽의 소리 시름 속에 듣고, 추위로 인해 구근의 재를 싫도록 보았다. 형해를 한번 씻으니 치양이 회복되고, 의관이 다시 새로우니 즐거운 생각이 열린다. 요황의 사면조서 힘을 쓰기 어려우니, 마음을 굳게 잡아 옥대에 올리세." 우 "인간 세상 백 년이 어찌 쉽게 얻어지나, 괘방

(卦房) 여섯 위에 반이나 근심일세. 가슴속 안개비는 일천 날의 근심이요, 꿈속 은하는 오대주를 씻었다. 고해에 흐름을 타니 힘쓰기 축축하고, 황림에 자취를 숨기니 사슴울음 유유하다. 안전에 뉘엿뉘엿 나는 빛이 급하니, 통한의 노래 이루었으나 수작할 이 드물다." 우. "망육(望六)에 처음으로 며느리 들인 첨지 되니, 아이 어리석고 처는 병들어 집안이 우습다. 뇌가(耒枷)의 빈 벽에 늙은 삽살개 굶주렸고, 간책은 책상에 버려져 좀 벌레가 함께한다. 사주(社酒)는 밉살스레 마을에서 나눠 오고, 부엌의 등불은 아직 새신(賽神)을 위해 밝혀있다. 장부가 이러하면 참된 복 받음이니, 누워 서린(西隣)으로 다투어 가는 것을 듣는다." 우. "풍진에 이 모궁(茅宮) 하나 있으니, 해내에 소조한 이 두 첨지일세. 핍측하게 이웃에 사니 서로 웃음이 들리고, 기구하게 계곡을 지나니 스스로 귀가 먹었다. 남은 해가 백이 없으니 일은 어떻게 끝나며, 척벽을 셋으로 나누어도 즐거움이야 어찌 다하겠나. 부질없이 영구(靈邱)를 점쳐 처치를 분명히 하였느니, 신전신후가 크게 몽몽하다." 우. "동으로 금강산 북으로 계야를, 하나의 혼이 아득한지 십여 년일세. 옷을 떨치고 공간을 나는 송골매를 배우려 하였고, 걸음을 옮겨 다시 구멍을 찾는 고기가 되었지. 오랜 세월 관대의 모임을 듣지 못하였고, 긴 하늘에 아우와 형의 수레를 몰지 못하였다네. 춘추가절은 지금도 옛날 같은데, 선풍을 취하여 천천히 하지 말게나." 우. "어쩌면 위방(危邦)에 어모의 계책이 있을까. 그리고 좋은 세상에 전문(典文)의 재주가 비었다. 부침하며 부끄럽게도 동리(東里)의 노래를 들었고, #. 통곡하며 도리어 사대(謝坮)의 취함을 의심하였지. 황혹이 시기에 뒤지니 그칠 곳이 아니며, 뭇 치조가 다투어 화를 냄이 서로 돌아와 요란하다. 등한한 우락(憂樂)이 길이 다르지 않으나, 어리석은 눈이 나누어 생각하기에 수고로울 뿐이다."

#.선부가 방리의 경제를 조금 시험한 일이 있는데, 마을 사람들이 정자산에 비하였다.

〈신사년의 제석〉
"예순 산옹이 장한 뜻을 거두니, 일천 년의 역사가 슬픈 시에 들어간다.

동린에 있는 피는 누구를 따라 마시며, 서사(西社)의 별의 기원 혼자 스스로 안다네. 아우 생각에는 집에 전하는 봄 편지 기쁘고, 어버이 생각에는 꿈에 달려가는 제경은 더디다. 앞에 있는 일백 세대는 곧 지금 저녁인데, 비환이 교역되니 어찌 기한을 정하리오."

〈무제(無題). 2수〉
"모옥 잔등에 빗소리 느리게 들리는데, 내 계획 생각하니 나날이 어긋난다. 우습게도 저 창생을 요리할 꿈은, 부질없이 하찮은 재주만 믿고 이 시기에 들어왔다." "한 생각이 하늘에 통하니 팔구는 그윽한데, 세상에 내가 놀 땅은 없다. 우연히 만난 싸움에 이긴 뜻이 합당한 것은, 삼산에 거둔 십주를 들 수 있다."

〈임오년 이월에 친묘를 송곡(松谷)에서 참배하고 지었다〉
"천구와 이옥을 고선이 전하니, 머리 숙여 뜰에 나아가니 앞뒤로 비친다. 소나무 아래 맑은 샘을 서너 움큼 마시니, 흰머리 자친의 젖 같아 또한 기쁘다."

〈구방산 연하(具方山 然夏)의 만가. 2수〉
"염상(濂上) 명문이 나열된 별과 같은데, 장인이 당시에 노나라 영광(靈光)이 되었다. 계명(鷄鳴)에 선을 행하여 황발에 닿았으니, 유초(遺草)도 볼만하겠지 멀리 향촉을 보낸다." "내 말이 동으로 사십 리를 가서, 분음의 산수에서 열 선인을 배알하였다. 신정(新亭)에 술을 드니 다시 초창함은, 벽상의 맑은 이름 안전에 비추네."

〈63세에 내 마루를 정일(靜一)이라 명명하고 인하여 느낌을 기록하다. 1수〉
"봄빛이 홀홀하여 육삼 번을 기우니, 검은 땅에 어찌 흰 꽃이 핌을 보겠느냐. 몸과 마음을 서로 희롱함은 도리에 맞는 것이 아니니, 정일(靜一)을 두는 것이 스스로 잘한 것인 줄 안다." #.
#.백낙천이 신심문답(身心問答)을 지어서 "신심을 가상으로 희롱하며 서로 왕복한

다."는 등의 말이 있다. 동파의 적거삼적시(謫居三適詩)가 있는데, 내가 한 해가 끝 나도록 외롭게 처하니 귀양살이 아닌 귀양살이와 같다. 그 시를 읽고 뜻이 이해되는 부분이 있어 문득 쓰다.

〈일찍 일어나 머리를 손질하다〉
"맑은 아침 문을 열어 일천 봉을 들이고, 짧은 머리 많지 않으니 우선 바람을 향한다. 오랜 객으로 천명에 대하는 법을 스스로 아니, 어찌 진기를 황궁*에 주입함을 꾀하겠느냐."
* 도가에서 뇌를 황궁이라 한다.

〈하담(荷潭)노인에게 주다〉
"담상노인은 신이 붓을 따르니, 숲을 벗어난 비조가 공중을 일소한다. 석옹의 뼈가 차가워지자 마침 아름답다 칭하니, 오색 비단은 끝내 뭇 맹인이 함께하는 것은 아니다." #.
#.權石山이 죽은 후에야 글씨의 명성이 비로소 떨쳤다.

〈유감(有感)〉
"닫고 앉아 부질없이 마음 길이 바쁨을 탄식하니, 일생 사업이 황당한데 들어갔다. 베적삼 값이 귀하니 몸이 사치스럽고, 백반이 때로는 엄하니 입이 향기롭지 못하다. 나라가 부평초 되어 곳곳에 메이고, 백성은 병든 풀이라 걸핏하면 상처 입는다. 머리 드니 홀홀하게 하늘은 눈이 없으니, 부질없이 산하를 잡아 묵향으로 달린다."

〈종숙 신암공 택수(愼菴公 澤秀)의 만사. 2수〉
"삼척의 좋은 계책 죽도록 온전하니, 털 한 올인들 어찌 철수의 앞에 움직이랴. 집을 짓는데 별도의 천륜의 즐거움 있으니, 인간의 큰 원함을 얻었도다." "영명을 고을에 남기는 것은 생각지 않고, 생전에 즐거운 뜻으로 행함을 다하려 하였다. 죽으면 조상 곁에 가리라고 하면서, 해마다 묘의 나무에 남은 잔을 뿌렸다."

〈노사집(蘆沙集)에 쓰다. 2수〉

"문자의 행보는 완연히 은하를 쏟는 듯하고, 한 점 하자인들 어찌 일찍이 옥계에 빗기리오. 눈에 가득 찬란히 기절한 곳은, 성신의 제자리가 스스로 집이 되었네." "기백의 바다 비등하여 사방에 연결되고, 침침한 풍우는 백 년을 내린다. 멀리 들리는 닭 울음은 어디에서 오느냐, 찬 강에 초승달이 동천을 대한다."

〈주자의 추야탄(秋夜歎)을 차운하다〉

"늙어가니 잠이 적어 상가(商歌)를 익히니, 밤늦도록 쉬지 않으니 마치 매미 같다. 원근에 우는 닭울음에 문을 나서 바라보니, 은하는 곱디곱게 집 중앙에 비친다. 홀연히 한 길에 탄식이 들고, 창생의 일백 시름 끝이 어렵다. 산하는 주인 기다리는데 어찌할 거나, 이곳이 진실로 아름다워 생각이 날개 날듯하다."

〈제부 이씨 부인의 만사. 2수〉

"옛 종족 십엽을 유인만 믿었는데, 아름다운 공적 세묘(世廟)의 진부함에 알맞았다오. 사랑의 빛이 여러 조선에 입힘을 생각하면, 세상천지에 효성의 복이 새로웠다오." "찬 서리 심한 더위 병든 남편과 함께하니, 육 년을 호장에 약 달이는 불이 붉었다오. 정혼(貞魂)은 응당 몸을 따라 변하지는 않았을 것이니, 천문에 달려가 기이한 공을 호소하소서."

〈계미년 사월 이십오일에 셋째 손자가 태어나니 기뻐 쓰다. 2수〉

"명산의 운무 속에 기거하니, 등등히 세 번이나 상룡(祥龍)이 내려옴을 보는구나. 하늘이 응당 나의 굶주림을 가여워하여, 인간에 비를 내려 공을 아뢰게 함이로다." "인생이 몸은 늙어도 뜻은 오히려 성대한데, 자식 빌기를 어찌 따오기 무리와 같이 하겠느냐. 높은 신이 일소로 채움을 입을지 두려워하여, 돈을 차고 학을 타며 또 글을 남긴다."*

  * 고담에 천금부자냐, 학을 타는 신선이냐, 양주목사냐 어느 것을 하겠냐고 하니 여러 말이 분분한데 한 사람이 나서 말하기를 "나는 腰帶千金하고 乘鶴上楊州라고 하였다.

〈율곡사(栗谷寺)에서 결하(結夏)를 하는데, 군중의 제로가 모두 찾아왔다.
#.함께 논 사람은, 權松山 鄭誠齋 金重軒 金弘菴 李果齋 李可軒 九遇沈恥堂 景晦閔上舍 子直李普賢 및 釋子朴上人 등 이십 인이다〉

"사십 년 사이 객으로 두 번 돌아오니, 선루는 아득히 공중에 닿아 지어졌다. 교금은 나무에 나와 시절을 알리고, 방초는 하늘에 연하여 석대를 침범한다. 술에 취한 맑은 시는 거두어 손에 가득하고, 구름을 뚫는 외로운 분함은 재주 없음이 부끄럽다. 지금은 호발에 흩어짐이 아까우니, 좋은 일은 어느 곳에서 올지 알 수 없다."

〈유천려자선(柳川黎子善)의 만사. 2수〉
"몸은 좋은 운명이 없어 세상은 엎어지는데, 죽음을 즐거워하고 삶을 슬퍼한 지 몇 년이더냐. 오늘 청산에 타고 감을 옹호하니, 작은 시를 응당 영전에 읽음을 기뻐하리라." "인간의 자식 일 몸을 떠나지 않았는데, 천상의 신선이 불러 이웃 삼으려 하네. 구정에 술이 와도 빈상이 비었으니, 문득 뜰의 꽃을 보아도 뜻이 새롭지 않다."

〈문질 자수수형(子壽壽馨)이 치일재(致一齋)에서 글을 읽으니 기뻐 짓는다. 2수〉
"늙은 전나무 침침하고 사슴 길이 통하는데, 운림 뱃속의 도깨비와 같다. 독서로 천태의 세계로 변하게 하니, 단지 산새에게 고풍을 알게 하는구나." "장부라면 하늘과 통하는 것이 있어야 하니, 묘처는 응당 같지 않음에 있는 줄 알아야 한다. 하나의 일을 군에게 당부하니 군은 기억하라, 위로 이렇게 구만리이고 아래로는 이 바람이다."

〈이 해에 오석 열한 개를 다스려 여러 선묘에 세웠다. 누대에 겨를이 없던 것을 마침 오늘에야 이루니 우리 집안의 일대 쾌한 일이라 하겠다. 기뻐 장구를 지어 제종 곤제에게 보이다〉
"아름다운 돌은 남포에서 왔고, 영광이 십 대의 봉영에 입혔다. 잘 운반한 것은 순한 양을 모는 듯하였고, 질박한 제도는 누추한 비늘 고래 같았다. 갑자기 황초의 땅을 보니, 푸른 수정이 솟아났다. 형연히 조선의 모습이 밝고, 쟁쟁하게 조선의 음성이 들린다. 굳셈을 만지며 그 덕을 상상하고, 온화함을 바탕으로 그 정을 품는다. 천추의 송백 사이에, 높다랗게 작은 정성을 표하였다. 누가 작은 물체가, 열다섯 성곽을 치기 어렵다고 했나."

〈중하에 박금호(朴錦湖)를 방문하다〉
"지팡이 하나로 산서의 높은 숲을 뚫고, 저문 날에 우쭐대며 도우를 찾았다. 두 귀는 산 밖의 일은 듣지 않고, 고송과 유수의 거문고에 마음을 기울였다."

〈자술(自述)〉
"스스로 우습다 동쪽 마을 바위 아래 첨지가, 험하고 역락하여 머리는 쑥대 같다. 부질없이 오석(五石) 드리를 안고 아무 쓸모없으니,* 길이 하늘의 복을 허둥대는 중에 기다린다."
* 장자의 소요유에 나오는 五石之匏.

〈추석〉
"황관에 지팡이 끌고 혼자 노니는데, 천추에 긴 휘파람 너무 적막하다. 달이 흰 촌마을은 요순의 나라인가, 산 깊어 문은 도나 선의 집 같다. 천오냐 자봉이냐 의상은 요란하고, 계주와 난탕은 조두(俎豆)에 담겼다. 홀홀히 주강(周綱)은 비로 쓴 듯 되어가니, 시의 채집이 유신(侑神)에 많음이 마땅하다."

〈이생수찬 노생기만(李生壽贊 盧生箕萬) 두 사위에게 주다〉
"산골에 가을 오니 고단한 삶을 묻는데, 풍진의 인사는 다시 어떠하냐. 붉은 어깨로 고생스레 산목을 메려 말고, 흰 배는 항상 간책을 채우려 하여라."

〈김사문(金士文)의 만장. 3수〉
"뉘가 옥패에 구장을 휘날리나, 너울대며 들을 지나니 상서롭지 못하다. 다른 때 동으로 대량국에 간다면, 사향 사슴이 봄 산을 지나면 풀은 자연 향기로우리라." "경내의 영재가 눈앞에 나가니, 당시의 도리(桃李)는 다전(茶田)에 모였다네. 하늘땅에 가득한 무궁한 뜻은, 풍진에 소각되어 베풀지 못함을 어쩌랴." "사해에 만족한 나의 지기 하나라던, 동파의 이 말은 참으로 아름답다. 고금에 같은 예로 상질(喪質)을 논한다면, 혼자 외로운 산을 대하여 멀리 물을 보낸다."

〈허사경 국헌(許士敬 菊軒)에게 써서 부친다〉
"계추 하늘에 서리가 흰데, 군을 국화 속에 방문하네. 국화가 온통 몸을 덮어, 향기가 빌 새가 없구나. 내 들으니 군이 어릴 때 외롭게 되어, 유학하여 날마다 힘써 하였다지. 갑자기 이 시대의 어려움을 만나, 기산 남쪽에 차운 종적을 숨겼다. 한 걸음도 퇴피를 경계하고, 외로운 뜻으로 사사의 궁함을 다독였다. 지킴은 혼자 있기를 좋아하고, 국화를 맹세로 큰 공을 이루었다. 명확하게 문미 위에 써두고, 안색은 추풍이 움직였다. 자네에게 청함은 남은 의를 실어, 늙은 나에게도 나누어 주게나."

〈계미년 제야에 회포를 부친다. 4수〉
"백발노인이 다시 새해를 보니, 술동이 앞에 새해의 봄을 거둔다. 감히 한 포기 풀도 혼자 사사로이 할 수 없어, 아침이 오면 백화의 이웃에 나누어 주리라." "고아가 여덟 살에 어미를 따라와, 회초리 피 흘리며 삼십 세의 몸이다. 어느 곳에 칼을 울리며 요귀가 숨었느냐, 토지문서 노예 호적이 일시에 새롭다." "사방에 서로 하례의 잔을 날리며, 집마다 응당 길상을 부르리라. 유민은 아직 명나라 숭배하는 덕을 주의하며, 지척의 천위에 마치 상처를 받은 것 같다." "신세는 마치 세약(歲鑰)이 닫친 듯한데, 산하는 그나마 태양의 높음을 본다. 기이한 미침 이러하나 무슨 소용인가, 단지 원함은 하늘이 호걸을 탄생시키는 것이다."

〈내형(內兄) 양명숙 종후(梁明叔鍾厚)의 만사〉
"외길로 편하고 비탈짐은 스스로 시기에 맡기니, 중간에 어려움 사람에게 탄식하게 하였다. 농공(農公)의 남긴 덕 하늘도 응당 염려하여, 아손이 이은 업이 기이함을 다시 본다." "늙어가며 지루하여 혼자 닮음은 어쩜이냐, 강마을 인척 친구 슬픈 조문도 많도다. 공은 지금 하늘 놀이의 길을 택하니, 동풍이 악어물결을 부딪침을 보지 않겠구나."

〈글을 청하기에 시 두 편을 하회봉에게 써 주다〉
"해내의 유종(儒宗)은 구양수인데, 붓 끝에 능히 구원의 혼을 되돌린다. 지금 아우를 보내 천상에서 놀게 하였으니, 남긴 무덤에 누가 옛 골짜기의 어두움을 밝히나." "기용(頎容)은 아쉽게도 비단에 그리지 못하였으니, 혼자서 구름을 보니 너무 적요하다.* 호두(虎頭)의 한 조각 그림을 얻어서, 풍신을 시대에 떨쳤음을 보려 함일세."
* 두보 시에 "思家步月淸宵立 憶弟看雲白日眠."

〈동생 선부의 묘소를 지나다. 2수〉
"문장 산수 두 지기(知己)로, 사해에 지금 너와 같은 이 없다. 이날 혼자 왔다가 다시 혼자 돌아가니, 크게 부르며 일만 봉우리 사이에 취한다." "서쪽으로 와서 통곡하니 산에 가득 전하는데, 내 몸이 이 하늘과 함께함을 나는 알지 못한다. 큰물을 서로 나누어 술의 바다로 이루니, 수성(愁城)은 어쩐다고 일백 겹이나 연결되었나."

〈학산정(鶴山亭)에 유숙하다. 2수〉
"새 정자는 웃는듯하고 웃으면 응당 소리가 있는데, 후로가 일찍이 묘리라 이름하였다.#. 덕을 이은 이가 지금은 하나의 묵묵함을 닦으니, 마음은 마치 옛 샘이 물결이 생기지 않음과 동일하다." "일만 소리 오는 곳에 없는 소리 들으니, 지극한 도는 본래 이름이 있는 것이 아니다. 일제히 소금을 닫고 내 본질을 온전히 하니, 백운 유수에 남은 생을 부치리라."
　#.許后山이 일찍이 칭하기를 "학산(鶴山)의 웃는 법은 묘리가 있다."하였다.

〈김원숙동섭(金元淑東燮)이 황산(黃山)에서 객사하여 노방(路傍)에 고장(藁葬)하였단 말을 듣고 몸소 그 무덤에 조문하지 못하고 시를 지어 슬픔을 부친다〉
"유석(幼石) 문전의 북면한 늙은이가, 심의(深衣)가 영락하여 양빈(楊貧)을 지었다. 한 추움이 황매산의 눈을 뚫고 들어가, 김군 혼자 제를 지냄을 감탄한다."
　#.이 때 金而晦가 혼자 綿酒로 눈 속에 조문하고 돌아갔다.

〈납월 이십오일 밤에 잠이 안와서 부질없이 쓰다. 3수〉
"달 밝으니 아이의 글이 게을러지고, 닭이 우는데 부인네 다듬이 소리 높다. 심하게 한가로워 도리어 잠도 적은데, 향불만 혼자 타들어 간다." "노쇠하니 조용함을 지키기 독실하고, 만뢰가 가슴속에 비었다. 외길로 어느 곳을 거두나, 나는 지금 나와 함께한다." "형체는 나를 소홀히 한지 오래되고, 일을 포용함이 좋은 종결이다. 조만간 청천 밖이니, 누가 병으로 못 움직인다 하였나."

〈송산이 매화 움 한 뿌리를 보내니 당 앞에 심어두고 몇 해를 지나자 꽃이 가지에 가득 피어 좋은 벗과 같았다. 인하여 두 수를 지었다〉
"찬 하늘에 밝게 서서 첫 향기를 점하니, 군을 대하니 도리어 내 모발에 서리를 깨달았다. 연년이 산중의 옛 친구를 저버리지 않으니, 짐짓 술동이를 배설하여 담담한 단장을 비치게 한다." "도원량은 버들에 취하여 봄을 항상 잃고, 노나라 첨지는 난초를 애상하여 세상을 슬퍼한다. 어떡하면 군과 함께 먼저 나서, 만국이 모두 편안하여 내 시기에 알맞음을 볼 수 있을까."

〈남이천명중(南夷川明仲)¹⁵의 만사. 2수〉
"칠 년을 맺는 결사는 분양에서며, 외길의 문훈은 월악 앞일세. 어쩌다 이 명행을 오늘 열었나, 잔 들어 새 하늘 대할 길 없다." "세상 학문이 선선하게 각기 문로 점하는데, 붓 끝에 공은 석담의 혼을 되돌렸다. 몸으로 기를 막아 참된 곳을 실었고, 또한 마음 근원에 이치의 경계 있음을 알았다."

〈을유년 사월 이십이일 증왕고 서계공(西溪公)을 벽악으로 이장하고 감읍하다〉
"당산(唐山)에 한번 누워 백년이 비었는데, 통곡하고 유손이 구봉을 바꾸었다. 공손히 생각하면 구름 속 작은 땅에, 영령의 이곳에서 새로이 위룡을 움직인다." "온 집안이 자운(子雲)의 가난함을 서로 지키며, 해가 맞도록 문전에 재앙이 오는 것이 적었다. 유독 기억남은 강주(康州)의 백마 객이, 서에서 와 한잔 올림이 청진함을 발하였다." #.
#.구공 온(具蘊)이 공의 여서로 공을 제한 글이 있다.

〈을유년 칠월 십오일에 구방의 광복을 듣고 기뻐 쓰다. 8수〉
"낙탁지리하게 세월이 누차 옮기도록, 중화를 보지 못해 오래도록 산에 집을 지었다. 누구 집 오두유민(五斗遺民)의 피로, 우리 산하를 잠깐 사이 씻었느냐." "채찍 하나로 흙치아를 길게 몰아라, 강 머리 슬픈 통곡 어떻게 호소하나. 네게 나온 것은 거두어 너에게 돌려주어야지, 묘산(廟算)의 제공은 누어 수염을 만진다." "잔 들어 도리어 스스로 축수의 시 지음은, 기산의 봉황 우는 때를 보려는 것이다. 시대에 통곡하던 여러 유로들은, 바다 넓고 하늘 높아 웃음 한번 기이하다." "가아는 내옹의 빈소에 글을 고하니, 이는 나라의 원수를 사린(四隣)에서 죽이기 때문이다. 천상에도 응당 오늘 소식 들었을 것이니, 자전 청상이의 장한 회포 새로우리라." "이처럼 강남의 큰 소식이 있으니, 화음에서 말에 떨어짐도 역시 기이하다. 천사(天師)가 동으로 내려오고 바다 물결 조용하니, 꽃 안개 겹겹이 옥계에 열린다." "석마산중 흰옷 입은

---

15 남창희(南昌熙) : 호는 이천(夷川). 근대의 학자. 저서로 『이천문집』이 있다.

늙은이가, 단군 혼을 사천년에 불러온다. 문득 태양이 중토에 임하듯 오시어, 강산이 겁난 후임을 살펴 알아서 전하리라." "일천 문에 건국기를 밝게 내거니, 황황한 태극이 곤유(坤維)를 비친다. 기쁜 소리는 마치 황하수를 터뜨린 것 같고, 은애를 서로 나누는데 혼자 사사로 입는 듯하다." "주말의 사람이 한 대의 늙은이 되니, 산중의 칠십이 천년을 본다. 흰머리에 신조의 귀인과 나열하기 부끄러우니, 원함은 서교를 향하여 주전(酒田)이나 빌릴까보다."

〈우제〉
"상자 속 삼십육 년의 먹이, 태반은 인간 스스로 조문하는 시이다. 시험 삼아 은하수 일천 척을 걷어서, 수장(愁腸)을 쾌하게 씻고 밝은 때를 대하고 싶다."

〈창질(昌侄)이 동으로 간 후 오래도록 소식이 없었는데 시월 십일에 서신이 와서 기쁨을 알렸다〉
"만리에 서신이 이 월성으로 오니, 풍진이 이러한데 노쇠한 정은 어떠하겠느냐. 밤이 깊은데 촛불 밝히고 기뻐서 눈물 나니, 달 지는 서창에 꿈을 못 이룬다."

〈미국 소련 두 나라가 병사로 국경에 들어와 남북을 나누어 다스리며 오래도록 풀지 않았다〉
"한 겹을 투과하니 다시 한 겹 생기니, 남북의 완고한 구름 큰 공간을 덮었다. 나에게 긴 바람 한 자락이 있는데, 불어 보내 잠긴 용을 깨울 수가 없다."

〈을유년 제야에 아우를 생각하다〉
"무궁화의 혼은 따뜻해지는데 너는 몸이 없으니, 공과 사의 기쁨과 슬픔이 같은 길에서 나온다. 오늘 저녁 죽은 아우와 한 잔 나누니, 인간과 천상이 취한 마을이로구나."

〈사월 이일에 권송산 및 강서제우와 함께 호상의 정자에서 술을 들었다〉
"한 많은 선비의 흉중은 강물처럼 깊은데, 백두에 이 먼 강가에서 모임을 만들었구나. 흐르는 물에 동서의 역사를 씻고 싶으나, 꿈속의 건곤에 작은 마음을 의탁한다네."

〈이박사 승만(李承晚) 초상을 열람하고 그 운을 사용하여 쓴다. 1수〉
"그림 속의 공을 늙은 석가의 유형으로 알았는데, 웅장한 명성은 어찌 천추를 압도하는가. 외로이 행하며 곧장 삼천리의 사슴을 쫓았고, 두 귀밑은 어느덧 칠십의 백구가 되었구나. 반도의 한 하늘에 상서로운 북두성이 돌아왔고, 어두운 바다 만 리에 자애로운 배를 몰았다. 신생의 통곡은 고금이 동일하니, 응당 용문의 표창하는 붓이 거두리라."

〈들으니 새 학교는 한문을 폐하고 국언(國諺)을 전용한다고 한다〉
"진정(秦政)도 그나마 박사부를 두어, 유편을 살펴 칠 푼의 참됨을 알았다. 지금은 형체를 몰수하고 신리(神理)를 없애니, 희공의 문장이라도 역시 새롭지 않구나."

〈자애(自愛)〉
"매처 학자의 벗은 돌과 이웃이니, 또 산 문턱에 제비가 첫 손님일세. 노년에 후한 누림 이만하면 만족하니, 건곤에 세상이 새롭게 변하는 건 알지 못한다."

〈하회봉의 만사〉
"공 같은 이가 세상에 있는 것이 영광이었으니, 수절(秀絶)하기 금강산을 짝하였다. 팔은 황진(黃陳)의 책상에 붙이고, 명성은 마정(馬鄭)의 고을을 기울였다." "적도(赤刀)는 단갈에 품었고, 보찬(寶瓚)은 밝은 잔에 비축하였다. 동방에 복이 없어서, 표연히 국사가 떠났다."

〈계추에 천왕봉에 올라 시를 지었다. 5수〉

"일례로 봄가을에 땅을 쓸어오니, 꿈속에서 천왕봉을 몇 번이나 왔더냐. 신은 지금 재배하고 진면을 당하니, 노석창태에 어상이 열렸다." "좋게 굴한 뭇 산에 한 몸을 솟으니, 아손 십만이 눈앞에 새롭다. 아들 바라는 누구네 집 가여운 부인이, 향화로 해 깊은 불신(佛神)에 제향하나." "머리에 벤 은하는 가까워서 쏟아질 것 같고, 명옹이 먹은 물건은 자연 천추이다. 정말 상면은 몇 걸음 안되는 것 같으니, 묵묵히 신명사속*을 향하여 거두리라." "숲에 드니 마치 봉쇠가(鳳衰歌)가 들리는 듯하니, 우리 도가 장조(長祧)하니 세상을 어찌하나.** 산령을 대하여 번거롭게 부탁하는 말은, 시대의 성인을 일찍 내려 뭇 마귀를 막게 하라." "동방은 지금 한주발의 물로, 바다 누비는 여러 수레의 고기를 수용하기 어렵다. 공간에 거둔 땅이 무극으로 돌아가니, 경각에 가슴 사이 호호하게 새롭다."

* 神明舍는 남명의 학설이다.　** 遞遷당하다.

〈하회봉을 조문 갔다가 돌아오는 길에 지음〉

"산남의 옛 은자가 비었음을 탄식하니, 온 몸이 모두 하나의 추풍일세. 국화에 달이 밝고 동이에 술 남았는데, 노랫소리는 두 귀에 들리지 않구나."

〈마상촌에서 손녀사위 정생 성화(鄭生成和)의 집에 유숙하다〉

"마상을 서쪽으로 오니 산은 더욱 깊은데, 청천은 삿갓 한 입만 하고 낮에도 항상 그늘이다. 서로 만나 특별히 진정이 보이는 것은, 으레 당풍(唐風)의 정음(正音)을 가지는 것이다."

〈회인(懷人) 4수, 기헌김기용(幾軒金基鎔), 평곡김영시(平谷金永蓍), 중헌김재수(重軒金在洙), 홍암김진문(弘菴金鎭文) 네 공은 내가 소싯적에 같이 배운 옛 벗이다. 풍진을 겪으며 홀홀이 노대하니 진실로 새벽 별의 느낌이 있다. 게을러 간찰로 각기 문후를 못하고 장구를 지어 엎드려 드려서 양계의 일소를 깨려한다〉

〈기헌장에게〉

"내 나이 십 칠팔에, 무원에 가서 놀았다. 날마다 건주의 차를 마시고, #. 겨울을 지나니 배는 자연 비었다. 공은 어른의 반열이었는데, 글 등잔에 연배를 끊고 함께하였다. 낭랑하게 주례를 읽는데, 직방과 고공기였다. 경제는 구학에 그쳤으나, 욱욱하여 따를 수 없었다. 별사가 남곡에 있는데, 지난날 여러 빈객을 따랐다. 세상이 무너져 이러하니, 구환에 혼연히 웅풍이다. 아! 대환(大還)에 미치니, 지업이 끝나지 않음은 어찌하랴. 단지 원함은 때로 가찬(加餐)하여, 명덕을 더욱 높이세요. 민망한 나는 하단에 머무니, 깨우침을 서로 통해 주오."

#.이때 나는 중용을 읽었다.

〈중헌에게〉

"중헌은 마치 고옥(古玉) 같으니, 재질을 품고 스스로 자랑하지 않았다. 표면은 온화하고 속은 알차니, 찬란하여 가릴 수 없었다. 세상이 낮아져 아는 이 드무니, 내 희귀함이 어찌 둘이 있겠나. 들으니 동시(東市)의 위에, 잡채(雜采)가 다투어 천단한단다. 만분이나 옹만 같지 못하니, 종신토록 스스로 천함에 처하였다. 산언덕에 세월도 저무는데, 나이 들고 헛된 미련만 더한다. 죽은 후에는 슬픈 시 천 편인들, 죽은 귀가 막혀 들어가지 않는다. 이를 보내 서로 얼굴 펴고 웃는다면, 혹여 은근한 돌아봄이 되려나."

〈평곡에게〉

"내 일찍이 화도시를 지었는데, 군의 빈사음을 받았다. 천금은 인을 따라가고, 안색은 사람을 흠모하게 한다고. 스스로 말하기를 빈자가 좋다며, 누가 와서 서로 침입하냐고. 사생은 명명(明命)에 싣고, 정채는 영원히 잠기지 않으리라. 이상한 이 늙은 조대는, 문자에 음탕한지 오래되었다. 정서 따라 매번 혼자 다니며, 훼예의 깊음은 달갑지 않았다. 뉘엿뉘엿 저문 나이에 닿아가니, 도덕이 나날이 마음을 져버린다. 청도(淸都)에 갈 길이 없으니, 군에게 보침(寶琛)을 빌린다."

〈홍암에게〉

"이전 물천 자리에서, 군이 유장(由章)의 반열에서 으뜸이었다. 앙연히 천리마가, 사람을 만나면 마치 설쳐 물 듯 하였지. 나는 당시 뒤따르며, 행동에 임하면 항상 둔하였다. 홀홀 사십 년에, 서로 대하니 수염에 눈이 왔구나. 삼십 리 농삿길에, 서간과 사람이 영원히 단절되었다. 전진(戰塵)이 남북을 기울이니, 명리의 혀가 한가로운지 오래되었다. 경경한 마음의 향기 머무르다, 때 되면 군을 향하여 지피리라. 만 리가 조모에 격하여 있으니, 오히려 좋은 말 듣기를 바란다."

〈안열사 중근의 전기를 읽고 쓰다. 3수〉

"선비가 혼자 하늘에 순절하여 세상에 떨치니, 동민(東民)의 모골에 정광이 투철하다. 눈앞에 해가 지고 새해를 맞으니, 노래하고 통곡한 인간 사십 년이다." "인심도심 네 글자의 요결은, 삼십의 소년이 본 것이 통명하였다. 누가 알랴 이 강산을 되돌린 힘이, 오로지 우리 집 순우(舜禹)의 공을 믿은 것을." "내 삶이 죽지 않고 오늘에 있는 것이, 백골이 된 누구의 집이 공을 누릴지. 역사 속 얼마간의 피를 점검하여 보면, 쾌웅(快雄)으로 다시 영령 종적 따를 이 없으리라."

〈구월에 남으로 놀아 노량진을 건너 충렬사를 참배하다〉

"장강에 출범하여 파문을 그리니, 지는 해에 공의 탄식 소리 듣는 듯하다. 나는 솔개 달리는 거북 자연의 일치이니, 나라 사람이 어떻게 위대한 공을 이으리오."#.이공이 귀선을 만들었는데 나라 사람이 계승하지 못하였고, 서인이 비거(飛車)로 왜를 파하였다.

〈배에서 금산(錦山)을 바라보다〉

"오십 년 전에 배로 여기를 지났는데, 백수에 다시 오니 악령에게 잔을 올린다. 바다는 상전을 벽해로 하려는데 산은 잠기지 않으니, 심사(心事)를 가지고 정녕 의탁하고 싶다."

〈정노석 재동(鄭魯碩在東)의 집에 유숙하다〉
 "새벽에 편평한 호수 팔만 이랑을 대하니, 안개 속 돛은 그림 중에 어둡게 서 있다. 잠시 뒤 해가 떠 은색으로 부서지니, 문득 일천 봉우리가 집의 동쪽에서 절을 한다."

〈해산정(海山亭)에 쓰다. #.정침랑 해영의 유정(鄭寢郎 海榮 遺亭)〉
 "의사의 구역에는 거의 이 몸조차 없는데, 정자 하나가 무슨 일로 여기에 새로우냐. 이미 태백의 자라 낚시의 벗에 참여하였고, 또한 영위의 학이 되는 빈객이 되지 않았다. 강해는 면면히 연하여 일월을 몰아가고, 운림은 맑게 빼어나 선비에게 이바지한다. 내가 시를 올리고 싶으나 흔적이 드러나니, 홀로 슬픈 생각을 남겨 천추에 부친다."

〈이때 대통령을 뽑는다고 국민에게 투표하게 하는 것을 듣고 느껴 쓰다. 1수〉
 "돌아가며 군왕을 교체함도 역시 스스로 귀하니, 어서 호화(魚書狐火)*가 다투어 들린다. 역산의 밭 가는 이는 묻는 사람이 없으니, 창생이 떼 맹인인데 어떻게 분별하나."
  * 魚書는 잉어 배속에 서신을 넣는 것. 狐火는 총사(叢祠)에 불을 켜고 여우 울음소리를 내는 것. 陳勝 吳廣의 고사.

〈망제 선부가 '내가 석마산 중에 석굴(石窟) 하나를 얻어 그 속에서 독서나 하며 남은 해를 보내려 한다'고 하였는데, 금년에 비로소 이곳에 이장하여 지난날의 뜻을 이루었다. 2수〉
 "가로 뻗은 높은 벽이 그림자를 밭에 지우고, 묘택은 높다랗게 사변을 누른다. 혼자 왔다 혼자 가니 산은 저물어 가는데, 석문은 책 읽는 것을 알리는 듯하다." "가엽다 군은 옛 나라의 시름을 씻으려 하였는데, 천재에 고골이 흐르는 물을 베었구나. 막막한 청도는 지척에 있는데, 면운대 위에 아우와 형이 놀았다." #.
 #.묘 앞에 하나의 큰 돌이 있는데 내가 날마다 이 돌 위에 놀면서 면운대(眠雲坮)라

이름하였다.

〈칠십(七十)〉

"장부 칠십에 어찌 늙었다 할 수 있나, 이 구원(丘園)을 전담하여 스스로 호걸이라 여긴다. 상하 운산이 진정 부유하고, 오가는 일월이 또한 높게 임한다. 생사를 모두 나누어 생각하지 않으니, 어찌 한훤(寒暄)으로 수고롭게 할 수 있나. 굳이 좌오(左鼇)에 겸하여 우서(右醑)가 아니라, 때로는 공동을 방문하여 도조(道曺)를 묻는다."@

@.왼손에 게 다리를 들고 오른손에 술잔을 든다는 말.

사(詞)

〈택조유감(擇兆有感), 인하여 사언 칠장을 지어 사사로 헌송(獻頌)에 견준다〉

1. 당곡(唐谷). "당의 골짜기, 여러 조선이 대대로 살았다. 네 봉분을 가리니, 볕은 빛을 비축하였네. 닭을 구워 접시에 담고, 술을 담아 잔을 올렸다. 송삼은 조밀하니, 양양한 복이로다."

2. 도탄(桃灘). "저 가마 같은 것은, 아! 황(黃)의 북쪽이로다. 나부끼는 호위는, 우보(羽葆)와 대독(大纛)이로다. 씩씩한 무반의 손자는, 규조(珪組)도 찬란하다. 우리 조고를 따르니, 설 자리도 미혹되지 않도다."

3. 부슬(扶瑟). "이 빠진 이 언덕을, 좌우로 채웠도다. 멀리서 빛을 입었으니, 다른 산은 엄연히 가지도다. 때로 영역이 주어지니, 마치 은(殷)의 선비 같네. 모두 명을 따르니, 효사(孝思)도 독실하다."

4. 사곡(沙谷). "오직 철(鐵)이 동으로 머리하니, 이 중관(重關)을 통하였도다. 조비의 택조이니, 너그럽고 편하도다. 많은 여러 어린 것이, 그 누림이 후하도다. 덕을 온화하게 지으니, 진실로 많도다."

5. 상구룡(上九龍). "업업한 동산이, 나누어 솟아 강에 임하였네. 돌아보고 멈추니, 마치 생각하고 만남 같다. 옛 택조를 고쳐 명하니, 비로소 여기에 드렸도다. 그 자측(慈惻)을 실어, 빛나게 복을 생산하도다."

6. 하구룡(下九龍). "꿈틀대는 구룡이, 타수가로 왔도다. 이미 멈추고 자르니, 봉이 춤추는 듯하다. 열열한 우리 선조의, 천년의 집이로다. 구름 가고 비 오니, 그 혜택 넓도다."
7. 송곡(松谷). "샘 흐름 양양하니, 저 송곡의 물가일세. 곧 중곡으로 들어가니, 거북이도 뱀도 있도다. 좌우에 머리를 모으니, 참착하여 빛나도다. 남들도 말하기를, 길상이 많다 하였다."

〈사친(思親) 2장 경진년 생일에〉
"내 두 분을 생각하니, 오래도록 산언덕을 이별하였다. 약한 자식이 돌아갈 길 혼미한데, 해가 저무니 어찌할까나. 임종에 남긴 말씀, 마음을 보존하란 한마디였다. 영리하지 못함은 여전한데, 어느덧 백발 분분하다. 세상에 머무름이 얼마던가, 돌아가 자슬(慈膝)에 의지하고 싶다. 일천 걸음 앞에 있으니, 이 기쁨 잊지 말자." "떠날 때 산하는, 아직 어둠 가득하였다. 여러 음에 덮이어, 그 마음 잃었다. 저 미인은, 어찌 일찍 임하지 않느냐. 일백 신영 안정하지 못하니, 때로 신음이 들렸다. 민망한 내 소자는, 어떻게 사뢰나. 아득히 생각하니 속마음 풀리지 않는다."

〈자계. 2장〉
"젊은 나이 도를 들으면, 성인의 말씀이다. 그것이 말씀에 있으니, 마치 부자를 이웃함 같구나. 내 마음에 들지 않으니, 내 몸에 무어 있겠나. 꿈에 선사를 대하니, 부끄러워 한지 오래되었다. 노쇠하다 하지 말라, 구십도 오히려 장하다. 눈물 거두고 맹세하여, 타인에게 양보하지 말라." "어찌 마음이 거치느냐, 기껏해야 나라만 상한다. 오직 가까워도 분별하지 못하니, 염려됨은 힘이 아니다. 근본을 이미 상실하였으니, 안팎이 모두 어둡다. 뉘엿뉘엿 가는 세월, 나에게 귀중하다. 상제는 지인하여, 시시로 내게 임한다. 버리지 못할 것이 있으니, 삼가 진달하여 회포를 다한다."

〈완계사(浣溪紗). 부(賦) #.읍궁대(泣弓臺)는 조노우(曺老愚)가 축조한 것이다〉

"옛날에 방장산옹이 해를 등에 졌는데, 붉은 정성은 천문에 비치지 못하였다. 사해에 음악 막히니 건문이 뒤집혔고, 직직한 소나무 소리에 공곡만 아득하였다. 높다란 돌 빛은 남긴 누대 존귀하니, 국사가 시를 전하여 아직도 존재한다."

〈자고천(鷓鴣天) # 이정부병곤(李靜夫炳坤)의 수첩(壽帖)에 써서 부치다〉

"강남에 보기 드문 정부당(靜夫堂)은, 옥 모습 청양한 노양(老孃)에게 비추네. 술의 도착에 뭇 산이 기쁜 빛으로 맞고, 시를 이루니 유수가 새로운 소리로 권한다." "사수(泗水) 위 니산(尼山) 곁에, 군이 좋게 신선고을을 만들었다. 인손(仁孫)과 문제(文弟)가 겹겹이 돌아오니, 동가의 만호랑(萬戶郞)이 부럽지 않다네."

〈무산일단운(巫山一段雲) #.권경건(權敬建)의 서신이 왔는데 시 다섯 수를 부쳤다. 이것을 지어 사례하다〉

"두 호랑이 산문을 위협하고, 일천 소라는 동부를 점하였다. 길한 구역 이러한데 군이 와서 점유하니, 뛰어난 안목에 신령한 비축이 기우렸다. 저문 빛은 푸른 대나무 동산이며, 청풍은 백석의 강가이다. 노래하는 베개에 달 밝으니 신선 벗이 오고, 숲 귀신은 적적하게 말이 없다."* "기러기는 날아도 항상 쥐살을 멀리하고, 나방의 죽음은 결국 불과 친하기 때문이다. 이 길의 분별은 바로 내게 있으니, 첫머리에 깨끗이 쓸고 앉아야 한다. 옥적(玉笛)은 매우 들을 만한데, 금령(金鈴)은 어찌 오래도록 잠가놓았나."**. 군은 가슴바다에 바위 조각을 평편하게 하여, 어진 물결에 의로운 배를 띄우게나."

* 이때 군이 천평(川坪)에 새로 자리 잡았다.
** 옥·조 두 공의 일을 차용하였다. 금령은 남명 이야기다.

〈보살만(菩薩蠻) #.애시(哀時)〉

"가을 나무는 겹겹인데 수자리의 나팔소리 스며들고, 가을 달은 처량한데 들녘 곡성 들려온다. 묻노라! 군은 어찌 이런 땅이냐고, 말가죽에 죽은 자식을 감쌌다네. 두 늙은이는 빈집을 지키고, 젊고 이쁜 여인 새 과부로 산다네. 동쪽 집의 삼대 맹인이 이렇게 되니 하늘의 상서가 후하다네."

〈점강순(點絳脣). #.독야작(獨夜作)〉
"누대의 밤 침침한데, 노인은 언앙(偃仰)하며 늘 혼자 있다. 황화는 뜰에 가득한데 떨기의 그림자는 깊은 대나무와 교차한다. 술 떨어진 등불 앞에 일백 회포 무더기로 골에 가득하다. 어느 사람이 검을 주나, 시름을 자르고 부질없이 가을 산의 푸름만 대한다."

〈망강남(望江南). 백마산〉
"백마산 좋구나, 머리 내두르며 호방하게 강에 임한다. 골상은 단정하고 알맞아서 백락의 품평이며, 문장은 기묘하고 신비하여 복희의 그림이다. 천추에 자연 모색이다."

〈월명산〉
"월악산 빼어나, 달리며 솟아 북방을 막는다. 백리에 별을 나열하니 신이 응당 기루고, 사시로 비를 내리니 만물이 자연 창성한다. 아득히 기이한 상서를 부어준다."

〈사천(斜川)〉
"사천은 아름다우니, 한번 쏟아 맑기가 빈 것 같다. 백석에 우는 급유는 뇌부(雷斧)의 흔적이며, 황도(黃稻)가 땅에 널리니 수차(水車)의 공이다. 상선(上善)과 함께 돌아가리라."

〈안아미(眼兒媚). #.유감작(有感作)〉
"막막한 상림에 바람은 강가를 걸어오니, 어미까마귀 언덕머리에 모였다. 어미 품에 자식을 기르니, 윗가지 아래 가지에, 경영하고 모의하였다. 괴이한 저 올빼미는 수시로 모질게 하여, 쪼아서 어미의 뇌를 흐르게 하였다. 어미 뇌로는 부족하여, 같은 무리에 연급하니, 아침저녁으로 일천 번이나 몰았다."

〈작교선(鵲橋仙). #.쇠란(衰蘭)〉

"일백 꽃 영화 피어 봄의 공 자랑하는데, 외로운 난초는 그윽한 정원에 의탁하였다. 가려서 향을 품고 스스로 말하지 않으니, 어쩌나 홀연히 봄은 가고 가을도 반일세. 중니도 노래하지 않고, 정칙도 글을 폐하니, 홀로 천고의 애원이 맺혔다. 하늘 차고 서리 흰데, 일이 크게 잘못되니, 다시 어찌 바라나, 도끼날이 나날이 멀어짐을."

〈여몽령(如夢令)〉

"얕은 몸이 이미 육순을 지났으니, 요원한 심정 다시 어디를 이웃하리. 넓고 넓어서 본래 막힘이 없는데, 불이문이란 자가 참된 것이다. 조용히 앉아 조용히 앉음은 모두 몸과 마음을 잊는 것이다."

택재집 권2 종.

澤齋集
권3

서독(書牘)

면우 곽선생[16]에게 올림.

오월 이십일에 보내신 답서를 받으니 감사합니다. 근일에 들으니 조정에서 또 비서로 예로서 거두는 뜻을 보인다하니 지금에 삼대의 성사를 보겠습니다. 군자 출처의 어려움은 진한 이래로 분명하게 행한 사람이 없고 오직 후한 공명의 나옴만이 성문에 질의하여 의심 없으니, 지금도 미담으로 삼습니다. 선생은 공명의 재주가 아니고 지금의 임금은 소열보다 지나치니 작은 땅에서 부패한 정치가 한중보다 심한데 외이열강의 틈을 보아 움직이려는 것이 또한 적조(賊操)에 비할 것이 아니니 선생이 이러한 입장에 당하여 앞으로 어떻게 처할 것입니까. 벼슬 할 만하면 벼슬하고 그만두어야 하면 그만두는 것이 공자의 일이니 삼가 바람은 여기에서 재량하소서. 선배들이 비록 출처는 타인이 거론할 것이 아니라고 하지만, 그러나 엽이 문하에 있으니 감히 어리석음을 다하여 질의하지 않을 수 없어서 이렇게 말합니다. 삼가 살피시기를 기다립니다.

면우선생에게 올림.

삼가 주신 가르침 큰 위로가 되었는데 또 이끌어 주심이 진지하여 소폐함을 고동시키니 감탄의 극에 이어 눈물이 흐릅니다. 남쪽 선비들의 말이 선생이 나오시면 사직의 안위와 사문의 흥체와 생민의 우락이 모두 선생의 일이라고 하나 엽은 지나친 말이라고 하였습니다. 이는 지금의 임금이 현인에 대한 예일 뿐이니 현인을 좋아한다는 명성만 있고 현인을 좋아하는 실속이 없다면 조문정(曺文貞)이 섭공(葉公)의 용 그림에 비교하였으니 이는 좋은 비유였습니다.

---

16 곽종석(郭鍾錫 1846-1919) : 자는 명원(鳴遠). 호는 면우(俛宇). 조선말기~근대기의 문신이자 서예가. 한말 대표적 유학자. 을사늑약 체결 후 매국노의 처형을 상소하였고 파리 강화회의에 독립호소문을 보내고 옥고를 치렀음. 1963년 건국훈장 독립장이 추서되었음.

지난번 선생의 등대하였던 여러 설들을 받았는데 머리에 정심성의와 인심도심의 분별을 고하여 천재의 대론을 정하니 군신 수작의 성함이 정년 우하의 즈음과 같았는데 아직도 소정묘 한 사람을 베어 조강의 대본을 굳건히 하였다는 말을 듣지 못하였습니다. 영사가 직위에 있으면 현자가 야외로 피하는 것은 예부터 걱정이었습니다. 선생의 상소 중에 만산중 땅에 닫는 왜소한 집이 바로 늙음을 마칠 땅이라고 한 것은 사람을 감탄하고 슬퍼하게 하였습니다. 삼가 더욱 보중하시길 빕니다.

면우선생에게 올림.

지난밤 가을바람이 뜰의 나무를 흔들고 바위의 거처를 뚫고 들어오니 놀란 것은 유자가 해가 저물도록 공을 거두지 못함입니다. 의리는 탐구할수록 더욱 깊고 사물은 제거하면 다시 연루되니 엽(曄)은 마음으로 걱정입니다. 연평(延平)선생의 말에 "마음은 오직 가지고 지켜야 있는 것이다."고 하였으니 이것은 동과 정을 관통한 설입니다. 학문하는 것은 본디 동과 정을 통하여 배양하는 것이나 중인이 하는 부득불 먼저 동처에 나가서 힘에 부쳐야 그제야 의거하여 손을 부칠 기반을 삼을 수 있는 것이니 만약 오로지 정중을 향하여 눈과 귀를 막고 마침내 하나의 광명한 영상을 더듬어 취하여 스스로 지키는 기반을 삼으려 한다면 도리어 혼미하고 생소하여 성립되지 않을까 두려워 반드시 크나크게 수습하기 어렵고 황당하게 되어 흔들리고 자실하는 후회를 견디지 못할 것입니다. 선생님이 묘체를 들을 수 있겠습니까. 지금 심경을 읽다가 미치지 못하는 것을 발견한 것이 이러합니다. 삼가 살피소서.

면우선생에게 올림.

지난겨울 북쪽 사람이 전하기를 초당이 재앙을 당하였다하니 놀람을 이루 말할 수 없습니다. 산하가 쇠하여 없어지고 발붙일 곳이라곤 오직 뽕밭에 맺은 농막뿐인데 지금 이렇게 낭패하였다니 하늘의 뜻을 예측할 수 없습니다. 깊은 산의 수목은 야외보다 오래 살고 별로 귀하지도 않으니 서까래 한 두 개는 얽을 수 있을 것입니다. 삼가 염려되옵니다.

단성에 최수(崔愁)라는 이가 있는데 수의 삼부자를 삼현이라 하여 옛날에 경술로 모두 소문이 났는데 빛이 잠긴 지 백 년에 이르도록 울울하다가 지금 그의 후손이 두어 세대의 유향과 유적을 합하여 인쇄하여 남방에 펴려고 하는데 서문이 또 우리 선생님을 괴롭히려 합니다. 차호라 그 삶은 추웠고 그 뜻은 가여웠으니 삼가 피곤한 정력을 조금 수습하여 그 뜻을 부응하고 또 옛 향리의 여망을 위로함이 어떻겠습니까. 삼가 바람은 몸도 편하고 도덕도 커서 많은 선비를 감싸소서.

허후산선생 유(許后山 先生 愈)[17]에게 올림.

지난 달 중에 이성언(李聖彦)이 문하로부터 돌아오면서 이곳을 지났기에 안부를 물으니 편찮음이 전에 비하여 차츰 평복되셨다고 하니 다행함이 삼가 간절합니다. 경설(敬說)은 전 일에 평점을 받은 것이 못내 아쉬웠습니다. 그러나 근래에 구설을 살펴보니 심한 해로운 뜻은 없음을 깨달았습니다.

대체로 경이란 별도의 도리가 아니고 단지 마음을 두고 사물을 점검하는 도구이니 어찌 마음의 분수 밖에서 설명하겠습니까. 마음의 정은 경이 곧 정한 것이며 마음의 동은 경이 곧 동한 것이니 경을 설명하는 자가 만약 마음을 외면하고 설명한다면 이것은 거울을 뒤집어서 비침을 찾으려는 것이니 어떠합니까.

김물천선생 진우(金勿川先生 鎭祜)에게 올림.

용문 골짜기는 예부터 군중의 영경이라 칭하였는데 문하가 만년에 이곳에 은거하여 사방에서 배우려고 오는 자를 교수하여 인가자제에게 향할 곳을 알게 하니 엽이 마음으로 기뻐하여 따라서 예를 묻고 싶으나 그 성품은 높은 것을 좋아하고 그 뜻은 매우 생소하여 스스로 힘쓸 수 없었는데 문하가 그나마 가르침을 쉬지 않고 순순하게 마치 모자랄까 염려하니 지금에야 고

---

17 허유(許愈) : 영남지역 대유학자. 당대 명류인 효재(嘐齋) 정원항(鄭元恒) 등과 교유하였음.

인의 남긴 뜻을 알 것 같습니다. 엽(曄)은 감히 덕을 저버리지 못하고 때로는 경전에서 뜻을 구하여 사사로이 바람은 공부의 빠진 것에 한두 푼이나마 보충하려 하였습니다. 하여 선배의 인이나 성, 이기 같은 유를 말하는 것을 서신으로 인하여 질문하니 삼가 바람은 그 어리석음을 불쌍히 여기고 가르쳐 주소서.

장회당 석영(張晦堂 錫英)[18]에게 올림.

지난번 문자를 청하는 길에 경행의 뜻을 이루었으니 가위 십 년에 하루를 얻었다고 할 수 있으니 다행임을 이루 말할 수 없었습니다. 매사(梅社)는 산 깊고 돌 희며 임목이 무성한데 헌하(軒下)가 이를 즐겨하여 이미 은둔의 취지를 고결하게 이루었으니 남중 인의의 학문이 그나마 이로 인하여 떨어지지 않을 것이니 삼가 하례하고 축원합니다.

집의공 사장은 이제 큰 솜씨를 얻어 희미한 것을 채웠으니 선계(先契)의 독실함을 이로써 강명할 수 있으니 감탄하옵니다. 단지 일이 바쁘게 되어 자세히 거슬러보지 못하고 가지고 집으로 돌아와 다시 읽어보니 소루하고 알맞지 않은 곳이 있는 것 같아 일일이 별도로 기록하여 올리니 다시 점화(點化)를 더함이 어떻겠습니까. 삼가 도를 위하고 자중하시기를 바랍니다.

김창강 택영(金滄江 澤榮)에게 주다.

고맙게 보내온 시 한 편이 수개월을 지나서 손에 들어오니 집사의 문역(文役)에 부지런한 마음과 응접에 곤란함을 생각할 수 있습니다. 서신중에 육위남(陸渭南)의 일을 인용하여 스스로 자신의 종적을 밝혔는데 진실로 그러합니다. 차호라 집사를 우리나라에 있게 하였다면 엽이 고삐를 몰고 따랐을 것인데 중주에 낙척하여 거리가 매우 멀고 우리 고을에서부터 남통(南通)까지 그 사이 수륙의 엄함과 경악의 소굴이 있으며 주행이 무려 만여 리가 되니

---

18 장석영(張錫英, 1851~1929) : 일제강점기 칠곡 국채보상회 회장, 제2차 유림단 운동 영남대표 등을 역임한 독립운동가. 유학자.

우리나라의 선비가 청광을 바라보며 몽상을 수고롭게 하고 정이란 것은 오직 우인의 간찰을 가지고 서로 사귈 뿐이니 차탄한들 무엇하겠습니까.

국조역사의 일은 근래에 필역되어 가는지요? 돌아보면 우리나라에는 역사의 재주가 나지 않은지 오래되었는지라 간혹 몽당비의 솜씨로도 간혹은 사사로움이 익숙하여 스스로를 묻고 세상에 공개하기 어려운데 불과하지만 나는 항상 개연해 하였습니다. 지금 집사는 다행히 당목(黨目)의 밖에 벗어나 몸으로 높은 의지를 지고 천하의 중역을 담당하니 이제야 다시 조국의 빛남을 보게 되었습니다.

내가 나라 말년의 제신들의 일에 진실로 숱한 감분을 느끼나 멀어서 도달하지 못하고 오직 참찬선생 곽공이 국란에 나아갈 때 어쩌면 국인의 현자는 흠모하고 불초한 자는 꾸짖었습니다. 대체로 선생의 을사년 한 장의 상소는 문사가 엄격하고 의리가 간략하여 귀신도 움직일 수 있는데 아첨하는 자들은 죽지 않는다고 서로 비방의 불꽃을 피우니 나는 선생이 비방을 듣는 것은 그 본정이 아니라고 생각합니다. 선생이 직위는 빈사(賓師)에 있으면서 일찍이 삼일의 정치도 맞지 않아서 나라의 수욕을 만나서 개연히 소장을 품고 나아가 진달하였으니 내가 알기로는 부자(夫子)가 목욕하고 청한 것이라도 당연히 이에 지나치지 않으리라고 여깁니다. 일이 어그러지자 눈물을 뿌리고 산으로 돌아와 인간의 자국을 쓸고 의리로 자정을 결정하니 금화(金華)의 멀리 은둔한 자와 같은 심정임이 마치 백일과 같은데 저 아첨꾼이 선생을 죽으라고 책망하는 것은 모두 쇠세의 논입니다. 집사는 현자이니 당연히 스스로 깨달았으리라 여깁니다. 폐하여 엎드린 중에 잡체시 각한수를 삼가 우편으로 전하니 가르침 주기를 바랍니다.

이경재보경 건승(李耕齋保卿 建昇)에게 주다.

해엽(海曄)은 거친 물가에 엎드려 나라 사람이 서로 집사를 천하사로 칭함을 들은 지 오래되었습니다. 뜻이 흔연히 기뻐하여 생각하기를 풍의가 미치는 곳에 나약한 자가 일어난다고, 이윽고 집사의 중화의 탈것이 출발하였다 하니 깊고 넓은 바다 막연 천리에 문궤를 받들고 좌우에 주선하여 선철의 논을 공손히 받들게 하지 않으니 돌아보면 혼자 떨어져 돌아갈 곳이 없어서 길게 세상살이를 슬퍼하나 오늘의 심정을 이야기 하고 싶었으나 그만 두었습니다.

예부터 선비가 궁할 때 그 악착하고 저지당함이 비할 데가 없다가 마침내 높다랗게 중인과 다르게 되는 것은 어찌 자신의 소견이 중정의 취향과 유별남이 있어서가 아니겠습니까.

대체로 소득이 있어서 먼저 웃으면 반드시 소실 때문에 뒤에 울게 되는 것이며 그 웃고 우는 것은 모두 외부로 인하여 생기는 것이니 하루도 휴식할 겨를이 없는 것입니다. 오직 마음을 씻고 몸을 간수하여 뜻을 한결같이 보는 자만이 눈앞의 대쾌 휴구 산함(懟快 休咎 酸鹹) 등의 사물을 모두 소제하고 외골수로 결백하여 싸늘하게 마치 연잎 위의 구슬처럼 굴리는 대로 투명한 것이니 어찌 평범한 자취로 시대에 굴하고 아울러 그 내부의 지조마저 스스로 파괴한 자이겠습니까. 지금 우리나라 경계 밖의 선비로 혹 초초하게 드러난 자가 없지 않겠지만 그 문장절행이 위로 고인을 짝하여 그 말을 바꾸지 않는 자라면 우리 집사가 오직 거의 그 사람일 것입니다.

엽은 들으니 집사가 북방에 있으면서 일찍이 글을 지어 이치를 밝혀서 근근하게 총채를 들고 쇠잔한 단서를 궁벽한 야인의 땅에서 바란다고 하니 그 뜻이 멀고도 괴로움이 하늘이 혹 몰아서 마음을 곤란하게 하고 생각을 저울질하여 그 기특한 생각을 도와서 다른 시기의 지극한 업을 넓히려는 것이 굳이 아니라 할 수 없습니다. 차호라 존 선형 명미공의 말에 "군자의 학문은 옛 것을 발돋움할 뿐이고 시속을 보고 근만(勤慢)할 것이 아니며 자신에 만족할 뿐이고 남을 보고 충감(充歉)할 것이 아니다."하였는데 엽이 읽고 명미공의 시대에 미치지 못함을 일찍이 탄식해 마지않았습니다.

지금 집사는 형의 뜻을 계승하고 형의 빛을 개발하면 문원이나 예사에 흘연히 해당한 자리를 바랄 수 있습니다. 명미공은 가위 세대마다 있을 수 없는 세대라고 할 수 있으니 옛날 명미공을 배알 하려는 마음을 옮겨 곧장 집사의 문에 예를 닦는다면 종전의 상상하고 힘들게 바라던 바를 오늘에야 조금이나마 펼 수 있을 것이며 현인을 잃고 미혹하였던 후회를 역시 앞으로 다른 세대에 말을 전하는 사이에 꺼림직하지 않을 것입니다. 살피지 못하였으나 집사는 가르침을 주는 것이 어떠합니까.

이경재에게 주다.

지난달 중에 삼가 손수 하사한 조문을 받았는데 말씀이 사람을 움직이니 말씀에 감읍하여 싫음이 없었습니다. 지난번 집사가 해엽에게 답신을 보내었을 때 선군께서 서간을 잡고 만면에 기뻐하시며, "내가 이거사를 따라 놀지 못한 것이 한 된다. 나는 거사를 알지만 거사를 만나지 못하였으니 내가 죽으면 너는 기필코 거사에게 말을 빌려 같은 나라에 세상이 어지러워 오래도록 둔색하고 평생을 슬프게 탄식한 하나의 노부였다는 것을 알게 하라." 하였습니다. 해엽의 생각은 남의 행동을 글로 기록하려면 반드시 평소에 보고들은 것이 난숙한 다음에야 그 진의에 이르게 되는 것이니 그 진의에 이르면 소위 공과시라는 것을 그제야 분별하게 되는 것입니다.

대체로 집사와 선군은 서로 사는 곳이 매우 먼데 집사가 어떻게 선군을 알겠습니까. 그러나 지금 선군이 집사를 좋아하는 것을 가지고 본다면 집사에 있어서는 알지 못한 것은 실지로 오직 일면의 얼굴이고 정신의 교감으로 응한다면 사양하지 못할 것이며 분명하지 못한 것은 평일의 평범한 언행이며 덕과 덕이 아닌 것은 이미 알았을 것입니다. 만약 선군이 집사에게 사사로 지기의 반열을 바란다면 해엽이 집사에게 옛 벗의 자제이니 무엇이 해롭겠습니까.

듣기로 집사는 북으로 건너간 후로 살아있는 사람으로 자처하지 않고 무릇 인가에 지장(誌狀) 등의 문자를 일체 응하지 않고 손으로 만지는 것은 오직 전기 문자뿐이라고 하니 해엽이 이제야 집사가 문자에 매우 신중한 것을 알았고 후에 전할 만한 것은 반드시 지극히 신중함으로 인하여 갈수록 더욱 밝아진다는 것을 알았습니다.

옛날 구양사인이 오대사를 찬하면서 당시 현자의 초망에 침륜한 자를 애석하게 여기고 별도로 한 줄의 전기를 지어 천하에 넓히니 마치 정요(鄭邀) 장천(張薦) 이자륜(李自倫)의 무리가 모두 향당의 포의로 전기 중에 보이는데 지금 살펴보니 대략 산림에 처하여 미록과 무리 지으면서 능히 효제로 한 고을에서 스스로 수행하였을 뿐이었습니다. 지금과 같은 난세에 무너지고 문자도 잔결한데 선을 좋아하고 논설을 세우는 사인공 같은 자를 만나지 못한다면 천하후세에 어떻게 몇몇 현인이 빛을 날리겠습니까.

지금 집사는 중한 이름이 천하에 가득하니 국인의 옛을 고수하는 자는 모두 의지하는 것을 중하게 여기고 심하게는 그 도제가 되지 못함을 수치로 삼으니 요약하면 같은 세상에 살면서 이미 몸으로 한때의 불러 노는 성사를 접하지 못한다면 차라리 이름을 세월에 깎이지 않는 문자에 올려 영원히 천추의 후에 강호(講好)하려는 것입니다. 이것이 선군과 집사의 지금과 옛의 교제인 것입니다.

올리는 행장의 초본은 비록 자손에게서 나온 것이나 감히 일호도 스스로 사사로이 한 것은 없습니다. 대체로 넘치고 아름답고 매끄러운 글은 시로 후세의 행실을 꾸미고 세상에 아첨하는 자의 남상이니 해엽에 있어서는 선군은 질박하고 솔직함으로 성품을 삼았으니 성품이 있는 곳에 글이 따르는 것입니다. 자상하여도 지나치지 않는 것은 부황함을 두려워함이며 간략하여도 빠뜨리지 않음은 속임을 두려워함이니 부황도 속임도 없다면 선군의 진면목을 거의 얻은 것입니다. 삼가 바람은 극히 재단하여 전문 한 통을 주시어 선군의 풍휘(風徽)를 구지현원의 사이에 매몰되지 않게 하기를 천만 애축(哀祝)합니다.

이경재에게 답하다.

우인이 돌아와서 삼가 선군의 전기를 받아 읽어보니 완연하게 마치 부친의 얼굴을 대수(大隧)의 밖에서 뵙는 듯하였습니다. 인하여 상(象) 앞에 곡하며 고하고 다음날 택상연방(澤上聯芳)의 자리에 부쳐 간행하였습니다. 택상연방이란 것은 해엽이 선군의 명을 받아 사대 백숙부의 유문을 편성한 것입니다.

인하여 생각하니 선군의 덕은 성하였는데 드러내지 못하고 별세하였는데 집사가 평일에 매우 신중하던 문자로 어렵지 않게 그 전기를 이처럼 성하게 지어주니 하늘의 신령함을 입어 은혜롭게 깊은 울함을 돌아보아 조금이나마 우리 부주의 만난 불행을 보상하게 되어 삼가 감사하고 기쁩니다. 하유하신 수사(修辭)하라는 하나의 논설은 해엽은 매우 어리석으니 어찌 능히 이해함이 있겠습니까. 이는 일찍이 명미공의 문집 속에서 대략 들은 것이 있는데 거기에 많이 고치고 많이 깎는다는 묘수로 비법을 발로한 것은 읽을수록 진진한 맛이 있지만 재주가 초륜하고 전문으로 공부하지 않고는 이를 거론하기 어렵습니다.

우리 한국이 존 선형의 몰세 후로는 작자가 들림이 없고 당시 급문한 제자도 오직 집사만이 그 정결하고 아치(雅緻)함을 법 삼아 그 모범을 잘 전하니 졸시(拙詩)에 지칭한 장공의발(長公衣鉢)을 황문(黃門)에 부친다는 것이 이것입니다. 그러나 이것이 어찌 집사의 전부이겠습니까. 집사는 학문에 욱연하게 혼자 탐구한 것이 있으니 선철인이 말하는 때에 따라 중도에 처하고 책임도 무겁고 길도 멀다는 것이 모두 자기 분수의 일이니 우리나라로 논한다면 학교의 정치를 모두 일체 신법으로 맞기고 장자는 앉을 곳이 없는지 오래 되었습니다. 그렇다면 앞으로 서로 윤몰할 뿐입니까. 다행히 집사는 동서가 서로 교차하는 거리에 처하여 있고 문자는 나날이 광대하여지고 식견은 더욱 높아지니 만일 고금의 다름을 참작하여 학강(學綱) 등의 책을 저술하여 우리나라 육영의 술에 대비한다면 해엽이 집사를 두고 다시 누구를 바라겠습니까.

옛날에 문왕이 유리에 감금되어 역경을 연역하였고 사공은 형벌을 받고 열전을 지었으니 옛 사람이 자신이 어려워도 세상을 잊지 않음이 역시 이러하였습니다. 집사는 비록 스스로 육인(僇人)이라 하고 한편에 한가로이 처하면서 어찌 "우리 선성선현의 아름다움은 내게 있을 뿐 타인에게 상관없다하고 오늘뿐이고 후세는 관계없다."고 하겠습니까. 오직 집사는 도모하소서.

이경재에게 답하다.

인간 세상에 해의 행함이 다하고 풍우가 처연한데 엽이 어떻게 요동 벌 광막한 속에서 옥모를 모시고 눈물을 지우며 이 날의 얼마간 나쁜 회포를 이야기 할 수 있겠습니까. 울컥울컥합니다. 영남에서 독서하는 영재들이 꽤나 볼만한 이들이 있었는데 근래에 신학의 곤란함을 당하여 글방이 일제히 비어버렸으니 신을 끌며 두건을 기울이고 혼자 고송유수의 사이를 오갈 뿐입니다.

지난번에 택재명을 받았는데 어찌 그렇게 뜻을 전개함에 있어서 높다랗고 문채가 사람을 움직입니까. 칭도한 암거임처 여건아독(岩居林處 如建牙纛)이라는 여덟 글자는 크게 군자가 벽립천인하는 기상이 있습니다. 집사가 평소 길러오던 것이 아니면 진실로 무민무구(無悶無懼)한 법이 있으니 정말로 이것에 쓸 수 없습니다. 만약 그렇다면 세상에 크게 남보다 뛰어난 뜻이 있는데 큰 허물의 시기를 만난 것이니 아마도 집사 스스로를 말하는 것 같습니다. 차호라 문왕 공자는 요원하니 앞으로 어디를 따라 놀겠습니까. 마땅히 집사가 뜻을 풍아에 의탁하여 위로 천고를 휘파람 불고 아래로 일세를 희롱하여 내 눈앞의 전지(田地)를 개척하는 것입니다.

인하여 동인시(東人詩) 두수가 기억나 서간 끝에 기록하여 드리니 집사의 거처에 시유당(始有堂)이라 칭하는 곳에 써서 걸기를 바라오나 집사가 과연 이를 싫어하지 않을는지요. 삼가 기거에 새해를 맞아 크게 복되어 옛 나라 다사의 바람에 부응하소서. 이만 그칩니다.

이경재에게 답하다.

강 중에 쌓인 눈이 하늘에 연하고 때로는 창문을 치며 지나가니 무릎을 안고 외로이 휘파람 부니 우수가 몸을 감쌉니다. 지난번 우인을 만났는데 신년의 가르침을 전해주니 눈을 대하여 낭랑하게 읽으니 삼가 육인의 생각이 위로되었습니다.

왕추사(王秋史)의 시에 "요란한 물소리 속에 겨우 신이 통하고, 황엽의 숲 사이 스스로 글을 짓는다.[亂泉聲裏才通屐 黃葉林間自著書]"하니 집사가 이때의 풍미가 완연히 여기서 보이니 어떻게 하면 가볍게 배 한척을 호령관(湖嶺館) 아래로 달여서 연사우립(烟簑雨笠)으로 아침저녁 좌우에서 이 천고의 냉연한 소정을 이루겠습니까.

동방은 외복이 뒤섞임으로부터 옛 마을은 차츰 바뀌어 검은 지역으로 되고 지친은 차츰 바뀌어 길 가는 사람이 변하여 갑니다. 사십 년의 지난해를 돌아보면 몸은 아직 여기 있는데 그 배운 것을 어루만지나 손댈 것이 없고 뜻은 오직 옛날을 연연하는데 그 시기를 살펴보면 스스로 용납할 수 없습니다. 지금에 예를 봄이 이러하니 후일에 지금을 본다면 또다시 어떠하겠습니까.
　차호라 옛날의 것을 엽은 다시 볼 수 없습니다. 그 노성한 전형으로 천하에 남아있는 자는 불과 집사 몇 사람뿐이니 다행히 집사는 만년에 가찬하고 고학을 강명하여 우리 도를 일일이라도 수하기를 서간에 임하여 크게 기원합니다.
　난곡과 정인보의 문장은 들은지 이미 오래이나 서로 알 인연이 없고 사는 곳이 궁벽하니 부끄러울 뿐입니다. 구구하여 이미 만나지 못하였지만 만약 그 문자를 본다면 두 번째라고 하기 어려우나 역시 어찌 감히 바라겠습니까. 곽열부의 본래 전기를 보내니 집사는 살피소서.

권송산에게 답하다.
　잘 있는지 돌아보고 또 서신을 보내는데 염치없이 한번 읽어보니 내 낯이 절로 붉어집니다. 일러주신 사 천년의 남긴 단서를 계승하지 못한다는 설은 엽이 답을 할 수 없군요. 집사가 이미 근심하는 모습으로 독서한다는 말은 엽 역시 집사의 뒤를 따라 근심을 겉으로 들어내며 어쩌나 어쩌나 한다고 엽이 어찌 도를 근심하는 사람이 되겠습니까. 도를 근심함은 반드시 자신을 근심하는 데서 시작하는 것이니 장경(壯敬)으로 스스로 다지기를 집사처럼 한 연후에야 그것이 자신을 근심함이 되는 것이며 문사를 닦고 성의를 세우기를 집사처럼 한 연후에야 도를 근심함이 되는 것인데 엽처럼 이러한 여러 아름다움이 없이 어찌 천하에 이 같은 위업을 논할 수 있겠습니까. 그러나 엽이 일찍이 생각해보니 나서서 기치를 세운다면 정위(精衛)의 바다를 메꾸는 것을 면하기 어렵고 처하여 벽을 굳게 한다면 그나마 소가(昭家)의 거문고를 온전히 하는 것이 되는 것이니 육경(六經)을 고산장곡 사이에 감추고 묵묵히 상하의 신지(神祗)가 보호하기를 기다리는 것보다는 차라리 시대를 따라 마음대로 필설에 맡기어 일푼 반푼이라도 구원하는 것입니다. 하회봉이 말하기를 "일은 비록 고금의 이의가 있지만 도는 변함이 없으니 필경 어떻게 힘을 쓸 수 없다는 것을 안다면 단지 거두어 품을 뿐이다."하였는데 엽은 깎을 수 없는 의론이라고 여깁니다. 귀거에 있는 신사인 소천(昭泉)은 모두 오늘날 품어 은둔할 수 있는 연수(淵藪)이니 혹시 한두 명의 영특한 수재가 있다면 의연한 종산(鍾山)의 촛불을 바랄 수 있을는지요. 종이를 대하니 근심되어 여기에 그칩니다.

남이천명중 창희(南夷川明重 昌熙)에게 주다.

골목길을 사이에 두고 수일을 만나지 못하니 문득 가슴속에 띠풀이 배나 자란 듯합니다. 집사는 시끄러운 속에 있으면서 선거의 벽루를 보니 만부도 범할 수 없는 기세이니 스스로 지신을 보존한다고 할 수 있습니다. 잠은 평소 습관이 소활하고 스스로 가하다고 하는 것을 좋아하였는데 늙어가니 더욱 수습이 안됩니다. 이렇게 세상을 살아가려니 진실로 한심합니다. 운어는 조금 졸다가 이루었으니 역시 집사는 이것을 대하여 민망함을 파하기 바랍니다. 책의 의문은 서신 끝에 붙였습니다.

김계원 재수(金啓源 在洙)에게 주다.

잠이 군의 북으로 유람할 때 주선하여 줌을 입어 얼마간의 회포를 풀었으니 근년 이래의 색거중 제일 쾌사라 할 수 있었다.

잠이 월악 밑에 자리 잡은지 겨우 구십일을 지났는데 날마다 산을 보고 물을 들으며 근년 성시의 오염을 조금 벗었으나 속은 항상 미진하여 부끄러워 땀이 난다.

우리 고을이 예부터 이름난 읍으로 지칭되고 학사 대부와 높은 학문 아름다운 행실이 전후에 서로 바라보였는데 소위 읍지라는 것이 잔결하기 짝이 없어 세대를 묻기 어렵다. 속간을 하려고 하면 싸움이 일어날 것이며 그대로 둔다면 선배의 문채가 가려져 앞으로 보존할 수 없으니 어쩌나. 잠이 이로 인해 개연하여 함부로 생각하기를 지씨사(池氏史)를 예로 삼아 오주 성원 일부를 사사로 기록하면서 그중에 전기를 세워 학행 문사 효열의 유형을 군이 문을 나누지 않고 모조(某朝)의 선후를 따라 각기 한 성씨의 다음에 기록하고 그 외의 방기 곡술로 당시에 유명하였던 이는 차마 소멸되게 할 수 없어 아울러 편차에 넣으니 글은 역사의 예이나 미비한 것은 구양씨의 한줄 전기 뿐이다. 공자가 "마음 쓰는 곳이 없다면 어렵다." 하였으니 스스로 생각하기를 세상이 신학으로 돌아간 후로 문정이 날마다 적막하니 손과 눈을 게을리 하기 보다는 차라리 수시로 전배의 마르지 않은 방향을 거두어 책상 사이에 모아두고 때때로 스스로 훈증하는 것도 역시 나쁘지 않다고 스스로 생각하였다. 형은 그곳 제군자와 함께 옛 문적을 널리 상고하여 뽑아서 이곳으로 보내주기를 바란다. 이 일이 삼사년 공부를 허비하지 않으면 쉽게 손을 뗄 수 없으니 미처 생각지 못한 것이 있다면 형이 반드시 써서 보이는 것이 좋겠다.

이자중 병순(李子中 炳享)에게 답하다.

보내준 "허예는 비록 높지만 실덕은 병이다."는 말은 신실로 선한 말이니 잊을 수 없다오. 내가 듣기로 "성현의 도를 배우는 자는 반드시 선을 먼저 밝혀야 하는 것이다."하였으니 선을 먼저 밝히는 것이 도에 들어가는 초보이며 박학 심문 명변 독행이 모두 그 도구이다. 군자가 어찌 도가 밝아지지 않음을 걱정하겠는가. 단지 구하지 않음을 걱정하여야 한다. 다산(茶山)선생의 말에 "학자는 관대를 마음에 두어서는 안 되니 당연히 마치 원수를 다스리듯이 하여야 한다."하였는데 엽은 평생 외웠다. 이를 따르면 길하고 따르지 않으면 흉한 것이니 매우 두려운 것이라오.

유공무 근수(柳公武 瑾秀)에게 주다.

작별 후 얼굴이 아직 깜박이듯 눈에 있으니 내 믿는 정이 굳어 외부로 달하여 그러한 것이리라. 영의 남쪽에 우리 종족이 즐비하여 사는데 선비로 영리하고 빼어난 이는 집사 같은 이 없으니 다른 날 선대를 잇고 후세에 빛나는 아름다움과 울을 키우고 가문을 개척하는 희망이 자연 돌아갈 곳이 있으니 다행히 그 업을 더욱 독실히 하고 그 수행을 더욱 민첩하게 하여 게으른 엽이 같은 이를 바람을 이어 스스로 격려하게 하는 것이 집사의 영향이니 많이 바란다네.

동사(東史)는 이미 사람을 보내어 통주에 소개하였으니 내월 중으로 당연히 이곳에 도착할 것일세. 정자의 역사는 과연 결과에 들어갔느냐. 듣기로 귀거의 산 이름이 오성(五星)이라 칭한다하니 오성으로 이름을 삼는 것은 어떨까. 이것이 무한 좋은 생각이니 생각하여 보게나.

이경숙(李敬叔)에게 답하다.

강북은 옛날에 선복(宣福)이라 칭하였는데 지난번 배로 영가를 지났는데 자제들이 간혹 짧은 소매로 만이(蠻夷)의 소리를 잘하니 군자의 혜택이 끊어졌고 단지 척암옹(拓菴翁)이 팔십 사세로 궤좌하여 눕지 않았으며 유전원(柳田園)이 칠십삼 세인데 산해지(山海誌)를 읽고 있으니 꽤 특이한 볼거리였다오. 도중에 소호, 수포대, 함벽루 등의 여러 작품이 있으나 마음도 고단하고 흥도 식어 언어는 더욱 누추하니 남에게 보이고 싶지 않아서 강상의 벽 사이에 두었으니 진실로 우습고 탄식하였다오. 문전의 매화는 추위에도 꽃이 피니 어찌 대작하며 서로 말하고 싶지 않겠냐만 올 한 해도 저물어가니 어쩌나. 색우(色憂)가 있다고 들었는데 일간에 다시 어떠합니까.

이태옥 병래(李泰玉 炳來)에게 주다.

엽이 오십에 비로소 남의 시아비 되어 아름다운 며느리가 주는 술을 마시고 수레에 돌아와 앉아 육칠십 리를 지나서 하상의 산천을 돌아보니 모두 기쁜 빛이었으니 피폐한 세상에 부쳐 있으면서 오히려 천이(天彝)의 인정을 즐겁게 하는 것을 보다니 이러한 날이 있습니다.

거의 빼어나고 예절이 있어 사람을 움직이게 하는 것을 생각하면 천식의 어리석음이 더욱 드러나니 어찌합니까. 사는 곳은 성중의 풍속이 사치하고 절제가 없으니 눈 앞의 급한 것은 오직 담박한 경계뿐입니다.

학(鶴)이 장물(粧物)을 가지고 가니 이를 대하면 이 속의 모든 실상이 시속에 따라 바뀌지 않았다는 것을 알 수 있을 것입니다. 대략 초하여 여기에 그칩니다.

김이회 황(金而晦 榥)에게 답하다.

달이 바뀌도록 지난번 받은 서선에 대한 답을 하지 못하였으니 심하다 엽의 필묵을 폐한지 오래되었구려. 서신에 근세의 문폐를 매우 밝게 논하여 사람 마음을 열게 하였다. 옛 사람은 말을 할 때 간박하여 오래 갈 수 있으나 지금 사람은 말을 공교롭게 하여 자잘하니 쉽게 잃어버리니 이것은 내외 경중의 정을 쓰는 것이 동일하지 못한 것이며 그 거친 자취가 근본 한 바를 따라서 외부로 나타나는 것이 마치 판에 인쇄한 것과 같으니 사람이 어찌 숨기겠느냐. 내가 족하의 글을 읽으면 지극히 치밀하면서 평이하고 지극히 영특하면서 원대하여 붓을 들고 이치를 논하면 온 좌중이 경동하니 이것이 족하가 선사를 모시며 크게 명훈을 받은 것이 아니겠느냐.

엽이 학문은 순서가 없는데 나이는 나날이 많아지니 산방의 정적 속에 지난 때를 생각하면 공부라는 것은 마치 게으른 이가 오래도록 벽을 보고 서있는 것 같다네. 그러나 족하는 엽에게서 그 잘못을 깨우침을 삼는다면 엽은 족하에게 거울이 될 수 있음이 분명하네. 오직 족하는 힘쓰시게.

선사의 문역(文役)은 의리에 늦출 수 없는 것인데 시기가 이롭지 못하니 창졸간에 해내기 어려우나 이는 천지간의 지문(至文)이니 어찌 천하후세에 오래도록 닫아둘 수 있는 것이겠소. 서로 기다리는 것이 역시 어떠하겠소.

김이회에게 답하다.

들으니 존자는 한 세상을 외면하고 독서를 그치지 않는다하니 이는 동강옹(東岡翁)의 가풍이라 내 어찌 공경하지 않으리오. 고인이 송백을 찬미한 것은 늦게 시들기 때문이니 다행히 뜻을 의탁하여 더욱 힘쓰는 것이 아름답습니다.

해엽은 졸아가며 움집에 거하니 형체나 정신이 모두 초췌하여 있는 것을 스스로 밝힐 수 없는데 근래는 사랑스럽게 준 사간(史緊)이 있어 때로는 한

두 판씩 열람하는 데 국조 당화의 논쟁에 이르러서는 책을 덮고 탄식하지 않을 수 없었다오. 유문정(柳文靖)의 말이 "사서(史書)는 괴롭게도 감분하는 것이 많다."고 한 것이 이런 것을 말한 것이 아닌가 싶군요. 선비의 몸 세움은 정히 먼저 당심(黨心)을 끊는 데서 시작하여야 하는 것이니 이것이 나와 자네가 함께 눈을 밝혀 오늘의 학계에 처하여야 할 것이니 존자는 혹 이해하였는가.

심여홍 상린(沈汝洪 相麟)에게 답하다.

내가 군을 대하면 마치 명기(明璣)나 백벽(白璧) 같아서 좌우에 두고 손에서 놓을 수 없을 것 같은데 서신을 받으니 내가 군에게 연연하는 것이 혹시 군에게 발각된 것은 아닌가 한다네. 감사하네.

지난겨울에 주역을 읽는다던데 근래에 졸업을 하였는지 모르겠군. "항괘는 한결같은 덕이다. 고 한 것은 부자의 계사(繫辭)이니 난세와 치세를 가리지 않고 이 정본을 세워야만 비로소 손을 댈 곳이 있다네. 군은 어린 나이에 학문에 힘쓰나 만난 시대가 판단하기 이러하니 마땅히 세파를 따라 혼미하여 짐을 스스로 경계하여야 한다네. 걱정함이 여기에 미치니 또한 어찌 서투른 말로 별도로 하나의 길을 열어 비탈에 내려가는 수레를 이롭게 하기를 기다리겠느냐.

내 벗 제남(濟南)의 말에 "지금 세상에 사람을 대하여 학문을 권하는 것은 마치 살인의 독약과 같다." 하였는데 잠은 그렇다면 단지 목구멍으로 넘기고 감히 토출하지 못한다고 하였는데 만난 바가 만약 군과 같다면 어찌 독이라고 서로 나누지 않겠나. 힘쓰고 게으름 피우지 말고 스스로 아끼게나.

이서 자양(李壻 子襄)에게 답하다.

홍수 후에 서신을 받으니 완연히 난리 중 면목 같다. 현자의 거처가 낮은 물가인 줄 아는데 동우(棟宇)의 걱정은 어떠하냐. 이곳은 들녘에 청색이 없고 일망무제하니 인생이 이러한 때에 융마에 유린되지 않으면 장차 흉년의 골짜기에서 아사할 뿐이다. 오직 머리 숙이고 독서나 하여 천명 세우기를 게을리하지 않는 것만이 천지간에 능력을 이루는 것이니 스스로 힘쓰기 바란다. 여아의 병은 아직 큰 차도가 없으나 알맞게 따라 조처할 것이니 기다리게나.

하서 자회(河墅 子晦)에게 답하다.

서신에 섬김과 기름이 편안하고 좋다고 하니 이 밖의 것은 모두 둘째에 속한다. 인생이 한 해를 먹으면 반드시 한 해의 공부가 있어야 하는 것이니 신중하여 유유한 사람처럼 선비도 농군도 아니게 하여 백년의 세월을 허랑하게 보내지 말라.

사제 선부(舍弟 善夫)에게 주다.

전일의 서신은 보았을 줄 아는데 네 말은 들리지 않음은 무슨 일이냐. 내가 여기에 살고부터 나의 생각하는 것과 말을 하나도 너와 함께하지 않은 것이 없는데 종이 한 장 오가는 것이 이처럼 어려우니 답답할 뿐이다. 그러나 네가 어찌 나에게 정이 적은 자이더냐.

닭은 보리밭으로 내리고 물가 전답의 벼는 송아지가 씹어 먹는 피해를 입으니 전가에 일이 많기가 이러하거늘 비록 옛 종이를 희롱하며 한가로운 이야기를 하려고 한들 어찌 여가를 쉽게 얻을 수 있겠느냐.

가을에는 외사(外舍)를 할애하여 오로지 정아(定兒)에게 부치게 하려고 한다. 글을 읽고 함께 고생하는 이가 삼사 인이나 되니 차츰 한 격이 나아졌다. 그가 지은 운어(韻語)는 간혹 내가 스무 살 때보다 미치지 못하는 곳이 있으니 다행히 하늘의 신령함을 힘입어 그 어리석음을 조금이나마 열린다면 우리 집안의 능사는 거의 마치는 것이다. 외사를 이미 정아에게 부치게 했으며 나는 오직 동쪽의 방 하나를 쓰면서 좌측에 의물(衣物)을, 우측에 서책과 필연, 주자절요, 망계집(望溪集)등을 모두 이 안에 두었으니 밤은 깊고 잠이 오지 않을 때는 뜻을 따라 한 두어 구절을 점하고 다음 날은 안산인(安山人)이 사는 곳을 지나며 삶을 노력하는 술책을 듣고 오랜 후에 돌아온다. 그의 업에 거하고 친절한 곳은 불과 과욕과 절약뿐이었다.

금년은 돈길이 극히 약하여 옛 보리를 반드시 모조리 외부로 실어 보내고

도 사금(社金) 몇 백을 빌려서 성에 거하는 비용으로 하여야 좋겠다. 주자는 "선비가 기한이 없어야 남에게 부앙함을 면하는 것이니 역시 기운을 양성하는 길이다."하였는데 내가 생각하니 황당함만 더한다.

재종제 현부(見夫)에게 답하다.

날씨가 추운데 너는 글만 읽고 추위에 스스로 대비하지 않으니 염려된다. 서신을 보니 겨울공부를 더욱 열심히 하고 산비(山婢)를 바꾸지 않았다는 것을 알겠으니 기쁘다. 이전 장서에 퇴계서절요가 있는데 아침저녁으로 즐겨 보는 것이 좋으리라. 선배들의 공부하는 차례가 이 책보다 더 자세한 것은 없으니 한두마디 절실한 곳을 얻는다면 때때로 생각하여 반드시 익히 알고 행함에 이롭게 된다면 너의 서신에 말하는 바가 크다는 것을 분별하기 어렵지 않을 것이고 남북도 비로소 정하여 질 것이다. 때에 맞추어 돛대〈檣〉를 다스려 험한 파도에 떨어지지 않기를 나는 늘 바라고 있다. 지금 타상의 종족에 글을 읽는 자가 적은데 너는 아직 이것을 놓지 않으니 기쁨을 어찌 말로 하겠느냐. 보내는 시는 너를 힘쓰라고 지은 것이니 역시 훑어보아라.

기아(基兒)에게 보낸다.

네가 곁을 떠난 후로 매우 춥고 한적하다. 자리에 주자어류 오십 권이 있는데 글자가 작은 동전만하여 비록 밤이라도 눈에 옥 같은 글자가 번거롭지 않고 쉽게 볼 수 있다. 단지 이 책이 백화(白話)를 전용한 곳은 뜻이 난해하다. 지금 겨우 반개 월인데 이미 사분의 삼 정도 보았다. 네 아비의 거친 성정은 늙어도 더욱 이러하다. 너는 정경을 읽으니 네 아비의 오늘날 공부하는 것처럼 하는 것은 마땅치 않다.

네가 앉은 자리는 심하게 춥지 않으며 음식은 매우 마땅치 않지는 않느냐. 생각하면 네 아비는 어려서 글 읽을 때 쌀을 세어서 먹고 먹는 것도 두 끼니에 그쳤다. 더러는 밥하는 사람이 이문을 나누니 밥 먹을 때마다 배가 불룩하게 한번 포식하지 못함이 한이었는데 오랜 후에 소소하게 스스로 훈훈한 향기가 곧 굶주린 창자 속을 뚫어 오는 것을 깨닫고 몸을 위하여 이러한 곳이 있다는 것을 알았다. 너는 네 아비를 보고 타일의 과정을 삼아라.

　서당에 함께 공부하는 사람은 몇이냐. 나보다 위의 사람은 본디 뛰어서 따라가야 하고 나보다 아래인 사람도 또한 함께 떨어질까를 두려워하여야 하는 것이니 이렇게 공부하면 눈앞에 선선오악(善善惡惡)이 어느 것이든 좌봉 우할(左棒右喝)이 아닌 것이 없으리니 너는 힘쓰라.

　어제 정군 인보(鄭寅普, 1892~?)가 이곳을 지났는데 매우 문장의 사람이었다. 그가 복을 논한 하나의 법문(法門)은 극히 좋았다. 그 말은, "복은 본시 내게 순한 것이니 내외를 합하여 일치한다. 저 부귀를 자기의 복이라고 이정하는 자는 그 오게 된 경로가 내게 순하냐 불순하냐를 불문하고 오직 누리는 것으로 복을 삼는 것은 잘못된 것이다. 자기가 비록 스스로 호기를 부리나 오게 된 경위가 일푼이라도 내게 불순한 곳이 있다면 마음은 이미 굶주림〈餒〉이 되는 것이니 천하에 어찌 굶어 죽는 복인이 있느냐." 하였다. 이것은 진정 선한 말이다. 너에게 듣게 하고 싶었다. 내 서신을 받으면 너는 일일이 상세히 답하여 네 아비의 면전에서 너를 보는 듯하게 한다면 좋으리라.

택재집 권3 종.

澤齋集
권4

잡저(雜著).

석문사지(石門私識).

지극하다 태극이여 사람에게 있어서는 마음이 되니 이로써 천덕(天德)이 갖춰지고 왕도(王道)가 달하게 되도다. 혁연하여 자연으로 밝음을 명(命)이라고 하는 것으로부터 혼연하여 자연으로 갖춤을 마음〈心〉이라고 하고 찬연하여 자연적인 법칙을 성품〈性〉이라고 하고 애연하여 자연으로 나타남을 정서〈情〉라고 하는데 사실은 하나의 이치〈理〉이다. 마음은 성품에 전일하니 성인〈聖〉이 둘이 되면 광(狂)이다. 이(理)로써 마음을 삼으면 요순의 도이며 기(氣)로써 마음을 삼으면 걸주의 도이다. 이는 심(心)의 체(體)가 되니 이는 천하의 지령(至靈)이다. 천지보다 앞서나 시작이 아니며 만물에 행하여지나 후가 아니다. 성즉리(心卽理)라는 것은 기에서 이루어진 이름이며 심주리(心主理)라는 것은 기에 의하여 이루어진 본능이다. 이가 심의 체(體)가 됨은 바꿜 수 없는 의론이니 근본한 바에서부터 말하면 즉리이며, 기는 심의 용(用)인 것은 바꿜 수 없는 의론이니 의지한 바에서부터 말하면 즉기이다. 자(自)자 하나를 붙여서 말하면 전쟁의 보루가 상대하여 거의 끝나는 것이다.

심리(心理)의 설은 내가 아직 거론할 것 없고 즉기(卽氣)라고 하는 것은 그 본체를 아울러 빼앗고 또 따라서 비하하고 있으니 유문의 논설 내는 것이 도리가 아님이 이처럼 심하다.

심하다 이 학문의 문파 많음이여! 같은 것은 억제하고 같지 않은 것은 펴며 절절히 성이 심과 합하는 것을 걱정하는 것은 간재(艮齋) 전씨의 학설이며, 이미 그 같지 않은 것을 밝히고 또 같은 것을 밝혀서 절절히 심이 성을 떠나는 것을 걱정하는 것은 한주(寒洲) 이씨의 학설이다. 심이라는 것이 성과 합하면 순(舜)이고 성과 떨어지면 척(蹠)이니 지금 천하에 척의 무리가 자연히 부족함이 없는데 만약 구원하려고 한다면 같은 것은 같게 하고 같지 않은 것은 같지 않게 하는 것만 못하다. 그 중을 잡는 이가 있으니 아마도 소중한 것에 치우침을 두려워함이니 이에 그 같은 것에 따라서 같지 않은 것을 따지며 그 같지 않은 것에 따라서 같은 것을 따지니 모두 말로 분변하는 것이니 존심(存心)하고 양성(養性)하는 것만 못하다. 또 말하기를 "학문에 뜻을 두면 작고 큰 것에 남김이 없어야 하는 것이니 마치 장사꾼이 이익을 나누는 것과 같음이다."하였다.

군왕은 천헌(天憲)에 의지하고 백성은 국헌(國憲)에 의지한다. 무엇을 천헌이라 하는 것인가? 하늘의 공작을 대신하여 의로서 제어하고 사람의 정서를 순하게 하여 법으로 나타낸다. 상하가 그 이익을 누리니 이것에 위배되면 위치를 바꾼다. 무엇을 국헌이라 하는가? 하늘의 헌장에 인하여 나라에 행하니 군왕은 감히 게으를 수 없고 백성은 그로서 뜻을 정한다. 하늘이 무슨 말을 하느냐. 백성에게 행하게 하고 독부(獨夫)는 두려워한다.

가정에서 명절이 되면 안팎의 노인에서 아이들까지 모여 장부는 중당(中堂)에 처하고 부녀들은 술상을 내온다. 젊은이는 시를 노래하고 동자는 일어나 춤을 춘다. 얼마 후 모두 재배하고 물러난다. 해마다 이렇게 하니 역시 즐겁지 않으냐. 옛날에 선공을 모실 때 반드시 새벽에 문밖에서 안후를 살피는데 선공이 일어나 심잠(心箴)을 암송하는 소리가 들리면 들어가고 들리지 않으면 조금 기다리고 하였는데 선공이 그러지 말라고 하면서 "네가 추위를 조심하지 않으면 마음이 어찌 편하겠느냐."하였다. 퇴계는 명도와 같고 남명은 이천과 같았다. 농암(農岩)의 글을 읽으면 간단하게 하려고 하면서 오히려 다할까 두려웠고 연암(燕岩)의 글을 읽으면 올바르게 하려고 하면서 또 그 변함을 구경한다. 영재(寧齋)는 독실하게 법칙을 따르니 마치 별들이 성좌를 지키는 것과 같고 창강(滄江)은 크게 신백(神魄)을 펼치니 마치 무지개의 변태와 같다. 간이(簡易)는 동방에 있어서 스스로 하나의 경지를 개척하니 보루의 삼엄함은 가까이하여 보기 어렵다. 문선(文選)에 들어가지 못한 것은 좋아하는 바가 동일하지 않아서이니 어찌 주발(周勃)이나 관영(灌嬰) 무리가 짝할 바이더냐. 회봉(晦峯)은 구양공(歐陽公)의 온자(醞藉)함을 좋아하면서 덕에 의거하고 심재(深齋)는 왕증(王曾)의 초결(峭潔)함을 얻어서 그 의리를 세웠다.

#.하겸진(河謙鎭). 조긍섭(曺兢燮).

상심하다. 대위(大僞)가 세상을 가지면서 귀척이 문자시호를 훔치니 조정이 역명(易名)하기를 수치로 여기고 성묘(聖廟)가 당파의 물건에 속하면서 유림이 거간꾼으로 변하며 개주(介冑)가 당하에 제수되면서 사이(四夷)가 수도를 유린하니 나라를 상실함이 족하지 않으냐. 복재(復齋)는 말하였다. "사람들에게 문자의 고용(雇傭)됨이 수치스러운 것이 아니다." #. 조현규(趙顯珪).

일찍이 생각하여 보니 이러한 사람들이 으레 가정을 세워 증상(烝嘗)을 받드니 자취가 없는 것은 걱정할 것 없다. 그 자취를 따라 글을 쓴다면 무슨 부끄러움이 있겠느냐. 도와 덕으로 도금을 하여 어버이를 거짓 귀신이 되게 하는 것이 서로 이어 나오니 효의 도가 쇠하였다. 옛날에는 열국(列國)이 그나마 인의를 가차하여 나라를 세웠는데 지금은 걸핏하면 법률을 칭하여 얽어맨다. 법은 그나마 그렇다고 하지만 속이는 자는 따르다가 변경하고 강한 자는 또 그 변경에 따라 병사로 굴복시킨다. 강하면 스스로 굳은 것이지만 나보다 강한 자가 와서 다툰다. 공자는 말하였다. "끊어진 세대를 이어주며 패망한 나라를 일으켜서 천하의 마음이 돌아와 하나에 정하여지면 그것은 인의의 강한 자로다. 남헌(南軒)이 말하다. "사람 욕심이 형체가 없다는 말은 그를 것 같으나 정몽(正蒙)에서부터 없을 수가 없다. 형체라고 하는 것을 수직으로 본다면 사람 욕심도 역시 체가 있다."

극재(克齋)는 덕을 잡는 것은 방법이 있으니 그 방법이 보이지 않으면 군중과 함께 하여도 반드시 자기를 두어야 하는 것이라고 하였다. #.河公憲鎭.

일찍이 하동을 지나는데 체리(剃吏) 몇 명이 길에서 만나 위협을 하여 나는 천천히 행장을 풀고 그 속에서 고묘문(告墓文)을 내어 보이니 저들이 모두 사양하여 모면하였다. 같이 그러한 것은 심리(心理)이다. 선부는 말하였다. "나라는 흑치 부락의 노예가 되었고 몸은 이적이 되었으니 차라리 북으로 중원에 달아나 양자강 가에서 죽으면 후세의 자손들은 다시 동방의 백성이 되지 않기를 바란다."고 하였다. "역시 좋지 않으냐. 그러나 천하는 일치일란 인 것이 오래인지라 동도 역시 서가 되며 중도 역시 서가 될 수 있으니 무엇을 가리겠느냐. 만약 되돌린다면 오직 나의 마음 뿐이니라."하였다.

내가 세상에 살면서 얻은 것이 네 가지가 있는데 산만하여 스스로 구혁을 단정하는 것이 어리석은 것이 아니냐. 늙었다고 더욱 굽히는 것이 천한 것이 아니냐. 누차 결핍되고도 사는 것이 공허한 것이 아니냐. 교제를 끊고 처하는 것이 고독한 것이 아니냐. 내가 이것을 세우고 나니 천하에 다툴 것이 없었다. 성암(醒菴) 부군이 매번 생일이면 다른 곳으로 나가니 집안사람들이 감히 성찬을 갖추어 기쁨을 꾸미지 못하였다. #.부군의 이름은 遠照이니 내게는 종조부 벌이 된다. 옛날 학궁에서 제사함은 근본에 보답하는 것이었는데 후세에 만약 제왕이 나온다면 학궁의 제도가 고쳐질 것이로다. 문묘는 공자가 주벽이고 주자와 이자(李子)가 배향이다. 무묘는 태공이 주벽이 되고 김흥무왕(金興武王)과 이충무공이 배향이다. 경제학은 기자(箕子)가 주벽이고 유반계와 정다산이 배향이다. 외부와 잡과는 마치 공작에는 공수자, 의학에 화타와 이제마의 유가 각기 뽑히면 백성에게 권장하는 것이 될 것이다.

화담과 남명은 모두 성리에 깊었으나 단지 큰 저작이 없다. 고을과 마을에 반드시 학관이 있고 학관의 후에 성상(聖像) 하나를 모시고 매월 초하루에 반드시 참배하고 서로 백록동규(白鹿洞規)를 강의한다. 선거는 반드시 덕행을 으뜸으로 하고 예업(藝業)은 그 다음이다. 입정(立政)은 균전(均田)을 먼저 한다. 하늘이 무슨 말을 하느냐 백성을 보면 하늘을 안다. 하늘을 대신하면 황이며 하늘에 순응하면 왕이며 하늘을 두려워하면 제이며 하늘을 빌리면 패(覇)이다. 허노재(許魯齋)는 왕을 보좌하는 자로다. 학자에게 삶을 다스리게 하면서 비루하지 않으니 지혜가 많고 몸소 원나라에 벼슬하면서 수치스러워 하지 않으니 인이 많도다. 염계(濂溪)의 정(靜)을 주장하는 학문을 강론하지 않아서 성인의 도가 거칠어졌다.

내가 선인에게 배우지 못한 것이 세 가지가 있다. 계 숙부(季叔父)가 오래도록 설류(絏縲)에 있었지만 몸이 좌우를 떠나지 않았으니 혹시 봉양이 잘못될까를 경계함이다. 서 종숙모(庶從叔母)를 이미 매장하였으나 오일만에 개장함은 의식의 갖추지 못함을 싫어하여서이다. 종부제(從父弟)가 소를 몰고 가서 술과 바꾼 것을 돈을 내어 상환하니 악명을 입지 않게 하기 위함이다.

심하다 단궁이 공씨를 속임이여! 지나는 자는 교화된다 하였는데 어찌 삼대에 출처(出妻)하는 이가 있느냐. 기(記)에 말했다. 체재가 없는 상복으로 만방을 기르는 것은 천하의 지인(至仁)이 아니면 그 누가 능하리오. 마문승(馬文升)이 조정에 있으면서 매일 밤에 마음으로 하늘 밖을 한바퀴 돌았다 하니 대체로 국경 밖의 이적(夷狄)을 지칭한 것이리라. 내가 산간에 있으면서 매일 밤 마음으로 하늘 안을 일주하면서 항상 나라에 군주 없음을 걱정하였다. 팽택(彭澤)의 시에, "갈옷을 입고 긴 밤을 지키니, 새벽닭도 즐거이 울려고 하지 않는다." 하니 이를 말함 이었던가.

지극하도다 신명사(神明舍)의 그림 됨이여! 사직에 죽을 국군(國君)이 아니면 거의 폐사(廢舍)가 아니겠느냐. 남명은 간략함을 지키니 후세의 얕은 유자들이 감히 거론하지 못하였다. 종법(宗法)을 지키지 않으면 족속이 문란하여진다. 성허(星湖)는 말하였다. 나라의 제도가 훈신은 부조(不祧)하고 대부 이하는 미치지 않으니 마땅히 하나의 법을 세워야한다. 그것은 처음으로 다른 지방으로 옮긴 자와 일어나 대부가 되거나 덕업의 혜택을 남긴 자는 모두 종가를 세움을 허락하여야 한다. 만약 원대의 현조가 중세에 잔미 하였다가 뒤에 일어나 대족이 된 자도 역시 처음을 일으킨 조상이 되어야 한다.

후세에 대부는 논할 것 없고 비록 선비라도 장공예(張公藝) 유중도(柳仲塗) 정렴(鄭濂) 같은 무리는 위에서 덕을 세우고 아래에 복이 번성하여 한 지방을 이끈다면 자손이 서로 하나의 종사(宗祠)를 건립하여 입춘에 제사하고 나이 많고 행실이 닦인 자를 사장(祠長)으로 삼아 선악에 따라 포상과 벌칙을 반드시 사당에 고하여 행한다면 교화가 자연 후하여질 것이다. 전(傳)에 예속은 형벌한 다음에 즐겁다고 한 것이 이를 이름이다.

선하다 명미당(明美堂)의 시대를 알고도 말하지 않음은 높다고 할 수 있다. 통쾌하다 소호당(韶濩堂)의 나라를 떠나고 돌아오지 않음은 가곡이 끝나고 아악을 연주함이라 할 수 있다. 애석하다 김경중(金暻中)의 역사함이여 고루하고 크지 못하니 작은 글이로다. 나는 어리석음이 병인가 봐 반드시 남들이 믿는 것을 사기라 하고 남들은 같다는 것을 반드시 다르다 하며 자기는 밝은데 가리어 있으며 반드시 자기는 크다고 여기는데 허탕하다.

걱정하여도 어쩔 수 없는 것이 세 가지가 있으니 늙어서 후회하는 것, 약하면서 용감한 것, 가난하면서 화내는 것이다. 사물의 신비함이 스스로 신비한 것이 아니고 사람을 기다려 신비하여 지는 것이다. 재화는 기름과 같아서 가까이하면 옷을 더럽힌다. 옛날 진주에 몇 년을 우거하면서 결핍 때문에 시

힘 삼아 사람에게 재화를 놀리게 하고는 관리하지 않았더니 집이 빈 것은 여전하였다. 독서는 약을 먹는 것과 같아서 먹지 않으면 죽는다. 하루는 책이 사장에 천하여서 심지어 스스로 바치는 이까지 있었다. 처음에는 겨우 반 상자이더니 돌아갈 때는 수레에 싣고 따르게 하였다. 선조(先兆)가 얕아서 마음의 일을 마치지 못하였으니 내 어찌 잊을 수 있나. 하루 밤에는 꿈에 신인이 가슴을 뚫고 들어오는 것 같더니 길하게 하여 주었다. 정자(程子)는 그 뜻을 곧게 하면 온 천하에 감동하지 않는 것이 없다고 하였는데 내가 이제 비로소 믿게 되었다. 선부(善夫)는 이기(利己)와 이인(利人)을 심하게 밝히지 않았기에 그 삶이 다스리지 않은 것 같으면서도 다스리지 않는 것이 없었다.

　능재(能齋)는 즐거움을 아는 이로다. 좋은 것을 먹어도 배부른 것 같고 나쁜 것을 먹어도 배부른 것 같도다. #. 權宜鉉 나의 姊夫다.

　노백(老栢)의 문인은 말이 변하는 것을 귀하게 여기지 않고 경을 지키기 좋아하며 적은 허물은 있을지라도 모난 것은 고집하여 잘하는 가르침이라는 것은 듣지 못하였다. #.鄭公載圭. 송산(松山)은 새로 소학을 읽는 것 같으니라. 권재규(權載奎).

　천하에 세 가지 통쾌한 것이 있으니 문덕(文德)의 살수와 충무의 한산과 응칠(應七)의 여항(旅港)이 일반이다. 호관현무(縞冠玄武)로 다섯 치의 갓끈을 드리운 것을 게을리 노는 자제라면서 주공(周公)이 향당(鄕黨)에 끼워주지 않았는데 내가 어찌 모면하겠느냐.

　우리 동방이 나라가 된 지 오래되었다. 단군 기자(檀君箕子) 이래로부터 지금 사천 년까지 그간에 흥망이 한두 번이 아니었다. 해와 달이 오감은 오직 이 하늘뿐이었다. 밝음이 생기지 않고 천하가 어두우니 내가 천명을 어찌하리. 내 어찌 배우기를 좋아하는 자이겠느냐. 뜻은 문사에 달하고 싶지만 얻지 못한 자이다. 의리는 좋으나 문이 부족하면 뜻이 소략하고 문이 비록 좋으나 의리가 부당하면 마음이 싫어하니 정밀하게 깊이 생각지 않는다면 죽도록 이렇게 그칠 것이다.

　심재(深齋)는 말하였다. 상은 사장(詞章)에 빠지고 그다음은 사공(事功)을 힘쓰고 최하는 도덕에 의탁한다. 나는 그나마 의탁하는 자는 명성으로 권면

할 만한 것을 보았으나 지금은 없도다.

　공자는 주나라 말년에 탄생하였는데 대도(大同)의 탄식은 세상을 애도하여 발한 것이로다. 그러므로 말씀하기를 "대단하도다. 요의 군왕 됨이여, 높도다 순과 우의 천하를 소유하였으나 함께하지 않음이여"라고 하였다. 강양(康·梁)*이 그 학설을 얻어 문란하게 하여 천하를 이끌어 금수에 들어가도 스스로 깨닫지 못하였다. *강유위 양계초.

　주자는 "성인은 사해를 한 집으로 삼고 중국을 한 사람으로 여기었다."고 하였다. 지금 주자를 위하는 자는 이 의리를 강론하지 않고 헛되게 이 말을 찢어서 사사로이 한다. 이웃에 남의 재물을 틀어서 삶을 살던 자가 늙어서 구학에 나뒹구니 이는 무슨 의리인가. 하서자(霞棲子)*는 "이롭게 하여도 스스로 소유하지 못하는 것은 의리를 법한 때문이 아니겠느냐. 의리의 위엄이 준엄하도다." *霞棲의 이름은 珪秀이고 나의 종숙이다.

　회봉(晦峯)은 거함이 화목하고 안색이 편이하여 오래도록 함께하여도 싫음이 보이지 않는다. 퇴계는 말하였다. 마음이 조용하면 태극의 체재가 서는〈立〉것이며 마음이 움직이면 태극의 용도가 행하는 것이다. 그러므로 마음이 태극이라고 한다. 아마도 부자(夫子)가 스스로를 말하는 것이로다. 내 일생의 큰 병은 자서(自恕)라는 두 글자에 있다. 면우(俛宇)는 말하였다. 독서는 관대(寬貸)라는 것을 마음에 두어서는 안 된다. 마땅히 원수를 다스리듯이 하여야 한다고 하니 선하다 일찍이 살피지 못하였음이 후회된다. 일에 이르러 먼저 의리에 행할 것인가를 살펴야 한다. 장자(張子)는 말하였다. 물이 일만 길의 산에 임하여 내려갈 때는 곧장 내려가고 두 번 다시 막힘이 앞에 있어서는 안 된다. 하니 이는 잘도 비유한 것이다. 정자 주자의 소육(蘇陸)에 있어서 담소로 서로 타이른 일이 없다고 의심하는 데 어떤 이는 "소는 호탕하니 그나마 바로 잡을 수 있지만 육은 집요하니 쉽사리 합할 수 없다."고 하니 "주자가 웃으면 거(渠)가 어찌 웃지 않을 수 있겠나. 기(記)에 '펼치고 풀지 않는 것은 문무도 하지 않는다.' 고 하였으니 문에 있다면 내가 청하리라."하였다.　성인이 대과(大過: 괘명)를 보고 장법(葬法)을 세웠다. 곤(坤)의 단사(彖辭)에 "서남의 붕우를 얻는 것은 동류와 행하는 것이고 동북의 붕우를 잃는 것은 끝에 가서 경사가 있다."하였다. 전(傳)에 이르기를 "대저 건(乾)은 정하면 온전하고 동하면 곧다. 이리하여 큼이 생기는 것이다. 대저 곤(坤)은 조용하면 다물고 있고 움직이면 열린다. 이리하여 넓은 것이 생기는 것이다." 하니 모두 짝을 지어 말하였으니 만들어서 쓰는 것을 후세에 법을 삼았다. 유자들이 역경에서 구하는 것을 즐거이 하지 않고 잘못되게 이서(異書)에서 찾다가 얻지 못하면 매장의 이치는 없다고 하니 미혹됨이 무엇보다 크다. 소자(邵子)의 말에 "역경의 이치를 따라서 하늘을 안다."고 하였다. 지금 땅의 이치를 얻어서 역경을 안다는 것은 이는 역경의 이치를 따르지 않고 땅을 안다는 것이니 거꾸로 된 것이라고 할 수 있다. 그러나 정성을 다하면 밝아지는 것이며 밝아지면 통하는 것이니 그 실제는 동일하다. 크도다 성인의 도여! 행할 것이로다. 배와 차가 통하여 오주(五洲)가 이웃이 되니 이제부터 만남이 이루어지고 언어를 분별하여 각기 그 정을 전달하게 될 것이니 맹자의 말에 "마음의 같은 것은 이치이며 의리이다." 하였는데 나는 부자(夫子)는 앞으로 서방에서도 부조(不祧)가 될 것으로 안다. 기(記)에 말하기를, "절차를 넘지 않고 베푸는 것을 공손하다고 한다."고 하는 데 지금 교육은 공손하지 않고 학문은 나날이 달라진다. 천하의 성품은 한가지인데 작고 영리한 자가 있으니 겨우 구두를 분별하면 곧 도를 만들어 논설을 세운다. 예란 천하의 중(中)이며 악이란 천지의 화(和)이다. 그 체에 맞아야 그 용에 화한다. 맞지 않으면 화하지 않고 화하지 않으면 천지가 어그러진다.

심석(心釋) 上.

나는 살아있는 물체다. 어찌 사람에게 국한되겠느냐. 체제가 세워지면 네 가지 덕이 나에게 근거하고 용도가 행하면 일만 가지 선이 나에게서 발한다. 나에게 순응하면 신성이 되고 나에게 패역하면 광망이 되니 내가 그 동기이다. 옛날에 공씨라는 이가 있어서 나의 덕을 다하여 도가 천하 만세에 전하였는데 후대에 천하의 사람들이 공씨를 따라서 나를 대중지정(大中至正)의 구역으로 찾는 이가 적어지고 날마다 나를 가지고 음영하는 하나의 물체로 삼았으나 나는 나대로 있었다. 혹은 나를 명하여 기운이 체제를 이루어 나의 구비함을 본다고 하였고 또는 나를 명하여 이치가 참됨을 얻어서 나의 미묘함을 본다고 하였고 이 두 가지의 밖에서 둘 사이의 경계를 없애고 이치와 기운을 겸한다고 하는 이도 있는데 이는 나의 전채를 거론한 것이니 이름과 실체가 모두 흉화 된다. 그러나 나를 섬기는 이는 혹 섞임에 잘못되어 오래도록 안정하기 어렵다. 그렇다면 어떻게 이름을 지어야 하나. 지허 지령 지대(至虛 至靈 至大)라고 할 뿐이다. 사사로움이 싹트지 않고 만물이 일체이며 행하는 자취가 없고 하늘과 연못으로 함께 놀게 된다. 그러므로 고금의 유구함과 사물의 중대함에 대가 없는 것이 없지만 나는 대가 없다. 대가 없으니 이름이 없고 이름이 없는데 내게 이름으로 다투는 것은 비루함이 심한 것이 아니냐. 시경에 "내가 품은 명덕은 성과 색을 크게 하는 것이 아니다."고 하였다. 군자가 반드시 일삼을 것은 오직 경(敬)뿐이다. 공경하지 않으면 어떻게 내가 살아있는 물체로서 사람에 국한되지 않는 줄 알겠느냐.

심석 中.

나는 오장(五臟)에서 화(火)에 속한다. 화의 형상은 문명이다. 그러므로 빛은 비치지 않는 곳이 없다. 비폐간신(脾肺肝腎)의 각자가 오로지 그 자리에 거하여 서로 사용되지 않는 것과는 같지 않다. 나의 화가 안정하면 넷은 자리를 지킨다. 치성하게 되면 일백 구멍이 병들게 된다. 세상의 잘하는 의원이 보사(補瀉)하는 방법이 있어서 시든 것을 일어나게 하려면 내가 형상을 지키며 다투는 것이 긴요하고 두루 하는 것이 주요하지 않느냐. 지금 어떤 사람이 미쳤거나 비뚤거리는 것을 보고 "이게 이 때문인가 이게 무엇 때문이지"하면서 그 끝부분만 치료하려고 하고 내게 해로운 것은 묻지 않는다면 저 넷은〈비폐간신〉 차례로 서로 해쳐서 즉시 그 훼상함을 보게 됨은 화타(華佗)가 아니라도 이미 확실하게 눈앞에 볼 수 있을 것이다. 장자(莊子)가 말하는 "허허로이 만족한다."는 것을 여기에 예를 든다면 오직 정미하고 오직 한결같아서 조장(助長)하는 것이 없으니 마치 배를 모는 이가 규정대로 노를 젓고 가벼이 달리지 않으며 마치 나무를 가꾸는 이가 흙을 다지고 뿌리를 움직이지 않을 뿐이니 조심하고 스스로 다져서 나의 속을 편하게 한다면 사람 삶의 수하고 건강한 것이 역시 공경함을 두고 어찌하겠느냐.

심석 下.
　내게 있는 신식(神識)과 혼백은 모두 나의 기운에 속한 것이니 몸에 없을 수 없는 것이다. 그러나 죽음을 두려워하는 이가 있어서 항상 자신의 후에 소멸되지 않는 것을 생각하여 애를 쓰다가 그대로 죽어도 후회하지 않으니 나는 심히 의혹된다. 대저 귀는 듣는 것을 담당하고 눈은 보는 것을 담당하며 손은 잡는 것이며 발은 행하는 것이니 이는 인류에게 하늘이 부여한 버릴 수 없는 것인데 지금 듣지도 않고 보지도 않으며 아울러 손과 발도 잡거나 행함이 없이 올연하게 입정(入定)하여 한 가닥 소소 영령한 선(禪)을 구하니 이리하여 오성(五性)이 느낌이 없고 만사가 무너지는 것이다. 지공(誌公)의 시에, "섬호도 수학할 마음이 일어나지 않으니, 무상(無相)한 광명중에 항상 자재(自在)한다."하니 슬프다 소위 자재라는 것이 공적(空寂)에 빠져서 돌아보면 내 방안에서도 역시 내 몸을 잃은 것이다. 생각 속의 신식과 혼백은 과연 어디에 있느냐. 대저 사람이 천지 일월과 함께 서로 장구한 것은 정(靜)하여도 정함이 없고 동(動)하여도 동함이 없어서 적감(寂感)이 서로 사양하여 주고 단서가 스스로 나타나서 한결같음과 정성의 통함이 총명예지의 구역을 거두게 된다. 존상하는 하나의 법은 오직 성현만이 능할 수 있으니 공경에 있을 뿐이니 내가 어찌 기쁘지 않겠느냐.

이존무대설(理尊無對說).
　이보다 먼저 앞선 것이 없으니 억지로 이름하여 태시(太始)라고 하고 이것이 자리하고 자리한 것이 없으니 억지로 이름하여 태허(太虛)라고 한다. 시와 허는 모두 표계의 별칭이다. 이것이 어찌 가명으로 짝할 수 있는 것이더냐. 하늘은 위에서 형체가 되어 그 고명함이 견줄 바가 없고 땅은 아래에서 형체가 되니 그 후하고 넓음이 끝이 없다. 그러나 그 근본을 탐구하면 반드시 이가 기를 낳는 것을 기다려 이루어지는 것이다. 더구나 이보다 내려가 견줄 수 있는 사물은 숲처럼 많은 것이 기를 기다려 이루어지는 것이다. 기는 만물의 주택이며 재제하는 방면은 오직 이의 법칙대로다. 나라는 뭇 백성의 바탕이며 교육과 법도는 오직 군주가 명하는 것이다. 이러하므로 대순(大純)의 때에는 이가 들어나 기가 순하며 지치(至治)의 세상에는 군주기 엄하고 나라가 다스려져서 찬란하여 그 질서를 문란하게 할 수 없고 빛나서 그 존엄을 범할 수 없었다. 슬프다. 지금 천하는 두족과 간구를 도치한 자가 횡행하면서 인류가 괴려 되니 나는 앞으로 천체가 윤몰하고 땅의 바탕이 무너져서 혼혼하고 명명하여 다시 하나의 무하유의 고장이 되는 것을 보리로다. 또한 스스로 믿는 바가 있으니 내 일찍이 장자와 술을 마실 때 좌석은 반드시 모퉁이로 향하고 술잔은 반드시 자신을 뒤에 하니 이것은 배움으로 인한 것이 아니고 내 마음에 고유한 것이니 한 몸으로 미루어 사해를 알 수 있다. 그러하니 천하는 어디에 정할 것인가. 연장자에 먼저 잔을 올림을 시작할 것이다. 잔을 연장자에 먼저 하는 것은 무엇에 근본 하였느냐. 이 이의 주재에 연유하였을 뿐이다. 가정에 있어서는 오(奧)의 도가 있고 나라에 있어서는 체(禘)의 도가 있다. 유독 하나이고 대가 없다. 대가 없으니 보다 높은 것이 없다. 이것을 아는 자는 타일에 세상에 통달할 것이다. 나는 팔을 베고 근심이 없으리라.

인물성해(人物性解).
내 성을 성으로 하여 자연으로 정하여진 것을 성인이라 하고, 성이 어긋난 것을 감히 회복하지 않을 수 없는 것을 현인이라 하고, 성을 성으로 삼지 않고 스스로 행하는 것에 익숙한 것을 중인이라고 한다. 그 받은 것이 협애하고 그 따르는 것이 근심이 없으며 인하여 스스로 갖추며 순하게 형체를 갖추는 것은 초목과 조수가 이것이다. 대저 스스로 성을 삼는 자와 감이 회복하지 않을 수 없는 자는 어떻게 정하느냐. 하늘이 정하는 것이다. 스스로 행하는 자는 어떻게 정하느냐. 성현이 정하는 것이다. 스스로 갖추고 순하게 이루어지는 것은 어떻게 정하느냐. 초목과 조수에 정하는 것뿐이다. 혹자는 "만약 자네의 말과 같다면 저 높다랗게 임하고 빛나게 명령하는 것은 사람에게 하늘이 되는데 사물의 하늘은 될 수 없는 것이지 않느냐." 아니다. 어찌 그렇게 되겠느냐. 하늘에 대비한 자는 하늘을 다할 수 있고 하늘에 소비한 자는 하늘에 순응할 수 있다. 하늘로서 하늘을 삼는 자는 그 하늘로 마음을 삼을 수 있고 몸으로 하늘을 삼는 자는 그 하늘을 형체로 삼을 수 있다. 대개 따르는 바를 나누면 진실로 이러하다. 사람이 하나의 하늘이며 사물도 하나의 하늘인데 큰 것에 사이하는 자도 있고 작은 것에 사이하는 자도 있는 것은 어쩜이냐. 이것은 하늘이 이런바 하늘이 되는 것이다. 여기에 있으면 여기에 하늘이 되게 하고 저기에 있으면 저기에 하늘이 되게 하지만 어찌 작위가 있다고 하겠느냐. 오직 정성뿐이다. 정성이면 통하고 통하면 변하고 변하면 화하는 것이니 하늘의 도는 과연 사람과 사물을 가지고 둘이라고 논의함은 불가한 것이로다.

어우사기(於于私記).
옳은 것은 자신에게 돌리고 잘못은 남에게 돌리는 것은 군중의 심정이 그러하다. 누구라도 자기가 옳다고 한다면 잘못은 돌아갈 곳이 없지 않느냐. 누구라도 남이 잘못이라고 한다면 옳은 것은 오로지 자기뿐인 것이 아니냐. 나는 일찍이 옳고 옳지 못한 것은 공적인 도리에 달렸다고 생각하였는데 내가 동의하거나 이의하는 것으로 기뻐하거나 화내거나 한다면 동의하면 선한 것이며 이의 하면 악한 것이니 스스로 옳다고 하고 스스로 나쁘다고 하는 논변이 더욱 무궁하여 나는 장차 시비가 일정한 명칭이 없고 동의와 이의가 보루를 상대하는 맹서(盟書)가 됨을 보게 될 것이다. 엽이 소시에 나라의 학사와 교유하면서 그 학설을 익히 들었다. 처음은 색목에 당하여 국성(國性)이라는 것이 형성되었고 두 번째는 언론에 당하여 도술이 갈라져서 안팎으로 어금니가 교차하여 분연히 서로 다투니 비록 말을 잘하는 이라도 풀 수가 없다. 지금 한 사람이 리를 따라 하나의 경서를 해설한다면 한 사람은 기를 따라 공격하고 한 사람이 기를 따라 하나의 경서를 해설한다면 한 사람은 리를 따라 공격하니 내가 묻기를 어떻게 하면 그 답을 잘 할 수 있겠느냐고 하면 대저 많은 군중의 심정을 벗어나지 않는 것은 왜냐. 또한 성과 천도는 자공(子貢)이 들은 바가 아닌데 지금은 길거리의 소학(謏學)도 능히 말한다. 무릇 도를 이야기한다는 것은 천하의 큰 선이다. 천하의 큰 선을 가지고 자신의 사사로움에 가두어진다면 스스로 해치지 않는 자는 드물다. 중도를 얻지 못하고 말을 세우려고 힘을 쓴다면 마음의 적이 아니겠느냐. 자신은 행하지 않으며 남을 책망하기를 힘을 쓴다면 세상의 적이 아니겠느냐.

내가 이러하여 실축하게 속으로 부끄러워 공곡에 도망하듯 숨어서 감히 다시 도로써 서로 유인하지 아니하고 때로는 옛 선현을 혼자 기뻐하며 죽도록 소심을 품고 애써 성현의 문에 허물을 적게 하려고 하지만 이루지 못하였다. 어느 날 자못 스스로 깨닫기를, "이 생에서 지금 생을 향하여 제도하지 못한다면, 다시 어느 때를 기다려 이생을 제도하겠느냐."하니 눈앞의 의리는 당연히 눈앞의 사람과 함께하여야 한다고 깨달았다. 동의한다고 감히 기쁠 것도 없고 이의한다고 감히 노하지도 않고 오직 공공된 것만 본다면 도에 가까운 것이다. 어찌 구구하게 한결같지 못한 마음으로 말을 헤아려 보지 않고 함부로 스스로 믿어서 사우들과 질의하지 않겠느냐. 인하여 뜻을 따라 한 편의 글을 써서 어우사기라 하고 어우(扵于)를 취하여 군중을 덮으니 단지 과탄(夸誕) 한 것만 스스로 나타나니 슬플 뿐이다.

세상에 태극도(太極圖)라는 것이 나오고 나서 소위 이기의 길이라는 것이 밝아졌다. 어쩌면 그리도 길이라는 것이 더욱 밝아질수록 후래 논설가의 다툼의 붓이 상각(相角)으로 일어나는 것이더냐. 저 하나의 기가 있고 하나의 우가 있어서 복희씨가 획을 그어 팔괘를 만들고 팔괘가 나오니 하나의 기와 하나의 우가 쌓여서 괘를 이루었고 공자가 사를 달아내니 세상은 또 일음일양으로 태극이 되는 줄 알게 되었다. 만물은 갖추어져 나날이 생겨나고 백성은 따라 하면서 알지 못하였고 태극도 역시 그 동정을 말하지 않았다. 오직 주무숙(周茂叔) 선생이 공자의 뜻을 기술하여 이미 도를 두고 또한 동과 정의 설을 매다니 대체로 근원을 탐구하여 논설을 세우고 하늘의 이치가 그로서 통용되었다. 차호라! 어쩌면 그리도 묘하냐. 학자는 존중하여 경서에 짝함이 마땅하다. 이미 경서로 삼았으나 우리 주(朱)선생의 주설(註說)을 기다리지 아니하고 스스로 그 뜻을 밝힐 수 있겠느냐. 그 말에 "태극이란 본연의 묘이며 동정이란 타고 있는 기이다."하니 요는 열여섯 글자에 벗어나지 않고 전도의 폐부가 증증연 하게 이미 모두 안전에 드러났다. 동함과 정함이 묘에 근본을 하니 기구가 감싸게 되고 동할 수 있음과 정할 수 있음은 기구에 의지하여 그릇이 생기게 된다. 묘가 드러나니 나는 일만 형상이 이치 아님이 없는 것을 보게 되었고 그릇이 행하니 나는 일만 형상이 기운 아님이 없는 것을 보게 되었다. 어떻게 하여 그러한 것이냐. 이는 나의 마음과 눈의 한번 깜박이는 사이에 있을 뿐이다. 마음으로 보는 것은 반드시 형체가 없는 것이며 눈으로 보는 것은 반드시 흔적이 있는 것이다. 지금 어떤 사람이 여기에 있다면 "이치가 동정하는 것을 볼 수 있는 것은 마음이고, 기운의 동정하는 것을 볼 수 있는 것은 눈이다."고 한다면 잘 보는 이는 마음과 눈이 모두 보는 자일 것이다. 형체가 없으나 실체의 주인이 되어 충충막막(冲冲漠漠)하니 대저 동정의 근핵(根核)을 다한 것이 아니냐. 흔적이 있고 또 작용이 있어서 융륭퇴퇴(隆隆隤隤)하니 대저 동정의 광망(光芒)을 다한 것이 아니냐. 또한 생각하면 지금 이기의 큰 재단을 가지고 선후를 나누려고 하지 말고 갑을 대하면 "동은 곧 양에 속하며 정은 곧 음에 속한다."하고 을을 대하면 "동은 이 태극의 동이며 정은 이 태극의 정이다."하고 듣지 않는 다면 "동정은 바로 이기의 처음 혼륜(渾淪)한 곳이다."라고 하라.

어떤 이가 말하기를 "만약 자네의 말과 같다면 이치와 기운이 모두 대추를 통째로 삼키는 것이니 어디에 이치가 근본이 되는 것이 있느냐." 하였다. "이치는 본래 하나다. 하나이므로 묘한 것이다. 자네는 대저 하늘의 형상과 인간의 일이 눈앞에 있는 것을 보았는가! 태양은 남과 북이라고 그 지극한 중도를 어긋나지 아니하며 달은 초승과 보름이라고 하여 그 지극히 원만함을 바꾸지 아니하고 정한 대로 한결같다. 백관이 아래에 나열하여 조근과 옥송을 제왕의 규칙에 순응하며 삼군(三軍)이 변방을 행하며 헌유(獻猷)와 논공을 오직 장수에게 맡김이 정한 바대로 한결같다. 두 기운이 위에 쌓이고 아래 펴져서 영허함과 합벽함과 훈증함과 발육함을 오직 이치가 주재하여 정한데로 한결 같으니 이치의 존귀함을 누가 다투겠느냐."하였다. "이치는 작용이 없고 기운은 작용이 있다. 작용이 없는 것이 존귀함은 종국에는 작용이 있기 때문이니 이치가 기운에 의지함이 분명하다."하였다. 아니다. 대저 만

유(萬有)가 무에서 나오고 만동(萬動)이 정에서 시작한다. 무에서 본다면 이치가 어떻게 보이겠느냐. 알 수 있는 것이 있고 형상할 수 있는 것이 존재한다. 부자일 때에는 인이 형상되고 군신일 때에는 의가 형상한다. 형상은 취산과 영허의 변동이 있으나 그 형상되는 실체는 따라서 바뀌지 않는다. 그러므로 대지(大知)는 무지하고 대위(大爲)는 무위하다 한다. 이치의 작용 있음을 또 누가 다투겠느냐.

　인의니 예지니 하는 것은 품성의 도구 이름이며 희로니 애락이니 하는 것은 정서의 물품 이름이며 허령이니 지각이니 하는 것은 마음의 덕을 형상한 것으로 품성과 정서를 모두 통솔한다. 성품이 내부에 정하여지면 마음은 곧 이치이며 서정이 외부로 치성하면 마음은 곧 기운이 되니 마음이여 과연 일정한 이름인 것인가. 순이 우에게 전수한 것은 혹 미묘하고 혹 위험하다고 한 것이며 맹자가 문인에게 가르친 것은 혹 찾고 혹 배양하라고 하였다. 요는 모두 마음을 걱정하고 마음을 면려하는 말이다. 만일에 그것이 이치라면 순수한 선에 그치는 것이니 어찌 미묘하다거나 위험하다는 많은 명칭이 있을 것이며 만일에 그것이 기운이라면 삿되고 망녕 됨이 그것이니 어찌 찾고 배양하며 구구하게 놓지 않으려고 하겠느냐. 지금 우리나라에 의론가가 일어나 처음으로 이치를 따르거나 기운을 따르는 다툼이 날마다 불어난다. 그 본체를 주장하여 이치의 원륭함이 분산되고 그 발행을 주장하여 기운의 작용이 분산되었다. 이렇게 마음을 표한다면 마치 하늘을 이야기하는 이가 혹 제라고 칭하고 혹 건이라고 칭하는 것과 흡사하다. 사람의 모습을 그린다면 반드시 그 모색을 온전히 하여야 하고 사람의 마음을 논한다면 반드시 그 통체를 다하여야 한다. 소위 통체란 것은 본체와 발행을 합한 이름이다. 내 이미 천지의 이치와 기운을 받아서 몸이 되었으니 내 몸의 주인이 어찌 천지의 이치와 기운을 합하지 않고 마음이 되겠느냐. 그 정에 나아가서 이치가 기운에 갖추어져 묘합(妙合)이란 것이 존재하고 그 동에 나아가서 이치가 기운을 타고 묘용이라는 것이 행하게 된다. 또한 그 존과 행의 사이에 반드시 기틀이 있는 것이다. 정에서 죽는 것은 내가 승려를 슬퍼함이며 동에 얽어 매이는 것은 내가 범중(凡衆)을 경계함이니 동과 정을 합하여 하나가 된 자는 나는 성현이 된다고 믿는다. 마음을 논하면서 성현으로 기준을 삼지 않는다면 나는 또 슬퍼하는 것이 여기에서 잠들거나 깨는 것을 두려워하며 경계하는 것은 여기서 행하거나 내달리는 것이다. 내 비록 승려나 범중이 아니고 싶으나 남들이 믿겠느냐.

그렇다면 주자의 훈고에, "마음은 음양과 같다."하며 "기운의 정상(精爽)이다."고 하는 여러 설들은 과연 마음을 논하는 적절한 뜻이 되지 않는 것이냐. 차호라! 모두 까닭이 있어 발한 것이다. 일백 성인의 마음을 인쇄한 책장을 일일이 주자의 평생 혈전으로 확정한 것이며 그 당시 문인과 문답할 때 이치를 따라서 수법(竪法)으로 나온 것도 있고 기운을 따라서 도법(倒法)으로 나온 것도 있으며 이치와 기운을 겸하여 횡법(橫法)으로 나온 것도 있으니 마치 중니의 자리 위에 효를 설하고 인을 설할 때 사람마다 다르게 들었으나 일관된 뜻은 바뀌지 않음과 흡사하다. 지금은 굳이 주자의 천문 만호 사이의 까닭이 있는 구어를 가지고 뜻을 위곡되게 펴려는 견지를 가질 것이 아니라 집주(集註) 상을 향하여 곧장 제일의 뜻인 "마음이란 사람의 신명이니 여러 이치를 갖추어 만사에 부응하는 것이다."는 일필(一筆)만 취하여도 이미 많은 것이다.

"계승하는 것은 선이며 이루는 것은 성품이다." 이것은 공자가 성품을 논한 삼매경이다. 뒤이어 맹자가 성품의 선함을 말할 때 반드시 요순을 칭하여 본연의 이치를 크게 밝혔고 고자라는 이가 듣고 의심하여 단수라는 비유를 설하니 몇 차례 번거로운 말이 있었다. 지금 본다면 고자는 반드시 기질을 주장하여 논하였고 맹자는 단지 본성에 나아가 변론하였다. 또한 맹자가 기질이 성품이 된다는 것을 모르는 것이 아니지만 기운을 섞어서 성품을 말하는 것은 군자는 성품이라고 하지 않는다. 지금은 그렇지 않아서 성품을 논하면 반드시 기운을 들어서 성품의 그림자로 삼으니 그림자의 뜻은 이것으로 저것을 비추는 명칭이다. 성품이 작용이 없음을 걱정하면 "발하는 것은 기운이다."하고 성품이 깨달음 없음을 병으로 여기면 "기운의 작용을 따른다."고 한다. 차부라! 성품은 곧 이치이니 기운에 있어서는 성품이란 이름을 얻고 기운에 의하여 성품의 행함이 있다. 성품이 어찌 기운을 떠나겠느냐. 비록 그렇다고 하나 성품은 매우 존귀한 것이니 굳이 낮은 이의 대적을 받아서 마치 어린 군주가 세신 반열의 옹립을 받아서 기거와 동작을 반드시 세신의 희로를 살피는 것과 같이 할 필요는 없다. 후일 찬시(篡弑)의 기화(奇禍)를 책임질 자가 과연 누구겠느냐. 성품이 비록 기운에 의하여 행한다고 하지만 일보이보가 혹시라도 내게서 나온 것이 아니라면 창칼을 뒤집어 잡고 틈을 엿보아 해침을 당하게 되는 것이 바로 나의 수족이 의지하였던 곳에서 나오게 될 것이니 성품이 기운과 섞이지 않으려는 것이 역시 확실하다. 돌아보면 위험하고 또한 두렵지 않느냐. 논자는 말하기를, "비록 섞이려고 하지 않지만 역시 섞이지 않겠느냐. 누가 기운을 소략하다고 하여도 내 어찌 믿겠느냐."하였다. 나는 이르기를 이것이 지금 사람들이 기운을 성품으로 삼는 장본이다. 요컨대 태묘의 관원이 태묘에 들어가면 반드시 장엄하고 재일(齊一)한 아름다움을 다하고 조두(俎豆)는 그 의식만 행할 뿐이다. 학자가 그 성품을 논함에 있어서 반드시 그 인의예지의 성품을 밝히고 형체와 기운은 그 명령을 받을 뿐이다. 제사는 성의를 주장함이 귀중하고 학자는 성품을 다하는 것이 귀중하다. 소중한 것은 여기에 있고 과연 저기에 있는 것은 아니로다. 하였다.
　"성품은 곧 이치다."고 하는 한 구절은 이미 선유의 정론이니 내 감히 믿지 않을 수 없으나 성품이 발하면 정서가 된다는 것은 선유가 아니라도 때때로 심장 아래에 뛰는 듯하다. 이런바 사단 칠정의 정서는 과연 무슨 정서인가? 성품에 같이 뿌리하여 순선과 겸악의 품류가 있다. 옛 현인이 금과 철로 왕과 패를 함께 논하는 이가 있었는데 서숙과 돌피로 사단 칠정을 비유하겠다. 나는 형체는 서로 같으면서 귀천이 서로 현격한 것은 서숙과 돌피라고 한다. 대저 서숙과 돌피는 뿌리는 같으나 맛이 같지 않아서 혹 귀하게 되고 혹 천하게 된다. 사단과 칠정은 성품에 같이 근원하면서 느낌이 각자 달라서 혹 순수한 이치이며 혹 기운을 겸한다. 서숙이 서숙인 것은 나는 사단인 줄 알고 서숙에 돌피가 섞인 것은 나는 칠정인 줄 안다. 지금 서숙에 돌피가 섞인 것을 지적하여 "이것은 향기로운 서숙이니 태묘에 올릴 수 있다."고 한다면 남들이 누가 믿겠느냐. 칠정은 본래 십의(十義)의 대이니 그 글은 사망 빈고 남녀를 두고 말한 것이니 사단의 순수함이 자연히 발생한 것과 비한다면 주장하는 것이 이미 나누어진다. 그러하니 이미 돌피인 것은 다시 서숙으로 될 수 없는 것이다. 이른바 칠정의 발함이 직선으로 보면 칠정이 곧 사단인 것은 이자(李子)의 중도(中圖)에 나타나고 횡으로 보면 사단이 칠정에 짝하여 아름답게 하지 않으려는 것이 하도(下圖)에 나타난다. 두 도가 이미 나오니 천하후세의 아직 지지하는 의론을 정하지 못한 이들은 모두 자신이 끼고 다투어 배우려는 뜻을 드러낸다. 대저 자신의 사사로움을 드러내고 자신의 변설을 내달려 남에게 이기려고 힘쓴다면 곧장 내놓고 성품을 논하면서 "악하다." "선악이 섞이다."고 하고 사람을 논한다면 "영진(嬴秦)이 탕무보다 현명하다." "도척과 백이숙제가 성품을 해친 것은 동일하다."고 한다면 남이 누가 믿겠느냐. 논자는 이러기를 정서도 같은 하나의 성품인데 이치와 기운이 서로 발함이 있다고 하니 의혹함이 심하다고 한다. 아니다 이 무슨 말이냐. 서로란 교호(交互)한다는 서로이다. 동정(動靜)이 교수(交須)한다고 할 때 서로라는 것이 이것이며 합벽(闔闢)이 교선(交禪)한다고 할 때 서로라는 것이 이것이며 이기(理氣)가 교자(交資)한다고 할 때 서로라는 것이 이것이다. 지금 서로란 의미를 잘못 인식하여 상대하여 각기 나오게 되니 자칫 두 근본으로 건너기 쉬우니 이는 남의 말을 알아듣지 못함이 심한 것이다. 상대라는 것은 하나의 방에 두 존장이 있음을 칭하는 것이니 어찌 하나의 이치는 우측에 있고 하나의 기운은 좌측에 있어서 우측을 따르면 이치가 발하고 좌측을 따르면 기운이 발하여서 인하여 이것으로 서로 발한다고 할 수 있겠느냐. 마음의 느끼는 바가 정과 사가 있어서 인심 도심이 나타나고 정서의 발하는 바가 직선과 횡선이 있어서 사단과 칠정이 나뉘니 그 의미는 일반인 것이다.

고인의 학문함이 반드시 나의 성품을 다하니 사물이 어찌 나의 맞수가 되겠느냐. 지금은 사물의 성품을 논하면서 갑과 을이 같거나 다름의 다툼이 있다. 혹은 자기의 언변을 끼고 사사로운 뜻을 주장하여 같은 것을 주장하면 나는 같은 것에 편벽하게 되고 다른 것을 주장하면 나는 다른 것에 편벽하게 되니 하나의 편벽이란 것에 마음이 자리 잡게 되니 내 성품을 이미 다하지 못하게 된다. 어느 겨를에 사물의 성품을 밝히지 못함을 걱정하겠느냐. 뿔이 있고 밭갈이를 한다면 늙은 농부가 그 힘을 얻게 되고 갈기가 있고 행하면 마름이 그 뫼이를 순하게 하니 나는 일이 없다. 일백 풀이 용도가 다르니 황제가 약을 명하고 맹수가 사나움을 드러내니 백익이 불태움을 맡으니 나는 일이 없다. 내 어찌 사물 성품을 밝히지 못함을 근심하겠느냐. 후세 유자의 사물을 논함은 이것과 다르다. 하늘이 준 것을 성품이라고 한다. 성품에는 오상(五常)이라는 이름이 있는데 같거나 다름과 편벽되거나 오전함을 사람과 사물의 세계에 비교하여 붓을 들고 서로 다투어 스스로 그칠 줄을 알지 못하니 이것은 무슨 까닭인가. 또한 내가 보기에 이치를 따르면 사물도 역시 나이니 동일한 것에 현묘함이 정하여지는 것이며 기운을 따르면 사물은 사물에 그치니 어떻게 나와 동일하겠느냐 형체에 구애됨이 정하여지는 것이다. 오직 현묘함으로 만 가지의 생성이 이 이치를 같이 받아 낱낱이 원만하게 충만하여 하나도 결함이 없으니 나는 나를 인솔하여 내 성품의 전체를 다하고 사물은 사물을 인솔하여 사물의 성품 전체를 다하니 어디에 나는 온전하고 너는 편벽됨이 있다고 하겠느냐. #. 하나의 근원 위에 나아가서.

    도가 하늘에 있어서는 "원형이정이라."이라 하고 사람에 있어서는 "인의예지라."고 한다. 지금 사람에게 있는 것으로 사물에 나아가 다툰다고 하니 나는 매우 의혹된다. 소위 오상이란 것은 곧 마음에 있는 태극이다. 그 갖춤이 긴밀하게 혼훈하고 그 품류가 긴밀하게 아름답다. 안정하면 성인이라 하고 잊으면 악으로 돌아간다. 일호의 번복으로 명칭이 순식간에 바뀐다. 오호라 두렵다. 도한 사람으로서 과연 해침을 당하지 않는 이를 많이 보지 못하였는데 더구나 조수초목의 족속은 혹 나르는 것에 국한되고 혹은 잠기는 것에 국한되며 혹은 총극(叢棘)에 국한되니 어찌 참된 면목을 눈앞에 나타낸 적이 있었느냐. 이는 사물과 내가 이치는 동일하고 다른 것은 형체 됨이 나누어진 것인 줄을 알겠다. 형체의 다름을 따라 기운에 근접하다고 함은 가하나 이치의 동일함을 따라 성품이 온전하다고 하는 것은 가할 수 없다. #.형체의 다름 위에 나아가서. 기운이 근접함으로 기욕과 운동이 나와 유사할 수 있으나 만약에 성품이 온전하다고 한다면 어찌 나는 오상이 있는데 너는 하나일 뿐이냐. #. 벌의 의와 호랑이의 인 같은 종류. 어찌 나의 오상은 순수하고 순수한데 너의 하나는 혹 같기도 하지만 실상은 아닌 것이냐. 나는 또 의혹 된다. 너를 대신하여 생각해 본다면 싹트고 꽃피고 성장하고 시들고 하는 것은 식물의 오상이며 굽히고 펴고 행하고 엎드리고 하는 것은 동물의 오상이니 너의 성품의 밝음이다. 발하고 익고 농후하고 향기로움은 명주(名酒)의 오상이며 달고 맵고 시고 짬은 명미(名味)의 오상이니 너의 성품의 밝음이다. 오상이란 것이 과연 정확한 명칭이 있는 것이냐. 무릇 형체가 있는 것은 이 오상의 이치를 기다리지 않고 이루어지는 것은 없다. 하나라도 갖추어지지 않으면 천명도 역시 본연(本然)은 아닐 것이다. 본연에 나아가서 편벽되다 온전하다 하는 것은 결코 부칠 수 없는 것이다. 지금 논자는 오상을 가지고 기운의 성품에 인한 것이라 하면서 혹 국한으로 침입하고 혹 편벽한 것으로 침입하니 이치의 상처받음이 많다. 어찌 족히 만선(萬善)의 근본이 되겠느냐. 주자는 인의예지의 덕을 사람과 사물에 아울러 논하니 분명히 일원에 나아가 직선으로 설한 것인데 일찍이 착안하지 못하고 인하여 오상이 기운을 따라 선하고 기운을 따라 악하다고 인식하니 이를 따라 논한다면 어찌 유독 오상만이 그러하겠느냐. 태극이란 것도 역시 연좌률(連坐律)을 범한 것이다. 내가 무슨 말을 하겠느냐.

지괴(志怪). 임자년.
　추위가 찾아오는 초겨울 낮에 문밖에 앉았는데 사람들의 시끄러운 소리가 갑자기 집을 스치고 지나가는 것이 들렸다. 바라보니 흑치 수십 명이 떼를 지어 채여를 금벽으로 장식하고 춤추는 여아가 앞에서 인도하고 공후를 울리며 재주를 부리고 고을 사람들은 다투어 함께하였다. 나는 "저들은 새 군주가 즉위하는 경사가 있으니 즐거워함은 당연하지만 우리는 그런 것도 없는데 함께 즐거워 할 수 있느냐. 은혜와 원수가 정상이 다르니 애락도 역시 서로 괴려 되어야 하는 것이다. 내가 이상하게 여기는 것은 즐거워하는 것이 옳다면 즐겁지 않는데도 즐거워하는 이를 따르는 것이라고 한다면 어찌 그 정서를 잃지 않았다고 할 수 있겠는가. 차호라! 지금 우리의 큰 걱정은 따르는 것에 있다. 따르는 이들의 군중이 그렇다고 한다면 나 역시 그렇다고 하여야 하는 것이다. 저들이 아비와 자식이라는 것이 없다고 한다면 나 역시 그렇다고 하고, 저들이 어른과 아이가 없다고 한다면 나 역시 그렇다고 하는 것이다. 그렇다고 한다면 또한 그렇다고 하니 유추한다면 모두 옳다. 비록 군중이 그렇다고 하더라도 나는 그렇지 않으니 다시 무슨 말을 할 것인가. 내 이에 느낌이 있다.

단모(丹蟊).

정묘년 가을 단성의 남부에 모충이 대성하여 들판에 벼가 없다는 마음으로 단성 사람들이 두려워하였다. 서로 논의하기를 물을 경계로 쫓고 독한기름으로 몰아내자고 하여 세 번을 싸우니 모충이 번지지 못하였고 벼는 모두 자라나서 풍성한 가을이 되었다.

포옹자(抱甕子)가 말하기를 "모충이라고 하는 것은 대저 소인은 나라의 모충이다. 그것이 처음 번식할 때 알에서 깨어나 어느새 점차 자라서 외부로 번지면서 날개도 있고 쏘기도 하여 그들의 군주도 자연이 혼미하여진다. 슬프다! 나라를 둔 이는 예로부터 모두 이를 근심하였다. 엄수(閹竪)에 모가 드니 한나라가 내부에서 옮겨지고, 화당(和黨)에 모가 드니 송나라 황제가 북으로 순수하였다. 우리나라는 색론(色論) 척원(戚畹) 강호(强扈)등 세 가지를 버리지 않아서 생기가 나날이 저하되어 나라가 텅 비어 마침내 엎어지고 다시는 연장할 싹도 없으니 독하기도 심하도다."

하니 혹자가 의심하기를 큰 모충이 소멸함은 풍년의 징조이며 소인이 떨침은 망국의 징조다. 징조는 이미 정하여졌으니 어찌 사람에게 좋고 나쁨이 있느냐 하는데 아니 아니지. 내가 들으니 의리에 처하기를 잘하는 이는 그 명을 잊고, 명을 말하기 좋아하는 자는 의리를 소홀히 한다고 하니 군자는 오직 힘을 쓸 만한 곳에 힘을 쓸 뿐이다. 만일 힘을 쓰지 않는다면 단지 맞게 둘 뿐이니라.

월남(越南) 지사(志士)의 서론.

내가 월남이란 나라가 망할 때의 역사를 읽고 감개하며 비탄하여 항상 어느 순간의 걱정을 품었다. 대체로 월남을 거울삼아 우리나라를 비춰보았기 때문이다. 지금은 우리나라가 이미 빈터가 되었으니 내가 다시 무슨 말을 하겠느냐. 그러나 선비가 세상에 처하면서 이미 몸으로 국난에 죽지 못하였다면 간혹 의열을 슬퍼하며 조문하여 같은 심정이었음을 밝게 표시하는 것도 역시 하나의 일 일수 있다. 비록 외국의 언어가 다른 사람일지라도 그 정신과 심술이 도리에 가까워 차마 소멸되게 할 수 없다면 때때로 나의 글에서 볼 수 있는 것이 마땅하다.

선비가 이년간의 혈전에 모친이 망가진 집에 수감되어도 무릎을 꿇지 않고, 혹은 유자의 복장으로 부릅뜬 눈 쇠북 같은 목소리로 의리를 세우려다 이루지 못하고 붉은 옷을 입은 포로가 되어도 기이한 계획을 몰래 움직였으며, 혹은 삼성(三省)에 맴돌면서 순간에 종적이 위험하더라도 개연히 죽음을 받아들이기도 하며 우반박선(友潘泊扇)의 혈맹에 죽음으로 보답한 이를 나는 완벽 완돈절 완효(浣碧 浣敦節 浣效)등의 세 사람을 보았다.

왕을 도우라는 조서에 응하여 힘을 다하고 머리를 불태우며 부친과 아우 처자들이 한꺼번에 죽임을 당하였고, 혹은 산성을 쌓고 법인(法人)의 만금의 유혹을 거부하며, 길을 나누어 진격하다가 군중에서 병사한 이를 나는 정문질과 반정봉(丁文質 潘廷逢) 두 사람을 보았다. 반정봉의 휘하에 또 고승원등(高勝院橙)이라는 이가 있는데 전장에서 모두 죽었다.

슬프다. 대체로 책에 적혀있는 산하와 갑병이 본래 나라의 형세이지만 형세는 헛되게 옹립되는 것이 아니다. 반드시 굳센 의리가 있어서 나라의 넋이 되어야 한다. 지금 월남은 나라의 형세가 이미 무너졌지만 그 기상의 영영함은 지사에 의탁하여 한번 발현됨이 마치 긴 무지개가 샘에서 발하는 것 같다. 공자는 "추워진 후에야 송백(松柏)이 뒤에 시드는 줄 안다."고 하였다.

세 가지 덕을 제생들에게 보이다.

내 물어보자. 너희는 지금 글을 읽어서 앞으로 무엇을 하고 싶느냐. 너희가 만약 자신을 영화롭게 하려고 한다면 도리어 인색하게 될 것이고 너희가 만약 시대에 사용하려고 한다면 당장은 이롭지 못할 것이다. 그러나 인색하더라도 더욱 노력한다면 그 배움이 새로워질 것이며 유리한 것을 살펴서 멀리한다면 그 쌓임이 반드시 커질 것이다. 역경에 "이(履)괘는 덕의 기지이다."하니 너희는 따라서 분수를 정하여 바꾸지 않을 것이며 "항(恒) 괘는 덕을 굳게 한다."하니 너희는 따라서 일상을 지켜 변하지 않아야 하며 "곤(困)괘는 덕을 분별함이다."하니 너희는 따라서 스스로 그 힘을 체험하여야 한다. 오호라! 이 세 가지 덕이 정하여지면 만부도 당적하지 못할 것이니 너희는 노력하라.

자식을 교훈하는 여러 규칙.
시서라는 것은 사람이 하늘을 닮아가는 바탕이니 거칠어지게 버려두고 다스리지 않으면 안된다. 의식은 필경 사람이 살아가는 자잘한 의무이니 한 몸에 맡기어 자봉(自封)하여서는 아니 된다.
구묘의 화복설은 당연히 주자의 산릉의장(山陵議狀)을 종지로 삼아야 하니 이것은 천리유행 중의 일단이니 자만하는 것은 불가하다.
처를 대함은 반드시 공경하여야 하니 앞으로 백년의 상서를 부르는 것이다. 자식 교육은 반드시 부지런하여야 하니 만사의 만족함을 즉시 볼 것이다. 부귀에 교만하거나 사치하고 빈천에 부지런하거나 검소함은 이는 밤낮처럼 서로 바뀌니 교만과 사치는 밤의 징후이며 부지런과 검소는 낮의 징후이니 군자는 주의하여야 한다.
태극의 전체는 작은 선이라도 남기지 않고 상제의 지인(至仁)은 작은 허물도 용납하지 않는다.

새 손자의 일을 기록하다.
임오 년 유월 십일에 주손(宙孫) 여섯 살 먹은 것이 사수가에 혼자 놀면서 수영을 하다가 갑자기 물에 빠졌다. 마침 소를 먹이는 이가 소를 찾아 물가에 오다가 어린아이의 머리가 물결 사이에 출몰하는 것을 보고 달려가서 구하니 아이는 이미 놀라서 죽었다. 급히 잡아서 당으로 향하여 거꾸로 들고 구조하니 얼마 후 물을 캑캑 토해내고 막혔던 숨이 차츰 통하였다. 전일에 동손(童孫)의 조모 이씨가 물에 기도를 잘하였는데 그제야 말하기를 "내가 이렇게 하는 것은 오늘의 급함을 대비한 것이다."하였다. 내가 듣고 "동손이 물에 빠진 것은 물에 명이 있는 것이고 소를 찾다가 남의 아이를 구한 것은 하늘에 명이 있는 것이 아니겠느냐. 그러나 물 역시 여럿 중에 하늘을 명으로 삼는 것인데 어쩌면 저로 하여금 하늘을 기만하고 스스로 사람에게 화복을 짓게 한다고 하여도 되겠느냐. 노자(老子)의 말에 '사랑하기 때문에 용감할 수 있다'고 하였다. 이씨가 물에 명을 기도한 것은 사랑함이 진지하고 또한 용감하여 감동한 것이 있음이니 그 일이 천기에 순응함이 되니 내 논의할 것이 없다. 주손이 죽었다가 살아난 것이므로 인하여 새 손자〈新孫〉라고 칭한다.

이포의 도헌 배산도(李布衣 道憲 拜山圖)에 쓰다.

백마산은 군의 북쪽에 있는데 이 지방의 명물이다. 월악산에서부터 이궁(二弓)의 거리인데 그 산봉우리가 아연히 공중에 솟아있고 굽이굽이 기묘한 봉우리이며 남으로 비탈져 단절된 곳에 큰 암석이 사납게 입을 열고 있고 선풍이 때때로 감아 돈다. 어쩌다 밤이 고요하고 달마저 밝으면 마치 우인이나 도류가 완연히 그 사이에 보이는 듯하다.

옛날에 이포의라는 이가 살았는데 그 형을 서울로 과거 보러 보내고 출발하고 나서 포의는 날마다 목욕재계하고 명수와 향폐를 갖추어 여기서 몸소 기도하며 "태산에 신령이 있다면 천명을 대행하여 그 덕을 입어 우리 성상의 총광을 입게 하소서." 하였다. 그 후 형은 끝내 낙방하고 돌아오니 포의는 속상해하며 형제 둘이 하나의 명성도 이루지 못하니 부모는 무엇을 즐기겠나. 하며 포의도 역시 형의 곁에서 시문(時文)에 힘쓴 지 십여 년에 꽤 대단한 명성을 얻었으나 과거는 못하고 삼십사 세에 죽으니 아는 이들은 슬퍼하였다.

내가 부도의 글을 읽어보니 "하나의 선도 없는 것은 게을러서 그렇다."하였다. 지금 이포의가 형을 위하여 기도한 것은 정당하지 않은 것 같으나 그 심정을 생각하여 보면 독후하고 진지하여 오로지 형이 명성을 이루어 어버이가 기뻐하기를 바랄 뿐이다. 어쩌면 이러한 것이 열심히 하여 선을 얻는 것이 아니겠느냐. 내가 이 산에 와서 우거하면서 동내의 자제들과 사귀기를 좋아하면서 더러는 전배들의 특이한 이야기를 듣고 인하여 기록하고 스스로 상고하기도 한다.

외설(畏說)로 권양언(權養彦)에게 주다.

지난 날 친구 김사문(金士文)이 선로(善老)라는 말을 주었다. 대체로 군자가 처음은 있으나 마침이 드문 것은 선하게 늙는다고 할 수 없다. 왜냐하면 애초에 배울 때 공경하거나 게으름 사이에서 먼저 뜻을 분간하여야 한다. 비록 용모 사기 시청과 같은 것이라도 당연히 각기 그것을 이해하고 힘써야 하는 것이다. 모발 하나가 잘못되어도 전체가 어긋나게 되는 것이다. 살아서 좋은 이름의 실속이 없고 죽어서 불초한 귀신의 반열이 되니 어찌 두려운 것이 아니겠느냐. 또한 내가 젊어서 둔하고 게을러 곤경을 치루고 내 업을 닦으면서 문도 무도 아닌데 이미 쇠로하게 되었으니 그 두려움 없는 재앙이 나를 선하게 늙지 못하게 함이 필연이다. 동군의 권양언이 외헌(畏軒)이라 스스로 쓰고 일언의 격려를 요구하니 나는 자네의 나이 나보다 일반(一飯)이 젊을 뿐이니 이미 육십칠 년이나 많게 쌓았는데 다시 무슨 말을 할 것인가. 때로 보면 양언이 글을 읽고 시를 좋아하여 날마다 여러 백 편을 외우며 즐기고 권태함을 잊으니 내가 인하여 재촉하기를 "자네는 또한 그치기를 바란다. 고금 글 꾼의 허다한 노래를 삼백편시(三百篇詩) 중이 그 부지런함을 옮긴다면 전긍연빙(戰兢淵氷)이란 네 글자면 충분하다." 대저 경(敬)에 거하는 공부는 오직 두려움만이 가깝다. 이는 만 가지 선의 근본이다. 나는 비록 실천하지 못하였으나 일시의 좋아하는 친구끼리야 어떻게 널리 혜택을 주지 못하겠느냐. 이미 그 말을 정리하고 다시 자신을 격려하려 하노라.

질재설(質齋說).

대위(大僞)가 세(世)를 가짐으로부터 바탕(質)이 숨은 지 대개 오래되었다. 그 모습을 말한다면 취한 바가 안세(贗世)를 많이 침범하고 있다. 어찌하면 인하여 그 친함을 잃지 않을까. 돌아보면 내가 일찍이 옛 성현의 법훈을 읽을 때 말을 외우는 것에 익숙하여 비록 몸에 체득하지는 못하여도 때로는 이것으로 사람을 대하면 사람들은 간혹 나의 안팎 잘잘못의 실속을 살피지 못하고 문득 그렇다고 믿고 그런 명성을 돌려주었다. 나는 이미 이러한 술책으로 저들을 요하고 저들 역시 이러한 술책으로 나에게 요구하니 나는 비록 소인이 되고 싶지 않으나 어쩔 수 없었다.

친구 이인언(李寅彦)은 성품이 질박한데 이 질설(質說)을 나에게 문의하였다. 나는 지금 외부의 다스림으로 스스로 기뻐하고 있어서 홀홀하게 익힌 것이 마치 자연처럼 이루어져서 뜻은 일찍이 자신으로 자신을 처하고 싶지 지마는 마침내 남들이 하는 것에 떨어지게 되니 나 역시도 어쩔 수 없을 뿐이다.

또한 군자는 자신에게 없는 다음에야 남을 꾸중하는 것인데 나 같은 이는 자신은 못하면서 헛되게 말로만 하니 군에 있어서는 남에게서 선하다면 간혹 사람으로 그 말을 버리지 말 것이며 나에게 있어서는 그나마 말한 것에 부끄럽지 않아야 될 것이니 유독 무슨 심정이냐. 그러나 내 일찍 옛 현인에게 들은 것이 있으니 정성이 마음의 본체가 된다 하였으니 정성이란 실리이다. 그 본체를 둔다면 천덕을 달할 수 있고 그 용도를 넓힌다면 왕도를 움직일 수 있다. 밥을 먹는다면 반드시 뱃속에 넣어야지 문밖에 늘어놓아서 남들이 우리 집에 허다하게 좋은 것이 많다고 알리지 말아야 하는 것이다. 학문을 한다면 반드시 자기 일로 삼아야 하고 뒤집어서 의론을 내어 한낱 자기만 즐기기를 마치 남월의 왕이 황옥좌독(黃屋左纛)을 하는 것과 같게 하지는 말아야 하는 것이다.

슬프다. 이는 고인이 학문을 하는 삼매경이니 내가 오늘날에 지론을 삼는 것으로 독실하지 않다고 할 수 없으니 그대는 과연 이것에 뜻이 있는 것인가. 어쩔 수 없다면 이를 인하여 그 질직함을 세우고 이것으로 인하여 그 세움을 오래하며 세운 것이 오래되면 장차 내 몸의 예악이 일어나서 욱욱한 문장이 여기에 있지 않겠느냐. 나는 인언이 나날이 바탕에 가공하여 군자의 문이라는 호칭이 있기를 거듭 면려한다.

석우설(石友說).

　이군 치선(李致善)이 후산의 양지에 도제를 거느리고 거하였다. 어느 날 높은 언덕에 올라 채소밭을 다스리다가 큰 돌을 동쪽 추녀 곁에서 보았는데 길고 검은 것이 위험하면서도 움직이지 않았다. 따르는 이를 돌아보며 "이것이 옛날 여와씨의 유물인가 오래되었구나 하늘이 스스로 온전하지 못함이. 내가 밤낮으로 너의 단련하고 보좌하여 그 공을 크게 상주하기를 기원하였는데 서로 미치지 못하였으니 돌을 어디에 쓰겠느냐. 또한 장차 너를 포홀(袍笏)로 꾸미지 않아도 명연하게 깨달음이 없고 황당하게 스스로 게을러지니 차라리 나와 함께 깊은 숲 깊은 골짜기에 친구가 되어 돌아갈 곳이 없는 것이 어떠냐. 돌이 사양하지 않으니 나는 이를 길이 즐기리라." 하니 그의 친구 유잠(柳潛)이 듣고 "내가 듣기로는 스스로 자랑하는 것은 형벌에 가깝다고 하였는데 이군은 거의 면하였도다."하였다.

새벽 화로의 작은 기록.

　계미년 겨울밤 잠도 오지 않았다. 나는 추워서 일어나 앉아 옷을 정리하고 화로를 당겨 불을 조사하니 꺼져가고 있었다. 화로의 안에 그나마 조그만 불씨가 있어서 불을 품고 깜박이고 있는 것이 마치 새벽별이 눈에 비치는 것 같았다. 나는 급히 화책(火策)을 사용하니 오랜 후에 따신 기운이 아래에서 회복함으로 화로 속을 살펴보니 식은 재에 모두 불이 붙어 마치 봄기운이 싹 트는 것 같아서 나는 매우 기뻐 속이 시원하였다. 갑자기 생각하여 보니 도가 폐지되어 나날이 침몰하여지니 비록 후세를 인용한다 하여도 되돌릴 방법이 없으니 하늘이 잠들 때 얼마간의 노력을 들일 것 없이 단지 하나의 명쾌한 사람을 남겨 입으로 찬불을 머금고 몸이 재가 되지 않은 숯덩이가 되어 몇 시기를 지나다 보면 팔 하나 움직이는 사이에 별이 하늘에 찬란하고 싹이 옹연히 땅을 덮는 것을 보게 될 것이다. 이상하다 이는 무엇 때문인가 "이치의 죽지 아니함이 이와 같은 것이로구나."

서(序)

단구 성원(丹丘姓苑) 서문.

나라가 망하고부터 열군에서는 군지(郡志) 종류를 많이 간행하여 곳곳에 행하니 나라와 함께 가버리고 지난날의 옛 모습을 다시 볼 수 없게 되지 않을까를 염려함이다. 유독 우리 고을에만 들리는 것이 없음은 어째서인가. 열군을 따르자고 의견을 내는 자가 있으면 모두가 말하기를 "우리 고을은 옛날 사대부가 살던 곳이다. 그 명위와 공열의 혁혁함은 세상에 입혀 후세에 남겨지는 것은 사관이 기록하였고 마을의 처사나 잠부(潛夫)의 높은 학문 순수한 덕 작은 선행이나 얕은 기예의 소멸되게 할 수 없는 것들은 이미 그들의 가슴에 기재되고 충신 순자(順子) 의부(義婦) 명완의 전기를 세우기에 충분한 이는 고을의 기록에 전후하여 혼잡되어 나온다. 내 어찌 스스로 염려하여 많은 일을 만들겠느냐."하고 있다.

나의 생각은 이는 일시의 구차하고 한만하여 다툴 것 없는 의론이라고 여긴다. 또한 열군의 기록은 나라가 없는 것에 대비한 것인데 우리 고을은 그 지역마저 이웃에 예속되고 나누어졌다. 고을이 이미 없는데 이름인들 장차 어디에 붙겠느냐. 우리 고을이 비록 작으나 당연히 강해간의 이름난 지방인데 산하가 한번 바뀌자 모수모구가 지도에 소속된 것을 따라 상고할 수 없다. 구구하고 영세한 작은 기록의 변두리에 산재한 것으로 어떻게 그것이 반드시 전하고 유실되지 않을것이라는 것을 알겠느냐. 시경에 "비록 노성인이 없더라도 아직은 전형이 있다."하였으니 내 어찌 스스로 염려하지 않으며 깊이 생각함이 없겠느냐.

내가 지금 우주의 변화 많음을 목도하고 속으로 인물의 성쇠를 느끼며 비로소 고을에 있는 여러 문중의 이름난 유적을 채집하니 그 규정이 연대의 구근과 씨족의 신구에 구애하지 않았다. 만약 그것이 현인의 문집이나 패설에 근본하거나 견문의 미친 바가 자연히 증명할 수 있는 것이라면 수록하고 편차하여 책을 이루니 이미 성문(姓門)이 총 약간과 인물이 총 약간이다.

특히 생각하면 이 책은 군읍지의 예를 따르지 않고 오로지 옛사람 문화의 유적을 애석하는 견지에서 나왔고 근세 유사(有司) 무리의 당시의 은원이나 청탁으로 허구와 의사한 자취에 견련되어 증거 없는 말을 꾸며 애매하게 사람을 속이는 것에 비할 것은 아니다. 만약 의견이 불명하여 시비의 정리를 잃은 것이 있다면 불초는 자수하여 후일의 군자를 기다린다.

강주 세기(康州世紀) 서문.

나무를 심는 이는 반드시 그 뿌리를 굳게 하고 샘을 파는 이는 반드시 그 흐름을 인도한다. 천리의 기틀은 사물에 나타나고 사람의 도리는 순하게 이루는 것이다. 불초가 세기를 편찬하는 것은 우리 선대의 사행을 편집한 것이니 위로 시조에서부터 아래로 여러 선조에까지 모든 출처의 시종과 훈덕의 현회 및 구묘 사각 시문의 유를 모두 책에 나열하고 감이 빠트리지 않았다. 불초 개인의 생각으로는 가세가 옛날 고려에서 날리다가 한국에서는 차츰 인몰되어 세상에서 말하는 십세포의 백판위문(十世布衣 白板爲門)이란 것이었다. 나라에서 위씨 중정(魏氏 中正)의 제도를 사용하고부터 속백가벽(束帛加璧)의 영광은 오로지 세족가의 점유함이 되고 여항 처사가 간혹 경륜을 품고 천명을 즐기는 이가 있어도 서민에 빠져든 지 오래되어 스스로 출세할 수 없었다. 그러나 그 마음가짐이나 행세하는 것의 아름다움은 후손에게 전하는 것이 성하여 깊게 안으로 쌓고 반짝이듯 곳곳에 비쳐 오히려 오대 칠대 되도록 오래도록 소멸하지 않는 것은 뿌리가 깊어 외부로 피어나는 것이다. 시경에 "두 사람을 생각한다."고 하였는데 소위 생각한다는 것이 굳이 나라에 모범되고 세상에 혜택 주는 심인 후애(深仁 厚愛)가 시대에 잊지 못하는 것이 아니다. 그러나 그 선인이 경과한 서책과 기용들이나 전원과 산림의 가난과 신고한 모습을 상상할 수 있고 이해할 수 있는 것이라면 반드시 작은 기록에 등재하여 자손의 이목에 영구하기를 도모하는 것을 힘썼다.

내가 말하는 뿌리를 굳게 하고 흐름을 인도한다는 것이 이러할 뿐이다. 세기의 일을 어찌 늦출 수 있겠느냐. 오호라 우리 집안이 남방에 있어서 그 삶이 매우 약하여 옛날 조회(曹檜)가 열방에 처한 것과 같으나 충과 신이 기지가 되어 유구하게 스스로 지탱하였다. 어쩌면 다른 날 한 가닥 맑은 흐름이

면연하여 주유뢰하(湊洧雷荷)의 사이를 흘러들 수 있으리라. 오직 선대의 순수함을 독실이 생각하는 이만이 성공할 수 있을 것이니 나의 마음이 괴롭다.

타상 종사(沱上 宗史) 서문.

균등하게 모두가 역사인데 크거나 작음에 따라서 정상이 같지 않고 명칭이 이제 생기게 되고 명칭이 생기면 규정이 행하여지니 역사의 공이 매우 크다. 국가에 있어서는 강역 생치와 예악 형정의 유가 그 잘잘못이 밝혀진 후에 제왕의 거울이 되고 가정에 있어서는 시작된 기지 문정이 세워짐과 구묘 사각의 제도가 그 본말을 달아서 전하면 억조의 민중이 권장하게 된다. 역사를 빠트릴 수 없음이 진실로 이와 같다. 우리 종족이 단구에 사는지가 여러 세대에 걸쳐 수십 년이 되었는데 호수는 백여 호에 불과하고 향리 의관의 뒤를 그나마 배열됨은 모두 조선의 충효 근검으로 우리 자손을 내세에 혜택 되게 하였기 때문이다.

시대의 변화가 크게 바뀌고 골육이 흩어져 처음은 옮겨져 일본의 구역이 되고 다음은 옮겨져 만주가 되어 동쪽 서쪽으로 부딪쳐 이에 사납게 되었다. 위로는 전인의 일적을 닦을 수 없고 아래로는 후손의 터전을 이어줄 수 없게 되었으니 이렇게 되어간다면 자신의 성명도 장차 밝히지 못할 것이니 더구나 소위 선인의 구묘에 향화를 올리고 성묘를 하는 아름다운 격식이겠느냐. 더 나아가 소위 부형종족을 모시는 연회와 주선하는 따위랴.

가인(家人)의 초구(初九)에 "집이 있어서 막는 것이니 후회가 없으리라."하였고 주자는 "뜻을 변하지 않고 예방한다"고 하였고 항괘(恒卦)의 상사(象詞)에 "군자는 이로서 서서 자리를 바꾸지 않는다."하니 정자(程子)는 "그 덕을 항상 오래되게 하여 자립한다."하였다. 일찍이 생각하여 보니 사람을 가르치는 기술이 성인의 말씀보다 절실한 것이 없으며 또한 선조의 교훈보다 친밀한 것이 없으니 없는 것을 이야기하여 혼미하게 하는 것 보다 차라리 사물이 있어서 선후에 서로 인솔하는 길이 있는 것만 하겠느냐.

타상종사(沱上宗史)란 우리 집안 선부형의 서로 노력하고 힘을 다하여 가급한 것을 따라서 무궁하게 후손의 여유로운 업적을 차례로 이루어 준 것이다. 어느 해에 전지하나를 두었는데 그 내력을 상고하면 선대 제사의 나머지를 불린 것이며 모년에 돌 하나를 다스리고 집 하나를 축조하였는데 그 내력을 상고하면 나머지의 나머지를 불린 것이다. 또 선대 제사는 어찌 된 근본이냐고 묻는다면 대저 되〈升〉의 곡식을 거두고 구목(丘木)을 팔아서 척촌의 이식을 취하여 큰 것을 이루는 것에 벗어나지 않았다. 오호라 .선공이 이미 시작한 것을 내가 대신으로 마무리를 하는 것이다. 소위 마무리를 하는 하나의 법은 역시 가인항(家人恒) 두 괘의 글을 탐구하는 것으로 족하다. 우리 종사를 읽는 이는 생각하여 보아라.

청천 사세연방록(菁川 四世聯芳錄) 서문.

신유년 여름에 해엽은 부친상을 당하여 타상의 악려(堊廬)에 거하였다. 당시 해대의 사이는 동서의 전화가 극렬하여 늠름하게 인문이 소멸 될 염려가 있었다. 해엽은 옛날을 생각하고 시대를 애상하니 형신이 떨어져 감히 천하의 일을 들을 수 없었다. 매번 선인의 책상 곁에서 때로는 선대 조종의 구적을 검토하니 그 한마디 두 마디의 말씀이 간혹 잔결된 종이 뭉치에서 뛰쳐나오는 것이 있어서 문득 두근거리는 마음이 마치 이정 고명(彝鼎 古酩)의 귀중한 보물을 보는 것처럼 기뻐하여 연련하고 놓을 수 없었다. 인하여 생각나는 것은 조문정(曺文貞)의 말에 "어려서 떠돌다 집에 돌아가 자모의 얼굴을 보는 것 같았다."고 하니 이것은 인정의 지극한 기쁨이 허다히 지극한 생각에서 기인됨을 비유한 것이다.

생각하여 보면 내 몸과 성품이 곧 조부에게서 받은 것이다. 질병이나 호흡이 어쩔 수 없이 조부와 상통하고 언어나 행동이 감히 조부를 보고 모범을 삼지 않을 수 없다. 그러나 조부는 멀어졌으니 장차 무슨 도리로 자손을 선하게 할 것인가. 기껏해야 그 선한 법을 기록하여 글로 전할 뿐이다. 내가 어리석어서 내 마음대로 하는 것을 좋아한다면 말할 것도 없지만 내가 조금이라도 의리를 이해하여 선대에 법을 취하려고 한다면 그 선한 법이 다행히 여기에 있으니 무릇 나의 생각하는 것을 조부의 남긴 글에 비춘다면 이야말로 어릴 때 떠돌다가 자모의 얼굴을 보는 것이 아니겠느냐. 어찌 공경하고 오래가게 도모하지 않을 수 있겠느냐. 이에 우리 집안의 백숙부와 제가의 시문 잡저 약간을 초선하고 아울러 후세의 애도 지장 등의 글을 편말에 편차하여 사세연방록이라 이름하였다. 선자의 유고는 규정상 여기에 있는 것이 마땅치 않음으로 별도로 뒤에 붙였다.

 이윽고 해엽은 여러 친족에게 말하기를 "내가 이 글을 간행하는 것은 시대에 잘 보이려고 하는 것이 아니다. 옛날을 본다면 선적의 전하지 못하게 될지를 염려함이며 이 시대를 본다면 민이(民彝)의 쉬운 상실을 두려워함이니 이 일을 그만두지 못함이 이러하다. 힘쓰라 우리 여러 친족아. 서로 이것을 읽어서 한국의 열성(列聖)이 문화를 으뜸으로 정치를 한 근본을 탐구하여 우리의 오늘날 혼미한 나루에 길잡이를 삼지 않으려느냐."

괴헌(槐軒) 실기서.

 천하는 하루도 선왕의 도가 없으면 안 되고 인가에는 하루도 조종의 법이 없으면 안 된다. 도는 하늘을 근본으로 하니 내가 따르는 바이며 법은 도에서 이루어지니 내가 함께하는 바이다. 이러므로 옛날 대유(大猶)에 위에서 베풀고 아래서 본받아 마치 하나의 획과 같아서 천하의 군신과 부자라는 것이 정하여지고 교화와 다스림이 통하였다. 상계(象季:말세)로 돌아오면서 새 학설이 나날이 불어나 이러한 것이 무너지고 옥백(玉帛)은 변하여 간과(干戈)가 되고 이러한 것이 어두워지면서 이륜을 알기를 낮은 덕으로 여기니 청명한 것이 이에 멀어지고 혼잡한 것이 이에 극하게 되었다. 지금은 우선 사방 경계의 밖은 거론할 것 없고 돌아보면 옛날 소위 동방 관대의 종족이 그 거처를 묻는다면 조종이 살던 땅인데 그 행동은 광대이며 그 자신을 묻는다면 조종이 물려준 혈액인데 그 성품은 짐승이니 심하고 슬프다. 선비가 이러한 시대에 처하여 어떻게든 자율하지 않을 수 있겠느냐. 시경에 "더도 말고 덜도 말고 모두 옛 법을 따른다."하였다. 나는 안으로 자신의 성품을 되돌리려면 반드시 나의 조종의 규정을 한 바를 더럽히지 않아야 하고 외부로는 반드시 각자가 그 조종의 숭상하던 바를 본받아야 한다. 규정하는 것이 성립되면 천하의 도가 내 마음에 벗어나지 않으며 숭상하는 바가 넓어지면 가슴속의 법이 사해에 달하게 된다. 이러한 술수를 가지고 나아간다면 나는 장차 슬퍼할 것이 나날이 가벼워져서 기뻐할 것이 생길 것이다.

우리 선조 괴헌공이 인조 때 태어나서 포의로 의를 행하여 항상 선왕의 도를 암송하며 법 삼았고 임종에 자손을 경계하는 서신 하나를 남겼다. 곽삼재(郭三宰)가 그 묘에 쓰기를 "염혜각근(廉惠恪勤) 네 글자의 부적이며 인용하여 쇠하지 않음은 군자의 모범이다."하였다. 해엽은 삼가 살펴보니 청렴함은 충분히 의에 달하며 은혜로움은 충분히 사물을 유족하게 하며 정성스러움은 충분히 덕을 성립하며 부지런함은 충분히 삶을 후하게 한다. 공이 자손을 위한 염려가 가위 달하였다고 할 수 있다. 우리가 어리고 둔하여 받들어 주선하지 못하고 의식이나 축내며 선조의 말씀을 독실하게 전하지 못하니 늠연한 두려움은 엎어버리기 쉽다는 염려가 조석 사이에 이를까 두렵다.

내가 들으니 기지가 견고하지 않으면 큰 집을 안정하기 어렵고 글이 전하지 않으면 선대 법의 아름다움을 찾기가 어렵다고 하였다. 이에 급히 훈사와 송수 시첩을 편집하여 오는 세대에 재행(梓行)하여 우리 집안에 대대로 전하는 귀중한 보물로 삼으려 한다.

권송고(權松皐) 유고서.

선비로서 군중과 다른 행동을 하는 이는 그 몸을 세움이 용감하고 그 시대에 처함이 높으니 그 후에 빛남은 더욱 높다랗다. 명성이 나날이 외부에서 괴롭히고 이익이 나날이 속으로 파고들어 수미가 서로 먹혀드니 온전한 것이 얼마이겠느냐. 잘 관찰하는 이는 반드시 먼저 이 관문을 닫고 홀로 한 가닥 불군의 길을 따르니 소위 인의라는 것이 비로소 기지가 있게 된다. 제자가 계씨에게 벼슬하였으나 원헌은 혼자 가난을 지켰으니 이 역시 용감하지 않느냐. 위학(僞學)을 금하여도 자우는 성벽을 굳게 하니 이 역시 높지 않느냐. 지금 와서 생각하면 저 매우 검약한 삶과 매우 둔한 행동이 모두 당시에 매우 괴로웠으나 천하 후세에 두 사람을 칭하여 아직도 그 이름을 사랑하고 놓지 않음은 무엇 때문일까.

우리 고을에 송고거사 권공은 한국의 순조 말에 태어나 총명하고 글공부를 하여 기색이 은혜롭고 편안하여 가슴속에 기교가 없고 시속에 부앙함을 수치로 여겼다. 빈객이 찾아오면 맑게 앉아 대례 춘추 주관의 학문을 이야기 하기 좋아하며 싫어하지 않았다. 대체로 이것으로 스스로 즐기고 장차 늙으려 하는 것이었다. 당시에 우리 고을 인사들은 다투어 공령으로 명성을 구하려는 이가 집마다라고 할 수 있으며 때로는 궁서 황협에도 가마(珂馬)가 서로 지났는데 거사의 움집에는 항상 백모가 땅을 덮었고 학문을 이야기하며 스스로 유족하니 매번 시배의 기롱을 받기도 하였다. 혹은 "거사는 지금 사람이면서 스스로 옛것을 하려는가. 옛것을 가지고 지금에 누리려고 한다면 마치 평천관이 시장사람에게 높은 값을 받으려는 것이다."하고 이상하게 여기는 이가 나날이 들어오니 누가 막을 수 있겠는가.

차부라! 거사의 귀한 것을 세속은 천하게 여기고 세속이 기뻐하는 것을 가사는 수치로 여기니 어찌 역경에 말하는 "발을 빛나게 하는 것이니 수레를 버리고 걸어가는 것이다."고 하는 것이 아니겠느냐. 나는 거사의 세상과 어글어지고 시대가 변하여 갈수록 더욱 둔하여져도 그 겉으로 어둡고 속으로 밝은 업이 끝내는 국문에 땀을 뿌리며 분주하여 죽도록 매달리는 영광과 바꾸지 않으리라는 것이 분명함을 흠모한다. 거사가 세상을 뜬지 삼십육 년에 후손 의현(宜鉉)등이 상자 속에서 시문 약간을 찾아내어 교감을 거쳐 한 묶음으로 만들어 인쇄하여 후세에 전하려고 하면서 타상의 유해엽에게 책머리에 서를 하게 하였다.

우석고서(愚石稿序).

만물이 천지간에 그 오는 것이 그침이 없고 그 이루어지는 것이 방법이 있어서 직직하게 서로 형성되어 진성이 나타나는 것이다. 지금 구름이 행하고 물이 흐르며 꽃이 피고 풀이 자라는 것이 어찌 일찍이 자연에 기인하지 않고 형체가 분리되어 도리어 마치 개체 스스로인 것처럼 서로 관계가 없는 것처럼 한다. 어찌 이것이 구름과 물, 꽃과 풀 뿐이겠느냐. 내가 고금의 책에 실린 시문의 유례를 가지고 소리를 대하여 뜻을 살피니 눈앞에 뛰는 듯하다. 그 재성(才性)의 타고난 특수함이 혹은 형태가 커서 음향도 광장하며 혹은 시각은 높으나 경지가 협애하기도 하지만 각기 그 사랑을 온전하게 하여 빛나게 반드시 그 아름다움을 주달하여 이루어졌다. 지금 그 사람은 죽어서 실지로 그 사이에 애증도 없지만 독자는 때로 재성이 가까운 것으로서 헐뜯거나 칭찬하는 것 같지 않다. 바로잡는 것을 기뻐하여 그 맛없는 것을 잊었거나 황로를 배워 버쩍 마른 것이 보이지 않을 수도 있으니 대체로 익힌 것에 가리어 그 살핌이 정밀하지 못함이다. 도연명을 두고 논한다면 사람마다 그 평담한 것을 좋아하는데 주자는 그의 호방한 것을 볼 수 있다고 하였고 이태백의 시는 횡일한 것이 많은데 주자는 역시 옹용하고 화완(和緩)한 것이 있다고 하였다. 어쩌면 성현의 심안(心眼)은 청수(淸邃)함으로 보는 것도 그 보는 것이 군중 정서의 같은 바에 막히지 않고 전일한 의사가 혼자만이 이러러 고인의 경지를 포명하여 이처럼 들추어내니 아! 문사를 닦아 정성을 세운 자가 아고는 어찌 능히 그 본말을 논의 하겠느냐.

우리 종족에 우석옹(愚石翁)은 강해간의 한낱 늙은 선비이다. 젊어서 멈출 수 없는 재주를 믿고 일찍이 계책으로 남성(南省)에 간여하였으나 쓰이지 못하고 괴뢰하게 스스로 곤란하여 돌아갈 곳이 없으니 이에 시학에 힘을 써서 그 문사가 포경하고 방정하여 육위남(陸渭南)을 독득한 것이 많았다. 옹의 나이 팔십일에 돌아가고 그 후 이십 년에 사자 해조(海朝)가 나에게 유편을 편집하게 하니 시가 대범 약간 수이며 문도 역시 법 삼을 만한데 저술한 것이 매우 적었다. 이윽고 책머리에 한 말을 하라고 하였다. 내가 말을 아는 자가 아니니 옹의 도달한 것의 심천을 탐구하지 못하고 손을 따라 오직 삼가 시해(豕亥) 정리를 하여 후세의 문사를 닦는 자가 잘 보고 그 참됨을 번적이는 광기(光氣)의 밖에 소급하기를 기다린다.

기당고(畸堂稿) 서.

방망계(方望溪)의 말에 "문장이 사람에게 있어서 초목에 비한다면 지엽의 유도 근본이다."하였는데 어찌 그렇겠느냐. 나는 생각하기를 문장의 평담 기구 청탁 고비의 가지런하지 못함은 모두 문장과 식견의 관리하는 바에 따라서 스스로 하나의 습성에 속한 것으로 전사(銓士)의 이야기는 마침내 인품에 미치게 되었다. 그러나 사람은 성한 덕과 아름다운 법이 있는데 문장은 외부에 달하지 않는 것은 그 평소의 마음과 정성이 막혀서 나타나지 않는 것이다. 신후에 세대가 오래되면 천하에서 비록 그 문장은 이해하더라도 그 사람됨을 잃는 것은 고금에 역시 얼마이냐.

나의 종형 기당자는 고인의 업에 뜻이 있었으나 그 재주를 채우지 못한 자이다. 어릴 때 고아가 되어 모친에게서 보육되었는데 가난하게 살면서 공부를 하여 길쌈하는 등불을 나누며 신 삼는데 책을 펴어 밤낮으로 열심히 하며 심한 질병이 아니면 놓지 않았다. 나와 거리가 가까워 돌다리를 건너면 걸음은 이미 문 앞에 있었다. 만나면 곧장 머리를 모으고 학문을 이야기하며 도연히 반갑고 즐기었다. 때로는 저술한 것이 있으면 반드시 간섭을 하였으나 기당은 매번 내가 이 업에 오래되었다고 부정하는 것은 적고 옳다는 것이 많았고 발끈하여 다툼은 즐거이 하지 않았다. 유기당은 오로지 겸손하니 존경스럽고 빛났고 내게 있어서는 그 불민함이 매우 부끄러웠으나 그 취미를 스스로 넓힐 수는 없었다. 생각하여 보면 자신의 점검을 게을리하지 않고 사물을 다스림의 정밀함과 효자신혜의 여러 아름다움을 내가 기당에게 도움받은 것이 한둘로 셀 수 없었는데 지금은 없어졌으니 나의 슬픔을 어찌 말로 할 수 있겠느냐.

기당이 일찍이 자식에게 소학을 가르치다가 두려워하며 책을 들고 울기를 "아! 나는 고자이다 어떻게 하여야 하느냐."하였다. 오호라 사람마다 글은 읽지만 이 소학에 우는 것은 어찌 그리 이상한 것이냐. 기당의 지극한 마음 깊은 정성은 역시 나에게 탄식을 발하고 싶게 하였다. 기당이 병으로 죽을 때 그가 저술한 기기록(期期錄)이란 것을 거두어 자식에게 주면서 나에게 보이며 "내가 얻은 것이 매우 고되었기에 스스로 사랑하고 스스로 사랑함으로 차마 버릴 수 없다."하였다. 내가 다스리고 정리하여 약간을 간추렸다. 대체로 그 학식과 취지가 깊고 상쾌하여 때로는 환하게 독득한 것이 보이니 향촌의 까막눈 유자들의 쉽게 거론할 바가 아니었다. 그러나 내가 만약 이것으로 기당을 한계 짓는다면 기당 역시 어찌 죽었다고 수긍하겠느냐. 기당의 이름은 치성(致性)으로 연로하여 더욱 시대에 고란을 치루고 만년에는 동해기인

(東海畸人)이라 칭하였다.

교재록(喬梓錄) 서.

　한국 헌종 철종 사이에 두 이처사가 있었는데 부자가 서로 계승하여 대리 소리라는 호칭이 있었다. 대리는 남천(南川)이라고 하는데 기백이 있고 글이 많아서 뻣뻣하게 스스로 기뻐하니 마치 준령이 땅을 행하며 굽이쳐 그치지 않고 항상 천리를 달리려는 생각이 있는 것 같으며 소리는 향고(香皐)라고 하는데 부친의 업을 독실하게 이어 온공하고 소심하여 오직 선인의 발자취를 따르고 그 특이함을 더욱 견고히 하니 역시 남방의 녹록한 작은 구릉에 나열되는 것은 수치로 여겼다. 마침 남천이 가빈하여 진양의 동에 우거할 때 자탄한 시 한 수가 있는데, "인간에 낙척한 한낱 늙은 유자가, 돌아오니 모두가 몸 가득 어리석음일세. 긴 탄식에 격절하며 도리어 웃으니, 우주 중간에 누가 대장부이더냐."하였고 향고가 이어, "우주는 혼연한 춘몽인데, 어찌하여 일월은 바쁘다더냐. 뜻은 멀고 하늘은 가없으며, 갈 길은 급한데 땅은 방정하다." 하였다. 사람들은 두 공의 성품이 각기 그 시를 닮았다고 하였다.

　이때 조정에서는 마침 유사를 등용하면서 사부(詞賦)의 선발을 특히 중하게 여겼는데 두 공은 대체로 과거에 뜻을 두었으나 하나의 이름도 이루지 못하고 끝내 초래 중에 몰하여 지금도 식자의 슬퍼하는 바가 되니 어찌 개탄하지 않을 수 있겠느냐.

　후손 동석(東錫)이 유초를 수습하여 출간을 하면서 내게 시문 약간 수를 선정하게 하고 인하여 서문을 나에게 물었다. 내가 들으니 천하는 형세일 뿐이라고 하였다. 청담은 진나라에서 힘썼으나 진이 망하니 가벼렸고 사장은 당나라에서 성하였으나 당이 바뀌니 쇠하였다. 그 후로 본다면 실로 한 시대 풍교의 인하는 것을 따라서 명성도 역시 함께 승하거나 침체하였다. 오직 한국의 말년에는 국수(國粹)가 떨치지 못하여 여항의 소년들이 귀를 천하게 여기고 눈을 귀하게 여겨 시대의 호오만 다투니 점차 수십 년의 사이에 선고의 문채가 나날이 어두워졌다. 당시에 중히 여기고 전송하던 것이 지금은 모두 물이 흘러가고 연기가 가라앉아 예림(藝林)에 다시 들리는 것이 없다. 두 공이 오늘에 있다면 몸 앞에 해로움 당하는 것이 또한 장차 가중할 것이니 이 어찌 거듭 개탄할 것이 아니겠느냐. 두 공은 행의가 매우 아름다워 후에 빛나는 것은 사문을 기다리지 않을 수 없으니 그 근본을 얻는다면 그에 족하리라. 문의 공졸은 내 언급하지 않는다.

하남 향교 사적록 서.

일이 반드시 전하여야 할 것을 전하는 것은 이치가 간선이 되고 족히 전하지 않아도 전하여지는 것은 세상의 기세를 타기 때문이다. 그러나 간선의 힘은 오래될수록 커지고 일시의 변화인 평피나 승침으로 퇴축하거나 저상되지 않지만 저 일반적인 사물의 종류는 귀신으로 맹세하고 금석으로 지적하여 솟아오를 때는 마치 구름이 일 듯 우레가 울 듯 하지만 홀홀히 없어지는 것도 순식간이니 전하는 것이 그 간선을 얻지 못하고 오롯이 기세에 의하였기 때문이다.

하남군의 향교는 예부터 나라의 이전(彝典)에 독실하여 군중에 유학하는 선비가 걸핏하면 수십을 넘겼으며 화목하게 예악의 사이에 주선하였다. 나라가 망한 후로 점차 옛 학문을 폐지하니 성묘(聖廟)의 지척에 봄풀이 뜰에 가득하고 지난날의 장엄하고 빛나는 모습을 다시 볼 수 없으니 이에 경내의 노숙한 여러 선비들이 전일의 가르침을 수행하자고 의론 하여 군중을 모아 논의하기를, "우리 군에 향교가 지금 오백여년이 지났다. 재청의 정결함과 주방의 풍요함은 우리가 공부하는 것을 도왔고 누대중의 서책 기용 문권과 담 밖의 전원 죽림 등속은 모두 우리 선배의 고생하고 주선하여 우리 후인들이 잘 생각하고 게을리하지 말아서 내세를 빛내기를 바라는 것이었다. 우리들이 감히 그 단서를 이어 닦아서 독실하게 지켜야 하지 않겠느냐."하니 군중이 그렇다고 하였다. 다음 해인 명년 봄에 여러 일이 차례로 다스려지니 고을 선비 이만기(李萬基)군을 보내 소위 사적록의 서문을 물어오니 내가 듣고 잘하였다고 하며 이 일은 실로 이치의 간선을 얻은 것이다. 비록 일만 동기의 불어나거나 감축됨이 서로 교체되어도 이것만은 반드시 세상에 전하여야 할 것이 분명하다. 향교의 옛 규범에 매번 일이 있을 때면 반드시 기록하는 것이 예이니 인하여 노숙한 여러 선비의 성명을 다음과 같이 나열하여 쓴다.

남촌시사(南村詩社) 서.

우리 종중의 강향(江鄉)에 사는지가 여러 세대가 되었고 옛날에는 문한으로 드날리었다. 한국의 말년에 천하가 많이 변한 선비가 다투어 새로운 기예로 서로 지껄이니 무는 위에서 다투며 문은 아래로 미루어졌다. 마을의 작은 거간꾼은 차츰 학자를 욕하며 고 성현의 시서 보기를 세상을 속이고 명성을 훔치는 도구로 여기지 않는 자가 적었다. 맹자가 칭하기를 "기다려서 일어나는 것은 범민이라고 하며 기다리지 않고도 일어나는 것은 호걸의 선비라고 한다." 하였다.

지금 세상에 살면서 지난날의 의식을 보려고 한다면 세력에 의하여 학교를 꾸미고 만종록으로 제자를 길러서 사방의 관첨이 집중하기를 바라지 않고 오직 산마루나 물가에서 대나무나 띠 풀을 이웃하여 졸듯이 구부려 듣고 피곤한 삶이 여가가 있으면 서로 경권을 대하여 옛것을 상고하고 천인성명의 술수를 강구하며 또 진일보하여 조금의 한가로움이 있다면 밤마다 고인의 운어를 집어서 뜻에 따라 한 구절 두 구절 화답한다면 그 속에 산광 수색 화초 풍월의 나열됨이 비록 당세 창생의 구조에 관계없을 것 같으나 예로부터 묘당의 위에 처하여 천하의 대업을 경영하는 자가 영정 담박에 의하여 힘을 이루지 않음이 없다.

돌아보면 오늘의 시사(詩社) 중에 모두가 포의로 일세에 내몰린 자들이니 행적은 떠도는 나뭇가지 같고 형체는 수척한 승려 같으나 깊이 염려하고 멀리 생각할 때는 간혹 장사가 변방에 나가고 충신이 주군을 바라는 것 같은 취지가 있다. 스스로 슬퍼하는 이는 나인데 듣고 그것을 슬퍼하는 이는 누구이며 스스로 즐거워하는 이는 나인데 함께하여 이것을 즐거워하는 이는 또 어느 시절에 기다리겠느냐. 슬프다. 내 일찍이 강우(江右)의 임확재(林確齋)가 관석(冠石)에 살면서 자손을 거느리고 농사를 지으며 몸소 농기구와 지게를 지며 밤이면 모시(毛詩)와 이소경(離騷經)을 일과로 삼았는데 관석을 지나는 자가 삼사 명의 소년이 머리에 복건을 쓰고 맨다리로 호미질을 하며 낭랑한 노래가 금석을 울리는 것을 보고 탄식하기를 "옛 그림속의 사람이로다." 하였는데, 나는 시사의 여러분에게 면려하고 싶다. 그 남촌시사라고 한 것은 도연명의 "남촌소심〈昔欲居南村:聞多素心人〉"이라는 시어에서 취한 것이다.

김산인(金山人)에게 주는 서.

임술년 가을에 내가 남쪽 하동을 지나면서 김산인의 이름을 많이 들었으나 아직 안면을 트지 못하였다. 다음 해에 다시 호중의 길손이 되어 비로소 배를 타고 섬진강의 북으로 올라가 산인을 덕은(德隱)이라는 옛 골에서 찾으니 골은 청학산의 남에 있는데 난석이 참호를 이루고 찬물이 뜰에 쌓여있었다. 곁으로 노송 십여 주가 높다랗게 가지가 서로 얽혀 담밖에 나열한 것이 마치 집을 지키는 위졸 같았다. 내가 한동안 서성이는데 동자 하나가 문을 열고 나와서 나를 도와 들어가니 이때 집은 비었고 사방 산에 어둠이 깊어지고 있었다. 옷을 벗고 목침을 당겨 누우니 조용하여 잠이 들려고 하였다.

얼마 후에 갑자기 문이 조금 열리고 발소리가 들리더니 산인이 이미 촛불을 들고 방으로 들어왔다. 좌정에 내가 놀라는 눈으로 산인을 바라보며 "자네는 하동의 은자 스스로 송파자(松坡子)라고 불리는 이 아닌가. 어찌 나를 자네의 이름은 듣고 자네의 모습은 볼 수 없게 하였느냐. 처음 내가 자네를 보지 못하였을 때는 생각하기를 목식 간음(木食澗飮)하는 편협하고 스스로 고고한 무리일 것이라고 여기었는데 지금에야 자네의 내부를 알아보겠구나. 실은 몸에 침웅하고 패합(捭闔)한 계책이 있으면서 세상에 보답하기를 아끼고 사는 곳은 높은 언덕에 처하여 흐름을 굽어보는 아름다움이 있고 오로지 뜻대로 하니 자네가 내게 나오는 것을 달갑잖게 여기는 것이 당연하였구나. 또한 나는 어려움 많은 시대를 만나 둔의 끝자락에 처하여 어리석음은 나날이 굳어지고 기롱은 나날이 불어난다. 지난날 탐구하였던 옛 성현의 서책을 돌아보니 그 도를 논한다면 천하에 두어도 여유가 있는데 그 술책을 가지고도 짧은 칠 척의 몸뚱이도 가리지 못한다. 칠 척도 가리지 못하는데 더구나 당세의 인민과 사직(社稷)을 책하겠느냐. 생각하면 선비가 지금의 천하에 처하여 속으로 부끄러워하는 것이 마치 시장에서 매를 맞는 것 같다. 옥패 관대의 반열에 오래도록 거할 수 없으니 나는 장차 자네를 따라 옥주(沃州)의 산 하나를 구입하여 나르는 쑥대를 의지하고 초췌하며 행음(行吟)하려고 하는데 어느덧 고단한 빈객의 시름하는 누를 끼치게 되니 이 역시 어찌 지난날의 염려하였던 것이겠느냐." 아! 우습구나. 반숙피(班叔皮)의 글에,

"내가 눈물을 보이고 오읍함은, 생민의 어려움 많음을 슬퍼함이로다. 대저 어쩌자고 흐리기만 하고 볕이 나지 않느냐. 아! 공평함은 잃은 지 오래되었도다. 진실로 시운의 하는 짓이라니, 이 답답함을 누구에게 호소하랴." 하니, 이는 천하에 지극한 슬픔이다. 대저 내게 풀고 싶은 것이 있는데 그 호소를 함께할 자가 없다면 나의 포부를 나의 글에서 밖에 풀 수가 없고 나의 글을 내가 읽어본다면 이는 나에게 호소하는 것이고 내가 호소하고 싶은 것을 가지고 나와 잘 지내는 붕우에게 고한다면 이는 붕우에게 호소하는 것이다. 내가 자네에게 말하는 것이 자신의 슬픔으로 남에게 누를 끼치는 것이 되니 이것이 소위 붕우에게 호소하고 그 답답함을 오래가지 않게 하는 것이다. 자네는 어쩌면 나의 소회를 받아들이니 사람을 넘어지지 않게 면려하는 자이런가.

졸설(拙說)로 진은군(陳隱君)에게 주는 서.

내가 향촌에 살면서 때로는 권포의 의당자(宜堂子)를 따라 놀기를 한 해에 빈 달이 적었다. 매번 가면 진은군이 자리에 있는 것을 보게 되고 반가워하기를 마치 모여서 헤어지기 싫어하는 것과 같았다. 내가 생각하기는 의당자는 지금 남방에서 명성을 받고 있는데 은군은 그에게 선택된 것인가. 은군의 사람됨은 왜소하고 몸은 옷을 이기지 못할 것 같으며 시 짓기를 좋아하고 거리의 자잘한 이야기를 섞어 줄줄이 싫어하지 않는다. 당시 나이 칠십칠로 시력은 작은 글자를 구분하였다. 하루는 나와 함께 동서여지도를 보는데 직상직하 모든 삼삼하게 나열한 것을 보면 곧 분별하고 난색이 없었다. 인하여 말하기를 "저 언덕 위의 파리 대가리 같이 작게 보이는 것이 우리 땅이 아니냐. 어쩌면 까맣게도 작으냐. 바다를 가로지르는 만리에 저마다 큰 나라가 서로 견주며 은성한데 우리가 사는 곳은 옹졸하구나. 군주가 있고 민인이 있고

조빙과 옥백이 왕래하니 저것은 진실로 크게 드날리지만 이것은 어떠하냐. 슬프다 나는 진실로 천하의 큰 졸자이로구나. 천하에 비록 옹졸함을 잘한다고 이름난 자라도 누구도 나와 다툴 수 없을 것을 기필할 수 있다." 하였다.

또한 은군이 세상에 논지도 지금은 오래되었고 옹졸함을 사용한 것도 역시 단계가 많다. 이로서 자신에 규정을 삼아 난세에 형화를 면하였으니 하나의 낙이며 이로서 가정에 규정하여 표주박에 먹거리로 나름 수명을 이어가니 두 번째 낙이며 이로서 교유를 넓히고 현사를 만나 좌우에서 도우니 세 번째 낙이다. 세 가지가 모두 나에게 갖추어져 있으니 나의 쓰임새가 넉넉하다. 은군이 그 마루를 졸헌(拙軒)이라고 명명하니 이에 졸설을 짓는다.

박이정(朴而貞)의 북으로 중화에 유람함을 전송하는 서문.
무술년 가을에 박군 이정이 북으로 중화에 유람하려면서 같은 공을 오가던 친구에게 보내는 말을 청하였다. 이에 택상의 유해엽이 이사(里社)의 밖에 마시며 전송하고 또 고하기를 우리 한국이 망한 지 지금 구년이니 천하에 한국이라는 이름이 없어진지 오래되었다. 자네는 아직 우아하게 국경 밖으로 행하려고 하느냐. 내 들으니 나라가 없어진 이래로 외국에 눈을 뜨고 머리를 쳐든 자는 으레 우리 종족을 노예처럼 보면서 길에서는 길을 양보하지 않고 차에서는 자리를 나란히 하지 않는다고 하니 그 목숨이 가볍고 천함이 이미 심하다. 한국의 민족이 된 자는 비록 사나운 정치와 모진 형벌 속에서도 구불구불 자라고 번식하니 이른바 반짝이는 자신은 유독 백번 꺾이고도 소멸되어 다하지 않는 것이 존재하지 않느냐. 또한 이 뜻을 가지고 앞으로 잘 때도 함께 자고 깰 때도 함께 깨어 향촌이나 나라에나 천하에 거할 때에도 요는 감히 하루라도 속에서 잊지 않는 것이다. 자네의 가슴속에 오뚝하고 울퉁불퉁하여 종종 번쩍이며 빛나는 것은 모두 이것에 근거하여 무궁하게 나오는 것이다. 장부가 이 뜻을 잃는다면 중인과 무엇이 다르겠느냐.

내일 자네의 배가 떠나면 바다를 따라 북으로 해삼위 항에 도착할 것이니 가을 날씨가 춥고 황사가 막막한데 저들 강한 이웃이 틈을 보아 움직이려 하고 마침 무기와 깃발을 다듬어 나라의 기세를 뽐내고 있는데 기자(箕子)의 고역을 생각하면 그 민인의 경작함은 모두 동으로 그 이랑을 하고 훈련원의 노졸은 전답의 문권을 가지고 자물쇠를 굳게 하여 일세 이세로 무궁하게 전한다고 한다. 이러한 때에 자네가 반짝이며 자신하는 것이 점점 가식되어 마치 저상되는 것 같고 점점 가식되어 마치 왕장 되는 것 같은 것이 앞뒤에서 번쩍이며 오래되면 스스로 정하기 어렵게 되는 것 같을 것이다. 자네는 인하여 소주 삼배로 행장을 풀고 자공전(子貢傳)을 내어 몇 번 읽고 그래도 얻는 것이 없다면 붓을 들고 굴삼려(屈三閭)의 천문 구가(天問 九歌)를 명산 대택의 사이에서 화답한다면 오오하는 것이 통곡에 해당되어 저상이나 왕장을 아울러 잊을 것이니 그 생각을 진애의 밖으로 넓히기를 바란다. 이정은 유자이니 학식이 풍부하고 재주가 첨예하다. 나와는 문자로 사긴지 몇 년 되었는데 그가 떠난다니 의리에 구구한 좋아하는 것으로 그 행적을 아첨할 수 없어 안전의 서글픈 현상을 약간 들추어 자네의 기발한 기상을 용솟게 한다네.

수질(壽姪)을 보내는 서.

종당 아이 수(壽)가 장차 외재(畏齋) 하자(河子)의 문하에서 유학하려 하는데 떠날 때 내가 손을 잡고 고하기를 옛날에는 글을 읽으면 마을에서 권하고 주군에서 공(貢)을 내며 작록으로 영광스럽게 하니 이것이 선비가 서로 분발하여 직진을 하게 된 것이다. 지금은 그렇지 않아서 이 외로운 이웃에서 거하니 앞으로 근심되지 않느냐. 이 천부로 사는 것이 앞으로 가엽지 않느냐. 이 구학에서 늙는 것이 앞으로 생각하지 않느냐. 슬프다 이는 천하의 무궁한 지극히 괴로움이며 인생의 최악인 것이다. 내가 이것을 가지고 더벅머리의 독서하는 뜻을 지향하려고 하니 지혜롭지 못함이 무엇보다 심하다. 그러나 친구를 옛날에 찾는다면 뭇 현인이 있다. 낙이 자신에게 있으니 천사(千駟)도 끼어들 수 없고 비(否)에서도 형통하니 만승(萬乘)도 굽힐 수 없다. 이는 옛날 군자가 하늘과 통하는 것이니 여기에 말할 수 있다.

또한 내가 들으니 동자로서 성현을 배워도 참람하지 않다고 하였으니 내가 너에게 역시 무슨 말인들 아껴서 옛날 구구하게 선배에게 들은 것들을 죄다 털어놓지 않겠느냐. 진백사(陳白沙)의 시에,

"성현이 오래도록 적막하니, 여섯 경적이 광휘가 없다. 원기는 오백년에, 한번 합하고 한번 떨어진다. 남아가 그 사이에 나서, 혼자 가는 것을 어찌 사양하랴. 아득하다 성인과 현인은, 자나 깨나 혹시 보이려나. 그 말은 천하의 법이고, 그 행동은 만세의 사표다. 돌아보면 나는 어떤 사람인데, 부질없이 바라볼 뿐인가." 하였다. 여기까지 읽었다. 나 또한 아침저녁으로 너의 자립을 삼가이 하며 너의 아름다움을 이루며 너의 업을 지금의 천하에 넓히기를 바란다. 나는 늙었으나 앞으로도 밀어주마.

이생 이름의 자서(字序).
이생 지수(址洙)가 자를 계여(啓汝)라 하고 내게 서신을 보내 한 말씀하여 달라고 하였다. 내가 말하였다. 선하다. 사람이 이름을 세우는 것은 마치 집을 짓는 것과 같다. 집을 짓는 자는 반드시 땅의 적당함을 보고 그 그칠 바를 정하는 것이니 이를 지(址)라고 하고 그침을 시작으로 집의 원(元)을 정하고 그침이 끝남으로 집의 정(貞)을 얻게 된다. 원하고 정함은 천지의 도이다. 수(洙)는 공자가 탄강한 땅이다. 사해의 예악문물이 모두 수를 천부(天府)로 삼았다. 생은 어쩌면 도에 뜻이 있어서 공씨로부터 하려는 것이냐. 내가 생을 위하여 해석하여 보겠다. 사수(泗洙)되는 것은 방법이 있다. 경을 주장하여 마음을 두는 것이 그 기지(基址)이며 도를 잘하여 몸을 바치는 것이 계(啓)이다. 지키기를 금석처럼 하는 것은 스스로 강함이며 귀신으로 맹세하고 게으르지 않아서 향당에 넓히고 일방에 혜택 주며 후대에 빛나는 것이니 계여(啓汝)는 생각이 있느냐. 또한 들으니 상사(上士)는 마음을 닫아서 뭇 사위한 싹이 트지 못하고 하사(下士)는 문을 닫아 형세나 이익이 간여하지 못한다 하였다. 먼저 이 둘을 닫아야 내가 크게 여기는 것이 비로소 작작할 것이다. 잡는 기술은 요약함이며 형체가 순응하면 통달할 것이다. 생의 나아감을 누가 막을 수 있겠느냐. 생은 힘쓸지어다.

기(記)

단성(丹城)향교 중수기.

 단성은 지리산의 동쪽에 있는데 지역 편소하고 인구도 많지 않아 겨우 조(曹)나라와 회(檜)나라가 열국의 사이에 처하여 있는 것과 같았으나 예로부터 유림 명환 충훈 의열이 때때로 어깨를 나란히 나와 앞뒤에 서로 바라보였고 사대부들은 평소에 서로 국조 문화의 은성함을 이야기 하며 마치 옛 제로(齊魯)에 비하여도 조금도 양보하지 않다는 것이 오직 우리고을이 그러하였다.

 고을에 옛날 부자묘(夫子廟)가 현청의 서북 삼사리에 있었는데 산수가 청원하기로 경내에서 꼽으며 여러 사택의 좌우에 나열된 것이 역시 함께 맞추었다. 나라가 망하고 현청을 옮기자 풍속이 일변하여 예전이 가벼워지니 때로는 조두의 익힘도 적어지고 군병이 일어나니 사람들은 옥패를 수행함이 나태하여져 구차하고 비뚤어지며 천착하여 구차한 시일을 보내니 목목한 성묘가 엄연하게 일방에 임한 것을 우러러보던 것도 역시 아울러 퇴상하고 봄풀이 이미 무성하였다.

 보다 먼저 정부의 제도가 개혁되어 나라 중의 향교의 재정을 모조리 관청으로 귀속하고 그 출입 회계는 지방관이 장악하였다. 지금 직원 권재기(權載祺)군이 향유 네 명과 시임 현후(玄侯)을 찾아 호소하니 현후가 듣고 탄식하며, "부자의 도는 위로 황천을 짝하니 하늘이 존재하면 도는 떨어지지 않는 것인데 내 어찌 소홀히 하겠느냐." 하고 이에 돈 만여 금을 내어 옥우를 손보고 아울러 사당 안의 제사에 사용되는 여러 기구를 일일이 바꾸어 새롭게 하였다. 다음 날 대문 밖에서 어떤 이가 말하기를 "저 희고 치밀한 것이 석체(石砌)의 펼쳐진 것인가." 또 진입하여 동서의 집을 둘러보고 "저 정결하고 깊으며 환하게 탄성을 발하게 하는 것이 청벽의 빛인가. 엄연하기도 하고 날아갈듯 하기도 하니 우리 도는 창성할 것이로다."하였다.

 이윽고 네 사람이 나에게 사역의 전말을 기록하여 후대에 보이라고 하였다. 나는 일어나서 답하기를 "선재라. 사람이 천지의 중을 받아 태어나서 선을 계승하고 성품을 이루어 인륜의 교훈이라는 것이 성립되었다. 오직 부자는 인륜 교훈의 주인이다. 부자를 존중하지 않으면 천지가 그 위를 잃으며 귀신이 그 방소가 없을 것이고 우모가가 인신에 더하여 질 것이니 두려움 심한 것이 어찌 이보다 큰 것이 있느냐. 또한 소가 가고 대가 오면 하나의 총명 예지한 사람이 동방에 다시 나타나 전대 인물의 예악의 아름다움을 찾아보려 한다면 나는 이 고을에 그의 바람이 있으니 누가 이 고을을 천하에 작다고 하겠느냐. 현후(玄侯)의 이름은 의섭(懿燮)이고 네 사람은 김종호 이병순 이익현 이익수(金鐘皓 李炳淳 李益鉉 李益洙)다.

사정당기(司正堂記).

고려 말에 벽은(僻隱)선생이 보봉산(寶鳳山)에 들어가 나오지 않았다. 두 아들의 휘는 백통 백규(伯通 伯逵)인데 모두 영남으로 옮기었다. 그 장손이 승윤(升潤)이라 하는데 관직이 부사정(副司正)으로 합천에서 단구로 옮게 살았다. 구지(舊志)에 공이 세종 이십오 년 계해에 졸하니 춘추가 육십으로 대둔산에 장례하였고 문종 이년 임신에 부슬동(扶瑟洞) 건원(乾原)으로 이장하였고 당시의 사행은 전하는 것이 없다. 지난 태상왕 경오년에 여러 종족이 공을 위하여 타상에 집을 하나 건립하였고 사십일 년을 지나 한국의 사직이 마침을 고하니 이에 공의 세상이 어느덧 한 성씨의 조정이 바뀜을 보게 되었다. 그 자손이 점차 보봉산의 남긴 자취를 따라서 산만하여 돌아갈 곳이 없게 되었다. 건국의 명년 병술에 비로소 공의 묘소 아래에 네 들보를 이어 건축하니 공의 무덤과 가깝고 좌우의 재실은 공을 따라 합체함이 많았다.

대저 선조가 자손에게 있어서 하나의 기운으로 서로 통하여 처음은 침묘에서 상과 제에 신주를 중히 여기는 의식이 있고 예는 사대에서 마치며 끝에는 구묘에서 춘추로 천향 하는 의전이 있어서 백대가 되어도 조선(祧禪)함이 없으니 그 보본의 넓음이나 민덕의 후함에 돌아감이 어찌 흠모하지 않겠느냐. 지금은 우내에 변동이 많아 융풍(戎風)이 나날이 섞이어 서로 선헌(先憲)을 비난한다. 이리하여 화장을 하거나 시체를 버리는 풍속이 서로 이어 나와도 이마에 땀이 나지 않으며 문에 나가도 소필(素韠)을 볼 수 없다. 일사천리로 도도하여 돌아오지 않으니 왕제(王制)의 무너짐이 이처럼 극에 달하니 어찌 더욱 슬프지 않겠느냐. 오호라! 오늘의 일은 거행한 것은 하나이지만 친친(親親) 안제(安齊) 범세(範世) 독고(篤古) 네 가지가 모두 의에서 나오는 것이며 당(堂)에 갖추어졌다. 이미 이루어져 사정(司正)이라는 호칭을 올리니 그 관작을 밝힘이다. 그 제도는 검소하나 대중을 수용하기 넉넉하니 그 덕을 널임이다. 시경에 이르기를 "이끌고 도우니 사방이 모범을 삼는다."하였다. 우리는 서로 이것을 읽어서 내세에 먼 규정을 남기기를 생각하지 않겠느냐.

식호당기(式好堂記).

옛 궐지현의 동쪽 십 리에 타강이라는 곳이 있는데 사는 사람 수십 명이 모두 강을 마주하고 집이 나열되었다. 그 중에 모옥 하나가 작은 나룻배만 한 것이 붉은 벼랑 곁에 매달려 있는데 이것은 나의 조부 처사공이 선인의 옛 장원으로 때때로 여기서 기거 침식하기도 한다. 처음 처사공이 매우 가난한데 혼자된 모친은 연로하고 어린 동생 셋이 있었다. 이윽고 장성하여 둘째는 글을 배우게 하고 셋째는 몸에 질병이 있었고 막내는 나가 놀기를 좋아하였다. 이러하니 처사공은 한가한 날이 없었다. 강가에 얼마간의 전답을 두고 손수 오곡을 가꾸었다. 언젠가 여러 동생들과 이야기하기를 서직으로 우리의 증상을 받들고 사면으로 우리의 추위와 더위를 대비하고 술을 빚어 빈우를 널리며 남는 것으로 이웃을 돕는 것이 옛 도리이다. 덕을 밝혀 어김을 막으니 걸핏하면 성공하니 우리가 어찌 이것에 힘을 쓰지 않을 수 있느냐고 하였다.

이때 처사공이 옷을 바꾸면 세 아우가 새 옷을 입지 않는 이가 없었으며 처사공이 밥을 먹으면 세 아우가 배부르지 않는 이가 없었으며 처사공이 노하거나 웃으면 세 아우가 함께하지 않음이 없었다. 세시 복엽이나 풍우에 마루청에 마주하며 산전 수에나 오가며 노는 자리에 화목하게 서로 즐기지 않음이 없으니 온 마을의 모범이었다. 종당의 항와자(恒窩子)가 기록하기를 "처사공은 흥기할 것이로다. 민간의 일을 부지런히 하고 오교(五敎)를 수행하니 선함의 큰 것이며 오교가 수행함으로 우애의 덕이 넉넉히 빛나니 상서로움이 무엇을 더하리오."하니 당의 이름을 식호라고 한 것은 실지로 항와자에게

서 시작되었다. 처사공이 이미 죽고 선군이 해마다 두 아들을 이끌고 하루를 전답에서 일을 하면서 "이것은 우리 집안 처사공이 경영하던 것이다. 시에 〈저 군자여 놀고먹지 않는구나.〉하니 사람은 당연이 그 힘으로 먹어야 하고 스스로 편하게 하지 말라는 것을 말함이며 서에 〈너의 열조(烈祖)를 보고 때로 게을리 하지 말라.〉하니 사람에게 그 단서를 이어 수행하여 효성의 무궁함을 생각하게 함이니 너희는 생각하여야 할 것이다."하였다. 오호라. 불초한 내가 자애로운 명을 받은 지 이십년에 말씀이 아직 귀에 남았으나 선군의 묘목이 한 아름되고 붉은 벼랑의 한 모옥도 주인이 바뀌었으며 강가의 경지도 이미 어룡의 굴택이 되었으니 사람 한세상이 과연 얼마인가. 그러나 내가 이 당을 기록하는 것은 나의 자손이 타일에 당의 이름으로 인하여 이름의 근본을 증명하며 조심하여 속에 품고 내세에 영구히 도모하여야한다는 것이다.

청풍헌기(淸風軒記).

하남은 영호남의 사이에 있다. 산이 깊고 흙이 후하여 민물이 풍부하다. 북으로 다칠여장(茶漆櫧樟)이 생산되며 남으로는 어해주집(魚蟹舟楫)의 이익을 다하니 사는 사람들은 허다하게 부유함을 즐기고 인의로 시대에 자립하는 이는 적었다. 내가 왕년에 남중으로 객이 되었을 때 한 선비를 이명산(理明山)아래서 방문하였는데 이율정(李栗亭)옹이라는 이가 있는데 젊어서 기이한 기운을 지고 독서를 좋아하며 사람을 사랑하고 의를 즐거워하여 당세의 영걸을 두루 사귀었으며 이윽고 늙어지니 그 집의 서남에 모옥하나를 지어 도연명의 북창 유운을 취하여 좌편에 표하기를 "청풍지헌"이라 하고 내게 기문을 부탁하였다. 나는 이러기를 "도연명은 옛 일인으로 그 세대를 논한다면 진사가 이미 무너졌고 그 시를 읽으면 희호(羲昊)로 자신을 견주었다. 나는 일찍이 이상하게 여기기를 삼황의 세상은 봄의 따스함과 같고 오패의 세상은 겨울의 추위와 같은데 오패의 예로 진송(晉宋)을 본다면 그 여열의 흐름이 오패보다 사나우니 진실로 어떠하냐. 도연명이란 이는 이에 은연이 태화의 낙을 스스로 누리며 심지어 성시에 퍼트리고도 부끄러워하지 않음은 어쩜이냐. 이것이 장주(莊周)가 칭하는 오호 커구나 홀로 그 하늘을 이룬 지로

다 하는 것이 아니겠느냐. 차부라! 지금 천하는 대둔 중감(大屯 重坎)의 시기이니 진송간의 인물을 회상하니 또 막연히 삼고이전과 같은데 청풍으로 스스로 들리려 하니 낙막하지 않느냐. 비록 그러하나 내가 듣기로는 혼자 좋아하는 성품을 갖춘 이는 반드시 혼자 행하는 뜻을 가졌다고 하는데 이를 따라서 옛날을 따르려고 한다면 군중의 노함이 떼로 일어날 것이며 이를 따라서 시대에 기쁨을 사려고 한다면 몸뚱이 하나는 쉽게 잃을 것이니 여기에 처한 자는 그 정상이 고달프고 자립하기도 어려울 것이다. 역에 〈독립하여도 두려워하지 않고 세상에 은둔하여도 민망함이 없다.〉고 하였으니 군자의 낙은 자신에게 만족할 뿐이니 일시의 원망과 질투 많고 적음은 일찍이 대단하지 않았다. 또한 이에 뜻을 둔 자라면 의연하게 스스로 쳐드는 것이 있지 않느냐. 자신의 근심을 근심한다면 그 뜻을 밝혀질 것이며 자신의 낙을 즐긴다면 그 기운이 편안하여 질 것이다. 이미 밝고 또 편하다면 맑음은 여기서 생기는 것이다. 나는 이것을 써서 옹에게 질문하려고 한다. 대저 산수의 명려하고 운애가 하늘밖에 출몰하는 것은 다른 날 여기에 올라 내 붓을 잡고 쓰려고 한다.

탄산정기(炭山亭記).

내가 방산자(方山子)의 전기를 읽으니 은자의 자득한 낙을 매우 상세하게 설하여 사람으로 하여금 기름칠하고 말을 먹여 따라가고 싶게 하였다. 돌아보면 형역에 거듭 포위되어 뜻은 항상 저기에 있는데 정신을 즐겁게 하는 구역으로 나갈 수 없는 것이 스스로 슬펐다. 가자(賈子)의 말에 "탐부는 재물에 죽고 열사는 이름에 죽는다."하니 대체로 재물은 능히 나의 집을 부유하게 하고 이름은 능히 나의 몸을 수하게 하니 사람의 욕심이 자못 크다. 내가 부와 수로 빠지거나 무너지지 않는다면 끝내는 내게 필요한 것은 나의 성취가 스스로 성취한 것이고 외부에 기다린 것이 없으며 나의 그침이 스스로 그침일 뿐이고 끝에 가서 변함이 없는 것이다. 이 같은 이는 안으로 품은 것이 자족한 자가 아니면 어찌 함께 논의하겠느냐.

우리 고을 권부연(權釜淵)옹은 그 사람됨이 밝고 특별하며 그 학문은 묵묵하고 형통하며 그 가세는 담박하고 빈한하다. 연로하여 시대가 시끄러우니 하상의 깊은 산중에 모옥을 짓고 책을 안고 멀리 은둔한지 이미 몇 해가 되었다. 하루는 옹이 나를 찾아와 탄식하며 "내 일찍이 백금으로 운산 한 자락을 구입하였는데 서까래를 언지면 족히 칠척을 용납하고 그 전지를 일구면 역시 팔구는 공양할 수 있다. 이로서 산중의 한 달 두 달을 지낸다면 지난날의 좋은 집과 음식의 생각들이 차츰 속에 있지 않고 때로는 읊고 휘파람부는 자리가 어느덧 구름과 수목이 자리에 끼고 날고 달리는 것과 맹서를 다투니 내가 이를 얻어 남은 해를 마친다면 죽어가면서 만나는 기연이 아니겠느냐. 자네가 내를 위하여 기록하라."하였다.

내가 생각하여보니 주문공(朱文公)이 초은사(招隱辭)를 지어 다람쥐와 함께 살며 산귀신과 짝이 됨을 조롱하였는데 어쩌면 다람쥐나 산귀신은 사람들이 미워하는 것이므로 인용하여 은자의 정상을 고달프게 여겼는데 옹은 도리어 사람들이 미워하는 것으로 스스로 사람들에게 자랑을 삼으려 하니 정당한 것을 속이고 대중을 그스리는 것이 아니냐. 대저 시대에 부합하려면 반드시 옛을 등져야하고 도에 살찌우려 하면 반드시 시속과 상반된다. 지금 천하는 모습을 화려하게 하는데 옹은 어리석게 하고 천하는 말을 곱게 하는데 옹은 질박하게 한다. 지조가 서로 다르니 호오(好惡)가 바뀌는 것은 이세(理勢)의 필연이다. 차부라! 옹이 이를 일찍이 마련하지 않았다면 가슴에 교전하는 열기가 있을 것이며 자취는 아울러 나오는 동기가 둔하여져 동과 서에서 잡고 만지며 해가 마치도록 요요할 것이니 그 속이 자득하지 못할 것이 뻔하다. 이를 안다면 옹이 오늘 여러 억매임 밖에 혼자 놀면서 때로는 유연하게 현묘한 생각으로 초연히 멀리 나아간 것이 당연이 책속의 사람과 서로 꾀하였을 것이니 어찌 내가 상하할 수 있는 것이겠느냐. 정자는 매탄가의 곁에 있으므로 이름 하여 탄산이라고 하였다. 그 설은 자서(自序)에 갖추어 있으니 다시 상세하게 할 것이 없다.

부헌기(桴軒記).

이동수(李東叟)선생이 연로하여 금강(錦江)가에 처 한지 삼년 만에 낙척하여 견딜 수 없어 장차 하양(河陽)의 북쪽 지경으로 옮기려고 하면서 호를 부헌(桴軒)이라고 바꾸었다. 막연한 몸으로 시대에 둔한지 이미 오래 되었으니 만약 성인이 떼배를 타고 행하는 것을 만나면 운해의 밖으로 따라가려고 한다고 하면서 해엽에게 그 마루를 기록하라고 하였다. 해엽이 생각하니 수가 처음 향촌에 거할 때 농경지를 팔아 서책을 사서 우하 전모의 유 만여 언을 실내에 비축하고 지적하여 사람에게 말하기를 "이는 나라가 있은 이래로 천하에 모범이 되는 것이다. 날마다 함께 자고 깨면 안으로 더욱 살찔 것이니 인하여 이것으로 천하의 이목을 바꾸려고 생각한다."하였다.

그 마음에 생각하기를 내가 이 책에 부지런히 하여 집안의 자제가 자기의 뜻을 본받아 모범적인 집안이 되는 것은 정한 일이고 세상의 학사대부가 본받아서 향촌과 나라가 순응할 것이다. 정함을 따라 순응하게 된다면 천하의 무궁하고 원대한 꾀가 모두 나 필부의 가슴속을 따르고 외부에 의지할 것은 다시없을 것이니 돌아보면 즐겁지 않느냐. 라고 여겼다. 나라가 망한 것이 날로 멀어지고 새로운 권위가 날로 일어나니 경서는 간척에 굴하여 오전(五典)이 화과(化科)로 바뀌고 선비는 포로에 곤경을 치르니 단정한 모습의 제도가 좌임(左衽)이 되었으니 이러한 시기에 수의 스스로 모범된 것이 진정 대륙 속에 떼배가 되고 수 천근의 무거운 돌을 실은 것과 같으니 힘을 쓸 수가 없는 것이 확실하다. 우리나라가 천하에 탄환만 한 것도 마치 이와 같다. 더욱이 사해의 큼과 조민의 많음이겠느냐. 가령 수가 떼배를 타고 간다 하더라도 누가 즐거이 내 무거움을 도와 만리의 고행을 할 것이냐. 생각하면 수는 반드시 뜻으로 떼배를 행하고 힘으로 육지에 떼배를 행하려고 하는 것은 안 일 것이다. 뜻이라면 성인의 무리이며 힘이라면 성인이 명이 있다고 하였다. 차호라! 수의 떼배는 어느 때에 행하려나. 탄식하며 쓴다.

인산재기(仁山齋記).
무오년 가을에 나는 진양의 서쪽으로 나그네가 되어 선적을 찾아 원당(元塘)을 방문하였다. 원당은 고려와 한국의 사이에 우리 집안의 명경거공이 어깨를 나란히 하여 나왔으므로 지방 사람들이 한 고을의 역사를 셈하면 반드시 원당을 으뜸으로 하였다. 원당에서 북으로 오리에 낙산(樂山)이라는 곳이 있는데 우리종족의 명경거공의 후예가 살고 있다. 그 풍기는 관유하고 돈후하며 검소한 덕을 서로 숭상한다. 소장 이하로부터 몸소 농사일에 참여하고 작란하고 노는 것에는 익숙하지 못하였다. 매년 추수가 끝나고 추워지면 집마다 황모로 울을 하고 농기구는 벽에 기대어 둔다. 서로 들불을 설치하고 경서를 읽으며 뜻을 밝히며 윤리를 돈독하니 옛날 차무자(車武子)와 손강(孫康)의 유풍이 있으니 나는 매우 잘한다고 보았다.

　대개 우리 종족이 이 마을을 떠나 별처럼 바둑돌처럼 팔도의 수륙사이로 옮기어 사는 것이 매우 은성한데 유독 잔양의 서쪽 종족만이 오래도록 악착같으나 떨치지 못하는 것은 어째서인가. 생각하면 우리 선대에서 이 마을에 펼친 지 이미 오래되었으니 펴면 굽히는 것은 이치의 필연이 아니겠느냐. 또한 이 마을이 성쇠 할 때를 우리 종족이 마침 만나게 된 것이다. 역에 "자벌레가 굽히는 것은 펴기 위함이며 용사가 겨울잠을 자는 것은 몸을 보존하기 위함이다."고 하였다. 이를 따라 본다면 타일에 제종의 벌떡 일어나서 점차 명경거공의 여러 세대를 빛내던 옛일이 일방에서 스스로 웅기 하는 것이 어찌 오늘날 오래도록 굽힌 중에서 싹 트지 않겠느냐. 그러나 만일 스스로 펴는 기회를 찾으려 한다면 오로지 자신에게 달린 것이고 타인을 엿볼 수 없다.

　우리 종족 선열이 후세에 전한 간책에 있는 것을 상고하여 보면 몸소 풀숲에서 부지런히 하여 정성으로 군주의 명을 받들어 나아가고 물러서지 않는 것은 청천군(菁川君)이 충성에 편 것이며 곳에 따라 힘을 다하고 조심하고 조심하여 종신토록 싫어하지 않는 것은 통덕공(通德公)의 효도에 편 것이다. 아! 충과 효는 제종에게 있어서 실로 섶에 전하는 불과 같은 것이니 나의 바람은 제종이 열조상의 어렵고 신고한 뜻을 따라서 밤낮으로 게을리 하지 말아서 안으로 마음을 써서 차라리 어두울망정 반짝이듯 들어내지 말고 척촌을 얻더라도 호말을 빠트리지 않는다면 이 기술이 지극하게 되면 간혹 남몰래 수행한 것이 사해에 달할 수 있고 가슴에 거둔 것이 천지간에 기준이 될 수 있을 것이니 성대하다 군자여 사해에 달하고 천지간에 기준이 되는 아름다움을 갖추니 인의 공과 용도가 이미 모두 드러났도다. 자신에게 펴인 것이 여기에 이르렀으면 펴인 것의 외부에 있는 것이 어찌 특히 한 고을에 끝나겠느냐. 인산(仁山)은 거처하는 재실의 이름이니 인자요산(仁者樂山)이란 의미를 취한 것이다.

수졸당기(守拙堂記).

서양인(西洋人)이 정술(政術)을 말하는 것은 다투어 예업(藝業)을 잘 다스려 천하를 위협하는 것이다. 소위 기화(氣化)의 학으로 전문으로 연구하여 열성이 지극하면 기교가 생기니 윤가(輪家)는 차를 만드는데 하늘에 날도록 담당하고 얻지 못하면 만족하지 않으며 야가(冶家)는 총을 만드는데 사람 죽이는 것을 담당하여 얻지 못하면 만족하지 않으니 무릇 하나의 새 기계를 제작하면 나라의 군주가 금패로 장려하고 그 전리(專利)를 인준하며 민인이 사사로 모방하는 이가 있으면 죄를 준다. 이에 공예(工藝)가 나날이 증가하고 육기(六基)가 운용된다. 육기가 운용되니 전 지구의 화란이 끝날 시기가 없다.

이러한 시기에 이치에 달한 이는 장차 어떻게 천하를 가르쳐야 할까. 반드시 그 혜두(慧竇)를 막고 그 지식을 내치며 그 문을 닫고 그 원인을 되돌릴 뿐이라고 할 것이다. 내가 듣기는 지치의 세상에는 군주 된 자가 흙으로 된 궁에서 질그릇에 음식을 먹으며 민인은 늙어 죽도록 서로 오가지 않았으며 계견(鷄犬)의 소리가 사방에 들리고 간혹 격양가를 부르며 전답을 양보하고 송사가 없으며 오히려 희희한 빛과 호호한 그림자가 방책(方冊)에 밝게 실려 천고에 빛나며 오래될수록 더욱 새로워진다. 맹자는 "어떤 사람이 나는 진을 잘 치며 전쟁을 잘한다 하면 큰 죄라. 국군이 인을 좋아하면 천하에 적수가 없다." 하였다.

우리 종족에 수졸옹이 있는데 동서에 일이 많은 시대에 처하여 일백 기교가 인을 해쳐 인을 베풀 수 없음을 싫어하여 이에 폐단을 구제하는 하나의 방문을 돌출하여 힘써 말하기를 천하가 옹졸함을 좋아하면 우리가 무사할 수 있다고 하였다. 내가 듣고 탄식하기를 선재라! 옹의 인을 구하는 기술이여. 하나의 옹졸함이 행한다면 사해는 다투어 항과 제(航梯)를 훼철하고 고비(鼓鼙)의 소리를 돌려 현송(絃誦)으로 변할 것이니 마치 위약한 것이 일어나며 어두운 것이 밝아지듯이 모두 이치에 해당될 것이다. 그렇지 않다면 마을의 선비가 옹의 옹졸에 흥기하여 역시 자숙하고 믿고 공손하여 족히 화를 면할 것이다. 수졸(守拙)은 그가 거처하는 당의 이름이니 타천의 고괴(古槐) 아래 있다. 처마가 엉성하여 풍우가 항상 문에 들어온다.

일헌기(一軒記).

대저 일이란 여럿의 시작이며 대도의 정함이다. 여럿이 여럿을 낳고 다른 것도 따라서 쌓여서 비록 솜씨 있는 수학자라도 계산하여 낼 수 없다. 일찍이 논하여 보니 그 지역이 다름으로 살고 있는 사람과 도적이 각기 그 나라에 속하고 그 제도가 다름으로 사용되는 형정과 법도가 각기 그 가르침이 다르고 그 정족이 다르므로 피아의 선악의 구별이 서로 드러난다. 세상을 걱정하는 군자는 장차 무슨 기술로 이끌 수 있겠느냐. 일이라고 할 수 밖에 없다. 일은 어떻게 하여야 하느냐. 이치라고 할 수 밖에 없다. 이치는 사물을 명할 수 있으나 사물은 명하지 못한다. 그 높음은 대가 없고 그 큼은 밖이 없어서 천지에 앞서도 어귀지 않고 백세의 후에도 어긋나지 않는다. 아마 이것 외에는 논의할 것이 없을 것이다. 동방에 성인이 있어서 이 마음과 이치가 동일하고 사방에 성인이 있어서 이 마음과 이치가 동일하다. 마음과 이치가 동일하다면 세상을 이끄는 기술은 반드시 그 마음의 동일한 그러함으로 인솔하여야 할 것이다. 갖춘 것은 인의예지의 성품이 있으니 내가 그것으로 체를 세울 수 있고 밝은 것은 부자 군신 부부 장유의 윤리가 있으니 내가 그것으로 통달하게 사용할 수 있다. 이것이 모두 일에 총괄되어 여러 만 가지를 정제하게 하는 것이다. 소위 총괄한다는 것이 행하여지면 동류이거나 아닌 것이 다를 것이 없다. 지난날 간척(干戚)으로 서로를 보던 자가 도리어 옥백(玉帛)의 예로 서로 사귀며 점차 빌어서 다툼을 종식시키고 대도에 가까울 것이다. 내가 늙어서 험함을 만나 밤낮으로 일을 생각하였으나 오래도록 만나보지 못하였다.

이군 병윤(李炳允)이 자호를 일헌(一軒)이라하니 내가 그를 위하여 대답하였다. 자네도 나의 생각과 같은 것인가. 나 같은 것이야 생각만 있을 뿐이니 항상 한 몸에도 유익함이 없음을 걱정하였다. 어찌 지기에게 무익한 것으로 타인에게 누를 끼칠 수 있겠느냐. 또한 자네가 장차 일에 유익함을 바란다면 대체로 자신에게 되돌릴 뿐이다. 시청을 요약하면 제재하고 배양하는 것이 일이 될 것이며 효제를 다스리면 위육(位育)이 하나가 될 것이니 하나로 하고 또 하나로 한다면 내외 정추가 휘정(彙征)하여 길할 것이다. 지금 사해의 큰 것과 조민의 많음을 모두 나의 일을 기다려 자정하는 것을 알 것이니 이것이 또한 깊고 먼 것이 아니냐. 주자의 말에 성품이 정하여지면 천하의 움직임이 하나가 된다고 하였다. 이 기술을 믿는다면 내가 일언으로 서로 주는 것이 서로 불리고 함께 진보하는 명법(明法)에 가깝지 않느냐.

주암기(舟岩記).

이명산(理明山)으로부터 십 리를 내려가면 통정방(桶井坊)이 있고 방에서 남으로 백보쯤에 개울이 하나 있는데 황모를 뚫고 방울소리를 울리며 길게 비단처럼 뻗어서 혹 감돌아 굽이를 이루고 혹 잠복하여 모이기도 하다가 매달린 벼랑에 이르러 일백척의 높이에서 수직으로 내달으니 뿜는 기세에 바람이 일고 달리는 물결이 바람에 날리어 섬세한 문채가 드러난다. 맹렬한 기세로 한껏 울부짖으니 울림이 서로 화응되어 소리가 골짜기에 가득하다. 좌우로 돌아보면 수림이 숙청하고 바위 길이 가늘게 열려있고 길의 지척에 갑자기 거대한 암석이 완연히 구부정한 거북 같은 것이 배를 등에 지고 물소리를 듣는 것 같이 누워있는데 이것이 배 바위(舟岩)이다. 위에는 오래된 녹나무가 가지를 벌리고 엇비슷이 솟아 바위 전체를 뒤덮고 있다. 때로는 지팡이를 멈추고 물결을 보기도 하는데 그 깊은 연못 같은 것은 사람에게 덕을 기르고 싶게 하고 그 맑고 깊음은 사람의 혼을 맑게 하는 것 같으니 넉넉하게 의지하여 감상 할만하다. 어쩌면 은덕 군자가 오래도록 여기에 살고 있을 것 같으나 만나볼 수 없다. 부근에 이산인(李山人)이 수세를 연달아 배 바위에서 고반(考槃)을 하니 그 모산 모구가 모두 이씨의 문서 속으로 들어가 희희하게 산인의 완상이 되었다. 사는 사람들이 노래하기를 "아름다운 그 높음이여 아경(亞卿)이 좋아하던 것이로다 후손이 흰 옷으로 대를 이어 효성 하네."하였다. 내가 듣고 탄식하기를 옛날 자유(子游)가 오(吳)나라에서 죽으니 문학의 이름이 다리〈橋脚〉에 입혀 전하였는데 백세의 후에 이 바위가 안도가(按圖家)가 이씨의 아름다움을 채택하여 효암(孝岩)이라고 이름한다면 불인자(不仁者)가 이에 멀어질 것 인줄을 어찌 알겠느냐.

#.이판서(李判書)의 정효려(旌孝閭)가 주암의 곁에 있다. 이산인의 선대라고 한다.

회당기(悔堂記).

내가 종영 주일(宗英周一)과 서로 안 지가 삼십 년 전부터다. 어느 날 남으로 나의 거처를 찾아 타수가로 왔다. 당시에 이미 양 팔이 뻣뻣하고 피부는 검었다. 서로보고 서로 알아보지 못하였고 눈앞이 기억되는 것이라곤 오직 온화한 웃는 모습뿐이었다. 인하여 반가워 기뻐하고 지난날 서로 즐기던 일을 이야기하며 하루를 유숙한 다음날 종영이 저술한 회당명(悔堂銘)을 외우면서 나에게 부연하여 광채를 더해주기를 요구하였다. 내가 종영에게 말하기를 빛나는 임하의 수작으로 허물할 것이 없다. 후회함을 이렇게 하는 것은 무엇이냐. 대저 문은 편안하고 무는 자랑하여 사직은 밖으로 무너지니 나라의 후회가 일어나고 남편은 방탕하고 부인은 떠나서 전답의 문권은 주인이 바뀌니 가정의 후회가 극에 달하여 미색에 빠지고 재화에 더럽혀져서 본성을 잃고 명성을 패한 자가 서로 바라보이는 시대에 지혜로운 자는 혹 모면한다. 모르기는 하여도 종영은 반드시 이러한 것은 없을 것인데 과연 무슨 병이 있는 것이냐.

그리고 나라의 후회란 사람마다 모두 그러한 것이니 사사로운 것은 아니며 가정이라면 성립되었고 자신이라면 완전하니 종영의 후회는 아마도 거리가 먼 것이다. 또한 안으로 나아가면 보고 듣는 것이 그 직책을 잃었다면 귀와 눈의 후회이며 비루하고 패악한 것이 곁으로 나타난다면 말하는 기색의 후회이며 앉아도 후회하고 일어서도 후회한다면 요는 그 직책에 따라서 죄를 정할 것이다. 이 물건은 오직 마음이 관리하는 것이니 그 근본을 체로 삼고 순에 달하는 것은 이름하여 곧다고 하니 군자가 따르는 것이며 형체에 가리어 방자함을 엿보는 것을 거슬린다고 이름하는 것이니 소인이 사용하는 것이다. 종영은 당연히 군자의 선비가 될 것이다. 나는 그 후회함을 듣고 나의 허물을 보충할 것이다.

완폭당기(玩瀑堂記).
　산음(山陰)의 물이 북방의 여러 군에서 구불구불 흘러 고을을 직행으로 뚫고 남으로 흐르니 대체로 산골의 여러 흐름을 합하여 그 거대함을 이루니 바라보면 일만 이천 이랑이라 할 수 있다. 이 일만 이천 이랑이 일렁이며 맑아서 한 점의 가림도 없으니 이름하여 경호(鏡湖)라고 한다. 경호를 둘러 상하에 크고 작은 것 없이 모든 물이라고 이름하는 것은 닮음으로 빛나지 않는 것이 없다. 금석면(琴石面)의 춘래(春來)아 쌍계(雙溪) 두 구역은 옛날에 오덕계(吳德溪) 선생이 여기에 오래도록 살았는데 그 풍화가 산택 사이에 흘러 입힌 것이 강하고 깊으며 결정하여 세상과 다투지 않으니 지금도 그 부형의 교육은 엄숙하지 않아도 이루어지며 그 자제의 학문은 노력하지 않아도 능하여 때로는 갈옷으로 학술을 이야기하며 띠를 드리우고 예를 익혀서 이상한 물건을 옮겨가는 이가 드문 것은 선생이 후세를 이끈 것에 연유되지 않는 것이 없다.
　오군 성규(吳性奎)는 선생의 후예로 선생의 도를 즐겨 여기에 오래도록 살면서 뜻은 선배들의 놀이를 계승하려는 생각을 하지 않는 때가 없었다. 하루는 개울 언덕에서 소요하다가 뇌류동(雷流洞)이라는 곳을 찾게 되었는데 두 구역에서 거리가 잘 통하고 기이하였다. 동의 좌우는 모두 창벽과 단애이고 중간에 폭포가 하나 있는데 물이 모여 소를 이루고 소의 위에는 완폭대(玩瀑臺)라고 하였다. 성규는 이미 소유하고 서신을 보내 기문을 물어왔다. 차호라! 이는 단지 한 필의 비단 같은 흐름이지만 실은 왕연한 일만 이천 이랑의 몸체를 갖춘 것이다. 부딪치면 뇌성을 울리는 소리가 나고 뿜으면 흰 눈을 흩으니 하루에도 기이한 변화가 백 가지로 나오지만 그 근본의 고요함은 일찍이 가버리지 않는다. 또한 성규는 아득한 유생으로 천하의 일이 많아 일천 괴이함과 일백 욕지거리이지만 잠시 공간으로 도망하여 이 대에 와서 앉아서 선생 당일의 무궁한 낙을 우러러 체험한다면 어찌 먼 것이 아니겠느냐. 내가 듣기는 외유를 힘쓰는 것이 안으로 살피는 것보다 못하다 하였다.

외유하는 자는 사물을 갖추어야 하고 안으로 살피는 자는 자신에게 만족을 취하는 것이니 사물을 구비하려는 자는 노는 것의 지극함이 아니고 자신에게서 만족을 치하는 것이 노는 것의 지극함이니 나는 성규의 노는 것이 지극한 것인지 이것은 아닌지 알지 못하겠다. 이는 가슴속에 거두어 갈무리한 지극히 신령함이 존재할 뿐이다. 성규는 타일에 반드시 완폭대에서 스스로 얻을 것이다.

화악정사기(華岳精舍記).

내가 하루는 고송 아래 소요하는데 박생 인섭(朴仁燮)이란 이가 문을 두드리고 들어왔다. 그 모습을 접하니 빛나고 순순하게 예를 알았다. 인하여 그 칠대 조 화악처사의 사전(史傳)을 내어 보이며 말하기를 선인의 사정(思亭)이 지금 청도군의 오산(鰲山) 아래 있고 벽상에 유시(遺詩) 두 편이 전하는데 칭하기를, "동화의 남긴 자취 화산에 부쳤는데, 꿈속에 광려의 풍월 사이에 들였다. 이미 기운 하늘의 해 어쩔 수 없다 말고, 선증의 지하 얼굴을 미루어 이어라." 하는 것이 그 하나입니다. 바라건대 장자께서 기문을 지어 드날리게 하여 주세요 하였다.

오호라! 이는 지난 날 남한산성의 치욕에 광려(匡廬)에서 통곡한 무숙공(武肅公)[19]의 가까운 손자이다. 오직 국조(國朝)와 막북(漠北)이 함께 천조(天朝)의 외번(外蕃)으로 처하였으나 인화(仁化)의 행함이 파급되고 못 되는 것이 있으니 우리에게 파급된 성명과 문물은 완연이 천조(天朝)에서 직접 내려온 정적(正嫡)이었음을 천하에서 함께 알았으나 막북(漠北)은 굼틀대며 사나운 측생(側生)의 지위에 거하면서 이미 우리의 종주를 뒤엎고 또 우리 동방 군자의 나라에 병사를 가한 것은 천하가 함께 미워하는 바이다. 이 시기를 당하여 무숙공은 진나라를 황제로 삼는 것을 수치로 여기고 북으로 채찍질 하려는 뜻을 이루지 못하고 죽었다. 이로부터 피폐(皮幣)의 사신이 이미

---

19 최희량(崔希亮 1560~1651) : 자는 경명(景明), 호는 일옹(逸翁), 시호 무숙(武肅). 정유재란때 이순신의 휘하에서 여러 번 전공을 세움. 선무원종공신 1등에 책록된 공신.

요동(遼東) 심양(瀋陽) 만 리의 사이를 다투어 달렸다.

또한 우주의 성쇠는 이치에 관계되니 천보(天步)가 스스로 행하여 일세 이세를 지내면서 중주의 초목이 점차 우거졌음을 입어 육종(六宗) 오악(五岳) 사독(四瀆)의 여러 신들이 모두 그 봉향을 받게 될 것이고 비록 조정 사대부의 깊은 사려로 국사를 꾀하고 일을 부지런히 할 때라고 하나 한낱 기염을 토하는 큰 소리를 위아래가 서로 믿고 소조(小朝)의 문자 나부랭이 일 뿐인 것으로 국론을 장하게 하겠느냐. 처사는 어떤 견해였을까. 나는 그 평생 침통한 지사(志事)의 반짝이듯 사라지지 않는 것이 이러하니 이에 강개하며 한 번 읽고 탄식한다.

구사재(九思齋) 중수기.

정군 안경(鄭安卿)이 그가 거처하는 구사재(九思齋)를 새로 수리하고 어느 날 그 우인 유잠에게 이르기를 "지난 날 나의 여러 선공이 이를 창건할 때 누추한 쑥대밭의 거처였으나 능히 명사가 오갔다. 오뚝한 작은 언덕에 붙어 있지만 후세의 큰 건축보다 명망이 은성하였는데 여러 선공이 구몰하니 우리들은 선대의 뜻을 다하지 못하여 당은 이미 무너져 가고 세대는 점차 멀어졌다. 오늘의 일은 나무를 심는 것에 비한다면 비록 제대로 꽃을 피우고 잎을 펼쳐 봄의 은혜를 넓힐 수는 없다 하여도 그나마 한두 가지 남은 혜택은 애께 취하여 후하게 봉하여 뿌리를 견고하게 하는 것으로 서로 다른 시대의 무궁한 조화옹의 인자함이 땅을 가리지 않고 고르게 자양하기를 기원하는 것이다."하였다.

내가 듣고 감탄하기를, 선재라. 내가 듣기로 그치는 도는 귀함이 마땅한 것을 얻는데 있다고 하였다. 대저 남의 부형 되어서는 그 업을 전하는 것을 선함에 그치기를 생각하며 남의 자제되어서는 그 받은 명을 길게 하는데 그치기를 생각한다고 하였다. 자네의 말이 이러하니 내 이로서 정씨가 산남에서 들림이 있을 줄을 알겠다. 안경이 이미 노쇠하여 주역 읽기를 좋아하니 주역 풍괘의 사〈豊卦詞〉에, 해는 중천이면 기울고 달도 차면 먹어진다 하였다. 천지의 차고 비는 것이 때와 함께 사라지고 불어나는데 더구나 사람이겠느냐. 또한 안경이 지금 책을 들고 이 당에 앉아서 좌우의 산천을 돌아보니 옛날과 다름이 없는데 어찌하여 동서로 공부하는 소년들은 서로 신조(新潮)에 빠져 옛 시서예악의 아름다움을 함께 이야기하기 어려운지 오래되었다. 안경이 비록 그 당을 새롭게 하고 그 학문을 예스럽게 하고 싶으나 소위 우리의 학문이란 것은 어느새 해와 달의 중천과 가득 찬 것이 되어 기울고 먹히고 있다. 지극하다 만약 안경의 생각이 당연히 때를 따라 소멸되거나 번식함을 남들은 예측할 수 없도다. 나의 어리석음은 본래 사물을 살펴 말을 분석하기에는 부족하다. 그러나 생각하면 대저 사물이 옛것을 버리고 시대와 합하는 것은 내 우선 겉으로 순응하며 너그럽게 하지만 지금에는 마땅치 않고 옛것에 의지한다고 자신하면 나는 반드시 안으로 받들어 지킬 것이다. 그러한 다음에야 군자가 나들며 세상을 무마하여 여유롭게 적의한 법을 제정하여 설 수 있을 것이며 여러 부형자제의 선을 생각하고 영구하기를 생각하는 업과 명이 또한 이를 따라 그치는 바가 밝고 그 시종이 있을 것이다. 안경은 반드시 나의 말을 구차하다고 하지 않을 것이다. 당의 이름과 건립한 이야기는 자서에 이미 비술 하였으니 내가 다시 무슨 말을 하겠느냐.

조오정기(釣鰲亭記).

금오산(金鰲山)은 하양(河陽)의 유명한 산이다. 해상에 웅장하게 임하여 서른여섯 고을에 서리어 있다. 따라서 북으로 십 리 정도에 명월리(明月里)가 있는데 강주 이씨(江州李氏)가 사는 곳이다. 이군 태유(李泰攸)는 일찍이 뛰어난 재주로 드러났다. 나와 이씨는 인척 사이로 지내며 하상을 오가면서 이군의 사람됨을 익히 들었다. 한가롭고 속이 윤택하여 세상일에 스스로 매이지 않았다. 일찍이 거처하는 좌편 산마루에 정자 하나를 세워 백모로 지붕을 덮고 청천으로 뜰을 두르니 역시 깨끗한 것이 군의 기상과 비슷하였다. 이윽고 사람을 보내와 내게 이름을 청하니 나는 이씨의 정자가 마침 오산과 가까우니 조오정(釣鰲亭)이라고 이름하고 설명하여 본다.

옛날에 이태백(李太白)이 개원(開元) 년간에 재상을 배알하고 봉서를 올리며 겉에 쓰기를 '해상조오객(海上釣鰲客) 이모'라고 하였는데 재상이 묻기를

"선생이 창해에 임하여 거오를 낚는다 하니 무엇으로 미끼를 하느냐."고 하니 "천하에 의기(義氣)없는 장부로 미끼를 삼는다."고 하니 재상은 그 말을 듣고 송연하였다. 대체로 태백이 용건(龍巾)으로 토사물을 닦고 취하여 나귀를 타니 비록 유자의 큰 호걸 같으니 세속의 용품이 애걸하여 시속에 팔리고 자신을 구제하여 가족을 비호하는 것과 비한다면 이미 막연하게 서로 비슷하지도 않는 것이다. 더구나 재상에게 대답한 이 말은 당나라의 시들은 기강을 용솟음치게 하는 한 가닥 영기가 아직도 천재에 이미 해골이 된 후에도 빛나고 있지 않느냐. 정정공(程正公)의 말에 "배우는 이는 먼저 마음을 세워야 한다."고 하니 나는 태유가 지금 궁벽한 물가에서 열심히 천하의 서책을 읽고 옛 사람이 어수선한 시대에 명을 세우는 것을 더욱 탐구하여 감개격앙(感慨激昻)이란 네 글자를 높이 내걸어 스스로 생사의 전지를 삼는다면 선비로서 하루도 마음에 두지 않을 수 없을 것이다. 태유는 나이가 아직 쇠하지 않으니 나는 지름길로 스스로 안일한데로 나아가게 하고 싶지 않아 이에 고금의 지난 자취를 거론하여 군의 당연히 스스로 격려하여야하는 것에 대하니 군이 듣고 혹 나의 말이 오활하다고 하지 않으려나.

월곡 유거기(月谷 幽居記).

하동군의 동에 옛 마을이 있는데 고을 사람들이 명월리라고 칭하는 지가 오래되었다. 어떤 이는 "옛날에 박달(朴達)이라는 자가 사인(舍人) 벼슬을 지내고 일찍이 여기서 살면서 지금의 이름으로 바뀌었다."고 하니 아마도 그 뜻을 연역한 것이 음으로 된 것이다. 지난 해 내가 남해로 유람하면서 길이 이 마을을 경유하게 되었는데 그 산수의 청원함이 마치 띠를 매고 홀을 꼽고 앞으로 나서는 것 같아 마음으로 매우 기이하게 여기었다. 인하여 지방 사람들에게 물으니 '이곳은 옛날 박사인(朴舍人)의 옛 살던 곳이다.'고 하였다. 곁에 큰 암석이 있는데 언연이 홀로 처하여 사람들이 사는 곳을 구부려 보고 있는 것 같은데 또 사인암(舍人巖)이라고 칭하였다. 나는 생각하기를 이 사람은 대체로 옛 현인으로 여기에 은거하였을 것이다. 그 문장이나 이야기는 조금도 전하는 것이 없는데 명성은 오래도록 사라지지 않는 것은 어쩐 일일까.

생각하면 그가 끼친 덕이 사람에게 있는 것을 고로들이 전해주는 것이 없고 유독 평소에 노닐던 곳에 오직 산수만이 그 빛을 떨치고 석장(石丈)만이 그 이름을 가지고 전일과 같으니 이 사람이 어찌 근본 한 바가 중인과 다름이 없다면 이러하겠느냐.

이군 태선〈李泰善〉이 젊어서 기발한 기개로 집안의 재물을 흩어 여항간에 부침하면서 호협한 장자와 놀기를 좋아하면서 스스로 말하기를 "장부의 처세는 한바탕 꿈과 같아 홀연히 생겨났다가 선 듯 소멸 되는 것이다. 살아서 때를 만나 제왕을 보좌하고 공명을 죽간에 남기지 못할 바에야 차라리 명사를 사귀어 산수의 짝이 되어 순식간이 천년이니 우리 마을의 박사인 선생처럼 되는 것이 역시 통쾌하지 않느냐."하였다. 내가 듣고 사인은 무엇을 닦아서 이대의 사모하는 바가 되었으며 또 한편으로는 이군의 일찌감치 시대를 사양하고 나날이 시들어가며 스스로 풀지 않는 것을 슬프게 여긴다. 지금 그의 유거(幽居)를 월곡(月谷)이라고 이름함은 근래에 하외재(河畏齋) 어른에게서 나온 것이고 이군이 그 지방을 관리한다.

미산정기(嵋山亭記).

미산은 우리 군의 북쪽 경계에 있다. 그 남으로 일 리 정도 가면 위아래 두 마을이 있는데 연기가 서로 바라보이고 농막 같은 집 수십 채가 좌우에 널리어있다. 아랫마을은 하씨가 사는데 하씨의 선대에 사정공(司正公)은 산택의 놀이를 좋아하여 처음으로 이곳에 자리 잡았다. 그 윗대로부터 조정의 귀인이었으나 사정공이 북으로 집을 옮기고부터 마침내 사방의 생각을 끊고 향삼물(鄕三物)로 자손을 가르쳤으며 죽어서 아랫마을 동편의 안하곡 갑좌(安下谷 甲坐)의 언덕에 묻고 십 세, 십일 세를 지내오면서 심하게 번성하지는 못하였다.

후손 영수(英壽) 인헌(仁憲)이 여러 종족과 의론하기를 "우리종족이 비록 크지는 않으나 효제손순(孝悌遜順)의 유풍은 그나마 조선에게 받은 것이 있으나 모자란 것은 오직 풍성한 집과 아름다운 마당이 우리를 덮는 것뿐이다. 내 들으니 여럿이 받들면 들기가 쉽고 여러 가닥의 실 오락이가 베를 이룬다

하였다. 지금 비좁은 거처에서 두어 간의 집을 만들어 사정공을 봉안하고 시절에 증상(烝嘗)을 행사한다면 우리 조선이 내세에 바라던 바가 아니겠느냐."하고 이에 서로 힘을 다하여 사는 마을 후편에 네 기둥을 건립하니 사정공의 묘소와 서로 바라보게 하였다. 원근의 봉우리가 교묘하게 기이함을 드러내며 미산의 푸른빛이 비춰드니 인하여 미산정이라 이름하였다. 영수군은 뜻이 확고하고 일에 민첩하여 이 일에 모두가 따르는 이가 드물었다.

유재기(有齋記).

천하의 대환은 있다는 것이다. 있는 것은 없는 것에서 생기는데 없는 것은 언제나 온전하다. 어떤 이는 이미 없는데 또 무엇을 다투겠느냐고 한다. 지금 궁실 거마 의복이 모두 없는 것에 뿌리하고 있는데 자아(自我)라는 것이 세 번이면 있는 것이 성립된다. 이리하여 밤낮으로 궁실 거마 의복이 남보다 못하지나 않을까를 근심하여 그 움직임을 쉬지 않는다. 작은 것은 스스로 따르는 것에서 그치지만 큰 것은 비의(非義)를 덮치니 있는 것과 있는 것이 서로 다투고 없는 것은 혼자 구경한다.

친구 권재기(權載祺)가 꽤나 서속의 다툼을 겪고 그 있는 것을 있다고 하고 특별히 구차하게 하지 않았다. 안으로는 성명이 점차 미약하여짐을 걱정하고 밖으로는 명성이 드러나지 않는 것을 수치로 삼았다. 그가 거처하는 독서하는 곳을 유재(有齋)라고 내걸고 그 말이 "세상이 겉으로 빛나는 것이 나날이 확장되고부터 자신은 더욱 굶주리게 되었다. 자신의 속이 소홀함이 나날이 중하여짐으로 세상에서는 서로 가벼이 여긴다. 어찌 있고 없는 것을 그 실속을 분간하지 못하고 자신을 존중하지 않는 것이 아니더냐. 옛적 정사화(程士華)가 주문(朱門)에 한번 오르고 나서 존기(尊己)선생이 되었는데 오늘의 나의 심정을 얻었다고 할 수 있다. 나는 정사화의 지난 자취를 본받아서 한번 시험하려하는데 자네는 어떻게 생각하느냐."하였다. 내가 듣고 감탄하기를 "선재라! 자네는 세인과 다름이 있어서 누구도 다툴 수 없으니 무엇을 더하겠느냐." 인하여 그 설을 정리하여 벽에 쓰다.

성재기(惺齋記).

처음 이군 창실(李昌實)이 연정(淵亭)에 들어와 거처할 때 밝음은 눈에 갈무리하고 듣는 것은 귀에 갈무리하며 손발의 움직임은 모두 쉬었지만 돌아보면 그 속은 유독 적요하여 끝이 없는데 스스로 이해하고 환하게 쉼 없이 스스로 움직임이 오직 마음으로 보고 있었다. 거처한 지 삼 년 만에 연정의 좌우 구름과 암석 조수가 마치 제자리를 찾은 것 같고 사시 한서의 바뀌고 변하는 것과 나의 기거와 침식도 역시 함께 자적하였다. 또 삼 년이 지나니 서병(西兵)이 크게 일어나고 동화(東禍)가 극렬하여 아침 저녁으로 바다를 뒤덮는 선박과 하늘에 나는 차가 날마다 만인을 짓푸른 바다에 죽이니 집안에 키우는 계구(鷄狗)도 편할 수가 없었으나 창실의 거처만은 전일과 같았다. 어느 날 객이 외부에서 와서 "고집스럽다. 자네의 성성한 학문이여. 내 듣기로 대순(大舜)이 역산(歷山)에서 밭갈이할 때 성성(惺惺)한 것이 근심에 있었고 중니(仲尼)가 진채(陳蔡)에서 곤경에 처하였을 때는 성성이 경계하는데 있었고 무후(武侯)는 이것으로 편하고 안정하여 왕업을 도왔고 팽택(彭澤)은 이것으로 진솔함에 맡기어 충현에 나열되었다고 하였다. 대저 인간이 만물과 여러 일이 날마다 접하는 것이 단서가 많고 바뀌고 변하여도 문란하지 않는 것은 변에 대응하는 실체가 변이 없는 것이 뿌리를 두고 있어서 내가 변할 수 있는 것은 내치고 변할 수 없는 것은 받아들이니 도는 이를 따라 행하는 것이다. 군자가 준비하여 두고 살펴서 종신토록 버리지 않는 것이 여기에 있다."하니 창실이 듣고 탄식하며 "이상하다 객이 내 성성의 학을 칩입 함이여! 내가 객의 말을 기뻐하지 않는 것은 아니지만 내 그래도 놓지 않는 것은 반드시 나의 뿌리를 후하게 하려는 것이다. 또한 천지의 사이에 사물이 생기고 소멸하고 후하거나 박하고 다스리고 문란한 것이 이 하나의 이치이니 저 스스로 생멸 후박 치란하는 것을 내 어찌 힘으로 관여하겠느냐. 맹자(孟子)는 '학문의 도리는 다른 것이 없다 그 방심된 것을 구할 뿐이다.'하였으니 나의 학문을 지키며 나의 일개 마음을 스스로 관리하면 족하다."하였다. 갑신년에 내가 구산으로부터 창실이 거처하는 정자를 방문하니 그 의관이 매우 질박하고 언어가 공손하여 예의가 있고 기뻐하고 침묵함이 밝게 겉으로 드러나니 선하다 이같은 것이 어찌 죽음에 잠기고 공경하여 스스로 쓰이지 않겠느냐.

혼돈암기(混沌菴記).

　내 이미 남방으로 은둔하니 함께 할 것이 없었다. 그 거처는 어리석고 그 행동은 외로웠다. 세간의 원망 유쾌 기쁨 슬픔이 눈앞에 보이지 않으니 오관(五官)의 지킴이 담연하여 근본으로 돌아가려 하였다. 혹자가 "이상하다 자네가 말하는 근본이란 것이. 내가 듣기는 관자(管子)는 '성스러운 제왕은 선비는 한가한 모임에 상인은 시장에 농부는 전야에 처하게 하여 어려서부터 익히게 하니 그 마음이 편안하다.' 하였는데 지금 자네는 시서의 이름이 있으면서 시장에 자리를 잡고 도리어 근본에 되돌아간다고 하는 구나." 하였다. 아니다. 이는 내가 도리어 편안하려고 하는 것이다. 짐승은 큰 숲이 물고기는 큰 늪이 각기 그 물체이니 이를 떠나면 혹 부엌의 고기가 되어 하루의 굶주림을 채우는 것이 된다. 짐승이 물에서 천리의 걸음을 쌓는다하여도 이것이 어찌 진실로 달리는 것을 오래도록 연장하는 것이겠느냐. 내가 향촌에 살면서 험한 구덩이에 뜻을 잃고 스스로 삶을 즐길 수가 없었다. 사십년의 세월이 실로 일각도 한유하지 않았으니 나를 아직도 그 성명을 보존하게 한 것이 다행이다. 지금 친척이나 구묘를 버리고 찢어진 의복으로 쓸쓸하게 성문 아래 오가며 비록 걸객이나 하인의 미천함이라도 만나면 예를 하지만 역시 속으로는 새로운 귀인 외잡한 문을 스스로 오만하지 않은 것은 아니다. 재화를 모으지 않는 것은 탐욕에 빠지는 것을 걱정함이며 권세를 부러워하지 않는 것은 과시하는 것에 전념하게 되는 것을 슬퍼함이며 전쟁이 일어나도 고고(枯槁)한 것에는 미치지 않는다. 이렇게 본다면 나는 실로 없는 것으로 귀함을 삼는 것이고 있는 것은 없는 것에서 생기는 것이니 간혹 이렇게 스스로 여유를 가진다. 저는 있는데 나는 없으니 그 있는 것을 있다고 여기지 않는 것이며 나는 없는데 저가 없다고 하는 것은 그 있는 것을 보지 못한 것이다. 비록 그러나 소위 있고 없는 것을 내 어찌 하찮게 거론하겠느냐. 저는 있어서 있는 것이고 나는 없어서 없는 것이니 있고 없는 것이 그치지 않으니 천기(天機)가 비로소 입정(入定)하는 것이다. 집이 완성된 다음날 주인이 혼돈암(混沌菴)이라고 내걸고 그 의미를 기술하려고 붓을 들고 한동안 있더니 꾸벅꾸벅 졸면서 말을 잊었다.

대원사(大源寺)를 유람한 기록.

정축년 삼월 십일일 잠이 천산재(天山齋)의 채례(菜禮)에 참석하고 다음날 대원사(大源寺)를 유람하려고 하였는데 비가 와서 경우당(景愚堂)에 유숙하며 시를 지었다.

"정원 속 초목은 스스로 봄여름인데, 산마루 흰 구름은 고금이 없다."

다음날 출발하여 진교(陳橋)로 가는 도중에 또 비를 만났다. 제공이 모두 흩어져 가려고 하는데 잠이 "사람은 각기 뜻이 있다. 나는 반드시 혼자라도 가리라."하고 비를 맞으며 앞서니 제공도 역시 뒤따라왔다. 저물녘에 평촌(坪村)에 도착하였다. 나무숲 사이를 행하면서 혹 앞서거니 뒤서거니 하면서 흩어지고 모임이 무상하였고 시가 있었다. "홀연히 서로 만나고 또 서로 잃으니, 이제야 건곤에 색이 곧 공임을 알겠다."

내가 세상에 살면서 사방의 명사와 사귄 것이 많다고 할 수 있으나 나이 육십이 가까워져 존몰이 상반이니 인생은 불과 풍등(風燈)의 그림자 속 일물일 뿐이다. 대원사까지 일리 정도에 길이 끊기고 개울이 깊어지니 서로 구절(九折)을 주의하며 겨우 절문 앞에 도착하니 달빛이 산에 가득하여 시가 있었다. "음골(吟骨)이 산골(山骨)을 따라 솟아나고, 심파(心波)는 수파(水波)를 향해 맑으려 한다."

생각하면 내가 유학에 의탁한지 오십년에 몸이 외부의 일에 매여 눈앞의 외길이 항상 형극 속에 있었다. 여기에 도착하니 갑자기 공의 세계로 마음이 옮기어져 시원한 것이 가슴속에 생기는 것을 깨닫지 못하였다. 같은 고을 김재수계원(金在洙啓源) 권충용경필(權忠容敬必) 권도용호중(權道容浩仲) 김종호영숙(金鍾皓英淑) 도병규윤부(都秉圭允夫) 이병순자중(李炳淳子中) 이동석찬오(李東錫贊五) 도현규상행(都炫圭尙行)등 십 수인이 모두 산수의 벗이다.

서정(西亭)에 유람한 기록.

내가 진양성에 우거하고부터 쓸쓸하게 옛날에 알던 중에는 벗이 없고 가주(嘉州)의 윤사언(尹士彦)과 노는 것이 가장 오래되었다. 금년 유월에 사언이 서정에서 결하(結夏)를 하니 이는 사교(四郊)의 모임에 해당한다. 곡식과 소채를 모두 채전에 의지하고 사장사람을 번거롭게 하지 않았다. 날마다 고시문을 뒤적이며 눕고 일어나기를 함께하며 혹 뜻이 게으러지면 강의 위아래를 따르면 바람이 시원하게 얼굴을 스치고 지나간다. 가다가 노래하다가 하니 홀홀히 높은 열염(烈炎)이 머리 위를 지나는 것을 잊고 자신이 황성의 시끄러운 속에 머물러 있다. 생각하면 사언이 여기 거하는 것이 눈앞에 미워하던 것이 나날이 멀어지고 좋아하는 것은 날마다 찾아드니 한 경계가 바뀌자 정서가 속으로 안정된 것이다. 돌아보면 즐겁지 않으냐. 비록 나 같은 지극히 어리석은 이라도 그 좋고 싫음이 있을 때 사언과 같이 진퇴하지 않으려고 하는 것이 적다. 지금 풍진이 부딪쳐 자연이 세속에 이끌리는데 서정 한 달의 즐김을 오래할 수 없으니 내는 매우 부끄럽다. 인하여 한두 가지 자성함과 인생의 한망(閑忙)도 역시 지력으로 강요할 수 없다는 것을 기록한다.

덕연(德淵)에 논 것을 기록하다.

내가 일찍이 선친을 삼가(三嘉)의 서쪽에 예장을 하고 매년 참배를 하는데 길이 덕촌(德村)으로 가게 되어 지헌 김자(遲軒金子)와 서로 좋은 사이가 되었다. 하루는 그의 연정(淵亭)에 가서 놀게 되었다. 정은 오도(吾道)의 남쪽 가닥에 있는데 집이 깊고 형세가 먼 곳이었다. 정을 따라 두어 걸음 못되는 곳의 한 구역에 연못을 오무(五畝) 정도 되게 만들었는데 물속에는 연꽃이 만발하고 고기와 자라가 양양하게 왕래하며 연못을 둘레 좌우로 흰 돌로 축을 쌓아 한껏 눈앞에 아름다움을 뽐내니 항상 새로운 빛이 그 앞에 요동하였다. 이때 사방의 빈우(賓友)들이 나와 함께 온 이가 매우 많았다. 지헌이 일어나 남북 두 문을 여는데 갑자기 보이는 것이 작은 호수가 넘실거리고 그림자가 서로 비치는 것이 용사(龍蛇)가 벽으로 달리는 것 같았다. 인하여 후원을 산보하며 앉아서 원근의 산봉우리를 세어보는데 각기 기묘한 모습을 들내는 것이 가위 일시 산림의 극선이었다. 지헌을 돌아보면 이미 머리가 엉성하고 백발이 많았다. 내가 들으니 부도서(浮屠書)에 "가난한 죽음은 싫은 것을 벗어남이며 부자의 죽음은 미련을 더한다."고 하였는데 사람의 심정은 진실로 그러하다. 그리고 사적인 것을 사치하는 이는 공적인 것에 허비하지 않고 작은 것에 밝은 이는 큰 것에 넓지 못하다 하였는데 자네는 어떠한가.

지헌이 젊어서 허후산(許后山) 선생에게 도를 듣고 의리를 일삼으며 명을 선하게 감당하였다. 상의 일은 내 우선 논의할 것 없고 하의 둘은 내 그나마 바란다. 지금 천하는 무력에 더럽혀지고 선비는 산야에서 굶주리며 시서는 변모(弁髦)가 되고 음양은 자리가 바뀌었으니 이는 지사의 슬픔이다. 주역에 "천지는 만물을 기루고 성인은 현인을 길러 만민에게 미치게 한다."하였다. 자네는 공봉하고 연회하는 집을 변경하여 한사(寒士)를 덮어주고 지대(池臺) 지하(芰荷) 어오(魚鰲)의 즐김으로 천하의 명서를 구입하여 나의 근본 되는 것을 후하게 하고 이목에 파급되게 한다면 다른 때에 정자 중에 유학하는 자제가 나라에서 사해에 달하는 황하의 한 줄기가 될 수 있을지 어찌 아느냐. 지헌의 집안은 부조의 거자(巨貲)를 끼고 당시에 한말 팔주(漢末 八廚)의 유풍이 있었음으로 감이 한업(閒業)으로 그 평생을 한계지울 수 없기에 또 내가 뜻을 이루지 못한 것을 가지고 나와 자네의 오늘의 놀이를 넓히려 함이다.

십구천기(十九泉記).

내가 월성에 신축을 한 봄에 집의 남쪽 추녀 곁에서 영천(靈泉)을 얻었다. 거리는 일궁(一弓)이 되지 않았으며 물이 두 암석 사이에서 나오는데 그 맛과 빛이 달고 찬 것이 이상하였다. 샘의 바닥이 시원한 것은 더우면 나오고 따스한 것은 얼어붙으면 나오니 사는 사람들이 더위를 피하러 오고 밥을 지으러 오고 가뭄을 적시려 다투었다. 매년 촌사(村社)의 행사에 남녀노소가 다투어 신의 공을 송하였고 샘은 항상 여러 새신(賽神)의 으뜸에 있었다. 내가 이에 이름을 십구천(十九泉)이라 하였다. 혹자가 의심하기를 샘은 하나인데 십구라 하는 것은 어찜인가 일지기 두자미의 구지시(仇池詩)를 읽었다.

"서남의 경계에 근접하니, 항상 십구천을 생각하였다. 어느 때 모옥 하나로, 흰 구름 곁에서 늙으리오."

　시랑 왕요신(侍郞 王堯臣)[20]이 사명을 띠고 구지를 지나다 십구천을 만났는데 만산이 둘러있고 세상을 피할만 한 것이 마치 도원(桃源) 같았다. 내 마침 험한 세상을 만나 도망하여 여기서 죽으려 하면서 매번 생각하여도 세상 밖의 복지를 구지 같은 곳을 얻지 못하였다. 대저 정이란 사랑하는 것에서 생기는 것이며 사랑은 기쁘게 합하는 것에 근본을 두는 것이 천기의 자연이다. 지금 샘의 이름을 십구라고 하는 것은 나의 간절한 구지생각을 인연한 것이며 아울러 그 샘이 나의 조석공양이 되어 백운 가에 늙음을 보내는 계획의 자료가 된다. 그러나 샘의 덕은 나날이 길어지지만 나는 무엇으로도 짝할 수 없으니 백세의 후에 누가 있어 동파공(東坡公)의 여운을 이어 근상인(勤上人)이 구양공(歐陽公)의 육일천(六一泉)에 곡하는 것을 만나겠느냐.

　청학동기(靑鶴洞記).
　지지(地誌)를 살펴보면 청학동은 하북의 삼십리 세전(細田)의 서쪽에 있는데 옛날에 여러 신선이 살았다고 한다. 혹은 "자령(紫嶺)에서부터 석문(石門) 칠리를 지나면 비로소 비슷한 것이 보인다. 행할 때는 햇 불과 마른 양식을 준비하고 조심하여 나아가는데 굽어 돌기를 개미굽이처럼 하고 몸을 기울이기를 마치 소라가 기어가듯이 하여 따라서 돌아보면 때로는 돌이 예리하게 봉하여 있고 항만처럼 검게 함몰되어 행하는 이들이 모두 그 험난함을 모두 어렵게 여겨 들어갈 수 없다. 이리하여 청학동이란 이름이 마침내 나라 안에 퍼지고 호사자들은 다투어 그림을 그려서 서로 전하여 이미 수백 년이 지났다. 내가 왕년에 남으로 두류산을 넘어 하상으로 가면서 학으로 이름 된 마을을 물어보려고 하였으나 산은 깊고 길은 험한데 종일을 가도 한 사람도 보이지 않았다. 좌우에 자연(蔗煙)이 무더기를 이루어 선 듯 생겼다 없어지고 혹간 벼랑에 매달린 황모(篁茅)의 사이에서 은은한 물소리가 들리는 것이 마

20　왕요신(王堯臣) : 송나라 응천부(應天府) 사람으로 참지정사(參知政事). 이부시랑(吏部侍郞)을 역임하였음.

치 패옥(佩玉)이 울리는 것 같아 완연한 신선이나 산령의 동굴 속 같은 것을 여러 번 만나고 여러 번 의심하였다. 내 의심이 쌓일 때는 내 가슴속에 인간 세상에서 사모하는 영췌(榮悴)나 원유(怨愉) 따위의 잡된 것은 없고 저 유치(流峙)의 기이함을 다투는 것이 나의 기거인줄 알고 계국(桂菊)의 교차되어 비치는 것이 나의 의상인 것 같고 단사(丹砂)와 자석(煮石) 하액(霞液)과 항찬(沆瀗)등 온갖 진기한 물산을 내가 손으로 잡아서 기운을 북돋을 수 있을 것 같았다. 그러나 내 어찌 진정으로 이러한 것이 있겠느냐. 대저 사람의 정서란 것이 좋아하는 것은 듣고 익히는 것에서 생기는 것이니 어느 날 비슷한 것을 보게 되면 의심이 생기는 것은 옛날부터 모두 그러하였다. 왜냐하면 대체로 기록이라는 것이 신비하고 이상한 것으로 세상을 속이고 전한다는 것은 위험한 것으로 사람을 놀라게 하니 속이는 것은 정을 두게 하려는 것이며 놀라게 하는 것은 친하기 어렵게 하려는 것이다. 형체는 나날이 숨기니 밖으로 들리는 것은 더욱 기이하게 되는 것이다. 차부라! 세상에 어찌 갑자기 이름을 믿고 그 실체를 묘사하는 이가 있겠느냐. 내가 걱정하는 것은 세상 사람들이 항상 괴기하고 황탄한 설을 가지고 종신토록 빠져 돌아오지 못하는 것은 모두 이 길에서 싹튼 것이다. 그러므로 이미 내의 행함을 기록하여 스스로 깨우치고 인하여 국인의 산택 간에 빠진 자에게 넓게 규정함이다.

발(跋)

추강실기발(楸岡實記跋).

내가 단구지(丹邱志)를 읽어보니 이첨정(李僉正)선생의 정능(貞陵)을 찾은 본말을 매우 자세하게 거론하였다. 이에 소위 천리라는 것이 존재함을 알게 되어다. 국조에서 정능을 폐기한 것은 아마도 선왕의 한 곳의 실수였고 일식월식이 된 지 오래다. 후철(后哲)이 마음을 열고 신신(藎臣)이 명을 받들어 향폐(香幣)의 사신이 공산에 분주하고 하루아침에 위치를 바루고 체제를 갖추는 아름다운 전례가 밝게 목목한 태묘의 내에 들어나니 또한 신과 삶이 서로 기뻐하는 것은 보지아노아도 그릴 수 있으니 상서를 지극히 화목함에 기루고 보조를 무궁토록 영원하게 하여 동방 부유의 대업을 창성하게 하는 것을 하늘이 협조하였다고 하여도 부끄러울 것이 없다고 하겠다.

혹자는 공의 고열이 실은 정능의 외손을 바탕으로 이룬 것이니 불어서 올린 것에 가깝지 않느냐. 하는데 나는 이는 못난이들이 선을 속이는 낭설이라고 한다. 지금 그 두 제문은 정이 구유(九幽)에 통하고 여섯 고을의 순량한 업적이 민심에 새겨져 있으니 믿음이 차면 통달하는 것은 이치의 필연이니 공이 이것을 얻은 것이 분명하다 또 무슨 후인의 추변을 기다리겠느냐. 공의 후손 철수(徹洙)가 공의 유편을 간행하려고 하면서 너무 초초한 것을 염려하여 북으로 한양 팔 백리를 달려가 공의 사건 한두 가지를 거두고 아울러 동료제공 십 일명을 상고하여 편말에 나열하니 이로서 국조성시 인물의 일시 극선임을 보겠고 인하여 공의 현명함이 단지 문자가 잔결되어 지금껏 오래도록 아래에 덥혀 있는 것이니 어쩌겠나. 오호라! 천하의 지극히 밝은 것이 천지를 관리하고 쉬지 않음이 전일과 같을 것이니 이씨는 서로 상의하여 덕을 내걸고 후세에 광화를 떨치는 것을 꾀함이 마땅하리라.

괴천집발(槐泉集跋).

글을 버릴 수 있나. 나는 도를 싣고 행하는 것을 귀하게 여긴다. 글을 버릴 수 없는 것인가. 나는 옛날과 멀어지고 화채만 분잡하게 불어나는 것을 미워한다. 문원(文苑)에서 기예를 전문으로 한 후부터 붓을 잡은 이들이 시대에 현혹되어 이름을 다투는 기술이 나날이 공교롭고 진지하여 진난 날 현철의 심법보기를 막연하게 하한과 같이 하니 세상에서는 오히려 서로 따라하고 본말을 이해하지 못하니 어쩌랴. 생각하면 사람의 심정은 기이한 것을 좋아하고 일상적인 것은 싫어하여 스스로 좋아하는 것에 익숙하여 학문가의 천형의 술을 듣고 실축하여 자신이 따를 수 없다는 것을 걱정하고 이것을 버리고 밖으로 따라서 기뻐할 수 있는 길을 여는 이가 있으나 기뻐하는 것이 갑자기 나의 신기를 소모하고 하늘이 준 의덕(懿德)이 이미 더렵혀지고 상실하였다는 것을 깨닫지 못한다. 선에 박은 군자가 천고에 착실하여 경전을 기술하고 말을 남기어 일백 성인의 서로전하는 삼매를 개발하였다는 것을 들어도 세상에서 들으려고 하는 것이 아니며 그 사람을 존중할 줄 알지 못할 뿐만 아니라 서로 그 글마저도 아울러 폐하려고 하니 그 역시 의혹됨이 심한 것이다.

나의 족선조 괴천(槐泉)선생의 시문 열권은 전현이 편집한 것인데 탈고하지 못하고 벽장에 넣어 둔 지 여러 해가 지났다. 금년 봄에 향유 김재식(金在植) 등이 비로소 소세를 가하여 두 뭉치로 절약하고 동도의 사우와 논의하여 자금을 모아 세상에 공포하려 한다. 내가 공경이 그 뒤에 쓰기를, 내가 공의 논명(論命) 논성(論性)을 읽어보니 큰 근원에 밝았고 공의 언지(言志) 제편을 읽어보니 모두 육경 정화의 융액으로 문사를 닦은 것이라 그 빛이 더욱 애연하다. 차호라! 공의 글은 소위 도를 실어 지은 것이 아니었더냐. 그러나 공은 재야의 은일이니 그 유람한 것이 간혹 명산 대독 고도의 거칠고 한가로운 곳에 많음으로 만나고 꿈꾸는 것이 항상 소산하고 스스로 결백한 것에 맡게 둘 뿐이고 국조 정리의 득실 요령은 공이 대체로 익숙하게 강론한 것이나 세상에 쓰지 못하였으니 이것이 개탄할 것이다. 숙손표(叔孫豹)가 논한 삼불후(三不朽)에 입언(立言)이 가장 아래 있으니 소위 문장이란 것은 바로 입언의 말단이다. 선비로서 공을 알려고 하는 이는 사공(事功)에 찾지 않고 마침내 그 말단을 얻어 천하후세에 전하려고 하니 우리 한국의 일시 운화(運化)의 승침을 여기에서 비춰볼 수 있다.

모학재집발(慕學齋集跋).

나의 집이 단주(丹州)인데 현상(峴上)의 최씨와 이웃으로 사권 지 오래되었다. 그 사이 우인 최봉영(崔鳳永)은 학식이 있고 발라서 더욱 나와 글 이야기하기를 좋아하였다. 하루는 나를 이끌고 그 집에 가서 고벽을 열고 선대의 장서 한 상자를 내어 놓았는데 그중 모학재집(慕學齋集)이라는 것을 내가 보게 되었다. 내 일찍이 주지(州誌)를 보았는데 공은 인조 때 진사로 낙척 불우하고 문묵으로 스스로 즐겨 가는 곳마다 산수가 청원하고 풍류가 준영하니 그 높다랗게 옛을 지니고 스스로 고결한 자취를 돌아보면 어떠하냐. 살아서 이름이 조정에 오르지 못하고 죽어서 글이 출판하지 못한 채로 막연히 상하 삼백년 간에 우리 고을 인사에게 한낱 이름만 사모하고 영향의 방불한 것을 상고할 수 없으니 한탄하지 않겠느냐. 혹자는 "모학공의 뜻은 현달을 누리는 것이 아니고 오직 학문에 둔한 것을 걱정하였고 몸이 둔한 것을 걱정하는 것은 공의 괘념할 바가 아니다."고 하였다. 그 원조의 양심잠(養心箴)을 보면 오로지 종용자득하고 텅 빈 듯 편안한 듯 하는 것으로 글을 지었다. 내가 볼 때는 대저 선비가 행신을 요약하고 정신을 지키며 밤낮으로 게을리 하지 않는 것은 이는 실행하기 매우 고생스러운 경지이며 끝내는 고생스러움에 순하게 되어 반드시 매우 통쾌한 것이 존재하게 되는 것이니 소위 비었다 편하다 하는 것은 매우 쾌함을 형용하는 명칭이니 오직 천기가 깊은 자만이 여기에 함께 할 수 있다. 공의 말하는 것은 마치 고유한 것 같으니 나는 또한 평소에 명달의 실체를 사모하지 않고 크게 조모의 생각이 있었다는 것을 알 수 있다. 그러나 공보다 후인들이 공의 시대를 어귀고 명성을 사양한 아름다움을 따르면서 아울러 배운 것의 문채는 천하에 표현하지 않으니 나는 공의 사모하는 바가 내세에 기리 말이 있지 못하는 것을 두려워한다. 그 설을 정리하여 책의 말미에 쓴다.

죽헌집발(竹軒集跋).

옛날 선왕이 관직을 세우고 직책을 나눌 때 각기 능력에 따라 안으로는 군왕을 가까이하여 선에 나아가게 하는 신하를 나열하고 밖으로는 백성에 임하여 덕화를 펴는 관리를 두어 서로 상하가 믿어 한 세상을 편안게 다스리는 업적을 이루었으니 비록 거하는 직위가 다르지만 갖는 것은 같았으니 요는 독서하여 그 체제를 세우고 뜻을 믿고 그 용도를 펴 성인의 규칙을 등지지 않게 할 뿐이었다. 우리 한국이 전성할 때 죽헌 조학사(竹軒 曺學士) 선생이 있었는데 일찍이 큰 재주를 품고 도가 있는 곳에 나가 바로 잡아서 선민으로 믿을 수 있는 경지에 이르렀다. 조정에 나가 청반에 드날리며 성주의 차등 있는 총애를 입고 물러나 주군에 시험하니 현송이 바닷가에 들리고 유민(鍮珉)이 경사의 거리에 빛나며 때로는 빛나는 생각이 아직도 대숲 시골

거리에 만날 듯 하는 것이 오래되어도 쇠하지 않으니 노자(老子)가 "시골에서 수행하니 그 덕이 오래간다."하였으니 어쩌면 학사의 문집에 실린 원습에 자문(諮問)하고 부서(簿書)는 무더기로 쌓였다는 등의 글이 비록 학사가 모백(某伯)에게 준 시문이지 만 그 당시 밤낮으로 정치하고 마음 씀이 너무 부지런하여 빛나게 속에 차서 장소단영(長嘯短詠) 중에 발로된 것이니 아마도 학사가 스스로를 말한 것임이 분명하다. 오호라! 전시대 사대부의 독서하고 출사함이 그 체제를 세우고 용도에 시행한 것이 진실로 어떠하냐. 죽은 지가 수십 년이 넘어 평소에 조정에서 계옥(啓沃)한 소차를 후세에 기술할 것이 없고 외사씨의 순리전(循吏傳)에서 유광을 소급하여 권말에 표현하니 잘 살피는 반드시 그 외부를 상고하여 속에 있는 것이 작작하게 여유가 있다는 것을 밝힐 것이다.

낙우당 당기 발(樂友堂 棠記 跋).

내 일찍이 국조의 공거(貢擧)라는 하나의 일을 사사로 논의하여 보았다. 선비가 벼슬을 즐기는 것은 위로 달하고 아래로 베풀기 위함이다. 시대에 잘 부합하는 자는 응하는 실체에 몸을 바치고 또는 만난 것이 생각한 것과 맞지 않아도 꺼리지 않고 진실로 그 기회를 만나면 반드시 떼로 날고 곁으로 행하는 길에 나가서 금전을 가지고 주사(主司)와 좋음을 맺고 침을 흘리며 의관의 반열에 끼어서 이에 자랑스레 스스로 향리에 명하기를 "내가 독서하던 제생이다." 하는데 대체로 이러한 유가 많다. 이는 상하가 서로 속이고 탐욕의 바람이 되어 오래될수록 더욱 고질이 되어 그칠 줄을 모른다. 나는 위에서 선비를 찾는 것이 장차 무엇을 믿을지 알 수 없으며 선비 역시 무엇으로 즐거이 달려가 그 척촌의 능력을 군주의 백성을 다스리는 일에 바칠 것이냐. 오호라! 이것이 하루가 아니다.

숙종 때 낙우(樂友)거사 오공이 경사에 한번 시험하고 옷깃을 떨치고 돌아와 사거시(辭擧詩)를 지어 자신의 뜻을 밝혔는데 대체로 국인이 수치를 모르고 교제를 요하여 청자(靑紫)에 분주한 것을 애상하며 내가 남으로 내려온 것은 집안의 매화와 대나무 두 친구를 저버릴 수 없음이었다고 하였다. 또한 숙종은 명주이며 오공은 아름다운 선비였다. 옛날 현량(賢良)의 조서가 암혈에 미치지 못한지 오래되었고 선거의 효잡하고 질서 없음이 또 이러하니 공이 비록 응할 바의 실속이 위로 달하고 아래로 베풀 준비가 되어 있다고 하나 어쩌랴 만나는 바가 나의 생각과 어그러지는 것을. 후손 정표(政杓)군이 서신을 보내 말을 빌리니 사양하지 않고 권말에 이렇게 쓴다.

청천가고발(菁川家稿跋).

선비의 걱정은 따를 바를 알지 못함이다. 아는 바를 따라서 미치는 바를 전공하면 그 정밀한데 미치고 겸하여 미치지 못한 것을 미치게 하면 대략 미치게 된다. 이로써 고금학술의 난이와 득실을 알 수 있다. 우리 한국 정조와 순조의 즈음에 천하가 무사하고 문교가 은성하여 선비는 국경 간척의 일에 마음 쓸 것이 없고 밤낮으로 근심하고 노력하는 것은 하나같이 몸을 다스리고 기예를 강하는 것이 과제였다. 하여 그 끝에 업 한 바가 정하여지고 미친 바가 더욱 정밀하며 안에 쌓인 자상하고 충양(忠讓)한 아름다움이 문사로 발포되어 옛것에 밝고 시대에 흥기되니 선비의 그 몸에 만난 것이 지금과 비하면 어떠하냐.

우리 집안의 선덕(先德)이 향당에 떨친 분네가 네 공이니 혹은 벽궁(辟宮)에 이름을 올려 선으로 시대에 받쳤고 혹은 산림에 뜻을 구하여 즐거움을 남과 바꾸지 않으니 그 풍류 문채의 빛나게 내세에 입힌 것은 모두 문적을 보면 볼 수 있다. 점차 두고 세대를 상고하면 비록 황우하은(黃虞夏殷)의 요원한 것도 곧 조모의 만남인데 더구나 네 공의 후 햇수가 몇 십 년도 안도니 고향의 말학이 점차 네 공이 어떤 모습인지 그 외부도 알지 못하니 그 속의 조예를 과연 어떻게 엿볼 수 있겠느냐. 내 이제야 비로소 세상이 옛날이 아닌 것을 알겠고 내 또한 세상이 지금이 옛이 되면 네 공의 일은 생각에 없는 것을 두려워하게 되었다. 이에 전집에서 더욱 바른 것을 선택하여 사편(四編)으로 만들어 청천가고(菁川家稿)라 이름하였다. 이윽고 붓을 떼고 세상에 전할 것을 여러 종족과 의론하니 종족들이 기쁘게 서로 금전을 거두어 불린 오년에 성공하였다. 시경에 "빛나는 군자여 끝내 잊을 수 없다."하였다. 대개

네 공의 이력이 춥고 소박함을 벗어나지 못하였고 후생(厚生)과 녹택(祿澤)으로 후인을 덮은 것은 없다. 그러나 후인으로서 아직 애송(愛誦)하여 쇠하지 않고 네 공에게 보답하기를 생각하는 것이 무궁함은 어쩜이냐. 오호라! 이는 네 공이 당일에 빛나게 덕을 이룬 정밀함이고 그 문자 따위는 아마 공들의 달갑게 여기는 바가 안일 것이다. 이러한 것을 안다면 성세 선배의 소임이 중차원 함을 가위 비춰볼 수 있을 것이다.

모헌집발(慕軒集跋).

내가 하외재(河畏齋)의 모헌 정공(慕軒鄭公) 유집(遺集)에 서술한 것을 읽으니 당시 교류의 아름다움을 대단하게 칭하였다. 공의 한두 가지 선한 행적을 백세의 후에 찾아보았다. 소위 연원의 올바름 의리의 밝음 세상을 잊는 것에 과감하지 못함 등의 글은 바로 공의 구원을 불러일으키는 것이 아침저녁으로 만난 것 같았다. 문자가 신비한 물건이라는 것이 믿기지 않느냐. 또한 국조 정축년의 하성(下城)은 육식자(肉食者)가 그 책임을 부담하여야 하고 초야의 처사가 간여할 바는 아니지만 그 문사는 나의 입장을 밝혀서 깨끗하게 진흙 속에서 더럽히지 않고 거의 정문간공(鄭文簡公)의 높은 자취를 따르려고 하니 어떠하냐. 사람들은 간혹 일종의 독한 뜻으로 혼자 행하여 세속을 떠나 고상한 논설로 원망하고 비난하는 것으로 공을 의심하지만 그러나 공은 글을 읽고 심성을 배양하여 반드시 고현의 뜻을 숭상하는 취지를 스스로 이해하여 반짝이듯 속에 비축한 것이 정채를 발로함이 이러한 것이었으니 어찌 아름답지 않느냐. 오늘날에 처하여 내가 모헌집을 대하니 세 번 감탄하고도 남은 생각이 있구나.

묵곡실기발(默谷實記跋).

내가 일찍이 단구성원(丹丘姓苑)을 편집하였는데 어모(禦侮) 조공(趙公) 송객정(送客亭) 시 한 수가 들어있었다. "사직을 붙드는 흰 머리 강에 가득한 고깃배" 등의 문장은 당시 그 일을 별로 자세히 알지 못하였고 돌아보면 명행(名行)을 단련하고 형상밖에 호탕한 풍취가 사람의 관첨을 용솟게 하여 매번 사모하는 기쁨을 마지못하였는데 그 후 삼 년에 공의 행장 한둘을 얻으니 마치 임진의 난리에 술병으로 장수를 위로하고 이괄의 변란에 검으로 장수를 꾸짖는 듯한 여러 아름다운 자취가 드러났다. 이어 강좌우 사대부의 증직을 청하는 열두 번의 상소는 공의 그림자를 비슷하게 전하여 하나하나 눈썹과 얼굴을 그리는 것 같았다. 차부라! 공을 국조 중흥의 반열에 나열하지 아니한 것은 명이 부족하였던 것인가. 단지 그 품은 충의는 실로 천지간의 선한 물체로 나의 스스로 다함을 따라 번쩍이게 후세에 빛나니 누가 일러 귀신이 공동으로 사랑하는 권세를 펼쳐 술 단지 속에 사사로이 하지 않고 천하후세에 달하여 인심을 만족하게 하지 않았다고 할 것인가. 권말에 묘문(墓文) 한 편을 부쳐 발간한 것은 대체로 우리 종족의 선공 항와(恒窩)의 글이기 때문이다.

김동천(金東川) 자수시(自壽詩) 발문.

동천자(東川子)가 이미 난을 만나 남으로 달려와 분묘와 친척을 버리고 강성(江城)의 객이 되어 학도를 가르치며 생을 영위하였다. 남쪽 지구들이 모두 세상에 오래도록 고생함을 민망히 여기고 "이 늙은이가 장차 가난하게 죽으려나보다." 하였다. 동천자가 하루는 초도일을 당하여 술을 마련하고 빈객을 청하여 시를 지어 스스로 축수하고 "내 궁한 것이 비록 매우 가련하나 죽으면 곧 끝나는 것이다. 내 바람은 대한(大限)을 널려 제나라가 우리 문양(汶陽)의 전답을 반환하는 것을 보는 것이다."하였다. 차호라! 기나라의 하늘이 기울어지니 삼광(三光)이 어둡고 대로가 막히니 구법이 무너졌다. 지사인인이 서로 의상을 찢어버리고 산으로 들어가 장시간 통곡하고 살아서 이 세상을 보지 않으려고 하는 지 오래되었는데 동천자는 심정이 이와 다르니 혹 별도로 기뻐할 만한 것이 자신하는 것이 있는가. 아니면 굴자가 말하는 "오래 살아 세상을 겪는 그 정이 슬프다."는 것인가. 내가 듣기는 구괘(姤卦)는 건에서 시작하고 복괘(復卦)는 곤에서 생겨나 굴신이 끝이 없고 예로부터 하나의 철칙이라 하였다. 동천자는 이 이치를 깨달은 것인가. 생각하면 동천자의 세상은 이로부터 반드시 형통할 조짐이니 우리들이 서로 학적(涸跡)을 적시며 아침저녁으로 하늘을 기다리며 다행히 만나는 때가 있어서 크게 다스려

짐을 본다면 다른 날 이 시가 스스로 축수하는 것에 그치지 않고 또 장차 천하에 넓힐 것을 나 역시 바라노라.

유씨필첩발(柳氏筆帖跋).

생각이란 반드시 물체가 있으니 물체의 형상은 생각의 원인이 되고 원인이 오래되면 이제 독실하게 된다. 앞서 원인이 없다면 후에 생각이 없게 되어 한낱 아득하고 막연하여 부칠 곳이 없게 된다. 내가 어디서 그 곡절을 찾아서 그 만남을 사귀겠느냐. 내 아우 선부가 손수 우리 종족 여러 선배의 글씨를 수십 장 모았는데 그것을 모으는 과정이 궁향벽촌 농부의 문짝이나 고아과부의 거처 등을 발길이 미치지 않는 곳이 없었으며 그것을 수집할 때는 일시의 문장이나 글씨의 공졸이나 선불선을 가리지 아니하고 혼서거나 사우 간의 왕래하는 좋음이나 사환과 나그네 내외간의 안부 등의 부지런함이 부서진 상자나 궤짝 고지의 글씨로 사람들의 애석해하는 것을 모두 거두어 비축한 것이 하나의 첩이 되었다. 그중 우수한 것은 담운 유수나 휘날리는 꽃과 잎이 되어 혹 행하면서 절규하고 혹 잠복하여 빛남을 품으니 자연스레 성품이 되어 마치 인출하는 것 같으니 오호라! 정신이 여기에 전하는데 아득한 나 후생이 거의 여러 선공의 얼굴 모습이 독서하는 사이에 배회하는 것 같음을 모시는 듯하니 돌아보면 즐겁지 않느냐. 시경에 "네 할아버지를 생각지 않느냐 그 덕을 닦으라."하니 이 수십 장에서 내 오늘 분명히 형상된 물체로 인하여 거처를 공손하게 하려고 하니 자나 깨나 통하여 밤낮으로 부지런히 할 뿐이다. 어찌 내 눈에 물체가 있는데 이어 생각하는 것이 내 마음에 원인하지 않을 수 있겠느냐. 이를 안다면 선부는 이미 독실하게 하였으니 우리 종족이 서로 이 글씨를 보물로 삼아 보존하여야 함이 마땅하다.

몽란실(夢蘭室) 고후서(稿后書).

내 지난번 강문여(姜文汝)의 이름을 들은 지 오래되었으나 친면을 트지 못하였는데 이윽고 강자가 흘러와 동빈(東濱)에 우거하면서 슬프게 읊으며 초췌하고 더욱 사람을 만나려 하지 않았다. 하루는 그가 저술한 몽란실 잡고

(夢蘭室 雜稿)를 보내오며 내게 한번 보기를 바라며 또한 육우헌(六友軒)의 기를 청하였다. 육우헌의 빛남은 이미 일시 학사의 문장을 입어 송죽의 교차됨과 매국의 고아함 지란의 향기로움이 어우러져 독자의 입에 용솟음치니 이에 강자의 참된 취지가 이미 충분히 스스로 나타났는데 또 무엇 하려 나의 붓을 기다리겠느냐. 내 듣기는 강자가 일찍이 내 벗 정산옹(鼎山翁)을 종유하였다고 하니 정산은 진실로 국중 유원(儒苑)의 호걸다운 장인이다. 글에 있어서 갖추지 않은 것이 없는데 시가 그중 하나로 그 문하에서 나온 이들은 왕왕 재주에 가까운 것으로 발로하였다. 옛날 현오(玄奧)라는 선사에게 제자 몇 명이 있었는데 함께 선사에게 인증하여 각기 하나의 길을 통하였다. 상호(常浩)는 선의 미간을 깨달아 위의가 아름답고 탄연(坦然)은 선사의 귀를 깨달아 이치를 잘 들었다. 저 총림의 치류도 역시 그 스승에 의하여 능히 그 정신을 다한다. 나는 생각하기를 강자가 정산을 종유하여 시를 잘한다고 하니 어쩌면 정산의 음성을 깨달아 음소(吟嘯)하는 것을 확장한 것은 아닌가 한다. 이상한 것은 정산은 시를 논할 때 반드시 이치가 승하는 것을 주장하는데 강자는 초성(楚聲)의 유향이 많이 섞이고 사기(詞氣)는 혹 넘어서기도 하니 생각하면 그 일생의 만난 것이 불평하는 것이 많고 시는 불평을 울리는 것이니 어떻게 슬프고 감상적이지 않겠느냐. 강자가 들으면 반드시 서천을 바라보며 눈물 한번 글썽하리라.

현동자(玄同子)[21] 양생서(養生書) 뒤에 쓰다.

잠이 중년에 횟병을 얻어 자주 폭사를 하고 시시로 빨간 피를 토하며 피부는 검어졌다. 시름을 흩기 위하여 분수이 가에 거처한 지 오랜 후에 고을

---

21 현동자(玄同子) 양생서(養生書) : 현동자는 1400년경 태어나 세종~세조 시기 도화원 화원(圖畵院畵員)으로 활동한 안견(安堅)으로 추측된다. 본관은 지곡(池谷), 자는 가도·득수(可度·得守), 호는 현동자·주경(玄洞子·朱耕)이다. 다만 안견이 양생서를 저술했다는 기록이 없기 때문에 익명의 저자일 확률도 배제할 수 없다. 당시의 몇몇 유학자들이 도가(道家) 계통의 양생술(養生術)을 익히고 양생론을 전개하였으므로 이 양생서도 그 중 하나일 것으로 짐작된다.

에 현동자(玄同子)라는 이가 있는데 양생술(養生術)로 자처한다는 말을 듣고 하루는 내가 찾아가 물었더니 현동자가 그 술을 다 말하여 주었다. 대체로 천지는 하나의 큰 부모며 나는 형체를 받은 제이의 몸이다. 안으로는 오장과 구규가 있고 밖과 기거시청의 본질이 진실로 순수하고 온전한 것이다. 그 의지하는 것이 오직 물체이므로 양생을 잘하는 이는 능히 물체를 물체로 하고 물체로 몸을 상하지 않는다. 노자는 "오색은 사람의 눈을 어둡게 하고 오음은 사람의 귀를 먹게 하고 오미는 사람의 입을 어긋나게 하고 달리고 사냥하는 것은 사람의 마음을 발광하게 한다."하였다. 사실이다 그 말은. 객이 그 몸을 온전하게 하고 싶으면 먼저 그 병 되는 것을 버려야 하고 오직 많은 사무를 막고 오직 그 기운을 온전하게 하여 순차로 원기를 회복하는 데 이렇게 되면 이에 그치는 것이라고 하였다. 내가 생각하니 현동자는 방외에 노는 자이나 그 말이 왕왕은 내 마음에 맞는 것은 어쩐 일인가. 내가 듣기로 천덕은 신이며 천도는 조화이니 덕은 몸체이며 도는 쓰임새니 기에 전일 될 뿐이다. 현동자는 혹 중도를 얻은 것이 있는가. 그러나 선비는 하늘을 근본을 삼는 학문이 있으니 요수에 바꾸지 않고 수신하여 명을 기다려 공동인 것에 맡길 뿐이다. 못난이의 종신토록 화를 두려워하여 스스로 단절하고 어둡고 꿈틀거리는 지역을 점점 행하여 그칠 줄 모르는 것과는 같지 않다. 현동자는 어떻게 생각하나. 인하여 그 설을 간추려 스스로 상고하려 한다.

무적옹(無適翁)이 유심재(柳深齋)와 성품을 논한 책 뒤에 쓰다.

정무적옹(鄭無適翁)이 천지의 추위와 더위가 상성이 있는 것으로 성의 본연에 부치고 상성이 없는 것으로 성의 기질에 부치니 마침내 천지가 이본(二本)이라는 설이 있게 되었다. 나는 생각하기를 천지는 지일(至一)로 정한 것이니 사시가 차례를 지켜 백물이 번창하는 것은 일이 근본에 정하여 진 것이며 대기가 행하여 기운이 변하는 것은 나눔이 일에서 나온 것이다. 근원에서 보는 물은 맑으나 흐름에 보는 것은 탁하니 내가 그 다름을 따라서 두 물〈二水〉이 있다고 하면 되겠느냐. 무릇 천지간에는 위에서 서리고 아래에서 웅거하여 이오(二五)가 엇갈려 이치를 담아 행하고 지일의 도는 반드시 지변(至

變)으로 그 오램을 이루는 것이다. 변은 일상을 따르고 들어 남은 은미한 것에서 생겨 시작도 끝도 없으니 예부터 이러하였다. 지금 지일의 대방(大方)을 정하여 바뀌지 않는 것을 본연의 성이라 하고 중만의 움직임이 지변에 나타난 것을 기질의 성이라고 한다. 이를 따라 설을 세우면 천지도 역시 두 성〈二性〉이 있는 것이니 이에 인과 물에 명한 것이 앞으로 많은 문호를 이길 수 없게 된다. 지일에 근본 한다면 나는 영령(英靈)이 되는 줄 알고 지변에 근본 한다면 나는 준치(蠢蚩)가 되는 줄 안다. 이것이 인과 물이 성한 것은 같으나 성이 되는 것은 다른 것이다. 커구나 이 도의 묘함이여! 천지에 있어서 그 체는 하나의 태극이며 사람에 있어서 그 마음이 하나의 태극이니 내 인을 보존하고 내 곧음을 배양한다면 나는 천지와 병립할 것이다.

가암집(可菴集)의 후서.

내가 이문성(李文成)의 글을 읽으니 "성현의 천언만어가 단지 그 기운을 검속하여 그 본연의 선을 회복하게 할 뿐이다."고 하였다. 인하여 생각해보니 이치는 순수한 선이며 기운은 오잡 하다. 만약 깨끗하게 다스리는 공부를 하려고 한다면 반드시 이치를 기다려서 수행하여야 된다. 이것이 밝지 않고 스스로 그 방사함을 검속하여 스스로 선의 경지에 이러는 이는 있지 않다. 가암 최공(可菴崔公)은 북으로 오촌(鰲村)의 이슬 사이에 배워서 이문성을 찬향(贊享)하는 요결을 전승하여 그 자고 깨고 움직임과 슬픔 기쁨 웃고 꾸짖는 것이 시시로 학문을 따라서 광채가 생기니 어찌 학문은 이치를 밝히는 것이 귀하다는 즉 선배의 선을 회복하는 교훈을 깨달아 취함이 방법이 있고 묵묵히 익히고 살펴 행동하는 사이에 나타나는 것이 아니겠느냐. 내가 이 문집에서 공이 학문의 올바름을 얻어 몸에 잘 반영한 것을 아름답게 여기고 탄식하며 이를 써서 돌려준다.

효자 이종근(李鍾根)의 전기 뒤에 쓰다.

나는 생각하기를 하늘에 잘하는 이는 사람에게 잘못하는 이는 반드시 있지 않다. 하늘에 잘하는 이는 그 성품이 온전하고 사람에게 잘못하는 이는 그 운명이 험하다. 성품이 온전하면 하늘에 순응함이며 운명이 험하면 하늘이 맡기는 것이다. 하늘에 순응하면 즐겁고 하늘에 맡기면 통달한다. 즐겁고 통달하면 도에 가깝다. 대저 충효개제를 하늘에 잘하는 것이라고 하고 궁액둔몽(窮厄屯蒙)을 사람에게 잘못된 것이라고 한다. 부리는 것은 상서이고 먹히는 것은 비색함이다. 이리하여 하늘에 잘하더라도 끝내는 어쩔 수 없이 정하지 못한 하늘에 곤경을 치르게 된다. 또한 내가 들으니 시경에 "효자는 다하지 않으니 영원히 너와 같은 류를 준다."하였다. 소위 험한 시기는 불과해야 평생 자신의 종적이 둔할 뿐이지만 내게 온전한 것은 반드시 내 신후의 영예를 베푼다. 영예는 비단보다 좋으니 어찌 구구한 녹리로 바꿀 수 있는 것이더냐. 청양(靑陽) 이 효자의 피를 내어 어버이를 구하고 금전을 사양하고 굶주리는 등의 아름다움은 모두 효자가 자기를 세운 것이고 일생을 포의로 어둠에 가리어 죽으니 이는 쇠세(衰世)의 일이다. 지금 사군(嗣君) 명수(明洙)가 효자의 행장을 가지고 당세 학사의 문장을 받아서 그 여운을 내세에 울리려고 하니 차호라! 이 효자 같은 이는 내 그 잘하는 바에 통달한 것은 흠모하며 그 세상에 잘못된 사람은 슬퍼하지 않는다.

묵계(黙溪)처사 기수(夔秀) 전기 뒤에 쓰다.

엽이 타상총화(沱上叢話)를 상고하여 보니 처사가 소년 시절 단구관아를 지나는데 사나운 아전이 옷깃을 거두었다는 일에 송연히 기이하다고 칭하였다고 하는 것을 보고 지금 생각하여도 그 높은 관에 띠를 묶고 오뚝하게 앉아 있는 모습이 눈앞에 나타나 보이는 것 같다. 대저 사람의 덕이 높으면 쉬이 사나워 보이고 엉성하면 반드시 규격에 구부려 보이는데 처사 같은 이는 크게 달랐다. 은거하여 뜻을 구하니 몸의 단속이 나날이 치밀하여 평생의 한 것을 따져보면 일찍이 한 걸음 한 마디도 남에게 가벼이 하지 않았다. 이렇게 자립하니 비록 황황목목한 구중의 지존을 접하더라도 내가 내 몸을 지키는 여유가 있었을 것이다. 더구나 저 한낱 사나운 아전이겠느냐. 처사는 수하고 달하지 못하였으니 내가 그 세대를 슬퍼하며 두어 마디를 기록하여 그 전기를 채운다.

김이회(金而晦) 수친시첩(壽親詩帖) 뒤에 쓰다.

　내가 보니 세상 사람들이 왕왕 문사로 수를 남에게 빌리고 있는데 문사는 진실로 사람의 이름을 수하게 하지만 역시 과연 수명에 이익이 있을까. 사람이 만약 문사로서 나이를 더할 수 있다면 예부터 성품을 닦고 정신을 완전하게 하고 마음을 편하게 하고 몸을 온전하게 하는 것은 스스로 배양하는 참된 기술이 되기는 부족하고 소위 송과 시가 이미 사명의 권한을 전담하는 것이다. 내가 듣기는 만물의 삶을 통하는 것을 도라고 하고 방소도 주인도 없어 만물이 그렇게 되는 것을 보고도 그렇게 되는 것이 보이지 않는 것을 자연이라고 하고 크고 순수하여 한번 변화하면 바꿀 수 없는 것을 명이라고 한다고 하였다. 붓을 잡은 선비가 함부로 문자로 귀신도 예측하지 못하는 것을 예측하려 하고 성철도 꾀하지 못하는 것을 꾀하려 한다면 어찌 의혹됨이 심한 것이 아니겠느냐.

　내 친구 김이회(金而晦)가 일시의 어버이를 축수하는 여러 작품 모은 것을 내게 보이니 그 대의는 자식이 크게 순응하는 실속이 있어 어버이가 영구한 보답을 받게 된다는 것이었다. 문사가 수명을 기원할 수 있는 것은 아니라도 특히 수명의 빛을 선양하니 내가 이를 느끼고 인하여 안과 밖의 단을 논한다. 무릇 정성껏 믿음을 체험하고 밤낮으로 게을리하지 않는 것은 자네가 안으로 단을 구하는 것이고 문장과 그림으로 기쁨을 장식하고 송을 드리는 것은 자네가 밖으로 단을 구하는 것이다. 단이여! 이러한 유형은 백번 단련하는 부지런함과 아홉 번 다리는 노력을 하지 않고 사람이 다투어 보물로 삼으니 귀함이 무엇보다 중하다. 또한 이렇게 한다면 장차 원근 내외가 자네의 내단을 복용하고 천하의 자제가 효순하지 않음이 없을 것이며 자네의 외단을 듣고 천하의 부형이 현양하는 영광을 받지 않는 이가 없을 것을 기다릴 수 있다. 경전에 "한 집안이 인하면 한 나라가 인에 흥한다."는 것이 자네가 아니겠느냐. 이회의 이름은 황(榥)이니 형 이경(而敬)과 함께 곽삼재(郭三宰)를 사사하여 모두 뛰어난 재주로 이름이 있다. 세상이 어지러워지니 어버이를 모시고 황악 산중으로 가서 거하니 당시 사람이 김이룡(金二龍)이라 하였다.

귀진천(歸震川)의 자생당찬(自生堂贊) 뒤에 쓰다.

성징백(盛徵伯)은 곤산 사람이다. 집안에 서적이 많은데 징백이 여가로 기로 천인을 움직이는 비결을 공부하여 때로는 마음에 맞는 것이 있어서 치료에 베풀면 곧장 효력이 있었다. 그러나 그 공을 가지지 않고 "월인(越人)이 말하기를 제가 당연히 스스로 살아난 것이다. 하였다. 월인이 일으킨 것이지만 이것은 월인의 견해이다. 대저 그 일으킨 것이 어찌 공이 없겠느냐. 그러나 당연히 스스로 살 자가 아니면 일으키려 하여도 치료되지 않았을 것이니 비록 그 사람이 스스로 살았다 하여도 가하며 하늘이 살린 바라고 하여도 역시 가하리라. 징백이 이 도에 나아간 것이니 함께 하늘을 이야기 할 수 있도다. 자생당찬(自生堂贊)을 지어 썩지 않게 전하려 한다.

내가 일찍이 화병으로 치료를 받았는데 삼 년이 되도록 치유되지 않았다. 소위 치료란 모두 물체를 가지고 위에 내리는 것뿐이고 지극한 이치는 들을 수 없으니 어찌 구제될 수 있겠느냐. 하루는 성씨(盛氏)의 학을 하는 자를 만나 한번 치료로 일어났다. 어쩌면 나 역시 당연히 스스로 산 자라 할 수 있을까. 그러나 인생의 타고난 명이 각기 정해진 바가 있으니 소위 수요화복이 모두 하늘의 관리로 돌아가니 사람이 감이 하늘의 공을 탐하여 덮쳐서 자기의 공으로 삼을 수 있느냐. 그렇다면 성씨는 하늘에 순응한 자라고 할 수 있다. 내가 성씨의 학에 늦게야 깨달은 바가 있어 자생당찬을 읽고 부쳐 한 말을 써서 사사로 하등 의원들의 요긴한 도를 분별 못하고 한갓 살인으로 자봉하는 것을 경계하려는 것이다.

유씨유학고(柳氏儒學考) 뒤에 쓰다.

학이란 명칭이 열명(說命)에서 시작되었고 학을 하는 자를 유(儒)라고 하는데 유의 행동은 예기에 보이며 역행하여 자립하고 글이 많아서 부유하다는 호칭이 있다. 인문이 이로써 빛나고 국수가 이로써 떨치니 그 관계됨이 어찌 일세의 경중이 되지 않겠느냐. 우리 종족의 유학에 적을 둔 이는 고려는 요원하여 증거가 없고 사직이 끝날 때 벽은(僻隱)선생이 절의로 드러났고 한국의 세대에는 지재공 주과(止齋公 宙科)의 덕행과 도은공 재춘(桃隱公 在

春) 양촌공 지원(陽村公 之遠)이 고사전(高士傳)에 들어 있고 양촌의 문에 오재공 광하(迂齋公 光夏)가 그 여서를 기술하였으며 서와공 성명(西窩公 成明)은 예학에 밝았고 죽계공 증서(竹溪公 增瑞)는 박학 문장으로 염우를 가다듬어 후학을 교육하였는데 이때에 죽계공의 학이 종당의 관면이었고 만은공 기룡(晩隱公 沂龍) 인와공 경탁(忍窩公 警鐸) 괴천공 문룡(槐川公 汶龍)이 아울러 그 문하에서 나와 부자가 일러주고 받아 계승하여 면면이 뻗어 확장되어 혹 포의로 명성이 향리를 기우리며 혹 사환으로 조정의 반열에 나열되어 빈빈하게 제나라 직하(稷下)의 유풍이 있었다. 지금 청천가고 연방록 단구성원 등의 책에 찬연하여 열어 복습할 만하다. 오호라! 우리나라가 가버리자 이 학이 밝지 않아 인의는 더욱 쇠하고 성정은 더욱 박하여졌다. 어찌 국조 성시의 문채를 다시 볼 수 있겠느냐. 내 스스로 알기를 세상에 붙어 있는 것이 단지 조모간의 일이다. 오늘날 태식을 나와 같이 하는 자는 또 누구이더냐. 인하여 지난날 문학과 인물을 서차하여 유학고(儒學考)를 우편과 같이 짓는다.

유모첩(孺慕帖) 뒤에 삼가 씀.

옛날 주공(周公)이 주가(周家)의 성덕을 기술할 때 반드시 후직이 가색(稼穡)하는 업을 근본으로 미루어 누차 의미를 이루었다. 그 시에 "크도다 후직의 가색이여 돕는 도리가 있도다. 그 풍성한 풀을 다스려 거친 곳에 심도다." 하고, 또는 "이를 책임지고 비로소 제사하게 되었도다."하였다. 하지만 주공은 대 성인인데도 후세에 전해 내리는 것은 그 조선의 전야(田野)의 공을 칭송하여 후속의 터전을 삼는 것에 불과하였다. 도팽택이 임종에 엄(儼) 등에게 글로 고하기를 "내가 젊을 때 궁곤하여 동서로 유주하는 데 성품은 강하고 재주는 옹졸하여 만물이 거슬림이 많았다. 스스로 생각하기를 자신의 됨됨이 반드시 세속의 환란을 끼칠 것 같았다."하였다. 팽택은 군자이나 그 극정되는 바를 알기를 평소 기한의 괴로움을 들어 여러 자손들을 격려하는 것에 불과하였다. 오호라! 자손 사랑이 깊지 않은 자이면 그 누가 이에 참여하겠느냐. 불초가 일찍이 선공의 유모첩을 상고하여 보니 황조께서 부군을 좋아하는 실록이었고 그 소위 호추유수(戶樞流水)와 천자적전(天子籍田) 두 비유는 선철의 근검한 뜻을 발명함이 매우 밝으니 이 어찌 여항의 기세 좋은 무리의 알 수 있는 말이겠느냐. 인하여 생각하니 해엽이 여러 자손 중에 나이 가장 많고 우리 집안 고사를 말할 수 있다. 나의 황 증조께서는 집안은 적빈한데 글만 읽으니 처자는 집을 임대하여 몸을 붙이고 베필을 짜서 바꾸어 끼니를 이었는데 문밖에는 항상 책을 치며 상송(商頌)을 노래하는 소리가 끊이질 않았으니 황 증조의 스스로 수립한 것이 과연 어떠하냐. 나의 황조께서는 효우가 지극하였고 힘으로 먹는 것에 익숙하였다. 소시에 남의 경목(耕牧)을 하였으나 친주(親廚)의 음식을 보면 반드시 후미(厚味)가 있었고 여러 아우를 키우면서 아침저녁을 어울려 먹었다. 유씨 의표(義瓢)란 이름이 대개 여기서 나왔다. 황조의 천륜을 잊지 않음이 진실로 어떠하냐. 오호라! 지난 날 선공이 매번 여러 자제와 함께 이 이야기를 하며 눈물을 흘리지 않는 때가 없었는데 지금은 선공도 이미 하세를 하였다. 우리 가정의 후속이 모두 나에게 기룸을 받으니 나는 진실로 어리석은 선비다. 선친의 기룸에 익숙하고 일찍이 자신의 힘으로 선친을 봉양하지 못하였는데 오히려 그 자손을 사랑할 수 있겠느냐. 애정이 깊으면 그 정밀한 생각을 행하고 싶은 줄 아는데 어찌 선친을 들어서 스스로 규율을 삼지 않을 수 있겠느냐. 인하여 옛 주공과 도팽택의 후속에게 모범되는 유의를 본받아 조종의 가정을 만든 어려운 일을 갖추어 기록하여 유모첩의 끝이 쓰서 후인에게 경계한다.

단목국호(端木國瑚) 역장설(易葬說) 뒤에 씀.

천하에는 이치가 있으나 이치는 전하지 않고 법이 있으나 법은 전하지 않는다. 천하에 끝내 따라서 전하지 않는 것이 두 가지가 있는데 천지율서(律書)의 성음(聲音)이 그 사람이 있지 않으며 천지장서(葬書)의 이기가 그 사람이 있지 않다. 둘은 모두 주역에 있다. 율서는 그 사람이 치란을 알지만 치란을 하지 못하고 장서는 그 사람이 성쇠를 알고 치란을 능히 할 수 있다. 성음이란 하나의 도는 옛날 몽사(矇師)가 직혔는데 유자가 따라서 익혔고 이기라는 하나의 도는 묘대부(墓大夫)가 가르치지 않아서 유자가 따라서 모조리 버렸다. 성인이 대과괘(大過卦)를 취하여 장법을 세웠는데 묘대부가 가르치지 아니한 것은 세속의 실수 예의 폐기를 방지하는 숨은 염려가 있어서이다. 성인은 사람이 참여할 수 없는 후에 들어주며 천지는 사람이 참여할 수 있다고 하여 모두 들어주는 것은 아니다. 천지는 생생을 이럼이며 역경은 생생을 다하지 못한다. 하므로 이로서 광대(廣大)를 생한다. 매장은 생인의 큰 근본이며 음양은 생인의 큰 쓰임이다. 역경은 음양을 설명할 수 없지만 매장을 설명하는 것이 역경이 음양을 밝히는 것이며 매장은 음양을 설명할 수 없지만 역경을 설명하는 것이 매장이 음양을 밝히는 것이다. 역경을 근거로 매장을 설명하는 뜻은 매장의 뜻을 빌려 역상(易象)을 설명하는 것이다. 성인은 이익되는 바를 말하지 않고 사용하는 것으로 도를 삼고 평범한 사람은 이로워서 사용하는 것으로 술수를 삼는다. 효자가 어버이에게 인인이 천하에 있어서 매장이 아니면 불가한 것이다. 유자는 어찌하여 광대한 생의 설명을 미루어 근본하여 역경의 도가 후세에 쓰이게 조금도 전하지 않는 것인가.

  내가 젊을 때 산수에 놀기를 좋아하였고 우연이 이 기예에 빠져 천하의 이서(異書)를 구해보았으나 그 요령을 얻지 못하였다. 사사로 생각하기를 방외씨의 학은 성인의 손을 거치지 않아서 진장(眞藏)이 나오지 않았다하고 역경에 되돌려 구하려 하니 체제가 은미하였다. 저 자가(地家)의 유가 익힌 것은 단지 그 끈을 이용하여 문란하게 된 것이었다. 내가 중년이 되어 안목이 조금 이르니 보이는 물사(物事)가 모두가 기운이 행하는 것뿐이며 이치가 나타난 것뿐이었다. 소위 장서라는 것을 속에 담지 않으니 산수란 오직 음양 일문(一門)뿐이었다. 공자는 "방소로 동류를 모우고 사물로 떼를 나눈다."고 하였다. 이러한 의론은 도를 아는 자가 아니면 어찌 쉽게 말할 수 있겠느냐. 일찍이 일서를 편집하여 후세에 남기려고 하였으나 이 학이 유자의 끄리는 것이 된지 오래이니 이를 달갑잖게 여겼고 또한 그 법 됨이 지대하고 지란 하여 득도한 이의 전용물이고 문자로 형용하기 어려움으로 "검게 하고 또 검게 하는 것이 뭇 미묘함의 문호다."고 하였고 "글이 말을 다하지 못하고 그림이 뜻을 다하지 못한다."고 하였다. 차호라! 어찌 그러하지 않겠느냐. 내가 중화 단목씨의 역장의(易葬議)를 읽고 그 말이 마치 내 마음을 헤아려 발한 것 같아 마침내 말이 없을 수 없었다.

당곡천표(唐谷阡表) 뒤에 씀.

옛 현인이 이르기를 "사람을 볼 때 그 세대를 논한다."하였는데 그 말은 진실이다. 내 일찍이 선조고 청천공의 사적을 상고하여 보니 윤친(倫親)으로 손무송 천우(孫撫松 天佑)는 공에게 내외종간으로 교류하였고 이고산 삼로(李孤山 三老)는 공에게 인척이다. 두 공의 이름은 후세에 빛나는데 공은 증명할 것이 없으니 어찌하여 그러한가. 또한 선비는 수신천언(修身踐言)하여 명성과 행실을 다듬어 스스로 시대에 드러나야 하는 데 모두 문자를 기다려 전하는 것인데 오직 전하지 않음으로 공 당시의 교류를 맺고 인을 보필하는 참된 취지를 발로하지 못하였다. 이로써 청주공이 반드시 증명할 것이 없다고 의심하니 역시 후래 삼백 년에 한 되지 않을 수 없는 것은 이 상고할 문자 일사뿐이다.

명(銘)

소재명(素齋銘).

나와 한 군의 친우 허가숙(許可淑)이 진양성 남쪽에 자리 잡으니 나의 새 우거와는 단지 의대 하나의 물을 격하여 아침저녁으로 서로 오갈 수 있었다. 이때 온 성중이 머리가 없는데 그러나 어리석은 듯 상투를 이고 사는 것은 우리들 몇 사람뿐이었다. 가숙이 거처하는 방을 소재(素齋)라고 하니 그 뜻은 본래대로 간다는 것이었다. 내게 명을 청(銘)하니 명하였다.

"뭇 장님이 하늘을 두고 싸워도, 하늘은 일찍이 말하지 않고, 일백 맹꽁이가 성인을 욕하여도, 성인도 막을 수 없다. 바라노니 자네는 단단하게 마음의 향불을 본래의 땅에 사르고, 삼가하여 하늘이 싫어하는 바를 내가 함께 한다고 하지 말라."

직방재명(直方齋銘).

설창(雪窓) 하공선생이 남명 경의학(敬義學)을 숙부 겸옹(謙翁)의 슬하에서 받고 일찍이 직방재(直方齋)를 구축하여 거처하였다. 공이 죽으니 집도 폐하여

지고 남방의 선비가 고학으로 시대에 들리는 이가 드무니 군자가 슬퍼하였다. 지금 후예들이 서로 두어 기둥을 옛 거처인 사악(士岳) 아래 건립하고 다시 전일의 이름을 내걸고 나를 공의 집안 외손이라고 문 앞을 쓰라고 하여 공경히 명을 드린다. "아! 오직 대역(大易)은, 만상(萬象)이 모두 드러났다. 곤괘 육이 효는, 긴요한 덕을 품었다. 성인이 천구(天口)를 여니, 경의가 드러났다. 장경(長庚)이 새벽을 여니, 천추에 빛나도다. 군중의 눈 어찌 어둡더냐, 철인은 특별히 본다. 송을 거처 한국 들어오니, 우리 조자(曺子) 탄생하였네. 아름다운 호칭으로 받드니, 빛나기 일월일세. 하수에 비치니, 징군(徵君)의 가물(家物)일세. 전승이 가질(家姪)에 있으니, 설로(雪老)가 그분일세. 내가 그 사람을 보니, 여기에 명을 바치리라. 형체 속으로 세니, 마음 곧 편하였다. 용도를 밖으로 펴니, 여러 기예 정밀하여진다. 진실로 끼친 바람, 산 높고 물 맑았다. 뜻 없이 시절 바뀌니, 중도 쇠미함 만났도다. 때로 차탄 하여도, 계승함에 뜻을 받쳤다. 요와 문(堯文)의 생각은, 창잠(菖歜)과 갱장(羹牆)일세. 보배 기운 돌아오니, 옛 모습 다시 높다. 마치 위령이 나타나, 이매나 웅비를 매질하네. 누가 명을 거스르냐, 속히 네 직 수행하라. 삼가 명사 기술하여, 내세에 전한다."

치일재명(致一齋銘). # 선조 사정공 묘소재실.
"내 지언을 들으니, 만은 일에서 생긴다고. 만이 근본이 아니고, 일이 만물이 있다. 처음이나 끝이, 빈 것에서 채우게 된다. 손순을 체하여 달하면, 그 나옴이 호호하다. 효 아니면 어버이가 없고, 충 아니면 군주가 없다. 여기에 부지런하고 엄숙하여, 좌우가 없어야 하지. 하늘이 소리가 있고, 땅이 냄새가 있다한다. 여기에 외치면, 신지를 만나는 듯하다 하네. 우리 선공 생각하면, 죽은 지 수십 년이다. 세월 흘러, 하한처럼 막막하다. 옛 역사 결핍되어, 아름다운 흔적 없다. 형상 숨은 후대에, 꿈인들 어찌 생기랴. 천추의 면목이, 우뚝한 정자 하나. 계제로 생각하고, 아득한 추상일세. 뉘라서 이 뜻 밝히랴, 빛나는 재실 모습. 옥백은 무슨 예며, 변조는 무슨 향기냐. 구하면 여기 있으니, 내 마음 발견일세. 그 근본 밝히니, 백세인들 곧 임하리라. 이는 참으로 술수 있으니, 오직 하나 흠모일세. 오호 제공아, 항상 이 잠을 볼지어다."

사성실명(思省室銘).

허군 문숙(許君 文叔)이 독서실을 사성실(思省室)이라고 이름하고 택상의 유잠에게 명을 지으라 하였다. "상제가 온전한 아름다움 내리니, 사람에게 명덕이 있게 되었다. 안팎이 서로 의지하니, 그 사이 구역이 없었다. 누가 잘 생각하는가, 만인이 모범 삼으리라. 어쩌다 반대로 되면, 자식이 되레 도적이 된다. 하늘과 땅의 시작이, 머리털 한 올 차이다. 두려움 이보다 클 수 없으니, 이 다리를 어찌 쉬겠느냐. 이치는 생각하면 이러니, 특출한 붉은 마음일세. 손순으로 행하니, 넘어지지 않네. 생각하면 우리 문숙은, 이 법을 일찍 깨달았다. 사성을 심득하여, 그 거실을 이름하였다. 용기는 산을 붕괴하니, 매진함은 천리마로다. 바람은 시종일관하여, 나의 붓 부끄럽잖게 하라."

화산정명(華山亭銘).

심군 경회(沈景晦)가 왕산(王山)아래 집을 지으니 화태산(華苔山)과 마주하여 빈주의 형세가 되었다. 완성하고 화산정(華山亭)이라고 이름하니 이것이 외부로는 주인이지만 속으로는 빈객이니 생각은 먼 곳의 친우가 오게 함이었다. 그를 위하여 명을 짓는다. "높도다 왕산이여, 한 고을의 망산이로세. 성난 가지 북으로 달려, 엄하게 군림하고 그윽함 이루었네. 개울 나와 가까이 흐르니, 넓고 긴 그 혀일세. 혹 슬프게 들여, 나그네 회포를 이끌어 내고. 혹 화기롭게 들여, 만방을 화협하게 하지. 그 변화 매임 없으니, 때에 맞추어 알맞게 하네. 헌출한 이 누구냐, 곁에 와 함께하네. 아주 작은 한마디 마음으로, 내 백 가지 번창함 펴누나. 능히 다스림에 이르러서, 더욱 독실한 빛 빛나네. 맞음도 쉼도 없이, 나날이 있음 부유하네. 교차로 호응하여 막힘 적으니, 유구함 기약한다. 이미 늙고 궁하니, 여기에 의탁하여 길이 쉬리라. 내 명시를 지어, 여러 부유를 진압하리라."

자간정명(紫澗亭銘).

내 친우 박군 이정(朴而貞)은 사람됨이 준명하고 젊어서 사방의 뜻이 있었으나 때를 만나지 못하여 돌아와 파산 안인(巴山安仁)에 있는 옛 집에서 농사를 지었다. 그 종당의 여러 친족이 군을 위하여 거처하는 강가에 정자를 축조하니 군이 주자 자양(紫陽)의 이름을 취하여 자간정(紫澗亭)이라고 이름하소 내게 명을 지으라고 하였다. 명은, "큰 힘이 거꾸로 되어, 우주를 쥐락펴락 한다. 산이 타고 바다가 갈라지니, 귀신도 부칠 곳이 없다. 군은 이때, 짧은 갈옷 스스로 만겼다. 추분(鄒汾)도 길이 끊기니, 홀로 높으나 어디에 팔까나. 예로 신령한 곳 있으니, 성품이 주인이다. 인을 갈고 의를 심으니, 흰 땅 거칠지 않았다. 구슬 나무숲이. 나의 밭에 빛난다네. 천고를 연연하니, 공정주(孔程朱)를 이었다. 베어나가 올라가니, 하나의 경이 모범일세. 학이 펴진 상계(象季)는, 떼로 일어나 서로 속이네. 도도한 흐름 돌아오지 않으니, 일만 소리 다투어 외친다. 군은 스스로 경계하여, 이 정자 들어내었다. 근본 견고하니, 허물 적으리라. 그 아름다움 독차지 말고, 내게도 은혜 베풀게나."

방재명(舫齋銘).

조군서중 순제(趙瑞仲 恂濟)가 거처하는 우당을 내가 방재(舫齋)라고 하고 명을 지었다. "방재여 어찌 저 맑고 깊음을 따라 광경을 구경하며 한때의 즐거움을 누리려느냐. 아니면 가엾음으로 나가 아득한 어두움에 혼자 가서 돌아오기를 잊고 세상과 함께하지 않을 것이냐. 네 배는 비어있으니 크게 받아도 싫지 않고, 네 몸은 작아도 스스로 전용하게 갖추어 있다. 너는 위험한 마음으로 행하다가 시기를 택하여 그치기를 바란다. 물의 도를 따라서 사사로이 하지 않는다면, 비록 내닫는 폭포 급한 파도 염예(灩澦)의 진탕치는 사이에 직립하더라도, 거의 나의 일을 잡아 만의 움직임을 막으리라."

몽헌명(夢軒銘). #.하장병락(河秉洛)을 위하여 지음.

분하 하공이 연로하여도 항상 유모(儒慕)의 뜻을 두고 있었다. 일찍이 꿈에 네 가지 경계를 선군에게서 받은 것으로 시를 지어 거실의 동벽에 써두고 자호를 몽헌(夢軒)이라 하여 내게 명을 부탁하였다. 감히 사양할 수 있나. 명한다. "생각은 선하게 않을 수 없으니, 꿈이 있어 그림자가 된다. 임금에게 그림자가 되면, 논하고 생각하는 것이 충성이며, 어버이에게 그림자가 되면, 논하고 생각하는 것이 효성이 된다. 아! 슬프다. 선의 싹의 발함이, 어찌 그리도 예리하고도 빛나느냐. 때마침 분상옹이 부친을 구유에 꿈꿀 때, 속으로 깊은 지극히 미미한 고충을 쌓았는데, 세대가 바뀌고 이미 해골이 된 후에 밝게 교차되니, 그 독실한 아름다운 빛이 족히 흐르는 세속을 매진할 만하다. 더구나 금정옥결(金貞玉潔)하여 스스로 새로워지는 유명의 경계를 받아, 조심조심 늙은 나이의 깨우침을 삼는 것이랴. 마루 난간이여 잡을 것이 있도다."

초엽선명(蕉葉扇銘).

자부 권익삼(權益三)이 멀리 비단부채 하나를 보냈는데 부채위에 파초그림 하나가 있어 초엽선이라고 이름하였다. 내가 아끼며 명을 지었다. "염량(炎凉)이 바뀌니 영욕이 서로 따른다, 누가 사람을 명하는가. 추위와 더위가 변하니 영췌가 자리를 양보한다 누가 하늘에 명하는가. 아 슬프다 부채여! 서운하여도 오래도록 사람에게 노역하느니, 어찌하여 하늘에 순응하지 않을 수 있나. 옥처럼 서 있는 파초 앞에 명하게 있다."

옥잔명(玉盞銘). #.이경재(李耕齋)를 위하여 지음.

찬란한 꽃을 필도(匹都)에 사용함 적은데 누가 청묘(淸廟)에 추천하리. 어쩌랴 중화 요동 벌 광막한 한편인 것을. 희희라 저 불쌍하다고 주는 것을 수치스럽게 받음이여, 좌우에서 현혹하지 말라 선생의 조석으로 덕을 목욕하는 몸을.

궐내에서 하사한 거문고 명.

희녕군(熙寧君)은 우리 태종왕의 공자다. 어질고 학문을 좋아하여 의복과 음식은 소연하여 한사와 같았다. 항상 한사의 남쪽에 처하며 고악을 익혀 음률로 교화를 돕고 덕을 베푸는 아름다움이 많았다. 완이 가상하게 여기고 안에서 어금(御琴)을 하사하여 총애하였고 국인은 칭송하며 사모하고 싫어하지 않았다. 야사 유해엽이 공경히 명을 한다. 아! 공자의 시대는 옛날이다. 당시 칭하던 용비어천가는 전할 만한데 이미 망하지 않았는가. 음을 얻지 못한 것은 간간이 비고 아득한 사이에 상상하여 비슷하게 그 남긴 빛을 얻는다. 내 일찍이 서울의 남산에 올라 개연히 옛날 조종 공열의 크게 성하였던 것을 상상하니, 어쩌면 산하의 아름다움을 갑병으로 굳게 지키지 않고, 어쩌면 여항 남녀의 동서로 시집 장가가서 정절과 신의로 예를 지키며 그 풍속은 천리에 같았고, 어쩌면 초목 조수도 포함되어 불어나서 스스로 그 하늘을 품고 기쁘게 무형의 덕화를 입었을까. 생각하면 이는 선왕 정리의 발현된 것이며 공자가 거문고로 교화를 돕고 덕을 베풀어 만세의 국가에 행하게 함이다. 거문고여! 어쩌면 소위 용형 봉상의 화려한 그림 문양으로 전하여 한때 이목을 즐기는 음악 방이라고 하겠느냐.

장경각명(藏經閣銘).

지혜는 만세의 공고한 기반을 열지만 하루의 편안함만 못하고, 덕은 삼군에게 솜옷을 입히지만 하루아침 추위도 구하지 못한다. 오호라 하늘을 대신하는 입이여! 오래도록 오늘에 먹히지 않았으니, 마땅히 세 번 감싸 삼가 내세의 질펀한 명을 기다릴 뿐이로다.

삼벽당명(三璧堂銘).

황태사(黃太史)의 말에 "한마디 구슬 같은 광음을 마땅히 삼등분하여 하나는 치생하고 하나는 독서하고 하나는 바둑 둔다면 쓰임새가 족히 여유가 있다."하였다. 나는 생각하기를 인생의 마음 씀이 다단계이니 우선 바둑 두는 것을 그만두고 산을 보는 것으로 바꾸어서 내 집을 삼벽당(三璧堂)이라 이름하고 명사를 지어 스스로 힘쓰노라.

"성대의 하늘 입은, 뇌락한 글을 담았다. 돌아보면 현미한 단서가, 남김없이 발로되었지. 머리 숙이고 바로 나가, 이에 갈무리하여 거한다네."
- 우는 독서.

"백성은 하늘 물건에 의지하니, 이에 번식하고 자란다. 따르고 게을리 말아야, 때로 백 가지 창성함을 펴리라. 유유히 빛나니, 가정이 편해진다."
- 우는 치생.

"나는 천기가 깊으니, 혼자면 엄연히 생각한다. 저 만고란, 어쩌면 조용하고 높을까. 거의 본받아 보존하면, 하나의 인이 여기에 있다."

- 우는 간산.

안경명⟨靉靆銘⟩.

시관이 나날이 직책을 병되게 하고부터, 보옥을 태일의 명당에 비치게 하였다. 내가 이에 의지하여 새로운 총애를 독실하게 하니, 거의 남은 세월을 이를 이용하고 이를 모시리라.

벼루의 명⟨硯銘⟩.

아! 벼루여, 이미 너와 함께 이윤 열명(伊尹說命)의 유편을 계승하지 못하고, 또 너와 함께 기사(基邪)와 회묵(回黙)의 음왜(淫哇)를 물리치지 못하니, 혼자 구부정하게 한 길 쑥대 아래 솜씨로, 스스로 춘조 추월을 읊어 회포 부침에 붉은 점을 찍으니, 아! 벼루야, 명이 어그러진 것을 어쩌랴.

찬(贊)

주부 허공 묵매찬(主簿許公 墨梅贊).

주부 허공 연(許鍊)은 한(韓) 원효왕(元孝王) 때 사람으로 젊어 집안을 일어케 천석을 하였다. 어느 해에 큰 흉년이 들어 고을의 팔백호가 의지하여 명을 보존하였다. 태수가 듣고 가상히 여겨 위에 추천하여 사섬주부(司贍主簿)를 제수하였으나 벼슬하지 않았다. 죽림 사이에 집을 짓고 스스로 즐겼다. 당시 백형 와룡공(臥龍公)이 경제책으로 자부하고 항상 무후에 스스로 비하며 포검가(抱劍歌)를 지어 날마다 때를 못 만남을 핑계로 슬퍼하니 공이 포금가(抱琴歌)를 지어 서로 화답하였다. 가정에 묵매 한 폭이 전하는데 절예로 칭하였다. 후손 철(喆)이 내게 찬을 청하였다.

"나는 그 으뜸으로 봄 여는 것을 사랑하며, 나는 그 버들가지와 형세 다툼을 사랑하며, 나는 그 담담하며 따뜻하고 고운 덕을 사랑하며, 나는 그 높다란 빙옥의 꽃을 사랑한다. 남몰래 슬픈 것은 궁벽한 숲 옛터의 양지에 홀로 서서, 아침저녁 시세의 단장에 익숙하지 않음이다. 이미 은나라 부열(傅說)의 정실(鼎實)에 스스로 나타나지 못하였으니, 너를 적막한 고산 임처사의 사물로 돌림이 마땅하구나."

하계거사찬(霞溪居士贊). 권재옥(權載玉).

크기가 마치 산의 암석처럼 우뚝하고, 온화하기는 마치 봄 구름처럼 편안하다. 어쩌면 일찍 품은 뜻이 구차하지 않느냐, 익은 이는 이미 천고에 견주어 자연 기이함을 알았다. 박문약례에 착수하여 둘이 지극하니, 예악의 아름다움에 정신으로 놀았다. 오직 길이 요원하니, 장차 향국도 천하도 아니고 반드시 일이 있으리라. 유유한 우주의 거대함이여, 자주 왕래하도다. 시서를 일삼고 인의를 패복한 이를 과연 많이 보았으나, 삼십사 년의 젊은 시기를 길이 닫았도다.

조열부 하씨찬(趙烈婦河氏贊).

열부 하씨는 선비 정식(廷植)의 딸이다. 나이 열다섯에 조생 인제(趙仁濟)에게 시집갔으나 명년에 조생이 죽고 그 다음 명년 정묘 년 맹동에 하씨(河氏)는 유서를 베개 곁에 두고 약을 먹고 따라 죽었다. 온 고을이 모두 슬퍼하고 특이하게 여기었다. 나는 그를 위하여 찬을 짓는다.

"옛적 교화가 펴였을 때, 아름다운 절의는 예사였다. 계세에도 오히려 자라나, 천성인 양 더욱 어질었다. 수치로 교화하고, 혹 총애로 포상하였다. 교차로 일어나고 지음이, 부여역사를 빛냈다. 지금에 이르러서는, 큰 방축 상실하였다. 의리도 염치도 잔결되고, 동서가 망하기도 흥하기도 하였다. 아 열부여! 상제 명을 떨쳤구나. 백벽으로 쌓아서, 끝없이 비추리. 그윽한 난초로 맺어, 맑은 향기 물씬하다. 어쩌랴고 부자야, 나에게 무정한가. 겨우 규방 나와, 다시 침상에 곡하다니. 더욱 침침한 무덤 터널에, 울울 처량한 방이라니. 잠과 비녀 엄숙하게, 부자 곁에 따라가네. 유서는 눈물이 찢기고, 죽으려니 생각도 길다. 일만 눈 홉뜨고 놀라며, 인문이 다시 확장되네. 붓 들어 삼가 찬양하니, 내세에 번창하리."

육십이 세 자찬(自贊).

노인은 동해상의 사람이다. 시서를 다스렸으나 통하지 못하였고 국중의 진신선생을 찾아 옛 성현 입도의 차례를 들었으나 역시 제대로 받아들이지 못하였다. 성품이 허탕하여 사물을 놓치는 것이 많았다. 사사로 정일의 취미가 많아 때로는 조용히 정신으로 가기를 마치 정을 잊고 혼자 뭇 분란한 밖에 움직이는 듯하며 여러 달을 풀지 못하다가 결국은 심득하지 못하였다. 대저 도가 앞에 있어도 보이지 않는 것은 자신에게 막힌 것이니 자신을 극복하지 못하면 행하는 것이 유리하지 못하다. 천하의 서사 만물이 어찌 실지로 있는 것이 더냐. 일찍이 자찬하였다.

"어쩌다 거짓 선비이며, 어쩌다 미친 종적이며, 어쩌다 옛을 훔쳤으며, 어쩌다 세속에 더렵혀졌느냐. 살아서 이미 백발을 보였으니 하늘의 수명이 있고, 늙어서 구학에 뒹굴지 않았으니 땅의 덕을 보았다. 아! 저 천현지황이 이미 그 줌을 넉넉하게 하였는데, 어쩌나 이 몸 생전에 허물 쌓임을. 비록 백번 죽어도 어찌 속죄하겠느냐. 그나마 남은 세월은 감히 스스로 사랑하지 않을 수 없으니, 거의 새로 더 준 것처럼 생각하고 놓지 않으리라."

소영찬(小影贊).

이미 길고 수척하며 이미 질박하고 어리석다. 이처럼 속가 겉이 투철하여 시이에 부합하지 않으니 네는 우주만고의 시름을 비축하기 마땅하니 죽도록 산택가에서 길게 슬퍼하리라. 얼굴은 어쩌다 잔주름이 생기며, 수염은 어쩌다 희어지나. 앉으면 고경을 펼치고, 서면 돌아가는 새를 보낸다. 그 행동은 시시하고, 그 보는 것은 맥맥하다. 황우의 유람인가, 기각의 흔적인가. 저 막은 것도 갈수록 자라지 않음이 없으니, 천하 희희양양한 자의 부질없는 위협을 받는구나.

택재집 권4. 종

澤齋集
권5

상량문(上樑文).

일신재(日新齋) 상량문.

삼가 선왕이 학의 제도를 세우니, 자제가 유예(遊藝)의 방향으로 돌아갔다. 이에 올바르게 기루니, 성인의 공을 거둔다. 조용히 상고하니 청사(青社) 옛 기록에, 일찍이 일신정(日新亭)이란 이름이 있었다. 산천이 그림같이 나열하고, 옥경(玉鏡) 같은 면모를 둘렀다. 마을은 즐비하니, 기린의 굴 봉황의 집이 참치하다. 상서 기운이 길러내니, 인걸을 배출하고, 성대한 덕이 움직이니, 이웃 고을을 기우린다. 유림의 주맹은 만역부자(萬曆夫子) 탄생하였고, 채례를 올리니 남방 영재가 분주하다. 거하면 육예로 경가(耕稼)를 삼고, 음악은 오전이 생황(笙簧)이 된다. 포의로 곤란하나 교화는 북방에 미쳤고, 의전(訑典)의 영화는 이름이 단의(丹扆)에 들었다. 이는 열종의 지교가 성스러움을 인함이며, 고대 아름다운 정치 일어남은 원근이 없다. 돌아옴이 있으면 가는 것이며, 높음이 극하면 낮아지는 것이다. 구슬나무 이미 창파에 꺾이니, 이무기는 큰물에서 나오지 않았다. 한사(韓社)가 무너지니 삼영(三英) 장복(章服)이 훼의로 변하고, 주례(周禮)를 폐하니 백성(百聖) 심법은 불전처럼 보았다. 오호라 지난날 강학하던 집이, 오래도록 거민 유희의 마당이 되었다. 누가 먼 후예가 성의 없다 하였나, 어쩌면 괴귀의 장난 좋아함이었다. 하늘 우러러 탄식하니, 황하는 언제나 맑을는지. 땅으로 구부려 생각하니, 도가 있으면 일어난다. 만일 왕철을 법하려면, 먼저 육영부터 단정해야지. 두어 기둥 중건하기를 꾀하니, 일천 집의 큰 덮음을 본받았다. 기복은 땅의 형편에 순응하고, 온량은 기후 바뀜에 응하였다. 신천이 곱게 드러나니 애연이 잔을 도우며 맑음을 씻고, 학산이 엄하게 뻗치니 완연이 모시고 멀리 바라는 것 같다. 편액을 높이 거니 용사(龍蛇)가 꿈틀대고, 경적이 가득하니 임매(林魅)가 도망한다. 아름답다 청금은 분주히 움직여 유문에 마음을 쓰고, 빛나는구나 후손은 의덕을 계술하니 정성은 말속을 용솟게 하네. 길일을 점쳐 위사를 공손히 베푼다. 포양 동하니, 문왕공자는 꿈속에 높도다. 먼 옛 선비가 도를 이어주니, 바람 향해 우리는 몸을 굽힌다. 포양 서하니, 덕산 일각이 하늘가에 밝다. 인간에 오래도록 성성한 음향 닫혔으니, 천인봉두를 오를 사다리 없네. 포양 남하니, 기묘함 다투는 산과 개울 알맞고 이야기 할만하다. 뜻의 행함은 또한 천연의 취향 찾아가니, 운림에 달 가득하고 물은 연못에 가득하다. 포양 북하니, 한산 한수는 시름 빛 길도다. 백년을 경내는 모두 동으로 한 밭이랑인데, 가련한 적자는 범의 나래에 의하였다. 포양 상하니, 창공이 묵묵하니 뜻을 헤아리기 싫지 않다. 지금 우리 도는 세상과 영원히 바뀌니, 마음은 무엇을 따라 삼매경을 찾으리. 포양 서하니, 땅귀신 망망하니 눈물이 쏟아진다. 아름다운 곡식 나지 않아 선비 오래 굶주리니, 가시 사립 저 문 해에 슬픈 한탄 족하다. 삼가 바람은 상량한 후로, 제생은 새로 모욕하여 상제의 존귀함을 제사할 수 있고, 옛 나라는 순박함 되돌려 다시 요순의 아름다움 보게 되기를. 한 집이 자리 잡아 교육하니, 안팎이 구름 따르듯 하리라. 천년을 하루같이, 가슴에 서화(犀火) 비치리. 이것이 이 당의 명실을 보상함이니, 역시 어찌 타산의 공 이룸을 기다리랴.

탁연정(濯然亭) 상량문.

대개 들으니, 나라에 태묘를 둠은, 백왕이 조종하는 바이며. 가정에 조궁(祖宮)을 둠은, 조민이 덕으로 돌아옴이다. 하나의 근원으로 시작하여, 여럿으로 나누어 달라진다. 삼가 생각하니 괴헌선조는, 진실로 청천의 아들이다. 칠 척 몸이 산처럼 서니, 친히 산호라 호칭하였고, 네 방이 구슬로 연하니, 때로 난봉이 나열함을 보았다. 책을 탐하여 옛을 배우니, 말하지 않아도 이루었다. 상을 치름에 남들이 감동하니, 예법 따라 다하였다. 원림의 아름다운 물품은, 이위공의 부유함에 견주었고, 거문고와 책상의 편안한 정은, 도정절의 맑은 취향을 표하였다. 천수 명품 시는 수명의 상서를 빛내었고, 육경 옛 상자는 후대에 남기는 모범이었다. 금교에 적을 물리치니 감문에 위대한 업적을 남겼고, 보봉에 자취 은둔하니 전서의 맑은 바람을 다듬었다. 이는 문호를 나서지 않고 몸소 신화의 전승을 받음이며, 모든 아름다움 내포하고 마음으로 묘당의 쓰임을 다함을 알겠다. 추천은 먼 지방에 어기니, 은둔은 흰 띠 풀에 이루었다. 예로부터 지기가 어려우니, 정론은 후일을 기다렸다. 오호라 우리 백세의 고향은, 이 한지방의 모산 모구이다. 세월 흘러 어느덧 수십 년의 유풍이 소멸된 지 오래되었고, 천지가 붕괴되어 솔솔 오백년의 강상이 모조리 무너졌다. 바다고을 산마을에 글 읽는 낙이 닫힌 지 오래되었고, 나무꾼 길쌈녀가 기이한 구두 소리에 익숙하여진다. 더구나 선왕 종법이 전하지 않으니, 자칫 조종의 정신마저 날로 방만해진다. 두어 기둥 밝은 집을 건립하여, 마음의 사모함을 부치게 함이 어떠하냐. 먼저 의론이 선군에서 발하니 유명의 생각 간절하고, 많은 일을 군중이 맡으니 쾌하게 오뚝함을 본다. 제도를 깨끗이 하니, 선의가 더욱 새롭다. 부화를 쓸고 나니, 옛 규정 회복되었다. 긴 들보 올라가니, 아랑 위의 찬송을 받든다. 포양이여, 공이 집 위에 있도다. 밝은 달이 숲에 나오니, 명령이 혼자 감상하네. 포양이여, 공이 집 아래 있도다. 빈 화랑에 긴 바람 엄숙하니, 사람의 기운을 깨게 한다. 포양이여, 공이 집 동쪽에 있도다. 깊은 꽃이 봄소식 알리니, 옥패가 공중에 울리는 듯하다. 포양이여, 공이 집 서쪽에 있도다. 단애에 계수가 늘어가니, 빈객을 초대하니 나래 옷 가지런하다. 포양이여, 공이 실의 남방에 있도다. 훈풍에 거문고는 말하는 듯하고, 순임금 생각은 어찌나 담담하냐. 포양이여, 공이 실의 북방에 있도다. 등불 깊은데 눈이 창에 비치니, 완연히 복건을 모시는 듯하다. 삼가 바람은 상량한 후로, 이 아침저녁이 경계를 생각하지 않음이 없으며, 곧 자고 깸을 진실로 끝없이 가슴에 품을지어다. 힘내자 우리 친족들아! 함께 큰 덮음 입었으니, 천년 후에도 이 요긴한 말은 영원하리라.

고유문(告由文)

물천(勿川)선생 김공 수갈(竪碣) 고유문.
　삼가 오직 선생은, 일찍 성인의 법률을 깨달았다. 사양 않고 직진하여, 경을 않고 부지런하였다. 수족을 극복하여, 규정을 항상 따랐다. 여러 행동이 유리함에 들고, 문채가 드러났다. 천(泉)에서 예를 배우니, 그 수가 천백이었다. 몸으로 분별하니, 마치 혼자인 듯하였다. 거함은 목목하여, 정신으로 옛 선대에 놀았다. 발현됨이 정밀하니, 말씀이 우주에 가득하였다. 남방선비 동류로 가니, 모범 된 매진으로 따랐다. 오량건에 삼거심의로, 넓은 집이 때론 충만하였다. 전열에서 용모 바로하고, 돌아보며 인을 답하였다. 원근에 바람이 부니, 묻지 않아도 사람을 알았다. 상서롭지 못함 찾아오니, 기린도 봉황도 가벼렸다. 꿈틀거리며 난리 일어나니, 산림의 기운 저상하였다. 선생은 태산에 노니, 시기는 오히려 명이 좋았다. 이때를 굽어본다면, 영웅 눈물 응당 지었으리라. 어쩌면 하늘이 멀어, 내 호소 전할 수 없다. 파란 운악에, 의관을 거둔 바다. 오래도록 치레를 못하여, 볼 때마다 슬픔을 더하였다. 묘소에 명문을 각하니, 그 글이 전아하다. 신령한 언덕에 비치니, 백 대에 빛나리라. 상을 대신하여 돌에 절하고, 삼가 잔을 올린다.

면례 후에 조묘제의 고문(緬禮后祖廟祭告文).

오호라, 옛날 소자가 부군을 모실 때는 문에서 기다리는 칠 세의 더벅머리였는데, 오늘 저녁 중당에서 곡하니 너풀거리던 것이 이미 종종 희어지고, 부군이 이고 밟던 일월산도 역시 세상이 바뀌어 슬픔을 증가합니다. 게다가 우리 집은 선인 때부터 단계에 살면서, 포의로 세대를 전하고 시서로 업을 삼았으며, 나의 선군에 이르러 몸소 팔 세대 이백사십 년의 종통을 이어, 어렵게 스스로 부지하며 멀고 크게 연장하여 그 문정은 아침저녁으로 은성하니 후사에 바라는 것은 반드시 성철의 윤리도덕의 필연적인 것이었습니다.

홀홀히 시대와 교화가 나날이 옮기어, 서로 옛것을 비하하고 지금을 존귀하게 여깁니다. 혼연히 마치 큰 홍수가 하늘에 닿고 쇠와 불이 서로 태우는 듯하니 어쩌면 구구한 지난날의 필연적인 것이 마침내 없는 것에 떨어지고 불필연적인 것이 방자하여 막을 수 없습니다. 전에 말하기를 "사람이 하늘의 도리로 명을 받는데 도리에 순응하지 않으면 하늘이 반드시 죽인다." 하였습니다. 생각하면 이렇게 간다면 장차 지구상에 생명이 있는 무리는 소멸되고 말 것이니 위에서 자손에게 명하는 것을 어떻게 하여야 할지 알지 못하겠고 아래서 체백을 받드는 것도 역시 막연히 서로 잊는 것을 모면하지 못할 것입니다. 소자는 밤낮으로 걱정되어 마치 스스로 생각 없이 세상을 지날 것 같으니 바람은 하늘의 신령함을 의뢰하여 천한 정성을 돌아보아 꿈에 가조(佳兆)를 주니 지역은 부군이 평일에 지팡이로 소요하던 곳이니 선고의 생평에 이루지 못하던 뜻을 비로소 몰후에 밝힌 것입니다. 일이 선성 선철 윤리 도덕의 중요한 것에 관한 것이며 부군이 앞으로 백세의 자손에게 기대하는 것을 혹 창상의 진박한 나머지 밝게 드러나는 것을 볼 수 있을런지 감히 슬픔을 페어 묵묵히 도움을 기원합니다.

백마산(白馬山) 기우제문.

신이 우리 사람을 내니, 사람이 오직 모습을 닮았다. 서로 의지하여 명이 되니, 한 몸으로 서로 보양한다. 어쩌다 오늘은 이렇게 어그러져, 저 한발을 끌어왔느냐. 곡식은 나날이 마르니, 우리 먹을 것이 아득하다. 사람이 앞으로 남지 않으면, 누구에게 먹임을 받을 것이냐. 속히 상제에게 호소하여, 우사(雨師)에게 맹세하라. 깃발이 돌아올 때, 단비가 따르게 하라. 서쪽 동쪽으로부터, 늦지 않고 두루 미치게 하라. 곧 하늘의 아름다움 얻어, 신의 은혜로 다스리게 하라. 희생과 술로 감히 고하니, 군중의 생각을 위로하라.

가신제(家神祭) 축문.

이 명산에 드리오니, 가사(家社)를 영원하게 하소서. 때로 큰 아름다움에 의하여, 일백 창성함 오게 하소서.

제문(祭文)

면우(俛宇) 곽선생 제문. 두 편.

우리 한국 태상황이 승하한 다음 해에 선사 면우선생 곽공이 해외에 글을 보내 한국을 회복할 대의를 크게 밝혔다. 인하여 연옥(燕獄)에 매인 지 수개월이며 집으로 돌아와 제생을 버린 것이 기미년 팔월 이십사일이다. 소자 청천 유해엽은 동기의 상을 당하여 자리를 바르게 하는 때에 달려가지 못하고 삼 개월이 지난 어느 날 감히 생평의 슬픔을 기술하여 형체를 보내고 정령을 맞는 자리에 공경히 제를 올립니다. 오호라. 선생은 아마 학문에 성인인가, 어쩌면 그렇게도 덕과 기예가 많은지. 덕의 믿음은 열 가지 의리에 순응하고, 기예의 베풂은 오경을 다스렸으니 자신에게 하늘이 준 진정한 직책을 거의 다하였다고 할 수 있다. 이 외 한 세상의 치란 둔형의 동기는 옛날 천하에 달한 자도 혹 힘쓰지 못한 것을 선생은 능하다고 할 수 있나.

선생의 세상은 무력만을 오직 단련하니 옥백이 바뀌었고, 형벌로 서로 지녔으니 인의는 수치로 여기었다. 여러 비적이 경쟁하여 날마다 만인을 죽이니 큰 도로 모범을 삼았다. 이것이 선생의 뜻이었으나 하늘이 망치려고 하니 선생이 어떻게 하겠느냐. 살펴보면 고금 역사에 총명예지가 후세에 스승이 될 수 있는 사람이 그 도를 전한다면 반드시 허탄하다고 하고 세상이 막히고 나라가 무너질 때 그 이름을 사모하여 시험하려고 한다면 막아버린다. 혹 시험하여 몸을 굽힌다면 저 시대에 막힌 자도 역시 구차하게 그 도를 행하려 하지 않고 반드시 그 뜻을 말만 내세워 이치를 밝히는 경지에 행하여 내 충성을 선왕 선성에게 바치려 한다. 엽이 선생에게 또 어찌 선왕선성의 도가 지금에 있지 않는 것으로 선생을 그 학문을 두고도 혹 지대지광한 용도에 미진하다고 의심하겠느냐. 처음에는 백가의 첨사방유(尖斜尨糅)한 문을 배척하여 정도에 올리려고 하니 연연한 그 단서를 후세에 전하였고, 중년에는 청명순일(淸明純一)한 정성으로 위로 달하여 익익한 그 문채가 외부로 드러나서 백일에 맹세하니 근심이 천고에 얽히었고 청상이 기운이 되어 사방 이적에 분기가 가득하여 고산장곡(高山長谷) 사이에 엎드렸으나 붓대 아래 돌아보고 지시하는 책략이 비등하여 때로는 시대의 영준을 편달하여 만리에 분주하게 하였고, 묵묵히 천명을 준조절충(樽俎折衝)의 자리에서 기다린 시간이 이미 오래되었으나 큰일이 이루어지기도 전에 긴 뜻이 갑자기 둔하여지니 이것이 선생의 마침이다. 오호라, 인간 세상은 흥망이 서로 물려주니 끝내는 반드시 사명자의 관리하는 바이다. 이것을 또 선생이 어찌하랴. 돌아보면 나 소자는 선생을 따라 논지 이십여 년이다. 상반은 차츰 미언(微言)이 기쁘다는 것을 알게 되었으나 힘써 하지를 못하였고 하반은 난리에 곤경을 치러 누차 시대에 넘어졌다. 스스로 걱정하는 것은 반드시 지극히 사랑하여 전해준 명성(明誠)을 받들지 않는 것은 아니지만 돌아보면 그 행함은 아니었고, 스스로 기약한 것을 반드시 선고의 이 학문의 큰 업을 따르지 않는 것이 아니지만 시대의 좌절이 심하였다. 어느덧 한두 해를 지나니 어리석음만 몸에 남고 선생은 또 이렇게 되었으니 인하여 스스로 슬퍼하며 소자가 어찌하여 천하가 태평무사하고 문명의 시대에 일찍 태어나서 조금이나마 생평에 탐구하지 못한 뜻을 거두지 못함이다. 오호라, 봉황도 오지 않고 하수는 그림자도 나오지 않으니 선생의 도는 끝났도다. 어쩌면 도가 끝났다고 그 몸도 아울러 하늘아래 땅위에 남기지 않으려는 것인가. 우러러보면 철상철하 일월불간(日月不刊)의 아름다움을 담은 유문(遺文)이 있으니 도는 다시 이을 수 있으나 이 책임이 어쩌면 후대에 없는 것인가. 과연 후대에 없고 싶지 않다면 명령(明靈)은 묵묵히 도우시어 이 세상 이 백성에게 넓이 혜택을 주소서.

면우선생 두 번째 제문. 천장시(遷葬時).

아! 세상은 오래되었고 아! 지역은 아득하다. 하늘은 쉬지 않고 수사(洙泗)의 물이 낙양에 주입하였다. 낙학(洛學)이 동방에 쇠하니 뭇 장님 분주하였다. 시대가 염려되니 후대가 없었다. 하늘이 살피시어 측은히 염려함은 어떻게 후하게 할지. 선생 마침 탄강하니 창성할 수 있었고 선생 마침 떠나니 이에 망할 뿐이다. 무엇이 성하며 무엇이 망하느냐 저가 실로 주장하였다. 비록 마음은 상하지만 시대에 둔함을 어쩌랴. 오직 하늘은 머리에 있고 오직 땅은 발에 있도다. 나는 그 사이에 살고 있으며 삼재(三才)에 나열되었다. 실행은 하지 않고 허명에만 의지하였다. 이 술수를 다하면 죽어도 살았다 할 수 있다. 아! 우리 선생은 상제의 명이 진실로 이것이었다. 질은 없어지고 신은 남았으니 왕철과 함께 아름답다. 이미 없어지지 않았으니 또 무엇을 비애하리. 막힌 것은 자취이니 탄식하지 않을 수 없다. 의구(衣屨) 다시 나타나니 영령은 보시리라. 빛나는 빛을 볼 수 없으니 사해에 부칠 곳이 없다. 가조의 산 창창하고 가조의 물 앙앙하다. 부앙하며 탄식하니 눈물이 잔에 넘친다.

척암(拓庵)선생 김공 제문. # 필자(해엽)가 척암에게 삼정문란을 비평하여 유배된 바 있던 종조부의 비명을 청하여 쓴 제문

순과 우가 서로 전한 십육 자의 말. 여기에 편한 자는 성인이며 여기에 힘쓴 자는 현인이다. 선생은 이를 일삼아 구순에도 부지런히 하였다. 태어나 말세를 만나 도깨비처럼 달리고 짐승처럼 뛰었다. 담소로 지휘하고 눈물로 막았다. 높고 낮음을 힘으로 할 수 없어 저 하늘에 호소하였다. 오호라. 아침 햇살은 여러 눈이 보는 것이며 성인의 도는 여러 마음이 쓰는 것이다. 남긴 말씀 여기 있으니 백 대에 암송할 만하다네.

이강재(李剛齋)[22]선생 제문.

높은 것은 태산이며 밝은 것은 일월이다. 내가 공의 빛을 보니 그 아름다움에 짝이 된다. 나라에 있을 때 도리를 스스로 옥같이 하였다. 광거(廣居)에 진달하니 항아리 속의 가죽묶음이었다. 정려(鼎呂)는 등에 나타나고 승규(繩規)는 발에 있었다. 입은 유경(六經)이 기름칠 한듯하고 귀는 오음(五音)을 분석하였다. 선비는 강의를 사모하니 옥패가 수풀 같았다. 영남 천리에 우리 국화(國華)를 내걸었다. 아! 혼잡한 시속이 올바름을 미워하고 사특함을 좋아하였다. 어금니와 손톱을 세워 깨물고 치는 것을 좋아하였다. 많은 재앙을 빚어내어 온 세상에 날뛰었다. 오직 동방의 물결이 우리 중경(中京)을 덮었다. 백성은 고기처럼 가두어 오오하니 공이 위북을 결성하였다. 하늘에 피를 뿌리니 옛 구역을 회복하려 하였다. 삼항(蔘港)을 다시 밟고 길림(吉林)에 외로운 뗏목이었다. 나라의 죽음 치료하기 어려우니 연로하고 지모도 해이되었다. 아득한 노나라는 해륙에 망망하였다. 공이 가서 제나라와 협조하니 부자의 사당이었다. 꿈에 성인의 명을 받으니 중화를 두루 돌았다. 이때 구주(九州)는 빈 그림자로 서로를 능멸하였다. 아름은 우왕을 섬기면서 혼은 구미(歐美)에 사양하였다. 선생이 크게 웃으니 우주에 홀로 높았다. 터질 것 같은

---

22 이승희(李承熙 1847~1916) : 호는 강재(剛齋). 대한제국기 위정척사운동에 앞장선 유학자. 항일운동가.

애원(哀怨)은 쏟으려 하여도 구멍이 없다. 상제가 서성임 민망히 여기고 성초(星軺)로 높이였다. 살아서 간 길을 관으로 동방에 돌아왔다. 붉은 명정 펄럭이며 만백성이 길에 미어졌다. 눈물로 서로 맞으니 강풍(江楓)에 소리가 연하였다. 어쩌랴 이 미천한 종적 시대에 막힌 지 오래인 것을. 늦게야 앎을 맞으려고 백년에 서신 하나로 행하려 할 때 부고가 천말에서 놀랐다. 살아서는 삼상(參商)으로 괴로웠고 죽어서는 궤연에 질문하네. 일천 생각 기울여 한 장의 종이에 쏟는다.

매서(梅西) 김공 제문. 청곡원(淸谷院) 유생을 위함.

오호라. 국수(國粹)를 못 본 지 오래되었다. 하수(夏收) 은한(殷嘑)은 모두 금고에 걸리었다. 공의 실내에 들어가면 총각 장보가 모두 제강노희(齊姜魯姬)로 그 보첩을 바꾸었다. 효공의 세대에는 의조인문(義祖仁文)이었다. 사방 거리에 활을 지고 다니는데 혼자 문무(文舞)를 지었다. 아직도 돌을 다듬어 하늘을 보충하려 하였다. 내 그 모습을 보니 겨우 늙은이를 넘어섰다. 온통 장한 마음으로 천고를 어루만졌다. 세상에 바뀌지 않고 자나 깨나 함께 하였다. 뜻은 불어나 뒤를 여유롭게 하고 영욕에 편안하였다. 경전과 역사로 앞길을 닦았다. 내 타고난 양심으로 혼탁한 곳에 맑음을 떨쳤다. 유궁(儒宮)이 연달아 무너지니 시대의 노여움을 만났다. 서로 믿고 의지하였으나 묵수(墨綏)가 사방에 널려 있었다. 오직 이 청곡이 낙무(洛廡)를 계승하였다. 이 중한 임무가 있으니 어찌 저들의 거슬림을 걱정하랴. 절간에 결하(結夏)하여 옛 경전을 서로 문답하였다. 마음을 이치라 이름하고 동강(東岡) 선조의 자취를 따랐다. 점차 나날이 확장되니 큰 물결에 배를 준비하였다. 대명이 임박하니 호연할 뿐 어찌 이상하랴. 앓아누운 지 삼 년이나 인술을 빌리지 않았다. 원예(院隸)가 문을 두드리니 갑자기 부고를 받았다. 숱한 정서 속에 차니 가물가물 호소할 길 없다. 등불에 잔 올리니 비 오듯 눈물만 흐른다. 영령이 계시니 돌아보기 바랍니다.

@ 맹의자가 "삼왕의 관이 각기 다름은 어째서이냐." 하니, 공자는 "주의 변과 은의 한과 하의 수가 일반이다. 삼왕이 모두 피변을 하였는데 소유위모는 주도이며

장보는 은도이며 무추는 하의 제도이다."하였다.   懿子曰: 三王之冠, 其異何也? 孔子曰: 周弁, 殷哻, 夏收, 一也. 三王共皮弁, 素綏委貌, 周道也, 章甫, 殷道也, 母追, 夏後氏之道也.〈家語〉

이경재(李耕齋) 제문.

내가 고금을 헤아려 보니 하늘이 두루 생각하였다. 선함을 내려 세상을 부지하였고 시기를 살펴 주기도 하였다. 노중련은 제나라에서 진나라를 꺾어 높게 칭하였고 충간공은 송나라에서 금나라의 간담을 공허하게 하였다. 우리나라가 망하니 대의도 어두워졌다. 이때 밝음을 계승하는데 누구를 기다려야 하는가. 지난 기미년에 나라에 태양이 없어졌다. 시호(豹虎)가 길에 가득하니 산 사람이 죽어 이별하였다. 선생이 높게 꾸짖고 흰옷 입고 북으로 떠났다. 천하의 의리를 거두니 가슴 가득 향기로웠다. 매복이 오나라로 도망하고 노자가 함곡관을 나가는 것과 같았다. 거친 저 안현은 용만의 곁에 있었다. 변방은 황무하고 사는 사람은 시록(豕鹿)과 같았다. 무엇이 누추하랴 오직 신만이 아름다웠다. 호표(虎豹)의 빛남은 감출 수 없으니 문장이 때로 나타났다. 주공 공자의 성정으로 세상을 위하여 조문하였다. 나는 빈 나라에 처하면서 폐백으로 성명을 통하였다. 천루함을 잘못 인정하고 정신의 교류가 가볍지 않았다. 어렵게 서간을 전하니 정감이 은근하였다. 만나지 못한 지기로는 선자(先子)도 부끄럽지 않았다. 죽어서는 전기를 기술하였고 상중에는 글로 곡읍하였다. 공의 특별한 은혜 받은 것은 사해에 나뿐일 것이다. 보답할 길 없으니 하늘 끝에 아득하다. 두꺼운 언덕 겹친 물에 혼백 돌아옴 누가 막으랴. 내 늦게 태어나서 오래도록 세상을 함께 못함을 원망한다. 산하의 흉한 소식 이 해에 어찌 놀람이 많으냐. 나라의 죽음은 회복할 길 없는데 공의 생애는 한계가 있다. 온통 빙옥 같은 몸을 어느 땅에 묻을 것인가. 오호라. 강화도는 선산이 있는 곳이다. 붉은 명정 물을 건너니 무지개가 외나무다리 같다. 눈물로 속을 쏟아 장막에 대신 고하니 영령은 달과 같아 아득히 비추리라.

외조 양공(梁公) 묘제문.

　생각하면 내 외가는 고을의 명문이다. 공이 끝에서 떨쳐 포의로 깃대를 세웠다. 흥망이 서로 사양하는데 앞서서 살아남았다. 세상 떠난 지 차츰 오래되니 돈독한 의론은 다시없었다. 묘소를 새로 마련하니 영혼이 밝은 듯 하였다. 안(安)과 장(張)은 원래 같은 근원이었다. 화강(火江)은 뒤로 흐르고 푸른 봉우리는 구름에 쌓였다. 아름다운 사손(嗣孫)이 고운 돌로 높음을 호위 하였다. 영현(英賢)의 자리한 바이니 괴이(怪魑)는 물러나라. 백세가 뒤에 있으니 상서를 내려 후손을 살피소서. 선비(先妣)의 생각으로 감히 잊을 수 있나. 들으시면 반기시려나 삼가 작은 말을 아룁니다.

하회봉(河晦峰) 제문.

　도를 몸에 모았는데 몸은 죽어도 도는 소멸되지 않는 것은 그 글을 그나마 믿을 수 있기 때문이다. 글이 흩어지면 도를 형용할 수 없고 도가 숨으면 몸과 함께 사라지는 것이다. 대저 허유 무광(許由務光)의 고매함과 백이의 맑음과 사마천 반고 정자 장재의 문장 이학이 모두 없어지게 된다. 더구나 이 보다 하등의 천지간에 스스로 울리던 공과 같은 이는 지금 역시 죽었으니 나의 곡읍을 어찌 그만둘 수 있겠는가. 그 사람은 붉은 머리에 코가 높고 그 글은 좌항(左行)에서 게걸음을 하는 자가 천하에 충만하여 아침저녁으로 부닥치니 이는 즉 동쪽 원수는 비록 죽었으나 서쪽 위협이 급하다는 것이다. 높은 자리 곁의 졸음은 더욱 깊어지고 뿔이 나고 날개가 난 것이 자칫 우리 만물을 변하게 하는 것이 바로 이 때문이다. 시대를 환영하는 이는 심정이 완전히 달라지고 옛것을 사모하는 이는 세상과 단절하는 것이 늦을 것을 두려워하는 것은 필연적인 이치다. 그러나 하늘은 아직도 있으니 도가 어찌 소멸 되겠는가. 도가 사람 마음에 있는 것이 마치 하늘에 일월이 있는 것과 같으니 일월이 때로는 어두워지기도 하지만 맑은 것이 없어지는 것은 아니다. 인심이 때로는 변하기도 하지만 항상 폐하여지지는 않아서 세상의 구조가 다시 회복될 때가 있는 것이다. 선생이 대유(大有)의 봉함을 받는다면 내가 공을 곡하는 것은 잠깐이고 속마음이 기뻐하여 호탕한 생각을 무궁함에 부치니 이것이 크게 사람들이 바라는 것이기 때문이다. 오호라. 일백 성인의 마음인 무한한 어렵고 큰 사업을 누가 드날려 내세에 일성(日星)이 되게 하려는가. 찬란한 구름같이 아름다움이 이 이치에서 나온 것인데 다시 나라의 돌에 오르지 못하면 후세의 귀신은 어찌나 검소하냐. 밝고 솔직한 평소 언행의 빛남이 한 실내에서 발하여 천리를 비치고 칠십칠 년을 지내고는 마침내 구원으로 멀어지는구나. 청년 시절 남악의 유람이나 지난 가을 석마산의 장소단창(長嘯短唱)은 평생환락의 극점이라 할 수 있고 갈포 옷 등잔불에 시서 예악을 담소하며 위로는 주공공자의 단서와 곁으로 우주군물의 사연을 한번 정취가 있으면 공은 반드시 나를 기다려 다시 이야기하겠지. 이에 잠깐 곡읍하는 것을 나는 그칠 것이니 공은 이해하구려.

유천려(柳川黎) 제문.

공이 지난날 내게 말하기를 타상의 문이 쇠하리라. 높다란 우종(嵎宗)이 늙고 병이 이상하다며, 왕연히 눈물을 흘리니 서로 보며 오래도록 탄식하였다. 공이 먼저 태산에 노니 아우는 뇌사를 보낸다. 온화한 여수(黎叟)여 일시의 명망이었다. 혼자 어찌 출발하였나 병든 생각 더욱 일어난다. 공의 상기 일주년이 못되어 아우의 빈소가 대치하였다. 오호라 오늘이 타상의 문이 슬프도다. 정자에는 빈우도 적어지고 자리에는 술도 시도 없어졌다. 좋은 일 생기지 않으니 누구를 찬양할까. 나는 돌아갈 곳을 잃고 세상고비에 아직 매여있다. 화역(火域)에 목숨 부치니 귀고(鬼鼓)가 재촉한다. 우주의 환몽은 사사로움을 덮을 수 없다. 내 들으니 청도(清都)는 봄바람 가득하단다. 양양한 선철인은 하늘을 짝하여 옮기지 않는다네. 바라는 것은 내 아침저녁으로 뒤쫓아 따라가는 것이리라. 공에 고하노니 아우를 만나거든 그 기약을 이루게 하라.

@ 우종과 아우는 동일인이다.

망제 선부(善夫) 도고문.

오호라 오래 되었구나 내 몸의 반을 버린 것이. 한 손 한 발을 들거나 행하지 못하는 것은 산 사람의 괴로운 것인데 그나마 반 형태를 이끌고 세상에

부터 있고 세상 역시 그 붙인 것을 따라서 사람이라고 한다. 그러나 스스로 나의 남은 것을 살피면 존재한 것이 얼마 되지 않고 오직 의식만이 소멸되지 않고 애락이 무상할 뿐이다. 평범한 사물의 정은 낙에 돌아가기를 바라고 애에 들기를 바라지 않는 것은 모든 사람이 다 그러하다. 내 아우가 있을 때는 한 실내에 이불을 같이 하고 시서와 산수의 낙이 이처럼 성하였으나 내 아우가 죽으니 다시 읽을 것이 없고 어느덧 산자의 슬픔이 죽음보다 심하니 이 삶을 가지고 죽음과 바꾸자고 한다면 죽은 자는 반드시 이마를 찡그리며 사양할 것이다. 또한 사람의 삶이 슬픔에 얽혀 세상을 지난다면 차라리 형체를 거두고 앎을 없애서 어둡고 빈 것에 혼합하는 것이 지루하게 살아 숨 쉬는 것보다 오히려 낫지 않겠느냐. 생각하면 내 나이가 이미 칠십에 가까우니 이 어찌 소망하는 것이 오래되겠느냐. 오호라. 나는 아우의 현명함을 나열하려고 하니 하수가 구리(九里)를 적시니 혜택이 삼족(三族)에게 미친다고 타상 사람은 인을 사모하여 말하면 반드시 눈물을 지으니 내가 거론할 것이 없다. 내가 아우의 뜻을 밝히려고 하니 음양이 교차하여 행하고 해와 별이 훼손되어 떨어지며 먼 곳까지 함께 떨쳐 적아(敵我)가 감개하는 바이니 내가 거론할 것이 없다. 내가 아우의 스스로 속이며 스스로 지키며 지정된 곳 없이 기다리는 것에 대비하려고 하니 옛 성웅 현달 문장 공명의 선비가 상하에 서로 바라보이며 방책에 빛나고 있는데 아우는 한낱 포의로 죽도록 몇 길 봉료(蓬蓼) 아래서 부앙음소하고 그 노는 것을 다하지 못하였으니 내가 무슨 말을 하겠느냐. 세상에는 수고강녕하고 부귀가 한 시대를 기우리며 자손이 좌우에 나열하고 다복함을 누리는 자가 후세에 실려있는데 아우는 인함이 하늘에 통하지 못하여 도리어 후한 벌로 재촉하고 외아들은 북으로 나포되어 아직 돌아올 기한이 없으니 이것이 매우 슬프다. 내가 무슨 말을 할 것이냐. 오호라. 천추는 앞에 있고 만세는 후에 있으니 형해를 나라 중에 크게 아름다운 지역으로 돌아가서 대산을 등지고 거학에 임하는 것을 아우가 일찍이 여기에 뜻이 있지 아니한 것이 아니었고 내 어찌 지난날 지극한 사랑으로 대하며 그 정사를 이루려고 생각하지 않았겠느냐. 그러나 내가 아우를 보호하려는 것이 어찌 여기서 그치겠느냐. 내가 보니 내 앞에 일월이 매우 짧으며 죽은 후의 천지도 아직 크니 나의 정신도 역시 함께 유구하여 길이 있을 것이다. 오늘 나와 아우의 크게 펼친 회포와 크게 소리친 탄식이 이외에 실로 지적할 것이 없으니 이것이 매우 통쾌하다고 할 수 있다. 내 어찌 말하지 않을 수 있겠느냐.

아우의 성품이 자득함을 좋아하여 자신을 속에서 구하고 세상을 돌아보지 않았고 그가 있는 것은 견고함이며 사는 것은 평범하였고 발하는 것은 광채며 그치는 바는 선이었다. 비록 오래도록 아우와 익은 자라도 쌓고 있는 심천후박을 다 알 수는 없었다. 그 논의를 들어보면 곧기는 상소한 후의 기사(奇士)에 비할 수 있고 그 풍도를 바라보면 구곡된 누유와 함께하는 것을 수치로 여겼다. 한 기운의 행함은 가슴이 자연 크고 밝음을 일찍이 폐하지 않았다. 내가 마침 미로를 만나 스스로 분별할 수 없을 때 아우는 언제고 나의 좌우에 있지 않는 때가 없었고 혹 열어서 너의 촛불을 들기도 하고 혹 이끌어 나의 돛대를 돌리기도 하면서 거의 어둠을 헤치고 약함을 부지하여 망망한 가없는 험함을 잘도 건너게 하여 천일(天日)을 한번 보게 하는 것이니 이것이 나와 아우가 밤낮으로 앞으로 가향하던 것이니 돌아보면 어떠하냐. 지금은 얻어먹는 모욕을 아우가 나눌 수 없고 혼자 이처럼 포식하니 이것이 매우 아픔이 된다. 내 어찌 유만(幽幔)을 대하여 길게 애상하지 않을 수 있겠느냐. 오호라. 이는 모두 하늘에 순응하는 말이 아니다. 아우는 나에게 지리(至理)를 개유하고 나의 막힘을 화해할 수 있는 것인데 아우는 막연히 응하지 않으니 헛되게 애상할 뿐이다. 내가 다시 무슨 말을 할 수 있겠나.

망제의 재제문.

오호라 내가 네 얼굴 위의 흙을 보니 봄풀이 두 번째 나는구나. 나는 아직 집안에 있으면서 밥 먹고 시서를 끼고 산수를 대하며 인간 세상 처자의 낙을 싫도록 누리고 있다. 소위 낙이란 것이 나는 즐거움인지 알지 못하는 중에 외부의 사람을 보면 간혹 슬픔을 바꾸어 낙으로 삼는 것이 아닌지 의심한다. 그러나 저는 내가 아니니 어찌 나의 슬픔이 극하며 슬픔을 낙으로 삼는지를 알겠느냐. 대륙은 광활한데 나는 어찌하여 여기 있으며 내세는 아득한데 나는 어찌하여 지금인가. 이것은 나와 아우가 함께하는 것이니 슬픔도 나눌 수 있지 않느냐. 생각해 보니 두 사람에게 생을 받으면서 내가 너의 형이 되니 반드시 네가 뒤를 다스려야 하는데 너는 이루지 못하고 나는 오래도록 세상에 은둔하였다. 반드시 너의 계획을 믿었는데 너는 갑자기 망각하였다. 너의 세상 단촉함이 애석하고 내 명이 긴 것이 괴롭다. 그 길고 짧은 것을 자연히 맡은 자가 있으나 그 지극히 애석하고 지극히 고통스러운 것은 하늘 역시도 나에게 그 정을 비우게 할 수 없다. 또한 너의 삶이 좋지 않은 때를 만나 의분에 강개하여 스스로 천하에 혼자되었으니 혼자된 생을 죽는다고 놓을 수 있나. 네가 죽은 다음 해 을유년에 흑치(黑齒)가 구미(歐美)에 패망하고 동화(東華)가 열방에 나열되었다. 술동이 앞에 춤 한번 추는 것을 나는 아우와 함께 하고 싶었다. 그러나 지금은 동호(東虎)가 죽고 또 장사봉시(長蛇封豕)가 우리 강토를 먹어버려 남북이 요요하다. 내가 인세에 체재한 하루에 대도가 천하에 행하는 것을 혹시 볼 수 있을지 알 수 없다. 무엇으로 너를 상상하겠나 의지할 것은 오직 꿈이다. 슬픔이 더하여 탄식을 발하며 모두 망망할 뿐이다.

질아 동(東)을 슬퍼하는 글.
내가 살면서 험난함을 만나 몸이 기두(箕斗)를 따라 처 한지 자칫 나의 세대 반이나 되었다. 가정을 가진 지 십 년에 장부의 자식 세 명을 연달아 곡하고 사벽이 텅 빈 것 같아 정붙일 곳이 없었으나 당시는 아직 소장시절이라 한낱 그 죽음을 슬퍼할 뿐이지 내 삶의 슬픔은 알지 못하였다. 어버이가 있으니 감히 어린 것을 위하여 눈물을 보일 수도 없었고 산방 냉등에 스스로 사도문(三悼文)을 지어 자책할 뿐이니 뻣뻣하게 인간 세상의 나고 죽는 것에 대한 정을 잊었을 뿐이었던 것이 어느 덧 이십 년이 되었다. 하루는 선공이 손을 등지고 뜰을 거닐다 나를 돌아보며 한숨을 쉬며 "네가 네 조부의 생년에 태어났으니 네 아우의 아들 동(東)이를 내 생일날 계자로 삼아라. 우리 집안에 이렇게 한 것이 지금 두 세대이다."하였다. 동이가 태어나고 일 년도 못 되어 선공이 몰하고 나는 동이의 명이 선공과 같음으로 제질 중에 더욱 사랑하였다. 동이는 용모가 단정하고 기도가 은혜로웠다. 칠 세에 글자를 익히는데 배운 것은 곧잘 암송하여 마치 판에 인쇄한 것 같았다. 손님이 오면 절하는 것이 의연하여 모양이 있었다. 내가 모친의 빈소를 모시는 것을 보고 장자를 따라 신성(晨省)의 예를 본받았다. 나는 동이를 만지며 선공의 생각에 통한하지 않을 수 없었다. 아! 동이는 금년 팔월에 죽었다. 내가 선사(先師)의 자식을 곡한 글을 읽으니 " 기운이 참담하여 참을 수 없음이여 마치 몽압(夢壓)을 당하여 두려운 것 같다. 나의 악이 쌓인 것인 줄 알지만 앙화를 황구(黃口)로 옮겼구나."하였다. 괴이한 것은 무릇 사람이 탄생하면 명은 하늘에 달렸고 천심은 지공하니 당신에 죄주는 것이 마땅하고 벌이 그 이음에 미쳐서 하민의 선악 구분을 문란하게 하는 것은 적당하지 않다. 더구나 적자(赤子)의 지성은 하늘에 뿌리 둔 것이니 저에게 무엇이 나빠 이처럼 역행을 하는 것인가. 어쩌면 대사명이 정로를 따르지 않고 함부로 사나운 독을 임림한 생치의 번성함에 베푸는 것인가. 오호라. 우리 집안이 선공이래로 대대로 시서 예악을 닦으니 너를 문명이아의 지역에 나가기를 기대하였는데 네가 문득 먼저 변화하고 나도 늙었으니 나는 이에 다시 그 죽음을 애통하지 않고 한갓 내 생의 슬픔이 무거움을 알 뿐이니 슬프다.

권씨 누나의 제문.
내가 처음 강보에 있을 때 누나의 등을 믿었다. 모친의 정은 남아를 중히 여기니 혹시 엎어지면 엄하게 다스렸다. 누나는 구부려 더욱 공손하였고 어린 나이의 선한 태도였다. 장성하여 출가하니 옛 문벌에 가난하였다. 전원은 황무하고 서책만 다스렸다. 남편은 성인을 배우고 도리는 분가하여야 하니 같은 마을로 맞아왔다. 의식 등 자잘한 의무는 오직 누나만 바라보았다. 방아를 찧어 조강이 치마에 묻었고 부엌 연기는 기쁨을 알렸다. 생산은 적고 먹는 입은 많으니 어렵게 자식을 길렀다. 어미 입술 꼼작이면 그 손가락은 화살묶음 같았다. 의복은 때로 헐렁하여 걸음을 빨리할 수도 없었다. 선은 오직 하늘이 돌아보니 점차 식록이 불어났다. 자부가 나열되고 손자가 춤을 추니 좌우가 없었다. 빈객을 청하여 술잔을 나누고 아름다운 취미를 조성하였다. 마을에서는 머리 모아 복된 부인이라 칭하니 누나는 사양한다고 하며,

생각하면 나의 일직은 인연은 공경에 적합하지 않아 한유(寒儒)로 사립을 열었다. 석씨(釋氏)의 세 가지 인내에 고행을 수행함이 먼저였다. 싫도록 세상을 겪고 나니 천천히 쾌함이 찾아왔다. 이미 완성하여 좋아지니 내는 크게 쇠하였다. 저기 저 창산에 즐거운 집이 장차 열릴 것이다. 다행히 부자를 만나면 문장으로 총광(寵光)도 입으리라. 지나친 미사로 사람에게 아첨하면 죽은 자는 도리어 상처 입는다. 오호라 이 말은 누나 덕의 향기이다. 침명(沉明)한 상식과 풍부한 자량(慈良)으로 백옥은 더욱 깨끗하고 규문의 수재였다. 황토로 덮으니 긴 밤이 두텁구나. 동포(同胞) 여섯 집이 남은 아우 두 사람이다. 살았다고 자처하니 호곡함이 끝이 없다. 누나의 혼령은 이를 흠향하고 노하지 말기를 바랍니다.

이씨 누이의 도고 문.

유세차 임술년 칠월 계축에 나의 누이 이씨가 친정집에 왔다가 죽고 다음 날 그 남편 이현탁(李鉉卓)이 부고를 듣고 와서 곡하고 유체를 거두어 돌아가 선인의 조역(兆域) 곁에 장례를 치렀다. 본종의 형 유해엽(柳海曄)이 애통함을 견딜 수 없어 글을 가지고 혼령을 보내며 고하기를, 오호라. 내 누이의 생명이 하늘에 있는 것이 아니더냐. 이미 명이 하늘에 있다면 어째서 수와 자식이 없이 죽어야 했느냐. 죽음은 어째서 그 남편과 함께 자고 깨고 먹고 하는 집에서가 아니었나. 이상하다. 이것은 내 누이도 생각지도 못한 것이었는데 이렇게 되었느냐. 내 누이가 차마 할 수 없는 것을 이렇게 그치니. 내 비록 무명휘장 질그릇 등잔을 상대하여 크게 부르며 내 누이를 원망하여도 내 누이가 변명할 수 있겠느냐. 지난날 내 누이가 출가할 때 모친이 명하기를, "너는 몸을 공경하여 하늘의 많은 복을 받아라." 하였다. 내 누이를 모친의 명을 따르지 못하게 하는 것은 무엇이냐. 이씨는 현명하고 내 누이는 맹광(孟光)*과 같았는데, 오히려 막연히 선은 복을 주고 음은 화를 주는 문에 응할 수 없었다면 내 모친의 명한 것이 반드시 누이를 속인 것이 아니니 누이가 먹지 않고 남겨서 묵묵히 내세에 보답하기를 바라는 것이었으니 타일에 이씨는 누이의 신후가 크게 창성하여 여러 손자가 조역의 복을 받아 창름이 산과 같고 여러 친족이 덕을 돌린다면 누이가 그제야 "이는 내가 남기고 누리고 한 것이 아니냐." 할 것이다. 오호라. 내가 이 말을 누이에게 고하니 내 정은 비록 괴로우나 누이를 위로하는 입장에서는 실로 넉넉하지 않느냐. 암암한 높은 구름이며 소소한 겨울 달이로다. 백운은 새벽을 가리고 긴 바람은 계절을 슬퍼한다. 어째서 한번 가면 죽도록 돌아오지 못하느냐. 막막한 어린 딸은 누굴 믿고 의지하느냐. 외로운 유혼은 누가 주장하며 제사 지내느냐. 죽어서 만약 알 수 있다면 호리(蒿里)에서 서로 만날까. 이것은 도연명이 정매(程妹)를 보내는 글인데 내가 인용하여 슬픔을 스스로 누설하는 것이니 우리 누이는 보거라. 오호 애재라.

* 맹광: 후한 때 사람. 梁鴻의 처. 소반을 눈썹과 가지런히 들었다.〈擧案齊眉〉.

이씨 누이를 애도하며 고하는 글.

슬프다 이매(李妹)야 철사(哲嗣)를 가르치지 못하는구나. 살아서 큰 은혜도 없고 죽어서 큰 슬픔도 없구나. 너를 슬퍼함은 내가 있으니 내 글로서 드러내리라. 네가 태어날 때 부모의 만년이었다. 너를 아들처럼 여기며 사랑을 쏟음이 끝이 없었다. 백설 같은 피부에 옥 같은 모습이 광채가 옷 끝에 따랐다. 난초의 자태 혜초의 재질에 향기가 온 방에 가득하였다. 혼인도 아름답게 하고 영예도 잃지 않았다. 순순히 여칙(女則)을 따르니 남편 집안에서도 대단하였다. 손은 길쌈에 부지런하고 마음은 공경함에 두었다. 구 년을 가정에서 다스리고 복을 쌓았다. 슬프다 나의 누이야 어쩌면 현숙함이 이러하였느냐. 처음 네가 병을 앓을 때 내가 듣고 놀랐다. 이미 사람으로 장성하였는데 어쩌면 그 하늘은 짧았느냐. 네가 여자라도 스스로 기대함이 심히 컸는데 뜻은 길고 명이 단촉하니 속이 울폐하여 무너진다. 곡식도 융융하고 그릇도 질질한데 너는 지금 어디 있고 나를 목메게 하느냐. 형체가 부딪치고 생각이 모이니 눈물이 흘러 눈이 감긴다. 형이 부르니 이 잔을 들 것이다.

망처 구씨(具氏) 제문.

지난날 지옹(止翁)이 옥(玉)이라고 경(卿)을 명하였다. 옥이 아니고 돌이면 어찌 여자로 성취하였겠나. 마침 어렵게 되어 궁산에 집을 지었다. 시시로 일이 많아 노동도 대단하였지. 끼니를 이으려고 밤을 새우고 이불을 달아두고 추위에 떨었다. 새벽 방아를 쉬지 못하니 허리도 수척하고 산통(酸痛)하였다. 더구나 양친에 일백 보양을 갖추었다. 여러 친속이 제대로 못함을 경을 의지하여 하였다. 잠규(箴規)를 날마다 들이고 쟁우(爭友)가 이웃이 되었다. 약한 몸에 일이 많으니 나라라면 노력하는 신하였다. 의기가 투합하여 좌우에 서로 만났다. 찡그리고 웃을 때는 같지 않아도 역시 함께 하였다. 오직 피를 전하는 것은 하늘이 명하는 것이었다. 누차 해산하여도 양육하지 못하였다. 겉으로는 즐겁지만 속은 애달았다. 지극한 슬픔이 변하여 춘풍이 실내에 들었다. 꽃 피고 잎 피어 내 일을 마쳤다. 어쩌나 이 빠른 세월을 천지간에 소소하였다. 그나마 바람은 남은 즐거움을 사람 세상에서 머물러 보려 하였다. 경이 먼저 길을 여니 누구와 함께 처하나. 남긴 그림 벽에 걸고 애통하는 이 잔을 들게나.

애사(哀辭)

매서(妹壻) 심성순 충택(沈性純 忠澤) 애사.

임신년 칠월 갑진에 심군 성순(沈性純)이 달성의 우사(寓舍)에서 죽었다. 잠은 부고를 듣고 찾아가 곡하지 못하고 사사로 애도문 십사 구절을 지어 주었다. 그 글은, "사람이 세상에 사는데 생사가 무상하다. 오는 것은 무슨 공적이며 가는 것은 무슨 소리인가. 삼상(參商)이 서로 기억하니 그나마 이 하늘을 함께 하였다. 흉한 전보가 북에서 오니 고금으로 바뀌었다. 형체와 혼백이 명칭이 다르니 자네는 귀신이고 나는 사람이구나. 무엇이 좋고 무엇이 나쁜지는 명칭으로는 진실을 알 수 없다. 나는 함께 살아서 육신을 움직이고 밥을 먹는다. 자네는 끝내고 완결하니 생각하면 내 곁에 있겠구나. 저 사명(司命)이 주재를 잃어서 이처럼 같잖은 만남을 하게 하였다. 저문 날은 휘장에 머물고 만 리에 구름이 끊어졌다. 누누한 아홉 입이 앞에 가득 슬픈 소리로 걱정하네. 네 원행 어찌 나서나 네 심정 진실로 괴로우리라. 무덤에 참석 못하고 헛된 뇌사만 보내니 나는 범식(范式)*에게 부끄럽다. 네 혼령의 앎을 믿고 글을 비추며 의지하여 곡한다."

* 범식: 후한의 범식이 벗 장소(張邵)가 죽은 뒤 꿈속에 나타나 자기의 죽음을 알리자, 백마가 끄는 흰 수레를 몰고 호곡하러 갔다 한다.

비(碑)

선조 고려 광록대부 호부상서공 유허비(高麗 光祿大夫 戶部尙書公 遺墟碑 並序).

진양지(晉陽志)에, 고을 서쪽 삼십 리에 원당(元塘)이란 마을이 있고 마을의 남쪽 홍림정(紅林亭)이 있는데 우리 선조 고려 광록대부 호부상서 휘 홍림(洪林)이 치사(致仕)하고 물러나 이곳에서 노년을 보냈다. 붉을 홍자는 아마 넓을 홍(洪)자의 잘못 전한 것이며 정자는 휘자라 전한다고 하였다. 오호라. 대단한 덕이 아니면 누가 이러할 수 있겠느냐. 대개 고려와 한국의 사이에 점차 세대가 자리를 양보하고 점차 사물이 바뀌어 지금은 구름이 아득한 사이에 소위 누각이나 연못과 정원의 웅장하고 화려하였던 모습은 없어지고 땅이 되어서 완연한 하나의 비탈뿐이며 소위 문장 그림 등의 전해오는 유품도 없고 영향이란 오직 높다란 하나의 암석뿐이다. 생각하면 선공이 이미 몸이 재상의 반열이었으니 그 당시 조정에 서서 음양을 섭리한 덕이 충분히 그 지위에 알맞았을 것인데 사씨(史氏)가 전하지 않았을까. 혹은 가득참을 싫어하고 검소하게 살면서 오로지 겸양함을 지키며 금자은청(金紫銀青)의 자취를 물리치고 돌아와 향사입극(鄕社笠屐)의 반열에 참여하여 한가롭게 시간을 보내며 혁혁하였던 자취가 나날이 숨어들고 그 성대하게 아물거리던 것이 봄 가을 즐기고 노는 냉락한 행와(行窩)의 지역에 입혔던 것인가. 그렇지 않다면 어찌 역사에 공이 보이지 않고 유독 이 지방에 저처럼 빛나는 것일까. 시경에 헌헌한 좋은 덕이 백성과 사람에게 적당하다고 하였는데 공이 이것을 이 지방 사람에게 얻은 것이 분명하다. 이상한 것은 진(晉)의 두원개(杜元凱)가 이미 오(吳)나라를 평정한 공을 세우고 두 돌에 새기어 위로는 현산(峴山)에 두고 아래는 한수(漢水)에 던져 오직 스스로 대하기를 후하게 하지 않을지를 두려워하면서 지나치게 무궁한 염려를 한 것은 어째서일까. 옛 현인이 말하기를 하는 것이 없는 것을 하는 것은 천리이며 하는 것이 있는 것을 하는 것은 인욕이다 하였는데 두원개는 이것을 스스로 기뻐하였다. 그러므로 명성에 누를 끼침이 심하다. 어쩌면 우리 선공은 그렇지 않아 덕은 하는 것 없이 높아지고 명성은 하는 것 없이 수를 하며 정자는 하는 것 없이 견고하여 오늘에 이르도록 오래되니 공을 잘 찾는 자는 당연히 옛 현인의 하는 것 없다는 경지를 깊이 생각하여 보면 거의 공의 공됨을 비슷하게 알 수 있을 것이다. 우리 후손의 사모함이 어찌 그만둘 수 있겠느냐. 한국 태황 갑오년에 영남의 종족이 정자 좌우에 주민이 경작을 하므로 누차 자사에게 호소하였고 자사는 삼분의 일을 잘라 정자에 귀속하게 하였다. 이윽고 금전을 갹출하여 유허비를 건립하고 송문충공(宋文忠公)이 표문을 지어 돌에 새겼다. 후 삼십오 년에 후손 해엽이 삼가 명을 드린다. 명은,

"아! 공열의 선조는 옛날 목목하였다. 역사에 전함이 빠진 것은 글이 빠지고 신이 숨긴 것인가. 세상을 논함도 기술이 있으니 그 처음을 잘 생각하는 것이다. 흔적 있는 선대의 아름다움은 직위가 광록이었다. 섭리를 하는 것이 직책의 목표였다. 임께 충고하는 것이 비축된 모유(謀猷)였다. 실천함은 공에 있으니 빛을 냄은 누구인가. 물러남 허락하니 엄숙함 향리에 있었다. 산은 비고 물은 빠르니 좋은 명성 나날이 맑았다. 어떻게 성하여졌냐고 하는 것 없는 것을 기루었다. 얼굴의 빛남은 일월이 솟는 듯하였다. 영령 돌아보시니 강 단풍 강가에 있네. 후손이 사모하여 돌에 새겨 향기를 더하네. 오랠수록 더욱 빛나 천년을 밝히리라."

선조 충찬공(忠贊公) 제단 비.

두릉(杜陵)은 단성현의 북쪽 삼십 리에 있다. 그 동남의 산들은 산의 기세가 더욱 아름다워 얽히고설켜 나누어 행하는 형세가 마치 군룡(群龍)이 서로 잡으며 앞으로 행하는 것 같다. 북쪽의 한 산기슭을 보면 뻗어서 그 오는 것

이 보이지 않고 서리고 앉아서 그 보내는 것이 보이지 않는다. 오목하게 처하여 좌우의 여러 능선을 돌아보면 서로 아울러 한 계곡의 물 나오는 출구로 머리가 나란히 있고 상서로운 빛이 집중한다. 중간에 큰 무덤이 하나 사척이나 융기하여 있는데 소위 단비잔민(斷碑殘珉)의 남긴 표적이 없고 그 북쪽을 따라 일궁(一弓) 정도 가면 우리 십일 십이 대 두 선조 양위 네 봉분이 유방(酉方)을 마주하여 있고 오직 한 산소만은 사좌를 베고 앉은 것이 유독 큰 무덤에서 이상하게 보였다. 갑술년 시월에 내가 두 선공의 세일제(歲一祭)에 참석하고 이윽고 여러 족인과 남쪽 언덕에 올라가 개연히 돌아보고 탄식하기를 "이 높다란 것은 과연 누구 씨의 무덤이냐." 잡기에 묘지에서는 사람이 슬퍼하지 않아도 자연히 슬프다 하였는데 더구나 남의 집 선조의 상전하는 조역에 지난 세월이 아득하여 한적하게 변하고 홀홀하게 초부와 목동의 마당으로 되어가는 것이겠느냐. 내가 지난 가첩을 참고하여 보고 이목이 미친 바로는 개인적으로 사실을 얻었다고 하여도 참람하지 않다. 일찍이 보첩에서 얻은 것으로는 충찬공의 두곡 모묘(某墓)란 설이 이를 근거로 틀리지 않다는 것이 하나이며 일로 상고하여 보면 분묘를 만들고 계단을 나열한 엄정함을 본다면 네 봉분에 비하여 하나로 그리듯 한 것이 두 번째이며 지역에 점쳐본다면 두 선공은 충찬공의 적자 적손으로 세장의 반열에 따른 것이 세 번째이다. 또한 우리 집안이 임진년 흑치(黑齒)의 변에 사방으로 분찬되어 선인의 구묘를 봉할 수 없었다. 이보다 앞서는 집안에 조기(趙岐)의 유명(遺命)을 잃었고 이보다 후에는 세상에 염인(髥人)의 밝게 전해주는 것이 없었으니 슬퍼한지 오래되었다. 이 세 가지 증거가 탁연한데 충찬공이 아직도 후손의 무궁한 보답을 받지 못함은 어째서인가. 혹자는 "의심나는 제사를 지내는 것이 과연 예인가." 아니다. 내 들으니 옛날에 땅 이름을 사랑하여 경현사(景賢祠)를 건립하였다고 하였다. 이 예라는 것은 의로서 일어나면 하늘에 맞는 것이다. 묘소를 바라보며 단을 만들고 제사를 지내면 이 예는 기운으로 합하여 땅에 맞는 것이다. 하늘은 멀고 땅은 가까우니 베푸는 바가 각기 해당하는 바가 있다. 이는 예로부터 인인 군자가 충침(忠忱)하고 효자(孝慈)하는 도리로 땅에 근본을 두어 하늘에 달하는 것이다. 이에 서로 단을 큰 무덤가에 만들어 종족을 모아 해마다 예를 수행하기로 하였다. 공의 휘는 지(池)이며 부인 정씨(鄭氏)는 진사 정양석(鄭良錫)의 딸이다. 그 생졸년월은 모두 전하는 것이 없다.

구대조고 단계(丹溪公) 제단 비.

공의 휘는 혁(爀) 자는 휘중(輝仲)이다. 출생은 강성현의 단계(丹溪)라 하여 후인이 칭하기를 단계거사라고 한다. 소시에 종형 엽(曄)과 함께 수재로 명성이 중하였다. 세상에 과거하지 않았으니 그 인물과 문장과 행실의 대강이 내세에 나오니 나라에서는 관덕원지(觀德院志)와 향촌에서는 양촌(陽村)의 뇌사에 욱연하게 모범이 되었고 그 빛을 소급할 수 있다. 오호라. 실속이 무성하면 명성은 자연히 사라지지 않으니 귀신에게 어떻게 공을 있게 하는가. 글이 없으니 감개한 빈 그림자를 자손은 또한 어찌 유감이 없겠나. 난후에 묘소를 세운 것이 역시 전하지 않는다. 지금은 제단으로 유씨 세장 곁에 제향을 하는데 그 지방은 가재(可才)라 한다. 두 선비는 이씨 윤씨(李氏 尹氏)이고 그 두 배위는 이씨 정씨(李氏 鄭氏)로 제단에 병렬하여 제사를 폐하지 않았다. 공은 후세에 정신을 천지에 영구히 하여 우리 후손 억만을 무궁하게 보호하리라.

임진년 의사 유공 기적 비.

지난날 잠수 기공(潛叟奇公)이 한응성(韓應聖)의 의로운 죽음을 거론하면서 "장자가 백이와 도척의 이익에 죽고 명성에 죽는다는 것을 설파하였는데 천하 명교(名敎)의 최대한 속임수였다. 그러나 오히려 방외의 우언(寓言)이라고 핑계하지만 가생(賈生)이 또 조술(祖述)하여 탐부는 재물에 따라 죽고 열사는 명성에 따라 죽는다하니 아! 잘못되었다. 열사가 따라 죽는 것은 의리이다. 의리란 위하는 것 없이 하는 것이다."하였다. 내가 단구지(丹邱志)에 유공보춘(柳公寶春)[23]이 진양에서 전사하였다는 것을 읽고 이를 특서한 것이다.

---

23 유보춘(柳寶春) : 임진왜란 시 진주성 전투에서 싸우다 죽음

처음 청천군(菁川君) 휘 번(藩)이 고려 말에 보봉산(寶鳳山)에 들어가 자정(自靖)하고 호를 벽은(僻隱) 선생이라 하였는데 선생의 팔대 영산령(靈山令) 우(宇)가 김씨를 취하여 오자(五子)를 낳고 장자 재춘(載春)은 일사(逸士)로 저명하고 다음 경춘 보춘 성춘 의춘(慶春 寶春 成春 宜春)은 모두 벼슬하지 않았다. 보춘공은 난후에 그 구묘와 배위의 성씨도 역시 전하는 것이 없다. 김여필(金汝彌) 권극형(權克衡) 두 사위는 보첩에 전한다. 잠은 생각하기를 공은 당시 조정의 일명의 반열에도 끼이지 않았는데 특히 의리로 남정(南征) 장사의 뒤를 따랐다. 그 일은 일월에 세워 일산이 되고 풍상을 질타하여 노여움이 되어 머리 숙이고 창을 들어 돌격하여 앞서 달려가 마침내 계사년 유월 이십구일 진양 함성(陷城)의 변에 운구(殞軀)하니 마침내 나라에 소문이 났다. 오호라. 내 들으니 남의 밥을 먹는 자는 남의 일에 죽는다고 하였다. 공은 무엇을 먹었을까. 이미 죽었으니 나라는 무엇을 보상하였나. 역경(易經)에 무인의 정함에 이로운 것이니 뜻을 다스림이다. 하였다. 어쩌면 공의 뜻이 이미 다스려진 것인가. 어찌 후인이 그 이름을 유사에게 알리고 좋은 벼슬의 하사를 받고 내세에 묘식(廟食)하는 것이 무엇이라고 그 밝고 빛나는 것을 스스로 꺼림직하게 하겠느냐. 그러나 천리는 소멸되지 않고 공론은 아직 있으니 영풍(英風)은 우주에 가득하나 명성은 풀숲에 영원히 잠기니 남방의 선비는 지금도 슬퍼한다. 이로서 큰 돌에 공의 이름을 싣는 것이니 태평을 누리는 오늘의 국내에 거듭 개탄한다.

타상(沱上) 유씨 세장(世庄) 비.

처음 목헌(木軒)선생이 타상으로 분가하여 새 집으로 들어가는 날 축원하기를 "여기서 노래하고 여기서 곡하고 여기서 종족을 모으고 후세 자손이 쇠함 없이 이어가기를 바란다."하였다. 선생이 몰세한 후로 사람이 보유하지 못하고 문권을 만들려고 하니 내 조부 식호옹(式好翁)이 듣고 "선생이 일찍이 명하였다 감을 게을리할 수 없다." 하고 마침내 보유하는 것을 전임하였다. 이에 사대에 이르렀다. 내 증조 조부 여기서 태어나고 내 부친이 여기서 태어나고 나와 아우 식(湜)이 여기서 태어났으니 비록 혁혁한 명성은 없으나 세대의 규범은 감히 자만하지 못하였다. 한국의 말년에 국인이 흩어짐이 마치 급류 같아 그 거처를 대대로 보유하는 이가 드물었다. 나는 타상에서 남강으로 뜬지 칠년에 월악(月岳)의 아래로 들어가서 기둥이 검어지려 하니 엉성하던 모발이 모두 백발이 되었다. 하루는 자손에게 명하여 작은 돌을 옛 살던 곳에 세우게 하고 전인이 남긴 아름다움을 포현하였다. 혹자가 말하기를 "이 구구한 것을 왜 이렇게 하느냐."하니 옛날 공자가 소원(少原)의 들에 나가 노는데 어떤 부인이 초택 중에서 매우 섧게 곡읍을 하기에 제자에게 물어보라하니 "나무를 하다가 내 비녀를 잃었다. 이 때문에 곡을 한다."하니 공자는 "이게 무엇이 슬프냐." 하니 "내가 슬퍼하는 것은 옛것을 잊지 못하여서이다."하였다. 무릇 사람의 정은 사랑하는 것이 근거하여 발하는 것이니 이는 자연스러운 것이다. 자연을 따라 잊지 못하는 것으로 들어가니 누가 막을 수 있겠느냐. 작은 비녀도 그러한데 더구나 내가 공경하던 고향땅이 아니냐. 기(記)에 예는 그 근본을 잊지 않고 악은 그 태어나게 된 것을 즐거워한다 하였다. 예악의 뜻이 여기에 있는 것이다. 구전(舊傳)에 우리 조부가 집에 거하면서 덕을 이끌고 윤리를 후하게 하여 위인(偉人)이라 칭하였다하니 자손에게 남아 있는 것을 감히 사라지게 할 수 없다. 명을 새긴다. "옛 예전을 상고하니 바다에 제사를 지내려면 하수에 먼저 하는 것은 소중한 것은 본래 시작에 있다. 의지하고 참여함도 멀지 않으니 지팡이와 수레다. 개울과 언덕은 아직도 아름답고 새들도 함께 집을 지으며 뜰의 나무도 교차하여 꽃을 피운다. 후손이 본받고 사모하여 빗돌을 만지고 서로 감탄하며, 남긴 규모를 받들어 무궁하게 기다릴 것이다."

묘갈명(墓碣銘).

선조 지재(止齋)선생 묘갈명.

구한국 인종 명종 때 정치와 교화가 융성하였고 선비는 다투어 탁마하여 스스로 나타내었으며 여항 봉필(蓬蓽)의 아래에서도 그 생활이 걸핏하면 서로 예의를 차렸다. 구전(舊傳)에 동쪽 마을 은자가 상을 거하며 문답을 하기를 어떤 선비 한 사람이 부친이 겨울에 죽었는데 추위도 끼어 입지 못하고 거처도 아랫목을 찾지 못하여 스스로 어쩌지 못하니 어떻게 하여야 하냐. 하니 몸이 가볍다고 하였다. 모친이 여름에 죽었는데 한주먹 크기의 새끼줄이 머리에 있고 삼물(三物)의 상복이 몸을 떠나지 않아서 그 모습이 매매(梅梅)하여 누차 위경에 처하니 어떻게 하여야 하느냐고 하니 예가 중하다고 하였다. 어찌하여 몸이 가볍다고 하느냐 하니 추운 날의 군자는 어버이가 밖에 있는 것을 생각하고 나 역시 밖에 있으려고 하니 몸이 역시 가벼운 것이 아니냐. 오뉴월에 무더위가 극성인 때 사지가 시들려고 하는데 상복이 몸에 있으니 예가 역시 중한 것이 아니냐. 진실로 전성의 유제(遺制)를 수행하지 않는 이라면 누가 해내겠느냐. 운창 이공(雲窓李公)이 단성지를 편집하면서 그 문답을 채택하여 선생의 사적에 하나둘 실었다. 유공 모는 삼대로 무인이면서 부모의 상을 거하며 일체 주문공의 가례를 따랐고 곡읍과 전죽과 최마 등 제반 의식이 모두 전칙이 되었으며 서재를 두고 독서하며 문달을 구하지 않았다. 조정에서 일찍이 충순위의 직함을 가하였으나 출사하지 않고 자호를 지재거사라 하였다. 살펴보니 이공의 숙부 삼로(三老)는 실로 선생의 여서이고 선생의 내외간을 당한 것이 겨울과 여름으로 나누어 있으니 당시에 몸은 가볍고 예가 중하다는 등의 논의는 아마도 선생을 목격하고 전한 것이리라. 어찌 후세의 분분한 귀로 듣고 의희하게 말하는 것과 동일하게 이야기 하겠느냐. 선생의 휘는 주(宙) 자는 태곽(泰廓)이다. 황고 만정(萬禎)은 중훈대부 장기(長鬐)현감이며 황비 연일 정씨는 증 참판 정견(鄭堅)의 딸이며 황조 연(淵)은 경상우후 경기수사이며 황증조 종평(從平)은 절충장군 용양위 부사직이다. 칠세 조 휘 번(藩)은 공조전서로 청천군에 봉하여졌고 명절로 합천 노봉원에 배향되었는데 호를 벽은(僻隱)선생이라 하며 묘소는 지금 고을 북쪽 지마고개 건좌의 언덕에 있다. 부인 유씨의 관향은 문화(文化)이고 묘소는 부장하였다. 네 자녀를 두었는데 부춘(敷春) 시춘(時春) 이며 딸은 이삼노(李三老) 증 승지 김승숭(金承崇) 군수에게 출가하였다. 부춘의 남은 엽(燁) 시춘의 남은 혁(爀)이며 딸은 최충립(崔忠立) 이여정(李汝楨)에게 출가하였다. 오호

라. 불초가 선생의 후 이미 십 세대이다. 기타는 듣지 못하였고 특히 선생의 서재 이름에서 또한 멀리 추고한 것은 주역 간괘의 단사에 간은 그치는 것이니 그 자리에 그치는 것이다. 하였고 정자의 해석은 사물은 반드시 규칙이 있다. 아비는 자애에 그치고 자식은 효도에 그친다. 만물과 서사가 각기 그 자리가 없는 것이 없으니 그 자리를 찾는다면 편하다 하였다. 선생은 예에 거하는 것이 바로 여기에 그쳐 편안한 것이로다. 묘소에 옛 묘갈이 있으나 음기(陰記)가 빠져 유감이 아닐 수 없어 공경히 명(銘)을 한다.

"그칠 자리에 그치니 편함이 생긴다. 그칠 곳에 그치지 않으면 어그러짐이 이에 싹튼다. 일찍 몸으로 분별하니 후대에 이어줌이 오직 참되다. 세시 명절에 잔을 올리며 돌에 실어 서로 힘쓰자."

통훈대부 행 사간원헌납 유공 묘갈명.

유종원(柳宗元)이 칭하기를 "육질(陸質)이 춘추집주(春秋集註) 십 편을 지어 큰 중도를 밝혀 포장하고 공기(公器)를 들추어내어 세상의 총명한 선비에게 주어 베풀어 밝히게 하였다. 후에 그 책이 나오자 선생은 거유(巨儒)가 되었다."하였다. 내가 일찍이 합천의 만대산(萬岱山)에 올라 선조 평해공(平海公)의 비문을 읽다가 원(元)의 지정(至正) 연호를 쓰지 않고 황명(皇明) 정통을 직서한 것에 이르러 이에 감탄하며 "헌납공이 옛것을 배우고 성인의 남긴 뜻을 통하여 부친의 도를 구천의 아래에 밝혔으니 어찌 진실로 춘추의 쟁쟁한 선비가 아니겠느냐."하였다. 대체로 고려가 원을 섬긴 지 백 년 가까이 되었으니 군신의 명분이 정하여져 동맹서에 기록된 것이 백일처럼 밝은데 정문충공 같은 이는 나라의 원로이면서 원을 배척하고 명을 존중하는 대의를 발론하여 춘추가 동으로 건너온 후 제일문(第一門)이 되었다. 이때 우리선조 벽은(僻隱) 선생이 이 문을 따라서 세 번을 천조(天朝)에 사신을 갔고 헌납공은 이문을 따라서 부친의 묘명을 지으며 평일 가정에 이어오는 의체(義諦)를 곧게 밝힌 것이 분명하다. 인하여 서로 빗돌을 쓰다듬고 감탄하며 돌아왔다. 그 후 십팔 년에 공의 먼 후손 의영(宜榮)씨가 타상보청(譜廳)에서 나를 만나 공의 묘표를 지으라고 잘못 부탁하였다. 구전을 고찰하면 공의 휘는 승유(升

濡)로 소시에 문학을 전공하여 영락(永樂) 갑오에 문과를 하고 사간원 헌납이 되어 간사함을 막고 선양함을 일으키니 조정의 의표가 되었다. 후에 강양(江陽) 산수를 따라 별업(別業)을 두고 거하였다. 여섯 형제들이 연회석을 함께 즐기며 힘써 천륜의 규칙을 닦았다. 두 어버이의 상을 당하여 그 모습이 먹물 같았다고 한다. 공의 선대 돈식(敦植)은 상장군으로 거란 토벌에 공이 있어 진강군(晉康君)에 보해지고 제조(弟祖) 지택(之澤)은 대사성이며 조부 번(藩)은 공조전서로 청천군(菁川君)에 봉하여졌으며 고 백통(伯通)은 평해군수로 판서 한공 철충(韓哲冲)의 딸과 혼인하여 공을 낳았으며 모년월일에 죽었고 묘소는 동군 이사리(伊沙里) 방곡 간좌(方谷艮坐)의 언덕이다. 부인 진양 강씨는 참의 강시백(姜時伯)의 딸로 묘소는 우편에 부장하였다. 두 자녀 중 아들 문옥(文玉)은 충순위이며 딸은 윤처형(尹處亨)에게 출가하였다. 충순위의 세 아들은 하생(河生) 지생(沚生) 호생(祜生)이며 경(涇) 담(淡) 징(澄)은 참봉 빈(濱)은 찰방이다. 나머지는 기록하지 못한다. 오호라. 지금은 우리나라가 망하고 남만(南蠻)의 달력이 세상에 행한 지 어느덧 십여 년이다. 선대 정직한 덕의 남긴 빛을 발할 수 있겠느냐. 공경히 명한다. "성인이 경을 주니 천리가 함축되어 있다. 그 빛이 해가 되니 일백 어둠이 밝아진다. 공은 독특한 안목으로 대의를 들어 돌에 밝히었다. 엄정한 규정이 있으니 뭇 아첨이 굴복하는 바다. 이로써 묘소에 표하니 보는 이는 모두 아름답다 하리라."

외조 농수 양공(農叟梁公) 묘갈명.

구한국 고종 때 고을의 숙덕 선생이 포의인 양공을 따라 많이 놀았다. 역시 금서(琴書) 산수의 오락이 있는 것도 아니며 유독 덕이 깊어 선류를 나날이 따라붙게 하여 참된 바람이 절로 행하니 일시의 문채가 성대하였다. 서로 익히는 말은 "몸을 올바르게 하여 규거를 등지지 않았고 사람에게 혜택을 말로써 줘 서로 모범을 삼게 하며 재능은 백리를 견딜 수 있으나 몸은 노농(老農)에 의탁하였고 현우를 막론하고 명성은 원근에 중하였다." 공은 그러한 사람이었다. 또 말하기를 "얻어도 구차하지 않고 흩는 것을 낙으로 삼았고 일찍이 선에 자처하지 않았으니 누가 그만큼 어질겠나."하였다. 내 선친이 지난날 공의 생관(甥館)이었는데 공이 애서(愛壻)로 대하며 누차 지도하였으나 당시에 아직 연소하여 자신에게 매우 적의한 것인데도 생각하여 보지 않았다. 후일에 항상 찾아뵈는 것을 거르는 달이 없었다. 언젠가 내 모친과 말하기를 "내가 처음 공을 만났을 때는 마치 좋은 음식이 입에 맞지 않는 것과 같았는데 지금은 순박하고 감화되었으니 내 어찌 그 광채를 가까이하지 않을 수 있겠느냐."하였다. 슬프다. 내가 공의 곁을 모실 때 귀에 타이르는 것이 역시 내 부친의 공을 모실 때와 같이 누누한 자상한 가르침이 아마도 내 부친이 공에게 받은 것에 벗어나지 않았을 것이나 어려서 스스로 분별이 없었는데 지금은 죽었으니 내가 비록 공을 애모하고 싶으나 어찌 할 수 있겠느냐. 공의 휘는 치국(致國) 자는 통서(通瑞)로 자호를 농수(農叟)라고 하였다. 선대는 남원인으로 본조가 일어날 때 휘 양사귀(梁思貴)는 관직이 대사헌이었고 중세에 지숙(池淑)은 소경왕 때 창의하여 흑치를 토벌하고 평시서 봉사에 제수되었다. 부친의 휘는 달순(達臣)으로 전주 이종길(李宗吉)의 딸과 혼인하여 공을 낳았다. 무술 오월 이십일에 졸하니 춘추가 칠십 둘이다. 처음 지동(池洞)에 장례하였다가 재량곡(才良谷) 유방(酉方)을 향한 언덕에 개폄(改窆)하였다. 두 배위 순흥 안씨 인동 장씨는 부장하였다. 아들이 없고 사남은 호기(鎬基)다. 네 여서는 권의용(權懿容) 유현수(柳絢秀) 정운교(鄭雲敎) 이모(李某)다. 사손은 종후(鍾厚)로 재성(在成)을 낳고 재성이 실지로 공의 업을 계승하였다. 지금 돌을 다듬어 후에 보이려하니 내가 명을 드린다. "뛰어서 함께 올라 진실로 여기에 묻혔다. 아! 험한 세상 스스로 펴지 못하였다. 예부터 그러하였으니 다시 무엇을 의심하리. 눈물 지우며 명을 하니 앞으로 생각하리라."

외구 지재 구공(止齋具公) 묘갈명.

엽이 나이 십육에 비로소 분동(汾東) 구씨(具氏) 집의 사위가 되었다. 분동의 풍속은 부호에 익숙하여 다투어 진취하는 것을 서로 숭상하고 초라하고 가난한 이가 인의로 서는 것은 드물었다. 대체로 어리석은 듯 스스로 의심하는 것 같고 아니면 마치 스스로 게으른 듯하여도 스스로 궁함을 인하여 조금도 꺾이지 않고 곧장 혼자 행하여 삼고(三古)의 낙을 즐기는 이는 우리 지재 선생 구공에서 볼 수 있다. 선생의 학문은 오로지 속을 채우는 것으로 종지를 삼으니 하늘에는 장점이 있으나 사람에게는 옹졸하였다. 이렇게 고요함이 오래되어 오직 정신만을 지키니 말썽꾼은 말을 걸 수 없었고 기세 좋은 자들은 그것에 누를 끼칠까 염려하니 저들은 외부에 얻은 것이 더욱 중할수록 하는 짓이 거짓에 관계되었다. 나는 시대와 어긋남이 더욱 극하여 하는 바가 실제에 있어서 온전하였다. 좋아하는 바로 사람을 포용하여 나에게 이끌려고 하면 소득이 없고 싫어하는 바로 사람에게 노하여 나를 엮으려고 하나 그를 수 없었다. 밝음에 가까운 것이냐. 이미 큰 것에 서 있으니 사양하는 것에 힘쓰는 것이냐. 이미 마음에서 구하였으니 믿는 체하여 근본을 밝히는 것이냐. 귀신이 싫어함도 없으니 인을 따라 형체가 없고 하늘이 보고 있으니 그칠 것에 그치며 시나 비도 없이 단연히 소질을 보존하여 밝음에 거하려 하였다. 또한 이것으로 선철 숙야의 취지를 엿보았으니 거의 배반하지 않았고 선생이 마침내 따르니 세상에 괴이하게 보여 더욱 막혔으니 어떻게 그 학문을 후세에 넓힐 수 있겠느냐. 선생은 만년에 집안이 빈 것 같고 처자가 기한을 모면할 수 없었다. 세상이 어지러우니 깊이 거하고 혹 일 년 동안 내내 족적이 문밖으로 나가지 않았다. 비록 자서에 사랑받는 엽이라도 선생이 성명의 오묘함을 언급하는 것은 듣기가 드물었는데 어찌 소득의 경중과 본말을 거론할 수 있겠느냐. 옛날 양구산(楊龜山)이 논하기를 당우(唐虞) 이하로 서적이 미비하였는데 성현이 이처럼 많았고 주나라 만년 이래로 진한(秦漢)을 거쳐 지금까지 문자의 많음이 수로 헤아릴 수 없으나 천백 년을 통틀어 한 사람이라도 안자 증자 같은 이를 찾으려 하여도 얻을 수 없다고 하였다. 아마도 선생은 여기에 느낌이 있어서 반드시 고인이 마음 썼던 것으로 한 몸에서 구하려 하였고 문자는 아직 그만두라고 하는 심산이었다. 선생의 휘는 연주(然疇) 자는 국로(國老)이다. 선대는 능주(綾州) 사람이다. 중세에 휘 문유(文游)는 동궁 익찬으로 중명이 있었다. 증대부는 계(榮) 대부는 연(淵)이다. 부친은 인조(麟祖)가 안동 권씨 모의 딸과 혼인하여 구한 철종 무오 십이월 이십일에 출생하여 태상왕 계묘 십이월 삼일에 졸하였는데 당시 나이 사십

삼이다. 묘소는 의춘 덕고(德谷)의 세장(世葬)에 있다. 배위 진주 정씨 원휘(元輝)의 딸인데 역시 훌륭한 행실이 있다. 두 남자는 장은 장서(張書) 다음은 성서(性書)이며 다섯 사위는 이모(李某)와 나와 최모(崔某) 정모(鄭某) 이모(李某)다. 선생이 죽은 지 지금 이미 이십오 년이다. 내 처가 탄식하며 엽에게 "나는 연로하고 아우도 빈한하니 부공의 묘소에 내가 이미 포필을 바꾸어 돌을 매입하였으니 부자는 글로 구천의 빛을 날리게 하세요." 하였다. 내가 이에 두려워하며 명을 한다. "비로소 대위(大僞)를 물리치니 소광(昭曠)한 이 언덕이다. 단정하고 돌올하니 아득히 짝이 없다. 어찌 해탈하고 가셨나요 오직 빛나는 것은 남았네. 천추의 면목을 이 영문(塋門)에 걸도다."

성암(醒菴) 유공 묘갈명.

하늘은 만물을 자양하는 인이 있고 사람이 인에 돈독하면 자신에게 복이 되는 것은 하늘에 있어서는 일상적인 것이 되고 자신에게는 즐거움이 된다. 간혹 반대로 일상이란 것이 변하여 즐거움이란 것이 슬픔이 된다면 이는 또한 어떻게 설명하여야 하는 것인가. 기억나는 것은 내가 유시에 그나마 나의 종조 성암공을 모신 것이다. 공은 키가 크고 풍자가 아름다웠다. 덕은 자상하고 어질었으며 종족과 붕우 간에 조금도 혐의스러운 것을 가하지 않았다. 사람들은 공은 인인이니 하늘이 반드시 싫어하지 않을 것이며 자신에게 즐거운 것을 누리리라 하였다. 업은 부지런하여 성공하였으나 유사에게 천거 받지 못하였고 하나의 아들은 문재가 있어서 마침 시서를 끼고 욱연하게 공의 아름다움을 따랐으나 관례 후에 죽었다. 사람들은 공은 인인이니 하늘이 반드시 생각을 버리지 않을 것이다. 자신에게 복 주지 못한 것은 아마도 잠시일 것이다 하였다. 공의 휘는 원조(遠照). 자는 성집(聖緝)이다. 정유 삼월 일일에 출생하니 헌종의 시대이며 경인 십이월 십육일에 졸하니 고종이 즉위한 이십칠 년이다. 공의 아우 원진(遠震) 손자 해석(海錫)이 공의 아들 만수(萬秀)의 뒤로 출계하여 공과 부인 우씨(禹氏)의 제사를 예와 같이 받든다. 세 딸은 출가하였다. 공의 묘소는 당곡(唐谷)에 있었는데 후 사십칠 년 을해에 해석이 공을 위하여 동지산(冬旨山) 미좌(未坐)의 언덕에 이장하였다. 오호

라. 만물을 자양하는 하늘이 과연 후에 속이지 않고 사인(嗣人)에게 영구히 이롭게 할 것인지. 명을 한다. "누가 감히 하늘을 기만할 것인가 그 눈이 황황하다. 이어서 영원하니 그 오는 것이 무궁하다. 돈독하게 뒤를 펴니 백 대에 이 선함이다. 아직 어린 손자 있으니 이 명장을 만든다. 공이 어쩌면 기쁘게 받아 남긴 빛을 보호하리라."

학생 유공 묘갈명.

공의 휘는 진수(振秀) 자는 우약(禹若)이며 청천군 휘 번(藩)의 후예로 십칠 대를 전하여 공에 이르도록 대대로 청빈으로 전해오고 한 사람도 영리에 관여하여 스스로 시대에 누를 끼치지 않았고 언사와 모습이 질박 솔직하여 보는 이가 질행하는 고가라고 하였다. 증조는 선탁(宣鐸) 조부는 의림(宜林) 부친은 오현(吾賢)이며 배위는 상산 김조한(金祖漢)의 딸이다. 공은 타상에서 출생하여 화현(禾峴)의 후강 경원(庚原)에 장례하였다. 원배는 평택 임씨 후배는 밀양 박씨인데 이 이가 두 아들을 낳아 해영(海泳)이고 해용(海溶)은 출계하였다. 지금 해영이 오랜 고생 끝에 빈한을 떨치고 비로소 누대의 묘소에 표석을 놓았다. 병오 십일월 사일이 공이 죽은 날이고 지금으로부터 사십 이년이다. 해영이 나이 이미 육십이 넘자 탄식하기를 내가 나의 옛 뜻을 갚아야겠다고 하였다. 명에, "공이 일찍 동지에게 말하기를 나는 산중의 나무가 되리라. 재목 못되나 오래 살기야 하겠지 어쩌나 세상에 길이 찌푸려야 함을. 이것은 내 선자의 공에 만장이다. 돌에 써서 내세의 생각을 부친다."

유천려(柳川黎) 묘갈명.

천려자(川黎子) 만형(萬馨)의 자는 자선(子善)이니 나와는 칠대 조를 함께 하였다. 나보다 십 년 장이나 외람되게 아저씨라고 나를 칭하니 어쩔 수 없이 전배고사로 누차 방문한 지 사십 여년이다. 내 어찌 지기라고 하지 않을 수 있겠느냐. 천려의 사람됨은 단정하고 고우며 키는 사척이 못되어 마치 규문의 수려함 같았다. 기성(岐城)으로 유학하여 허후산(許后山)의 문도가 되었다. 당시 허선생이 이학으로 스스로 명하니 뭇 시끄러움이 사방에서 일어나

서로 함정에 빠트리고 돌로 메우려 하였으나 천려는 의연히 더욱 견고하고 흔들리지 않았다. 진학하는 처음에 중부군이 풍비(風痹)를 만나 자리에 누우니 날마다 단사와 금석 약이(藥餌) 등 물을 화롯가에서 달이며 좌우를 떠나지 않은지 팔구년이었다. 마을의 부로들이 보고 감탄하기를 "이는 진정 허선생의 문도이다. 그 인함을 현양하지 않는다면 후세에 무엇으로 권장하겠느냐." 하고 이에 상을 주었다. 계모 박씨는 성품이 엄하고 좋아하는 것이 적었다. 혹 자기를 기뻐하지 않으면 곧 처를 인솔하고 죄를 청하였고 풀려야 그쳤다. 나라가 망하고부터 집이 점차 파락하여 부서진 집이 많은 대나무 밭 속에 있었는데 집 모퉁이에 솥 하나 걸어둔 것이 이끼가 피었고 천려는 혼자 이불을 안고 누어 책으로 눈을 가리었다. 혹 시를 지어 무더기로 책상 곁에 쌓여있으나 스스로 수습하지 않고 담어(蟬魚)가 포식하게 맡겨 두니 사람들이 그러지 말라고 하면 빙그레 웃으며 "나의 참뜻을 보려고 하면 전원 노농의 친구를 찾아가는 것이 좋으리라."하였다. 또 말하기를 "내가 세상에 빈척당한지 오래되었다. 임하의 풍미도 너무 박하구나. 생각하면 생전이 욕됨을 보상받지 못할 것이 확실하다."하였다. 취하면 곧장 탄식하며 세상이 풍상을 차례로 내린다고 욕하였다. 권세를 탄 이들이 간혹 이상하게 여겼으나 신경쓰지 않았다. 하루는 분상에서 서쪽으로 두류산 절정에 올랐다가 돌아와 "내 유람을 극게 하였다. 아마도 해내의 명산이 나를 막지 않을 것이지만 끝내 여기서 그치는 것이다."하였다. 그후 사년에 질병으로 집에서 졸하니 나이 칠십 사세. 부친 치우(致佑)는 경서를 공부하였으나 천거 받지 못하였고 모친 이씨는 안악(安岳) 사람이다. 천려의 상계는 우리 보첩에 자세하니 기록하지 않는다. 아들 하나는 승태(承台)로 다섯 자녀를 낳았는데 딸 하나는 모에게 출가하였다. 전년에 승태가 부친 앞서 죽었다. 천려는 그의 처 윤씨의 묘소가 불이함을 주의하여 동지산 선천의 역내로 옮겼는데 지금 노나라 예로 부좌(祔左)하였다. 명은, "학문의 빛남을 근심하였는데 명인걸 어쩌랴. 뜻의 정결함을 구하니 이 곧음만큼 큰 것이 없도다. 누가 그 아름다움 속이랴 동지산이 여기에 있다."

망제 선부(善夫)의 묘갈명.

　나의 아우 이름은 식(湜) 자는 선부(善夫)다. 구한말에 태어나 기이한 기개로 강개하였으나 스스로 쓰이지 못하고 오래도록 마을에 가리고 경영함이 적으니 알아주는 사람도 드물었다. 항상 말하기를 "내 비록 사사로운 덕을 닦지 못하였으나 가진 것은 오직 하나의 사물을 사랑하는 마음뿐이다."하였다. 재능에 놀면서 시를 가장 잘하였으나 일찍이 읊기는 좋아하지 않았다. 사는 곳에 일찍이 사창(社倉)을 건립하고 선현의 묘를 수축하며 음방(淫房)을 헐고 마을의 다스림을 정리하니 사람들이 정자산(鄭子産)에 비하였으나 포의로 세상에 들리지 않았다. 만년에 정질(貞疾)을 얻어 오십 육세인 갑신 사월 십삼일에 졸하였다. 우동여옹(隅東旅翁)이 자호다. 백마산 아래 석전(石田)의 유원(留原)이 나와 아우가 함께 점한 곳이니 여기에 갈무리하였다.

　명은, "현미(儇媚)는 하늘의 죽임이나 사람에게는 적의한 것이며, 탁락(卓落)은 시대의 버림이나 스스로 기이함이다. 아! 우주 사이에 오고 감이여. 사람에게 헛된 생각을 하나의 비애에 부치게 하는구나."

망처 구씨 묘갈명.

　구유인(具孺人)의 휘는 선(瑄) 자는 옥여(玉汝)다. 그 선대는 호서의 능주(綾州) 사람이다. 어려서 총명하고 손제하여 부친 지재(止齋) 선생 연주(然疇)가 여자로 여기지 않았다. 이보다 먼저 선대의 부유함을 바탕으로 기와집이 좌우로 연결되고 하인이 여러 명이었는데 선생의 세대에 이르러 점점 쇠락하였다. 유인이 일개 여자로 능히 대소사를 다스려 꽤나 자립하였는데 나에게 출가한 후로도 친정에서 익힌 것을 행하니 나날이 더욱 새로워졌다. 이리하여 부당(夫黨)의 존장이나 어린것 안팎이 없이 모두 환심을 얻었다. 내가 연로하여 집에 있을 때 유인과 함께 화원과 과포를 다스리는데 어느 날 문득 나를 돌아보며 탄식하고 "내가 죽은 후에 오늘의 정을 잊을 수 있겠소."하였다. 인하여 분동(汾東)의 부친 묘소에 가서 살피고 겸하여 소시에 왕래하던 여러 친속을 인사하고 집으로 돌아온 다음해 기축 정월 이십팔일에 졸하니 나이 칠십 두 살이었다. 지난해에 내가 유인을 위하여 한 구릉을 신안 소이

(所耳)의 묘원(卯原)에 접하였는데 이때 갈무리하였다. 장차 땅에 묻으려 할 때 내가 애시(哀詩) 삼장을 지어 아울러 무덤 안에 봉하였다. 유인이 누차 해산하였으나 기르지 못하였고 세 딸은 출가하였고 계자는 기형(基馨)이다. 명은, "귀태복(歸太僕)이 그 처 왕씨의 초상에 쓰기를 볕은 온난하고 바람은 따스하며 서리처럼 엄하고 얼음처럼 깨끗하다고 하는 것을 내가 읽었는데 오늘 무덤 속의 사람에게서 분명히 보았다. 오호라. 의채의 단정함을 비쳤고 성정의 참됨을 날렸다고 할 수 있도다."

제수 이유인 묘갈명.

유인 이씨는 합천 사람이다. 선조 때 명유 죽각(竹閣) 휘 광우(光友)의 후예다. 부친 홍주(弘柱)는 자상하고 궤범이 있었고 내 선군과 서로 친하였다. 일찍이 칭하기를 진주 유씨와 혼인은 가정에 알맞지 않을 수 없다 하였고 이로서 유인이 선군의 둘째 자부가 되었다. 처음 내가 월성에 자리 잡은 삼년 만에 아우 식(湜)에게 부탁하기를 처자를 이끌고 나를 따라 궁림 난석 속에서 남은 세상을 마치자. 월성은 단구의 북쪽 구역으로 강해간의 복지이니 당연히 후에 이로울 것이라고 하였다. 그러나 아우가 정질을 얻어 실천하지 못하였고 이어 연달아 한해 두해 지났다. 이때 유인이 여섯 해를 항상 독무와 약탕기 곁에 침식하고 밤이면 명수를 받들어 집 귀퉁이 북극성 아래서 부군을 기원하며 얻지 못하면 폐하지 않으리라 맹세하였다. 오랜 뒤 아우에게 발각되니 조용하게 이르기를 내가 청낭(靑囊) 술을 터득한지 오래이니 경은 심하게 고심하지 말라 하였다. 유인이 비록 울며 따랐으나 가슴에 서린 한 수레 가득함은 스스로 풀지 못하였다. 어느 날 밤에 갑자기 중풍으로 졸도하여 그대로 가버렸다. 고복(皐復)한 다음날 아침에 바람이 삽연하게 이마를 스치니 묵은 병이 마치 약간 깨어나는 것 같으니 아우가 유인이 죽어 귀신이 되어 어쩌면 상제의 앞에 호소하였는가 하였다. 유인이 열일곱에 내 아우와 혼인을 하였다. 아우는 성품이 호탕하여 마을의 낙척한 이와 오가며 놀기를 좋아하였고 자잘한 생업을 다스림은 즐겨하지 않았다. 유인은 희고 큰 덩치에 속으로 심산(心算)이 있었다. 바라보면 마치 장부가 중당에 처한 것 같았으며 크고 작은 여러 일을 많이 알고 있었고 자신에게 박하고 뜻은 후하였다. 사는 것은 망가진 상자와 부서진 궤짝으로 오직 구물을 바꾸지 않았다. 의복은 제사가 아니면 새 옷을 입지 않았고 음식은 빈객이 아니면 화려하지 않았다. 중년이 되어 전원이 조금 유연하였다. 일찍이 여러 자녀와 말하기를 내가 살아간 것은 유비무환일 뿐이다. 후일에 너희들이 내 뜻을 잘 따르는지 내가 무덤 속에 누어 즐겁게 듣게 하라 하였다. 나이 오십 육세인 계미 이월 이십일일에 졸하였다. 임시로 모지에 장례하였다. 두 아들은 장자는 나에게 출계하여 이씨와 혼인하여 남녀 넷을 낳았고 차자는 권씨에 혼인하여 문에 들어온 지 일 년도 못되어 유인이 죽으니 이웃이 기리 누리지 못함을 더욱 슬퍼하였다. 오호라. 내가 십 대의 종손으로 후사를 유인에게 부탁하고 세시증상의 받듦을 타인에게 번잡하게 하지 않았으니 그 덕이 후한 땅 같고 공은 세묘(世廟)에 진달한 것을 내가 잊을 수 있겠나.

　명은, "뜻을 다스림은 매우 큰데 받은 명은 어찌 군색하였소. 오직 같잖을까 두려워하였고 근심하는 바는 힘으로 되지 않았다. 죽어서도 부강(夫綱)을 떨치니 열열한 그 광채로다. 더욱 오래 비춰 하늘 같은 계방(係房)일세. 제수의 서쪽에 누가 명조(明兆)를 주려나. 드리면 반드시 풍성하게 오니 신식(神識)이 자연 빛나네."

묘표(墓表)

통정대부 행 영해(寧海)부사 유공 묘표.

　선조 군수 공에게 여섯 아들이 있으니 유(莠) 분(苯) 시(蒔) 완(莞) 봉(菶) 온(蘊)이다. 열 세대 공렬의 음덕으로 자손이 대부 현령에 나열한 것이 십여 인이며 온전한 문에 비단옷 입고 빛나게 관면과 종정(鍾鼎)의 외연함이 있었으니 이때 부사공이 정리(政理)와 문학을 잘하는 것으로 저명하였다. 공의 휘는 시(蒔) 자는 운수(耘叟)로 진강군(晋康君) 휘 정(挺)의 후로 직제학 지택(之澤) 공조전서 번(藩) 헌납 백통(伯通) 군수 승윤(升潤)이 사친의 휘이다. 군수는 합천이씨 부령 의중(嶷中)의 딸과 혼인하여 영락(永樂) 갑신에 공을 낳았다. 문종 조에 도총부사에서 영해(寧海)부사로 나왔다. 관직에 있은지 삼년에 관직에서 졸하니 나이 육십 육세다. 구전(舊傳)에 공이 서예로 필원(筆苑)에 드날리었다고 하는데 지금 산참 총각(山鑱冢刻)의 사이에 때로 공의 수택이 나오는데 보는 이는 구루(岣嶁)를 지나다 신우비(神禹碑)를 만난 것 같다고 하였다. 그 묘소는 진양의 서쪽 한천곡(寒泉谷) 자산(子山)이다. 부인 하씨는 부우(祔右)다. 일곱 자녀는 운손(雲孫)이 부호군이며 전손(傳孫)이 승훈랑 문손(文孫)이 점지이고 딸은 생원 이숙인(李淑仁) 우후 권지(權祉) 병사 허혼(許混) 좌의정 허침(許琛)이다. 내가 한사(漢史)를 읽으니 고양(高陽) 순씨 팔룡(荀氏 八龍)을 서술하면서 수자정(叔子靖) 같은 이는 단지 "지극한 행실로 벼슬하지 않고 일찍 죽었고 호는 현행(玄行)선생이다." 하였다. 차호라. 그 전기가 요약할수록 그 현명함이 더욱 보였다. 세상에는 진실로 화려한 거짓으로 애써 높이어 글로는 그 정신 심술을 바꾸고 그림으로는 형모와 수염 모발을 신비하게 하여 이미 해골이 된 부조(父祖)를 거짓되게 화려하게 하여 울울하게 구원의 땅에서 낯을 붉히게 하니 이 어찌 인인 군자의 할 짓이더냐. 나는 공의 후 여러 세대를 지났으니 인한 바를 삼가 전하여 공의 원고(遠古)의 밝은 참됨을 남아 있게 하노라.

오대조 죽계(竹溪)선생 묘표.

선생의 휘는 증서(增瑞) 자는 화옥(華玉)이고 그 선대는 진주 사람이다. 소시에 영리하고 빼어났으며 배우기를 좋아하고 게으르지 않았다. 일찍이 고을 북쪽 단계에서 가르침을 주었는데 배우는 이가 많이 모였다. 포의로 가정에서 졸하니 나이 마흔둘이었다. 후손 해엽이 그 묘에 쓰기를 인은 천지의 큼을 온전히 하고 덕은 사람에게 있는 것으로 마음을 삼았다. 그러므로 선생의 말이 군자가 인을 버리면 바탕을 상실하였다고 할 수 있다고 하였다. 오호라. 하늘이 명한 바를 따르는 것을 형체를 실천한다고 하고 부조가 열어준 것을 순응하지 못하면 패덕이라고 하는 것이다. 이 훈계를 베풀어 오는 후손에게 고한다.

본생 오대조 거사공 묘표.

공의 성은 유씨 휘는 증항(增恒) 자는 사유(士由)로 그 선대는 진주 사람이다. 후에 단성으로 이사하였고 가세는 유비를 업으로 하였다. 공은 구한 영조 무자년 시월 이십사일에 졸하니 향년 칠십이다. 지금 진주 팔미동(八美洞)에 의구를 감춘 곳이 있다. 후손 잠이 그 묘에 쓰기를 공이 십팔 세에 부친을 잃고 정과 바탕을 품고 세상과 교제가 드물었으며 성대한 것으로 향리에 빛나는 것을 생각지 않았고 유독 한둘 꽃다운 것을 보는 것을 쉬지 않았다. 종족 간에 있어서는 양촌(陽村) 씨가 그중 현자로 유사 몇 가지가 있으며 괴천(槐川) 씨가 명사로 글방에서 수업하였다는 것이 뇌류(誄類)에 보인다. 이 외에는 증명할 것이 없다. 오호라. 한평생 면목이 마침내 거친 산속 사척 흙더미 뿐인가. 부친은 천화(天和) 모친은 이씨 강씨 정씨인데 공은 강씨에서 나왔다. 원택(元鐸) 형택(亨鐸) 이택(利鐸) 정택(正鐸)은 출후한 사남이며 정석동(鄭錫東) 조명삼(曺命三) 하진옥(河晉沃) 한사철(韓師哲) 최상원(崔尙元)은 다섯 사위다. 시조 상장군 휘 정(挺)으로부터 지금이 대체로 이십 일대는 지금 서술하지 않는다.

고조고 묵재(默齋)부군 묘표.

고왕고 묵재(默齋) 부군이 죽은 지 백십오 년에 현손 해엽이 그 묘에 쓰기를 오호라. 아득하다. 우리 부군의 세대여. 행장은 무엇을 따라 기술하며 명은 무엇을 바탕으로 삼으랴. 밝히려 한다면 나는 보고 알던 군자를 따를 뿐이로다. "내가 공의 성품을 잘 아는데 옥처럼 강하고 금처럼 곧았다. 내가 공의 모습에 감복하였는데 봉이 솟는 것 같고 학이 멈춘 것 같았다. 말소리는 어쩜 그리도 쟁쟁하며 생각은 어쩜 그리도 화통한가. 벼슬에 올라 베풀었다면 세상이 융성하였을 것이다." 이 서른 두 말씀은 문중 선배 심재(深齋)씨의 제문 중의 말로서 부군의 위대한 모습과 큰마음이 그의 세상에 스스로 드러난 것이라고 할 수 있다. 문집을 상고하여 보면 부군이 용만(龍灣)을 지나면서 중주(中州)의 사대부가 좌임(左袵)에 오래도록 익숙한 것을 분하게 여겨 개연히 시를 한 수 지어 강에 던졌는데, "길이 서쪽 변방 땅끝을 지나니, 삭풍이 길손을 불러 압록강일세. 서생이 검이 있으나 어디에 쓸까, 공연히 호추(胡雛)를 제왕 고을에 가득하게 하였도다."

하였다. 이와 같은 붓의 의리로 광기가 유동하여 밝게 잔재가 없었으니 노중연(魯仲連)의 바다를 밟는 풍절과 세상을 뛰어넘는 동조이다. 내가 이 삼십이 말씀을 얻은 외에 부군이 운명의 희롱에 세상에 스스로 펴지 못한 것을 이제야 논의할 수 있겠다. 부군의 휘는 효민(孝民) 자는 미중(美中)이다. 고려 공조전서 휘 번(藩)의 후예로 십사 대를 전하여 손자 증서(增瑞)의 호는 죽계(竹溪)로 일시에 명사로 추천하였다. 동래 정씨 양평공 종(種)의 후손 사인 현일(玄一)의 딸과 혼인하여 현효왕 경술년에 부군을 낳고 성효왕 을묘 오월 이일에 졸하니 춘추가 육십육이다. 당곡 세장에 장례하였다. 두 배위 조씨 이씨는 기루지 못하였고 몇 년 후에 공의 묘에 부장하였다. 계자 의문(宜文)은 첨사이며 손증이 약간 명이다

묘지(墓誌).

하서(河堉) 자회(河子晦) 광명(壙銘).

진양 하씨의 아들 광환(光煥) 자는 자회(子晦)다. 나이 열넷에 타상 유해엽의 사위가 되었다. 아직 어리고 어리석어 시시로 내 좌우에 있기도 하였다. 다음 해에 자회가 또 내게 왔는데 이미 골격이 빼어나 장부라고 칭할 만하였다. 그 후 사오년을 더욱 독서하고 고시를 익히며 내 논법을 듣고 때로는 말을 참견하기도 하였으나 내 아직 깊이 마음에 허락하지 않았다. 혼자 생각하기를 자회의 영민한 자세로 이해가 정밀하여 일찍이 빼어남이 이러하니 후일 안목이 갖추어지고 솜씨가 이루어지면 일시 문자지기를 내가 사방 천원을 헤매지 않고도 자회에게 얻을 것이 확실하다. 또한 자회가 나이가 들고 속이 차서 진보하여 무민회퇴(婺閩晦退)의 서적을 탐구하여 차츰 꽃을 벗어나 열매를 맺는다면 비록 태극 성리의 심오하고 정심한 것이라 하여도 역시 장차 위로는 천고를 엿보고 아래로 여러 보루를 대한다면 거의 자회가 나에

게 말을 참견할 뿐만 아니라 또한 나를 두렵게 할 것이라고 여기었다. 아! 자회는 지금 죽었다. 자회가 일찍이 나와 이야기하기를 시대를 따르는 이는 헛되게 그 성품만 상하고 반드시 후에 이익됨을 보지 못하였다. 돌아보면 천하가 무를 사용하고 문은 쇠패하였다. 인생이 이미 만권 서로 스스로 부유할 수 없으니 차라리 삶을 여유 있고 어버이에게 후하게 하며 자신의 뜻을 행하리라 하였다. 이윽고 자회가 살림을 나서 몇 해를 지나지 않아 그의 전답이 즐비하고 우란입시(牛欄鴨塒)가 좌우로 나열하여 자유로운 백성이 스스로 즐기는 취지가 있었다. 내 늘그막에 혼자 살면서 자회 부처를 더욱 사랑하여 오래도록 놓지 못하였는데 자회가 여기서 그치니 어쩌면 그도 천명인가. 정묘 정월에 자회가 북으로 타상에 놀면서 천지에 달이 남았다는 시를 지었는데 글이 처량하여 내가 놀라며 그 신기의 평범치 않음을 이상하게 여기면서 우연히 그랬겠지 하였는데 집으로 돌아간 삼월 십일일 병자에 자회가 죽어 낙산 해좌(樂山亥坐)에 묻히니 그 출생이 병오 십이월 이일이니 나이 이십이이다. 내 딸과 동거한 지 겨우 구 년이고 자식 하나를 낳았는데 이름도 짓기 전에 요절하였다. 내가 전년에 두 이씨 누이를 잃고 지금 또 딸의 미망을 곡하고 나이 먹는 것도 역시 서로 같으니 사람이 죽지 않고 이 세상을 보려고 하는 이는 돌아보면 어떠하냐. 자회의 선대는 시량 휘 공진(拱辰)이 걸안(契丹)에 순절하여 하씨의 명조가 되었고 국조에 휘모 관모가 있다. 대부는 두원(斗源) 부친은 계한(啓漢) 외조 정돈균(鄭敦均)은 같은 관향이다. 자회의 죽음은 나를 크게 슬프게 하였다. 자회가 남긴 시 약간이 있어 아울러 고금 재사 양무중(楊武仲) 한방(韓滂) 제인의 뇌명(誄銘)등류를 편집하여 책 하나를 꾸며 문천록(問天錄)이라 이름하였다. 인하여 눈물을 닦고 명을 한다.

"내 탄식은 길어 마치 허수아비 같고, 네 꺾임은 마치 안회(顔回)와 견준다. 흰 장막에 부르니 명성(明星)이 모이는가. 자주 나를 돌아보는 것이 마치 마중하는 듯하다. 아! 어떤 모습일까. 홀로 그 빛남이여. 빛을 떨쳐 후를 방문하리."

유인 도씨(都氏) 묘지명.

내 친구 이성언(李聖彦)이 그 처 도씨(都氏)를 잃고 장례를 치른 날 저녁에 죽음을 애도하는 글을 지어 하실(下室)에 슬픔을 쏟고 다음날 타상에 서신을 보내 진주 유해엽에게 묘명을 부탁하면서 손수 실가(室家)의 평생 못다 한 정과 기록할 만한 선을 서술하였는데 서신 속에 섞이어 보이는 글이 매우 슬펐다. 그 말이 세군(細君) 도씨는 성주(星州)사람이고 홍문관 저작 희령(希齡)의 후예로 부친 석중(錫中)은 의기로 마을에서 드날리었다. 도씨가 열일곱에 우리 집으로 오니 내를 양친이 일찍 낳아 나와 처가 모두 양친의 보육을 받으니 의복 음식을 반드시 양친이 주는 것을 기다렸고 일찍이 자신의 힘을 내어 양친을 봉양하지 않았다. 이러하니 도씨의 몸에 배인 것이 금백(金帛)이나 들고 나는 것을 헤아리는 노고를 알지 못하였고 산이나 들의 경작은 나날이 더욱 넓어지고 자녀의 반열은 해마다 무리를 더하였다. 매일 아침이면 나는 처와 자부를 인솔하여 즐겁게 양친의 방으로 들어가 한란을 살피면 곧 기쁜 얼굴로 "자부가 복이 많아 네 부모가 이처럼 즐겁다."하였다. 지난해 처가 이상한 병으로 고생할 때 울면서 내게 말하기를 "내 명이 박하여 나의 구고를 끝까지 모시지 못한다."하니 나이 삼십구의 정사년에 졸하였다. 죽은 지 오일에 거실의 남방 묘인(墓人)의 땅에 장례하니 시대의 제도를 따름이다. 다섯 자녀가 성관하였고 장남은 양석(陽錫)이며 나머지는 어리다. 차호라. 내 처가 죽고 한 둘 기록하여 후대에 남길 만 한 것은 내가 땅을 파서 묻고 싶지 않으나 자네의 글로 이미 죽은 이의 혼령을 덮기를 바란다하니 내가 이에 그 비애를 대신 밝히고 글을 달았다.

"덕을 견주어 즐거움을 받드니 집안에 지기가 있었다네. 사랑을 자르고 재촉하여 가버리니 몸이 마치 잘라진 것 같다오. 이미 양인을 구하였다면 어찌 나이는 짝하지 못하는지. 청사(靑詞)로 불러보니 공간을 지나 멀리 전하네. 빛나는 그림자 나타나니 피의 전함이 다섯이네. 죽어도 바뀌지 않는 사랑은 자주 큰 도움을 주시게나."

이군 공수(李恭洙) 처 유씨(柳氏) 묘지명.

유씨는 택상 유해엽의 여동생이다. 나이 열여섯에 동군의 이공수(李恭洙) 안경(安卿)에게 출가하였다. 이씨의 관향은 성주(星州)다. 대대로 고을의 명망이 있었다. 해엽의 형제 여섯에 내 누이가 막내로 양친은 더욱 늙었다. 총명하고 자상하며 피부는 옥설 같으니 모친이 사랑으로 길렀다. 남편 집으로 가서는 양친에게 순응하였던 것을 옮기니 좋은 명성이 차츰 통하였다. 처음 이씨가 생업을 잘 다스려 좋은 농토로 먹는다고 마을에 들였는데 오래지 않아 가업이 나날이 퇴보하였다. 내 누이가 이씨 집에 옛 성현의 서적 수백 권이 쌓인 것을 보고 개연히 탄식하며 "내 형이 글을 잘하는데 부자는 어찌 가난하다고 배우지 않느냐."하니 안경의 사람됨이 키가 크고 빼어나며 재주가 있었다. 힘써 고문상서와 모정(毛鄭)의 시를 다스려 사우 간에 꽤 명성이 있었다. 말하는 이들은 이씨는 실로 내조가 많았다고들 하였다. 내 누이가 안경과 동거한지 십년인 기미 칠월 이십오일에 졸하니 나이 이십오 세이다. 딸 하나가 겨우 세 살이다. 다음날 나와 안경이 그 다스린 후의 유언을 따라서 출가할 때의 옷으로 울며 염습하여 고을 서쪽 석대산(石垈山) 신좌(辛坐)의 산록에 장례하였다. 이때 두 집의 부모가 또한 늙어서 집에 있었다. 차호라. 어쩌면 이리 슬프냐. 형체를 보내는 날 그 형 해엽이 글을 지어 평생의 슬픔을 곡하고 이어 구덩이에 명을 한다.

어찌 나이가 없어서 나를 슬프게 하느냐. 석산은 높은데 탄식 소리만 들린다.

행장(行狀).

선고 천우(川愚) 부군 가장(家狀).

부군의 휘는 현수(絢秀) 자는 치경(致絅) 별호는 천우(川愚)이며 선대는 진주 사람이다. 우리 유씨는 고려시대에 상장군 휘 정(挺)에서부터 청천군(菁川君) 휘 번(藩)까지 팔 대를 진주로 채지(采地)를 삼았다. 구한 인조 명종 때 휘 연(淵)이 경기수사를 지냈고 수사의 아들 만정(萬禎)이 무략으로 명성이 있어 장기와 영산 두 고을을 역임하였다. 증조는 효민(孝民)이며 본생 증조는 정탁(正鐸)이고 조부 의문(宜文)이 사 남을 두었는데 부군이 장남 원휘(遠輝)

에서 태어났다. 선비는 현풍 곽순조(郭淳兆)의 딸이다. 처음 곽유인이 두 장부를 낳았는데 장자는 거의 약관에 죽었고 부군이 차남으로 적자가 되었다. 이때 나의 황조는 연세가 이미 사십인데 스스로 팔대의 주손으로 가정이 어려우니 고생하며 인솔하여 부조의 쇠한 업을 일으키고 형제자매가 모두 때 맞추어 가지런히 가취(嫁娶)하였다. 부군이 서숙으로 나가니 황조가 쓰다듬으며 "거칠거나 놀지도 말고 네 직분을 세워라." 하였다. 구세에 곽유인이 죽고 숙모 우씨가 부군을 양육하며 매우 은혜롭게 하다가 죽자 항상 모친처럼 생각하였다. 열여섯에 양공 치국(梁致國)의 딸과 혼인하였는데 양공은 남원 사람으로 들이 있는 상식과 좋은 덕으로 들리었다. 대개 부군이 자신에게 엄하고 가정에 법이 있고 세상을 살아가고 사물을 다스리는 묘법이 실로 양공에게서 얻은 것이다. 열아홉 살에 사서를 대략 탐구하였다. 당시에 공령(功令)으로 선비를 뽑으니 선비들은 다투어 민첩하고 빠른 것을 주장하게 되었고 이에 영남에서는 화도(火賭)라는 풍속이 있게 되었다. 그 방법은 밀랍 종이로 새끼줄을 꼬아 대들보에 달아두고 인하여 불을 붙여서 불이 다 타기 전에 시가 손을 벗어난 자가 이기지 못한 자의 벌주(罰籌)를 받게 되는 것이니 군중의 마음을 격하게 하는 것으로 부군이 매번 자리에 들면 머리 들어 쳐다보면서 침음하다가 붓을 들고 써버리니 온 서숙에서 누구도 앞서지 못하였다. 황조는 가정에서 성품이 엄하고 법도가 있었다. 부군이 안색으로 받으며 감히 거슬리지 못하였다. 외부에 나갔다가 늦게 돌아오면 일찍 그 늦음을 살펴 의관에 바람 이슬을 맞으며 컴컴하게 어두운 거리에 우뚝 서있는 것은 반드시 부군이었다. 병술년에 황조가 여질에 걸려 혹독하니 부군이 사십 주야를 시약하기를 게을리하지 않았다. 황조가 끝내 여질에 몰하고 부군이 받아서 자리에 누웠는데 가을 더위가 아직 심하여 사방 문을 열어두었다. 밤이 깊었는데 황조의 시체 곁 병풍이 넘어지며 펑하는 소리가 났다. 시체를 만져보니 바람 기운이 있고 위아래 종횡의 묶음이 마치 칼로 자른 듯하였다. 부군이 질병을 무릅쓰고 일을 보면서 부속 형식을 규정대로 하니 말하는 이들이 그 의연한 능력에 놀랐다. 정해에 곽삼재 선생이 화산학교(花山鶴僑)에서 조문을 왔다. 선생은 부군에게 외삼촌으로 경술과 유행에 보고 느낀 것이 많앉다. 타상의 풍속이 명절이면 마을 친우들이 모여 종이에 판을 긋고 장기를 두는 놀이를 하며 갑과 을이 승부를 다투었다. 부군 역시 장기를 두는데 마침 시자가 소자를 이끌고 곁에 있었는데 불초를 돌아보고 "들으니 북방사람이 수영을 배우다 죽었다하는데 내 어찌 너에게 이 놀이를 익히게 하겠느냐."하고 마침내 단절하였다. 종족에 간사하고 무뢰한 자가 있어 모친이 죽자 염습도 않고 묻은 지 이미 오일이 지났다. 부군이 몸소 황포와 백지를 갖추어 장례의식을 수행하였다. 그 후 그 무뢰한 자가 울며 사례하였다. 이웃에 술을 즐기는 자가 있어 남의 소를 훔쳐 술값을 갚으니 부군이 돈을 내어 소를 찾아 돌려주며 "우리 이웃이 악명을 듣게 할 수 없다."하였다. 갑오년에 나라에 동학란이 일어나니 부군이 동지산(冬旨山) 속에 집을 짓고 세상을 피하려 하였는데 오래지 않아 비도들이 흩어지고 동방 흑치(黑齒)의 부족들이 들어와 나라를 차지하니 이로서 사방의 뜻을 더욱 단절하고 경산시(耕山詩)를 지어 회포를 기록하였다. 경자년에 처음으로 선조 사정공 제실(祭室)을 수리하였고 계묘년에 곽선생이 조정의 부름에 나갔다가 산으로 돌아오니 부군이 다협(茶峽)에 가서 문후하고 사직과 인민의 난을 다스리는 술책을 논급하니 선생이 웃으며 "네가 이미 백리의 재주를 스스로 인정하느냐."하였다. 병오에 북으로 경사(京師)에 가서 조노량육신묘(弔鷺梁六臣墓) 위궐(魏闕) 광화종(光化鍾) 수세(守歲)등의 자품이 있다. 경술에 한국이 흑치에 합병되고 국인이 음양력을 사용하니 강호등시(江戶燈詩)를 지어 옛 해를 기록하였다. 신해에 단성의 여러 선묘에 석의(石儀)를 갖추었다. 을묘에 다산으로부터 황석모리(黃石某里)의 행차가 있었다. 정사에 덕천(德川)을 거슬러 두류(頭流)를 따르면서 주자 무이도가(朱子武夷櫂歌)를 사용하여 각기 일수를 달았다. 인하여 천왕봉에 오르고 일월대를 향하여 홀로 계수재배하며 "바라노니 진정 대영웅을 낳아 이 창생을 구제하소서."하였다. 무오에 남으로 해상에 유람하며 이충무공을 생각하는 시를 남겼다. 십이월에 태상황이 승하하니 부군이 제족을 인솔하여 강상에 위를 설치하고 곡하여 슬픔을 다하였다. 다음 해 을미에 초도(初度)가 돌아오니 연광과 세난에 회포가 날로 슬퍼지니 호를 둔요(遯寮)로 고치고 인하여 평생을 서술하여 자명(自銘)을 짓고 시는 "자취 숨기고 어리석은 분수 즐기며, 책을 펴니 저물녘이 부끄럽다. 성인 말씀 감히 저 버리랴, 매번 증자의 삼성을 암송한다네."

하였다. 시월에 곽선생의 부고가 오니 불초를 보내 제문으로 슬퍼하였다. 이보다 먼저 부군이 오래도록 한담(寒痰)을 앓았는데 해를 지날수록 더욱 심하였고 게다가 이증(痢症)으로 고생하니 종부제 관수(寬秀)가 말하기를 "지난날 선백고의 임종에 나의 형이 분뇨의 첨고(甛苦)를 맛보아 차도를 시험하였는데 아동으로 모방하게하지 않으려나."하니 부군이 손을 저어 그치게 하였다. 하루는 교노(轎奴)를 불러 가마로 원야를 행하며 "내가 죽기 전에 우선 조화를 시험한다."하였다. 촉광 전 삼일에 이동수 수안(李東叟 壽安)이 한 마리 말을 채찍하여 우중에 문에 이르러 방에 들기도 전에 깜짝 놀라며 소리지르기를 "자네가 어찌 이 지경이 되었나."하니 부군이 웃으며 하늘을 가르쳤다. 또 묻기를 생각은 어떠한가 하니 "나는 삶과 죽음을 하나로 보니 어찌 슬픈 마음이 있겠나."하였다. 이윽고 불초에게 호롱불을 밝히게 하고 베개를 당겨 누워 동수가 가져온 하대흥(河大興)의 제문 한 통을 가지고 서로 논의하였다. 다음날 두 아들에게 유서로 "천하에 가지기 어려운 것은 마음만 한 것이 없고 싶게 물드는 것은 욕심만 한 것이 없다. 정히 어렵고 쉬운 것에 공력을 드려야 한다."하고 드디어 음식을 사절하였다. 불초 형제가 고개를 숙이고 모퉁이를 향하여 앉아 있으니 부군이 눈을 뜨고 돌아보며 "너희들은 가법을 오로지 네 아비를 법 삼아라."하고 가인(家人)에게 치건(淄巾)과 단복(端服)을 짖게 하여 원행을 준비하였다. 경신 칠월 십일에 제자를 버리니 태어난 해는 철종 기미 십일월 이십일이라. 춘추가 육십 둘이다. 팔월 이일 갑술에 당상곡(唐相谷) 선조의 좌편 갑천(甲阡)에 장례하였다. 여섯 자녀는 해엽 해성(海性)과 권의현(權宜鉉) 심우택(沈瑀澤) 이현탁(李鉉卓) 이공수(李恭洙)의 댁이다. 부군은 이마가 넓고 코가 크며 수염은 목까지 내려왔다. 몸은 수척하여 의복도 못 이길 것 같았으나 기운은 강하여 과인하였고 성품은 자랑하고 착실하게 길렀으며 시기나 다툼은 잘라 버렸다. 평소 천륜이 돈독하고 진실하여 시공(緦功)의 친척일지라도 항상 한 몸같이 여기었고 노후에 네제(禰祭)를 지내는데 어린아이가 사모하는 듯하였다. 어눌한 것처럼 종일 여럿 모임에 있으며 돌아보고 지시하고 하는 것을 달갑게 여기지 않았으나 일을 논의하는 자는 그 도착을 기다렸다. 소연하게 한 해가 다가도록 규필(圭篳) 아래에서 맵고 쓴 것을 씹었으나 끼니거리가 없는 자는 그의 어짊을 우러러보았다. 거처는 담박하여 화사함이 없고 오직 승추 와등(繩樞瓦燈)으로 날이면 촌의 수재를 모아 고경(古經)을 일과로 가르치고 뜻에 맞는 곳이 있으면 반드시 자세히 일러주며 입이 마르도록 하여도 싫어하지 않았다. 처음 불초가 글을 배울 때 게을러 책을 읽지 않으니 부군이 눈물을 지으며 선사(先祠)에 맹세하였다. 같이 배우는 이로 이성언(李性彦)이란 자가 있었는데 처음부터 뛰어난 재주로 이름이 있었다. 불초가 매일 아침 글을 읽을 때면 극극 그리고 내려가지 않으니 부군이 동류를 두고 깨우치기를 "보여(輔汝)는 저러하다."고 하였는데 소위 보여는 성언의 아명이었다. 불초가 겨울 과제를 백하의 선려(先廬)에서 하는데 날씨가 추워 위축되어 책을 베고 누워있는데 얼마 후 방의 온돌이 따뜻해지고 문밖에 부군이 밤에 나와서 조비(竈婢)에게 불을 지펴 추위를 가시게 하면서 서숙 사람이 잠이 깨지 않게 하였으니 배움을 권장하는 성품이 아마 전고에 드물 것이다. 일찍이 말하기를 사람은 당연히 하고 싶지 않은 것을 하여야 한다고 하니 불초가 물으니 "성인 이하는 좋아하고 싫어하는 것이 마땅한 것을 잃으니 하고 싶은 것이 형기(形氣)에 있다면 하고 싶지 않은 것을 알 수 있다."고 하였다. 만년에 정문목공(鄭文穆公)의 심경발휘(心經發揮)를 읽기 좋아하였다. 정주장소(程朱張邵) 제가의 설을 손수 초하여 항상 책상 위에 두고 이름하여 둔료자감(遯寮自鑑)이라 하였다. 나라가 망한 이래로 불초가 유우(幽憂)의 병이 있어 함부로 글을 지어 스스로 넓히니 부군이 꾸짖어 그치게 하며 "문인이 행실이 없으면 비유하면 마치 불두착분(佛頭着糞)하는 것과 같다. 너의 성품이 희활(稀闊)하니 만일 채우려고 한다면 별도의 교묘한 방법이 없고 오직 심경(心經)을 공부하여라."하였다. 대체로 부군의 학문은 오로지 유자의 근본에 뜻을 두고 묵묵히 안으로 닦고 즐거이 들어내어 스스로 나타내지 않았다. 불초가 이미 대략 글자를 해득하니 부군이 문사에 뜻을 두게 하고 싶지 않아서 "이런 일은 이미 아이들에게 부쳐라."하였다. 사람의 시문을 토론하고 이송공졸(膩鬆工拙)을 감별하는 법은 때로는 전문제자를 초과하였으나 남들은 부군의 문학이 어떠한지 알지 못하였다. 불초가 뜰에 있을 때 유별로 평일에 응수한 사우간의 문자를 비록 영쇄한 기록이라도 눈에 보이면 곧 수집하니 모두가 중년 이후의 것이 많고 소시에 지은 것은 부군이 차자 해성의 시재(詩才)가 있음을 사랑하여 때로는 구술한 것이 있었다. 오호라. 불초가 일을 살필 줄 알고부터 부군을 모신 지 삼십 년이다. 소위 삼십 년 세월이 부군에 있어서는 어려운 시기로 항상 슬픈 탄식을 품고 있었다. 세상은 나라가 밖으로 먹히고 시운의 변화가 날로 바뀌어 좋은 시절의 예악 전장의 아름다움이 모두 파괴되어 남김이 없었고 비록 간혹 세력이 있어서 그 뜻을 굽히지 않고 버리고 취함이 그 의리를 어기지 않는 선비가 있다하여도 모두 풀숲에 몸을 맡기고 아래로 몰락하여 차츰 둘 다 버리는 엄군평(嚴君平)이 되어갔다. 불초는 독서하여 이미 몸도 이름도 이루지 못하여 가정의 무한한 은혜를 보답하지 못하고 머리와 수염이 종종한데 이르러 갑자기 대고를 당하여 즉시 죽지 못하니 죄가 이미 중하다. 불초가 있는데 만일에 신후의 정신 심술을 역시 구구한 찬술의 사이에도 일찍 밝히지 못한다면 천하후세에 어떻게 내가 이러한 현부의 자식인줄 알겠느냐. 이에 또 논평하는 제군자에게 거듭 죄를 얻는 것이 두려워 감히 사전(事傳)의 종시를 간추린 것이 이러하다.

선비 유인 양씨의 가장.

유인의 성은 양씨(梁氏)이니 그 선대는 탐라왕 양을라(良乙羅)의 묘예(苗裔)다. 신라 때에 와서 양을 양(梁)으로 고쳤다. 후에 휘 수정(水精)이 대방군(帶方君)에 봉하여지니 대방은 지금의 남원(南原)이다. 자손이 인하여 남원으로 관향을 삼았다. 대방의 삼대에 휘 사귀(思貴)가 조선조에 벼슬하여 대사간이 되었다. 이 이가 휘 민(岷)을 낳아 정의(旌義)현감이 되고 아들 종직(宗直)은 대정(大靜)현감이며 아들 정손(貞孫)은 산음(山陰)현감이다. 세 번 전하여 흠(欽)이 평시서 봉사로 호가 용암(龍巖)선생으로 임진년에 곽충익공을 따라 창의하여 적을 토벌하니 이분이 중엽에 공적이 있는 선조이다. 증조는 대윤(大閏) 조부는 달신(達臣) 부친은 치국(致國)으로 향리에 효의로 들였다. 순흥

안문순공의 후예 재오(在伍)의 여식에 혼인하여 철종 을미 팔월 십일일에 유인을 낳았다. 나이 열일곱에 안씨의 상을 입었고 이십에 나의 선군 유휘 현수(柳絢秀)에게 출가하였다. 유인은 용모가 단정하고 몸은 약하였으며 키는 사 척 정도였고 기운은 고난을 잘 참고 변하지 않았다. 시부를 섬기기 시작하면서 성정을 살피어 거기에 알맞게 하였고 상을 올릴 때는 반드시 수저를 드는 것을 본 다음에 물러났다. 시부 역시 아랫사람에게 엄하고 가르침이 길이 있었다. 하루는 뜰에 혼자 서있는데 시부가 손을 들어 불러 유인이 빠르게 앞에 달려가 두 손으로 받으니 바로 별 알 하나였다. 인하여 이르기를 "이것은 하늘의 물건이다. 반드시 소중히 하여라."하였다. 가정에는 사대의 제사를 지내고 있으니 빈 달이 드물었다. 의복을 단련하고 목욕하여 손수 비조(蘋藻)를 다스리고 집안의 여러 사람에게 맡기지 않았다. 제사를 마치면 즉시 여러 친척에게 음복을 돌리며 조그마한 것도 예로 하여 죽음 섬기는 것을 신중하였고 살아 있는 자에게 다하는 것도 역시 같이하였다. 유인이 일찍이 나의 계조부를 시부처럼 모셨는데 계조부는 가정에 있으면서 성정이 엄준하여 좋은 것이 적었다. 어느 날 밤에는 술을 마시는 것을 받들었는데 계조부가 노하여 받아들이지 않으니 유인은 소반을 들고 문밖에 오래도록 서 있었는데 찬 서리가 머리를 적셨다. 남편의 여러 종형제가 때로는 끼니를 못 끓이니 유인은 식사를 할 때 배부르게 하지 못하였고 비록 건후잔시(乾餱殘豉)라도 담장을 넘겨 서로 도왔다. 매번 동서들이 모일 때면 낱낱이 집안의 일을 설명해 주며 업을 폐하고 삶을 망치는 것을 서로 경계하였다. 자봉(自奉)은 매우 간략하여 매번 먹는 것이 소려(疏糲) 두어 합과 나물국으로 진미를 대신하였다. 성정이 부지런하여 여홍(女紅)을 밤낮으로 쉬지 않으니 불초가 그만두라고 간하면 유인은 "너희들은 천하에 밥 안 먹는 호걸이 있는 줄 아느냐."하였다. 자녀들이 앞에 가득하여 의복을 서로 전하여 몸을 가렸다. 불초가 어릴 때 유인이 옛 상자에서 떨어진 천을 내어 가위질하는 것을 보고 천을 어디 쓸 것이냐고 물으니 "새해가 돌아오니 이것으로 너희를 화사하게 하려고 한다."고 하였다. 불초가 만들어진 것을 헐뜯으니 꾸짖기를 "내가 보니 집안 자제들의 교만한 뿌리가 사치를 익힌 것에서 싹터 이루어진 것이 아닌 것이 없었다."하였다. 국문을 꽤 알아서 때로는 전인의 미적을 기록하여 자녀에게 가르쳤다. 무격(巫覡)을 좋아하지 않아서 눈앞에 비록 길상이나 대척이 있어도 유인은 일체 기초(祈醮)등의 일을 친하지 않았다. 깊이 앉아 밖으로 나가는 일이 드물어 간혹 한 달 내내 발이 문밖 지척도 밟지 않았다. 이웃에 혼인이 있어도 역시 화사한 옷으로 자리에 참석하여 하루 종일 즐기는 것을 즐겨하지 않았다. 후에 혼자 살면서 스스로 미망인이라며 종신토록 남의 연례에 참여하는 것이 드물었다. 비록 부당의 비속을 대하더라도 장경하게 접하고 비복에 처하기는 은혜와 위엄으로 품었다. 불초가 학업을 익힐 때 선군이 둔하고 게으르다고 자주 화를 내니 유인이 울며 타이르기를 "나도 자식이 재주가 아름답기를 바라지 않는 것은 아니나 명이라는 것이 있으니 부지런하여 성공하는 것은 오직 너의 일이니 힘쓰라."하였다. 외조공이 아들이 없고 사손이 업을 지키지 못하여 누차 세워주어도 끝내 망가트리니 유인이 계모 장씨를 봉양하여 동거한지 몇 해에 천년으로 몰하니 부친의 후사를 생각하며 늙어도 게을리하지 않았다. 선군이 교유가 넓어 사는 곳이 비록 왜루하나 문밖에는 상당한 장자의 거마가 있었다. 유인은 반드시 안에 쌓인 것으로 그 기쁜 정을 연장하여 길게 하니 사람들은 우리 집이 늘 중문의 정식이 궁핍하지 않은 줄로 알았다. 갑오에 나라에 비적의 소란이 있어서 지나는 곳은 백성이 모두 조수처럼 도망쳤다. 어느 날 밤에 유인이 의복과 물건을 구처하여 놓고 무명 한 필을 빈 장롱에 두어 저들이 스스로 가져가게 두고 혼자 동리의 할머니와 방에 있었다. 이윽고 도둑떼가 창을 들고 들어왔으나 크게 얻을 것이 없으니 마침내 서로 이끌고 돌아갔다. 아침이 되니 집안사람들이 그 특이한 지능에 놀랐다. 계묘년에 선군이 설이(泄痢)로 누차 빈사상태가 되었고 유인은 손수 미음을 쑤면서 밤낮으로 살피며 쉴 틈이 없으니 피로가 쌓이고 몸이 곤하면 혹 벽에 기대 가면을 하고 용변과 조식을 수족처럼 한지 구십일에 질병도 잘 치료되었다. 경신에 소천을 곡하니 유인도 이미 대년이 되었는데 아직도 계묘년의 일을 행한 것이 또 육십일이었다. 일찍이 여러 자녀와 말하기를 "너희 부친이 위험할 때 내가 곡기를 끊은 것이 오륙일이 되어도 굶은 것을 알지 못하였다."하였다. 대개는 선군이 병중에 누차 말하기를

"세군은 늙으면 당연히 자식을 따라야 하는 것이니 만약 나를 따라 죽는다면 악부(惡婦)만 될 뿐이다."하였는데 나쁜 부인네란 곡기를 끊은 것을 말함이다. 불초가 선군의 상을 치르며 예를 지키는 것이 엄하지 않으니 유인이 "중복(重服)을 이렇게 하니 타일에 어떻게 나를 처할 것이냐."하였고 또 "남자가 부부간에 비록 정이 지극하더라도 실없는 말은 하지 않아야 한다."하였다. 불초가 천금을 들여 선군의 수광을 구입하니 유인이 듣고 "너는 덕은 닦지 않고 흙속에서 복을 구하니 내가 들은 것과는 다르구나. 더구나 의복(倚伏)의 아득함이 구혼(九閽)에 격하여 있는 것 아니더냐 너희는 신중히 하여라."하였다. 나라가 망한 이래로 헌가(憲可)의 무리가 마을을 까다롭게 살피며 무례하게 중문을 난입하니 유인이 탄식하며"지금에 처하여 하나의 이류(異類)를 죽인다면 신실로 세간의 통쾌한 일일 것이다."하였다. 총부 구씨(具氏)가 사물을 다스림과 규중의 계산에 밝고 바깥일을 자주 간섭하니 주의시키기를 "선비가 되면 독서가 직분이고 노복이면 밭갈이가 직분이다. 부인이 되어 오직 임직(飪織)을 부지런히 하여야 하는데 너는 어찌 이러하냐."하였다. 을축 정월에 유인이 갑자기 구역질이 있어 자리에 일 개월 넘게 누었다 일어나니 형신(形神)이 분리되어 수습할 수 없었고 온 집안의 솥이나 기구들을 돌아보면서 쓸쓸히 마치 세상을 격하여 상대하는 것 같았고 다시는 지난날의 장하거나 예리하며 밝았던 기운을 볼 수 없었다. 그러나 손으로 공예(工藝)을 잡았거나 어린 손자를 등에 업고 그나마 세상 사는 맛을 아는 것 같았다. 그렇게 일주년이 지난 다음 해 병인 이월 이십육일에 병이 없이 화하였다. 삼월 십팔일에 선군의 묘 우편에 부장하였다. 두 아들은 해엽 해성(海性)이며 네 딸은 권의현(權宜鉉) 심충택(沈忠澤) 이현탁(李鉉卓) 이공수(李恭洙)와 혼인하였다. 유인은 순박하고 깊으며 정일한 자태로 옛 성현의 글을 읽지 않아도 몸을 세워 자신하며 규정에 얽매이지 않았고 덕을 가정에 쌓아 몸을 아끼지 않았고 말을 입으로 부족하여 행동에 스스로 미쳤으며 엄숙하여도 온화하고 검소하여도 깨끗하였으며 은혜롭고 확실하니 전철을 이을 수 있고 밖으로 빛날 수 있었다. 불초가 유인에게서 얻은 것을 제대로 길이 내세에 법 삼을 수 없었다. 오호 통재라. 불초의 나이도 늦어가고 여러 손자들은 어리고 어리석으니 돌아보면 어려서부터 장성하기까지 품어온 것을 제때 행장에 표현하지 않는다면 어언 간에 그윽한 빛이 늬엇늬엇하니 땅 밑에 영원히 묻히고 인간 세상에 나의 유인을 다시 볼 수 없을 것이다. 아침저녁 곡읍하는 사이에 삼가 평생을 엮어 동한의 여사(女史)를 편집하는 군자가 상고할 것이 있게 하노라.

전(傳).

곽징군전(郭徵君傳).

곽징군의 이름은 종석(鍾錫) 자는 명원(明遠)이다. 후에 도(鋾)로 개명하였다. 부친 원조(源兆)는 일사의 행동이 있었다. 모친 수양(首陽) 정씨가 천선이 문금(文錦)으로 몸을 감싸는 꿈을 꾸고 임신하였다. 헌종 십이 년 병오에 단성 사월리(沙月里)에서 징군을 낳았다. 어려서 신동이라고 지목하였다. 오세에 대지음(大地吟)이 있었고 팔구 세에 경사(經史)를 엄관(淹貫)하였다. 열두 살에 부친을 잃고 명경업(明經業)을 폐하고 인하여 성력 풍수 병서 산수의 유를 범람하게 보았고 오래도록 침음하다가 이에 다시 육경을 탐구하며 학문에 뜻을 두고 성현으로 스스로 기대하였다. 이십삼 세에 도사(都事) 이진상(李震相)을 성주로 배알하니 진상이 그 재주를 크게 기이하게 여기며 모든 이결(理訣)을 일일이 가르치니 징군이 그 말을 곧장 이해하고 주안(肘案)을 참으로 쌓아 삼 년만에 크게 열었다. 이에 위로 희문(羲文)으로부터 아래로 주정장주(周程張朱)의 서적을 반복하여 나들면서 첨예하고 뒤섞인 속에서 진수를 찾아내니 배운 바가 나날이 더욱 순수하여졌다. 그 논리의 주제가 되는 것은 하늘에 있으면 상제가 되고 사람에 있으면 마음이 되어 정이 주가 되고 동이 재가 된다고 하였고 또 태극은 혼연하고 만리는 찬연한 것이 이치가 이치를 갖춘 것이며 천도는 선을 이어 성품을 이루는 것이며 인심은 성품을 검색하여 정리에 요약하는 것이 이치의 묘리이다 하였다. 그 후천 괘의 말은 천지의 용도는 하늘이 중간이 비어있고 불이 걸려 있으니 건의 중간이 열려 이가 되고 땅이 중간이 관통하여 물이 되니 곤이 중간이 연결되어 감이 된다. 감과 이가 수화의 주인이고 천지의 중간 기운이다 하였다. 이것은 모두 전인의 설을 따르지 않고 스스로 얻은 것이 많다. 이보다 앞서 기호학은 거꾸로 주장하여 기를 종지로 삼고 영남학은 횡을 주장하여 영단(兩袒)하니 이기가 분연하게 서로 겨루었다. 이때에 징군이 이씨의 단서를 얻어 수법(竪法)을 내놓으며 천하의 만사 만물이 요는 모두 이과(理窠)에 안정하여 하나의 근본으로 거두고 기의 위치를 아래에 두었다. 이 말이 한번 나오니 뭇 짖음이 언연하였으나 오히려 강하게 서서 조금도 꺾이지 않고 입이 헐도록 쓰게 변론하여 힘껏 천성의 삼매(三昧)를 되돌려 힘쓰기를 마지않았다. 갑신년에 징군은 처와 함께 태백 산중으로 들어가 나무꾼을 짝하여 몸소 도토리 줍고 감자 심으며 일민의 뜻을 수행하며 시대에 문달을 구하지 않았다. 고종 을미에 조정에서 그 현명함을 듣고 비안 현감에 제수하였으나 일어나지 않았다. 광무 삼년에 조서로 종석을 불렀으나 상소하여 사양하였다. 칠년에 또 중추원의관 비서 원승을 제수하고 의정부 참찬까지 진급하니 누차 사양하여도 불윤하였다. 이때 주상이 특명으로 야복으로 등대하게 하니 징군이 부득이하여 한사로 나아가 함영전에 입대하고 요순 이래 전해오는 심법을 의론하였다. 인하여 시무에 언급하여 정학의 숭상, 민심의 단결, 군제의 제정, 재용의 절약 네 가지 일을 상주하였다. 또한 말이 도에 접하면 사음 요탄한 설이 사총에 가까이 못하며 일을 성심으로 시행하면 구차하고 임시방편의 생각이 마음에 싹트지 못한다고 하니 주상이 가상히 여기었으나 제대로 수용하지 못하니 마침내 돌아감을 고하고 환산하였다. 팔년에 소명이 있었고 이월에 징군이 시의에 대한 수십 언이 있었으나 받아들이지 않았다. 시월에 소를 올려 순명비의 복제를 논하였다. 을사에 일본과 조약을 체결하니 징군이 토역소를 가지고 경성에 올라갔으나 들어갈 수 없어 군관으로 물러나 조서를 기다렸으나 보답하지 않으니 통곡하고 건즐(巾櫛)을 폐하고 두문불출하였다. 어느 날 각국이 파리에서 공회를 연다는 것을 듣고 사람을 보내 글을 갖추어 본국의 정형을 알리었으나 도리어 일본인에게 구금되었다가 수개월 후에 다산의 사제로 돌아와 졸하니 기미년 팔월 이십사일이고 나이는 칠십사 세였다. 처음 거창 가남(加南)의 강현(江峴)에 장례하니 이때 사방 인사의 조문하는 이가 만 칠천여 명이었다. 후에 가서(加西)의 유원(酉原)으로 이장하였다. 징군은 신장이 칠 척이며 눈은 샛별 같았고 곧게 앉아 종일 풀지 않았다. 상을 치르며 삼 년을 죽을 먹었고 사람을 접하면 오직 화기가 발로하였으며 만약 비류라면 반드시 공경하여 멀리하였고 가르친 제생이 사방에 있는데 그릇에 따라 채워주니 군음(群飮)이 모두 양을 채웠다. 경내 문학의 영재로 하겸진(河謙鎭) 송호완(宋鎬完) 이후(李垕) 제인들이 가장 당시에 저명하였다. 징군이 어수선한 세상을 만나 뭇 비방이 산처럼 쌓였으나 만난 바에 안정하며 인에 돈독하였고 사물을 체험하였으나 응고되지 않는 묘용이 있었으니 논자는 십년 심경 근사사록을 읽는 것이 곽징군 한번 보는 것만 못하다 하였다. 우리 한국이 조종 이래로 유술로 백성을 다스리니 선비는 도덕을 힘써서 군주에 진달한 것이 전후에 비일비재하지만 만약 영수(英粹)하게 뛰어나 초연히 도를 깨닫고 진총(眞聰)이 귀신을 놀라게 하며 큰 그릇으로 만류를 포용할 수 있으며 올곧은 성정(性情)이 일월을 대할 수 있어서 회회한 묘당 경악(廟堂經幄)의 재능을 갖춘 자는 아마 동방 상고(上古)에도 보기 드문 바일 것이다. 혹자는 사업과 공적이 관중 안녕에 미치지 못하고 문장은 한퇴지 구양수를 따르지 않았다고 가볍게 비방하는 것은 얕고 얕은 것이다. 자호를 면우(俛宇)라 하고 또 유석(幼石)이라 하였다. 문집 육십삼 책이 간행되었다.

유양촌전(柳陽村傳).

유지원(柳之遠)의 자는 무경(茂卿)이다. 그 선대는 고려 진강군(晉康君) 휘 정(挺)에서부터 나왔다. 하여 선생은 진주 사람이 되었다. 부친의 휘는 석감(昔瑊)으로 효의(孝義)로 알려졌다. 광주 안씨의 여식과 혼인하여 숭정 갑술에 지원을 단성 선원(仙院)의 옛집에서 낳았다. 임신 중에 누차 기이한 꿈이 있었고 낳을 때 울지도 않았다. 안씨는 때를 맞추어 젖을 주었고 말을 할 때도 역시 묵묵하고 놀이를 좋아하지도 않았다. 구세에 글방에 나가 소학 책을 배워 읽으며 깨닫기를 나를 성취하는 것이 여기에 있다고 하였다. 이미 정혼을 하였는데 시기하는 사람이 있으니 안씨는 후회하려고 하는데 지원은 안된다고 하니 옛 유공숙(劉恭肅)의 유풍이 있었다. 부모의 질병에 하늘에 빌기를 목숨으로 대신하기를 청하였으며 상을 거하면서 무덤 곁에 움을 짓고 애 곡으로 기간을 마치니 당시 사람들이 그가 쉬던 나무를 효자정(孝子亭)이라 하였다. 형제간에 우애가 돈독하여 추운 때에 가인이 계절 옷을 내오면 아우는 이 옷을 입었는지 모르겠다 하였고 누이 하나가 일찍 혼자되어 가난하니 그 남녀의 가취를 모두 멀리 기다려 시기를 늦추지 않았다. 가문을 이끄는데 법도가 있었고 말없이 몸소 행하였으며 향인과 처할 때는 곧게 앉아 종일을 순순하니 사람이 많이 따랐다. 마을에 서로 다투던 자들도 신발 소리가 들리면 엄숙한 얼굴로 그치며 유모가 알게 하지 말라 하였다. 명나라가 망하자 항상 효종의 청나라를 치는 뜻을 이루지 못한 것을 애통하여하며 매번 기일을 만나면 단을 세워 분향하고 눈물을 지으며 재배하였다. 만년에 다시 자호를 명와(明窩)라고 고치니 역시 명나라를 생각하는 뜻의 원대함이다. 신장이 팔 척이며 수염이 아름답고 두 눈동자가 빛나며 두 귀는 어깨까지 드리웠다. 거처하는 초려 두어 간은 좌우에 도서이며 택반에는 소나무와 매화를 심어 취미를 살렸다. 제생들이 배우러 오면 손수 충신 두 자를 써서 부적처럼 주며 이로서 어버이와 주군을 섬기면 이름이 헛되지 않을 것이다 하였다. 동토 윤순거(童土尹舜擧)가 의춘(宜春)의 읍재(邑宰)로 있으면서 그를 위하여 담장과 가옥을 수리하여 주며 내가 애중하는 것은 교남의 유무경 한 사람뿐이라고 하였고 진사 윤길(尹桔)이 지원을 개울가에서 만나고 돌아와 사람들에게 오늘 유모를 만나보니 사람에게 비린(鄙吝)이 스스로 사라지게 하였다고 하였다. 명능(明陵) 경인 사월 이십칠일에 가정에서 졸하였다. 정조 때 많은 선비들의 의론으로 청곡사(淸谷祠)에 배향되었다.

    찬왈(贊曰) 옛날 정무적옹(鄭無適翁)이 그 묘소에 쓰기를 쇄락한 고풍이며 옹용한 석덕이다 하였는데 유도자의 기상을 잘 표현하였다고 할 만하다. 우리 종족이 본 고을에 처하여 대대로 유술로 알려졌는데 준연 순연하게 일반에 뛰어나서 먼저 선대의 문명을 계승한 이는 오직 지원이 초고이다. 애석하게도 지원의 학문을 내가 그 책을 얻지 못하여 그 전체를 상고 할 수 없고 구구한 한 두어 남긴 시로 어찌 당일 조예의 성취한 바를 논할 수 있겠느냐.

유만초 소전(柳晩蕉 小傳).

 공의 휘는 기현(基賢) 자는 주명(周命)이며 자호를 만초(晩蕉)라 하였다. 간의대부 휘 의정(宜貞)의 삼남이다. 어려서 아름답고 큰 덩치에 의채가 사람을 비추었다. 간의공이 오경(五經)을 가르치니 능히 옛을 탐구하고 선을 밝혔으며 몸을 바쳐 자혜로우니 말하는 이들이 군자의 인이라고 하였다. 이십팔세에 명경과(明經科)에 등제하여 왔으나 간의공의 질병이 위독하였다. 공을 불러 "비단옷 입은 자는 책임이 중하니 잊지 말고 네 아비처럼 하지 말라."하였다. 공이 울며 가르침을 받았고 부친의 상을 마치고 들어가 성균관 전적이 되고 건원릉 별검이 되었다. 경오년에 전랑을 거쳐 황산도 찰방에 제수되어 사신이 문에 있는데 공이 죽으니 나이 겨우 삼십팔이었다. 모친 이부인이 울며 "내 듣기로 효자는 그 어버이를 영화롭게 한다고 하였는데 아이가 일찍이 갈옷을 벗자 부친의 상복을 입었고 지금은 격서를 받들자 노첩을 실명하게 하였으니 이 어찌 인간 정리에 견딜 수 있는 것이더냐. 그러나 아이가 매우 덕이 있어서 하늘에 잘하니 사람이 단명하지 않았다면 우리 아이를 아는 자는 누군들 부친의 아름다움을 조심하여 따를 것으로 기대하지 않았겠느냐." 하였다. 차호라. 공의 좋은 자질 높은 학식으로 그 나이를 크게 하고 원대한 업을 다하게 하였다면 이름을 세우고 세상에 남기는 것은 넉넉하였을 것인데 명이 험하여 여기에 그치니 어쩌랴. 죽은 후에 옛 상자를 열어보니 손수 초한 주자소(朱子疏)와 주역을 토론한 글 약간 편이 있었는데 보는 이들이 그 일찍 성취하였음에 놀랐다. 형제 네 사람에 장자 공현(公賢) 역시 효성으로 경내에 알려졌다. 헌종 초에 부친이 언사(言事)로 죄를 얻어 경흥으로 귀양을 가니 공이 울며 따라 곁에 모셨고 옹저를 입을 빨아 치료하였다. 막내 창현(昌賢)은 전염병에 죽었다. 곡을 마치니 처 안씨는 하실(下室)에서 자재(自裁)하여 조용히 순절의 뜻을 이루었다. 나는 그 행함이 이루어져도 조정에 알려지지 못함을 슬퍼하여 함께 보충하여 서술한다.

 논왈(論曰) 우리 고을 권충강공이 우리 종족 선대의 곽유인의 정려에 새기기를 "부자녀의 충효열은 한 집안의 삼강이며 만고의 모범이다."고 하였는데 마침 근세에 간의공은 나라뿐이고 자신은 망각하였으며 자식과 자부들의 아름다운 행실과 자랑스러운 절개가 인간 세상에 빛남이 또한 어찌 그리도 쟁쟁하여 전현에 짝하여 아름다운 것인가. 내가 듣기로 어진 덕은 세대의 유형에 매이지 않는다고 하였으나 역시 어찌 과신하겠느냐.

이불자전(李佛子傳).

이불자(李佛子)의 이름은 종식(宗植) 자는 재실(載實)이며 그 선대는 영남 합천 사람이다. 하동의 이명산 아래에서 출생하였고 사람됨은 얼굴이 붉고 수염이 났으며 기도가 있고 자상하며 군중을 좋아하였다. 하여 사람들이 불자라고 칭하였다. 불자는 헤진 겉옷 하나로 해가 바뀌어도 바꾸지 않았고 음식을 대하면 항상 웃는 얼굴이었다. 소시에 친우들과 함께 향교에 가는 길에 돌다리를 지나는데 걸인이 무리 지어 앉아 함께 마시다가 객이 오는 것을 보고 절하며 들어오기를 청하고 술을 내오니 친우들은 옷을 떨치고 가버리는데 불자는 혼자 돌에 걸터앉아 길게 마신 후에 행하였다. 고종 갑오에 동비(東匪)가 일어나 동서로 분탕을 치니 고을의 장리(長吏)가 모두 놀라 도망치고 금할 수 없었다. 이에 위로부터 나라에서 병사를 발하여 체포하게 하고 잡으면 곧 죽이고 용서하지 않았다. 세월이 오래되니 백성이 사사로운 원한으로 무고한 사람이 많이 걸려들었다. 이때 불자가 군중의 추대로 적들을 섬진에서 방어하였다. 섬진은 영호남 사이의 큰 강이었다. 두 지방의 경계에 흐르니 풍토가 혼잡하여 다스리기 어렵다고 호가 났다. 불자는 진중에 있으면서 군사에게 함부로 사사로이 포획하여 스스로 이익을 취하지 말라고 명하였다. 의례 위졸 몇 명을 두어 공허한 외침으로 적을 위협하였고 밤이면 불자가 혼자 칼을 들고 강의 상하를 순찰하며 갈대숲에 몸을 숨긴 자가 보이면 불자는 눈물로 통절하게 타이르기를 "내가 너희를 놓아주는 것은 바로 주상의 뜻이다. 주상의 명을 받은 관리는 장차 백성을 길러야 하는데 도리어 흉포하여 이미 도적이 되게 하여놓고서 죽이니 성상의 뜻을 펴는 것이 아니다. 너희는 생각하여 보고 스스로 새롭게 하고 게으름을 부리지 말라."하였다. 이로서 뭇 도적들이 듣고 서로 주의하며 양민이 되었다. 반년간 불자가 살린 자가 아마 천명은 더 될 것이다. 불자에게 아들 하나가 있어 병래(炳來)

라고 하는데 후사가 없어서 오래도록 곤란해하니 당시 사람들이 불자가 나옴으로 하여 하동의 백성이 시체를 안고 하늘에 부르짖는 자가 없으니 그 후사는 반드시 창성할 것이라고 하였다. 불자가 죽은 지 이십칠 년에 병래의 나이 사십으로 비로소 장부 하나를 길렀고 그 후 무성하기를 역시 그 조부 같았다고 하였다.

찬왈 내가 장경전(張慶傳)을 읽으니 장경이 옥을 담당하면서 항상 스스로 신중하게 가지면서 매번 중수(重囚)가 죽임을 당할 때 그를 위하여 재계하며 법화경을 외우기를 한 달을 하다 그쳤고 그 후 자손이 달관이 된 자가 매우 많으니 경사 사람들이 장불(張佛)이라 하였다고 하니 나는 장이(張李) 두 사람의 행함이 비록 절조는 다르나 정리의 됨은 같다고 한다. 대저 사람이 선을 세워 후한 누림을 받는 것은 마치 농사지어 수확하는 것과 같아서 조금도 틀리지 않으니 예로부터 이러하였다. 무엇이 이상하다고 할 것인가. 그러나 장경은 부처에게 아부하였고 이불자는 정직함으로 선왕의 적자에게 널리 은혜를 입혔으니 장경보다 현명함이 멀도다.

본생 고조고 목헌(木軒)선생 가전.

공의 휘는 정탁(正鐸) 자는 직재(直哉)다. 고려 상장군 휘 정(挺)이 윗대 조부이다. 후세에 휘 간(玕)이 좌의정이고 좌의정의 다섯 아들 중 셋째 휘 지택(之澤)이 대사성으로 청천군 휘 번(藩)을 낳았는데 절행으로 강주의 노봉원(魯峰院)에 배향되었다. 오대조 휘 관(爟)은 인묘조 때 교위였는데 무략으로 드러났다. 고조의 휘는 진창(晉昌)이니 처음에 단성의 정태(丁台)에 살면서 자손에게 유술을 가르쳤고 오래도록 은둔하고 벼슬하지 않았다. 증조의 휘는 광두(光斗) 조부의 휘는 천화(天和)이며 고의 휘는 증항(增恒) 비는 순흥안씨 웅천 주씨(熊川朱氏)이며 공은 주씨의 소생으로 숙부 휘 증욱(增郁)의 후사가 되었고 임천 조무(林川趙珷)가 후사 된 외조부다. 공은 어려서부터 총명하고 강하였다. 선공이 가난하다고 배움을 게을리하게 하지 않았다. 일찍이 책상 위의 한서열전을 뽑아서 읽게 하고 홍문연(鴻門宴)의 일을 짓게 하니 공이 시를 지었는데, "적다고 적은 것 아니며 많다고 많은 것 아니다. 돕거나 없는 것은 하늘마음 또한 어찌하리. 가엾다 홍문연 술자리에, 유량은 이미 좋은 산하를 점유하였구려."하니 선공이 기특하게 여겼다. 장성하여 고문상서와 모시를 족숙 죽계(竹溪)선생 증서(增瑞)에게 배우고 사장학(詞章學)을 하면서 넘치고 비축함이 깊고 넓어 끝이 없었으며 손에서 벗어나자 문채가 순아하여 스스로 높으며 약관이 되기 전에 명성을 크게 떨치니 일시의 선비와 벗들이 모두 공생(貢生)의 큰 그릇이라 칭하였다. 이십삼에 처음으로 고을의 시험에 입장하였으나 요인(要人)에게 굴함을 당하니 전형하는 이들이 듣고 크게 부끄러워하며 "누가 내가 아는 선비 유모가 해액(解額)에 들지 못할 것을 알았다고 하겠나."하였다. 후에 영남 시험에서도 또 낙방을 하였다. 대개 이로부터 세 번 나가 세 번 떨어지고 부모도 역시 늙고 죽었다. 공은 이로 인하여 과거를 포기하고 산택 간에 스스로 놀기를 기뻐하며 간혹 수개월을 돌아오지 않았다. 지금 하양의 청학동 함주의 구성대(九成臺) 벽송암(碧松庵)에 모두 공의 유시(遺詩)가 전한다. 사는 집은 고을 동쪽 십리의 타강(沱江)위에 있는데 문전에 고남(古楠)이 있으니 스스로 호하기를 목헌(木軒)이라 하고 또는 농암(聾庵)이라 하였다. 날마다 속으로 다스리고 스스로 수행하기를 힘써 줄줄 공자 맹자의 글을 읽으며 늙어도 싫어하지 않았고 배우려고 오는 이와 전고의 단서를 이야기하기를 좋아하였다. 정입재(鄭立齋) 선생이 대산(大山)의 학통을 계승하여 상향(商鄕)에서 교수한다는 말을 듣고 우산잡영(愚山雜詠)을 지어 서로 창수하였고 인하여 종족의 영민하고 뛰어난 자를 보내 문하에 예를 드리게 하여 그 취향을 바르게 하였다. 이때 시공(緦功)의 친족에 문학으로 저명한 이가 십수 명이었다. 공은 영조 임신에 나서 순조 기축 십일월 이십삼일에 나이 칠십팔로 졸하니 묘소는 오리곡(悟理谷) 간좌의 언덕에 있다. 배위 창원 황씨의 부친은 처사 용대(龍大)이며 두 아들은 의기(宜起)는 지극한 행실이 있었으나 드러나지 못하였고 의문(宜文)은 족숙 효민(孝民)의 후사를 이었으며 세 사위는 이창신(李昌臣) 정광하(鄭匡夏) 정동현(鄭東玄)이다. 진현(晉賢)은 일방(一房)에서 나고 원휘(遠輝) 원조(遠照) 원교(遠敎) 원진(遠震)과 구온(具蘊) 이상검(李尙儉) 이경문(李景文) 정수택(鄭修宅)은 모두 이방의 자서이다. 불초 아니 열아홉 때 공을 가정의 부로에게 들은 것으로 공의 일을 한 통 기록하여 후산(后山) 허공에게 글을 청하였는데 허공의 행장이 소략한 것이 많은 것은 대체로 일을 기록한 것이 전체를 조명하지 못한 때문이었다. 그 후에 조제(弔祭) 시문 행장 등의 유를 외가인 하씨의 집에서 얻어 다시 편차하여 별전을 우와 같이 한다.

우당(嵎堂) 상자 속 원고 서전.

내 아우 해성(海性)의 자는 선부(善夫)인데 후에 식(湜)으로 개명하고 자호를 우당(嵎堂)이라 하였다. 청천군(菁川君) 휘 번(藩)의 후예다. 내 부친의 휘는 현수(絢秀)며 남원 사람 양씨(梁氏)의 딸과 혼인하여 고종 기축 구월 이십사일에 옛 강성 정태(丁台)의 집에서 태어났다. 어려서 준상(俊爽)하였고 사숙에 취학하여 자구의 뜻에 심하게 구애하지 않고 자못 대의만 깨달을 뿐이었다. 매번 한 판씩 배우면 삼사 번 읽는 것에 불과하고 곧 마을 밖으로 나가 강을 따라 위아래로 달렸으며 오랜 후에 돌아오고 하였다. 내가 시시로 꾸중하면 곧장 "내가 고인의 뜻을 이해 못하는 것은 아니나 단지 고인의 자취를 따를 수 없기 때문이다."하였다. 장성하여서는 세상의 재략을 좋아하여 곁으로 동서의 역사와 기록을 보았고 선민이 공적을 세우고 일을 일으키어 고금에 빛나는 자에 이르면 어깨에 힘을 주며 탄식하고 배움이란 실용이 귀한 것이고 아니면 한낱 조박에 그칠 뿐이라고 하였다. 일찍이 중외여지도를 두고 해륙의 힘이(險夷) 인구의 번소(繁疎) 풍속의 혼순(混淳)을 논하는데 간혹 마치 몸으로 겪고 눈으로 본 듯하였다. 하루는 마을의 군중을 불러 의논하기를 경작과 방직을 일과로 삼는 것은 옛 제도이다. 대저 두 과정이 무너지고부터 백성이 흩어지게 되고 백성이 흩어지고부터 오륜(五倫)이란 좋은 것이 우리 인간의 것이 되지 않은지 오래되었다. 어찌 힘쓰지 않을 수 있는가 하고 이에 서로 돈을 거두어 사창(社倉)의 제도를 설립하니 대개는 고정(考亭)의 유제를 모방한 것으로 얼마간의 출입과 혹은 시대에 따라 서로 변경하여 반드시 적의하게 하고 일을 상고하여 규정으로 다스리고 그 근실함과 태만함을 통솔하였다. 처음엔 마을이 협애하고 누추하여 서로 편을 나누고 헐뜯기를 좋아하여 겉으로는 응하면서 속으로는 비난하는 자가 서로 이어 나오더니 오래되니 흡연히 의론을 따르고 누구도 의의하지 않으며 위하여 말하기를 누가 노고를 하느냐 안일함을 주리라 하였다. 공이 인을 하는 골자를 체득하였다 하였고 당시에 소자산(小子産)이라고 하였다. 보다 앞서 타상 사람들이 허탄함을 숭상하여 집마다 신방(神房)을 두고 사시가절이면 음식을 마련하여 즐겼는데 아우가 그 연유 없는 것을 미워하여 하루는 향나(鄕儺)를 인솔하고 몰아서 밖으로 내쳤다. 내가 이 일을 듣고 바람을 향하여 옷깃을 열었다. 동천(東川) 심재(深齋) 두 공은 우리 문중의 현덕이었으나 죽어 자손이 없으니 구묘가 묵어 폐하였다. 아우가 여러 종족에게 말하기를 "옛날 주자가 남강에 있으면서 유서간(劉西澗) 부자의 묘를 서문(西門)의 황초 사이에서 찾아 수리하여 다스리라고 명하여 향화를 끊이지 않게 하였다. 우리는 두 공의 일에 무정한 것은 마땅하지 않다."하고 인하여 그 유해를 살던 북쪽 산기슭에 반장하고 해마다 요전(澆奠)을 끊이지 않게 하였다. 아울러 문중 선배 서적의 인가에 흩어져 있는 것을 그 공졸을 가리지 않고 일일이 수집하여 간책에 실으며 "이게 비록 단편의 종이지만 선배의 정신을 전하는 그림자니 지금 비추어 볼 수 있는 것은 이것이 있기 때문이다."하였다. 계속하여 우리 종족 삼백년의 떨어진 자취 자잘한 언어의 옛 문서 사이에 있는 것을 수집하여 종사(宗史)를 편성하니 대저 구묘 사당 비갈 등에 벗어나지 않지만 누누이 해를 연하고 반드시 사무를 관장하는 이가 참여하였으며 시서 궁마 사환 등의 사람도 해마다 약간이나마 나오고 일찍이 당시에 명망이 있는 이는 반드시 졸을 사책에 써서 후세에 모범이 되게 하였다. 이 외에도 친목계나 석의(石議)의 등도 모두 아우가 속으로 창안하였으나 미처 성취를 보지는 못하였다. 아우가 부친상을 당하니 송산 권재규(松山權載奎)가 조문을 왔는데 아우가 "지금 천지의 운이 동에 있는데 어떻게 하여야 합니까."하니 송산이 "동하는 중에 정이 있다."하니 아우는 "규각나게 고집하는 것이 진선일 수는 없다."고 하였다. 회봉 하겸진(晦峰河謙鎭)이 보내온 네 수의 시에 노나라의 양기가 해에 돌아오고 굴원이 세월을 보내는 것에 깊이 애상하였다. 아우가 시를 읽고 오랫동안 있다가 "오늘날의 일은 오직 여지하(如之何:어쩌나) 세 글자뿐이다."하였다. 내가 이미 오래도록 세상에 내몰리어 외롭게 돌아갈 곳이 없으니 아우는 "우리 형은 자미(紫微) 산중을 찾아 들어가 동지와 사를 결성하고 남은 세월을 마치는 것이 마땅하다."하였다. 아우가 사물의 이치와 시대의 형상에 추리를 잘하여 간혹 남들이 보지 못하는 것을 보았고 의혹됨을 분별하여 밝히는 것이 마치 좌계(左契)를 잡은 것 같았다. 세상이 변한 이래로부터 시대에 따라 부앙하기를 즐겨하지 않고 날마다 침묵하고 진지하였다. 사람들이 의리에 불가한 것을 보면 곧장 건을 벗고 드러누워 해학을 섞어 개유하였다. 마을 자제 중에 자성이 어느 정도 가한 자를 만나면 미미하게 선한 말을 이야기하여 남김없이 쏟아 주었다. 이러하니 여대(輿儓)의 미천한 것이나 다투며 싸우는 것 등이 와서 지정하는 일이 매우 많았다. 우리나라가 천교(天驕)에 병합되자 항상 분노를 품고 나와 말하기를 나라가 흑치의 부족과 이웃하여 비린내가 날마다 들리니 차라리 양자강 가에 찾아가 죽고 싶으나 돌아보면 후세자손이 다시는 동방의 백성이 될 수 없을 것이라고 하니 내가 깊이 그렇다 하였다. 아우가 중년에 자못 역내를 떠돌며 유람하였는데 북으로는 한강에서부터 웅진까지 계룡산 낙동강의 장려함을 보았고 서쪽으로는 호남을 지나 마한의 고도 봉산(鳳山) 덕유산의 안팎을 건너 강남으로 돌아와 지리산 청학동 와룡산 등을 구경하니 그 제영(題詠)의 나옴이 기이하고 장려하며 소산하고 청량하여 한번 왕래한 것이 깊은 정이 있다고 할 수 있다. 내가 처음 사방으로 유학할 때 선군이 아우에게 명하여 미염(米鹽)과 세세한 일을 돌보라고 하며 "타상은 토지가 척박하여 힘쓰지 않으면 굶주린다. 굶주리는 것이 어찌 장부의 일이겠느냐."하였다. 이리하여 아우는 학문에 있어서 크게 힘써서 그 재주를 채울 수 없었으나 타고난 재질이 자못 준일하여 어려서부터 시를 배우면서 차라리 말이 막히어 속된 것에 가까워 가한 것이 없었고 차라리 뜻이 만족하나 기운이 짧아 가한 것이 없었다. 이 때문에 그 입에서 나오는 것이 혹 고삽하여 난해하니 내가 곁에서 약간 손대면 아우는 이것은 치졸한 것을 지키는 것인데 그 성품이 한결같지 않은 것이니 어쩌나 하였다. 일찍이 아이들과 말하기를 나는 글을 훔쳐 세상에 아첨하는 것은 미워하노라 하였다. 다른 날 집안에서 원고를 수집하는데 혹 많이 사랑하여 차마 할 수 없는 것도 있고 나에게 나온 것을 일삼고 나에게 나오지 않은 것은 일삼지 않아서 나의 바탕을 밝히는데 가하다고 여긴 것이 있었다. 매번 한가하면 반드시 나와 재주를 이야기하는데 말하기를 형은 두소(杜蘇)를 배워 이루지 못한 것이고 아우는 고금제가의 뛰어난 말을 합한 것이니 요는 한 사람의 아래에 들어가지 아니한 것이니 시는 선부의 것일 뿐이라고 하니 나도 모르는 사이에 아연하게 한번 웃고 인하여 이르기를 아우는 논맹을 숙독하여 풍능(風稜)을 사라지게 하는 것이 좋으리라 하였다. 아우는 성인의 학문은 성(誠)뿐인데 성리학을 하는 선비는 문의에 흩어져 마음이 함께하지 못하고 문사를 하는 선비는 장구에 빠져들어 몸이 함께하지 못하니 도가 어찌 여기에 그치겠느냐 하였다. 인하여 탄식하기를 세상의 학문이 날로 잘못되어 나라의 계책이 길이 없다 하고 단연히 이르기를 지금 제일 무슨 요긴함이 이호(人和)에 있다 조국의 순수함은 유학으로 종주를 삼았는데 그 단서가 떨치지 못하여 이와 같으니 만약 나를 나라 정치를 하게 한다면 차라리 시정배를 몰아 그 마음을 하나로 할지언정 경생(經生)은 불가하다 하였다. 서강 유원중(西岡柳遠重)이 듣고 지혜 있는 말이라고 하였다. 하루는 손수 동서일치론(東西一治論) 수백여 언을 지었는데 알알하게 뜻을 달성하기 어려워 그 원고를 누차 바꾸었다. 이윽고 그것이 무익하다는 것을 알고 찢어버렸다. 항상 말하기를 경륜은 작은 것을 시험하여 그 큰 것을 알게 되고 도덕은 예에 돈독하여 그 용도를 넓히는 것이라고 하며 입으로 손경(孫經)을 강론하는 자는 궁시(弓矢)를 굳게 잡을 줄 알지 못하고 날마다 여약(呂約)을 외우는 자는 스스로 의식을 감손하여 행하는 것이 드물다. 인가의 못난 남자는 몸을 바쳐 생을 다스려서 후일을 대비하지만 몸이 나무에 들어가기도 전에 남은 것은 얼마 없다. 천하에 얼마간의 큰일이 있지만 휴구와 이해를 가릴 것 없이 하나의 자자(直字)만 믿으면 족하다. 소인은 먼저 멀리하는 것이 묘하고 나에게 변하게 하려다 도리어 속임을 당하게 된다. 국가나 거실(巨室)을 다스리는 것과 군중을 부리는 것은 동일한 예다. 그 장자를 뽑아서 알맞게 쓰면 만기(萬機)가 이에 행하여진다 하였다. 어쩌면 이러한 의론이 아우가 세상을 겪으며 스스로 탐구하여 자못 정밀하게 채택한 것이리라. 아우가 만년에 정질(貞疾)을 얻어 칠년이란 오랜 세월을 침음하는데 방밖에는 일찍이 여러 신발이 없는 날이 없었다. 혹은 공부하는 것을 질의하기도 하고 혹은 의약이나 시문 등을 토론하기도 하며 응수하기를 게을리하지 않았고 각기 그 기쁨을 다하였다. 질병이 심하여지는데 동서양의 전화(戰禍)가 한창 급해지고 있었다. 아우는 오히려 기운을 차리고 내게 말하기를 "바라는 것은 조금만 연장되어 천교가 반드시 망하는 것을 보고 싶다."고 하였다. 또한 한 구절을 쓰기를, "백년을 살아 바라는 것은 이 지역을 따라, 지금 몸이 다하지 못한 정사를 보상하고 싶다."하였다. 이때 한 노구가 산곡 중에서 "가령 다시 모공을 만날 수 있다면 나는 반드시 북신(北辰)에 머리를 숙이리라."하였다. 또한 두 노농(老農)이 서로 말하기를 "나에게 모의 명을 사라고 한다면 나는 백번이라도 하리라."하였다. 갑신 오월 십삼일에 졸하여 모지에 장례하니 나이 오십 육세이다. 이날 마을에서 군중이 서로 글을 가지고 와서 곡하고 잔을 올리니 눈물은 하수이며 곡성은 우뢰같이 네거리에 달하였다. 차호라. 내 아우는 한낱 시골 마을 포의일 뿐인데 무슨 저들에게 애정이 있어 이처럼 슬퍼하는가. 아우의 지기 이산인 이란 자가 있는데 시로 곡하기를,

"호기는 당년에 구주에 넘치는데, 진편에 머리 숙여 무엇을 구하느냐. 애석하다 그대 가슴에 사린 얼마간 책략은, 이날 부질없이 한 줌 흙 언덕에 감추누나."하였다. 아우의 부인 이씨는 합천사람이다. 두 아들이 있는데 장자 기형(基馨)은 출계하여 나의 후사가 되었고 다음 창형(昌馨)은 천교의 포로가 되었다가 경성으로부터 새로 돌아왔다. 이씨는 아우가 병든 지 육년에 몰하니 아우는 도망시(悼亡詩) 오 편을 지어 곡을 대신하였다. 아우의 성품은 헌헌하여 기이한 기운을 타고 났고 일을 보면 바람이 사나웠고 만나는 것은 탁락하고 강개한 선비를 만나면 주식(酒食)을 사는데 수백 금을 허비하여도 스스로 아까워하지 않았다. 아는 바에 궁핍하고 둔체한 사람이 있으면 역시 완급은 사람마다 있을 때가 있다며 흔연히 주선하여 버리지 않았다. 일찍이 웃으며 강가의 죽림을 가리키며 저 울울한 것이 나의 경제를 기억할까. 내가 죽은 후에 정령이 아직 이 사이에 왕래할 수 있으려나 하였다. 내가 옛날에 석문사지(石門私誌)를 저술하면서 아우의 일을 한 두어 가지 실었는데 사창을 설립하니 유민이 업을 즐겼고 현인의 묘소를 수축하니 선비들이 권장되

었으며 음사가 폐지되니 천한 부인네가 간사함을 놓았다는 것이다. 아우가 정치에 얻음이 있다고 혹자는 백리의 재능이 여유가 있다고 칭하였으나 감당하고 못하는 것은 아우가 스스로 알 것이고 내가 슬퍼하는 것은 아우가 명이 없어서 길이 가버린 것이 애석할 뿐이다. 내가 연로하여 날마다 아우의 몸이 건강하고 일이 적어서 상방의 뜻을 보상받기를 기다렸는데 지금은 죽었으니 나는 어찌하나. 아우는 저술한 시문을 비축하는 것을 좋아하지 않았다. 옛 상자를 열어 그나마 오륙십 판을 얻으니 소위 애석함이 많아 차마 할 수 없다는 것이었다. 내가 편차하여 한 권으로 묶고 전기에 부쳐 약간의 사사로움을 기록하여 타일에 글을 빌리는 자료를 삼게 한다.

택재집 권5 종.

康州世紀
강주세기

강주세기서(康州世紀序).

나무를 심는 자는 반드시 뿌리를 튼튼하게 하고 샘을 파는 자는 반드시 흐름을 인도한다. 천리의 낌새가 사물에 나타나니 사람의 도리는 순응하여 이루는 것이다. 불초가 세기를 편찬하는 것은 우리 선세의 사행을 유별로 정리하여 위로는 처음 시작하는 선조로부터 아래로는 여러 조상까지 출처 시종과 훈덕 현회 밑 구묘 사각 시문의 유를 모두 책에 나열하여 감히 빠트리지 않았다. 불초가 스스로 생각하기를 가문이 옛날 고려에서 드날리다가 구한국에 있어서는 차츰 막히어 세상에서 말하는 십세 포의(十世布衣)에 백판위문(白板爲門)자인 것이었다. 국조에서 위씨(魏氏)의 중정(中正) 제도를 사용하고부터 속백가벽(束帛加璧)의 영광이 오로지 세가의 전유물이 되고 여항처사의 간혹 경서를 안고 하늘을 즐기는 무리는 으레 오래도록 윤몰하여 거의 스스로 발신하지 못함이 오래되었다. 그러나 그 조심하고 몸에 실은 아름다움을 후손에 전수한 것이 매우 은성하여 깊은 속내의 비축이 빛나게 굽굽이 비추어 오히려 5세대 7세대까지 사라지지 않는 것은 뿌리가 깊고 밖으로 달하는 것이 활발하기 때문이다. 시경에 "두 사람을 생각하니 밝아서 잠이 오지 않는다."는 것이 굳이 나라에 법이 되고 세상에 혜택을 주는 심후한 인애가 당시에 잊을 수 없어서 그러한 것이 아니라 만일 그 선인의 손때 묻은 서책 술잔 전원 산림의 어렵고 고생한 모습을 상상하여 만날 수 있는 것이라면 반드시 작은 역사에 기록하여 자손의 이목에 영원하게 하는 것에 힘썼다. 내가 말한 뿌리를 튼튼하게 하고 흐름을 인도한다는 것이 이러할 뿐이다. 세기의 일을 어찌 늦출 수 있겠나. 오호라. 우리 가문이 남방에서 그 사는 것이 매우 미약하여 옛날 조회(曺檜)가 열국의 사이에 처하여 충신으로 기본을 삼아 유구하게 스스로 보존하였으니 어쩌면 타일에 한가닥 맑은 단서가 홀로 진유뢰하(溱洧雷菏)의 사이에 연면하지 않겠느냐. 오직 선대의 순수함을 독실하게 지키는 자만이 성립할 수 있다. 나의 마음이 매우 힘들다. 후손 잠은 삼가 쓰다.

강주세기(康州世紀) 상편

역대찬(歷代贊).

아득한 세대를 상고하니, 중국에서부터였다. 혁혁한 대승(大丞)이, 동방에 처음 나타났다. 큰 가지 무성하여, 곧 천재에 벌어졌다. 단서를 찾을 길 없어, 각기 밝은 것을 종주로 삼았다. 상장(上將)이 고려에서, 교백(喬伯)의 정(程)과 같았다. 그 후 더욱 커져, 성한 덕으로 행하였다. 한 기운의 모인 것이, 범의 바람과 용의 구름이었다. 여러 독실함 돈독하게 낳으니, 무(武)이며 문(文)이었다. 감문(監門)의 열렬함은, 금교(金郊)에서 맹세하였다. 호부(戶部)는 치사(致仕)하니, 돌에 맑은 이름 실었다. 굴신이 서로 감동함은, 인간 세상에도 역시 심하였다. 역사는 어찌 궐문(闕文)도 많더냐, 물은 흐르고 연기는 잠겼다. 송도 사직 끝을 알리니, 작자(作者)가 칠십이다. 진실로 청천(菁川)은, 큰 것이 그 고집이다. 높다란 보봉(寶鳳)은 여러 구릉보다 큰 것은 없다. 사향(祠香)이 소멸한 지 오래니, 먼 후예 심정이 차갑다. 평후(平侯)가 남으로 건너니, 그 전통을 이끌었다. 포의로 서로 전하니, 누겁이 막히었다. 헌사(軒駟)는 융화하지 못하였으나, 시서는 대대로 빛났다. 그나마 충효를 남겨, 함께 선하게 하였다. 지금껏 하늘의 도움 없어서, 선혼(先魂)을 잃은 지 오래다. 척척하게 서로 슬퍼하고, 표표하게 보존하지 못하였다. 오호라 조훈(祖訓)이, "해와 같이 위에 임한다. 굴신하는 아름다운 명이, 오는 억년 영원하리라." #후손 잠 찬.

1대. (一代) 상장군공(上將軍公). 휘는 정(挺)이다. 고려 좌우위 상장군이다. ○.일본에는 진강(晉康)부원군이라 하였다.

2대. 중랑공(中郞公). 휘는 숙(淑)이다. 신호위 보성중랑장이다. ○.일본에는 진녕군(晉寧君)이라 하였다. ○.부인 우봉 최씨의 부친은 증 시중 원호(元浩)다. "최자가 당년에 나라 운영 가지니, 인척으로 당시 이름 빛내지 않았다. 정녕코 지영(持盈)의 경계를 얻었으니, 관직은 중랑으로 으레 성을 지켰다."

#. 후손 자가 가사를 읽다. 이하 동. ○.역사를 상고하니 최충헌(崔忠獻)이 4대를 전정하여 위복(威福)이 자기에게 따랐다.

3대. 감문공(監門公). 휘는 돈식(敦植)이다. 통의대부 감문위로 상장군 진원군(晉原君)을 습작하였다. ○.부인 김씨의 부친은 정용장군 승(升)이다. ○.고려사에 고종(高宗) 4년 정축 여름 4월에 거란병 5천여 명이 금교역(金郊驛)에 이르니 상장군 오응대(吳應大)를 중군 병마사로 상장군 최원개(崔元凱)를 전군 병마사로 상장군 유돈식(柳敦植)을 후군병마사로 삼아 숭인문을 나가 막았다 하였다. ○.김취려(金就礪) 전기에 송안국(宋安國)이 지병마사로 시랑 진세의(秦世儀)가 부사가 되고 상장군 유돈식이 후군병마사로 최숭준(崔崇峻)이 지병마사로 진숙(陳淑)이 부사가 되어 막았다. 4부의 군사가 움직이지 않는데 유독 돈식이 교주(交州)로 발행하니 하응(河應)이 사람을 시켜 저지하기를 "적이 적성장(積城場)에 있으니 회군하라."고 하였으나 돈식이 듣지 않고 4군이 합하여 적을 공격하자 하니 4군이 따랐다. 적성으로 가니 적은 보이지 않았고 적이 동주(東州)를 함락하였다고 하였다. "금교의 한차례 전투 당시에 떨치니, 반 만의 거란병 하루살이 쓸 듯하였다. 무슨 물건 하생이 나라에 보상하려 꾀하였나, 천추의 역사에 한을 남겼다." #가사를 읽다.

4대. 상서공(尙書公). 휘는 홍림(洪林)이다. 광록대부 추밀원부사 호부상서로 치사하였고 문하시랑 평장사 진양군(晉陽公)에 추증되었다. ○.부인 충주양씨(忠州梁氏)의 부친은 상서 남일(南一)이다. ○.고종 24년에 부사 유홍림이 치사하다. #문헌비고. ○.진양의 서쪽 원당방(元塘坊)에 유허비가 있는데 연재 송병선(淵齋宋秉璿)이 표문을 찬하였다. "광록유허에 먼 후예가 찾아오니, 슬픈 회포 일백 길에 울울하여 열기 어렵다. 의의한 공적은 기러기 발자국 비었고, 오직 외솔만 물에 스쳐 돌아온다." #후손 현수(絢秀) 감구(感舊) 1수.

5대. 총랑공(總郞公). 휘는 단(槫)이다. 봉상대부 군부총랑 진흥군(晉興君)이다. ○.부인 남양홍씨의 부친은 상서 백수(百壽)다. ○.공의 백형 유(侑)는 양화

공(良和公)이다.

6대. 개성윤공(開城尹公). 휘는 간(玕)이다. 정광대부 개성윤 진성군(晉城君)이다. ㅇ.부인 문화유씨의 부친은 문산군 성비(成庀)다. ㅇ.공의 아우 거(琚)는 우승지다.

7대. 대사성공(大司成公). 휘는 지택(之澤)이다. 봉익대부 성균관 대사성 보문각 직제학이다. ㅇ.부인 단양우씨의 부친은 호군 록생(祿生)이다. 보문각은 전부터 국사가 예속되었는데, 전신표리가 구장(九章)으로 아름다웠다. 채색 조각 남겨 운손에게 전하지 않으니, 종편을 대하니 생각이 나지 않는다. #가사를 읽으며. # 역사를 고찰하니 고려 예종 병신 8월에 청연각을 금중에 짓고 학사를 두어 조석으로 경사(經史)를 강론하였다. 또 학사로 금중 출입이 어렵다고 하여 곁에 1각을 건립하여 보문각이라 하고 대제(待制)를 더 두니 거기 선발된 사람은 모두 일시의 명사였다.

8대. 벽은공(僻隱公). 휘는 번(藩)이다. 동지 밀직사사 공조전서 청천군(菁川君)이다. 고려가 망하자 동두문에 들어갔다. 호를 벽은(僻隱)이라하고 합천 노봉원(魯峰院)에 배향되었다. ㅇ.부인 고성이씨의 부친은 지신사 형(珩)이다. ㅇ.공양왕 원년 을해에 이목은(李牧隱) 이도촌(李桃村) 권양촌(權陽村) 제현 27인과 함께 유찬을 당하였다가 2년 2월에 풀려나 전서가 되었고 조정이 더욱 문란한 것을 보고 벼슬을 버리고 은거하였다. "정승 파하고 한거한지 십수년에, 동문의 궁벽한 곳에 전원도 좋았다. 오늘 아침 문득 천도(天弢)를 풀고 떠나니. 순풍이 세상에 전하지 못함 한스럽다." #권양촌 근의 만시 1수. ㅇ.공의 백형담(湛)은 부유후(副留後)다.

9대. 평해공(平海公). 휘는 백통(伯通)이다. 통정대부 평해군사 사간원 헌납이다. ㅇ.부인 평산 한씨의 부친은 전서 철충(哲冲)이다. ㅇ.묘는 합천 만대산 서쪽 가산 을좌(佳山乙坐)에 합장이다. 제2자 승유(升濡)가 지문을 찬하고 후손

원중(遠重)이 뒤에 쓰다. "웅장한 8대의 벌빙가(伐氷家)가, 남으로 건너 표연히 영남가에 떨어졌다. 평해는 망망한데 일찍이 비어있고, 묘문에 오직 정명(正名)만 빛난다." #가사를 읽고. ㅇ공의 아우 백규(伯逵)는 이조참의다.

10대. 사정공(司正公). 휘는 승윤(升潤)이다. 승윤부위 중령 부사정 군수(郡守)다. 홍무 기미에 출생하여 정통 계해에 졸하니 향년 65세이다. ㅇ부인 합천 이씨의 부친은 부령 의중(嶷中)이다. ㅇ묘는 단성 부슬동(扶瑟洞) 건좌의 합봉이다. 아들 부사(府使) 시(蒔)가 묘표를 찬하였다. "병실(丙室)은 정태(丁台) 촌 후에 있다. 일각 고정이 골짝 아래 있는데, 흰 구름 수없이 깊은 동산 둘렸다. 아직도 기억하는 고명은 승람에 전하니, 천추에 향기로운 은택 어찌 잊으랴." #후손 치성(致性)의 제영 1수.

11대. 사연공(司涓公). 휘는 유(蕤)다. 경복궁 제거 부사연이다. 건문 기미생이다. ㅇ부인 진양강씨의 부친은 생원 국흥(國興)이다. ㅇ공의 아우 시(蒔)는 부사(府使)다.

12대. 사직공(司直公). 휘는 종평(從平). 용양위 부사직이다. 선덕 기유 생으로 홍치 을묘에 졸하니 향년 67세이다. ㅇ부인 함양오씨의 부친은 사직 사청(司淸)이다. ㅇ묘는 단성 남쪽 방동곡(榜洞谷) 안산 신좌(辛坐)에 합봉이다.
　"어찌 유언을 남겨 후세에 밝히랴. 단지 얕은 자급 남겨 서반에 속하였다. 비를 읽으니 마치 선천 모습 같으니, 깨지 않으면 어찌 선조 얼굴 나오겠느냐." #가사를 읽고.

13대. 수사공(水使公). 휘는 연(淵)이다. 경상 병마우후 경기수사다. 경태 병자생이다. ㅇ부인 연일정씨의 부친은 참봉 원순(元恂)이다. "함주의 한번 노함에 일백 신령 퍼니, 동해에 봄이 농후한지 몇 해이더냐. 성대에 그나마 인의 장수 생각하니, 공에게 부절 주어 봉화를 경계하게 하다." #가사를 읽다. ㅇ공의 아우 지(池)는 충찬위다.

\#. 족보를 상고하니 공의 묘는 두곡(杜谷)에 있다 하였는데 자세하지 않았다. 지금은 단을 계단의 좌편에 설치하고 비로소 세제(歲祭)를 거행하였다. 그 단기(壇記)에, 두릉(杜陵)은 단성고을의 30리에 있다. 그 동남 여러 산들의 산기운이 더욱 아름답다. 얽히고 나뉘어 행하는 것이 형세가 마치 뭇 용이 서로 잡으며 앞을 다투는 것 같다. 한 산마루를 보면 연면하여 그 오는 것이 보이지 않고 서리고 앉아서 그 보내는 것이 보이지 않았고 깊숙하게 처하여 상서로운 빛이 집중하였다. 중심에 하나의 대총(大塚)이 4척으로 융기하여 있는데 소위 잔비단민(殘碑斷珉)도 그 묘의 사람을 표시하는 것이 없었다. 그 북으로 1궁 정도 가면 우리 11대 12대 두 선공의 4개 봉분이 유향(酉向)으로 한 산을 차지하고 있고 사(巳)를 베고 앉은 것이 유독 대총에서 보기 이상하였다. 갑술년 시월에 내가 두 선공의 세일전(歲一奠)에 참여하고 이윽고 여러 종족과 함께 남쪽 산마루에 올라 개연히 돌아보고 탄식하기를 "이 높다란 것은 과연 어느 분의 무덤이냐." 잡기(雜記)에 분묘의 사이에서 사람은 누구나 슬퍼하지 않을 수 없고 자연히 슬퍼진다 하였다. 더구나 남의 가문 조종이 서로 전하는 구역에 지난 세월이 점차 아득하여져서 춥고 적막하여 홀홀하게 초동목부의 마당이 되어가는 것이겠느냐. 내가 지난 보첩을 참고하니 대략 이목이 미치는 것에 사사로 생각하기를 그 사실을 얻은 것이 참람하지 않았다. 일찍이 보첩에서 충찬공이 두곡 어느 무덤이란 설을 얻었었다. 이를 근거로 틀리지 않다는 것이 하나며 일을 상고하여 보면 분묘를 만들며 나열한 계단이 4봉분에 비하여 비교적 획일하다는 것이 둘이며 지역에 점하여보면 두 선공은 충찬공의 적자적손이니 세장(世葬)의 열을 따른 것이 세 번째다. 그리고 우리 집안은 임진 난으로부터 사방으로 분찬(奔竄)하여 선인의 구묘를 받들 수 없게 되었다. 앞서서는 조기(趙岐)의 유명(遺命)이 없었고 뒤로는 세상에 수염 난 사람의 확실을 얻을 수 없으니 슬픔은 오래되었다. 이 세 증거가 밝은데 공은 아직 세대를 보전하고 자손의 제향을 얻지 못함은 어째서이더냐. 혹자는 "의심나는 것을 제사하는 것을 예라고 할 수 있나." 그렇다. 내가 듣기는 지명을 사랑하여 경현사(景賢祠)를 세우는 이가 있었으니 이것도 예이며 의로서 생기는 것이라 녜천(禰天)이라 하고 구묘를 바라보고 단을 만들어

제사하는 것도 예이니 기운으로 합하는 것이라 녜지(禰地)라고 한다. 베푸는 것이 각기 해당되는 것이 있으니 이는 예로부터 인인군자가 충성과 효자(孝慈)의 도리로 땅에 근본하여 하늘에 달하는 것이다. 이리하여 서로 단을 대총의 곁에 만들고 종족을 모아서 해마다 제사를 수행하였다. 부인 정씨는 진사 양석(良錫)의 딸이다. 그 생졸년월은 전하는 것이 없다.

지(池)는 몽성(夢星)을 낳고, 몽성은 영(榮)을 낳고, 영의 사자는 경춘(慶春)이며, 경춘은 관(爟)을, 관은 진창(晉昌)을, 진창은 광두(光斗)를, 광두는 천화(天和)를, 천화는 증욱(增郁)을 낳고, 증욱의 사자는 정탁(正鐸)이며, 정탁은 의기(宜起) 의문(宜文)을 낳았는데 의문은 인묵공 효민(孝民)에게 출계하였다.

14대. 장기공(長鬐公). 휘는 만정(萬禎) 자는 백언(伯彦)이며 중훈대부 장기(長鬐)현감이다. 홍치 경술생으로 가정 기해 12월 12일에 관사에서 졸하니 나이 50이다. ㅇ부인 연일정씨의 부친은 증참판 견(堅)이다. ㅇ묘는 거구곡 자좌(巨口谷子坐)의 쌍분이다. 진사 강여평(姜汝平)이 묘문을 찬하였다. ㅇ가사를 읽다. "몸이 동주 백리의 명에 부치니, 군상 덕 선포 중에 단정(丹旌)을 열었다. 혹시 풍우에 금오석 안다면, 당시 한 가닥 맑음을 기억하리라." ㅇ공의 아우 인정(麟禎)은 포의이다.

15대. 지재공(止齋公). 휘는 주(宙) 자는 태곽(太廓)이다. 충순위 어모장군이다. ㅇ부인 문화유씨의 부친은 흡(洽)이다. ㅇ묘는 지마현(止馬峴)건좌에 합장이다. ㅇ공의 성품은 순근하고 유학을 좋아하였다. 형 영산령(靈山令) 우(宇)와 우애가 돈독하여 자고 먹는 것을 반드시 함께하였고 족당에 처하여 오직 인으로 통솔하고 세상에 규각이 없었다. 양친 상을 거하면서 주문공의 유제를 하나같이 따라 3년 동안 죽을 먹었고 질대(絰帶)를 벗지 않았으며 무시로 곡읍하니 슬퍼하고 사모하는 아름다움에 고을 사람이 모두 감복하였다. 평소 대학 읽기를 좋아하였고 항상 생각하기를 천하의 사물을 반드시 선을 밝혀 행하여야 한다고 생각하였다. 인하여 지극한 선에 그친다는 뜻을 취하여 그 재실의 이름을 지재(止齋)라 하고 은거하여 스스로 즐기었고 시대의 문달

(聞達)을 구하지 않았다. 조정에서 일찍이 충순위의 직함을 가하니 선대 무음(武蔭)을 따른 것이다. 이운창 시복(李雲窓時馥)이 칭하기를 공은 3대의 무인으로 밝게 예가(禮家)의 승척이 있다고 하며 그 선행을 나열하여 주지(州志)에 실었다. #방후손 의삼(宜三)이 찬한 공의 행기 1수. ○.가사를 읽다. "고사는 분명 유자 모습 전하는데, 허함은 어찌 무인반열에 나열하였나. 운공의 일필이 솟는 해 같으니, 천덕이 위연하게 영남의 빛이리라."

　○.구한 인명(仁明)사이에 정치와 교화가 융성하였고 선비는 다투어 갈고 닦아 스스로 나타내었다. 비록 시골마을 쑥대 밑에 있더라도 걸핏하면 서로 예의로 의복을 삼아야 이에 드러났다. 예로부터 전해오는 동리은자의 거상문답이 있는데, 한 선비가 부친이 겨울에 몰하니 추위도 감히 끼어 입지 못하고 거처를 아랫목으로 나가지 못하니 얼굴이 마치 천연두를 앓아 치료하지 못한 것 같았다. 어떻게 하여야 하나 하니 몸은 가벼운 것이다 하였다. 모친이 여름에 몰하였는데 한줌 되는 수질이 머리에 있고 삼물의 복이 몸을 떠나지 않으니 그 모습이 매매하여 누차 위경에 가까웠다. 어떻게 하여야 하나 하니 예가 중하다 하였다. 어찌하여 몸이 가볍냐 하면 하늘이 추운데 군자는 어버이가 밖에 있는 것을 생각하면 나 역시 밖에 있고 싶다. 몸이 역시 가볍지 않느냐. 오뉴월의 사이에 교만한 더위가 모질게 굴어 사체가 늘어지려고 하는데 상복은 항상 몸에 있는 것은 슬픔을 꾸미지 않는 것을 싫어함이니 예가 역시 중하지 않느냐 하였다. 진실로 전성의 남긴 제도를 따르는 자가 아니라면 그 누가 능하겠느냐. 운창 이공이 단성지를 편찬할 때 그 문답을 채택하고 선생의 사행 한두 가지를 실으면서 칭하기를 유공 모는 3대의 무인으로 상을 거하면서 주문공의 예제를 하나같이 따라 곡읍 최마 전죽들의 의식이 모두 전칙을 이루었다고 하였다. 서재를 두고 글을 읽었고 문달을 구하지 않았고 조정에서 일찍이 충순위의 직함을 가하였으나 벼슬하지 않았다. 자호를 지재거사라 하였다. 고찰하니 이공의 숙부 삼로(三老)는 실로 선생의 여서였고 선생이 내외간을 당한 것이 겨울과 여름에 나뉘어 있으니 당시 신경 예중 등의 논의가 모두 선생을 목도하고 전한 것이니 어찌 후세에 분분한 귀로 듣고 의희하게 말하는 것과 같이 이야기하겠느냐. 선생의 휘는

주(宙) 자는 태곽(太廓)이다. 황고 만정(萬禎)은 중훈대부 장기현감이며 선비 연일정씨는 증참판 견(堅)의 딸이고 환조 연(淵)은 경상병마후이다. 황증조 종평(從平)은 절충장군 용양위부사직이며 7대조 휘 번(藩)은 공조전서로 청천군에 봉하여졌는데 유명한 절의로 강주 노봉원에 배향되었는데 호는 벽선 선생이다. 구묘는 지금의 고을 북쪽 3리의 지마고개 건좌의 언덕에 있다. 부인 유씨는 문화인으로 부장되었다. 자녀 4명은 부춘 시춘과 딸은 이삼로 증승지와 김승숭 군수에게 출가하였다. 부춘의 남은 엽이며 시춘의 남은 혁이고 딸은 최충립 이여정이다. 오호라 불초가 선생의 후 이미 십여 세대이다. 기타는 얻어들을 수 없고 단지 선생이 서재를 이름한 뜻에 대하여 멀리 거슬러 상고하니 주역 간괘(艮卦)의 괘사에 그 그침에 간한 것이니 제 자리에 그치는 것이다. 정자(程子)의 해석은 사물이 있으면 반드시 규칙이 있는 것이니 아비는 자정에 그치고 자식은 효도에 그친다. 만물이나 모든 일이 각기 제 자리가 있는 것이니 제 자리를 얻으면 안정되는 것이다 하였으니 선생이 예에 거하는 것이 바로 여기에 그쳐 안정되는 것이로다. 묘는 옛날에 묘갈이 있었으나 음기가 빠져있어서 후손이 느낌이 없을 수 없어 공경이 명을 한다. "그칠 자리에 그치니 안정이 생긴다. 그치지 못할 자리에 그치면 패역이 싹튼다. 처음 몸으로 분별하니 후에 계승함이 오직 진실하다. 철 따라 요전(澆奠)하고 돌에 실어 서로 힘쓰자." #후손 잠의 묘문 1수.

16대. 청주공(菁州公). 묘표에, 공의 휘는 시춘(時春) 자는 회보(晦甫)다. 위로 부친 주(宙)는 선행으로 충순위의 직함을 받았고 조부 만정(萬禎)은 장기현령이며, 아래로 아들 혁(爀) 손자 진원(晉元) 진형(晉亨) 진화(晉華)가 보첩에 소상하다. 출생은 만력 7년 기묘이고 졸은 계사 12월 12일이며 장지는 단성의 당곡 간원(唐谷艮原)이다. 두 배위는 이씨 합천인과 윤씨 무송인 인데 지금은 그 수역이 자세하지 않아 배위와 함께 가재(嘉才)에 제사한다. 오호라 가사(家史)가 빠져 아름다움이 드러나지 않으니 후손이 탄식한다. # 후손 잠 찬 이하 동. ○후지(后識)에, 옛 현인이 이르기를 사람을 관찰할 때 그 세대를 논한다하더니 믿을만하도다. 내가 일찍이 위로 소급하여 선조고 청천공의 사적을 상고하여 얻은 것은 천륜의 친한 자에 손무송 천우(孫撫松天佑)는 공에게 내외종형제이며 교유를 의탁한 이고산 삼로(李孤山三老)는 공에게 인척이다. 두 공의 명성은 후세에 빛나는데 공이 아무 증거가 없는 것은 어쩜인가. 또한 선비가 몸을 닦고 말을 실천하며 이름과 행실을 가다듬어 스스로 세상에 나타내는 것은 모두 문자의 전함을 기다리는 것인데 그 본말을 상고하면 문자는 갖추는 능력이 있으나 오직 전하지 못함으로 그 능력을 사용하여 공이 당시의 친구를 사귀고 인을 돕는 참된 취지를 얻어서 발휘하지 못하는 것이다. 그러하나 나는 감히 이것으로 청주공이 세상에 살아온 75년 동안에 반드시 증명할 것이 없다고 의심하지 않으나 역시 어쩔 수 없이 후래 3백 년 동안에 문적을 상고하는 것을 빠뜨린 하나의 일은 한스럽지 않을 수 없다. ○.두 배위 이씨 윤씨는 가재의 제단에 제사하니 후손의 탄식이다. #묘갈 본. 갑신 시월에 세웠다. ○.보첩에 상고하면 지재선생이 하는 관함이나 당호가 자손 된 자의 입으로 이를 수 있는 것이 드물어 삼기 유하동(柳河東) 정오천(鄭烏川夢周) 기고봉(奇高峰大升) 정팔계(鄭八溪駿 官直提學)의 구례를 모방하여 별도로 성적이나 사는 곳의 지명을 따라 변경하여 칭하니 청주 단계 분양 등의 유가 이것이다.

○.당곡시(唐谷詩), "당의 계곡에 여러 선조 대대로 살았다. 네 봉분이 점유하여 광채 뻗어 비축하였다. 변두에는 구운 닭 무덤에는 넘치는 술잔. 소나무 삼나무 주밀하고 가득한 이 복일세." #후손 잠 찬 구묘송. 하동.

"공의 세대 이미 오래니 문도 가고 신도 엎드렸다. 후에 수집하려고 생각하니 아득히 접할 수 없다. 헤아려보니 임난(壬亂)을 만날 때 겨우 14세였군. 이끌고 분주하여 갖은 힘난 겪었겠지. 오직 이때 형을 따라 도움을 믿었다오. 큰 공은 재산을 함께하며 효의로 서로 권장하였다. 모수모구에 남긴 자취 보이는 듯하다. 역사 단서 산망하니 정신을 부칠 곳 없다. 현실(玄室)을 돌아보니 옥모(玉貌)가 기탁한 곳이다. 서로 높이 호위하자 돌에 기록하였다. 어찌 다하였다 하랴 작은 정성 조금 밝혔을 뿐인데. 공경히 잔을 올려 정령에 고합니다." #묘갈을 세울 때 고묘문. ○.공의 백형은 부춘(敷春)이다.

17대. 단계공(丹溪公). 제단기에, 공의 휘는 혁(爀) 자는 휘중(輝仲)이다. 단성의 단계에 살았다. 하여 후인이 단계거사라고 칭한다. 만력 말에 졸하니 향년이 74이다. 소시에 종형 엽(燁)과 함께 수재로 명성이 당시에 중하였다. 그 인물 문행 대략도 내세에 거론하지 않았으나 나라에서는 관덕원지와 향촌에서는 양촌의 뢰사를 얻어 빛나게 모범되는 광채를 소급할 수 있었다. 오호라 실속이 성하면 명성은 자연 소멸되지 않는 것이다. 귀신도 어쩌면 공을 알 것이며 문적이 없는지라 빈 그림자에 강개하니 자손으로 어찌 유감이 없겠느냐. 난후로 구묘 역시 전하는 것이 없으니 지금 제단으로 가재 세장(嘉才世葬)의 곁에 향사하니 그 지역은 도산(都山)이며 그 두 선비는 이씨 윤씨이고 두 배위 이씨 정씨를 제단에 아울러 나열하여 제사를 폐하지 않고 있다. 공은 후세에 천지간에 정신을 영구히 하여 우리 후손을 억년에 무궁하게 비호하리라. ○여러 선조의 무덤 후세에 의심하는데, 수염 난 사람 만나지 못하니 누가 그 사실 알 수 있나. (묘갈 본).

"먼 좋은 시절에 당시 인서(人瑞)도 많았다. 공은 선비에 적을 두고 어진 벗 사귀었다. 목목하게 근본 숭상하니 찬란한 꽃이 피었다. 향촌에 가두어져 있으니 작록과 거리 멀었다. 도제를 이끌어 가르치니 형문에 세월 깊었다. 자여(子輿)의 삼락(三樂)에 육영이 그 임무였다. 관덕원에서 선비는 다투어 옷을 추스렸다. 일월처럼 후대에 전하는 경의(敬義)를 어기지 못하였다. 현서(玄緖)를 몇 번이나 되뇌었나 저술은 보이지 않았다. 양옹이 알아보고 죽음에 뢰사를 보냈다. 도예(道藝)의 참된 바람 내세에 빛나도다. 천추에 읽어보니 시시로 감상이 더한다. 무덤은 옛 난리며 단을 모아 향을 올린다. 여러 의식 모두 생략하고 이 단출한 잔 올립니다." (#고묘문).

#유양촌 지원(柳陽村之遠)의 만시 1수.

"인간 삼달덕(三達德)에, 이 늙은이 하나를 두었다. 영예는 문사가 장하고, 참 바람 도예를 전한다. 마음가짐 담박하였고, 물에 임하면 자연 즐거웠다. 갑자기 평소 얼굴 막히니, 오호라 눈물만 지누나." ○공의 종형은 엽(燁)이다. #공이 정학포 훤(鄭學圃暄)의 만장 1수.

"오형 재주와 품격은 남향에 뛰어나니, 사류는 훈도되어 덕업이 창성하다. 대대로 빛나는 가성은 효우에 살찌고, 평생의 행의는 충량을 본받았다.

일찍 얻은 부귀는 계륵과 같았고, 늦게 점한 강산에 초옥을 지었다. 다투어 문정이 이제부터 큰다 하였는데, 누가 알았나 부자가 일시에 죽을 줄. 서호의 물색 처절함 품었고, 남곽의 풍연 한을 띠어 길도다. 그나마 구원에 위로삼을 것은, 아직도 남은 문채 제랑에게 있도다."

18대 일사공(逸士公). 묘표(墓表)에, 옛 한(漢)의 일인(逸人) 조가(趙嘉)가 임종에 형의 아들을 불러 "대장부 세상에 나서 은둔은 기산(箕山)의 절조가 없고 사환은 이려(伊呂)의 공훈이 없어 가령 둥근 돌을 묘 앞에 세워서 새기기를 '뜻은 있으나 때가 없으니 명인 것을 어쩌랴.'고 새기라 하였다." 한다. 효종 때 처사 유공 휘 진형(晉亨) 자 의백(義伯)이다. 헌문왕 18년 경진에 출생하여 53세인 임신 10월 14일에 졸하여 지마고개 해자의 언덕에 매장하였고 부인 이씨는 안악 사람인데 부장하였다. 구설에 공은 포의로 몰세하니 한의 조일인의 풍조가 있었다하니 공손이 그 유지에 따라 돌에 기록하고 덕을 상고하기 기다린다. "옛을 상고하니 춘추에 보옥은 두 번 기록하였다. 귀중하게 여긴 것이니 공경하여 감히 힘쓰지 않으랴. 생각하면 우리 선공은 자패를 예부터 전해왔다. 황황한 휘를 새겨 수십 년을 지났다. 후손이 못나서 재앙에 불태웠다. 남은 봉영 바라보니 부끄러워 낯을 들 수 없다. 생각하면 공이 세상에 있을 때 전성하였다 할 수 있다. 형은 수전을 받았고 아우는 경사를 칭하였다. 개인의 후함이 어찌 뜻이랴 넓히려 하여도 명이 없었다네. 묻어두고 발하지 않으니 산야가 자연 둘러있다네. 행인이 여기를 지나며 일사의 무덤이라 지적한다네. 묘갈의 일 이미 마치니 글로 고하여 들추어낸다오." #고묘문. 갑신년에 후손 해만(海萬) 해권(海權)이 묘갈을 세우다.

　"뜻은 있으나 명이 없으니 스스로 침윤함을 달게 여기니 일인의 동류로다." (# 묘갈의 본문). ㅇ."한의 제도는 공사 간에 법패가 중하니, 후손은 마치 적도처럼 여겼다네. 사나운 불꽃이 선적에 연루되니, 상자를 열 때마다 한스러움 거둘 수 없다오." #가사를 읽으며. ㅇ.공에게 자수패가 있어 8대를 전해오다 불에 타다. ㅇ.공의 백형 진원(晉元)은 중대부다.

19대. 분양공(汾陽公). 묘표에, 삼기(三岐) 북 20리 도탄방 오향(桃灘坊午向) 언덕에 돌을 세워 분양(汾陽)거사 유공 광세(光世)의 묘, 유인 고양전씨(高陽田氏) 같은 언덕이라 하고, 가사(家史)에 칭하기를 공의 자는 희경(熙卿)이다. 명성취하는 것은 옹졸하고 뜻을 구하는 것은 은혜로우며 천륜에 돈독하여 아우를 보내 사방에 유학하게 하였다. 창효왕(彰孝王) 8년 병오에 출생하고 기유 5월 15일에 졸하니 향년 64세다. 수십 년이 넘는 일이라 자세하지 못하고 대략을 기록하여 내세를 기다린다. ○.도탄시(桃灘詩)에, 저 가마솥 같은 것이 예황(繄黃)의 북쪽일세. 깃처럼 와서 호위하는 것은 우보(羽葆)의 대독(大纛)이로다. 환환한 무반의 손자여 규조도 찬란하도다. 우리 조고를 따름이여 선 방향 혼미하지 않도다. # 구묘송. ○.삼가 생각하면 선대 현인은 밝은 덕의 세대였다. 더 높은 지재 선조는 천륜이 아름다웠다. 직위도 육영도 있으니 가인괘의 길함이로다. 신비한 원천 마르지 않으니 줄을 달아 길어오네. 흘러 양촌에 이르러 우리 종족 빛내도다. 준영을 인도하니 스승자리 높았다네. 공에게 아우 우재가 있어 유학하라 명하였다. 시서에 독실하여 금이야 옥이야 했다. 공의 뜻은 속으로 구하니 본질 품는 것을 보배로 삼았다. 작작한데 무엇이 병이냐 이제 스스로 좋아하는 것을 그치었다네. 죽고 전형이 없으니 세심하게 좌우를 살피었네. 아득한 단서 밝혀 후세를 격려하련다. (#고묘문). 갑신에 후손 해기(海冀) 해석(海錫)이 묘갈을 세우다. ○.명성 취하는 것은 옹졸하고 뜻을 구하는 것은 은혜로우며 천륜이 아름다웠다. #갈본. ○.공의 아우 광하(光夏)는 호가 오재(迃齋)다. 공이 세상이 있는 77년이라. 인현하고 효성과 우애하며 온순함이 그 본질이었다. 말세 풍속이 혼잡하나 홀로 천진을 보존하였다. 향당이 종주로 추존하고 산림에 인물이 있었다. 부운 같은 세상일이며 흙덩이 같은 감투였다. 스스로 즐기고 근심 없으니 사람 가르침을 게을리하지 않았다. 혼몽함을 열어주니 아름다운 명예 더욱 높았다. 이 세상에 찾아본다면 누가 우리 공만 하겠는가. 아득한 내 소자가 유독 사랑을 받았다. 내 머리 겨우 묶자 곧 문정으로 들어갔다. 나에게 의리를 가르치고 나에게 경서를 가르쳤다. 은혜는 부자 같았고 정의는 사생으로 무거웠다. 영원히 백년을 바라며 몸으로 장구(杖屨)를 모시었다. 한 번의 질병을 치료가 어려우니 나를 놓기를 버리는 듯하였다. 오호라 끝이로다. 지극한 교훈 마음에 새기니 덕스런 음성 귀에 남았네. 지금 이후는 나는 무엇을 바라보나. 한 잔 작은 정성 흠향하기 바랍니다." # 공의 유양촌 제문 일수.

20대. 수사공(秀士公). 묘표에, 처음 우리 종족이 향촌에서 성품이 모두 정성스러워 지능으로 잘한다고 여기지 않고 거할 때는 가옥을 나란히 하기를 좋아하며 장례를 치를 때도 마을에서 몇 리를 벗어나지 않았다. 지금 단계의 남쪽 한 구역에 누누이 바라보이는 봉분이 대저 우리 종족이 바라보는 궐리(闕里)이니 마치 성림(聖林)의 제도 같다. 같지 않은 것은 오직 하나 구목(丘木)뿐이다. 나의 6대조 선부군의 휘는 성복(聖復)이며 두 배위 곽씨(郭氏)는 현풍인 양씨(楊氏)는 밀양인이다. 양씨의 묘는 사곡(沙谷)에 있는데 지역이 마강(馬崗)의 지척이며 산수가 자못 깊숙하여 아름다움을 받친다. 우리 가문에서 해마다 소전을 거행한다. 부군과 곽씨의 묘는 오래되어 역대 족장 사이에 식별하지 못하여 사곡에 배향하여 제사하니 군자는 잘하였다고 한다. 오호라 예란 일의 적의함을 따르는 것이니 능히 문장을 다하고 움직임으로 변하는 것이 그 의도로다. 부군의 자는 덕보(德甫)다. 숙종 병자생이며 을사 9월 23일에 졸하니 춘추가 30이다. ○사곡시에, "부(鈇)의 동쪽 머리가 이 중관(重關)을 통하였다네. 조비(祖妣)가 자리하니 넓고도 편안하다. 많은 어린이들 그 누림 후하다네. 덕 쌓음 오직 따스하니 빛나고도 많도다." (#구묘송). "주(周)의 초년에 종사가 아슬아슬하였다. 성왕이 어려 즉위하니 주공이 담당하였다. 이를 우리 문중에 비하면 도리는 두 이치가 없도다. 공의 중함 따지면 실로 4대를 주관하였다네. 사묘(祠墓)의 수축과 변두(籩豆)의 번다함이다. 이 모두를 관장하니 초췌하여도 싫어할 수 없었다. 이에 일찍 죽게 되니 큰 집이 기울게 되었다. 오직 아우 하나 남아 대신 서까래가 되었다. 자식을 들여 일을 계승하게 하니 고을이 크게 바라보았다. 공의 오랜 뜻 빛내니 옛 업이 다시 번창하였다. 지금까지 영구한 계획이 공의 주심 아님이 없다네. 후예가 일제히 고하니 혹여 명부에서 기뻐하시려나." (#고묘문).

○삼가 여러 혼령은 마치 물이 땅에 있는 것처럼 느낌이 있으면 이에 이

르나이다.(#묘갈 본문). ㅇ.책판 머리 분명 차공 명을 쓰니,

"고과(孤寡)의 문은 깊어 차운 연기 일어나네. 인간에 흐르는 겁운 어쩌면 서로 핍박하느냐. 부지런히 힘써 기우는 집 일으켜 세울 것을 기억하라."
가사를 읽다. #언젠가 우리 가족을 숭고당(崇古堂)에서 상고한 적이 있는데 숙종 기세에 수사공이 졸하니 나이 30이다. 이때 차공 용하(龍河)가 가호의 주인이었고 양유인(楊孺人)은 자식이 없었고 가정의 일을 차공에게 들으니 가문이 거의 중간에 쇠하여 개연히 슬픔이 더하였다.

ㅇ.공의 아우 용하(龍河)의 자는 래보(來甫)이다. 후인이 공의 만장의 말을 취하여 그 묘에 쓰기를 안분헌(安分軒)거사라고 하였다.

"세상에 있은 광음이 팔순에 가까우니, 그 죽음은 애석하지 않으나 그 사람이 아깝다. 한번 빈하고 한번 부하니 능히 분수에 안정하였고, 경사나 걱정에 각기 참됨에 맡기었다. 수는 지금의 나이 빌리니 영광으로 봉양하고, 형체는 무덤으로 돌아가니 덕은 이웃이 없었다. 계와의 병든 몸 흐르는 눈물, 나와 군의 정이 가장 친하였다네." #권상계 위(權霜溪煒)의 만장 일수.

21대. 죽계공(竹溪公). 생부는 용하(龍河)이다. 영종 무신생으로 기축 3월 21일에 졸하였다. 배위 동래정씨의 부친은 현일(玄一)이다. 묘는 부슬동 해좌(扶瑟洞亥坡)에 합장이다. ㅇ.묘표에 선생의 휘는 증서(增瑞) 자는 화옥(華玉)이며 그 선대는 진주인이다. 소시에 영리하고 뛰어나 학문을 좋아하고 게을리하지 않았다. 일찍이 북쪽 지역 백명산(白鳴山) 아래서 도제를 가르치니 배우는 이가 많이 모였다. 포의로 가정에서 졸하니 나이 42였다. 후손 잠이 그 묘에 쓰기를 "인은 천지만큼 커서 온전하며 덕은 사람에 있어서 마음이다 하므로 선생의 말에 군자가 인을 버리면 바탕을 상실하였다고 할 수 있다 하였다. 오호라 하늘이 명한 것을 따르는 것을 천적(踐跡)이라하니 조선이 열어놓은 것을 순종하지 않으면 패덕(悖德)이라 한다 이 계율을 내세워 오는 억년을 깨닫게 한다." ㅇ.부슬시, #.구묘송.

"이빨 빠진 것 같은 이 언덕을 좌우로 채웠다. 광채가 멀리서 뻗치니 다른 산이 엄연히 가진다. 철 따라 영역에 전(奠) 올리니 마치 은나라 선비 같다.

모두 천명을 따르니 효성이 돈독하다."

    # 고묘문. ◦갑신년에 후손 해정(海貞)이 묘갈을 세우다.

  "공경이 이 한잔으로 만년을 덮으소서. 나라에는 사직이 있고 가정에는 종묘가 있다. 조심하고 서로 지켜 감히 실추하지 말라. 그나마 덕을 지키지 못하면 장래의 업을 후하게 못한다. 여러 세대를 빛내지 못하였으니 남긴 영역에 탄식한다. 이에 일을 도와 와서 제사하며 고한다."

    #. 유씨 유학고(儒學考) 1수.

  "학이란 명칭은 열명(說命)에서부터 비롯되었다. 학문을 하는 자가 선비이니 선비의 행동은 예기에 보이는데 힘써 행하고 스스로 성립하며 글을 많이 알아서 부유함을 칭하는 것이다. 인문(人文)이 이로써 밝아지고 국수(國粹)가 이로써 떨친다. 그에 달린 것이 어찌 한 세대의 중요한 경륜이 아니겠느냐. 우리 종족이 유학에 적을 둔 것은 고려는 멀어서 증거가 없고 사직이 끝나자 오직 벽은(僻隱)선생의 절의만 나타났고 구한의 시대에는 지재공 주(宙)가 덕행의 과정이며 도은공 재춘(載春) 양촌공 지원(之遠)이 고사전(高士傳)에 들었다. 양촌 문하에 오재공 광하(光夏)가 그 단서를 계술하였고 서와공 성명(成明)이 적사로 예학에 밝았으며 죽계공 증서(增瑞)는 오재의 종손(從孫)으로 향숙에 유학하여 박학한 지혜로 문장을 열심히 하고 염우를 단속하여 학자를 가르쳤다. 이때 죽계공의 학문이 종당의 으뜸이었고 만은공 기룡(沂龍) 인와공 경탁(警鐸) 괴천공 문룡(汶龍)이 아울러 그 문하에서 나왔고 부자간에 서로 전하고 계승하며 연면하여 차츰 떨쳤다. 혹 포의로 명성이 향리를 기우리며 혹 사환이 조반에 나열하여 빈번하게 제나라 직하의 유풍이 있었다. 지금 청천가고 연방록 단구성원 등의 서적에 상고하면 찬연하여 열어서 되뇌일 만하다. 오호라 우리나라가 망하고 이 학문이 밝아지지 않아서 인의는 더욱 쇠하고 성정은 더욱 얕아져 어찌 국조 성시의 문채를 다시 볼 수 있겠느냐. 내가 스스로 알기를 세간에 부쳐있는 것이 단지 조모간의 일이라. 형신이 한번 분리되면 명허(冥虛)와 혼합되니 인간 세상 오늘의 탄식을 나와 같은 자 또 누구인가. 인하여 지난날의 문학과 인물을 서차하여 유학고를 우와 같이 저술하다."

22대. 인묵재공(忍默齋公). 묘문에 고조고 묵재부군이 죽은지 115년에 후손 잠이 묘에 쓰기를 오호라 아득하구나 우리 부군의 세대여. 행장(行將)은 어떻게 기록하여야 하며 명은 무엇을 바탕으로 할 것인가. 밝히려 한다면 나는 보고 아는 군자를 따를 뿐이로다. 내가 공의 성품을 익히 아니 옥처럼 강하고 금처럼 곧도. 내가 공의 의표에 감복하니 봉처럼 우뚝하고 학처럼 멈추었다. 음성은 어쩜 쟁쟁하며 지혜는 어쩜 통달하나. 관직에 오라 베풀었다면 세상에 높이는 바 되었으리라. 이 서른 두 글자는 문중 선배 심재(深齋)씨의 제문 중의 말이다. 부군의 위대한 자세와 큰마음이 거의 세상에 스스로 나타났다. 문집에 상고하니 부군이 용만(龍灣)의 강을 지나면서 중주(中州)의 사대부가 좌임(左袵)에 오래도록 익숙한 것을 분하게 여기어 개연히 시 한수를 지어 강에 던지니, "서쪽 변방 땅끝을 지나는데, 삭풍이 객에 부는 압록강일세. 서생이 검이 있으나 어디에 쓸까, 부질없이 호추(胡雛)가 제왕 땅에 넘친다." 하였는데, 이러한 필의(筆義)는 기운이 유동하여 밝게 잔재가 없어서 곧장 노중연(魯仲連)의 동해를 밟는 풍절과 세대를 뛰어넘어 음조가 동일하다. 내가 또 이 서른 두자의 말씀 외에 얻으니 부군이 운명에 농락되어 세상에 스스로 펴지 못함을 비로소 의론할 수 있도. 부군의 휘는 효민(孝民) 자는 미중(美仲)이다. 공조전서 휘 번(藩)의 후손으로 선고는 증서(增瑞) 호는 죽계(竹溪)로 문학으로 남방에 저명하다. 동래 정씨 양평공 종(種)의 후손 사인 현일(玄一)의 딸과 혼인하여 현효왕(顯孝王) 경오에 출생하고 성효왕(成孝王) 을해 5월 2일에 졸하니 춘추가 66이다. 당곡 세장에 장례하였다. 두 배위는 전주인 이씨 함안인 조씨로 무후하여 사자는 의문(宜文)이다. 여남(餘男) 의상(宜祥)은 첨사다. 손증이 약간 명이다. ○금처럼 곧고 옥처럼 깨끗하니 일시의 영걸이다. #묘갈 본. (#. 고묘문).

"아! 우리 선조는 이 지방에 명망이 있었다. 명이 후하지 못하여 구학에 스스로 방치하였다. 패옥과 난초로 홀로 나의 한가로움 다스렸다. 용만의 의분(義憤)은 화현의 청운(淸韻)이었다. 거두어 현궁(玄宮)에 감추니 아직도 남긴 바람 들린다. 이제야 의식 갖추어 먼 단서 따른다네."

○공의 종제는 효신(孝臣)이다.

종형 인묵재공에게 보낸 시 한 수.

"남으로 단성 바라보며 지난 가을 생각하니, 강 구름 강 나무 다시 새로운 시름일세. 고운 계산은 향촌 살이 취지이며, 분주한 잠홀은 궁중의 누각일세. 깊은 수치는 가정이나 나랏일 이루지 못함이며, 또 가여움은 부질없이 저버린 아우와 형의 놀이로다. 세월은 달리는 말인가 머리는 눈 같으니, 천리 나그네 시름 끊일 날 없다네."

23대. 서계공(西溪公). 휘는 의문(宜文) 자는 여규(汝奎)이며 생부는 정탁(正鐸)이다. 정종 무신생이며 헌종 계묘 12월 6일에 졸하다. 묘는 상구룡(上九龍) 속칭 벽악(霹岳)이다. 면우 곽도(郭鋾)가 묘표를 찬하였다. 편안하고 조용하여 누됨이 없고 독후하고 게으르지 않아 향당의 아망이었다. #묘갈 본.

  ○상구룡 시에, "높고 높은 겨울 산 나누어 솟아 강에 임하다. 돌아보고 가는 듯 생각하여 만나는 듯. 옛 자리 고쳐 명하고 비로소 여기 제전 올린다. 그 자정 실어 빛나게 복을 산출하다."

  #구묘송. 갑신년에 주손 기형(基馨)이 묘갈을 세우다.

  ○전배 하씨는 부장되었고 후배 정씨는 용등(舂嶝)에 있다.

  # 후손 해기(海冀)가 종족과 상의하여 정씨의 묘에 묘갈을 세우고 아울러 본생 고조고 목헌(木軒)선생까지 묘갈을 세웠다.

  ○후손 잠이 도잠(陶潛)에 화답한 여러 시. # 이하 동.

  공이 후손을 훈계한 글을 기록하다. "어린 나이에 본종을 떠나, 개울 곁이 나의 집일세. 만난 시대 난리 끝이니, 잠홀이 비애로 변하였다. 토지문서 남의 집에 들고, 시서 계획 나날이 잘못되다. 비틀거리며 갈 곳 없으니, 녹나무 집 아직 남았다. 오복(五服)이 반은 죽었으니, 서로 바라보고 의의할 뿐이다. 조화는 잠시도 쉬지 않고, 더하고 제함이 서로 밀린다. 외부에 온 것이 학정 베푸니, 대의 내세워 쇠약하게 힘쓴다. 너에게 하늘의 의리 주노니, 어리석으나 신중히 휘두르지 말라. 교외 생활 벽뿐이니, 가을이 와도 그릇에 담을 것 없다. 체의 술이 웃음 되니, 부끄러움은 솜씨 있는 붓이다."

  # "전해오는 작은 기록에 공이 애주가였는데 가난하여 항상 얻을 수 없었다. 어느

날 체 밑에 흐르는 물방울 소리를 듣고 아내에게 술을 가져오라 하니 아내가 이것은 풀을 거르는 물이라고 하니 공이 껄껄 웃었다고 한다. 고난 속에 여덟 자녀, 딸 하나 겨우 짝지었다. 빌려 사는 세상은 날로 혼잡한데, 몸을 작게 하는 기술은 끝내 드물다. 반 이랑 자본도 세우지 못하고, 나이는 쉰여섯이다." #공은 56세에 졸하다.

"네게 우환에 걸리게 하였으니, 참됨을 잃을까 나는 두렵다."

임종에 남긴 한 말씀은, 청백의 구물을 전하는 것이었다.

"당산에 한번 누워 일백년이 헛되니, 통곡하며 후손은 옛 봉분 바꾸다. 생각하면 구름 속 지척 땅에, 영령은 여기 새로 위엄 있는 용 몰아가리. 온 집안이 서로 자운의 어려움 지키고, 한 해 끝나도록 형문에 지나는 수레 드물다. 단지 기억되는 강주의 백마 탄 객이, 서로 와 한 잔 올리며 청진함 발하였다."

 # 구온(具蘊)이 여서로 공의 제문 한 장이 있다. ◦을유 4월 22일 면례시 두수.

◦공의 아우 의상(宜祥)은 관직이 안흥 첨사다.

"서쪽 안주에 도착하니 별나라 같이, 연꽃 한 송이 바다에 떠 있다. 군병은 일이 없어 장검으로 휘파람 부는데, 종일토록 노랫소리 좋은 놀이 같다."

 # 유눌와 의란(柳訥窩宜蘭)이 공에게 준 한 수의 시.

24대. 식호당공(式好堂公). 휘는 원휘(遠輝) 자는 성서(聖瑞)이다. 순조 경진 7월 27일에 출생하여 고종 병술 7월 21일에 졸하니 향년 67세이다. 묘는 하구룡에 있는데 속칭 망운곡(望雲谷)이다. 배위 현풍 곽씨는 부장하였다. 면우 곽도가 묘표를 찬하였다. ◦강직하며 구차하게 따르려 하지 않으니 옛 위인이다. #묘갈 본.

◦하구룡시에, "꿈틀대는 구룡이 타수가에 달려 오네. 이미 들고도 펼치니 봉황이 춤춘다. 열렬한 우리 선조 천년의 집이로다. 구름 가고 비 오니 그 혜택 넓도다." #구묘송.

◦공이 후대에 훈계한 글에,

"지난날 내 젊을 때, 잘하는 것은 굶주림 인내였다. 첫 여름이면 아침밥이 없었고, 목숙이 소반에 살쪘다. 노모가 소금으로 간하여, 여러 아우와 옷섶에 쌓았다. 시시로 거친 밭 일구니, 사지가 어찌 슬프지 않겠나. 하루 두 끼도 떨어질까 염려니, 어찌 좋고 나쁨 가리랴. 저물거나 빠르지도 않고, 묘하게 남김이 없었다. 지하에 빈사가 많으니, 이것으로 내 돌아가 질정하리라. 내옹은 실로 어리석지 않으니, 부지런함이 백세의 스승이다. 고사가 타강 위에 있으니, 흉년에 시대도 조화롭지 못하다. 맑은 새벽에 자부와 자식 이끌고, 문정에 이끼 꽃 소제하다. 4대를 조감에 나열하니, 집은 가난한데 제사는 많다. 단위로 한 그릇만 올리니, 어떻게 신가(信歌)를 권하겠나."

#옛날 전하기를 공의 집이 가난하여 두 그릇 밥을 갖추어 고비를 아울러 지낼 수 없어 반드시 단위로 선인을 제향하였다고 한다. #.도잠의 시를 화답한 것.

ㅇ.식호당기(式好堂記)에,

옛 궐지현(闕支縣) 동쪽 십 리에 타강(沱江)이 있고 거민 수십 호가 강을 대하여 집이 나열되어 있다. 그중 모옥 하나가 작은 거룻배 같은 것이 붉은 벼랑 곁에 달려 있는데 이것이 우리 조부 처사 군이 선인의 옛 장원을 물려받은 것으로 시시로 자고 깨고 침식을 여기서 하였다. 처음 처사 군이 매우 가난하여 홀어미는 나이 많고 어린 아우 셋이 있었는데 처사 군이 혼자 보호하였다. 이윽고 장성하니 둘째는 글을 배우게 하고 셋째는 질병이 많았고 막내는 나가 놀기를 좋아하였다. 이러하니 처사 군은 한가한 날이 적었다. 강상에 많지 않은 전답을 두고 손수 오곡을 심었다. 일찍이 여러 아우들과 말하기를 서직은 나의 증상(烝嘗)을 받들고 사마(絲麻)는 나의 한욱(寒燠)을 대비하며 술을 빚어 친우를 넓히고 힘이 남으면 이웃을 구원하는 것이 옛 도리이다. 덕을 밝혀 어기는 것을 막으며 움직이면 이루는 것이 있으니 내 어찌 이것에 힘쓰지 않겠느냐 하였다. 이때 처사 군이 옷을 갈아입으면 세 아우가 새 옷 안 입은 사람이 없었으며 처사 군이 음식을 대하며 세 아우가 배부르지 않은 이가 없었다. 처사 군이 웃거나 노하면 세 아우가 함께하지 않는 이가 없었고 세시복납(歲時伏臘)이나 비바람에 평상을 대하거나 또는 산마루 물가에 오가며 즐기는 자리에는 언제고 서로 즐거워하지 않음이 없으니 융화한 하나의 단체가 되어 종당에 표준이 되었다. 항와자(恒窩子)가 기록하기를 처사 군은 흥할 것이로다. 백성 일에 부지런하고 다섯 교훈을 수행하니 좋은 물건의 큰 것이다. 다섯 교훈이 닦이고 우애의 덕이 넉넉하니 상서로움이 무엇이 더하겠느냐. 당을 식호(式好)라고 이름한 것은 대체로 항와자에게서 비롯되었다. 차사 군이 죽자 선군이 인하여 그 덕을 서술하고 두 아들을 이끌고 날을 택하여 전답에 가서 일을 하면서 이는 우리 집안의 처사 군이 경영하던 것이다. 시경에, 저 군자여 놀고먹지 않았다하니 사람은 그 힘을 먹고 스스로 안일하지 말라는 것이며 서경에, 네 열조를 보고서 때로 게을리 말라 하였으니 사람은 좋은 단서를 찾아 수행하기를 면려한 것이니 효성의 생각이 무궁하다는 것이니 너희는 염두에 두라 하였다. 오호라 불초한 내가 자애로운 명을 받은지 이십년에 말씀이 아직 귀에 있는데 선군의 묘목(墓木)은 한 아름이며 붉은 벼랑 하나의 모옥은 주인이 바뀌고 강상의 경작지는 이미 어룡(魚龍)의 굴택이 되었으니 인간 세상이 과연 얼마인가. 그러나 내가 이 당을 기록하는 것은 나의 자손이 타일에 당의 이름으로 인하여 이름의 근본을 증명하며 조심하여 가슴에 품고 오는 세대에 영구히 도모하기를 바라는 것이다.

　ㅇ처음 목헌선생이 타상에 집을 나누며 새집을 짓고 낙성하는 날 축원하기를, 여기서 노래하고 여기서 곡읍하며 여기에 종족을 모을 것이니 바라노니 후세자손이 쇠하지 않고 끌고 가기를 바란다고 하였다. 선생이 죽고 후인이 제대로 소유하지 못하여 장차 문서를 내어 놓으려하니 우리 조부 식호옹이 듣고, 선생이 일찍이 명하였다. 감히 게을리할 수 있나 하며 마침내 소유하였다. 이제까지 대범 4대를 내 증조가 여기서 나고 내 부친이 여기서 나고 나와 아우 식(湜)이 여기서 나서 비록 혁혁한 명성은 없으나 세세로 규정을 감히 자만하지 못하였다. 한말에 국인이 흩어지는 것이 마치 급류 같아 그 거처를 대를 계승하는 이가 드물었다. 이때 나는 타강의 남으로부터 분하(汾河)에 떠돈 지 7년에 월악산 아래 이르러 처하였다. 기둥은 그을고 빈발은 성성한 것이 모두 희어졌다. 하루는 자손에게 명하여 작은 돌을 옛 살던 곳에 세우게 하여 전인의 유허를 내세에 표현하게 하였다. 혹자가, 이 기울어지고 구구한 것에 이렇게까지 하느냐 하였다. 옛날에 공자가 작은 언덕의 들에 나가 노는데 부인이 늪지에서 매우 섧게 곡을 하여 제자에게 물어보라 하

였더니 섶을 베다가 나의 비녀를 잊었다 그래서 운다고 하였다. 공자는 이것이 족히 슬퍼할 것 있나 하니, 내가 슬퍼하는 것은 옛을 잊을 수 없기 때문이다 하였다. 대저 사람의 정이란 것이 사랑하는 것에 뿌리를 두고 발하는 것이니 이는 자연이다. 자연을 따라서 잊지 못하는 것에 들어가게 되니 누가 막을 것이냐. 작은 비녀도 그러한데 더욱이 내가 공경하던 상재의 땅이겠느냐. 예기에, 예는 그 근본을 잊지 않는 것이며 음악은 자신이 태어난 것을 즐기는 것이라고 하였으니 예악의 뜻이 여기에 있는 것이다. 옛날 전해오기를 우리 조부가 가정에 거하면서 덕으로 인솔하고 인륜에 후하였으며 성품은 강하여 흔들리지 않았고 위대한 사람이라는 호칭이 있었다하니 자손에 심어져 있는 것을 감히 소멸케 할 수 없어 명을 새긴다.

"옛 의전 상고하니 바다를 제사하려면 하수를 먼저 한다고 하였다. 소중함은 근본 시작에 있으니 의지하고 함께함이 멀지 않다. 거닐고 돌아보니 계산은 여전히 아름답다. 새들도 아름답고 정원 나뭇가지 꽃이 교차하였다. 후손은 사모하여 돌을 만지며 감탄한다. 남긴 법 받들어 무궁토록 기다리리."

#타상 유씨세장(柳氏世庄) 비문 한 수.

○.공의 아우는 원조(遠照)이다. 묘문에,

"하늘이 만물을 생장하는 인이 있으니 사람이 인에 독실하면 자신에게 복되는 것은 하늘에 있어서는 일상이고 자신에 있어서도 즐거움이 된다. 혹 이와 반대라면 일상인 것이 변하고 낙이란 것이 비애가 되니 이는 또한 어떻게 설명할 것이냐. 기억하기는 내가 어릴 때 나의 종조부 성암공(醒菴公)을 모신 적이 있는데 공은 키가 크고 풍자가 아름다웠고 자상하고 어진 덕이 있었다. 종족과 붕우 사이에 처하며 일찍이 조금도 거리낌을 서로 가하지 않았다. 사람들은 공은 인인이다. 하늘은 반드시 자신에게 누리지 못한 낙을 장차 누리게 할 것이다 하였다. 몸에 업을 이루었으나 유사에게 천거되지 못하였다. 자식 하나가 있어 문채를 지고 지금 시서를 끼고 있는데 빛나게 부친의 아름다움을 이어받았는데 성인이 된 후 죽었다. 사람들은 공은 인인이라 하늘은 반드시 버리지 않을 것이다. 자신에게 복되지 못한 것은 아마도 잠시일 것이다." 하였다. 공의 휘는 원조(遠照) 자는 성집(聖緝)이다. 기유 3월 1일에 출생하니 헌종의 세대이고 경인 12월 16일에 졸하니 고종이 즉위한 27년이다. 공의 아우 원진(遠震)의 손자 해석(海錫)이 출계하여 공의 아들 만수(萬秀)의 후가 되어 공과 우유인(禹孺人)의 제사를 예에 따라 받들고 있다. 세 딸은 출가하였다. 처음 묘가 항산(恒山)에 있었는데 후 47년 을해에 해석이 공을 위하여 동지산 미좌(冬旨山未坐)의 언덕에 점하고 인하여 상석을 갖추었다. 오호라. 만물을 생장하는 하늘이란 것이 과연 속이지 않고 사속한 사람을 영원히 이롭게 할 것이로다. 명에,"누가 감히 하늘을 모반하랴 그 눈이 황황하다. 베풂을 아껴 영구히 하니 오는 것이 방소가 없도다. 독실하게 후에 펴니 백년의 감춤이로다. 그나마 어린 손자 있어 이 명장을 이룬다네. 공은 어찜 기쁘게 받아 혹시 남은 빛을 덮으려나."

#종손 잠 찬. 하동.

"동지산 푸름 참으로 아름다워, 천추에 부자는 동과 서에 하나이다. 문혼(文魂)이 내리는 때를 알 수 없으니, 창밖에 유양함 다함 없도다. "

#동지산 묘소 참배 한수.

25대. 천우공(川愚公)

휘는 현수(絢秀) 자는 차경(致綱)이다. 철종 기미 11월 20일생 고종 경신 7월 10일에 졸하였다. 묘는 삼가 송곡 유원(松谷酉原)에 있고 배위 남원 양씨는 부장되었다. 심재 조긍섭(深齋曺兢燮)이 묘문을 찬하였다. #묘갈본은 자명(自銘)을 사용하였다. ○송곡시에,

"개울 출렁이는 솔 골 물가에. 계곡에 들어가면 거북도 뱀도 있다. 좌우로 머리 나란히 하고 어긋지긋 꽃이 나타난다. 남들도 말하길 길상이 많다하네." #구묘송.

○공이 후손을 훈계한 글을 기술하다. "천명이 새롭고도 옛 되어, 인간 세상에 서로 교대한다. 선공이 먼 주손으로, 고달프게 시든 것 일으켰다. 중년에 비로소 나 기루니, 연세 이미 높았다. 완연히 작은 싹 기루는 듯, 나날이 하늘을 바라보았다. 길고 짧음 알지 못하니, 간절한 마음 어찌 수고롭지 않았겠나. 부지런히 책을 끼고 호미 드니, 한낮이면 정수리가 타는 듯하였다.

가신이면 농주를 만들어, 저물녘에 즐거움도 있었다. 지금은 영실이 외로우니, 밝은 가르침 마치 지난 아침 같다."
　#그 두 번째.
　"5대를 농가에 예속되어, 곁 벼슬도 조반과는 멀었다. 헌상은 몸이 욕되니 주의하고, 농장은 편안을 남기니 사랑한다. 잘못 천민의 우수에 의탁 되었으나, 문채는 역시 볼만하였다. 갈옷으로 향국 유람하니, 명사와 서로 친하기도 하였다. 이처럼 하늘이 버린 후에, 세월이 오래도록 추웠다. 양나라 조정 최로(崔盧)의 무리는, 도를 배반하기도 어렵지 않았다. 의로운 바람 갑자기 땅에 없어지니, 기자의 깃발 조문하는 이 없다. 매번 책속에서 만나지만, 어떻게 서로 웃으랴. 선악은 머리털처럼 미약하나, 이것이 본래 생사의 관문이다. 너는 깊이 가슴에 간직하라, 내 시로 매우 통탄한다."
　# 도잠의 시를 화답하다.
　"길에서 만나면 누구인지 모르다가, 이름을 말하면 뛸 듯이 서로 잡는다. 삶과 죽음 즈음에 정은 다른 길 없다. 아득하고 명명하여 모습은 보이지 않는다. 안면 없는 교제를 신교라고 한다지. 문자로 서로 합하니 마치 아교를 던진 것처럼. 갑자기 천고 되니 환몽이냐 거품이냐. 잠덕의 선비는 명성 위함은 달갑지 않다네. 계우의 죽음은 그나마 한유의 명을 얻었다. 없애지 못할 것이 있으니 어찌 그 정이 없으랴. 나는 그 사람 아니니 어찌 감당할 수 있느냐. 사례에 운운하니 언행은 더욱 빛난다. 쓸쓸히 사방 돌아보니 상음이 없구나. 유구하게 하는 것은 나는 감히 알지 못한다. 사람 알고 마음 쓰는 것은 공의 초아가 있다네. 이어 좋아하니 나의 슬픔 위로된다. 멀리 뇌사 보내니 오호 애재라."
　# 이경재 건승(李耕齋建升) 제문 한 수.
　"공씨 자리 많은 빈객 모두가 노숙인데, 사씨 뜰 한 쌍 보배 높은 글도 있었다. 여행 중 한번 만나고 도리어 천고가 되니, 강성의 저문 구름에 마음이 단절된다네."
　#하회봉 겸진(河晦峰 謙鎭) 만시 한 수.
　"우인 유군 해엽이 그 모부인 남원 양씨 가장(家狀)을 가지고 와서 겸진에게 묘도에 새길 것을 위촉하였다. 겸진이 생각해 보니 부인은 외부의 일이 없고 규문의 행사는 모두 남이 보고 기록한 것이 아니고 간인의 전술한 거에서 얻은 것이니 이는 혹시 넘치는 말이 있더라도 다 믿기는 어렵다. 그러나 군은 현자라. 현자는 어버이를 속이지 않으니 명을 할만하다. 유인은 대사간 사귀(思貴)의 후손 선비 치국(致國)의 딸로 철종 을유년에 출생하여 20세에 처사 유공 현수와 혼인하여 두 아들 해엽 해성(海性)과 딸 4인을 낳아 모두 유족에게 출가시키고 병인 월일에 졸하니 수가 72세다. 유인은 모습이 단정하고 몸이 약하며 키는 4척 남짓하였으나 힘은 능히 신고를 참아내고 하는 일을 오직 삼가하여 위 받들고 아래 부리기를 조리가 있고 모자람이 없었다. 종족에 처하기는 은혜가 두루 하였고 동서와 이야기할 때는 집안의 고사를 역력하게 들어 서로 격려하며 자녀는 의로운 방향으로 가르쳤다. 항상 말하기를 학문의 도리는 다른 것이 없다. 부지런하면 성공하는 것이다 하였다. 해엽군이 선군을 위하여 수광(壽壙)의 땅을 만금(萬金)을 주고 구하니 유인이 꾸짖기를 자신의 덕은 닦지 않고 길지(吉地)를 구하는 것은 내가 들은 바가 아니다. 더구나 어둠 속에서 의복(倚伏)한 것을 재물로 취할 수 있느냐 하였다. 계묘에 차사공이 설이(泄痢)병을 앓으니 유인이 띠를 풀지 않고 잠도 자지 않으며 좌우에 수발들기를 90일이었다. 그 후 경신년에 처사공을 곡하니 유인은 이미 나이가 많았으나 역시 계묘년의 일을 행하기를 60일이었고 상에 임하여 곡식을 끊고 먹지 않은 지 5~6일이 넘으니 사람들이 어렵다고들 하였다. 모향모원에 장례 치르니 처사공 묘의 우편에 부장하였다. (명에), 부자 섬기기에 몸을 두지 않았고 엄숙하고 부지런하였다. 자식 교육에 학문에 힘쓰게 하여 영예가 들리게 하였다."

\# 위와 같다. 양유인 묘문 한수.

○.공의 종제 만수(萬秀)는 재주가 있었으나. 조졸하였다.

"욱욱한 영재는 옛 향사에 으뜸이니, 베적삼 칠흑 같고 기운은 무지개 같았다. 공의 23년 세상 꼽아보니, 마음의 획이 육보(肉譜)중에 남아 있다."

\# 갑술 면례 때. 종질 잠이 공을 조문한 시 한 수.

종당(宗黨)에 고하는 글.
　이번 해에 여러 선대 묘소에 석물을 세우고 문덕(文德)을 닦았다. 이보다 앞서 우리 여러 후손이 강성 고을에 사는 이가 차츰 불어나 혹 재물이 많아 그 직책을 병 되게 하거나 혹 성품이 후하여 그 용도를 펴지 않았으나 한서가 서로 바뀌고 세월이 가서 8대 9대 10대에 이르도록 의식을 밝혀서 후손을 보호하지 못하였다. 오호라 선조의 영역이 거칠어지는 것이 어찌 선조가 후손에게 바라는 바이겠으며 전형(典型)이 전하지 못하는 것은 아마도 우리가 후대에 열어줄 것이 아닐 것이다. 천명은 스스로 새로워지는 것이 아니고 사람을 기다려 새로워진다고 들었는데 지금 이미 새롭게 하였으니 또한 우리들은 각기 스스로 맹세하여 변하지 않을 것이다. 씨족이 나누어져 살면서 세월이 오래되면 인정도 흩어지는 것은 반드시 이르게 되는 이치이다. 물과 일이 소속됨이 있으니 나의 조부는 나의 부친이 주가 되며 나의 부친은 내가 반드시 주가 되어야 한다. 자만하지 말라. 그리고 묘소의 의식이 미비하면 감히 연침(燕寢)을 사치하지 않아야 하는 것이며 제전(祭田)이 성립되지 않으면 감히 사사의 봉양을 풍성하게 하지 말아야 한다. 이 규칙을 준수하여 서로 시작을 바로잡아 마침을 굳게 하기를 바란다. 지금 와서 남긴 무덤을 참배하니 정신이 문득 상쾌한 것이 마치 몸소 모시고 대하는 듯하다. 이 남은 뜻을 완전히 하여 여러 친족에게 포고한다.　갑신지 월 일.
　갑신 가을에 오석(烏石) 12개를 다듬어 여러 선묘에 묘갈로 세우니 사용된 돈의 합계가 7천여였다. 역대에 겨를이 없던 것을 오늘에야 비로소 완성하니 가위 우리 종족의 대 쾌사이다. 기쁨을 장구로 지어 여러 종 곤제에게 보이고 각기 시를 지어 감정을 기록하게 하였다.
　후손 잠(潛). "좋은 돌이 남포에서 와, 열 세대의 봉영에 빛을 입히다. 잘 운반한 것은 채찍으로 양을 몰 듯, 질박한 제도는 비늘 덮인 고래인 양. 문득 거친 풀의 땅을 보니, 푸른 수정이 녹아 난듯하다. 환하게 선조 모습 밝고, 쟁쟁하게 선조 음성 들린다. 강함을 만지니 그 덕이 생각나며, 온화하니 그 정을 품는듯하다. 천추에 소나무 전나무 사이에. 높다랗게 작은 정성 표현하였다. 누가 작은 돌을 두고, 15 성곽과 견주지 못한다하였나."

후손 식(湜). "오르고 올라 문득 깊은 마음 깨달으니, 봉분 높다랗게 한 성씨의 수풀이네. 포의라 비록 운대의 반열은 없으나, 빈조(蘋藻)는 오히려 보개(寶蓋)가 임한 듯 기쁘다오. 머리 위 별 움직여 삼백 년이며, 수중에 돌 받드니 칠 천금일세. 풍진도 유씨 총묘 곁에 미치지 못하니, 아손(兒孫)을 보내 날마다 휘파람 불리라."

후손 해기(海冀). "운근(雲根)을 누가 채취하여 벽옥으로 깎아서, 남으로 천리에 수송하여 우리 산에 세웠나. 후에 와서 이를 보고 신물이라 칭하리니, 구천에 선혼(先魂)을 불러오리라."

후손 해정(海貞). "평천(平泉)의 꽃과 돌 후손의 교만 도우니, 우습다 위공(衛公)의 지극한 경계 남김이여. 이곳에 어느 누가 그 선조 없으랴, 천추에 신이 보고 봉영문 보호하리."

후손 해석(海錫). "가헌(家憲)은 예부터 질박함을 꽃으로 삼았으니, 어찌 한 자인들 남상(濫觴)을 더하리. 주옹(洲翁)의 눈이 우리 산에 이르면, 응당 충주 괴석가(愧石歌)를 소매에 감추리라."
#권석주(權石洲)가 충주 괴석가를 지었다.

후손 해승(海昇). "기름진 밭 일천 구역 노역을 쉬고, 선대 무덤 향하여 돌 하나 세운다. 보았나 서쪽 마을 부자 늙은이, 죽고 나니 거친 숲에 목동이 함부로 함을."

후손 해권(海權). "자애로운 얼굴 남들은 봄바람 같다 하였는데, 당년에 도리(桃李)의 열매 보지 못하였다. 바람은 성문(聖門)의 여러 제자 익히고, 손수 묘목(墓木) 심어 천일을 키우리라."

후손 해주(海珠). "주례(周禮)에 분명 묘를 점하는 제도가 전하니, 체백(體魄)을 예사로이 여기지 않았다. 해마다 상로(霜露)에 조조(祧祖)가 없이, 공사(公私)를 일례로 백 대에 빛나리."

후손 해만(海万). "슬프다 이 산하 오래전에 바뀌어, 선인의 구묘도 전조(前朝)에 속하는구나. 가엾다 한조각 돌 응당 말을 전하여, 해 저문 추운 숲에서 부르는 듯하다."

후손 해섭(海燮). "춘풍에 손잡고 산 서쪽에 올라, 선인의 화옥(華屋)을 마주한다네. 가래나무 깃들인 새도 응당 기쁨을 알고, 영영하게 서로 부르며 푸른 깃을 펴는구나."

　후손 해근(海瑾). "이 당곡을 돌아보니, 서리 같은 달이 몇 번이나 밝았는가. 아득한 구원의 얼굴, 찬연한 삼척의 빗돌. 풀 시드니 시절이 느껴지고, 땅이 후하니 덕을 품었다. 술을 가지고 무덤 참배하니, 충정이 측측함을 어쩌랴."

　후손 기형(基馨). "한 기운 융융하게 자성에게 고르니, 인간과 천상이 곧 서로 이웃일세. 지금은 곧 전조의 묘갈이 되니, 일천 문이 나날이 새로워지길 기다린다오."

　후손 창형(昌馨). "망한 나라 삼십 년 북풍이 추웠는데, 선대 무덤 황초에 묻힘 탄식하였다. 아름답다 남포의 하늘이 아낀 돌이, 오늘에 와서 잔 올리며 함께 기뻐한다오."

　후손 충형(忠馨). "춘추로 와서 절하는 곳에, 옹중(翁仲)이 천년을 보았다. 근본 보답은 참으로 천덕이며, 몇 번을 눈물 지었나. 우주는 혼연히 꿈같은데, 여러 선조는 모두 지하일세. 바라는 바는 큰 힘을 내려, 때로 후손을 보호하시길."

강주세기 종.

丹邱姓苑

단구성원

단구성원(丹邱姓苑) 서문.

　내 친구 유군 회부(柳君晦敷)는 남주의 덕망이다. 성품이 안정되고 예를 좋아하며 저술을 자주하지 않았다. 십 년 전에 나의 문산(文山) 서숙을 방문하고 한 밤에 자리에서 일어나 말하기를, 내가 연내로 편찬에 뜻이 있으나 신중하여 시작을 못하였는데 어느 날 우연히 본읍 인물의 사적에 마음이 있었는데 대체로 역시 본질을 존중하고 실속을 숭상하는 유형이었다. 구지(舊誌)는 실상 우리 문중 선배의 솜씨였는데 완본(完本)이 되지 못하고 사이에 일찍이 재료를 모았으나 속집을 만들지는 못하였고 우선 전할 만한 것을 선택하여 별도로 의례를 세워 이름을 단구성원(丹邱姓苑)이라 하였다. 하지만 한 사람의 견해로 주밀하지 못함이 염려되어 형과 함께 하고 싶었다. 인하여 편찬의 주를 형에게 양보하려고 하니 어떠하냐고 하였다. 도용(道溶)이 갓끈을 날리며 역시 좋지 않으냐 군의 이 일이. 좋은 솜씨로 혼자 고생한 것이라 할 수 있으니 타일에 좋은 값으로 잘 비유할 것은 다음 일이다. 그러나 주장을 양보한다는 것은 잘못 생각한 것이 아니냐. 남의 아름다움을 빼앗아 자기의 공을 삼는 것은 탐욕이 아니냐. 옛날 방손지(方遜志)가 일찍이 읍현의 유사를 수집하면서 그중에 자세하지 못한 것은 친구를 방문하여 찾아서 책을 이루었는데 도용은 곁에서 찬성하여 편말에 이름을 붙이는 것으로 족하니 힘써 성취하라고 하였다. 군이 어쩔 수 없이 시험 삼아 하는 수밖에 없다 하여 중간에 한 두어 번 살피지 않을 수 없었다. 금년 가을에 군의 서실을 지나며 또 내어 살펴보니 대체로 거의 편집이 이루어졌다.
　일찍이 들으니 편찬의 일은 실로 어렵다. 두문울(竇文蔚)의 단양지(丹陽誌)는 인물을 함부로 취하였고 범지능(范至能)의 오군(吳郡)은 풍속만 편벽되게 기술하였다. 요컨대 그 일로 인하여 보존하면 그 인물 그 풍속은 자연히 볼 수 있는 것이다. 그 선함은 취하고 그 불선함은 취하지 않으면 또한 군자가 선함은 선하게 여겨 보장하고 악함은 악하게 여겨 꾸중하는 의리이니 순수한 역사의 체제로 논하는 것은 불가하다. 이는 실로 나의 친구가 이 책을 만든 의도이다. 후에 읍지를 계승하는 이는 재료를 여기서 취한다면 일이 과

반일 것이다. 내가 보기를 마치고 못내 깊이 찬탄하며 여러 말의 머리를 하는 것은 견딜 수 없으나 옛 친구이니 힘써서 주는 것이 옳으리라. 군의 마음은 아마 나 또한 신중하여 미처 청하지 못하였다고 하리라. 이미 함께 일할 것을 사양하였으니 한 통의 서사문으로 함께한 뜻을 표하지 않을 수 없어 써서 묻는다.

을유년 국권 회복한 동짓달 십육일에 영가 권도용(永嘉 權道溶)은 서하다.

단구성원 서.

나라가 망하고부터 여러 군지(郡志) 등을 간행하여 지방마다 행하는 것은 나라와 함께 망하고 지난날의 옛 모습을 다시 볼 수 없는 것을 걱정함이다. 오직 우리 고을만은 들리는 것이 없음은 어찌함인가. 열군을 본받자고 거론하는 이가 있으면 모두 말하기를, 우리 고을은 옛날 번비가 살던 곳이니 그 명위와 공렬이 세상에 빛나고 후세에 전하며 사씨(史氏)가 기록하여 대략 마을의 처사나 잠복한 이의 높은 문학 순수한 덕이나 작은 선과 얕은 기예라도 오래도록 막히게 할 수 없어 이미 세승(世乘)에 담았고 충신 효자 의로운 부인네 명성 있는 여인들의 충분이 전기를 세울 수 있는 것은 고을에서 기록한 것이 전후 두 본이 이미 잡되게 나왔는데 우리가 무엇 하려 스스로 걱정하고 일을 많게 하겠느냐고 하였다. 나는 이르기를 이는 일시의 구차하고 한만하며 내놓을 수 없는 의논이다. 열군의 군지는 나라가 없는 것을 대비하는 것인데 우리 고을에 있어서는 그 지역마저 이웃에 예속되어 부분으로 나뉘었다. 고을이 이미 전하지 않는데 이름인들 앞으로 어디에 붙이겠느냐. 우리 고을이 비록 작으나 당당히 강해간의 명성 있는 지방이다. 사직과 인민이 실로 열성조에서 봉하여 번식한 것인데 산하가 한번 변하니 모수모구가 지도에 삼고하여 계보를 분별할 수 없는데 구구하고 영쇄한 작은 기록이 거친 지역에 산재한 것을 어찌 반드시 전하고 유실되지 않는다고 할 수 있겠느냐. 시경에 비록 노성인은 없더라도 아직 전형은 있다 하였으니 내 어찌 스스로 근심하지 않고 두려운 생각이 없겠느냐. 이때 내가 우주에 변동 많음을 목도하고 속으로 인물의 성쇠를 느끼며 비로소 향촌에 사는 여러 문중의 명적을 채집하니 그 규범이 연대의 원근과 씨족의 신구에 구애하지 않고 가령 현인의 문집이나 패설에 근거하거나 견문에 따른 증명할 수 있는 것이라면 수록하되 반드시 신중하게 편차하여 책을 내었는데 이미 성씨의 문중에서 얻은 것이 총약간이며 사람에게 얻은 것이 총약간이다. 생각하니 이 책이 읍지의 예를 따르지 않고 오로지 개인으로 아끼는 옛사람 문화의 유적에서 나온 것이니 근세 유사배의 당시 은원이나 청탁으로 의사한 자취를 허구하여 증거 없는 말을 더하여 꾸며 애매하게 사람을 속이는 것과는 비할 수 없다. 만약 식견이 부족하여 시비의 정리를 잃은 것이라면 불초가 청컨대 자수하여 후일의 군자를 기다린다. 기묘 정월 일에 고을 사람 강주 유잠은 서하다.

성원의 서술.

문씨(文氏).

가어(家語)에 고국과 고도(古都)를 바라보면 개연하여진다 하였다. 우리 고을이 씨족을 세우고 봉역을 받은 것은 당연히 문씨가 으뜸이다. 옛 역사를 상고하여 보면 문씨가 후군(侯君) 학사 대부에 나열된 것이 수십 인이라고 칭할 수 있으나 재앙 하나가 일어나 전택(田宅)이 적몰되었다. 오호라. 이는 민생에게 옷을 입힌 삼우공(三憂公)의 후예가 아니었더냐. 남명(南冥)의 시에, "후손이 졸오에 편입됨을 면하지 못하니, 동인은 어쩌면 공로 보답에 부끄러움이 있다." 하였다. 성씨의 서술을 여기서 시작하니 붓을 잡고 눈물 나는 것을 깨닫지 못한다.

윤씨(尹氏).

시경에 빛나는 군자여 끝내 잊을 수 없다 하였는데 무송씨(茂松氏)가 그에 해당된다. 국조의 처음에 이상(貳相)인 방헌(厖軒) 인암(仁菴) 여러 선배가 모두 문장 의열로 동료의 으뜸이며 우리 고을의 주맹(主盟)이었는데 지금은 후예가 영세하여 비록 융성한 문벌에 나열되지 못하지만 깊은 숲의 난초는 사람이 없다고 향기가 나지 않는 것이 아니니 나는 그 막히고 발하지 못하는 것을 애석해 한다.

김씨(金氏).
공자는 노나라에 군자가 없다면 이를 어디서 취하였겠느냐 하였다. 상산씨(商山氏)가 고을 북쪽에 접하여 처음으로 여덟 선비가 나와 문명의 아름다움을 열었고 그로부터 2,3백년 간에 대상사부(臺庠士夫) 경사예언(經師藝彦)이 서로 탁마하여 스스로 드러나 시대에 확장하였고 지금 황악(黃岳)의 남쪽에 간혹 근사록(近思錄)을 읽는 소리가 끊이질 않으니 대체로 그 성품으로 굳어진 것이 이러하다.

이씨(李氏).
성산씨(星山氏)가 남으로 내려온 것이 대개 국조의 사란(私亂) 때일 것이며 그 자손이 산골에 처하여 간혹 괘나 문호를 세워 곳곳에 서로 바라보이며 과환의 명성이 조야에 들리는 이가 끊이질 않으니 고을의 지난 일을 이야기 하는 이는 현포(玄圃)의 소산이 미옥(美玉)이 아닌 것이 없다고 하였으니 어쩌면 경무공(景武公)의 유택(遺澤)이 후손을 이끌어 끊이지 않는 것이 그러한 것이던가.

이씨(李氏).
합천씨(陜川氏)는 군의 종족에 비하면 당연히 고벌(古閥)이다. 국조 중엽에 명환과 유현의 성대함이 역내에 으뜸이었고 동서로 강을 나누어 사옥(祠屋)이 서로 바라보이며 그 사람들은 벼슬하는 것에 태연하고 솔직하며 의를 좋아하니 아첨하는 이들이 굴복하였고 포의의 명성이 비단보다 성하여 자못 높았다.

이씨(李氏).
전왈(傳曰) 시기에 곧은 이는 시대의 누에 빠지지 않는다고 하였다. 전의 이씨(全義李氏)가 우리 고을에 있어서 자연 유적에 속하였으나 일찍이 밀어주는 것에 의하여 떼로 날지 않았으며 부호로 서로 들리고 습성이 예를 좋아하며 시서의 업으로 후세에 넉넉하게 빛나니 어찌 아름답지 않은가.

권씨(權氏).
우리 고을이 지역은 비좁아 말(斗)만한 크기지만 권씨가 이름난 마을에 도사리고 있는 것이 태반이며 3.4백 년을 지나는 동안 이름이 문무와 상서(尙書)에 참여한 이가 6.70 명이니 어찜 그리 성대하냐. 약한 것을 겸병하고 작은 것을 침입하는 것은 물성의 자연이나 그 사람이 군중으로 살면서 사물에 임하여 두루 하기를 좋아하고 비교하지 않으니 이상하다. 이것이 소위 바람을 듣고 출렁이는 것에서 나오는 것이 그러한 것인가.

유씨(柳氏).
유씨가 이 지방에서 산 지는 권씨보다 먼저였으나 호수는 일백 수십에 불과하였다. 중엽이래로부터 차츰 주현(州縣)의 학궁에 다니며 집을 일으킨 이도 역시 십칠팔에 불과하였으니 자칫 미약하였다. 습성은 소졸한 것이 장기이며 범법을 조심하였다. 가난하여도 독서할 줄 알았고 사는 것은 여곽(藜藿)으로 음식을 삼았고 간혹 인의를 이야기하기 좋아하였으며 향리의 의관 반열에 종유할 수 있었다.

양씨(梁氏).
내가 양씨의 역사를 읽어보니 완연히 마치 기송(杞宋)의 유서를 읽는 것 같았으니 어찌 그렇게 아득하였나. 융성할 때는 글을 읽어 벼슬한 이가 전후에 서로 들였는데 그 문자가 잔결하여 서술할 수 없다. 그러나 그 사람은 모두 집집이 질박하고 중후하여 아직도 당풍(唐風)의 여운이 남아있는 것 같다.

박씨(朴氏).
공자가 밭을 갈아도 굶주림은 그 속에 있고 공부를 하면 녹이 그 속에 있다고 하였는데 어찌 그러하지 않겠느냐. 니구(尼丘)는 사단(沙丹)의 서쪽에 있는데 박씨가 그 아래 자리 잡아 누대를 유림과 과환으로 원근에 드날리었는데 그 마을을 지나면 담벼락에 서 있어도 글 읽는 소리는 아직 들린다.

박씨(朴氏).
부유함도 존귀함도 믿거나 의지하지 않고 스스로 향리의 명망을 온전케 함은 응천씨(凝川氏)를 말함이로다. 만수당(萬樹堂)의 의성(義聲)이 당일에 달하였고 고문 순덕(高文淳德)이 후세까지 연장되어 지금도 사우간에 옛을 법 삼는 것으로 소문난 것은 반드시 이 종족에게 돌린다.

박씨(朴氏).
단계(丹溪)는 고을의 북쪽에 있는데 자칫 아름다운 마을이다. 순천씨(順天氏)가 남으로 옮긴 지 얼마 되지 않아 무사 화문(無仕華聞)으로 명성이 고을 안을 기우린다. 내 듣기로 땅이 아름다움을 모으면 인재가 모인다고 하였는데 아마 선덕의 후하게 쌓여 발하지 못한 것이 사는 곳에 따라서 때맞추어 여기에 나타난 것임을 내가 거론할 수 있다.

정씨(鄭氏).
경주씨(慶州氏)는 대대로 작산(鵲山)을 지키며 열집으로 문중을 삼아 향리에 자립하니 어찌 이상하지 않느냐. 그 선대는 산음(山陰) 천계(泉溪) 제공이 남명(南冥)의 가르침으로 자못 일시의 모범이었다. 시에 말하는 효자는 끊이지 않아서 영구히 그 유형을 준다 하였는데 이를 말함이로다.

정씨(鄭氏).
전에 말하기를 양궁(良弓)의 자식은 궁을 잘 만든다고 하였는데 믿을 만하다. 내가 수양씨(首陽氏) 일수공(一樹公)의 형제를 생각하는 시의 가신(佳辰)에 나뭇가지를 연한다는 말을 읽고 사람에게 벗 삼고 싶게 하였는데 그 후에 청고자(靑皐子)가 시학으로 예원(藝苑)에 명성이 들렸다. 정씨의 옛 충의의 세대는 향리에 거한 것이 일천하여 아직 자세하지 못하다.

오씨(吳氏).
우리나라에 4당(四黨)의 품계가 있는데 여기에 나열되지 않아 명벌(名閥)이라 칭하지 않는다. 오씨는 사계 우암의 연원을 이어 역대에 가장 장구하게 쟁쟁하다고 칭하는데 근세에는 자못 염염하여 인물과 명행(名行)을 상고할 수 없으니 편집자의 한스러움이다.

도씨(都氏).
논어(論語)에 고을 선비의 시에 세상에서 은거하는 것을 병으로 여기는 것을 으뜸으로 삼았다고 하였다. 깨끗하고 굳세며 기백이 있으니 그 위인을 생각하여 볼 수 있다. 그 기백이 자손에게 있어서 의례 정성스럽고 스스로 강하며 근본에 힘쓰고 사치하는 것을 서로 수치로 여긴다.

심씨(沈氏).
부귀와 사치는 예로부터 우환이었는데 심씨는 왕실과 인척이 되어 대대로 벌열에 자리하니 향촌에 거하더라도 쉽게 유업에 자리매김할 수 있었다. 비록 시시로 학궁의 아름다움이 있어도 스스로 내세우지 않고 행실을 단속하며 옛 전통을 서로 숭상하고 찻집이나 주루에 심씨 자제의 신발 소리는 들리지 않았다.

곽씨(郭氏).
여장(櫲樟)이 등림(鄧林)에서 빼어나듯이 그 기운의 성함으로 따라 특이한 것이 나타났다. 포산씨(苞山氏)는 청백리의 세대로 향촌으로 옮긴 지 수세대에 면우옹(俛宇翁)이 남방에 굴기하여 유업의 단서를 크게 떨쳐 그 향리마저 국인이 알게 되니 어찌 성대하지 않겠느냐.

범례.
1. 이 책은 다른 사서를 모방한 것으로 하나의 향촌에 범위 되어 있으므로 각 씨족에 비록 명환대인이 후세에 들리는 이가 있어도 이 향리의 소산이 아니면 나열하지 않았다.
1. 향리의 씨족으로 구지(舊志)에 보이지만 점차 쇠미하여 들리는 것이 없고 단지 상세의 성적이 동일한 자는 별도로 뒤에 붙인다.
1. 이 책은 향리에서 자연히 하나의 역사가 되므로 이름이 사적(仕籍)에 나열되어 대략 연방계방(蓮榜桂榜)이나 주현(州縣) 등의 사람은 반드시 기록하고 혹 잡출하여 드러난 자취가 없으면 궐한 것이 많다.
1. 사람 도리는 6행을 벗어나지 못하니 혹 기격(氣格)이 뛰어나거나 문사나 예술에 뛰어난 자는 역시 여와같이 채록하였다.
1. 구족(舊族)은 머리의 총정(總訂)에 달았다. 옛날에는 현달하였다가 지금은 몰락한 이는 쓰지 않았고 비록 성하여도 최근 것은 쓰지 않았으며 혹 새로 향족(鄕族)으로 나열되어 크게 국인에게 알려진 바는 반드시 기록하였다.
1. 성한 가문은 작은 것은 버리고 큰 것은 기록하였으며 잔약하게 계승하는 것은 비록 섬미하여도 반드시 기록하는 것은 이 사서의 정으로 고단함을 긍휼히 여기는 하나의 법이다.
1. 사람은 전부 선하기를 요구할 수 없고 또한 작은 흠으로 버릴 수 없으니 지역 따라 열서하여 견문을 대비한 것은 대략 태사공(太史公)의 애석함이 많고 차마 할 수 없는 여규(餘規)를 본받은 것이니 보는 이는 살피리라.
1. 이 책은 유가(柳家)의 편집에서 나온 것이니 유가에 자세한 것은 예사다. 주자(朱子)가 좌전(左傳)이 초나라 일에 상세하니 당연히 초나라 사람이 지은 것이라고 하였으니 이를 견주어 검토하여야 한다.
1. 이 책은 일시에 모두를 수집하지 못하였으니 당연히 채집에 따라 기입하였고 보유(補遺)라는 문을 별도로 세웠다.

단구성원(丹邱姓苑) 권1.

문씨(文氏).

▪문득준(文得俊). 고려 원종 때 강성백(江城伯)에 봉함을 받았고 시호는 의안(毅安)이다.

▪문극겸(文克謙). 충선왕 때 좌사의가 되었고 충숙왕 때 판도판서에 제수되고 시호는 정열(精烈)이다.

▪문윤각(文允恪). 한림으로 충혜왕 때 대제학으로 진주목사에 제수되었다. 원보재(元輔宰)의 시에, "연기물결 강 위의 옛 장군이, 내일이면 영남의 새 자사일세. 황금안장 백마는 봄바람에 우는데, 초록의 긴 언덕은 몇 천리인가. 앞선 명성은 이미 진양 강에 떨어졌고, 늦은 시절은 맑아서 천고의 물과 같다. 행차 전송하는 궁문 밖에 비단자리 펴고, 수레와 말굽은 조정에 가득 붉고 푸르다. 서생이 함께 나귀를 타고 가는데, 허리에 찬 호리병엔 녹의가 떠 있다. 이별하려니 정을 품고 고향이 생각나니, 대나무 속 모옥이 강성에 있다네. 학발의 홀어미 고당에 있는데, 갖은 고난 겪으며 고향에서 늙어간다. 그대에게 바람은 돈 찾는 관리 재단하여, 우로를 삼년 동안 시종 보호하게나."

▪문숙선(文叔宣). 충목왕 때 원종공신으로 곤양후(昆陽侯)에 봉해지고 시호는 충정(忠貞)이다.

▪문익점(文益漸). 자는 일신(日新) 호는 삼우당(三憂堂)이다. 공민왕 때 좌정언에 제수되었다. 사신으로 원나라에 갔다가 구류되었으나 굴복하지 않으니 인하여 검남(劍南)으로 귀양을 가는 길에 목면 씨를 얻어 돌아와 그 장인 정천익(鄭天益)에게 위촉하여 심은 지 삼년만에 크게 번성하였다. 일찍이 영남루를 지나면서 시 한수를 지었다.

"들으니 신선은 동천에 있다는데, 육오가 머리에 이고 갑자기 앞에 있다. 개인 물결 꽃다운 풀은 좋은 풍경 속에, 외로운 오리 떨어진 노을 석양 가일세. 넓은 들녘 우마는 나그네 길 나누고, 먼 마을 계견은 인가 연기 접한다.

유별한 지역 광경은 아직 끝이 없는데, 모두 취하여 나는 님께 바치리라."
무신년에 왕이 불러서 좌사의대부에 제수하니 상서하여 국학 건립, 향교 수리, 종묘신주 세움, 호복(胡服) 개혁, 기강 정립, 부세 낮춤, 의창 설치, 수첨(水砧) 시설 등 여덟 조항을 건의하였다. 이때 이전(李竱)이 개인 전답은 불가하다고 다시 상소하여 다투니 익점은 병을 핑계로 서명하지 않았다. 대사헌 조준(趙浚)이 익점을 탄핵하며 재신에 의부하여 구차하게 용납한다고 하니 파하게 되었다. 익점이 씨에 학문을 좋아하고 영수(英粹)하며 조달하였다. 처음 정주서(程朱書)가 동방에 행할 때 힘써 강변(講辨)하여 심학(心學)을 크게 깨닫고 끊어진 학문을 계승하고 이교를 내치는 것으로 당신의 임무로 삼았다. 모친상을 거하면서 여묘(廬墓) 삼년을 하니 왕이 그 마을에 정문을 명하였다. 우리 태종 때 강성군(江城君)에 보하고 시호를 충선(忠宣)이라 하며 도천원(道川院)에 배향하였다. 남효온(南孝溫)이 문익점을 찬양한 시에, "다음 중계가 있어 예를 안다는 호칭이 있는데, 일백관리를 지휘하여도 실착이 없었다네."

▪문중용(文中庸). 헌납. 문중성(文中誠). 한림. 문중실(文中實). 간의대부. 문중진(文中晉). 진사. 문중계(文中啓). 예부상서. 문가용(文可庸). 학유.

▪문가학(文可學). 준일한 재주가 있어 문과에 올라 관직이 내한에 이르렀다. 소시에 용문사(龍文寺)에서 글을 읽었는데 원석(元夕)이 되니 절의 중들이 모두 흩어져 가며 말하기를 "절의 예가 오늘 밤은 상좌 중에 나이 젊고 모습이 아름다운 자는 반드시 요사(妖邪)의 취하는 바가 된다." 하였다. 가학이 "너희들은 나를 위하여 등을 밝히고 술상을 성하게 갖추어 놓고 가거라." 하였다. 밤이 깊어 분면귀(粉面鬼)가 슬슬 들어오니 가학이 친하게 앉아서 가인을 우연히 만나니 이렇게 좋은 밤을 어떻게 하냐고 하면서 인하여 술을 마셨고 술이 다하자 분면귀가 머리묶음이 기울어지면서 잠이 드는데 한 마리의 여우였다. 묶어두고 날이 밝기를 기다려 죽이려고 하니 여우가 내게 청낭(靑囊) 일부가 있는데 이것을 읽으면 천지간에 은둔할 수 있고 무궁의 문에 출입할 수 있으니 살려주면 이것으로 보답하겠다고 했다. 가학이 크게 기뻐하고 이에 긴 끈을 그 허리에 매고 따라서 절벽 아래 들어가니 잠시 후에 여

우가 입에 하나의 청간(靑簡)을 물고 와서 가학이 받아 펼쳐보는 데 끝장을 다보기도 전에 갑자기 여우가 빼앗아 가버렸다. 가학이 이미 이서(異書)를 얻고서 시험하여보니 모두 기이하게 적중하였다. 그러나 항상 한 가닥 끈이 은현하여 종적을 숨길 수 없었다. 태종 임오년에 임빙(任聘) 조방휘(趙邦輝)등과 보은사(報恩寺)에서 역모를 꾀하다가 일이 발각되어 참형을 당하였다.

■문숭(文崇). 시중. 문승노(文承魯). 의성 현령. 문선동(文善同). 한산 군수.

■문의동(文義同). 대제학. 문광서(文光瑞). 무과에 올라 처음 결성령에 제수되고 임피를 거쳐 문화 현감으로 재임 중 질병으로 돌아왔다. 광서는 집이 매우 부유하여 하인이 수십 명이었다. 조식(曺植)이 그 묘에 명을 새기기를, "규규한 어진 선비여, 누가 문화만 하겠느냐. 점이 여러 별에 응하니, 동어를 세 번 가지도다. 자운(子雲)이 질병 많으니, 이십년을 집안에 유폐하였네."

■문광부(文光富). 학행으로 초빙을 받아 정언에 제수되었으나 벼슬하지 않았다. 문세화(文世華). 의성 현령이다. 문재욱(文在郁). 생원이다.

■문이목(文怡穆). 자는 주헌(周憲). 나이 18에 병든 부친을 모시며 산에 들어가 약을 캐는데 날이 저물어 호랑이를 만나 7리를 동행하고 떠났다. 부친이 죽자 절하고 곡읍한 곳에 풀이 모두 말랐다. 철종 때 사람이다. 문정욱(文正郁). 자는 장선(章善). 공령(功令)에 정밀하였으나 과거에 응시하지 않았다.

주씨(周氏). 관적은 팔거(八莒).

■주세후(周世侯). 이부상서를 지냈다. 고려 때 상국에 사신으로 갔다가 돌아오는 길에 모역에 도착하여 질병으로 죽었다. 왕명으로 수월산(水月山) 아래 돌려보내 장례하였다. 주경(周璟). 판서를 지냈다. 효성으로 정문을 받았다. 증손녀가 강은자(姜隱者)에게 출가하여 일찍 과부가 되니 부친이 뜻을 빼앗으려 하였으나 끝내 죽음으로 맹세하고 남편 제사를 지내며 종신을 하였다. 일이 알려져 정려를 받았다. 주복신(周復臣). 군수다.

표씨(表氏).

■표빙(表憑). 직제학이다.

우씨(禹氏). 관적 단양(丹陽).

■우렴이(禹廉伱). 제주 탁(倬)의 종손으로 손자 둘이 있는데 장손 찬(贊)은 무거(武擧)로 몇 군을 역임하고 청백리로 단양군에 봉하여졌다. 군의 아들 전산(奠山)은 관직이 종성부사다.

■우공(禹貢). 찬(贊)의 아우다. 웅자가 있었다. 나이 7세에 맹호가 그 유모를 물어가자 공이 크게 부르며 쫓아가니 호랑이가 무서워 바위 아래 숨어 있었다. 즉시 몽둥이로 쳐 죽이고 유모를 업고 호랑이를 끌고 돌아왔다. 북방으로 벼슬살이한 지 십년에 의주목으로 옮겨졌다. 나라에서 매년 9월이면 의주목에 명하여 호지의 곡식을 실어오게 하였는데 이름하여 엽호(獵胡)라 하였다. 공이 의주에 간 다음 해 가을에 여러 장교를 단속하여 강을 건너 녹도(鹿島)의 들에 이르러 미처 열을 갖추기도 전에 흉노에게 크게 포위되었다. 공이 단기로 쫓기어 압록강까지 이르렀으나 거의 벗어날 수 없자 공이 말을 채찍하여 공중으로 솟아 건너니 흉노가 바라보고 비장군(飛將軍)이라 하며 모두 도망하였다. 공이 패군에 걸려 금옥(禁獄)에 수감되어 있는데 세조가 이시애(李施愛)를 토벌할 때 옥에서 불러 주상의 앞에 이르러 형세를 지획하게 하고 마침내 기병 2천을 얻어 그들의 생각 밖으로 적을 습격하여 크게 파하였다. 공을 기록할 때 전일에 패한 것 때문에 제2로 강등되었다. 단성군(丹城君)에 봉하여지고 시호를 양장(襄莊)이라 하였다. 공이 적자가 없고 척남 선언(善言)이 봉사하는데 김종직(金宗直)을 사사하였고 호를 풍애(楓崖)라 하는데 관서로 귀양 가 죽었다.

허씨(許氏). 관적 김해(金海).

■허옹(許邕). 관직은 이 전서. 호는 오헌(迃軒). 고려 말에 시대의 정치가 문

란하여질 것을 예상하고 스스로 세상에 용납 못할 것을 알아 벼슬을 버리고 남하하여 단계 위에 복거하였다. 시 한 수가 있다. "세간의 이목은 일마다 장장한데, 하나라도 참된 말이 있으면 발광이라 한다네. 왕에게 담화하는 세치 혀를 거두고, 단계의 깊은 곳에 모옥을 두노라."

■허소유(許少遊). 혹은 계도(季道)라 한다. 옹(邕)의 아들이다. 관직은 장령이다. 직언으로 주상을 거슬러 내쳐져 개성 윤이 되었다. 홍무(洪武) 계해에 모상을 거하며 여묘(廬墓) 3년 동안 질대(絰帶)를 벗지 않았고 항상 엎드려 애곡하였다. 당시에 왜구가 있었는데 서로 경계하여 해치지 못하게 하였다. 사람들은 유하계(柳下季)의 무덤에 비하였다. 일이 알려져 정려를 내렸다.

■허우중(許日+禹中). 낭중(郞中). 허성손(許成孫). 생원. 허복(許福). 자는 능만(能萬)이다. 나이 18에 이상정(李象靖)을 찾아 뵙고 도산(陶山)의 사당에 참배하고 돌아왔다. 부상을 거하면서 아침저녁으로 묘에 올라가는데 일찍이 대설로 길이 통하지 못하니 사람들이 쓸어 주었다. 집에 있으면서 작은 책을 두고 날마다 하는 일을 비록 작아도 반드시 기록하고 이름하여 자성록(自省錄)이라 하였다. 기영잡지(箕穎雜志)등의 서적을 저술하였다. #.용흥지(龍興志)의 부록이다. 허오(許悟). 위인이 고각(古慤)하고 진솔하였다. 어느 날 이승(異僧)을 만나 금강산에서 도를 얻어 지리에 능통하였다. 일찍이 선인의 장례를 치르며 겨우 세상에 용납할 만큼만 취하면서 나에게 족하다고 하였다. 허섭(許燮). 자는 영칠(英七)이다. 깨끗이 수행하는 것을 좋아하였고 집에 거하면서 뜰에 심는 것을 반드시 열을 지어 운취 있게 하였다. 한 해의 용도를 계산하여 여유가 있으면 곧장 서적을 사서 비치하여 두었으며 허유(許愈)와 곽도(郭鋾) 두 사람을 사사하였다. 만년에 임이재(臨履齋)를 사는 산 뒤에 구축하고 스스로 즐기며 세상을 마쳤다. 도가 시로 슬퍼하였다.

"빛나는 숲속 지초며, 형형한 품속 옥이었다. 주어 천부에 채워야지, 어찌 인간 세상에 비축할 수 있나. 서로 기약이 조모(朝暮)에 있으니, 글을 봉하여 앞 수레에 부친다."

■허정환(許正煥). 자는 치명(致明)이다. 나이 14에 본군의 백일장에 나가 글을 내뱉기를 은하를 매단 듯하고 붓을 휘젓기를 흐르는 듯이 하니 태수 이용

원(李容元)이 보고 대경하여 제일 기재라 하였다. 19세에 죽었다. 고인의 말에 유유한 글 무덤이 모두 재주 귀신이라고 하였는데 그것이 정환을 두고 이름이로다.

강씨(姜氏).

■강문회(姜文會). 관직은 전적이다. 어느 날 누이 집을 객으로 들렀다가 돌아갈 때 5세인 누나의 아들 이적(李迪)이 문회를 전송하여 갈래 길에 이르러 문회가 그치게 하니 적이 시에 말하기를 내가 구씨를 전송하여 위양(渭陽)에까지 갔다하였는데 어찌 멀리 전송하지 않고 앉아서 구씨를 보낼 수 있겠냐고 하니 문회가 네가 시를 읽었느냐고 하니 아닙니다. 사람들에게 듣고 아는 것입니다 하여 문회가 기이하게 여기었다. 학문이 성취되어 관직이 교리에 이르렀다.

■강현(姜顯). 문회의 아들이다. 소시에 어득강(魚得江) 김수돈(金守敦) 이적(李迪) 제인과 함께 교궁에서 글을 읽었는데 양정(凉亭) 친구 집에 술이 익었다는 말을 듣고 네 사람이 밤에 술독 사이에서 기쁨을 다하고 돌아와 연구(聯句)를 지었는데, "진대의 소광한 필이부(畢吏部)가 (어), 풍유를 천재에 우리들에게 부쳤네 (김). 한밤에 훔치러 와도 속박하는 사람 없으니 (이), 대취하여 산으로 돌아오니 단계가 낮아지려 하는구나 (강). 하였다. 4인이 모두 문과에 올랐고 현은 삼도 관찰사를 거쳐 관직이 이조판서에 시호를 혜평(惠平)이라 한다.

■강항(姜沆). 청주 목사. 강여평(姜汝平) 진사. 강린(姜麟) 목사. 강행(姜行) 광양 현감.

■강검(姜儉). 소시에 월명사(月明寺)에서 글을 읽었는데 꿈에 중 하나가 와서 고하기를, 내가 오래도록 흙속의 분양(濆羊)이 되어 있으니 굶주리지 않았겠느냐. 만일 나를 나오게 한다면 하고 싶은 대로 반드시 보답하리라. 하였다. 검이 그 말을 따라 뜰을 4척 정도 파니 과연 석각한 부처 하나가 있었다. 여러 중이 절을 하고 조대(措大)는 이제부터 반드시 귀하게 될 것이라고 하

였다. 후에 검이 등제하여 군수가 되었다.

■강유백(姜惟伯). 호는 통정(通亭)이다. 단속사(斷俗寺)에 은거하였다. 손수 심은 매화의 시가 있는데, "우연히 고향을 찾아 돌아오니, 정원에 가득한 청향은 한 그루 매화일세. 식물의 성질도 능히 옛 뜻을 알아서, 은근히 다시 설중의 향기를 피워 내는구나."

■강대립(姜大立). 어려서 모친을 잃고 부친이 죽자 여묘(廬墓) 3년을 하였고 아울러 모친의 복까지 6년을 호랑이와 함께 지켰으며 대립이 돌아가니 호랑이도 보이지 않았다. 일이 알려져 노역을 배제하여 주었다.

■강만형(姜萬馨). 진사. # 하정지(下丁志)에 부쳤다.

■강진희(姜進熙). 진사.

■강신문(姜信文). 글씨를 잘 썼다. 강영수(姜永壽). 문과에 올라 관직이 정랑이었다. # 벽계지(碧溪志).

■강지형(姜芝馨). 일명 인택(仁擇)이며 호는 우당(愚堂)이다. 공령에 크게 떨쳤으며 만년에 송병선(宋秉璿)을 사사하였다. 애세시(哀世詩)가 있다. "해동의 문명이 일월처럼 펼쳐지니, 운사(殷師)의 끼친 교화 몇천 년이더냐. 비록 머리는 깎아도 몸과 입이 온전하니, 중화 선조 이적 후손이 가장 가련하다." # 갈전지(葛田志).

윤씨(尹氏). 관적 무송(茂松).

■윤강(尹江). 정종 원년에 문과로 좌의정에 추증되었다.

■윤변(尹汴). 태종 임오에 문과로 관작이 한성판윤, 이조판서, 찬성이었고 판중추에 추증되었다. 세조가 수선하니 집에 돌아와 늙었다. 단계의 지마현(止馬峴)이라는 명칭이 변에서 시작되었다. 윤자염(尹子濂). 정통(正通) 을묘년에 진사가 되었는데 성삼문(成三問)과 동방이었다. 문장과 도의로 세상에 드러났으나 일찍 죽었다.

■윤자영(尹子濚). 자염의 아우다. 정통 무오년에 진사가 되었다. 호를 방헌(厖軒)이라 한다. 한림, 직제학, 지제교를 역임하였다. 상소하여 육신을 힘껏

구하였다. 나와서 진주목사가 되었고 후에 예조판서에 추증되었다. 보다 앞서 자영이 반궁(泮宮)에서 단성으로 근친을 가는데 성삼문 최립(崔岦) 서거정(徐居正) 등이 서문을 지어 송별을 하면서 형제의 문장을 극도로 칭하였고 조려(趙旅)가 준 시는,"비단 주머니 청간(靑簡)은 밝은 빛을 모시더니, 무슨 일로 지금은 진양으로 귀양가는가. 일만 입이 한 소리로 모두 덕을 숭앙하는데, 백성 다스림은 한나라 공황(龔黃)에 양보하지 않는다."

■윤원(尹源). 홍치(洪治) 을묘년에 문과를 하였고 관직은 교리이다.

■윤준(尹浚). 중종 29년에 진사로 별좌를 하였다. 호는 인암(仁菴)이다. 명종 을유년에 유자광(柳子光)의 화로 인하여 감옥에 수감 되었다가 명군을 세우고 혼군을 폐한다는 설로 죽도록 굴하지 않았고 고문으로 옥중에서 죽었다. 성대곡(成大谷)의 시에,"물이 마르니 용이 말라 죽고, 솔이 꺾어지니 학이 놀라 날아간다."하였다.

■윤언수(尹彦洙). 명종 십년에 생원으로 선릉 참봉에 제수되었다.

■윤통(尹通). 호는 희와(希窩)이다. 가정(嘉靖) 정유에 생원을 하였고 창녕 현감을 지냈는데 관리와 백성이 송덕비를 세웠다.

■윤경한(尹景漢). 호는 단암(丹巖)이다. 박학하고 옛을 좋아하였다. 임진난에 황매산(黃梅山)에 숨었는데 북쪽을 바라보고 통곡하니 피가 흘러 돌이 물들어 당시에 단암(丹岩)선생이라 하였다.

■윤경명(尹景溟). 무과에 올라 관직이 훈련 첨정이었다. 일찍이 수성도식(守城圖式)을 지었다.

■윤경락(尹景洛). 호는 운암(雲岩) 군기시 봉사이다.

■윤성(尹晟). 호는 종암(鐘岩) 곧은 덕이 있었다. 일찍 경사를 통하였으나 과거는 보지 않았다.

■윤승(尹昇). 모습이 괴걸하였고 서사(書史)를 박람하였다. 병자란에 의병장에 추대되어 그 아우 시(時)와 함께 군용을 정비하여 조령(鳥嶺)을 넘는데 강화하였다는 소식을 듣고 돌아왔다.

■윤세무(尹世茂). 처 이씨는 갑술년 봄에 화적이 들어와 남편을 해하니 이씨가 몸으로 가리다 만신에 칼을 받았고 손가락이 모두 떨어졌다. 현종때 정

려를 명하였다.

- 윤우현(尹佑賢). 예빈시 직장이다.
- 윤동열(尹東說). 8세에 부친이 적변에 죽었는데 15세에 추복(追服) 3년을 하였다. 숙종 병술년에 정려를 명하고 복결(卜結) 4결을 주었다. 윤종을(尹鍾乙). 호는 귀담(龜潭)이다. 고종 갑진에 주역을 잘한다고 초빙하여 후능영(厚陵令)을 삼았다. 행궁 내부의 일을 기록하였고 개연히 시사를 걱정하였다. 향리에 돌아와 병으로 죽었다.# 원산(圓山).
- 윤씨(尹氏). 윤익(尹榏). 찰방. 윤길(尹桔). 진사. 누이가 시를 잘하였는데 그 영야(詠夜)에, "작은 동산 가을밤에 다듬이 소리 급한데, 창밖 소나무 사이 달그림자 엉성하다. 금계가 해를 불러 동방이 밝아 오니, 규방의 가인은 눈썹 그리기 시작하네."
- 윤수원(尹壽源). 삼가 현감이다. 덕종이 동궁으로 있을 때 누이가 들어가 소훈(昭訓)이 되고 귀인(貴人)으로 승급하였다. 윤씨의 내외족이 모두 갑을로 궁족(宮族)으로 알려졌다. 윤수구(尹守九). 찰방. 윤유효(尹惟孝). 통판.

장씨(張氏). 관적 영가(永嘉).

- 장강(張綱). 전서. 군의 북쪽에 전서총(典書塚)이 있는데 계단이 12중이다. 외손 김씨가 봉사를 하였는데 지금은 폐하였다.

나씨(羅氏).

- 나정로(羅廷老). 판서.
- 나유문(羅有文). 정로의 아들이다. 연산군의 단상법(短喪法)을 행할 때 유문은 오직 예대로 상을 치뤘고 질병으로 죽을 때 그 처에게, 3년 동안 모친의 제사를 나의 생시와 같이하라고 하니 처가 따라 비록 풍설이 심하여도 반드시 묘제를 폐하지 않았다. 일이 알려져 유문의 부처가 모두 정려를 받았다.

하씨(河氏). 관적 진주(晉州).

▪하윤원(河允源). 봉산(鳳山)부원군이다. 휴직을 하고 신안(新安) 강상의 승지로 돌아와 집을 짓고 늙었는데 이름하여 양정(凉亭)이라 하였다. 그의 아들 계종(繼宗)이 문경(聞慶) 령을 지내고 인하여 문창담(文昌潭)의 위에 거하여서 그 마을을 문경동이라 하였다. 살펴보니 정판서(鄭判書) 모가 일로정(逸老亭)을 문창담의 주변에 두니 그 아들 문창(文昌)이 즐기고 놀면서 고기를 낚으니 담의 이름이 여기에 연유하였다고 한다. 하항(河恒)은 양정공(襄靖公) 경복(敬復)의 후손으로 손자 여관(汝灌)의 벼슬이 훈련첨정이다.
▪하대윤(河大潤). 현감. 하대춘(河大春). 용력이 절윤하였다. 거하는 곳에 사장(射場)을 축조하였는데 돌 하나가 천근이 되는 것이 있었다. 임진난에 모친을 업고 병사를 피하여 강상의 절벽으로 가니 적이 감히 범하지 못하였다.

김씨(金氏). 관적 상산(商山).

▪김후(金後). 정당문학 감(鑑)의 후손으로 전서 장강(張綱)의 딸과 결혼하여 처음 단성에서 살았는데 관직이 직제학이다. 퇴휴음(退休吟) 일절이 있는데,
 "비고 거친 동산 속 두어 포기 꽃은, 산촌의 적막한 집을 윤색한다. 방에 들어 다시 보니 단지에 술 있으니, 벼슬 생각 이로부터 비단보다 얇다네." 하였다. 나이 33에 졸하였다. 아들 장(張)은 20에 등제하여 23에 졸하였다.
▪김극용(金克用). 장의 아들. 아우 이용(利用) 정용(貞用)이 모두 문과에 올라 청현(淸顯)하였다. 김처권(金處權). 극용의 아들. 진사. 김광려(金光礪) 광범(光範). 정용의 두 아들로 진사이다. 김자철(金自澈). 이용의 아들로 진사이다. 자 휘(暉) 진사. 자 언필(彦弼)부제학. 자 행(行)은 선조때 문과 교리이며, 자 율(律)은 진사다.
▪김은보(金彦寶). 진사. 김달생(金達生). 광려의 아들로 문과하여 관직이 지헌이다. 김수동(金守敦). 광범의 자로 풍자가 아름다웠고 중종 때 내한에 제수되었다. 성상이 항상 아름답다고 칭하였으나 끝내 제대로 쓰지 못하였다.

호는 원복(遠復)이고 아들 넷 있는데 철(澈) 충(沖) 감(澉) 렴(濂)이다.

■김익돈(金益敦). 수돈의 아우로 진사이다. 지호를 치전(治田)이라 하였다. 시가 있는데, "품은 회포는 어쩌면 담담하더냐, 축조함도 다시 깊고 조용하다. 흰 돌은 오랜 세월의 자료이며, 현금은 태고의 소리로다. 동산에 약초 이랑 물주고, 강상에 먼지 옷깃 씻는다. 참된 취지 혼연히 꿈같은데, 궁궐에 즐거이 잠언을 올리랴." 아들 다섯을 낳았는데 하(濆) 람(灠) 숙(潚) 곤(滾) 준(浚)이다. 이보다 앞서 부친 광범이 두 아들 수돈 익돈을 불러 말하기를, 내 꿈에 9개의 큰 별이 집 앞에 떨어져 구룡으로 변하였고 갑자기 풍우가 대작하고 운무가 사방을 막았는데 비가 개고 날씨가 청명하며 8개의 동자가 나열하여 절하면서, 우리들은 천상 규정(奎精)인데 인간에 잘못 떨어졌다. 공은 슬하에 두기를 바란다고 하였다. 생각하니 하늘이 반드시 우리 집안을 도울 것이로다. 서사(書舍)를 크게 짓고 만권의 분적(墳籍)을 비치하여 전하게 하라 하였다. 후에 김씨의 팔유(八儒)가 나와서 공의 말이 과연 증험되었다.

■김록돈(金錄敦). 광려의 아들로 진사다. 김징(金澄). 자는 숙원(淑源)이다. 사마시에 합격하였다. 그 모습이 청하고 기운이 청하고 시가 청하므로 사람들이 삼청(三淸)거사라고 칭하였다. 특이한 재질이 있고 마치 태어나 아는 것처럼 신비한 이해력이 있었다. 취학하여 총명을 믿지 않고, 독서와 행실은 정성이 없으면 물체가 없는 것이라 하였다. 더욱 중용 대학 읽기를 좋아하여 아마 만번은 읽었을 것이다. 일찍이 사례통초(四禮通草)를 저술하였는데 일일이 제가에 절충하여 만들었는데 빈연하여 법 삼을 만하였다. 조정에서 일찍이 부사직을 제수하였으나 벼슬하지 않았다. 만년에 삼기(三歧)의 선롱(先壠)에 의지하였는데 부자묘(夫子廟)가 수리되지 않음을 보고 만금을 내어 확장하게 하였다. 죽으니 고을 사람들이 그 의리를 사모하여 별사(別祠)를 세워 징을 제사하였다. 아우 충은 나이 14세에 정자(鼎字)로 경사(京師)에서 장원을 하였다. 그가 요강원(要江院)에 쓴 시에, "작은 동산 정령하여 푸른 물을 베었는데, 올라보니 쓸쓸하여 머리 긁적인다. 동서로 들은 넓어 바람이 옷소매 흔들고, 남북으로 산은 많아 푸름이 누대에 든다. 이자(李子)는 시를 써서 이름이 만고인데, 신아(辛娥)는 돌을 남겨 절개가 천추일세. 예쁜 경물은 관리하는 사람

없어, 모래 위에 해마다 달빛만 머문다네."하였다. 나이 약관에 졸하였다.

■김담(金湛). 자는 윤원(允源)이다. 소시에 영수하여 글 쓰는 것이 자못 굳센 기운이 있었다. 일찍 과거에 나가 두 번을 문과에 합격하였는데 권귀를 거슬러 빼어 버림을 당하고 마침내 문을 닫고 뜻을 구하였다. 그 서실의 이름을 급고(汲古)라 하고 인하여 고석(古昔)의 문장 행의 충효 절의 난신 간웅의 세상을 속이고 명성을 훔친 자를 유형별로 논설을 세워 매우 통절하게 하고 말았다. 일찍이 순욱(荀彧)론을 지었는데 욱이 꿈에 나타나 눈물을 흘렸다고 한다. 또 묵자(墨子)의 비사론(悲絲論)을 지었는데 중원에 유입되어 명나라의 제유들이 비자(悲字)문장이라고 하였다 한다. 담이 명재상 노과회(盧寡悔)와 돈독하였는데 서신을 보내 나오기를 권하였으나 끝내 웃고 답하지 않았다. 죽을 때 아우 렴이 울며 어떻게 명정을 쓰냐고 물으니 당연히 처사라고 써야지 하였다. 목계사(牧溪祠)에 배향하였다.

■김렴(金濂). 자는 달원(達源)이다. 박학하고 문장에 능하였다. 일찍이 말하기를 장부는 당연히 세상을 경영하여야지 어찌 초목과 같이 썩을 수 있나 하였다. 인하여 과거에 나가 사마시에 합격하고 연달아 대과에 합격하고 한림학사로 있을때 동료와 이야기하기를 나에게 대관을 몇 개월만 빌려준다면 조정을 숙청하게 하고 감히 사사로움을 따르고 공무를 폐하지 않게 하리라 하였는데 권신이 듣고 미워하여 한산(韓山) 군수로 내모니 그곳은 괴질이 있어 가면 죽었다. 사람이 혹간 조문하니 렴이 웃으며 죽고 사는 것은 하늘에 있다. 한산 괴질이 그 하늘을 어떻게 할 것이냐 하고 다음 날 마침내 수레에 올랐고 도착한 다음 날 단을 설치하고 귀신을 불러 글로 타일렀다. 그 이후로는 환란이 끊어졌다. 관직에 거하면서 꽤나 청백하게 하였다. 권귀한 자가 어채(魚菜)를 청하니 렴이 탄식하기를 저는 목민자를 어옹 채녀(漁翁採女)로 여기느냐. 하고 인수를 풀고 돌아와 천령(天嶺)에 이르러 마상에서 구호하기를 말은 홍진의 비에 미끄러지고 새는 푸른 산의 구름에 돌아오네 하니, 호미를 든 노부가 화답하기를 초야는 조정보다 나으니 군에게 청하노니 백운을 벗 삼게나 하였다. 아마도 은자일게다. 스스로 삼휴(三休)라고 호를 하였다.

■김해(金澥). 자는 정원(精源)이다. 소싯적 자는 호문(好文)인데 겨우 네 살

에 묻기를 내 이름을 호문이라고 한 것은 어찌하여서냐고 하니 부친이 너에게 고문 읽기를 좋아하라고 하여서이다. 하니 마침내 책을 찾아 취학하였고 한번 들으면 곧장 기억하였으며 더욱 한없이 엄박(淹泊)하였다. 진사 급제하여 반궁에 거하면서 제생들이 문학을 일삼지 않는 것을 보고 하루는 읍하고 향리로 돌아와서 평일에 저술한 문사를 전부 소각하면서 나를 잘못되게 하는 것은 반드시 이 학문일 것이다. 하고 거처하는 집 앞에 손수 매화나무 세 그루를 심고 매번 달이 밝은 밤이면 돌아와 돌 위에 앉아서 술을 들고 거문고를 안고 스스로 즐기었다. 성품이 소박하여 관을 써도 끈을 매지 않았으며 의복은 띠를 매지 않으니 술자리의 사람과 다름이 없었으나 문원이나 예사(禮社)에 임하면 의채가 장엄하여 종일 꿇고 앉아 있어도 바라보면 마치 그림 속의 인물과도 같았다. 매정신화(梅亭新話) 두 권이 있다.

▪김남(金灠). 자는 윤원(潤源)이다. 일찍 기이한 재주를 지고 나무를 가리니 그윽한 새인 줄 알겠다는 것을 임금이 보게 되어 큰 칭찬을 받았다. 진사에 합격하니 친구가 별시를 볼 것을 권하나 남은 풍월이나 이야기하는 것이 좋다고 하였다. 만년에는 더욱 옛을 좋아하여 눕는 자리 외는 만권 서적을 늘 어놓고 섭렵하기를 게을리하지 않았다. 고인의 의열처를 읽으면 문득 흔연히 기백이 동하였으며 겸하여 천문 지리 의약 복서까지도 역시 모두 곁으로 통하여 그 귀취를 알았고 오직 선도(禪道)만은 보지 않고 나는 공에 빠질까 두렵다고 하였다. 스스로 호를 눌민(訥敏)이라 하였다.

▪김숙(金潚). 자는 호원(浩源)이다. 박학하고 문을 매우 좋아하였다. 여러 형제에 난형난제라는 칭호가 있었다. 누차 응시하여도 합격하지 못하니 인하여 책을 안고 몽계사(夢鷄寺)에 들어가 십년을 있으면서 6경을 크게 다스리고 은미한 뜻을 발로하여 남의 의사 밖에 나오니 제유들이 말하기를 광정(匡鼎)의 시 해설은 사람을 웃게 만들고 호원의 경서 논함은 사람의 마음을 열어준다 하였다. 숙이 효우의 지행이 있었고 상을 거하며 채과(菜果)를 먹지 않았고 제사에 임하여 5일 동안 소식으로 재계하였다. 오래 살지 못하고 죽었다. 호는 만각(晚覺)이다.

▪김곤(金袞). 자는 식원(湜源)이다. 소시에 종형 담을 사사하여 문장의 궤범

을 얻었다. 주역 읽기를 좋아하였고 일찍이 칭하기를 천하 만물이 모두 낌새가 있는데 낌새라는 것이 심히 미약하여 귀와 눈이 미치는 바가 아니니 내 마음으로 단상(彖象)에 증험하지 않으면 어떻게 그 선악을 살피겠느냐. 대역 64괘를 한마디로 가린다면 낌새를 연구할 뿐이라고 하고 연기론(硏幾論) 두 편을 저술하였다. 사는 곳은 풍우를 가리지 못하였으나 일찍이 자주 비는 것으로 근심하지 않았다. 친구 중 읍재들이 혹간 금백(金帛)을 주면 곧 사양하며 사람의 혐의를 받는 것은 작고 명을 받지 않는 경계는 크다 하였다. 문을 닫고 조용히 살면서 상을 조문하거나 질병을 문안하는 것이 아니면 마을을 벗어나지 않았다. 자호를 양한(養閒)이라 하였다.

■김준(金浚). 자는 청원(淸源)이다. 진사에 합격하였다. 8세에 소학을 배우면서 이미 스스로를 단속할 줄 알았다. 일찍이 자옥산(紫玉山) 중에 들어가 이언적(李彦迪)을 배알하고 한달 넘게 경학을 논하니 언적이 외우(畏友)로 대하였다. 그에게 준 시에, "구름 걷고 산 비어 달만 정이 밝은데, 꿈 익은 선탑(仙榻)에 객의 혼이 맑도다. 조용하니 예전처럼 진원이 있는데, 홍진을 향하여 명리에 노력함이 후회된다네."하고 돌아와 수죽(水竹) 사이에 집 하나를 짓고 말하기를 글은 성명 기록하면 족하고 이름은 생원 진사에 참여하였으니 족하고 먹는 것은 죽밥을 이을만 하니 족하다 하며 삼족(三足)으로 이름을 삼았다. 이황(李滉) 조식(曺植) 두 사람이 죽었다는 것을 듣고 스스로 애도 시문을 지어 한번 읽어보고 찢어버리니 사람들이 그 까닭을 물으니 탄식하기를 철인이 죽었는데 단지 나의 슬픔만 서술하니 하필 가서 고할 것이 있나 하였다. 만년에 향선생이 되어 학궁에 거하면서 월과(月課)를 정하여 제생을 독실하게 하였고 요순 이래로 정자 주자 제 선철의 전수한 심법을 학문하는 지남(指南)을 삼으니 원근에서 다투어 돌아왔다. 후일에 거상하면서 3년을 죽을 먹었고 새벽에 일어나 사당에 배알하는 것을 심한 질병이 아니면 폐하지 않았다. 형제 5인이 한 집에 거하면서 규문이 숙연하여 마치 조정 같았다. 유문 30권이 있었는데 임진 난에 계자 경근(景謹)이 수레에 싣고 가다가 적을 만나 순의(殉義)하면서 실전되었다.

김양지(金勱之). 렴의 자이다. 성품이 간정(簡靜)하고 진실하였다. 시가 있

는데,

"즐겁게 하는 것은 모두 마음을 즐기려는 것에 연유하니, 마음을 즐겁게 한다며 어찌 도리어 마음을 수고롭게 하느냐. 수고로움을 다한 마음이 오면 하나의 즐거움 이루어지니, 즐거움 없이 마음을 안정하는 것만 못하다네."

■김경눌(金景訥). 준의 자이다. 일찍 문재가 있었다. 세 번 월(刖)을 당하고 다시 응시하지 않았다. 붓을 던지고 계미 무과에 올라 관직이 무안 현감에 이르렀다. 선조가 총애하여 하사한 소학이 있다. 그 아들 응호(應虎)는 나이 십세에 막내숙부 경근을 따라 엄혜사(嚴惠寺)에 놀면서 시를 지었는데, "새벽에 엄혜사에 도착하니, 찬 종소리 천 번 울리네. 남은 소리는 강을 건너서, 조는 학이 솔가지에서 일어난다."하였다. 역시 무과로 관직이 첨정이다.

■김경근(金景謹). 자는 이신(而信)이다. 하항(河沆)에게 수학하였다. 임진난에 경근이 격문을 돌려 의병을 창설하여 곽재우(郭再祐)와 함께 성세로 서로 의지하였다. 후에 재난에 적이 인가의 구묘를 파서 불태운다는 소리를 듣고 살피러 가는 데 길이 삼기(三岐)로 들어가다 토동(兎洞)에서 적을 만났다. 적이 경근의 유아한 행동을 보고 생으로 항복 받으려 하니 이에 발분하여 꾸짖으며 나는 당연히 죽어서 의귀(義鬼)가 되리라 하니 적이 마침내 칼을 휘둘러 양팔을 잘랐으나 그래도 꾸짖음을 입에 떼지 않고 죽으니 당시의 나이 39세이다. 적이 의롭게 여기고 표를 세워 기록하기를 의사 김모의 시체라고 하였다. 이흘(李屹)이 유해를 거두어 돌아가 선역에 매장하였다. 경근이 굳세고 의기가 있었다. 일찍이 남효온(南孝溫)의 위인을 사모하여 부를 지어 조문하였는데 일세에 회자하였다. 호는 대단(大瑕)이다.

■김준민(金俊民). 임진에 거제 현령으로 창의하여 누차 기공을 세웠다. 계사년에 진주에서 순절하여 창열사에 배향되었다.

■김복문(金復文). 자는 극빈(克彬)이다. 태어날때 모습이 커다랗고 의젓했다. 그 종조 경근이 기이하게 여기며 이 아이가 경인생인데 경인은 굴원이 태어난 해이고 인은 범이니 주역에 호포의 문채가 성하다 하였으니 우리 선대의 문장이 반드시 이 다시 너에게 있어서 반반할 것이라며 작명설을 지어 축하하였다. 취학하여 말하는 것이 사람을 놀라게 하는 것이 많았다. 나이

20에 과거에 나가 세 번 장원하고 세 번 내침을 당하였다. 광해의 정치가 문란하니 마침내 폐지하고 일실에 거처하며 둔재(遯齋)라고 이름하였다. 일찍이 문문산(文文山)의 정기가(正氣歌)를 읽고 개연히 속편을 지으니 보는 이들이 이 시는 당연히 세상에 드문 애조(哀調)라고 하였다.

■김석(金碩). 호는 소산(小山)이다. 효종 때 사람으로 진사에 올랐고 높은 의리가 있었다. 이때 명이 이미 망하고 있으니 존중하고 물리칠 곳이 없었다. 그 읊고 휘파람에 발하는 것이 간혹은 고국을 그리는 것이 많았고 그 논차한 것은 사창(社倉)과 군사를 배양하는 조례이며 반드시 문무를 일반으로 하여 내세를 대비하였다. 삼재 곽도(郭鋾)가 공의 문집 서문에 운뢰(雲雷)의 비축이 시대와 함께 울분으로 찼으나 발하여 시대를 바로잡고 사물에 혜택을 주는 아름다움을 발할 수 없다며 깊이 상심하였다. 석이 외구(外舅) 산정에 쓴 시가 있는데, "하구의 방초는 옛 봄인데, 만사가 지금 적막하도다. 객이 찾은 빈 정자에 산의 해 저무는데, 누가 술잔으로 사람을 머물게하느냐."

■김응규(金應奎). 자는 자장(子章) 호는 양존재(養存齋)이다. 조임도(趙任道) 허돈(許燉)과 강마(講磨)하고 서로 잘 지냈다. 상을 당하여 여묘 3년을 하였고 선조 정유에 창의하고 병자에 정온(鄭蘊)과 함께 상소하여 변무(卞誣)하였다.

■김숙(金塾). 석의 손자이며 진사이다. 집에 거하면서 몸을 깨끗이 하였다. 나이 60에 시가 있는데, "물아의 형태가 오는 이치를 묵묵히 탐구하니, 위미(危微)가 가슴에서 전쟁이 치열하네. 저는 보니 함께 세상에 나온 것이 아니니 그제야 알겠다 큰 용기로 참여해야 할 것을." 김언보(金彦寶). 진사이다. 김국주(金國柱). 부친 연(硏)이 병이 돈독하여 죽어갈 때 국주의 나이 19세로 주야로 하늘을 부르며 부친이 소생하고 국주가 대신 죽기를 빌었다.

■김탕(金宕). 자는 중정(仲晶) 호는 은암(隱菴)이다. 허목(許穆)을 사사하였고 박학 독행하였다. 병자년 후로 뜰의 소나무에게 회포를 부치니 당시에 숭정(崇禎) 처사라고 하였다. 상을 당하여 우는데 강이 흐름을 멈추는 이적(異蹟)이 있었다.

■김형(金珩) 자는 익보(益甫)이다. 모친이 평소 복질(腹疾)이 있었는데 발동하면 반드시 업고 다녀야 하였다. 형이 이 때문에 노모를 업고 혹 당이나 뜰

에 있으며 일찍이 남에게 수고를 대신하게 하지 않았다. 비록 심한 추위와 더위라도 반드시 새벽까지 게을리하지 않았다. 후에 효성으로 교관에 추증되었다.

■김용덕(金龍德). 자는 보시(普施)이다. 매번 충효열의 정려를 지날 때면 탔으면 말에서 내렸고 보행이면 공수를 하고 지났다. 일찍이 외출을 하였는데 길에 떨어진 전대가 있었고 전대에는 30금이 있었다. 인하여 종일을 지키고 있다가 금의 주인을 찾아 돌려주니 사람들이 배진공(裵晉公)의 옥대의 일에 비하였다. 용덕이 천성이 진실하여 약속으로 돈을 모았고 인을 선하게 양성하였다. 나이 94에 졸하니 중추부사의 직함을 받았다. 호는 정헌(靜軒)이다.

■김영(金欞). 자는 회수(晦叟)이다. 소시에 기백과 의리로 향리의 표식이 되었다. 철종 때 군국에 비정(秕政)이 성행하였는데 더욱 환폐(還弊)가 환란이 되어 백성이 대 소동하여 다투어 장리(長吏)를 쫓아내고야 말았다. 영이 군중의 으뜸이 되어 군중을 풀지 못하니 유사가 마침내 영을 죄주어 호남의 임자도로 유배를 보내었다. 풀려나 돌아오니 사경(四境)이 편안하였고 백성이 그를 위하여 벼랑의 암석에 글을 새겨 송덕하여 후세에 전하였다. 호는 해기(海寄)이다.

■김인섭(金麟燮). 자는 성부(聖夫)이다. 유치명(柳致明)을 사사하였다. 총명하고 기억력이 좋아 박학하여 요약하였다. 나이 15에 천군자서(天君自誓)라는 글을 지었고 20에 명경과에 합격하여 승문 정자와 사간원 헌납에 제수되었다. 스스로 생각하기를 품성이 강직하여 시대에 부앙(俯仰)하는 것이 어렵다고 여기고 몸을 빼어 물러나 날마다 문장 저술로 스스로 즐겼다. 고종 초년에 어사 박선수(朴瑄壽)의 무고로 관동의 고성으로 귀양을 가고 또 통천으로 옮기어 해를 넘기고 풀려나 돌아왔다. 금강행기(金剛行記)가 있는데 모든 모습을 갖추어 기술하였다. 일찍이 경사에 있으면서 북청문 밖에 귀신의 괴사가 있다는 말을 듣고 글 하나를 지어 책망하니 이로부터 도성의 인사가 다시는 북문에서 귀신을 보았다는 말이 없었다. 그 문장 기개가 초발하고 진동하여 일세에 비할 이가 적었다. 호는 단계(端溪). 문집 15책을 간행하였다.

■김이표(金履杓). 자는 사형(士衡) 호는 상우당(尙友堂)이다. 문식이 넓고 경

략이 풍부하였다. 일찍이 만 여권의 책을 비축하고 다른 때에 우리 집안을 크게 할 것은 반드시 이 물건이라고 하였다. 당시에 김씨묵장(金氏墨莊)이라 하였다. 이표가 죽자 종족 진호(鎭祜)의 만장에, "옥색 경서의 책마다 손때가 묻었고, 책방 사람마다 주옥같은 말씀 외운다네. 명시에 학문을 하여도 만나기 어려운데 유명의 길에 수문(修文)을 하다니 어찌 참으로 믿으리오."

■김우(金瑀). 효자다. 부친이 애주를 하고 잠이 적었다. 우가 반드시 새벽에 일어나 친히 소의 먹이를 만들고 술을 데워 들이는 것을 하루도 빠트리지 않고 하기를 20년 이었다. 곽삼재 도가 전기를 지어 향리에 드날렸다.

■김상보(金尙溥). 효자다. 일찍이 선친을 장례하는데 도승이 와서 명혈을 점하여 주었다.

■김헌섭(金獻燮). 처 정씨(鄭氏)는 부군의 병에 손가락을 자르고 하늘에 빌었으며 따라 죽을 뜻을 맹세하였다.

■김이원(金履元). 성품이 도와주는 것을 좋아하여 갑술년 큰 흉년에 이원이 매번 조석으로 마을 앞의 작은 언덕에 올라 인가의 밥 짓는 연기를 바라보고 빈 곳이 있으면 곧 쌀을 보내주어 살린 것이 매우 많았다. 사람들이 그 언덕을 망연대(望烟臺)라 하였다.

■김정섭(金廷燮). 자는 충현(忠見)이다. 역학을 전문으로 공부하여 선후천 변역의 이치를 깊이 탐구하여 도를 세우고 해설을 달았다. 곽도와 누차 왕복하였다. 호를 죽암(竹菴)이라 한다.

■김진우(金鎭愚). 자는 정규(正規)이다. 소시에 사장(詞章)의 시험을 좋아하지 않아서 버렸다. 만년에 주역을 좋아하여 매우 깊이 탐구하였고 소씨(邵氏)의 경세서와 채씨(蔡氏)의 지장도(指掌圖)를 모두 원인과 결과를 통틀어 연구하였다. 명유 박치복(朴致馥)이 그의 해석은 따를 수 없다고 감탄하였다. 일찍이 학자에게 경계하기를 심술의 병은 은미한 것도 드러나지 않는 것이 없으니 송백에 비하면 처음 한점의 병 된 곳이 있다가 타일에 비록 높다랗게 숲이 되더라도 목수가 갈라서 보면 송진이 차서 옹이가 되어 질병을 감추고 있는 것과 같다 하였다. 호는 활헌(活軒)이며 나이 79세에 졸하였다.

■김성열(金聲列). 자는 명원(鳴遠)이다. 집에 큰 재산이 있어 원근에서 찾고

구하는 이가 문에 끊이지 않았다. 이웃에 분만하고 명을 잇지 못하거나 과거를 보려 하여도 가난하여 노자가 없어 못 가는 이를 많이 도와주니 어질다는 소리가 상하에 들렸다. 고종 때 교관에 추증되었다.

■김기섭(金麒燮). 자는 윤건(允建)이다. 일찍이 서신으로 허전(許傳)에게 집지하여 배움을 청하였다. 성기 성물(成己成物)에 일찍 깨달음이 있었다. 흉년을 만나 걸인을 크게 구제하며 우리 집이 옛날 빈한하였을 때 남의 도움을 많이 받았는데 지금은 다행히 남에게 의뢰하였던 것을 남에게 베풀 수 있다 하였다. 태수가 위에 알리려 하니 힘써 사양하여 실행하지 않았다.

■김진호(金鎭祜). 자는 치수(致受)다. 소시에 박치복(朴致馥)에게 수학하였고 고문에 정하였다. 나이 약간에 허전(許傳)이 한사(漢師)에서 예를 강의한다는 것을 듣고 사사하였다. 그 학문이 오로지 힘써 실천하는 것을 주로 삼고 문사를 허식하여 스스로 자랑하는 것을 좋아하지 않았다. 날마다 반드시 새벽에 일어나 세수하고 친당에 문안하고 물러나 방과 뜰을 쓸고 정좌하니 마치 입정(入定)한 것처럼 하였다. 제생들을 교육하는 것은 먼저 경(敬)을 주로 삼아 앎을 이루게 하여 그칠 바를 밝히게 하고 늙을수록 더욱 게을리하지 않았다. 어떤 이가 묻기를 성품은 천리가 이미 정하여진 것이니 사람은 당연히 그 성품을 다할 뿐인데 정자(程子)는 성품을 정한다고 하는 것은 어쩐 일인가 하니 진호는 성품을 정한다는 것은 흡사 정을 정하는 것과 같다. 그러나 그 정이 순리를 따르게 하려면 반드시 먼저 그 성품을 존양(存養)하여야 하는 것이니 정자의 설은 바로 근원을 소급하여 말한 것이다 하였다. 진호가 바탕이 노둔하여 남이 백 번 하면 자신은 천 번 하는 공부를 하여 상면에 오르지 않으면 그치지 않으니 이 때문에 그 일생의 경설(經說)이 스스로 이루어 낸 것에 얻음이 많았다. 일시의 명유 허유(許愈) 곽도(郭鋾) 이승희(李承熙)의 무리가 모두 외우(畏友)로 대하였다. 나이 64에 졸하였다. 호를 약천(約泉) 또는 물천(勿川)이라 하였다. 문집 열책이 간행되었다.

■김상순(金象洵). 자는 희도(羲道)이다. 5세에 19사를 통하였고 사람을 놀라게 하는 말을 하니 당시에 신동(神童)이라 하였다. 박치복을 따라 백가(百家)를 범람하였으며 문장을 지으면 여유있고 정확하며 말에는 반드시 사물이

있었다. 장성하여 허전을 경사에서 사사하고 오로지 내수(內修)에 힘썼다. 소시에 산사(山舍)에서 독서를 할 때 매우 아름다운 부엌 여인이 있었는데 상순의 풍모가 아름다움을 보고 밤에 몰래 찾아오니 상순은 못 본척 하고 독서하기를 그치지 않았다. 두 번째 밤에 여인이 또 오니 정색하고 여자의 곧은 행실이 어찌 귀천이 다르겠느냐. 하니 여인이 물러가 행동을 고쳤다.

■김기주(金基周). 자는 성규(聖規)다. 위대한 도량이 있었다. 학식이 넓어도 스스로 많다 하지 않았고 행실이 닦여도 항상 모자란 듯하였다. 허전을 사사하여 예로서 사람을 가르치는 법을 감복하였다. 나이 39에 졸하니 아는 이는 이원빈(李元賓)에게 비하였다.

■김재현(金在鉉). 진사.

■김충섭(金忠燮). 자는 효이(孝而) 호는 야당(野塘)이다. 소시에 경제의 도량을 품었다. 향리에서 꽤나 장자로 알려졌다. 두 아들 재식(在植) 재수(在洙)를 가르치며 사방으로 유학하게 하여 모두 명사가 되니 논자는 후한의 위문고(韋文高)에 견주었다. 곽도의 애시(哀詩)에, "담소로 속자를 친하고, 경제는 암랑(巖廊)을 하잖게 보았다. 표홀하게 공간 밖을 넘나드니, 신선인지 범인인지 아득함을 어쩌랴."

■김기요(金基堯). 자는 군필(君弼) 호는 소당(小塘)이다. 아담한 지조가 있었다. 어느 날 집사람이 서로 다투는 소리가 들렸는데 묵연히 듣지 못한 것처럼 하더니 얼마 후에 천천히 너희는 오늘 낮에 이 일을 알았느냐. 하였다. 그 친구 권성행(權性行)이 죽으니 가서 조문을 하는데 마침 상을 주관하는 사람이 없어 혼자 술을 사서 영전에 올리고 한번 슬퍼하고 돌아오니 사람들이 정백순(程伯淳)의 군자다움에 비하였다.

■김재순(金在洵). 자는 효극(孝極)이다. 소시에 종숙 진호(鎭祜)에게 글을 배웠다. 사람됨이 은혜롭고 내면이 밝았다. 풍부한 재산이 있었으나 있는 척하지 않았다. 향리에서 어질다고 하였다. 일찍이 서간정(西澗亭)을 쌓아 손님과 친우를 접대하였다. 시 한편이 있다. "소나무 사이 작은 난간 물결에 접하여 편평한데, 달빛 담담하고 연기는 잠겨 새벽 기운 맑도다. 한밤에 물새는 깃들이지 못하는데, 푸른 연잎에 바람이 움직이니 이슬방울 기운다네."

■김수로(金壽老). 자는 경행(敬行) 호는 중계(重溪)이다. 아우 기로(基老)와 함께 부친 인섭(麟燮)을 스승으로 힘써 학문을 하고 가난을 힘써 떨쳐 게을리하지 않으니 당시 사람들이 감복하였다. 어느 날 오랜 친구가 두 사람이 있는 곳에 객으로 왔는데 인사만 마치고 한가로운 이야기를 하기를 좋아하지 않고 물러나 방 하나를 쓸고 등을 밝혀 독서하다 한 밤이 되자 취침하면서 감히 객에게 소홀하게 하는 것이 아니라 시간을 오래 머물 수 없어서다고 하였다. 규모가 독실하여 물을 담아도 새지 않았다. 수로에게 창석(昌錫)이란 아들이 있는데 역시 가학을 이어 일찍 성하였으나 수를 못하고 죽었다.

김씨(金氏). 관적 안동(安東).
■김응벽(金應璧). 충렬공 방경(方慶)의 후다. 소봉(素封)으로 알려졌고 베풀기를 좋아하였다. 일찍이 강상에 정자 하나를 지어 거처하며 스스로 즐겼다. 명유 조식(曺植)이 덕산에 왕래하며 정자에 휴식하니 응벽이 매우 예로 대우하였다. 인하여 현판을 청하니 식이 시 한편을 썼다. "뇌룡 개울 아래 야옹(野翁)의 연못에, 봄산의 기운은 좋지 않은 곳이 없구나. 단지 주인이 편액 남기는 것을 사랑하니, 노인성은 원래 하늘 남쪽에 있는 것을."
■김호섭(金虎燮). 처는 진사 김준(金浚)의 여식인데 일찍 과부로 살면서 자도시(自悼詩)를 지었다. "팔십 인생에 지금 반이나 지나니, 매번 가절을 만나면 심정이 배나 상한다네. 근심 걱정 질병이야 한할 것 있냐마는, 거듭 슬픔은 아이가 없어 빈 이름을 범함일세."하였다. 정원동(鄭元同)이라는 사노(私奴)가 있는데 인조 상 3년을 입었고 매번 삼동(三冬)이면 백성이 관청에 바치는 것에 곤경을 치르고 도로에서 굶주리고 추워하니 원동이 반드시 큰 솥을 강 위에 두고 몸소 땔감을 져다가 죽을 끓여 구제하기를 매해 일상을 삼으니 당시에 활불(活佛)이라 하였다.

김씨(金氏). 관적 선산(善山).

■김승(金勝). 울산 군수. 김윤생(金潤生). 생원. 김용정(金用貞). 생원. 대대

로 부호였다. 그 처가 죽자 고총을 파고 장례를 하였는데 밤에 기화(鬼火)가 공중에 연하여 용정의 집으로 연결되더니 달을 넘기지 못하여 용정이 죽고 두 아들 숭(崇) 잠(岑)은 모두 무후하였다.

이씨(李氏). 관적 합천(陜川).

■이운호(李云皓). 호조전서이며 호는 청원재(淸源齋)이다. 상서 경분(景芬)의 후이다. 시 한수가 있다. "십년을 상곡 사이에 소요하면서, 때로는 풍월이 붓 끝에 떨어졌다. 개중에 진미는 그나마 즐길만 하지만, 어떻게 때를 만나 고산을 벗어나느냐."이권로(李權老). 생원 사직. 이양근(李欀根). 문 군수.

■이동재(李棟材). 문 봉사. 이주재(李柱材). 문과. 이총재(李摠材). 문 군수.

■이계통(李季通). 문 부호군. 이적(李迪). 자 윤지(允之). 7세에 전적 강문회(姜文會)에게 수학하였는데 깨달음이 꽤나 영오하였다. 정덕(正德) 계유에 문과에 올라 박사가 되었다. 약관에 양정연구(凉亭聯句)가 있다. #강현(姜顯)의 전에 보인다. 중종 때 서장관으로 천조(天朝)에 들어갔고 봉사를 마치니 황제가 불러 말을 나누고 그 문장을 사랑하였다. 나올 때 용연(龍硯)과 도핵배(桃核盃)를 하사하는 총애가 있었다. 돌아와 홍문교리 겸 경연 참찬에 제수하였다. 상소하여 정치의 도를 극론하여 인군의 도리는 천지를 체법하여야 하는 것이니 천지는 만물의 생육으로 마음을 삼아 만화의 주류를 이루는 것이며 인군은 백성 사랑하는 것으로 마음을 삼아 만민의 안식을 이루는 것이다 하니 상이 가납하였다. 강좌 이적이 일찍이 적과 같이 주상의 앞에 있었는데 적은 그 때 강우 사람이었다. 상이 강좌에게 언자를 더하여 분별하라 명하였다. 적이 일찍 특이한 재주가 있어 경제를 도울 뜻이 있어서 경악을 출입하며 군심을 바로잡는 것을 주로 삼고 조집이 방정하고 정성스러우며 말은 반드시 이치에 맞게 하였고 남의 선함을 보면 비록 여대하류라도 경의를 표하였으며 만일 그가 간사하고 망녕되면 사갈을 피하는 듯이 하였다. 호는 청호(淸湖)이며 나이 65에 졸하다. 남원 관곡사(舘谷祠)에 배향되었다.

■이도남(李圖南). 자는 대붕(大鵬) 호는 월휘당(月暉堂)이다. 약관에 사마시

문과에 올라 전적에 승직되었다. 당시에 성주 사고의 화재로 문신을 뽑아 실록청을 설치하였는데 도남이 참여하였다. 인하여 서장관으로 북경에 가게 되었고 경연 참찬을 거쳐 밀양 부사에 제수되었다. 남객정에 올라 쓴 시가 있다. "아침 구름 다 거두니 광야가 편평하고, 숙객이 창을 여니 눈이 갑자기 밝아진다. 멀리 나열한 청라(靑螺)는 삼삼하여 옥순(玉筍)인양, 처음 솟는 홍일은 황금 줄기가 용솟음 같다. 장강은 동남의 언덕을 직주하고, 기러기 떼는 서북으로 빗겨 나는구나. 수색 산광은 혼연히 잡힐 듯한데, 어느 사람이 흥취를 얻어 정자 이름을 걸었나." 가정(嘉靖) 신유에 상이 친임하여 활을 쏘는데 도남이 봉상부정으로 으뜸을 하여 동래백에 제수되니 당시 나이 62였다. 같은 마을 이승종(李承宗)이 연소 무관으로 들어가 주역을 강하여 모두 통하여 황주 목사에 제수되니 일시에 아름답게 여기었다.

■ 이형남(李亨南). 진사.
■ 이광조(李光祖). 생원.
■ 이원(李源). 자는 군호(君浩)다. 홍치(洪治, 1441~1513)) 신유생이다. 생년이 이황 조식과 같다. 이황은 일찍이 시를 주어 기념하였고 조식은 이는 나와 사주가 같은 친구이다 하였다. 원이 태어나며 총명하여 소학을 배우면서 이미 성인의 모습이 있었다. 나이 18에 이미 여러 서적을 두루 읽어 울연하게 문장 공업을 스스로 기대하였다. 조식이 산사에서 독서한다는 것을 듣고 찾아가 따랐는데 조식이 이윤(伊尹)의 뜻과 안자(顔子)의 학문이란 말을 강하는 것을 듣고 다음 날 아침에 서로 읍하고 돌아와 이로부터 실학에 뜻을 구하며 더욱 힘을 가하였다. 사는 곳에 연못을 만들어 연을 심었고 인하여 청향(淸香)이라고 호를 하였다. 을사에 유일로 천거되어 함양훈도를 주었다. 나이 69에 졸하였다. 배산사(培山祠)에 배향되었다.

■ 이백손(李伯孫). 생원.
■ 이광전(李光前). 홍문 자작.
■ 이천경(李天慶). 자는 상보(祥甫). 소시에 조식을 사사하였다. 자호를 일신(日新)이라 하였다. 열 살에 부친을 잃고 모친을 섬기는데 반드시 일찍 문안하고 새벽이 되기를 기다려 서실로 물러나 의관을 정제하고 단좌하였으며

세상맛에는 담박하여 움직임이 없었다. 시랑 백유양(白惟讓)이 평소에 그 어짐을 알고 주상에게 천거하려 하였으나 듣지 않았다. 임진난에 모친의 상을 거하면서 모주(木主)를 지고 제기(祭器)를 안고 다니면서 조석으로 곡전(哭奠)을 폐하지 않았다. 행차가 북군의 영평(永平)에 도착하여 3년을 거하면서 학을 일으켜 격려하니 선비의 바람이 크게 떨쳤다. 이윽고 난이 평정되자 남으로 돌아와 나이 72세로 졸하였다. 아들의 존귀로 이조 참판에 추증되고 청곡사(淸谷祠)와 영평의 기류원(淇流院)에 배향되었다.

■이광우(李光友). 자는 화보(和甫)다. 나이 22에 조식에게 수업을 청하였다. 조식이 그 천자가 장중함을 보고 매우 애중하였다. 일찌기 중용을 논급하는데 광우의 대답이 퍽 자상하니 식이 그 정도함에 감탄하였다. 후에 백부 원(源)을 따라 이황을 도산에서 배알하고 다소 질의를 하였다. 후에 부인의 친족이 요로에 있는 이가 천거하여 관직을 주려 하였으나 광우는 사양하였다. 임진에 초유사 김성일(金誠一)이 군에 도착하니 광우가 어버이가 연로하여 종사할 수 없고 인하여 그 여서 전유룡(田有龍)을 천거하였다. 이때 묘 아래 움막에 있었는데 유룡이 오는 것을 보고 강개하여 눈물을 지으며 격려하였다. 나이 81에 졸하였다. 호는 죽각(竹閣)이다. 배산사(培山祠)에 배향되었다.

■이유(李瑜). 광우의 아들이다. 정직으로 알려졌다. 아우 침(琛)도 역시 선대의 아름다움을 이었다. 벼슬하지 않았다.

■이광곤(李光坤). 호는 송당(松堂)이다. 원(源)의 아들이다. 선행으로 알려졌다. 임진에 병사를 피하여 북군 정평(定平)으로 갔는데 포의로 문옹(文翁)의 교화를 일으켰다. 고을 사람이 그 의리를 사모하여 사당을 세워 제사하는데 이름을 비백사(鼻白祠)라고 한다.

■이지보(李之寶). 판서 산흘(山屹)의 손자다. 부친 간(侃)이 고기 낚는 것을 즐겼다. 하루는 지보가 따라갔는데 간이 갑자기 실족하여 물에 빠지니 지보가 울며 따라 들어가 부친의 시체를 안고 같이 빠지니 이때 나이 9세였다. 후인이 강 상에 돌을 세워 이름을 효자담(孝子潭)이라 하였다. 고을 사람 박희정(朴熙珵)이 시 한 구절을 썼다. "천추에 뼈가 찬 어룡의 굴에, 단갈에 이름을 남긴 눈비 속의 무덤일세."

■이후남(李後男). 자는 형직(亨直)이다. 임진에 상서하여 부친에 고하고 의병을 모아 곽재우를 따르니 재우가 후남과 주몽룡(朱夢龍) 등에게 강을 따라 적을 막으라 하였다. 일찍이 삼산(三山)에 이르러 밤에 날랜 기병 수십 명으로 몰래 행하며 적을 엿보게 하고 인하여 길 아래 잠복하여 적이 지나는 것을 기다려 화살을 쏘니 모두 놀라 도망하였다. 후남이 진영으로 돌아오니 좌변 귀가 떨어진 줄을 알지 못하였다. 후에 진도 현령을 제수하였으나 나가지 않고 졸하였다.

■이경림(李慶霖). 자는 시택(時澤)이다. 영명한 허우대에 큰 절개가 있었다. 임진에 가동을 이끌고 곽재우의 진지에 찾아가 기발한 공을 세웠다. 이름이 응모록(應募錄)에 실렸다. 호를 동봉(東峰)이라 한다.

■이호(李瑚). 천경(天慶)의 자로 관직이 동지이다. 풍채와 기개가 있었다.

■이영(李瑛). 자는 이회(而晦)이다. 성품이 깨끗하고 높은 의를 좋아하였다. 처음 정인홍(鄭仁弘)이 그의 부친 천경(天慶)과 동문으로 좋아하고 일찍이 그의 격문에 나갔는데 부자간의 말하는 기세가 매우 패역함을 보고 돌아와 부친에게 고하고 의절하였다. 또한 동지를 이끌고 그 도당을 주살하자고 청하였는데 논자는 말은 생각에 맞고 행동은 맑은 데 알맞다고 하였다. 호는 자포(紫圃)이다.

■이민(李珉). 자는 이준(而俊) 부친 천경(天慶)을 효성으로 섬기고 상제(喪祭)를 가례에 따랐다. 일찍이 기일(忌日)에 강물이 넘쳐 건너지 못하는데 민이 하늘에 호소하니 몸이 마치 귀신이라도 도우는 듯이 강을 건넜다. 일이 알려져 예빈시 참봉으로 추증하였다.

■이정석(李廷奭). 자는 공보(公輔)이다. 소시에 표형 하홍도(河弘度)를 따라 배워 경사(經史)에 극히 해박하였다. 점차 이치의 오묘한 경지에 힘을 썼다. 그가 태극도(太極圖)에 쓴 시에, "오(五)가 달라도 원에 모자람이 없고, 일만 종류가 비로서 시작을 자리한다."하였다. 하진(河溍) 정훤(鄭暄) 강대수(姜大遂)등이 모두 명사로 허여하였다. 정석이 서예를 잘하였는데 일찍이 야밤에 문강(汶江)을 건너는데 강에는 야채꾼 수십명이 있었고 고기를 잡아 서로 나누었다. 인하여 한 관(串)을 주며 오늘 밤에 이 명필은 당연히 이 맛을 보아

야 한다고 하니 정석이 웃으며 받았다. 호를 국헌(菊軒)이라 하였다. 나이 61에 졸하였다.

■이사눌(李思訥). 자는 희민(希敏)이다. 소시에 기국(器局)이 있었다. 현종 을사에 무과에 올라 누차 제수되어 선전관이 되었고 나가서 수안 겸 황주 첨절제사가 되었다. 병갑을 수선하고 졸오를 훈련시켜 불우에 대비하였다. 곤수가 치적을 계문하니 왕이 하유하여 표창하고 말 한필을 하사하며 통정의 단계에 진급시켰다. 사눌이 비록 무부이나 지조가 방정하고 강하여 즐거이 시대에 부앙하지 못하므로 끝내 크게 떨치지 못하였으니 당시 사람들이 애석해 하였다.

■이돈서(李暾瑞). 자는 백승(伯昇)이다. 사람됨이 너그럽고 편하며 사람들 교화를 잘 시켰다. 하루는 당하에 앉아 있는데 어떤 이가 달려와 평상 아래로 숨었다. 이윽고 관리가 와서 도적의 거처를 물었으나 돈서는 대답하지 않았다. 관리가 떠나니 이에 불러 주의를 주고 곡식 한 섬을 주었다. 죽자 어떤 객이 외부에서 들어와 매우 섧게 곡하였으니 바로 전일 당하의 사람이었다.

■이명인(李命寅). 자는 국수(國叟)이다. 글씨를 잘 쓴다고 알려졌다. 호는 가헌(稼軒)이다. 권정삼(權正三)이 명인이 무릎을 안고 장소를 하면 일민의 기상이 있었다고 하였다.

■이의선(李宜璿). 자는 사첨(士瞻)이다. 소시에 글씨를 배우는데 날마다 간수 사이에 나가 돌 하나를 선별하여 물에 임하여 먹을 갈았는데 물이 모두 먹물이었다. 해서 전서 초서 예서를 정묘하지 않는 것이 없었고 당시에 동와체(東窩體)라고 칭하니 동와(東窩)는 의선의 호였다. 일찍 사람을 위하여 용봉귀린(龍鳳龜鱗) 4대자를 썼는데 갑자기 골짜기에 대풍이 일어나 용자를 거두어 넘실넘실 공중을 향하여 날아 가버리니 끝내 간 곳을 찾지 못하였다고 한다. 의선이 이광정(李光靖)을 사사하여 학행이 수연하였다. 졸할 때에 갑중의 필환이 소리를 내었다고 한다. 시가 있다. "광음만 허비하고 먹자리에 취하여, 정문의 상지인 된 것이 후회된다오. 이제부터 참된 공부가 모두 이치가 있으니, 이에 정력을 쓰니 나날이 응당 새로우리." 헌종때 사람이다.

■이명시(李命時). 곤양 군수다.

■이명붕(李命鵬). 곡성 현감이다.

■이원영(李元永). 자는 군보(君普)이다. 정종로(鄭宗魯)를 사사하였고 힘써 배우며 게을리하지 않았다. 태수 이원구(李源龜)가 소식을 듣고 와서 보고 명사를 쑥대 아래 굴하게 하였으니 유사의 수치라고 하였다. 원영은 지리와 서예를 잘하였으나 스스로 나타내지 않았다. 추국설(秋菊說)을 지어 뜻을 보였다. 호는 현암(賢岩)이다.

■이원복(李元福). 자는 국휴(國休)이다. 사람됨이 낙낙하여 장송 같았다. 단성에 일찍이 당인의 화가 있었는데 남의 모함을 받아 법에 당연히 죽음에 해당하였다. 이때 나이 17세였는데 얼굴을 들고 스스로 옳다고 하며 악악하여 흔들리지 않으니 도백이 부끄러워하며 굴하였다. 원복이 이때 아직 초립으로 행하였으므로 사람들이 이초립(李草笠)이라 하였다. 유정탁(柳正鐸)의 원복을 슬퍼한 시에, "천길 현산이 입각이 굳으니, 신옹의 여운이 한 사람의 호걸일세. 이른 새벽 신선수레 더디게 지나가니, 고택은 의연하게 대나무 언덕일세."하였다. 호는 백헌(栢軒)이다.

■이항무(李恒茂). 자는 구수(久叟)이다. 이상정(李象靖)을 사사하였다. 성품이 침후하여 취학하자 정하게 생각하고 힘써 실천하는 것에 힘을 썼고 보본(報本)에 더욱 삼가하였다. 선인의 유적을 수집하여 당세에 폈으며 문장으로 후세에 빛냈다. 만년에 제동에 거하였으므로 자호를 제암(濟岩)이라 하였다.

■이방검(李邦儉). 자는 성필(聖弼) 호는 도연(道淵)이다. 성품이 호상하여 자절하지 않았다. 과거 공부를 하였고 누차 응시하여도 맞추지 못하니 자탄시(自歎詩)를 지었다. "낙척한 인간에 한 늙은 선비가. 돌아오니 만신이 모두 어리석음일세. 긴 탄식에 장단치니 도리어 웃음 나오는 것은, 우주 사이에 누가 대장부이냐."

아들 정룡(廷龍) 역시 부친의 업을 이었는데 자계시(自戒詩)가 있다. "우주는 혼연히 봄 꿈인데, 어찌 일월은 바쁘기만 한 것이냐. 뜻은 먼데 하늘은 가이없고, 갈 길은 바쁜데 땅은 방정하다." 당시에 부자의 성품이 각기 그 시와 같다고 하였다.

■이의록(李宜祿). 자는 성여(聖汝)이다. 어릴 때 준재가 있었고 정종로(鄭宗

老)를 사사하였다. 집에 거하는 것이나 학문을 강론하는 것이나 몸을 단속하는 것이 찬연하니 마을 사람들이 하는 말이 첫 닭이 울었느냐, 내 생각에 이 처사의 문안하는 발소리가 이미 친당(親堂)에 미쳤을 것이다. 하였다. 거처하는 성재(惺齋)의 벽 위에 덕지덕지 벌려 써둔 것이 모두 존양 성찰(存養省察) 등의 말이었다. 헌종 중년에 졸하였다.

■이일준(李一俊). 자는 내윤(乃允)이다. 유치명(柳致明)의 문인이다. 성품이 괴안(魁岸)하고 기백이 있었다. 군재(郡宰)가 일찍이 선행을 찾아서 집에 이르니 일준이 마침 짚신을 삼다가 틀을 풀고 나와 맞이하는데 의론이 바람을 일으키며 정신이 사람을 움직이니 군재가 경의를 더하였다. 동군의 유경현(柳景賢)과 서로 잘 지냈는데 일준이 죽자 경현이, "내가 가진 백아금 누가 계승하려나, 저문 강에 자갈 새만 혼자 펄펄 나는구나."라는 시구가 있다.

■이상보(李尙輔). 자는 승언(承彦)이다. 허전(許傳)을 사사하였다. 서예로 세상에 알려졌다. 일시에 인가의 비판(碑版)에 상보의 손길을 거치지 않으면 서로 수치로 여기었다. 가난하여도 꺾이지 않고 능히 뜻을 구하였다. 산야시(山夜詩)가 있다. "산속 밤 적요한데 누구와 말을 할까, 창에 비친 외로운 달 홀로 빛이 어린다. 돌길 삼분하여 이끼 푸르게 두고, 두어 이랑 산전에는 콩싹이 드물다네." 호를 만우(晩愚)라 하였다.

■이성진(李性鎭). 처 최씨(崔氏)는 나이 19에 성진이 죽으니 초례를 치르고 신행도 못갔다. 분상(奔喪)을 할 때는 마치 자재(自裁)라도 할 것 같았으나 늙은 시부를 봉양할 수 없고 남편의 아우 재록(在祿)을 키울 수가 없으니 울음을 삼키고 정을 억제하여 상제(喪制)를 마치니 향리에서 상을 주었다. 조긍섭(曺兢燮)이 그 묘에 쓰기를 "어린 것은 집이 있고 늙은이는 수명을 다하였으니 최씨의 매움이다."

■이상호(李尙鎬). 자는 주응(周應) 호는 우산(愚山)이다. 집은 문수(汶水)상에 있는데 즐거이 명사를 따라 물과 대나무 사이에 놀았다. 일찍이 시가 있다.
 "봄 그늘 푸름이 넘치고 제비가 노는데, 석양은 붉게 반짝이고 늦은 까마귀 움직인다. 피리 소리 긴 강가에 사람은 안보이고, 청산은 은은하게 저문 구름 넘친다네."

■이석주(李奭柱). 자는 주경(周擎)이다. 집에 있으면서 선비를 좋아하여 반 듯이 술을 두고 반갑게 맞이하니 당시에 장자라고 하였다. 김진호(金鎭祜)의 시에, "봄 쑥이 나는 거리에 수레로 서로 방문하고, 가을비에 높은 당에 베개를 다시 연결한다."하였다. 장자 병원(炳元)은 석주가 죽을 때 손가락의 피를 먹였다.

■이정섭(李廷燮). 자는 낙겸(洛兼)이다. 소시에 지능으로 사람들의 쓰임새가 되었다. 을사 사변에 개연히 북쪽을 가리키며 "세상에 혹 큰 가죽 주머니에서 훌딱 벗고 나온 것은 있나. 천하에 의로운 남자가 없느냐." 하였다. 정섭이 겉으로는 뻣뻣한 듯 해도 속은 실로 랑랑하여 남의 위에 앉아 있었다.

■이홍주(李弘柱). 자는 장여(章汝)이다. 성품은 촉이 굳세었다. 집에 있으면서 법을 지키니 집안사람이 서로 지나가면 반드시 발을 움츠리고 다니면서 "내가 가옹(家翁)을 보면 겨울이라도 반듯이 땀이 난다"고 하였다. 죽자 유현수(柳絢秀)의 시에, "해내는 맑은 날이 없는데, 인간은 삶의 끝이 있구나. 흰 머리 강동 친구가, 연우에 지팡이로 네거리를 바라본다."

■이지환(李志煥). 자는 성언(性彦)이다. 소시에 공업(功業)을 스스로 기약하고 사사로 병제(兵制)와 산수를 탐구하여 그 순수함을 얻으려 하였다. 고종 말에 우리 병사가 장차 흩어져 전리로 돌아가려 하니 지환이 북으로 장군 곽도(徵君郭鋾)를 배알하고 의병을 모아 나라의 기세를 조금이나마 확장하자고 하니 도는 불리하다고 사양하였다. 지환의 사람됨이 위대하고 분별력이 있었으며 말을 잘하였다. 비록 일찍이 향당의 유림에 놀았으나 세체(世諦)에 얽매이지 않고 침침하게 혼자 나아가 나의 뜻하는 바를 구하고 좌절하지 않았다. 나이 48에 졸하였다. 호는 창재(滄齋)이다.

■이상숙(李尙肅). 처 장씨(張氏)는 효성으로 시모를 섬겼다. 나이 많은 시모가 풍비(風痺)로 자리에 누우니 장씨가 몸으로 수족이 된 지 9년이었다. 당시에 읍재가 듣고 모습을 비단에 그리고 인하여 십금(十金)을 내려 표상하였다.

■이방일(李邦一). 자는 사인(士仁)이다. 별시위 의영(義英)의 후손이다. 효자이며 독서하고 일하는 것으로 종신토록 사모하는 아름다운 행실이 있었다. 고종 임진년에 그 마을에 정문을 세웠다. 아들 종구(宗龜)도 역시 선대의 자

취를 이었다. # 아래 묵에 부하다.

이씨(李氏). 관적 성주(星州).

■이창(李昌). 자는 창지(昌之). 흥안군(興安君) 제(濟)의 후손. 처음 부친 계유(繼裕)에게 다섯 아들이 있었는데 장자는 우(昱)이며 다음 담(曇)은 음직으로 만호이며 임진에 아우 섬(暹)과 함께 이순신(李舜臣)의 막부로 가서 충훈으로 알려졌고 끝의 조(晁)는 #별도의 전이 있다. 명종 기유에 창(昌)이 문과에 올라 5번을 전직하여 문의 합천의 읍재가 되었고 한성 서윤을 역임하였는데 지나는 곳마다 모두 치적이 있었다. 처음 공헌왕이 강후(康后)의 능을 회복하려고 논의 하였으나 있는 곳을 알지 못하였다. 창이 강씨의 외손을 주상의 앞에 소대(召對)하고 인하여 명을 받아 예관을 따라 능을 점검하였으나 찾지 못하였다. 시 한수가 있다. "성지를 날마다 찬양하려 하여도, 어떻게 구름을 헤치고 볼 수 있나. 용요(龍繇)는 정명(貞明)이란 글자이며, 작은 정성은 벼루와 같도다." 선조 때에 강후 능지(陵志)가 나오니 창이 태상 봉정으로 고제문(告祭文)을 지어 올렸다. 호는 추강(楸岡)이다.

■이조(李晁). 자는 경승(景昇) 호는 동곡(桐谷)이다. 선조 원년에 김우옹(金宇顒)과 함께 피선되었다. 국속이 의례 면신례를 행하는데 조는 사자(士子)의 몸가짐이 아니라며 굽히지 않고 돌아왔다. 후 4년에 누차 관직을 제수하였으나 나가지 않았다. 조식을 사사하여 최영경(崔永慶) 하항(河沆)등과 서로 잘 지냈다. 조가 일찍이 학정(學正)이 되었고 나가서 동래의 호송사가 되었는데 일을 보는 것이 청렴하였다. 왜인이 호추 일두를 주었으나 받지 않으니 왜인이 말하기를 여름날의 맑은 얼음은 이학정이라고 하였다. 만년에 주역을 좋아하여 출처 진퇴에 밝았다. 관직은 좌랑에 이르고 죽었다. 목엄사(牧渰祠)에 배향되었다.

■이유성(李惟誠). 자는 여실(汝實)이다. 사마시에서 과거에 뽑혀 경상 도사를 거쳐 영주 군수에 제수되었다. 사람됨이 점잖고 순수하여 집에 거하나 업을 행함이 천이물측(天彛物則)에 더욱 밝았다. 나이 53에 졸하였다. 성여신

(成汝信)이 시로 애도하였다. "가화원(琪花園) 속의 옥기린이, 와서 금문(金門)의 제일인이 되었다. 강좌에 백성을 다스리니 백성이 송덕하고, 호남에 막부를 보좌하니 막부에 인이 일어났다." 호는 오월(梧月)이다.

■이유눌(李惟訥). 자는 여민(汝敏) 호는 오강(梧崗)이다. 속이 깊고 덕량이 있었다. 벼슬하지 않았다. 김성일(金誠一)의 창의록에 실렸다. 허돈(許燉)의 시에, "청진은 원래의 바탕이며, 소탕하여 본래 부릴 수 없었다. 관두자 지금은 볼 수 없으니, 가만히 눈물이 흐른다."

■이유열(李惟說). 자는 여뇌(汝賚) 호는 오재(梧齋)이다. 영준하고 의를 좋아하였다. 사마에 합격하였다. 오장(吳長)등과 함께 상소하여 정온(鄭薀)을 구하였는데 이이첨(李爾瞻)이 민정(閔靜)을 사주하여 먼저 고하여 나졸을 발동하여 잡았으나 상이 제사의 연백(筵白)으로 유열을 유배에서 풀어주었다. 한거시(閑居詩)가 있다. "두유산 아래 문을 닫고 사니, 산 곁의 깨끗한 초가집 하나일세. 평소 즐기는 것은 무엇이냐고, 동산 속에 캐는 붉은 지초일세."

■이견(李堅). 자는 수보(守甫)이다. 인조 병자에 남한산성의 화친이 맺어졌다는 것을 듣고 통한해 하며 과거에 나가지 않았다. 수전(壽典)으로 부호군의 직함을 받았다. 호는 성재(誠齋)이다.

■이하생(李賀生). 자는 극윤(克胤) 호는 매월당(梅月堂)이다. 5세에 부친을 잃고 부모복을 입지 못하였음을 애통하여 기일을 만나면 으레 소식 3일을 하였으며 지나고도 역시 그렇게 하였다. 임진 난에 하생이 흘러 떠돌다가 성주 다산(茶山)에 이르니 주인이 문에 나와 마치 기다리고 있는 것 같았다. 하생이 이상하여 그 까닭을 물으니 주인의 말이 꿈에 한 대인이 와서 고하기를 오늘 밤에 아이가 당연히 나를 이곳에서 제사할 것이다. 하여 내가 이렇게 기다리는 것이라고 하였다. 하생이 대곡하니 주인 역시 울며 갖추어 제사를 의식과 같이 하였다. 군자는 이르기를 하생은 옛 순효(純孝)라고 하였다.

■이곡(李穀) 자는 준회(遵晦)이다. 글을 배우는데 글의 명성이 크게 떠들썩하였다. 이대기(李大期)가 여식으로 처를 삼아주었다. 이때 빙청옥윤(氷淸玉潤)이란 호칭이 있었다. 선조 때 곡이 문위(文緯)와 함께 곽재우의 진지에 달려가 다소 찬획하였다. 을유에 진사에 올랐고 고을 동쪽 용강(龍崗)에 들어가

제생을 교육하였다. 강대수(姜大遂) 하진(河溍) 등이 와서 배웠다. 인조 때 영능 참봉을 주었으나 일어나지 않았다. 호를 매헌(梅軒)이라 한다.

■이분국(李芬國). 자는 사형(士馨)이다. 그의 형이 일찍이 산사(山舍)로 질병을 피하였는데 적의 칼에 죽으니 분국이 변을 듣고 달려갔으나 적은 이미 흩어졌다. 이에 스스로 맹세하기를 이 원수를 갚지 못하면 돌아가지 않으리라. 하고 떨어진 의립을 입고 유기(鍮器)와 궁시(弓矢)를 지고 적을 뒤밟아 호남의 진안까지 이르러 산골에 적의 무리가 있는 것을 보고 물색하여 활로 적 하나를 죽이니 적이 놀라 숨었다. 날이 저물자 급히 관에 고하여 군병을 발동하여 찾아 포획하고 처음 범한 4명을 죽였다. 벼슬하여 함경 우후 가리포 첨사까지 되었고 후일에 자식의 존귀로 병조참판에 추증되었다.

■이관국(李觀國). 무과에 올라 운봉 령과 삼수 군수를 지냈다. 기사년에 송시열(宋時烈)이 후명(後命)을 받았다는 말을 듣고 애통하여 살고 싶지 않았다. 자식에게 명하여 상차에 가서 애통함을 바치게 하였다. 삼수 첨사로 있는데 허식(許植)이 그 강직함을 원망하여 일로서 무고하여 왕부(王府)에 까지 나포되었으나 제공들의 역변으로 풀려났다. 민정중(閔鼎重)이 일찍이 말위(靺韋) 제생이라고 칭하였다. 야작시(野酌詩)가 있다. "삼강의 가절이 홀연히 새로운데, 술잔 들고 하필 몇 순배냐 물을 것 있나. 해 저문 서산에 돌아갈 생각 간절하니, 좌중이 모두 행하기를 재촉하는 사람일세."

■이윤수(李胤壽). 자는 천득(天得)이다. 경종 말에 상국 이이명(李頤命)이 건저(建儲)의 화를 당해 남해로 유배당했을 때 윤수가 바다를 건너가서 배알하니 이명이 사례하기를 유독 장검(張儉)의 누가 공포(孔褒)의 형제에게 미친 것을 듣지 못하였느냐. 하니 대답하기를 범희문(范希文)이 요로 폄축될 때 왕자야(王子野) 혼자 전송한 것도 역시 가한 것이 아니겠냐고 하였다. 집에 거하면서 예로 사람을 가르치는 것을 좋아하였다. 새것이 나면 천신(薦新)을 않고는 일찍이 입에 넣지 않았다. 지극한 행실로 군중에 알려졌다. 누차 과거에 응하였으나 보답을 얻지 못하였다.

■이윤주(李胤冑). 자는 백종(伯宗)이다. 숙종 신사년에 조정이 김장생(金長生)을 문묘에 종사하자는 의론이 있었는데 김간(金侃)이 상소하여 그쳤다. 윤

주가 향리 사류 등을 따라 대궐 문을 두드리며 변무하고 돌아왔다. 일찍이 동군의 유관두(柳光斗) 회근연(回巹讌)에 갔다가 시 한 수가 있다. "삼대로 이름이 알려진 조자손이, 낭능의 덕업이 문지방 안에 있도다. 시를 쓰는 것이 어찌 가연을 전할 뿐이랴, 새 그림으로 옛 동산을 빛나게 함이로세."

이윤석(李胤錫). 자는 선경(善卿)이다. 숙종 때 생원에 합격하였다. 학문함이 각고하여 따라가지 못하는 것 같이하였으며 몸에 되돌려 성찰하고 일찍이 스스로 용서하지 않았다. 시가 있다. "감히 시대의 옳음에 유혹되지 않아야, 그제야 능히 옛 잘못을 기억하리라. 후회하는 날로부터, 죽도록 다시 어기지 않으리라." 부친 관국(觀國)이 삼수의 읍재로 있을 때 후주(厚洲)의 수졸(戍卒)이 월경을 범하고 채삼(採蔘)을 하였기로 북경의 회이(回咨)가 있었기에 왕이 관국을 멀리 귀양을 보내어 이웃의 책망에 사례하니 윤석이 경사로 가서 상의 능행(陵行)을 기다려 말을 올려 용서를 받았다. 김장생(金長生)의 문묘 종사에 저지하는 자가 있으니 역시 변무하였다. 나이 55에 졸하였다. 호는 모회당(慕懷堂)이다.

■이현묵(李賢默). 자는 래경(來卿)이다. 문과를 하였고 비인 현령이다. 이윤걸(李胤杰). 무거를 하고 무장 현령이다. 이택신(李宅臣). 문과를 하고 정언이다.

■이여정(李如珵). 자는 화옥(華玉)이다. 소시에 학문을 좋아하여 한때 명성이 자자했다. 일찍이 상당의 화양동에 들어가 손수 숭정(崇禎)의 비례물동(非禮勿動)이란 4대자를 모사하여 돌아와 서재 벽에 걸어두고 곁에 주자(朱子)의 영정을 안치하여 조석으로 참배하였다. 지금 고을 동쪽 길가에 있는 식장암(植杖岩) 암면에 채헌(債軒) 이모라는 각자가 있는데 채헌은 여정의 호이다.

■이지용(李志容). 자는 자옥(子玉) 호는 남고(南臯)이다. 소시에 영리하여 12세에 배율(排律)로 좌중의 사람을 굴복시켰다. 정조 기유에 명경(明經) 급제하였고 풍채가 사람을 움직이니 상국 채제공(蔡濟恭)이 공보(公輔)로 인정하였다. 정사에 종부시 주부로 칠서집주의 구두를 봉교(奉敎)하여 교정하였고 여러 공들이 누차 청요(淸要)직에 비의하였으나 실행되지 못하였고 상이 승하(昇遐)하고 조정이 일변하니 지용은 남으로 돌아와 임학(林壑)에 우유하였다. 내행이 순비하여 마음을 열어 성의를 보였다. 나이 칠십에 졸하였다.

■이여탁(李如琢). 자는 치옥(治玉)이다. 소시에 엄광(嚴光)의 사람됨을 사모하여 자호를 엄탄(嚴灘)이라 하였다. 동군의 권수붕(權壽鵬)과 친구로 잘 지내서 달이 밝으면 작은 배를 명하여 오래도록 흐름을 거슬러 가기도 하고 아름다운 취미를 서로 숭상하였다. 기호(畿湖)의 권상하(權尙夏)의 어짊을 듣고 한번 방문하기를 친구와 약속하고 출발했으나 2일도 못되어 부친의 질병을 듣고 돌아왔다. 전대를 기울여 친구에게 노자로 주면서 내가 바라는 것은 자네에 의하여 권공을 아는 것이라고 하였다.

■이몽뇌(李夢賚). 자는 자량(子良)이다. 모친을 지극한 효성으로 섬겼다. 어렵(漁獵)으로 봉양하는데 고기 세 마리가 얼음을 깨고 노루 한 마리가 강에 떠오는 등의 여러 이적이 있었다. 배움에 있어선 역경과 예기 두 책에 더욱 정밀하였다. 저술로는 예변(禮辨) 수시도(受時圖) 침굉당잡문(枕肱堂雜文)등의 책이 있다. 일이 알려져 정려를 받았다.

■이갑용(李甲龍). 자는 우린(于鱗) 호는 남계(南溪)이다. 임오에 문과에 올라 관직이 장령에 이르렀다. 상이 그 모습이 괴위(魁偉)한 것을 보고 승지를 돌아보고 장자인 사람이라 하였다. 일찍이 장령이 되었는데 반인(泮人)이 말먹이로 콩을 주었는데 갑용이 받지 않고 나는 말이 없다. 사람으로서 말의 먹이를 먹을 수야 있나 하였다. 후에 정선 현령이 되어 숙종 때 명신 김성구(金聲久)의 유애비(遺愛碑)를 수리하였고 장부를 살피니 구관(舊官)이 말을 빠트린 것이 많았다. 탄식하기를 이어받는 것은 형제의 의가 있다. 하고 즉시 봉급을 나누어 모자람을 보충하였는데 아첨꾼의 무구(誣構)가 되었다. 상이 그 억울함을 살피어 불문하고 어찌 장물을 범하는 관리 이갑용이 있겠느냐 하였다. 관직을 그만두고 돌아가는데 행리(行李)가 소연하니 나루의 사람들이 서로 말하기를 올 때도 폐관(弊冠)이더니 돌아갈 때도 역시 폐관이구나 하였다. 갑용이 책을 보면 열줄이 함께 내려갔다. 관유하여 사물을 잘 용납하였으나 의가 아닌 것은 언사나 안색을 사람에게 가차하지 않았다. 나이 65에 졸하였다.

■이계영(李啓英). 자는 자성(子聖)이다. 소시에 밖의 스승에게 나가며 시로서 스스로 경계하였는데, "십년을 차운 의식을 부끄러워하지 않은 것은, 하

나의 뜻으로 곤상(袞裳) 돕기를 기대함이었다." 하였는데 공부를 이루지 못하고 졸하였다.

■이광열(李光㤠). 자는 원회(元會)이다. 소시에 기개가 있고 공령을 업으로 하며 겸하여 궁마(弓馬)를 익히어 만리를 달리려는 생각이 있었는데 이윽고 말하기를, 오직 예악만이 우리 도를 문채 놓을 수 있다.하고 신안으로 가서 주자와 송시열의 영정을 받들었다. 선비를 만드는 것은 백록동규(白鹿洞規)를 사용하였고 자서시(自敍詩)가 있다. "장부의 초심이야 적요하지 않아서, 긴 무지개 의기가 하늘에 뻗었다오."

■이조흥(李祖興). 자는 성모(聖模)이다. 진사에 합격하였다. 사람됨이 준정(峻整)하였고 억지로 기뻐하고 따르려 하지 않았다. 고을 사람이 그 의를 높게 여기었다. 예능(睿陵)때 단성에 오이(五李)라는 호칭이 있었는데 계빈(啓賓)과 조흥(祖興)이 진사로 참여하였다.

■이봉흥(李鳳興). 자는 흥숙(興叔)이다. 김원행(金元行)을 사사하였고 그 친구에 임민(臨民)하는 이가 있었는데 봉흥이 먼저 성학을 열었으므로 서신을 보내 힘써 면려하며 그리고 학교가 닦이지 않아서 예양이 폐지되고 오직 부문(浮文)만 사모하니 세상이 어떻게 다스려지겠냐고 하였다. 이에 옛 가유(嘉猷)를 풀어내고 시의를 참작하여 5천언(五千言)을 창작하여 이름을 애우록(愛憂錄)이라 하였다. 호는 무산(武山)이다.

■이병열(李秉㤠). 자는 희문(希文) 호는 용강(龍岡)이다. 탁락하고 높은 기개가 있었다. 7세에 취학하여 문사가 사람을 놀라게 하는 것이 많았다. 과거에 올라 승문원 기주가 되어 필한(筆翰)이 흐르는 듯하니 동료가 본을 삼았다. 일찍이 원조(元朝)에 인정전에서 하례를 행하는데 상이 제신에게 명하여 압운(押韻)을 하여 올리라 하니 병열이 즉시 쓰기를, "옛날 종남산을 들었는데, 지금은 종남산을 본다. 종남산이 북궐에 연하니, 성수를 종남산으로 축원한다." 하였다. 인하여 충청도사에 제수하고 지헌으로 옮겨 장차 크게 쓰려고 하였는데 실행되지 못하였다. 후에 고산 현령으로 부임하여 임기를 마치고 돌아가는데 안변역에 이르러 졸하였다. 이에 앞서 병열이 관직에서 금강산에 유람하며 "뼈를 금강산에 묻는 것도 역시 하나의 기이함이다."라는 시구

가 있었는데, 아마도 시참(詩讖)인가보다.

■이약열(李若烈). 자는 겸회(謙會)이다. 나이 40에 등제하여 상의원(尙衣院)에 들어가 직을 서는데 상이 비단 주머니를 주어 총애하였다. 곧 간의에 승직하고 생각을 논의하는 자리에 출입하면서 군주의 덕을 진달하여 면려하였다. 풍채가 우뚝하여 무리에 뛰어나 신진 중 제일로 꼽았다. 금정 승에 제수되니 우정이 일이 작아 날마다 읊는 것으로 소일하다가 관직을 버리고 귀향하니 실내가 소연하여 서책 두어 뭉치뿐이었다. 약열이 서책을 좋아하였고 문장은 시를 더욱 잘하는데 두릉과 검남의 사이에서 얻은 것이 많았다. 호를 눌와(訥窩)라고 한다.

■이방열(李邦烈). 자는 사광(士光)이다. 소시에 소학을 배우며 힘써 행하였으므로 호칭이 이소학이라 하였다. 담장 밖에 조만루(早晩樓)가 있다. 부친이 즐기던 참외를 평생 먹지 않았는데 모친의 어렵게 여기던 생각을 어기는 것이기 때문이다. 태학사 유의한(柳宜漢)이 "최남산(崔南山)의 가법을 알려면 미산 아래 이씨를 가서 보는 것이 좋으리라." 하였다.

■이득열(李得烈). 자는 심회(心會)이다. 갈옷을 벗고 병조좌랑에 제수되었고 나와서 성현의 승이 되었다. 형 약열이 시로 전송하면서,

"먼 길에 수레나 말굽 사이를 달리니, 이것이 우정의 직책에 관계되는 것이다. 늙어가는 나도 일찍이 몰수하던 것이니, 가난 때문에 그것도 좋으니 얼굴을 펴게나. 이미 사립(斯立)을 남현에 굴하게 하였고, 즐거이 치규(稚圭)에게 북산을 옮기게 할 수 있나. 문득 부러운 것은 밭 가는 첨지가, 일상생활을 뜻대로 취하고 졸고 하는 것이로다." 하였다. 득열이 오래지 않아 그만두고 목계의 묵와(黙窩)로 돌아와 늙어갔다. 상서 이익회(李翊會) 김이교(金履喬) 등이 모두 어질다고 했으나 제대로 쓰지 못하였다.

■이능상(李能相). 효자이다. 어버이 장례를 치르고 묘 아래 움집살이를 하는데 호랑이 두 마리가 와서 호위하였다. 한여름에 오래도록 설사병으로 고생하는데 꿈에 한 노인이 소금을 배꼽에 붙이고 송진을 먹으라고 권하여 과연 효험이 있었다. 누차 응거하였으나 보답이 없었다.

■이우복(李佑復). 자는 내경(乃卿)이다. 그 형 우집(佑輯) 우헌(佑憲)과 함께

모두 송환기(宋煥箕)에게 수학하니 환기가 주자의 구방심재 잠(求放心齋箴)을 써주며 면려하였다. 친몰에 형제 3인이 묘 곁에 여막살이를 하였다. 저술로는 가평(嘉坪)문답 담상(潭上)어록 속애우록 등의 책이 있다.

■이우찬(李佑贊). 자는 우며(禹솴)이다. 어려서 특이한 재질로 단서가 보였다. 임오년에 국자선발에 들어가니 상서 한치응(韓致應)이 보고 이 사람은 장중하니 더럽힐 수 없다 하였다. 익종 초에 대리로 운자의 명을 받고 관유(舘儒)에 까지 언급되니 우찬의 지은 것이 학중에 전송되었는데 취학은 요건은 성현으로 자기 스승을 삼고 염락(濂洛) 제자서를 극히 넓히며 도산유결(陶山遺訣)까지 서로 연역하여 그 마음을 얻어 문장으로 발하면 모두 사물이 있어 법 삼을 만하다 하였다. 계사에 병사 안광찬(安光贊)이 그 학행을 조정에 천거하였으나 답이 없었다. 호는 월포(月浦)이다.

■이우백(李佑伯). 자는 주언(周彦)이다. 승문원 정자에 올랐고 성현 대동 등 여러 우승을 거쳐 은율현감에 제수되어 순리(循吏)로 알려졌다. 항상 추관대포(麤冠大布)로 소연하게 가난한 선비 같았다. 사람들은 우백이 일찍이 동어(銅魚)를 3번이나 차고 백리에 엄하게 임한 귀인임을 알지 못하였다.

■이우성(李佑成). 효자다. 모친이 해마다 학질을 앓았는데 사람들의 말이 인육(人肉)이 이병에 좋다고 하자 우성이 좌고(左股)의 살을 베어 먹이니 즉시 치료되었다. 죽도록 다리를 벤 일을 말하지 않았다.

■이응범(李應範). 진사이다. 이도국(李道國). 자는 봉일(鳳一)이다. 부친 철법(喆範)이 일찍이 운봉에 우거하였는데 거민이 많이들 골짝이에 의지하여 살았다. 하루는 부친이 경사로 손질을 가고 모친 윤씨와 같이 집에 있는데 갑자기 밤에 호랑이가 와서 모친을 업어가니 나이 15세인 도국이 양손으로 호랑이 꼬리를 잡고 뒤따르며 울면서 모친을 놓아달라고 빌자 호랑이가 버리고 갔다. 촛불을 켜니 윤씨의 목 뒤에 작은 상처가 있었는데 오래지 않아 일어났다.

■이도권(李道權). 자는 이거(而擧)이다. 무과에 선발되어 운봉현령에 제수되었으나 부임하지 못하고 졸하였다. 이도상(李道相). 처 조씨(趙氏)는 시모 섬기기를 매우 삼가히 하였다. 시모가 산후 질병으로 위험하여지니 조씨가 손

가락 피를 올렸으나 일어나지 못하였다. 이때 남편의 동생을 낳은 지 겨우 2일인지라 조씨가 울며 안고 젖을 먹였다. 매번 어린 것을 먹이기를 반드시 뒤에 하여 자기 자식은 보전하지 못하고 유독 남편의 아우는 의지하여 살 수 있었다. 사람들이 소학 중의 사람이라고 하였다.

■이택환(李宅煥). 자는 형낙(亨洛)이다. 등제하여 관직이 간의였다. 물러나 남해상에 거하면서 문장으로 스스로 즐겼다. 저술로 회산집(晦山集) 7권이 간행되었다. 나이 71에 졸하였다.

■이도면(李道勉). 진사다. 문장이 청개(淸槩)하였다. 호는 우관(藕觀)이다.

■이량수(李亮洙). 자는 경구(敬九)다. 소시에 기개가 있어 한때 무인을 종유하기 좋아하였다. 훤출하고 큰 그릇에 향리가 감복하였다. 갑오 년에 나라에 비홍(匪訌)이 이었는데 상이 주군에서 사람을 뽑아 방어하게 하였다. 양수가 천거되어 민병 수백 명을 인솔하여 크게 쳐버렸다. 이에 양수의 명성이 원근에 알려졌다.

■이도문(李道文). 자는 순고(舜功) 호는 월호(月湖)이다. 박학하고 문사를 잘 하였다. 고을 사람 권재규(權載奎)와 서로 잘 지내고 준 시가 있다. "어제는 호수위에서 서로 술잔 나누고, 오늘은 또 동중의 매화를 감상하여야지. 그대의 흰 수염 어쩌다 얻었나, 공연히 서금(書琴) 안고 초래에 늙는구나."

■이도태(李道泰). 자는 선장(善長) 호는 미봉(嵋峰)이다. 산속 밤 등화시(燈火詩)가 있다. "산속 밤은 적요하여 모두 분답할까 두려워하는데, 조용한 때 상대하여 천군(天君)을 지킨다네. 다행히 소명(昭明)을 체하여 나의 덕을 삼으니, 일호의 선과 이를 어렵잖게 나눈다네."

이씨(李氏). 관적 철성(鐵城).

■이노(李魯). 호는 송암(松岩)이다. 박학하고 문장이 있었으나 과거는 보지 않았다. 그의 친우 권유(權諭)가 단성임소에 있을 때 노가 가서 보니 유가 자네가 만약 송암으로 이사한다면 3년이면 반드시 등제할 것이라 하니, 노가 따랐다. 후 2년에 갈옷을 벗으니 간의에 제수되었으나 사은 숙배도 하기 전

에 떨려났다. 시를 지었는데, "돌이 길가에 있었는데, 지나는 사람이 기이하게 보았다. 장차 꽃 섬돌로 옮기려 하였는데, 혹자는 뾰족하여 알맞지 않다 하였다. 돌은 본래 무심한 것이니, 어찌 수고롭게 시비를 노래하랴." 하였다. 노는 조식을 사사하여 학문이 깊었다. 임진년에 조종도(趙宗道)와 함께 김성일의 막부에 가서 한때의 사령이 많이 노의 손에서 나왔고 공훈이 성일의 다음이었다. 관직은 비안 현령에 그쳤으나 죽은 후에 이조판서에 추증되고 시호를 정의(貞義)라하며 낙산사(洛山祠)에 배향되었다.

이씨(李氏). 관적 안악(安岳).

■이구(李懼). 판서 흥부(興富)의 후손으로 관직은 삼가 현감이다. 후세에 득종(得宗)이 선사로 알려졌다. 연못 위에 이락당(二樂堂)이 있는데 득종이 유상하던 곳이라 한다. 옛날에 시 한수가 있는데, "인간 어느 곳에 가히 몸을 편하게 하랴, 일면의 호산이 완연히 호리병에 들었다. 청운은 애애하게 단혈에 생기고, 호월은 지지하게 벽오에 나간다. 서봉의 고찰은 종소리 멀고, 남포의 어주는 조각 돛대 외롭다. 이 땅에 장수하여 장수하고 즐기니, 영주 봉래가 어찌 특히 별난 영구이랴."
■이경황(李敬皇). 현감.
■이효건(李孝建). 목사.
■이연수(李延壽). 현감. 이첨(李灊). 참의.
■이해(李瀣). 효자로 참의에 추천받았다.

이씨(李氏). 관적 장수(長水).

■이상경(李商卿). 생원이다. 장천군 임간(林幹)의 후손이다.
■이삼로(李三老). 자는 중유(仲儒) 호는 고산(孤山)이다. 아이 때 두각이 참연하였다. 임진년에 왜인이 동래에서부터 직선으로 의령 함안의 여러 군으로 들어오니 삼노가 여러 달을 먹지 못하다가 하루는 김수(金晬)가 도망하여

숨었다는 소식을 듣고 칼을 뽑아 책상을 쪼개버리고, 어찌 예의의 나라를 견양의 굴로 만들 수 있나 하며 가동 백여명을 거두어 정암 나루로 달려갔다. 동군의 거의 한 이가 십육인이었다. 전투 계획을 도와 강우의 보장이 되었다. 김덕령(金德齡)이 한번 보고 공경하며 이는 참 장부이다 하고 마침내 친구를 맺었다. 삼노는 지극한 행실이 있었고 대질(大耋)로 우승지를 주었으며 칠원의 청계사(淸溪祠)에 배향되었다.

■이시분(李時馪). 자는 여문(汝聞)이며 호는 운창(雲窓)이다. 5세에 부친을 따라 방장산으로 병란을 피하였는데 매번 산 과일을 얻으면 반드시 품고 와서 어버이에게 드렸다. 사람됨이 강하고 인정하는 것이 적었다. 계축에 북당(北黨)이 정치를 문란하게 한다는 것을 듣고 대궐에 가서 상소를 하였는데 말이 매우 절직하여 일시에 위대하게 여기었다. 정구(鄭逑)를 사사하고 권도(權濤) 정훤(鄭暄) 등과 서로 잘 지냈다. 행의로 조정에 알렸으나 답이 없었다. 저술로 단구지(丹丘志)와 혼천도설(渾天圖說) 등의 책이 있다. 청계사(淸溪祠)에 배향되었다.

이씨(李氏). 관적 여주(驪州).

■이학자 승종(李鶴子承宗). 계묘 무과에 합격하고 역경(易經)을 강하는데 모두 통하였다. 당상에 올라 황주 목사에 제수되었다. 조식이 승종이 비록 발신은 이렬(貳列)이나 겸손하고 경개하며 정일하고 민첩한 선비이다 하였다.

이씨(李氏). 관적 전주(全州).

■이인희(李仁禧). 강양군 숙(潚)의 후손이다. 임진에 창의하여 한성 좌윤에 임명되었다. 아들 유준(幼俊)은 은거하였는데 높은 의리가 있었다. 호는 호옹(湖翁)이다. 이경석(李景奭)이 일찍이 칭하기를 유준은 계산(溪山)에 높이 누운 주인이라고 하였다.

■이숙(李塾). 처 유씨(柳氏)는 진주 사람 진양(晉揚)의 딸이다. 남편이 죽어

장례를 정한 날 몸소 제수(祭需)를 갖추고 인하여 유서를 써서 구고와 본종에게 남기고 관 앞에서 자액(自縊)하여 같이 장례를 치렀다. 후인의 시에,
 "한낱 부인네가 천경(天經)을 안고, 구천으로 남편을 따랐다. 백번 소멸되어도 끝내 후회 없으니, 일월이 무궁하게 비추리라. 성인이 위에 있지 않으니, 시재(時宰)가 공송(公誦)하지 않았다네. 남으로 가는 큰길을 따르니, 붉은 정려 총총히 바라보인다네. 황금으로 거짓 귀신을 만들어, 방명이 돌에 실려 높구나. 위석이 완고하여 입이 없으니, 천추에 뭇 몽매함을 속이는구나. 슬프도다 이씨 부인은, 정신이 상제 앞에 통하였다네. 내 의리에 부끄러움 없으면 그만이지, 어찌 쑥대에 가림을 염려하랴. 단지 바람은 후사나 잘되어, 시절마다 제사나 받았으면."
 ■이철로(李喆魯). 자는 인로(仁老)이다. 덕은 현감 종(種)의 후손이다. 소시에 곽도(郭翿)를 종유하여 질의 문답한 것이 있다. 융희 말에 군수 김병길(金秉吉)이 사사로 군의 판적(板籍)을 훔쳐 수레에 싣고 가는데 철로에게 발각되어 빼앗아 돌려놓으며 이것이 어찌 고활한 관리의 사사로 쓰는 물건이더냐 하니 당시 사람들이 통쾌하다고 하였다. 시가 있는데, "공열 큰 빈 나라에 백에 하나도 거두지 못하였는데, 선민의 판적은 천구(天球)보다 중하다네. 지금 완연히 부두에서 얻은 것 같으니, 한제(韓制)를 분명 여기에서 구하리라." 하였다. 철로의 아우로 철규(喆規)가 있는데 역시 유업으로 자립하였다. #.가림(可林). 이철보(李喆寶). 자는 윤명(允明)이다. 초서를 잘 써서 당시에 장욱(張旭)의 유법이라 하였다.

이씨(李氏). 관적 광주(廣州).

■이철(李喆). 록사. 이동적(李東迪). 판서 담명(聃命)의 후손이다. 문과를 하고 관직은 홍문 교리이다. 사간 유의정(柳宜貞)에게 준 시에, "강남의 운수(雲樹)에 세월도 긴데, 고인의 소식은 둘 다 망연하구나. 창상을 누차 겪으니 군도 응당 늙었으리, 집과 나라 서로 떨어지니 나도 또한 미치겠다. 괴천(槐泉)은 가을이면 고인의 집을 가리고, 유안(柳岸)에 봄이면 좋은 객과 즐긴다네.

근일 단계의 신급제는, 또 들으니 아름다운 소식이 아랑(阿郞)이라며."
　이림회(李霖會). 순조 때 생원이다. #외방(外方).

이씨(李氏). 관적 전의(全義).

■이창년(李昌年). 정언. 이안충(李安忠). 영시(英試)에 뽑혔고 정언이다. 이진효(李眞孝). 감사. 이팽수(李彭壽). 현감.

■이민신(李敏身). 명신 탁(鐸)의 아우로 부사 용(鏞)의 증손이다. 임진 난후 남하하여 본군에 거하기 시작하였다. 이때 제 종형제가 많이 요로에 있어 굳이 벼슬하지 않았다. 3자 익(檥) 정(棖) 해(楷)가 모두 선비로 명성이 있었다. 익과 정은 덕천원록(德川院錄)에 실려있고 해는 유문 한 뭉치가 있다. 그 아들 하징(夏徵)이 가학을 계승하였다. 수직으로 가선의 직함을 받았고 향안에 실려있다. #내고(內古).

■이필신(李必臣). 모습이 수려하고 수염은 길어서 배꼽까지 닿았다. 일찍이 집 앞에 곡식을 말리는데 까마귀를 쫓으니 까마귀가 떨어졌고 여우를 꾸짖으니 여우가 엎드렸다. 산송(山訟)으로 대구에 들어가 영문의 관리를 부르는데 관리가 오면서 말이 매우 패악하여 필신이 엄하게 질책하니 관리가 머리를 조아리며 사죄하였다. 집이 심하게 가난하여 연기를 내지 못하니 나무꾼들이 서로 공을 불 피우지 못하게 하는 것은 우리들의 책임이다 하며 일제히 한 아름의 땔감을 내어 도움을 주니 필신도 그만두게 할 수 없었다. 죽은 후 문자는 흩어지고 문인 강익환(姜益煥)의 제문 한 수 뿐이다.

■이윤직(李潤稷). 자는 덕약(德若)이다. 집에 거하면서 여러 종형제와 한 자리에 자고 거처하였다. 출입할 때는 반드시 소매 속에 작게 쓴 소학을 넣고 다니니 징군 곽도가 일찍이 칭하기를 "이모는 늙어서도 8세의 학문을 맛있게 여긴다"고 하였다. 호를 율암(栗菴)이라 하였다.

■이윤원(李潤源). 연로하여 눈을 감고 햇볕을 쬐며 문전의 한 산마루에 쉬엄쉬엄 행하였다. 늘상 자제들에게 "즐겁다 이 언덕이여 내 죽으면 반드시 여기에 매장하라." 하였다. 죽자 그 말과 같이 하였는데 사람들이 명혈(名穴)

이라 하였다.

■이윤실(李潤實). 추산(推算)을 잘하여 죽을 시기를 알았다. 하루는 양식과 서적을 갖고 진주의 옥천사로 가니 사람들이 그 까닭을 물었는데 "윤실이 죽을 시기가 모 일인데 내 어찌 지나칠 수 있나." 하고 방 하나를 깨끗이 쓸고 앉아서 시기가 되니 문을 닫고 화(化)하였다. 그 추산하는 서적은 모두 절에서 분실되었다. 동시에 친척으로 이윤보(李潤寶) 호는 색암(穡菴)이라는 이가 있었는데 문행이 있었다. 향인 도유문(都有文)의 애시(哀詩)가 있는데 극히 추장하였다.

■이찬식(李纘植). 자는 문겸(文謙)이다. 경략(經略)으로 드러났다. 만년에 심담정(心潭亭)을 건축하여 이양(頤養)에 이바지하였다. 헌납 김인섭(金麟燮)이 모는 유속을 돌아보지 않았다고 하였다. 일체 가사를 자식에게 부치고 독서하기를 끊이지 않았으며 또 나아가서 고인 심학에 뜻을 구하여 사물을 명하고 뜻을 취함이 자연히 구차하지 않았다.

■이인식(李仁植). 자는 화겸(華謙)이다. 업은 부조(父祖)의 터전에서 일으켰다. 어버이 섬기기에 매우 효성이 있었다. 일찍이 고기를 지고 문을 지나는 이가 있으니 문득 눈물을 흘리며 이 물건은 항상 있는데 나는 어버이에게 봉양할 수 없구나 하였다. 만년에 감역의 직함을 받았으나 벼슬하지 않았다. 정재규(鄭載圭)가 "공의 부친은 연로하고 앞을 못보는데 일용상사를 품청하고 행하니 부모가 사람들에게 말하기를 나는 눈이 없어도 보는 것은 있다고 하였다." 한다.

■이기식(李基植). 호는 묵암(黙庵)이다. 소시에 영리하고 침중하였다. 문식이 풍부하며 행동함은 갑작스럽지 않았다. 일찍이 밖에서 돌아오는데 이웃에 불이 나서 집에까지 붙었으나 발걸음은 평소와 같으니 보는 이들이 이상하게 여기었다.

■이희란(李熙瓓). 자는 희칠(希七)이다. 벽산정(璧山亭)을 짓고 시가 있는데, "비 온 후 꽃잎이 뜰 머리에 가득한데, 늦게 일어나 창을 여니 흥이 더욱 깊구나. 동옹(桐翁)의 일을 생략한다는 글귀가 기억나니, 시절 따라 피고 지니 자연 봄가을일세." 하였다. 희란이 부친의 자산을 이어 꽤나 부호로 알려졌는데 스스로 가짐은 매우 독실하였다. 명재상 이성열(李聖烈)이 본군에 귀

양살이할 때 희란이 가서 보고 선대의 잘 지냈음을 이야기하니 성열이 함께 이야기하며 매우 공경하였다. 나이 45에 졸하니 처 조씨(趙氏)가 시모를 효성으로 섬기었다. 시모의 나이 80 여세이었는데 자못 모언(耄言)이 있었으나 조씨는 좌우에 봉양하니 사람들이 이모의 배필로 부끄러움 없다고 칭하였다. 아들 교호(敎灝)는 명경(明經)업을 하였으나 과거하지 못하였다.

■이희경(李熙瓊). 자는 남길(南吉)이다. 성품이 뾰족하였다. 문을 닫고 뜻을 구하였다. 날마다 중용을 읽는 것으로 스스로 즐겼다. 항상 권운환(權雲煥) 정면규(鄭冕圭) 등과 서로 친구로 잘 지냈다. 호를 청계(淸溪)라 하였다. 아우 희보(熙輔)는 부드럽고 담담한 것을 취향으로 삼았다. 시벽(詩癖)이 있었고 서술로 죽천고(竹泉稿)가 있다.

■이희장(李熙璋). 자는 성규(聖奎)이다. 성품이 침중하고 말수가 적었다. 형의 아들 교면을 가르쳤다. 유학하여 시에 명성이 있었다. 일찍이 여러 친구와 구일에 등고(登高)하여, "일천 숲에 서리 내리자 두 발로 밟아오니, 총국이 꽃을 피우는 또 하나의 가을일세. 산수유에 하나가 적다고 탄식을 마라, 강남 소식은 기러기 소리에 흐른다네."

이씨(李氏). 관적 파산(巴山).

■이흡(李翕). 생원. 판서 효성(孝誠)의 후이다.
■이진훈(李鎭薰). 자는 경부(敬夫)이다. 대사헌 인형(仁亨)의 후이다. 고종 때 진사가 되었다. 어려서 숙부 상규(祥奎)에게 가르침을 받았다. 약관에 명유 김진호(金鎭祜)를 사사하였다. 하루는 집으로 돌아가는데 진호가 말을 주는데 뜻이 예리한 자는 쉽게 물러나고 행동이 어귀는 자는 쉽게 넘어진다. 하니 진훈이 감복하여 행하기를 게을리하지 않았다. #묵계(黙溪).

이씨(李氏).

■이복(李馥). 승지. 삼수 이관국(李觀國)에게 준 시에, "성묘의 뜰이 어두웠

다가 밝아지니, 사람을 눈 닦고 다시 보니 놀라게 하네. 삼강(三江)이 어찌 삼천(三川)의 아래인가. 이제부터 문옹(文翁)의 교화가 다시 이루어지리라."

■이수인(李壽寅). 진사. 이사겸(李思謙). 문과. 도사. 이절부(李節婦). 나이 19에 자식 하나 낳고 과부가 되었고 자식이 죽자 부친이 뜻을 빼앗으려 하였다. 이절부는 통곡하고 물에 투신하였으나 형의 구호로 살아났다. 존장을 잘 섬기어 정려를 받았다. 지금의 벽수정(碧樹亭)이 그것이다.

이씨(李氏). 관적 경주(慶州).

■이영만(李泳萬). 자는 이원(而源) 호는 오와(鰲窩)이다. 유원(儒苑)의 장자를 종유하기를 좋아하였다. 지덕원(知德院) 책임 유사가 되어 주선함이 전측(典則)이 있어 당시에 자못 기준을 삼았다.

■이의(李糸+義). 자는 유보(攸甫)이다. 유효민(柳孝民)과 서로 잘 지냈다. 효민이 일찍이 위원군의 종사관으로 백간(白簡) 열 폭을 의에게 부치며 "이것은 문방의 도구이니 어찌 염치에 손상이 있겠냐." 하였다.

■이지영(李之榮). 자는 치선(致先)이다. 사람됨이 순순하고 선을 좋아하였다. 손자 종순(鍾舜)은 재주가 있었다. 장성하여 고문을 배우면서 당시에 칭찬이 자못 성하였으나 수를 못하고 죽었다. #오리동(梧理洞).

■이규수(李圭秀). 자는 백언(伯彦)이다. 침잠하고 속은 밝아서 경략이 있었다. 일찍이 여러 종족을 모아서 의론하기를, 우리 세계(世系)는 실은 문충공 제현(濟賢)의 후이다. 어찌 잊을 수 있느냐. 하고 이에 비로소 정려(旌閭) 하나를 마을에 세워 제현의 초상을 봉안하고 주연을 베풀어 사방의 빈우(賓友)를 초청하여 서로 규정을 세워 해마다 채의(菜儀)를 행하였다.

권씨(權氏). 관적 안동(安東).

■권계호(權繼祐). 진사. 관직은 사용이다. 판중추 윤변(尹汴)의 딸과 혼인하여 비로소 본현에 살았다. 아들 금석(金錫)은 독실한 효성과 조심스런 행실로

고인의 풍도가 있었다. 전옥서 봉사로 천거되었다.

■권구(權逑). 자는 자유(子由) 호는 안분당(安分堂)이다. 덕과 학문에 깊었다. 일찍이 이황 조식과 서로 친우로 잘 지냈다. 명종 때 참봉으로 천거되었으나 벼슬하지 않았다. 이황이 자유의 장원에 쓴 시 한 수가 있다. "선비 관에 이미 백년의 몸이 잘못되었으니, 한번 웃고 서로 보니 두 귀밑이 은빛이네. 밀계가 이미 굳어 경개(傾蓋)한지 오래이고, 깊은 정은 어찌 백두에 새로움 염려하리. 산에 캐고 물에 낚으니 내 분수 달디달고, 가난에 편하고 도를 즐기니 자네는 참된 대로일세. 이로부터 강교 십리 길에, 복건에 청려장으로 자주 오가리라." 후에 문산사(文山祠)에 배향되었다.

■권문임(權文任). 자는 흥숙(興叔)이다. 조식을 사사하였다. 운금정(雲錦亭)에 쓴 시에, "사면에 부용이 한 정자 감싸는데, 의의한 운금정 연못에 비쳐 밝도다. 거가 번화한 태도가 아님을 사랑하니, 염계 군자의 명성 있음을 위함이다." 선조 때 관직이 검열이었다. 호는 원당(源塘)이며 문산사(文山祠)에 배향되었다.

■권문현(權文顯). 자는 명숙(明叔)이다. 문사가 일찍 무성하여 19세에 장원에 뽑혔으나 합격하지 못하였다. 자만(自挽)이 있다. "전현을 벗으로 숭상함이 얼마나 어리석은지, 가난에 병듦도 사양 않고 당우를 강하였네. 인생 반백에 머리 들어보니, 사업은 어찌하여 한 마디도 없느냐." 호는 죽정(竹亭)이다.

■권문언(權文彦). 자는 준숙(俊叔)이다. 효자로 광해 때 일이 알려져 공조참의에 추증되었다.

■권세춘(權世春). 호는 율헌(栗軒) 관직은 별좌다. 일찍이 아들 도(濤)와 조카 집(濈) 준(濬)과 함께 자는데 꿈에 용 세 마리가 뜰의 연못에서 나와 하나는 직선으로 구름에 올랐고 얼마 후 두 마리가 뒤따랐다. 세춘이 놀라 일어나 마음으로 기뻐하였다. 임자년에 집이 등제하니 귀분의(歸墳儀)를 설치 못하게 하면서, 타일에 두 아우와 함께하여도 늦지 않다고 하였다. 다음 해에 도와 준이 동방(同榜)하여 세 사람이 꽃을 머리에 꽂으니 일시에 영광으로 여겼다.

■권세륜(權世倫). 자는 경이(景彛). 사마시에 올랐다. 소시에 희롱을 좋아하

지 않고 모친의 곁에 있으면서 유유하였다. 명성 구하는 것에 옹졸하고 몸가짐은 게을리하지 않았다. 상을 치르며 과하게 슬퍼하여 상제를 마치자 졸하였다.

▪권세인(權世仁). 자는 경초(景初)이다. 임진년에 상이 적의 토벌이 급하여 곁으로 유체한 것을 구한 인연으로 무과에 응하여 내섬시 주부에 올랐다. 이때 영남의 연해에 적에 당한 것이 더욱 혹독하였고 천병 수만 명의 궤향을 잇기 어려웠다. 세인이 이때 장기 현령으로 맨손으로 마련하니 관청에 막힌 사무가 없었다. 도리어 좋지 못한 자의 참소로 파하여 돌아갔다. 후에 대신이 그 재주를 애석하여 영남 우후로 천거하였으나 부임하지 못하고 죽었다.

▪권택(權澤)의 처 강씨(姜氏). 정유년에 적을 만나 굴하지 않고 촌참(寸斬)을 당하여 죽었다. 그날 아침에 토란 줄기를 먹었는데 베임을 당할 때 토란 줄기가 창자를 따라 나왔다. 시비 덕비(德比)가 참상을 목도하고 후에 토란을 보면 체읍하며 먹지 않았다. 만력(萬曆) 신축에 일이 알려져 정려를 받았다.

▪권제(權濟). 자는 치원(致遠) 호는 원당(源堂)이다. 신묘년 대책에 병과에 합격하여 홍문 정자에 보임되었다. 임진에 창의하여 누차 기공을 세웠다. 여서 김복문(金復文)의 만사에, "늠름한 영자는 화인이 감복하였고, 충의는 당당하여 주상이 알았다네. 연못 위 토구(菟裘)를 누가 다시 즐기랴, 연꽃만 피고 지며 사람을 섧게 하네."

▪권심(權深). 관직은 훈도다. 장기공(長鬐公)을 애통한 시가 있다. "허리에 검 하나는 가을 연꽃처럼 늠름하고, 가슴 속 일천 병사 무고처럼 삼엄하다. 해 저문 천대(泉臺)에 사람은 보이지 않고, 구름만 유택에 쌓여 종적 찾기 어려워라." 호는 청천(晴川)이다.

▪권침(權沉). 관직은 찰방이다. 권척(權倜). 자는 직보(直甫)다. 효자다. 9세에 상을 잘 치른다고 알려져 교관에 추증되었다. 호는 자지당(自知堂)이다.

▪권홍(權泓). 자는 치경(致警)이다. 관직은 찰방이다. 시독 김홍락(金鴻洛)이 그 효성을 찬양하여 홍묘에 썼다.

▪권집(權集). 자는 달보(達甫)이다. 소시에 박학하고 글을 잘 지었다. 임자년에 갈옷을 벗었고 광해의 정치가 문란하고 임인(壬人)이 국정을 쥐고 이익

으로 유혹하는 자가 있으니 곧 침을 받고 꾸짖으며 돌아와 죽림에 높이 누어 십년을 보내니 사람들이 무너지는 파도의 지주(砥柱)로 비유하였다. 인조가 개옥(改玉)하여 병조 정랑에 제수하였다. 정묘호란에 강도(江都)로 호가(扈駕)하였고 후에 영해 부사를 역임하였다. 집의 학문은 경술에 근원을 두어 시비와 의리의 분별에 호발의 차이도 없었다. 세상에 모범되는 덕과 쓸 수 있는 재주는 넉넉하게 조정에 설만 하였으나 끝내 크게 펴지 못하고 나이 65에 졸하였다. 호는 묵옹(黙翁)이다.

▪권도(權濤). 자는 정보(靜甫) 호는 동계(東溪)다. 18세에 장차 병란(兵亂)이 있을 것을 알고 미리 지역을 피하여 수개월을 사니 일본군이 들어왔다. 도는 모친을 받들고 호서(湖西)로 객이 되었는데 호서 사람이 그 의리에 감복하여 미육(米肉)을 주었다. 계축에 등제하였고 인조가 즉위하자 예문 검열로 옮기었다. 이괄(李适) 난에 공산(公山)으로 호종(扈從)하여 원종훈(原從勳)에 참여하였다. 신미년에 원종의 개시(改諡)를 소론(疏論)하여 해남으로 유배되었다. 경진에 세자가 심양에서 돌아오니 도가 질병을 무릅쓰고 입조(入朝)하여 참지에서 대사간에 제수되었다. 도의 사람됨은 강개하고 충효의 지극한 행실이 있었다. 문장은 간오(簡奧)하여 굳센 기개가 있었고 소장에 더욱 익숙하여 일시 묘당 대문자는 도의 손에서 많이 나왔다. 평생에 출처의 정당함과 의이(義利)의 엄숙함은 정구(鄭逑) 장현광(張顯光) 두 사람에게 체득한 것이 많았다. 나이 70에 졸하니 이조판서에 추증되고 시호를 충강(忠康)이라 하며 두릉원(杜陵院)에 배향하였다.

▪권준(權濬). 자는 도보(道甫) 호는 상암(霜岩)이다. 박사업을 다스려 종형 도와 함께 모두 증광시에 등제하여 성균관에 예속되었다. 계축에 광주(光州) 목사에 제수되어 치적으로 알려졌다. 병자년에 청인(淸人)이 침입하니 준이 개연히 의졸을 거두어 정홍진(鄭弘溟)에게 호소사가 되라고 권하니 두려워 움츠렸던 자이나 이에 난민이 두려운 줄 알고 창고가 자못 온전하였다. 무인에 파주 목사에 제수되었고 오래지 않아 무구(誣構)하는 자가 있어 광양으로 유배되어 나이 65세에 졸하였다. 그 친우 조경(趙絅)이 일찍이 3권을 월단(月旦:평론)하기를, 도보는 형체가 단정하고 속이 점잖아 시속을 따르지 않고

정보는 화통하고 경계함을 서로 베푸나 때로는 날카로움을 들어낸다. 모두 족히 일시의 명사나 정성스러우며 화사함이 없고 겉까지 모두 참됨은 도보에게 돌아간다 하니 사람들이 지언(知言)이라 하였다.

▪권극량(權克亮). 자는 사임(士任)이다. 탁락하고 높은 의리가 있었다. 임진에 숙부 도(濤)를 따라 호서의 객이 되었다가 곧 성주로 옮기어 이윤우(李潤雨)의 현명함을 듣고 방문하였다. 일찍이 과거에 나갔는데 명재상 조희일(趙希逸)이 맞이하기를 매우 근실하게 하였다. 극량이 붓을 휘둘러 대대(大對)를 지으니 인하여 제일로 뽑았다. 경사(京師)에는 나가지 않았다. 후에 영릉 참봉에 임명되었으나 또 나가지 않으면서 동한(東漢)의 일월에 양구(羊裘)는 자약하였다. 한 굽이 섬진강이면 나에게 족하다. 하고 동산서실(東山書室)을 세우고 스스로 즐기었다. 시가 있다. "죽도록 깊은 맹세 갈매기의 짝이니, 조각배 내키는 대로 창량에 띄웠도다." 나이 48에 졸하니 두릉원(杜陵院)에 배향하였다.

▪권극행(權克行). 자는 사중(士中)이다. 소시에 문명이 있었다. 선조 때 성균관에 들었고 정유재란에 대구로 유배되어 주변루(籌邊樓) 상량문을 지으니 방백 한준겸(韓浚謙)이 보고 칭상하였으나 제대로 추천하여 쓰지 못하였다. 이에 비명부(悲命賦)를 지었는데 과거에 6번을 합격하여도 벼슬하지 못하였고 두 번을 창의하여도 공적이 없다 하였다.

▪권극유(權克有). 자는 숙정(叔正)이다. 효종 때 생원이 되어 선공감 참봉에 제수되었으나 오래지 않아 벼슬살이를 즐기지 않아 귀향하여 석북(石北)의 산수 아름다움을 탐하여 왕래하며 감상하였다. 자호를 우천(愚川)이라하고 시 한 수를 썼다. "우습다 시인 권숙정이, 무슨 일로 어리석다는 이름으로 흐르는 개울을 욕되게 하나. 몸 행하는 것은 이미 시대의 숭상하는 것을 어기었는데, 물에 비추니 머리 들기 부끄러움을 견디기 어렵다네." 명재상 이명한(李明漢)이 항상 말하기를 "숙정은 지금의 제일류이다." 하였다.

▪권삼섭(權三燮). 자는 요경(了經)이다. 임진에 나이 18세로 누차 적을 물리쳤으나 그들의 습격을 받아 모친 윤씨(尹氏)가 잡혔다. 삼섭이 칼날을 무릅쓰고 모친을 안으니 적이 의롭게 여기고 모친을 풀어주고 삼섭을 포로하여 갔

다. 배가 산양도(山陽島)에 정박하자 도주가 그가 상인이 아닌 줄 알아보고 함께 만부(蠻府)로 들어가니 스스로 굴하지 않고 한 구절을 쓰기를,

"십년을 읙치국에서, 백일이 마음을 비쳐 붉었다." 후에 사신의 배를 따라 돌아오니 이때 윤씨는 무량하여 삼섭을 안고 대성통곡하였다. 모친이 죽자 묘 아래 여막살이를 하였다. 호를 학산(鶴山)이라 하니 요동 학(遼東鶴)이 고향에 돌아온 뜻을 취함이었다. 이종상(李鍾祥)이 그의 행장을 매우 상세히 지었다.

■권극중(權克重). 자는 학고(學固)이다. 정구(鄭逑) 장현광(張顯光) 두 사람을 사사하였다. 나이 39에 졸하였다. 죽은 후 향리의 사람들이 극중의 선행을 들추려하니 부친 도(濤)가 만류하여 실행하지 못하였다. 호를 근재(謹齋)라고 한다.

권두망(權斗望). 자는 자첨(子瞻). 무인년 겨울에 청나라가 우리에게 징병(徵兵)을 요구하니 두망이 개연히 시 한수를 지었는데, "붉은 콩 그늘진 푸른 무궁화 울에, 잊기도 참기도 어려운 큰 은혜일세. 우내에 사람없냐고 집어보면, 예부터 오직 창의문만이 높았구나." 늦게 증광시에 나아가 진사에 올랐다. 호는 명암(明菴)이다. 권두서(權斗瑞). 진사.

■권중도(權重道). 자는 여행(汝行) 호는 퇴암(退菴)이다. 이현일(李玄逸)을 사사하였다. 몸을 닦고 힘써 공부하며 성리학에 침잠하여 탐구하였다. 일찍이 광제암(廣濟岩)에 놀면서 시 한 수를 썼다. "광제암 앞의 길에, 창강에 해지는 가을일세. 이끼꽃은 옛 돌을 봉하니, 어느 곳에 신선 놀던 곳을 찾으리." 저술로 노산자서록(蘆山自誓錄) 금양기선록(錦陽記善錄) 낙민언경록(洛閩言敬錄)등의 책이 있다. 김진호(金鎭祜)가 일찍이 칭하기를 '언경록(言敬錄)은 성학의 강령이며 존심 양성(存心養性)의 요법이다.' 하였다.

■권익(權釴). 진사.

■권유(權鑐). 진사.

■권성(權鋮). 진사.

■권처형(權處亨). 자는 이수(而遂)이다. 진사가 되어 김장생(金長生)의 무고를 상소하여 변명하였다. 또한 송시열(宋時烈)을 문묘에 종사하자고 청하였다.

■권덕형(權德亨). 자는 여윤(汝潤)이다. 소시에 임포(林逋)의 사람됨을 사모하여 자호를 경림(景林)이라 하였다. 아우 계형(繼亨)과 함께 이현일(李玄逸)을 사사하였다. 형세와 이익에 담박하였고 백구(伯舅) 상서 이원정(李元禎)이 누차 전형의 요직을 맡았으나 일호의 사사로운 간청을 하지 않았다. 일찍이 신주(神州)의 육침(陸沈)을 개탄하여 장구 50 운을 지어 뜻을 부쳤다.

■권수붕(權壽鵬). 자는 재중(載重) 호는 허재(虛齋)이다. 향리에 거하면서 명성과 절의를 가다듬었다. 일찍이 선산(善山)의 과장에 나갔는데 당인이 방을 내거는 것을 보고 옷깃을 떨고 돌아왔다. 만년에 암혜산(巖惠山)으로 들어가 죽었다. 후인이 산수정(山水亭)을 강 위에 지었다. 후손 구환(球煥)이 시 한수를 썼다. "비록 실 한오라기도 한정(漢鼎)을 떠받치는 것은 없으나, 그나마 칠리탄의 조어대(釣魚臺)에 올랐다오. 위로는 천길의 창벽이 있고, 아래는 십리의 긴 단수가 있다네. 낚시를 청강에 드리우고, 갈매기와 서로 사귄다오."

■권수봉(權壽鳳). 관직은 영장이다. 무신의 내란에 곤양 현령 우하형(禹夏亨)과 병사를 일으켜 숭곤(崇坤)등 20여명을 토벌하여 죽였으나 간요(姦僚)에게 공을 빼앗기고 기록하지 못하였다.

■권초(權軺). 자는 익재(翼哉)이다. 소시에 웅장한 자태로 서반에 나열되어 관직이 병사에 이르렀다. 정종 정미에 장헌세자가 병사를 움직여 북으로 가려할 때 초가 황주 우후로 길가에 서서 그치기를 간하니 세자가 대로하여 갑사에게 말머리에 머리를 매달아 십여리를 끌고가게 하였는데 그래도 목을 굳혀 따르지 않으니 마침내 회군하게 되었다. 일찍이 삭주의 임소로 가는데 길에서 어린 강아지가 굶주려 죽어가니 수레에 싣고 돌아와 관주(官廚)에서 길렀다. 개가 다리가 길고 사나운 모습이었는데 초가 매우 사랑하였다. 하루는 개가 밖으로 나가 돌아오지 않았다. 늦은 밤 문밖에 땅에 떨어지는 칼 소리가 들렸다. 초가 놀라 사람에게 가보게 하니 하나의 구인(仇人)이 칼을 가지고 들어오다가 개에게 물려 죽었다. 인하여 의구(義狗)라 이름하였다.

■권사정(權思正). 자는 내심(乃心)이다. 영조 때 영장이 되었다. 사람됨이 정한(精悍)하여 관직에 거하면서 제압하는 솜씨가 있었고 번진의 일에 단련되었다. 권의중(權宜中). 관직은 위원 군수다.

■권사규(權思奎). 관직은 청주 영장이다. 진사 유의한(柳宜漢)의 시에, "하늘이 만약 마음이 있어 장수를 내었다면, 귀신은 어찌 할 일 없이 간성을 빼앗느냐." 권현중(權顯中). 현감.

■권사목(權思穆). 자는 경지(敬之)다. 영조 때 관직이 부사였다. 성품이 염청하였다. 일찍이 군의 인장을 6번이나 찼으나 봉록으로 스스로 후하게 하지 않았다. 지나는 곳에 허다하게 돌을 세워 송덕하였다.

■권사한(權思漢). 자는 해지(海之)다. 소시에 활쏘기를 배우는데 화살 하나도 놓치지 않으니 사람들이 솜씨가 천교(天巧)를 뺏었다고 하였다. 정종 때 훈련 첨정을 거쳐 죽산 현령에 임명되어 백성을 다스리는 것에 아름다운 행적이 많으니 상이 손수 표창하였다. 이약열(李若烈)의 시에, "시대 태평하여 일이 없으니 연석(燕石)을 새기고, 군의 임무 꽤나 잘하니 비단을 재단하는 칼이로다."

■권봉하(權鳳夏). 자는 휘서(暉瑞)다. 관직은 영장이다.

■권흔(權俒). 자는 대수(大叟)다. 이상정(李象靖)을 사사하였다. 형제 3인이 한 언덕에 살았고 중간에 상채헌(常棣軒)이 있어서 기거와 음식을 유유하게 서로 접한 것이 십수 년이었다. 병잠(屛箴)이 있는데 그 말이, "시청언동이, 마음으로 인하여 밖으로 발산되는 것이다. 그만둘 것을 그만두지 않고, 사물을 끌어 속으로 삭인다. 성현의 경계함이, 하나같이 예로 규정하였다. 이를 회복하고 자애로 살펴서, 선사를 대하듯 하라." 사람들은 흔의 학문이 여기서 많이 얻었다고 하였다. 호는 남창(南窓)이다.

■권사오(權思五). 자는 사행(士行)이다. 거실이 석대(石岱)의 남쪽 문산(文山) 아래에 있으므로 자호를 문산(文山)이라 하였다. 성품이 호학하고 게으르지 않았다. 그가 송석재(松石齋) 제생에게 준 시에, "주먹만 한 돌의 쌓임이, 흙이 두터워진다. 마침내는 만장봉이 되어, 초목과 금수가 살게 된다." 하였다. 문밖에 손수 심은 은행나무가 있는데 바라보면 마치 하늘에 드리운 푸른 구름 같았다. 사람들은 권공의 나무라고 한다.

■권사병(權思秉). 자는 시현(時顯)이다. 순조 때 관직이 운봉 영장이다. 정치가 맑기를 물과 같았고 팔짐을 찌고 책상을 대하니 상사가 평하기를 근일에

관등(官燈)에서 읽는 것이 무슨 책인가 하였다. 당시에 무관중의 군자라고 하였다. 호는 죽와(竹窩)이다.

■권구락(權龜洛). 자는 성숙(成叔)이다. 어려서 기성(記性)이 절인하여 한번 눈에 지나면 잊지 않았다. 고산 승 이병열(李秉悅)이 칭하기를 이 아이는 규성(奎星)의 정기가 남긴 것이라고 하였다. 일찍이 고을 북쪽 묵방암(黙房庵)에서 독서를 하였는데 승려들이 천수경을 염불하는 소리를 듣고 한자도 빠트리지 않고 전송하니 암자에서 크게 놀랐다. 헌종 때 등제하여 승문원 부정자가 되고 전한을 거쳐 사헌부 감찰에 제수되었다. 항상 조정을 엄숙하게 하려는 마음이 있었다. 하루는 고시관에 참여하였는데 당연히 방말(榜末)에 한 사람을 뽑아야 하였다. 들어가려고 하는데 어떤 사람이 십만 냥을 주면서 요구하였으나 듣지 않았다. 권병엽(權秉曄). 관직은 청주 영장이다.

■권인하(權寅夏). 자는 평윤(平允)이다. 관직은 법성 첨사. 병인양요에 남문루(南門樓)에 올라 북을 치니 상이 잡아서 물으라 명하니 인하가 손으로 문루 아래를 가르치는 데 과연 적인(賊人)이 땅을 파서 간사함이 먹혀들 경지를 삼으려 하는 것이었다. 그제야 그 밝음을 감복하고 강릉 부사 겸 방어사에 초과하게 제수하였다.

■권필칭(權必稱). 자는 자평(子平)이다. 키가 크고 턱이 하부가 풍성하여 의태가 엄연하였다. 영조 때 무과에 올라 누차 주군을 맡았고 맑다는 소리가 시대를 기울였으며 관직은 경상 좌수사까지 이르렀다. 송명흠(宋明欽)을 사사하였고 무인의 이름을 띠고 선비를 행하니 논자는 박영(朴英)에 지목하였다. 서술로 수사록(隨思錄) 일 편이 있는데 모두 잠긴 것을 뽑고 자물쇠를 열어 묵연하게 도의 오묘한 것에 부합하며 후인에게 혜택을 주는 도구였다. 오담집(梧潭集)이 있어 간행되었다. 권필도(權必度). 장령이다.

■권필보(權必輔). 자는 형보(衡甫)이다. 진사이며 호는 죽당(竹塘)이다.

■권필항(權必恒). 홍원 현감이다. 권위(權煒)의 시에, "두 고을 읍재였으나 염습할 옷이 없고, 십년의 서쪽 구름에 관 하나로 돌아가네. 용정(龍庭)에 칼 울리는 것을 마음에 품었더니, 말가죽에 시체를 쌓는 계획은 완전히 어기었다."

■권헌팔(權憲八). 자는 공간(公幹)이다. 의표가 옥설(玉雪) 같았다. 소시에

명경업을 하였다. 일찍이 주역 건원형(乾元亨)이란 세글자까지 읽었는데 갑자기 객의 발소리가 들리므로 책을 덮고 객을 맞아 밤새 옛이야기를 하고 다음 날 책을 열어 원형이란 글자를 범하지 않으니 사람들이 독법이 정갈하다 하였다. 순조 갑오에 등제하여 지평에 천거되니 척사윤음(斥邪綸音) 한 통을 하사하였다. 후에 황산도 찰방에 제수되었다. 관사에 있으면서 간혹 찰각찰각하는 베 짜는 소리가 들렸다. 나이 64에 집에서 졸하였다. 유의한(柳宜漢)의 시에, "상대에 청망이 무거웠고, 운학에 점잖게 거함이 마땅하다. 지난 시절 함께 놀던 곳이, 이미 천고의 슬픔이 되었구나."

■권의일(權宜一). 흥해 군수.

■권욱(權燠). 자는 용현(用顯)이다. 관직은 부산 첨사다. 포의 유효민(柳孝民)과 친구로 잘 지냈다. 효민이 일찍이 준 시에, "벼슬 사양하고 이조에 슬프게 낙탁하니, 책을 안고 천고에 고질이 부끄럽다. 문득 기쁨은 미친병으로 사물과 어기니, 한 백년 우락(憂樂)이 모두 가소롭다오."

■권민중(權敏中). 정평 부사.

■권정우(權正遇) 언양 현령.

■권사석(權師錫). 비변랑 겸 수원 어사.

■권사린(權思麟). 영장.

■권헌문(權憲文). 평해 군수.

■권교(權翹). 진사.

■권시명(權是明). 진사. 유문용(柳汶龍)의 시에, "안옹의 남긴 운취 이 사람에 있으니, 깨끗한 그 마음 결결한 말씨로세. 보아오지만 언제 척촌인들 어길소냐, 가고 말고를 한훤(寒暄)을 따르지 않았다네."

■권위(權煒). 자는 상중(象仲)이다. 어려서 스승에 나갔다. 책을 머리에 이고 성현을 더럽힐 수 없다 하였다. 공령을 업하여 알려졌다. 영조 때 진사가 되었다. 이보다 먼저 상국 채제공(蔡濟恭)이 위와 잘 지냈다. 서신을 보내 한 번 소성(小成)한 것은 하례할 것은 못 된다고 하였다. 하루는 걸객이 누추한 차림으로 천천히 앞으로 와서 함께 한동안 이야기를 하고 갔다. 그리고 얼마 후 만나자고 청하니 바로 앞서의 걸객이 지금 미행을 하고 있는 것이었다.

위가 사양하여 어찌 선비가 되어 공정(公庭)에 교제를 넣는 것이 있겠느냐 하고 찾아가지 않았다. 호를 상계(霜溪)라 한다.

■권흡(權熻). 부사.

■권알(權烷). 진사.

■권정구(權正九). 진사. 유문용(柳汶龍)의 시에, "사람들은 문장이 성하다고 하나, 나는 덕행이 높은 줄 안다. 경서를 공경하는 늙은이가, 영원(瀛原)에 또 눈물 지운다네."

■권정삼(權正三). 진사.

■권정추(權正錘). 자는 상칭(尙稱) 호는 청천(聽天)이다. 헌종 때 순릉 영에 추천되었다. 두 아들 용성(龍成) 국성(國成)이 모두 유망(儒望)을 지고 있으나 벼슬하지 않았다.

■권경(權褧). 자는 경장(景章) 호는 창랑(滄浪)이다. 정종로(鄭宗魯)를 사사하였다. 유의삼(柳宜三)의 시에, "의표는 소시부터 점잖고 한가로웠고, 우계에 침잠하여 도를 듣고 돌아왔다. 몇 번이나 실올을 잡아 세밀하게 들어갔나, 지금은 일만 개울에 달을 보도다."

■권길(權佶). 자는 정보(正甫). 향시에 9번을 장원하였으나 급제하지 못하였다. 성품이 유람하는 것을 좋아하여 동남의 아름다운 곳마다 진솔회를 설치하였다. 항상 소학을 읽었고 지극한 행실이 있었다. 일에 임하여 의문 나는 것을 잘 분별하였다. 뜰을 나누어 다투는 소리가 있으면 이미 길이 자리에 없는 것을 알 수 있었다. 호는 경모(敬慕)라 한다. 길의 후에 호명(顥明)이 있었는데 세상에서 삼옥(三玉)이라 칭하니 인옥 문옥 필옥(筆玉)이라 한다.

■권인성(權仁成). 문과로 공조 참의다.

■권중만(權重萬). 자는 인경(仁卿)이다. 평생 논어 읽기를 좋아하였다. 일찍이 벽에 쓰기를, 선을 하는 것이 가장 즐겁다〈爲善最樂〉하였다. 자호를 수중(守中)이라 하였다. 사는 석산(石山) 아래 여러 종족과 함께 서실 하나를 세워 후인에게 바탕이 되게 하였다. 누차 여러 사당의 유사를 지나며 다소간의 규정을 세웠고 그 후 국추(國樞)가 있어 문산사(文山祠)를 이어 창건하였다.

■권헌정(權憲貞). 자는 학로(學老) 호는 둔와(遯窩)다. 헌종 갑진에 생원이

되었다. 박학하고 문장과 행실이 있었다. 저술로는 삼정책(三政策)이 있다. 꿈에 퇴계를 보고는 문장이 모두 아름다운 작품이 되었다. 적벽 범주(赤壁泛舟)라는 시가 있다. "물은 은하를 접하여 하늘가에 닿아 넓고, 산은 좋은 달을 품어 그림 속에 연하였다. 비단옷 떼의 섬세한 노래는 흔들려 나오고, 시정은 취기에 어리어 더욱 교만하여진다."

■권인국(權仁國). 자는 평집(平集)이다. 지능으로 누차 주군(州郡)을 맡았으나 봉록은 일찍이 스스로 후하게 하지 않았고 형제간에 고르게 하여 말썽이 없었다. 하루는 외사(外舍)에 앉아 있는데 며느리와 딸이 문제(門第)의 갑을을 비교하는데 결정이 나지 않아 인국에게 분별해 주기를 청하니 인국이 웃으며 딸은 나를 부친이라 하니 며느리가 반드시 양보하여야 할 것이야. 하였다. 며느리도 아마 명족(名族)이므로 그 자리를 비워 사양하였다. 듣는 이들은 잘한 농담이라 하였다.

■권인두(權仁斗). 자는 기칠(祈七)이다. 문과로 장악원 정이다. 이호근(李鎬根)의 시에, "자질 들의 시서는 왕치(王峙)의 집임, 형제들의 잠홀은 두의(竇儀)의 몸이로다."

■권인룡(權仁龍). 문과 주서.

■권대환(權大煥). 자는 응천(應天)이다. 진사. 서예로 경내에 날렸는데 추경하고 힘이 있어 사람들이 철구(鐵鉤)선생이라 하였다. 호는 석산(石山)이다.

■권병직(權秉稷). 용궁 현감.

■권재규(權在奎). 진사.

■권경직(權敬直). 자는 여행(汝行)이다. 문과 지헌이다.

■권정찬(權正鑽). 자는 사범(士範)이다. 정형선(鄭馨善)과 아량으로 서로 높다고 하였다. 하루는 정이 권에게 객이 되니 권이 하루에 닭 한 마리를 잡아 먹였다. 십 일이 지나 권이 정에게 닭이 다되었으니 공도 가는 것이 좋으리라 하였다. 권이 문묘 향례에 참여하여 얼룩소라고 꾸짖어 바꾸게 하였다. 당시에 2절(二絶)이라 하였다.

■권중만(權重万). 자는 우약(禹若). 문과 정언.

■권상설(權相卨). 진사.

■권상적(權相迪). 자 율원(聿元). 소시에 박문 강기하여 제자 백가에서부터 천문 지리 역률 병지를 모두 시작과 끝을 완전히 통철하였다. 일찍이 노산정사(蘆山精舍)를 지어 문익점(文益漸)을 제사하니 일시에 의표로 삼았다. 상적은 천자가 영리하고 의표가 외연하며 사람을 접하면 화한 기색으로 상대하였다. 저술로 오륜 구도(五倫九道) 등의 찬이 있다. 나이 79에 졸하였다. 호는 해려(海閭)이다.

■권장환(權璋煥). 자는 기현(歧見)이다. 명경과를 공부하였으나 급제하지 못하였다. 뜰에 소나무 몇 그루가 있어 날마다 그 아래서 읊었는데 허다하게 뇌소(牢騷)와 강개함이 잡되었다. 진주 사람 조성가(趙性家)가 와서 보고 이 늙은이의 백두에 회포의 운취가 쇠하지 않았다고 하였다.

■권운환(權雲煥). 자는 순경(舜卿)이다. 정재규(鄭載圭)를 사사하였다. 뜻을 가다듬고 힘써 공부하였다. 항상 요약함을 지키고 스스로 힘썼다. 모친을 섬기는데 가정이 빈한하여 신을 삼아 고기를 사서 공양하였다. 성품이 술을 좋아하여 객이 간혹 주효를 갖추어 보내오면 역시 사양하지 않고 진취하면 반듯이 복건에 수염을 흔들며 명리(名理)를 말하기를 좋아하였고 악을 미워하기를 원수같이 하여 조금도 용서하지 않았다. 하루는 헌사(憲司)의 무리가 일로 인하여 곤란하게 하니 문득 욕성으로 꾸짖었다. 호를 명호(明湖) 또는 이이옹(而已翁)이라 하였다. 문집 열 책을 간행하였다.

■권기덕(權基德). 자는 자후(子厚)다. 정재규(鄭載圭)를 사사하여 침잠 강구하기를 십 년에 크게 진보하였다. 집이 가난하여 떠돌다 산음(山陰)에 우거하였다. 오래되니 이웃이 감화되어 골짜기 마을에 독서하는 소리가 서로 들렸다. 문장을 하면 반드시 이치가 성함을 주장하였다. 호는 삼산(三山)이다.

■권두희(權斗熙). 자는 도민(道敏)이다. 영민하고 활달하며 의리를 좋아하였다. 본군 성묘를 산음과 합병할 때 두희가 먼저 대의를 발하여 온전하게 되었다. 적벽 서쪽에 읍청정(挹淸亭)을 세우고 청사밖에 꽃과 나무를 열지어 심어 매번 술을 먹을 때 홍록이 서로 비치니 두희에게 마치 장정의 무성한 나무 같다고 하였고 행인은 더위를 피하였다.

■권병천(權秉天). 자는 유일(惟一)이다. 기개와 의리로 고을에 알려졌다. 손

자 재두(載斗) 역시 강의하여 을사조약이 이루어지자 군수 오재규(吳在珪)가 관리를 보내 세금을 재촉하니 문득 분개하며 꾸짖기를, 내 어찌 동쪽 조정에 힘을 바치는 충신이겠느냐 하였다. 호는 석우(石愚)이다.

■권영희(權永熙). 진사.

■권인수(權仁洙). 진사. ■권석기(權錫璣). 진사.

■권정용(權正容). 자는 문중(文中)이다. 천재가 영오하였다. 십 세에 시 한 수가 있다. "백로 한 마리 날아가니 가을 물은 푸른데, 닭 두 마리 울어 그치니 정오 연기 푸르다. 이성열(李聖烈)이 본군에 귀양살이를 하는데 성열이 시로 격려하기를, 젊어 성현을 배우니, 후일에 군중의 짝이 아니리라." 하였다. 후에 상을 거하며 스스로 훼손하여 일어나지 못하였다. 당시 나이 26이었다. 춘파고(春坡稿)가 있어 간행되었다.

■권재옥(權載玉). 자는 극서(極瑞)다. 곽종석(郭鍾錫)을 사사하였다. 일찍이 유림의 명망을 지고 있었다. 그의 찬(贊)에, "기다랗게 마치 산석(山石)처럼 외뢰(磈磊)하고, 따스함은 마치 봄 구름처럼 담담하고 편안하였다. 일찍이 뜻이 어쩌면 구차하지 않았으니, 익히 아는 이는 이미 천고를 비교하여 자연이 기이한 것을 점하였다." 나이 34에 졸하였다. 호는 하계(霞溪)이다.

유씨(柳氏). 관적 진주(晉州).

■유승윤(柳升潤). 부사정에서 관직이 군수에 이르렀다. 청천군(菁川君) 번(藩)의 손자이다. 번은 동두릉(東杜陵)에 들어갔다. 두 아들 헌납 백통(伯通)과 참의 백연(伯連)에게 남으로 내려가라고 명하였다. 백통의 관직은 평해 군사에 이르고 판서 한철충(韓哲冲)의 딸과 혼인으로 인하여 합천에 거하며 5자를 낳았는데 승윤이 첫째로 비로소 본군에 와서 집을 지었다. 이때 종제 소윤 굉(閎)이 백규(伯逵)의 아들로서 역시 같은 마을에 살면서 유족(儒族)으로 알려졌다.

■유연(柳淵). 경상 병마우후로 관직이 수사에 이르렀다. 후인의 시에, "함주의 한번 노여움에 일백 신령이 내달으니, 동해에 봄이 한참인 것이 몇 해이

던고. 성대에 아직 인의 장수 기다리니, 공이 부절로 봉화를 감수하네."

■유만정(柳萬禎). 자는 백언(伯彦)이다. 사람됨이 참활하고 큰 도량이 있었다. 붓을 던지고 무를 강하여 사헌부 감찰을 거쳐 장기 현령으로 나와 관사에서 죽었다. 후인의 시에, "몸이 동주 백리의 명을 맡아서, 군상의 덕을 펴는 데 단정(丹旌)을 열었다네. 혹시 알려나 풍우 속 금오석(金鰲石)이, 당시의 한 가닥 맑은 바람을 기억하려나."

■유우(柳宇). 영산 령. 유주(柳宙). 자는 태곽(泰廓)이다. 향리에 거하며 유술을 좋아하였다. 양친 상을 거하면서 죽을 먹고 3년을 질대(絰帶)를 벗지 않았다. 항상 대학의 명선(明善) 지지(知止)라는 말을 좋아하여 자호를 지재(止齋)라 하였다. 조정에서 일찍이 충순위의 직함을 가하였으나 벼슬하지 않았다. 이시분(李時馩)이 유씨는 3대로 무인이나 예가의 승척(繩尺)이 있었다고 하였다. 후인의 시에, "고사에 분명 유자의 모습을 전하는데, 빈 직함은 어찌 무인의 반열인가. 운공의 일필이 솟는 해와 같으니, 천덕이 빛나게 염남에 비친다오."

■유인(柳寅). 진사.

■유재춘(柳載春). 자는 응원(應元)이다. 광해 때를 당하여 문달을 구하지 않았다. 무릉 산중에 들어가 복숭아 일천 그루를 심고 자호를 도은(桃隱)이라 하였다. 시가 있다. "한편은 청산이요 한편은 강인데, 산속 비와 강물 소리 밤 창문을 두드린다. 그중에 노인이 일없이 누었으니, 모래 새와 엄자릉의 배에 꿈이 차갑다네." 방백이 그 명성을 듣고 방문하니 계산은 소쇄하고 화죽은 뜰에 비겼는데 시를 남겨주려고 묻기를, 주인은 객에게 구하는 것이 있느냐고 하니 답이 소금 거적뿐이라고 하여 방백이 굽힐 수 없다는 것을 알고 감탄하며 돌아갔다. 이시분(李時馩)이 모는 개제한 사람이다. 큰 포부는 장성의 그릇을 안고 연하의 은벽이 있다고 하였다.

■유보춘(柳寶春). 임진난에 진양에서 전사하였다. 방후손 잠이 기적비문을 찬하였다.

■유관(柳爟). 자는 문보(文甫)이다. 관직은 훈련원 봉사이다. 처음 백부 재춘(載春)에게 수학하면서 특이하게 항상 기이한 기백으로 자부하였다. 오래

도록 서반에 나열되어 별로 알려지질 않았으나 후에 훈련원 주장이 그가 현명함을 알고 군중의 일을 모두 자문하였다. 미처 크게 펼치지 못하고 관사에서 졸하니 사간 권도(權濤)가 치상하여 귀향하였다.

■유엽(柳燁). 자는 명중(明仲)이다. 소시에 학문을 좋아하였다. 고을 사람 정훤(鄭暄)과 서로 친구로 좋았는데 훤이 죽으니 엽의 시에, "일찍 부귀를 계륵으로 여기고, 만년에 강산에 초당을 지었다." 사람들이 학포(學圃)의 출처를 잘도 묘사하였다고 하니 학포는 훤의 호이며 인조 때 사람이다.

■유혁(柳爀). 자는 휘중(輝仲)이다. 무성한 재주로 알려졌다. 유지원(柳之遠)의 슬퍼하는 시에 참된 바람과 도예로 추도하였다. 덕원의 청금록(青衿錄)에 실렸다. 후인이 단계(丹溪)거사라 칭한다.

■유수영(柳秀榮). 진사.

■유몽서(柳夢瑞). 진사.

■유지원(柳之遠). 자는 무경(茂卿) 호는 양촌(陽村)이다. 가정을 이끄는데 말하지 않고 몸소 행동하였다. 마을에 서로 다투는 자가 있어도 신발 끄는 소리가 들리면 엄숙한 얼굴로 그치며 유모를 알게 하지 말라 하였다. 지원은 신장이 팔척이며 수염이 아름답고 두 눈동자가 반짝이며 양쪽 귀가 두 어깨에 드리었다. 거처는 초려 두어 간으로 좌우에 도서가 있고 한점 먼지도 없었다. 윤순거(尹舜擧)가 의춘의 읍재로 그 담장과 집을 수선하여 주며 내가 애중하는 것은 영남에 오직 유무경 한 사람이다 하였다. 정조때 청곡사(清谷寺)에 배향되었다.

■유문호(柳文虎). 그 자는 잊었다. 곽준(郭䞭)의 여서가 되었다. 정유재란에 준이 황석산성을 지키니 문호가 처를 끌고 따랐다. 준과 문호가 모두 죽으니 처 곽씨가 부친과 형이 모두 죽고 남편 역시 죽었으니 첩이 어떻게 혼자 살겠냐며 자액(自縊)하였다. 일이 알려져 정려를 내리니 권도(權濤)가 쓰기를 '부자녀가 충효열이니 한 집의 삼강(三綱)이고 만고의 법칙이다.' 하였다.

■유옥(柳沃). 자는 중관(仲灌)이다. 인조 때 군흥(軍興)을 도와 절충으로 병조 참판에 추증되었다. 옥은 천품이 매우 아름다워 입으로 남의 과실을 말하지 않았고 내행이 극히 갖추어졌다. 종족의 약상(弱喪)이나 폐질자가 모두 찾

아갔다.

■유중춘(柳重春). 찰방. 유유춘(柳有春). 자는 여화(汝和)다. 무인으로 용맹하였고 의를 좋아하였다. 광해의 정치가 문란하니 선전관에 제수되었으나 나가지 않았다. 인조 때 옥구 현감에 제수되어 선정으로 연이어 이성과 맹산에 제수되었고 후손에 익수(益秀)가 있어 문아(文雅)로 스스로 나타났으나 수를 못하고 죽었다.

■유광두(柳光斗). 자는 운장(雲章)이다. 부친 진창(晉昌)이 얼화(孼禍)로 병을 얻었는데 타상에 명천(名泉)이 늙은 괴화나무 아래 나온다는 말을 듣고 단계에서 처음으로 들어와 살았다. 임종에 유서로 자손에게 가르치기를 효제는 인을 하는 법칙이며 담박은 뜻을 밝히는 길이라 하였다. 광두가 부친의 유훈을 오래도록 행하여 몸을 행함이 법이 있었고 4자 성화(聖和) 천화(天和) 만화(萬和) 치화(致和)가 모두 영예가 있었다. 광두가 회근연(回巹燕)을 행할 때 당시 사람들이 낭릉 덕업(朗陵德業)으로 칭찬하였다. 광두가 죽어 의춘에 장례하는데 묘역을 여니 아래에 큰 뼈가 흙속에 누워있음으로 인하여 그 옆을 뚫고 그 분묘를 덮어주었다. 삼일이 지나고 광두가 꿈에 고하기를 내가 석장군(石將軍)과 이웃을 맺으니 마음이 매우 편하다고 하였다. 어떤 이는 석씨(昔氏)의 무덤이라고 하였다. 그 후로 자손에 연방 계방에 들어간 이가 4.5인이다. 괴헌실기(槐軒實記)가 있어 간행되었다.

■유증서(柳增瑞). 자는 화옥(華玉) 호는 죽계(竹溪)다. 소시에 사장학(詞章學)을 다스렸다. 제생을 군의 북쪽에서 가르치니 한 문중의 으뜸이었으나 과거는 하지 못하였다. 만년에 주역을 좋아하였고 주역 이야기하기를 좋아하였다. 객이 묻기를 자네는 하늘이 움직인다는 것을 아느냐고 하니 바람과 우레는 소리로 움직이는 것이며 해와 달은 운행으로 움직이는 것이다. 성인이 체험하여 낮에는 하는 것이 있고 밤에는 휴식을 한다. 움직임과 고요함이 서로 배어들어 틈이 없다. 여기에 진실로 잘 보아야 할 것이다 하였다. 영조 때 졸하니 나이 42이다.

■유성명(柳成明). 자는 여중(汝重)이다. 박사(博士) 업을 공부하였다. 일찍이 과장에서 사화(士禍)를 보고 과거를 폐하였다. 백형 응명(應明)에게 수학하였

다. 새벽에 일어나 의관을 정제하고 종일을 흠흠하였다. 겨울에 제생을 가르치며 비록 성한이라도 반듯이 밖으로 나가 뜰에서 읍례를 행하고 자리에 나가 독서하였다. 성품이 간홍(簡弘)하였고 사람의 잘잘못을 말하지 않았다. 나이 80에 얼굴이나 등이 수앙(粹盎)하여 사람이 한번 보면 이미 도가 있는 군자로 알았다. 저술로는 예설 두 권과 역대 총록 14권이 있다. 호는 서와(西窩)이다.

■유증만(柳增萬). 자는 무일(武一)이다. 문묵(文墨)으로 이름을 이루었다. 경사에 놀면서 상국 채제공(蔡濟恭)에게 어진 바가 되었다. 영조 때 서반에 배열되어 추관 정낭으로 단천 현령에 제수되고 또 위원을 맡아 백성을 다스린지 몇 해에 고을이 크게 다스려졌다. 상사가 왕에게 사뢰기를 유모의 정치함이 관문에 걱정이 없다 하였다. 사복시로 일찍이 정사 유언호(俞彦鎬)의 종사관이 되어 연경에 갔는데 중국인이 보고 서로 이르기를 문무의 장수라고 하였다. 연행일기가 있다. 후에 불열자의 참훼로 흑산도에 유배되어 여러 해 만에 풀려 돌아왔다. 호는 물재(勿齋) 또는 불구재(不求齋)라 한다.

■유기룡(柳沂龍). 자는 방언(邦彦) 호는 만은(晚隱)이다. 일찍이 구용산 중에 은거하면서 고옥관(高屋冠)을 썼고 벼슬을 구하지 않았다. 좌우에 쓰기를 조정 득실과 범인 장단은 방에 들어오면 말하지 않는다. 강산의 흐름과 솟음 풍월의 청명함은 객을 대하면 항상 말한다 라고 하였다. 집에 동노(童奴)하나가 있는데 소리가 매우 불편하였으나 기룡이 반드시 화기롭게 부르니 대답 역시 이러하였다. 오래되어 동노의 소리도 화기로워졌다. 가정이 빈한하여 부엌 솥에 이끼가 생기자 사람들이 혹 삶을 다스리라고 권하면 나는 욕됨 없는 것을 영광으로 여기고 재앙 없는 것으로 복을 삼는다. 내가 누리는 것 역시 큰 것이 아니냐 하였다. 후인의 시에, "귀먹어리 관리가 백성 다스리니 세상이 어두운지 오래라, 부르는 서신이 어찌 구룡문에 이르겠느냐. 솔 거문고 날마다 연주하고 산빛은 아름다우니, 당시의 독락원을 기억하리라."

■유효민(柳孝民). 자는 미중(美仲)이다. 어려서 눈빛이 맑아 영채가 사람에게 비쳤다. 장성하니 낙낙하고 기이한 기백이 있었다. 일찍이 용만을 지나는데 강 소리가 밤에 시끄러운 것을 듣고 시를 지어 던지며, "행하며 서쪽 변방

땅이 다된 곳을 지나는데, 삭풍이 객에 부는 압록강 고을일세. 서생이 칼 있으나 어디에 쓸까. 부질없이 호추(胡雛)를 제왕 고을에 가득하게 하였도다.” 호는 인묵(忍黙)이다.

▪유효신(柳孝臣). 자는 치능(稚能)이다. 정조 초년에 탐라군이 반하니 상이 서정(西征)할 것을 모의하는데 효신이 이에 개연히 스스로 맹세하며 장사 300명을 청하여 함께 갔다. 바람을 기다린 지 7일에 흐름을 따라 내려가는데 병사 모두가 흰옷을 입고 노를 저으며 장사꾼처럼 보이게 하였다. 이윽고 경지에 들어가 강 언덕 갈대숲에 숨고 혼자 단기로 영문에 들어갔다. 이보다 먼저 효신이 적과 평소 서로 알아서 내응하는 서신 하나를 거짓으로 갖추어 적에게 밀통하니 적이 문을 열고 기쁘게 맞았다. 이에 갈대숲의 장사가 시기에 맞추어 습격하여 파하고 참수하여 경사에 전하였다. 무인에 효신을 특별히 비변사 낭청으로 제수하고 영남 병마우후에 제수하였다. 또 경성으로 옮겼고 나이 63에 관사에서 졸하였다.

▪유정탁(柳正鐸). 자는 직재(直哉)다. 어려서부터 준재가 있었다. 한사(漢史)를 읽는데 홍문연(鴻門宴)을 부로 지어라 명하니 즉시, ‘천하가 유방(劉邦)에게 돌아갔다.’ 하니 부친이 기특하게 여겼다. 시문(時文)을 공부하여 누차 굴하고 합격하지 못하였다. 인하여 유명한 산수에 유람하며 간혹 한 달이 넘도록 돌아오지 않기도 하니 당시에 정탁이 허연(許椽)의 승지를 감상하는 그릇이 있다고들 하였다. 타고난 자질이 평이하고 넓어서 세속 냉난(冷煖)의 길에 구애받지 않고 오직 의리만을 지키고 일찍이 몸을 굽혀 사람을 따르려고 하지 않았다. 이 때문에 끝내 낙척하여 불우하였다. 나이 78에 졸하였다. 호를 목헌(木軒)이라 한다. 백형은 원탁(元鐸)이니 후손 치휘(致輝)에 이르러 명경과를 9번이나 해액(解額)하여도 과거는 하지 못하였다. 호칭이 오경(五經)선생이었다.

▪유문룡(柳汶龍). 자는 문현(文見)이다. 족숙 증서(增瑞)를 사사하였다. 소시에 부친을 잃고 가난하여 객이 되어 떠돌다가 가락(駕洛)의 북문밖에 이르러 우거하였다. 처사 황익서(黃益瑞)가 보고 어질게 여기고 여식으로 처를 삼아 주었다. 몇 년을 거하다가 기호의 포천에 명사가 많다는 것을 듣고 가서 따

르며 정문(程文)을 익혔다. 정종 중년에 생원에 올랐고 동시에 남방 선비로 문하에 종유하여 선발된 자가 거의 십수 명이었다. 만년에 타상으로 돌아와 와서 배우는 이를 가르쳤다. 책상 위에는 항상 성리서 심경 근사록 등의 책을 두고 일일이 강구하기를 게을리하지 않았다. 제생들을 가르칠 때 진퇴하고 좌와(坐臥)하는 거동을 소학으로 규정하였다. 저서로는 사서석의(四書釋義) 예변((禮辨) 등의 책이 있다. 나이 69에 졸하였다. 호는 괴천(槐泉)이다. 유집 두권이 간행되었다.

▪유의한(柳宜漢). 자는 계약(啓若)이다. 정조 때 생원이 되었다. 정종로(鄭宗魯)를 사사하였다. 족숙 문룡(汶龍)을 따라 정문(程文)을 배웠다. 매번 붓을 들면 수백 언을 경각에 써내었다. 군수 이휘부(李彙溥)가 근민당(近民堂)을 새로 짓고 일시의 명사를 모아 상량문을 짓게 하자 의한(宜漢)이 소매를 걷고 즉시 지어내니 좌중이 대경하였다. 의한이 만년에 경학에 침엄하여 몸가짐이 더욱 빛났다. 한거십계(閑居十戒)를 손수 지어 좌우 양방에 걸고 민이(民彛)와 일상 행신에 뜻을 다하였다. 나이 80에 졸하다. 호는 동천(東泉).

▪유의삼(柳宜三). 자는 원약(元若). 정종로(鄭宗魯)를 사사하였다. 종로가 항상 말하기를 유모는 내게 가르침을 받는 것이 아니라 나를 가르치려고 온 것이라고 하였다. 학문을 할 때는 성현으로 자신의 기율을 삼으며 마음 다스리는 것을 근본으로 하여 만사에 달하기까지 정정하게 윤리가 있었다. 신장이 칠척인데 거할 때는 반듯이 꿇어앉았고 어깨와 등이 송직하여 마치 나무를 세워둔 것 같았다. 일찍이 목패에 쓰기를 경(敬)은 일심의 주재이며 성(誠)은 만사의 뿌리이다. 하였다. 만년에 한상(漢上)에 거하며 학도를 접하였다. 저술로는 성현찬규록(聖賢贊閨錄) 이언개론(邇言槪論) 자경요결(自警要訣) 추체록(追體錄)등의 책이 수십권이니 모두가 자신을 이루고 사물을 이루는 도구이나 끝내 사용되지 못하였다. 명유 남한조(南漢朝) 정박(鄭璞)등이 모두 공보의 그릇으로 인증하였다. 나이 47에 졸하다. 호는 심재(深齋)다. 의삼이 죽고 자손이 없으니 구묘가 황폐되었다. 족 후손 식(湜)이 여러 종족과 의론하여 공과 의한(宜漢)의 묘를 타상의 북강(北岡)으로 이장하여 해마다 요전(澆奠)를 수행하며 문룡(汶龍)도 아울러 제사하여 폐하지 않게 되었다.

■유의화(柳宜華). 자는 내명(乃明). 정종로(鄭宗魯)를 사사하여 계유년에 족제 성규(成虬)와 함께 생원이 되었고 태학에 거한지 2년에 상이 그 어짐을 듣고 가지고 있던 진기한 벼루를 하사하였다. 그러나 결국 쓰지 못하니 남방 산수의 사이에 자취를 숨겼다. 그가 옛을 조문하고 시대를 애상한 여러 작품이 문사가 극히 비완(悲惋)하여 전송할만 하다. 저술로는 용학요해(庸學要解) 논맹정의(論孟精義)등의 책이 있다. 나이 75에 졸하다. 호는 남와(南窩)다.

■유의정(柳宜貞). 자는 원용(元用)이다. 29에 명경과에 급제하여 정자를 거쳐 예조 좌랑으로 상소하여 시폐오사(時弊五事)를 진달하며 군병을 양성하여 변방의 방어를 더욱 극하게 말하였다. 무신에 상이 태묘에 제사하니 뇌성의 이상함이 있으니 조서를 내려 말을 구하니 의정이 봉사(封事) 천여언을 올렸다. 전년에 상국 김흥근(金興根)이 언사(言事)로 죄를 얻어 밖으로 유배되었다가 이때 상소 끝에 그 억울함을 밝히니 상이 노하여 의정을 북군 경흥에 유배하였다. 철종 초년에 풀려나 돌아오니 현풍 현령에 제수되어 순이(循吏)로 알려져 홍문 교리에 제수되고 집의에서 사간까지 올랐다. 의정은 모습이 관옥같아 안팎이 서로 바치었고 이력이 평이하고 명백하였으며 더욱이 천륜에 돈독하여 허다히 사람이 어려운 바가 있었다. 현명한 재상 유치명(柳致明) 이원조(李源祚) 무리가 모두 도의로 서로 추중하였다. 호는 사와(思窩)다. 문집 두 권을 간행하였다.

■유의란(柳宜蘭). 자는 규오(奎五) 호는 눌와(訥窩)다. 유치명(柳致明)을 사사하였다. 성명(性命)의 요령을 물으니 치명이 흔연히 즐거이 고하여 주고 또한 옛날 한훤(寒暄)선생이 소학으로 스스로 거하면서 이룩한 바는 동방의 대유(大儒)가 되다 하였다. 의란이 선한 말을 듣기 좋아하였고 몸을 행함에 있어 방정하게 하려고 힘썼다. 중년에 천령에 우거하면서 집은 사방 벽밖에 없고 한 그릇 밥으로 조석을 나누며 처하기를 여유있게 하였다. 저술로는 통모록(慟慕錄) 평상기문(坪上記聞)등의 책이 있다. 아우 의연(宜演) 역시 유업으로 알려졌다. 사람들이 옥수빙청(玉粹氷淸)이라 칭하였다.

■유상경(柳象經). 자는 태삼(泰三)이다. 사람됨이 커다랗고 높으며 스스로 좋았다. 비록 공경의 무리라도 의리가 아닌 것으로 부르기는 어려워하였다.

회포는 상쾌하여 마치 신선이 혼자 용산(龍山) 이교(梨橋)의 사이를 왕래하는 듯하니 일시에 맑은 물에 부용같은 유모라고 하였다 한다.

■유성규(柳成虬). 자는 도약(道若) 호는 예와(豫窩)이다. 8세에 객이 부채를 가지고 시를 지어보라 하니 즉시 흰 구름을 그대에게 준다. 하니 객이 이는 천리구(千里駒)다. 하였다. 33세에 생원에 합격하였고 성품이 침정하고 근신하며 효우의 지극한 행실이 있었다. 매번 외지의 나들이에서 돌아오면 지나며 보고 들은 것을 일일이 부친에게 이야기하였다. 나이 36에 졸하니 부친 문룡(汶龍)이 애도문을 지어 극히 슬퍼하였다. 손자 기수(璣秀)와 그 아들 해진(海珍)까지 역시 유업(儒業)으로 알려졌다.

■유의문(柳宜文). 자는 여규(汝奎) 호는 서계(西溪)이다. 집은 가난하나 독서를 좋아하였다. 처가 베를 짜서 바꾸어 밥을 해 주었고 책을 치며 상송(商頌)을 노래하였다. 4자가 있는데 장자 원휘(遠輝)는 동기간에 처하기를 지극한 사랑이 있어 매번 먹을 때면 큰 바가지 하나에 둘러앉아 함께 먹었고 먹고 나면 스스로 씻어서 벽에 걸어두고 하니 사람들이 의표(義瓢)라 하였다. 당시 사람의 시에, "의표의 남긴 운취 꽃 등걸 움직이고, 향리의 역사에 새로이 효의문이 더하리라." 하였다. 딸이 구온(具薀)에게 출가한 이가 있는데 일찍 영리하고 재학이 있어 십 세에 여러 어미들을 따라 산성(山城)으로 갔는데 "산 이름 적벽인데 바위 물결은 푸르고, 읍호는 단성인데 관청 버들은 푸르구나." 또 닭을 읊은 시 한수가 있는데, "나래를 치는 한 소리에 두우(斗牛)가 기울고, 홰에 올라 떼로 앉으니 모래 새와는 다르구나. 네가 가을밤에 어느 산 달에 울었느냐, 옥적이 처량하여 초후(楚猴)가 우는구나." 하였는데 향리의 사람이 유처자의 시라고 전한다.

■유의상(柳宜祥). 자는 기지(起之)다. 부친 효민(孝民)이 일찍이 위원군 종사관을 지냈는데 위원에서 출생하였다고 어릴 적 이름을 위(渭)라고 하였다. 단소(短小)하고 정한(精悍)하며 두 눈이 형연하였고 문에 나서 걸음을 옮기면 매우 신중하여 마치 지탑(地塌)과 같았다. 헌종 초년에 무과로 수성의 관향장(館餉將)등을 역임하고 36세에 안흥진 첨 절제사가 되어 3년 동안에 고을에는 해경(海警)이 없었다. 유의란(柳宜蘭)의 시에, "서쪽 안주에 가면 별다른

나라처럼, 연꽃 한 송이가 바다에 떠있는 것 같다. 원융은 일이 없어 장검을 불고, 종일 노래 소리는 좋은 놀이 같았다."

■유심탁(柳心鐸). 자는 희천(希天)이다. 효자다. 고기가 뛰어 모친에게 봉양하고 비단을 태우고 묘소에 우는 선행이 있었다. 박상태(朴尙台)의 시에, "자식은 경서를 배워 능이 후손에 남기고, 선친의 묘소에 비단을 태우니 진실로 선친을 사모하였다." 고종 때 일이 알려져 정려를 내렸고 손자 태현(泰賢)은 무거로 장수 승이 되었다.

■유공현(柳公賢). 자는 여진(汝珍)이다. 지극한 성품이 있었다. 부친 의정(宜貞)이 나창(裸瘡)으로 유배지를 가는데 공현이 천리를 따라가며 입으로 빨아 치료하였고 모친의 병에 누차 얼음 속의 고기 등 이상한 자취가 있었다. 아우 창현(昌賢)이 유행병으로 죽자 처 안씨(安氏)가 남편 삼년 상을 예와같이 하고 궤연(几筵)을 철거하니 자액(自縊)하여 따라 죽었다. 김인섭(金麟燮)이 지은 전기에 사실이 자세하다.

■유기현(柳基賢). 자는 주명(周命). 공현(公賢)의 아우다. 28세에 급제하여 집으로 돌아오니 부친 의정(宜貞)의 질병이 위독하였다. 불러서 말하기를, 비단옷을 입은 자는 책임이 중하다. 아무 생각 말고 네 아비처럼 하지는 말라 하였다. 전적에서 건원릉 령이 되고 경오년에 전랑에서 황산도 찰방에 제수되었다. 사신이 문에 이르자 기현이 죽으니 나이 38이었다. 당시 사람들의 속담이 조문하는 이는 당에 있는데 축하하는 이는 문에 이르렀다고 하였다.

■유택현(柳宅賢). 자는 경서(敬瑞)이다. 철종 때 관직이 오위장이었다. 청주 영장으로 추천하였는데 부임하지 못하고 경사에서 죽었다.

■유준현(柳俊賢). 자는 학중(學仲)이다. 신장이 7척이고 여력이 절륜하였다. 소시에 해학적이고 걷잡을 수 없었다. 권형서(權衡書)를 보기 좋아하였으며 장성하여 경사에 노는 데 헤진 제포와 짚신으로 국태공을 찾아보니 태공이 함께 이야기하고 크게 기뻐하며 국사라 칭하였으나 끝내 과거는 하지 못 하였다. 하루는 모습이 쭈글쭈글하여 도시의 거리를 유람하는데 명사 이연응(李然應)이 보고 내려 절하며 선생이 어찌 이 지경이 되었소. 하고 인하여 시를 주었는데, "사람은 반계위에 있는데, 집은 누항 중에 있구나. 창생이 지금

빠졌는데, 영웅을 늦게 하는 것은 합당하지 않다."

■유경현(柳景賢). 자는 학선(學善) 호는 항와(恒窩)다. 유치명(柳致明)을 사사하였다. 탁연히 높은 의리가 있었다. 향리에 거하면서 뜻은 크고 말은 공손하며 성품은 강직하고 마음가짐은 검약하였다. 그 시문은 섬세하고 농후하며 위곡하여 낙민(洛閩)의 유운을 깊이 체득하였다. 저술로 항도설(恒圖說)과 잡저 15권이 집안에 보관되어 있다. 그 주암시(舟岩詩)에, "바위는 무극(無極)의 세대에 높았고, 소나무는 섭제(攝提)년에 늙었다. 사물을 대하니 인하여 감동이 많아, 눈앞에 뜬 먼지 쓸어낸다네." 후손 주칭에 치우(致佑) 치경(致慶) 두 사람이 모두 명경과를 공부하였으나 과거하지 못하였다.

■유원조(柳遠照). 자는 성집(聖緝)이다. 초서와 예서를 잘 썼다고 알려졌다. 9일 등고시(登高詩)가 전하는데, "석양에 높게 노래하며 석대에 이르니, 서남의 가을빛이 눈에 들어온다. 그대에게 묻자 황화를 사랑하는지, 9,9의 술잔 앞에 한번 웃어 보자." 아우 원교(遠敎)는 집안을 다스리며 무격(巫覡)을 가까이 하지 않았고 가난하여도 구차하게 구하지 않았다. 명유 장석영(張錫英)이 일찍이 인인이라 칭하였다.

■유기수(柳夔秀). 자는 중립(中立)이다. 사람됨이 영리하고 기략(器略)이 있었고 의채가 엄숙하였다. 고을 관리 박순(朴純)은 평소 거만하다고 알려졌는데 공을 보면 일찍이 경의를 표하지 않을 수 없었다. 기수가 죽어 비산(飛山)에 장례하였는데 후인의 시에, "남산의 죽전(竹箭)은 야성(野性)으로 마쳤는데, 동서의 금종(金鐘)은 낭묘의 자질이 보인다네. 백년 인물에 공 같은 이 어려우니, 비산에 눈물 뿌리는 석양 녘이라네."

■유현수(柳絢秀). 자는 치경(致絅)이다. 지극한 성품이 있어 사람들이 왕언방(王彦方) 품행으로 지목하였다. 소시에 은일한 것을 좋아하여 항상 입극(笠屐)으로 전원의 천맥 사이를 오가며 권귀인과 서로 아는 것을 수치로 여기었다. 나라가 망하니 현수는 집에 있는 것이 즐겁지 않아서 경내의 명산을 유람하였다. 일찍이 천왕봉에 올라 계수 재배하고 진정한 영웅을 낳아 이 창생을 구제하기 바란다고 하였다. 시 한 수를 남겼는데, "말을 재촉하여 광명한 일월대에 올라보니, 일천 나라가 소라처럼 엎드렸다. 평생에 바라던 명상의

약속이, 오십구년 팔월에 왔구나." 자호를 우천(愚川)이라 하고 또는 둔요(遯寮)라 하였다. 나이 62에 졸하니 이건승(李建昇)이 본전을 지었다.

양씨(梁氏). 관적 남원(南原).

■양사귀(梁思貴). 관직 사간. 김해 부사를 지냈다. 지금 사는 원산(圓山)에 사간정(司諫井)이라는 샘이 있다. 양결(梁潔). 창원 부사. 양민(梁岷). 정의 현령. 양역(梁嶧). 연일 현감. 양기(梁岐). 만호. 양교(梁嶠). 현감. 양준(梁峻). 군수. 양종직(梁宗直). 대정 현령. 양정손(梁貞孫). 산음 현령. 양성고(梁城固). 현령. 양경종(梁敬宗). 판관.

■양흠(梁水+欽). 자는 여신(汝信)이다. 일찍이 동지와 연회 자리에서 손을 들어 남으로 가리키며 개연하게, 태평 세대가 이미 오래되었으니 병혁이 일어날 것인데 심하다 육식하는 이의 무모함이여. 흑치(黑齒)가 임진년에 국토를 휩쓸고 훔쳐 들어오니 흠이 스스로 맹세하기를 왕을 위하여 적개심을 품는 것은 포의도 함께 책임이 있다. 하고 이에 16 의사와 함께 곽재우 진으로 달려가 협력하여 강우를 보장하는 공을 이루니 당시의 재상이 추천하여 평시서 령으로 임명하였으나 나가지 않았다. 호는 용암(龍岩)이라 한다. 양사원(梁士元). 문과로 이조 좌랑이다. 양사정(梁士貞). 형 사원(士元)과 함께 곽재우 진으로 가서 누차 기공을 올렸다.

■양사리(梁士利). 양친 상을 치르면서 상제를 마치도록 죽을 먹었고 문정후(文定后)의 삼년상을 입으니 사람들이 선릉(宣陵) 효자에 비하였다. 또한 선릉의 상을 입었으며 인하여 병으로 일어나지 못하였다. 두 아들 능(稜)과 색(穡)은 효자로 알려졌고 그의 두 딸은 정유 난을 만나 욕되지 않고 순의(殉義)하니 장녀의 나이가 20이며 다음은 17이었다.

■양세홍(梁世鴻). 고령 현령이다. 곤(鵾)의 후로부터 선행으로 알려졌다. 일찍이 당 앞에 연못 하나를 만들자 늙은 매화 가지가 연못 위에 걸쳐있자 인하여 집을 얽어서 매번 여름이면 나와 거처하였다. 동군의 권도(權濤)가 희롱하여 칭하기를 세홍이 사와(查窩)의 늙은 신선이 되었다고 하였다. 강대수(姜

大遂)의 관직은 순천인데 목가학(木假鶴)을 얻어 세홍을 지나니 세홍이 시를 썼다. "서호로 한번 간 후로, 화표는 몇 천년이더냐. 오종(烏種)의 한 토하려고, 단구에 늙은 신선을 찾았구나." 하니 대수가 즉시 주고 떠났다.

■양신갑(梁信甲). 자는 덕유(德裕)다. 인조 병자 난에 꽤나 기이한 절의를 세우니 당시 호수(虎鬚) 장군이라 칭하였다. 원종공신에 기록되었다.

■양맹신(梁孟臣). 자는 성첨(聖瞻)이다. 헌종 갑진에 회혼(回婚) 창수시첩이 있다. 유의한(柳宜漢)을 슬퍼한 시에, "화사한 모습 팔십 세에, 풍채는 문인(文茵)을 움직였다. 오호라 이 늙은이 잃고 나니, 석양에 눈물이 수건 가득하구나."

■양재맹(梁在孟). 자는 사실(士實)이다. 순조 때 문과에 올라 병조 좌랑에 제수되고 문천 현령이 되어 순리로 명성이 알려졌다. 호는 고촌(古村)이다.

■양치국(梁致國). 자는 통서(通瑞)다. 성품이 뻣뻣하고 굳게 살아 스스로 완전하기를 즐거이 하지 않았다. 수봉 아래 살면서 나이 70에 덕을 높이고 의리를 즐거워하였다. 향리 사람과 함께 처하며 노소 귀천 없이 모두 즐겁게 서로 지냈다. 집에 거하며 행하는 업은 욱연이 사람을 감동시키는 것이 있었다. 일찍이 흉년에 솥을 내걸고 죽을 끓이니 의지하여 일어난 자가 수백 명이었다. 명사 권상적(權相迪) 김린섭(金麟燮) 두 사람이 매우 중하게 여기며 이는 현자가 농장에 은거한 자이다 하였다. 호는 농수(農叟)다.

■양치묵(梁致黙). 자는 태현(泰見)이다. 계미에 문과에 올라 관직이 전적에 건원능 별검이었다.

■양정열(梁廷烈). 고을 사람 유경현(柳景賢)과 친구로 잘 지냈고 유치명(柳致明)을 평상에서 함께 절하니 치명이 말을 주며 장려하였다. 호는 성산초부(聖山樵夫)이다.

■양욱신(梁旭臣). 이방검(李邦儉)을 애도한 시 한 수가 있다. "뜬구름 뭉게뭉게 공명의 보루인가, 흐르는 물 찰랑임은 빈터의 연하일세. 이 늙은이 문장을 다시 볼 수 없으니, 남겨 보이는 현옥이 다시 찬란하구나."

■양호기(梁鎬基). 처 유씨(柳氏)는 나이 19에 남편이 죽자 따라가려고 맹세하였으나 문득 스스로 생각하니 남편이 세대를 이어갈 자식이 없고 시부도

늙었으니 봉양은 반드시 자신을 해야 하는지라 누연하게 처량한 방 냉실중에 거한지 이십 년에 비로소 아들을 들여 후사를 여유있게 하니 당시에 유절부(柳節婦)라 하였다.

단구성원 권1 종.

단구성원 권2.

박씨(朴氏). 관적 밀양(密陽). 사월(沙月) 거주.

■박호원(朴好元). 자는 선초(善初) 호는 송단당(松丹堂)이다. 밀성군 광영(光榮)의 손자로 명종 임자에 등제하여 관직이 좌참찬에 이르렀다. 모부인을 니구산(尼丘山)에 장례하고 여묘(廬墓) 삼 년을 하니 그 산의 이름을 빈소산(殯所山)이라 하였다. 일찍이 호서 관찰사로 가오대(駕鰲臺) 제영 한 수가 있다. "대는 서쪽 바다 만 리 하늘을 누르고, 봄바람에 물색이 정녕 유연하구나. 등림하여 직접 영오(靈鰲)의 등에 걸터앉아, 조망이 멀리 낙목(落木) 가에 통한다. 먼 산 석양은 해국(海國)에 아득하고, 짧은 듯 가벼운 노는 고깃배인 줄 알겠다. 분망하여 문득 창주의 늙은이 부러운데, 외로운 대나무 누른 갈대에 두어간 초옥일세."

곽종석(郭鍾錫)이 음조가 맑고 요원하여 가슴속과 같이 소쇄하다고 하였다.

■박정현(朴鼎賢). 자는 중로(重老) 호는 의곡(義谷)이다. 호원(好元)의 아들이다. 선조 때 문과로 관직은 돈녕이다. 인조 정축에 졸하니 상이 예관을 보내 치제하였다. 강대수(姜大遂)의 시에, "난리 끝에 모두 죽어 배나 혼이 놀라는데, 기덕은 조정에 몇이나 남았느냐. 조령 밖에 포락하여도 그나마 옛 업이며, 성동에 흔들리는 이름난 동산일세. 난정(蘭庭)은 왕춘의 향기를 흩은지 오래되고, 죽단(竹壇)은 지난 밤에 흔적이 다시 엎어졌다네. 단정은 편편이 옛길을 찾는데, 정령은 응당 수문(脩門) 가까움을 기뻐하리라." 정현의 두 아들 귀효(貴孝)는 삼사 승지이며 안제(安悌)는 관직이 병의이다.

■박래오(朴來吾). 자는 복초(復初) 호는 니계(尼溪)다. 8세에 죽풍(竹風)을 지었는데, "순은 오현금이 있고, 무왕은 칠현금이 있었다. 나는 만현금이 있으니, 청풍이 죽림에 분다." 하였다. 장성하여 학문을 하니 손수 이황(李滉)의 성학(聖學) 천명(天命) 두 도표를 모사하고 사칠의 여러 학설을 부쳐 도동편(道東編)이라 하였다. 또 이례고증(二禮考證) 등의 책이 있다. 나이 73에 졸하

였다.

■박재익(朴在翼). 자는 자운(子雲)이다. 나이 33에 병과에 올라 양사를 거쳐 나와 유곡 승이 되었다. 지구가 모두 애석하게 여기며 이 사람을 영권(瀛圈)에 굴하여 마조(馬曹)에 펴게 하느냐. 하였다. 향리에 있는데 직지 여동식(呂東式)이 만나기를 청하니 재기는 수의의 행차는 사사로이 만날 수 없다 하고 만나지 않았다.

■박재호(朴在皥). 자는 용서(龍瑞) 호는 백운(白雲)이다. 순조 병오에 문과로 집의에서 현풍 옥구 현감으로 나갔는데 모두 치적이 있었다. 상국 강로(姜㳣)가 그 아량이 동료보다 크게 뛰어났다고 칭하였다.

■박공진(朴公鎭). 자는 주중(周仲)이다. 헌종 때 사간 도정을 거처 보령군수로 나갔다. 철종 갑인에 기로과를 설치하고 어제 시 한수를 내리며 갱진(賡進)하라 명하니 공진이 좌통례로 법연을 모시며 시를 올려, "자하는 축수하는 잔에 흘러넘치고, 장락전 맑은 새벽 수를 빌고 돌아오네. 성인 은택은 하늘같이 부로에 배어드니, 춘대에 상서로운 태양 별연에 열렸다오."

■박정진(朴正鎭). 자는 사직(士直)이다. 무거로 곤양 현령이다.

■박수회(朴受晦). 자는 엽용(曄容)이다. 명경과를 업으로 성위(省圍)에 나는데 어떤 성씨의 사람이 거자(巨資)를 가지고 묻기를 길이 열렸다. 돈 7백민(七百緡)만 쓰면 과거를 할 수 있으니 내가 공을 위하여 꾀하여 보겠다고 하니 수회가 과거를 하려는 것은 입신(立身)을 하려는 것인데 갑자기 욕되게 하느냐며 사양하고 돌아왔다.

■박규호(朴圭浩). 자는 찬여(瓚汝) 호는 사촌(沙村)이다. 나이 33에 진사가 되었다. 당시 거실(巨室)이 국명(國命)을 잡고 있는데 서울에 일 년 넘게 있었으나 끝내 불우하고 돌아와 집에 거하니 집안이 소연하여 끼니를 이을 수 없었으나 편안하였다. 사람을 접하면 현우 귀천 없이 반갑게 서로 접하였다. 을사년에 곽도(郭鋾)가 부름을 받고 서울로 가는데 특별히 규호를 청하여 함께하면서 험한 길에 서로 믿는 것이 옹이 아니면 누구겠느냐. 하니 당시의 의론이 주자 채침의 옹서(翁婿)에 비하였다. 나이 81에 졸하였다.

■박종응(朴鍾膺). 자는 경우(景愚)다. 곽도(郭鋾)를 사사하였다. 재망(才望)이

일찍 드러났다. 임종희(林瑽熙) 시를 화답한 것이 있다.

"강 소리 삽삽하여 가을 바람 발하니, 창공을 바라보니 송골매가 나는구나. 천지는 어찌하여 긴 밤 속이더냐, 세 잔술 손에 드니 부질없는 탄식일세."
나이 28에 졸하였고 역당고(易堂稿)가 간행되었다.

박씨(朴氏). 관적 밀양(密陽). 진태(進台)에 산다.

■박원량(朴元亮). 자는 군징(君澄) 충숙공 천익(天翊)의 후로 진사다.
■박인량(朴寅亮). 자는 여건(汝乾) 호는 만수당(萬樹堂)이다. 임진에 김면(金沔) 곽재우(郭再佑)와 함께 창의하여 적을 토벌하고 녹훈(錄勳)이 되고 난이 평정되자 월명(月明)의 옛집으로 들어갔고 벼슬하지 않았다. 아들 노(櫓)는 호가 경암(敬菴)으로 둔철(屯鐵) 산중으로 세상을 도망하였고 효성과 의리로 알려졌다. 노의 두 아들은 장자 문형(文炯)은 예학에 밝아 효성으로 참봉에 추천되었고 차자 문수(文守)는 은거하여 뜻을 지켰다.
■박미(朴楣). 자는 언임(彦任)이다. 몸을 닦고 글을 공부하여 스스로 당시에 드러나 이름이 구지(舊志)에 있다. 호는 도암(道菴)이다.
■박계우(朴啓宇). 자는 자대(子大) 호는 계은(溪隱)이다. 고을 사람 유효민(柳孝民)이 계우를 애도한 시에, "문득 생각하니 서로 안 것이 늦어, 그대는 바로 삼영(三英) 사람이군요. 삼영의 세상은 이미 아득히 먼데, 하늘이 이 어진 이를 장수하게 하지 않는군요."
■박사징(朴思徵). 자는 사안(士安) 호는 묵와(黙窩)이다. 전하기를 도천원(道川院) 기문 한 수가 아름다운 작품이라 칭한다.
■박치유(朴致裕). 자는 보경(輔卿)이다. 가난한 집안에서 힘써 공부하여 자립하였다. 태수 성호영(成好永)이 그가 어진 줄을 알고 예로 대하였다. 태수가 임소에서 죽자 치유가 글을 지어 제사하며 지기의 감정을 부쳤다. 종족 동섭(東燮)이 치유를 애도한 시에, "애석하다 누가 기린의 용(甬)을 알 수 있나, 끝났구나 야학의 자태 신선으로 돌아감이여." 호를 적강(赤岡)이라 하였다.
■박용진(朴龍振). 자는 붕여(鵬汝)다. 일찍이 과거를 보려고 달성까지 가서

자는데 점포에 매우 아름다운 여자가 용진을 보고 시침(侍寢)을 할 뜻을 보였다. 용진이 달래기를 내가 들으니 임금을 섬기는 데는 반드시 목욕 재계를 한다고 하니 이번 길은 우선 천천히 하자. 다시 서신을 보내어 모일에 돌아갈 것이다 하고 돌아갈 때는 다른 지름길로 돌아왔다. 여인이 속은 줄을 알고 두타(頭陀)의 모습을 꾸며 용진을 찾아 집에까지 왔는데 다시 전번의 말로 오히려 고집하니 여인이 밤에 나와 강물에 빠져 죽었다. 후에 용진이 매번 강시(講試)에 임하면 여인이 반드시 톱니 같은 이빨과 산발을 하고 앞에 나타나니 곧 안색이 저해되고 집안 역시 소색하게 되었다.

■박상호(朴尙顥). 호는 우계(愚溪)다. 어려서부터 영재로 자부하였다. 중용 대학을 부친의 무릎에서 듣고 모두 암송하였다. 선을 좋아하기가 무궁하였고 거실의 좌우에 성현의 격언이 많았으며 제자의 응접이 날마다 수십인이다. 성품이 베풀어 주는 것을 좋아하여 집에 있고 없고를 불문하였다. 권용성(權龍成)이 내가 거의 일생을 보았는데 적자의 마음을 보유한 자이라 하였다.

■박상태(朴尙台). 자는 광원(光遠) 호는 학산(鶴山)이다. 소시에 십일업(十日業)을 다스렸는데 민첩하고 통창하여 무궁하게 나왔다. 주사(主司)가 매번 호를 개봉할 때 상태의 이름이 나오지 않으면 스스로 공평하지 못하다고 하였다. 일찍이 허전(許傳)을 경사에서 배알하니 전이 그 학문을 두드려보고는 크게 특이함을 더하였다. 하루는 혼자 종남(終南)을 행하며 눈 속에 시를 지었는데, "북풍이 대륙에 불어, 백설이 장안에 가득하다. 떨어진 갈옷 종남 객이, 먼저 옥우(玉宇)의 추움을 근심한다."

연로하여 집에 거하면서 도에 더욱 뜻을 구하여 책상 위에는 항상 주자서를 두었고 배운 바는 나날이 순수하여졌다. 일찍이 일천 성인의 삼매(三昧)는 한포문(寒浦門)에 가까운데 처음 한포를 본 이는 이진상(李震相)의 거처에서이다. 상태는 배우기를 싫어하지 않는다는 말을 즐거이 하였고 성품은 화평하고 편하였으며 내면은 정직하였다. 사람을 접할 때는 성의가 발하였고 혹 비리로 가하는 자가 있으면 문득 일소로 풀어버리니 사람들이 학산의 웃는 법은 묘리가 있다고 하였다. 나이 63에 졸하였다.

■박동섭(朴東燮). 자는 순중(舜仲) 호는 병와(病窩)다. 박학하고 지언(知言)하

였다. 한거수록(閑居隨錄)이 있는데 그 말이 상천(上天)은 매우 머나먼데 능히 사람의 선악을 분별하고 귀신은 지극히 은미한데 능히 사물의 사와 정을 살핀다 하였다.

■박상규(朴尙奎). 자는 이공(而拱)이다. 성품은 화기롭고 뜻을 잘 분별한다. 박상태(朴尙台) 의 시에, "세상에 살면서 비록 시속과 조화가 있으나, 사람에게 있어서는 구차하게 따르지 않았다. 돌을 이웃하니 도로(陶老)의 술잔이며, 산은 자평(子平)의 지팡이를 저버렸네."

■박덕화(朴悳和). 자는 경로(敬魯) 호는 매천(梅泉)이다. 집이 가난하였으나 그의 힘이 아니면 수치로 여기고 먹지 않았다. 항상 말하기를 마음으로 갈고 붓으로 짜니 역시 소찬(素餐)은 아니다 하였다. 일찍이 사람을 위하여 가르침을 주었고 스스로 지키는 것에 독실하였다. 한 나무자리에 앉아 해를 마치니 앉았던 곳에 모두 요철이 생기니 당시에 매천 탑(梅泉榻)이라 하였다.

■박희정(朴熙珵). 자는 옥여(玉汝)이다. 어려서 총명하고 밝았다. 일찍이 정재규(鄭載圭)를 북면(北面)하여 섬기어 그 학문의 요결을 모두 얻었다. 집이 가난하여 도제를 가르쳐 삶을 의지하였는데 매번 제자에 임할 때 정색하고 스스로 지키어 종일을 풀어놓지 않았다. 문장을 하는데 창초(蒼峭)하고 교결하여 그의 사람됨과 같았다. 그 친구 권재규(權載奎)가 세상에 가득한 무량겁에도 정산(貞山)의 가슴속 기운은 빼앗을 수 없을 것이라고 하니 정산은 희정의 호이다. 나이 55에 졸하였다.

■박종달(朴鍾達). 처는 조씨(趙氏)로 파산 사람이다. 종달이 대구로 나들이 갔다가 여관에서 죽으니 조씨가 무덤 곁에서 절명하였는데 사람에게 구원을 받았고 반장(返葬)을 하자 끝내 순종(殉從)의 뜻을 이루었다. 당시 사람들이 애도하여 장구시를 지어 전한다.

박씨(朴氏). 관적 순천(順天).

■박문오(朴文五). 자는 사행(士行) 호는 여와(旅窩)다. 직제학 이장(而章)의 후이다. 성주에서 처음으로 단계(丹溪)에 살았다. 두 아우 문혁(文赫)의 호는

애은(厓隱)이니 서예를 잘하였고 주경(周敬)의 호는 학애(鶴厓)이니 진사로 문행이 세상에 모범이 되었다.

▪박민한(朴民翰). 자는 시보(時甫)이다. 관직이 문겸으로 강령 현령을 지냈는데 순리(循吏)로 알려졌다. 후에 재앙을 과도하게 보고하였다고 체직되었으나 고을 백성은 수레를 붙들고 울며 만류하였다. 유정탁(柳定鐸)의 시에, "뜻 세움 정정하고 뼈대 빼어나 기이한데, 여문(旅門) 당일에 탁연한 아이였다. 맑은 마음 수석 같아 부질없는 지난 자취이며, 백발에 한 운 명아주 지팡이 다시 누구를 찾으리."호는 망현(望賢)이다.

▪박규상(朴奎祥). 자는 유길(惟吉) 호는 성와(惺窩)이다. 유치명(柳致明)을 사사하였다. 집에 거하며 맑고 밝아 연루됨이 없었고 바라보면 마치 학이 우뚝 서 있는 것 같았다. 일찍이 주역을 읽으며 하락(河洛)의 이치를 탐구하고 인하여 염계의 태극도까지 반복하여 탐구하였다. 항상 말하기를 두 도표가 서로 표리이다 하였다. 동군의 곽종석(郭鍾錫)과 누차 왕복하니 종석이 그는 소광(昭曠)의 근원을 깨달았다고 칭하였다.

▪박규호(朴奎昊). 자는 내길(乃吉)이다. 계모를 잘 섬긴다고 알려졌다. 어사 이정래(李鼎來)가 위에 천거하였으나 답이 없었다. 호는 현와(弦窩)이다. 박치복(朴致馥)의 시에, "눈 속 죽순 얼음 속 잉어 이치가 망연하니, 성인은 오직 효도라고 그 일상만 말하였다. 들으니 공의 집 아롱진 의복은, 칠순에 오직 순임금과 자림방(紫琳房)일세."

▪박규찬(朴奎燦). 자는 찬길(贊吉)이다. 관직은 동부승지 대사간이며 밖으로 자인 현령을 역임하였고 관찰사 윤자승(尹滋承)이 효심을 옮겨 충성을 한다고 위에 알렸다. 호는 우담(愚潭)이다. 아들 인현(寅鉉)은 경기전 참봉이다.

▪박규진(朴奎晉). 자는 서장(瑞章)이다. 성품이 온순하여 소리가 방 밖을 벗어나지 않았다. 낙육재(樂育齋)에 추천하여 들어가 교육하는 것이 법이 있었다. 호는 지애(趾厓)다.

▪박정현(朴定鉉). 자는 맹윤(孟允)이다. 관직은 승지로 율봉 승을 지냈다. 풍채가 아름다워 당시에 금규 옥순(金閨玉筍)이 칭하였다. 향리 사람 유원휘(柳遠輝)와 친구로 잘 지냈다. 원휘가 죽자 시로 곡하기를,

"우리들이 지금 몇 사람 남지 않는데, 버들 거리에 바람 차가워 또 무리를 잃는구나. 일의 합함은 종전부터 고도를 따랐는데, 교유를 어느 곳이 남은 향기 찾으리." 박우현(朴宇鉉). 자는 맹서(孟瑞) 문과로 전적이다. 박계현(朴啓鉉). 관직이 시독이다. 일찍이 일을 말하면서 상소를 지었는데 붓을 떼고 일어나지 않았다. 호는 지우(止宇)이다.

■박해용(朴海容). 자는 붕거(鵬擧)다. 풍채가 영준하고 명랑하였다. 갑오년에 등제하여 홍문 시독에 제수되고 관직은 비서 승이다. 광무 초년에 국사가 날로 잘못되니 해용이 상소하여 대치(大致)를 논하였다. 대개는 죽음을 조문하고 삶을 위문하는 것을 연소왕(燕昭王)과 같이하고 큰 베와 긴 비단을 위문공(衛文公)과 같이하며 안으로 닦고 밖으로 물리침을 주선왕(周宣王)과 같이한다면 강한 이웃을 무엇이 걱정이며 복수하는 것이 무어 어렵겠느냐 하는 것이었다.

■박민정(朴民定). 호는 불여암(不如菴)이다. 소시에 예업으로 알려졌다. 유의란(柳宜蘭)의 시에, "백옥루 이루어져 붉은 하늘 누르니, 뭇 신선 박수치며 다투어 부르네. 새벽달 창망하고 구름은 아득한데, 행와(行窩)는 이로부터 신선과 멀어지네."

■박형동(朴亨東). 자는 보경(寶卿)이다. 구한 고종의 인산(因山)에 형동이 남산에 올라 시를 지었는데, "우리 왕이 붕어하니 감회가 새로운데, 일만 겨레 같은 심정은 옛 나라 봄이로다. 오 백년 빛남이 혼연히 꿈같으니, 유민은 이 원한 갚을 길 없는가."

정씨(鄭氏). 관적 연일(延日).

■정보(鄭保). 호는 설곡(雪谷)이다. 천성이 어리석을 만큼 강직하고 악을 미워하기를 원수같이 여기었다. 노산군이 손위할 때 직책이 감찰로 분하고 원통하여 여러 날을 먹지 않았다. 그의 얼매(孼妹)가 한명회(韓明澮)의 첩이었는데 보가 가서 묻기를 영공은 어디를 갔느냐 하니 대답하기를 지금 육신을 국문하려고 대궐에 가 있다고 하니 보가 안색이 변하며 만일 이 사람들을 죽이면 당연히 만고의 죄인이 될 것이다. 네가 반드시 간하여 그치게 하여라

하였다. 명회가 집으로 돌아와 그 말을 듣고 즉시 달려가 아뢰기를 보가 난언(亂言)이 있었다고 하니 상이 환형(轘刑)을 하라고 명하였다. 이윽고 정몽주(鄭夢周)의 손자라는 것을 듣고 죽이지 말고 단성으로 유배하게 하였다. 죽으니 상이 좌랑 이기남(李期男)을 보내 그 집에 제사를 지내게 하였다.

▪정윤화(鄭允和). 정자. 정윤관(鄭允寬). 생원. 정견(鄭堅). 별좌. 모습이 커다랗고 굳센 기운이 있었다. 참판에 추증되었다. 정증(鄭增). 만호.

▪정세필(鄭世弼). 견의 아들이다. 나이 41에 무과에 올랐다. 신체가 늠름하여 보는 이들이 모두 중하게 여기었다. 주현을 역임하면서 청백으로 당시에 알려졌다. 장필무(張弼武) 이약동(李約東)으로 명성을 나란히 하였다. 일찍이 좋은 말이 있었는데 당시 재상인 윤원형(尹元衡)이 욕심을 내어 벼슬로 은밀히 유혹하니 세필이 정색을 하고 대장부 행사가 당연히 청천백일과 같아야 하는 것인데 관작으로 도박하는 것은 공들의 일이다 하고 그날로 남으로 내려왔다. 관작이 병사였다. 죽으니 상이 관리를 보내 치제하였다.

▪정만령(鄭萬齡). 찰방. 정사서(鄭思恕). 첨사. 이름이 광해조에 있으면서 정록(廷錄)에 참여하지 않았다. 정사적(鄭思迪). 관직이 찰방 어사이다.

▪정훤(鄭暄). 자는 언승(彦昇) 호는 학포(學圃)이다. 특이한 체질이 있고 무예가 절륜하였다. 부친 사서(思恕)가 무거를 시험 삼아 권하니 대답이 선비의 입신은 책에 있고 무에 있는 것이 아니라며 날마다 소학을 배우며 게을리 하지 않았다. 부친이 죽자 여묘 삼년을 피로 울었다. 사복(私僕)이 간혹 효성을 알려지니 사람들이 정강성(鄭康成)의 가비(家婢)에 비하였다. 국조 김용(金庸)의 변에는 현자와 서로 알기를 즐겨하지 않았다. 합천에서 남으로 내려와 단봉산에 들어가 거하다가 또 고산(孤山)으로 옮기었다. 당시 재상이 특별히 6품 별제를 주고 영산 현령에 제수하니 숙사(肅謝)하고 돌아왔다. 논자는 뜻이 높고 행동이 고결하며 일을 만나면 강개하여 설곡 보(保)의 유풍이 있다고 하였다. 나이 61에 졸하였다. 진주 고산사(孤山祠)에 배향되었다.

▪정완(鄭浣). 생원.

▪정광윤(鄭光胤). 문과 검열이다.

▪정도동(鄭道東). 모친이 전염병에 걸리니 그의 처 유씨(柳氏)가 함께 재목

하고 대신하기를 빌었으나 구원하지 못하고 처 역시 죽었다. 도동이 여묘하면서 날마다 왕래하여 집에 있는 부친을 살피며 풍우도 피하지 않았다. 향리 사람들이 다리를 놓아주며 이름을 효자교(孝子橋)라 하였다. 일이 알려졌으나 보답이 없었다.

정씨(鄭氏). 관적 진주(晉州).

■정천익(鄭天益). 문과. 진양군에 봉하여졌다. 시호는 문충이다. 처음으로 소거(繅車)를 만들어 백성이 사용하기 편리하게 하였다.

정씨(鄭氏). 관적 초계(草溪).

■정윤의(鄭允誼). 단성의 시에, "이른 새벽 말을 달려 고성에 들어가니, 울타리에 사람은 없고 살구 열매만 익어간다. 포곡 새는 왕사가 급한 줄도 알지 못하고, 숲속에서 종일 봄 갈이를 권한다."

정씨(鄭氏). 관적 경주(慶州).

■정차공(鄭次恭). 자는 공의(孔宜)이다. 관직은 이의이다. 정희영(鄭希英). 자는 지경(至敬)이다. 성종 때 진사다. 정기문(鄭起門). 자는 맹현(孟顯)이다. 양희(梁喜)를 사사하였다. 문사를 잘하였고 관직은 참봉이다.

■정구(鄭構). 호는 영모(永慕)다. 조식(曺植)을 사사하였다. 양친 상을 거하면서 8일을 작수(勺水)도 입에 넣지 않아 식이 서신을 보내 주의를 주었다. 일찍이 분묘 곁에 작은 암자를 짓고 거하니 노납(老衲)이 밥을 지어 먹였다. 관직은 산음 현감이다. 지금 구인동(九印洞)에 고정(古井)이 있는데 정산음(鄭山陰)의 샘이라고 한다.

■정대방(鄭大方). 자는 경도(景道) 호는 동계(東溪)다. 종형 대영(大英)과 함께 조식(曺植)을 사숙(私淑)하였고 선조 때 진사를 하였으며 임진에 창의하여

권제(權濟) 정경세(鄭經世) 최산립(崔山立)등과 함께 팔공산에 모여 시를 지어 뜻을 보였다.

■정모(鄭某). 부유함으로 향리에 웅거하였다. 집안에 사나운 노복이 있는데 여력이 있어 막을 사람이 없었다. 모가 자기 자식을 밖으로 스승에게 나가게 하였는데 하루는 큰비가 와서 물이 넘치니 노복에게 업어 건너라고 명하였다. 중류에서 노복이 다른 뜻을 품고 갑자기 우물거리며 엎어지는 듯하면서 위협하기를 너는 반드시 너의 누나를 나의 처로 삼게 해야 한다 아니면 이렇게 된다고 하니 그 자식이 허락한다고 하였다. 돌아와 그 아비에게 고하니 모가 크게 두려워하여 용사를 모집하는데 한 사람이 계책을 써서 쏘아 죽였다. 노복이 죽자 정의 문중이 엎어지고 위아래 여러 마을에 우마가 즉시 죽는 것을 이루 헤아릴 수 없었다. 한 관원이 성하게 꾸미고 강상을 지나는데 말이 갑자기 발이 붙어서 움직이지 못하는데 갑자기 소리가 공중에서 들리는 것이 '나는 정소봉(鄭素封)의 사노(私奴)다 어찌 이 땅에서 오래도록 굶주릴 수 있느냐. 여제단(癘祭壇)을 세우게 하여 제사를 지내게 하라고 명하여라.' 하였다.

■정순명(鄭順命). 자는 극수(克受)다. 대방(大方)의 아들로 은거하여 의를 행하였다. 후손에 전기(銓基)가 있는데 법언(法言)을 잘하고 동화(東華)라고 한다. 아조(雅操)로 알려졌는데 일찍 죽었다.

■정치장(鄭致璋). 처 김씨(金氏)는 평소 규범(閨範)으로 알려졌는데 치장이 병사하자 김씨는 상자 속 옷을 가인에게 주어 염습하게 하고 전년에 두 아이가 모두 죽고 남편도 또 가버리니 삼종의 길이 끊어졌다며 마침내 자재(自裁)하니 남편이 죽은 지 겨우 일 시진이었다. 향성(鄕省)에서 누차 알렸으나 보답이 없었다.

■정학리(鄭學履). 자는 운경(雲卿)이다. 가사(家史)에 칭하기를 그 선대는 대흥(大興)에서 왔다고 하였다. 양경공 계희(啓熙)의 후손이라 하였다. 학리는 선비를 좋아하고 사는 곳에 서숙을 두고 학도를 모았다. 박치복(朴致馥)이 이때 백연암(白蓮菴)에 있으면서 고비(皐比)를 설치하니 학리가 두 아들에게 명하여 오가며 집지를 하라고 하고 스스로 힘쓰고 게으리하지 않았다. 승지 권

인성(權仁成)이 정모는 특별한 진기(眞氣)가 있다고 하였다. 상법(上法).

정씨(鄭氏). 관적 영덕(盈德).

■정예명(鄭禮明). 청주 목사 자중(子仲)의 손자다. 내금위를 지냈다. 자산이 왕공에 견주었고 흉년에 9군의 백성을 능히 구제하였다. 인하여 고부의 현령으로 제수하였으므로 사람들이 그 마을을 정고부(鄭古阜)라고 하니 지금의 북동(北洞)이다.

정씨(鄭氏). 관적 해주(海州).

■정장(鄭樟). 자는 거경(巨卿)이다. 충의공 문부(文孚)의 후다. 소시에 영매함이 절륜하였다. 장막을 내리고 업을 익히며 육경 백가에 크게 힘을 썼다. 학문을 성취하고도 과거에 나가지 않았다. 중년에 진주에서 원산(圓山)으로 이사하여 그 마루 난간에 쓰기를 일수(一樹)라고 하였다. 이보다 앞서 장의 형제 네 명이 아울러 당시에 명성이 있으니 사람들이 정씨 4수(四樹)라고 하였는데 장은 유독 타향에 있었다고 한다. 일찍이 형제를 생각하는 시에, "외로이 단구에 엎드린 지 몇 열흘이더냐. 산 꽃은 난만하고 달은 바퀴같이 되었구나. 가절에 헛되게 가지를 연한 모임을 저버리고, 혼자 방초를 대하니 눈물이 수건을 적신다." 장의 시가 청초하여 외울만하다. 대체로 그 타고난 성품이 매우 고상함으로 입에서 나온 것이 간혹 고인과 암연이 닮은 것이 있었다. 저술로 산변(山辨) 등의 책이 있다.

■정현이(鄭鉉毅). 태어난 지 겨우 칠삭에 부친이 죽었는데 사람들이 부친을 부르는 소리를 듣고 곧 가만히 눈물이 나왔다. 모친 섬기기를 효성으로 한다고 알려져 교관에 추증되었다.

■정운현(鄭雲賢). 현의(鉉毅)의 아들로 진사다.

■정형선(鄭馨善). 자는 여란(汝蘭)이다. 평소 장자로 향리에 알려졌다. 가정이 빈한하여 항상 책을 안고 누워있었다. 하루는 객이 왔는데 이때 양식이

다하여 밥을 짓지 못하는 때가 많았다. 서로 이야기만 하고 밤이 깊어 취침하면서 객이 굶기를 잘하여 거의 나를 따라오는구나 하였다. 정종로(鄭宗魯)를 사사하였다. 만년에 도섬(道剡)에 올랐으나 보답을 받지 못하였다. 유의란(柳宜蘭)의 시에, "교남의 주졸(走卒)이 공의 이름을 외우니, 어떻게 양초(梁楚)의 명성을 얻어왔느냐. 공부의 실지를 밟은 것은 호리도 분석하니, 가난도 옥이 이루어지는 것에는 무방하구려."

■정채선(鄭采善). 자는 성건(聖建)이다. 겨우 이십 여세에 기이한 질병에 삼년을 앓았다. 하루는 갑자기 기절하니 처 윤씨(尹氏)가 몰래 침실에 들어가 베개 위에 유서를 남기고 약을 먹고 자재하니 얼마되지 않아 채선이 회생하여 십삼일을 연명하다가 죽었다. 향리가 서로 그 열부를 위에 알리니 광서(光緒) 19년에 정려를 포상하고 연역(烟役)을 제하여 주었다.

■정광원(鄭光圓). 자는 치현(致見). 호는 청고(靑皐)다. 소시에 동군의 박상태(朴尙台)와 이름을 나란히 하였다 춘우시(春雨詩) 한 수가 있다. "사고(社鼓)는 지지한데 묵은 안개 번거롭고, 미풍이 비를 보내 황혼에 이르구나. 촌 늙은이 밤새 농후를 점하고, 춘료(春醪)에 취하여 건을 거꾸로 썼네."

■정운교(鄭雲敎). 자는 긍원(兢元)이다. 사람됨이 자상하고 기제하여 사람을 접할 때 오직 한 가닥 정성만 보였다. 고을 사람들이 말하기를 운교는 마치 옥 덩이와 같아 사람들이 모두 그 보배로움을 공경하고 그 그릇을 이름하지 못하였다. 호는 성초(聖樵)다.

오씨(吳氏). 관적 해주(海州).

■오국헌(吳國獻). 자는 중현(仲賢)이다. 감사 인계(仁繼)의 후다. 김장생(金長生)을 사사하였다. 인조 병자에 하성(下城)의 소식을 듣고 남으로 내려와 봉산(鳳山) 아래 들어가 거하였다. 송시열(宋時烈)이 항상 국헌은 대명의 은사라고 칭하였다. 인하여 산풍수월(山風水月) 설화운죽(雪花雲竹)이라 써서 아름답게 여겼다. 그 학문은 성명(性命)에 기본을 하고 이륜(彝倫)에 달하였다. 어버이를 섬기는데 동식물이 신비롭게 호응하였다. 거처하는 정사가 강 위

에 있는데 이름을 어은(漁隱)이라 하니 역시 시열의 글씨다. 스스로 찬하기를, "소자(邵子)의 말에 칠십이면 편한 종족이다. 수하지 않은 것이 아니며 백년을 태평하니 불우한 것이 아니다. 나물국에 배부른 후 베옷이 따뜻도 하다. 가슴속 기운 토하니 우주를 채운다. 이 말을 끝까지 한다면 누구와 짝을 하리오." 저술로 사서해의(四書解義) 역계해(易繫解) 이기(理氣)등의 책이 있다. 나이 74에 졸하였다. 이조 참판에 추증되었다.

■오원휘(吳遠輝). 자는 효여(孝餘) 연휘(延輝) 자는 의여(義餘) 수휘(遂輝) 자는 극일(克一) 일휘(逸輝) 자는 일휴(日休) 건휘(建輝) 자는 흥빈(興彬)이니 국헌의 5자이다. 함께 송시열에게 배웠다. 선행이 있었고 모친이 종기를 앓아 부란(腐爛)하니 함께 다리를 쪼개어 부쳤고 부친의 질병이 위독하니 혈지(血指)로 부족하여 인하여 머리를 깨어 피를 내어 대었다. 상을 거하며 3년을 죽을 먹었다. 일찍이 아우 하나가 옹저를 앓으니 4인이 함께 빨았다. 자녀와 비복이 같이 밥을 먹는 자가 백여 명인데 항상 옹옹하며 서로 즐기었고 해가 가도록 이간하는 말이 없었다. 일이 알려져 모두 낭계(郞階)을 받았다. 우상 민진원(閔鎭遠)이 화락당(和樂堂)이란 세자를 써서 문미에 걸어주었다. 후에 석규(碩奎) 태증(泰增) 태희(泰希)세 사람이 모두 효성으로 알려져 세상에서 9효(九孝)라 칭하였다.

■오치수(吳致守). 자는 정여(正汝)다. 성품이 조용한 것에 익숙하였다. 박상태(朴尙台)의 시에, "세정은 번복하기를 바둑판 같은데, 소매 속에 손 넣고 말없이 판밖에서 구경하네. 가슴속 흑백이 분명한 곳에, 말하여 줄 사람 없어 단지 스스로 너그럽다오."

■오기묵(吳基黙). 자는 용길(容吉)이다. 이방검(李邦儉)을 곡한 시 한 수가 있다. "일찍이 양양한 한묵의 마당을 사양하고, 만년에 편안하게 임천(林泉)에 살았다오. 생각하면 공의 심법은 어디에 부치나, 차가운 달 매강(梅岡) 작은 무덤에 절한다오."

오씨(吳氏).

■오숙(吳䎘). 단성의 시에, "성곽은 연하의 경지인데, 뽕밭을 갈고 있는 팔, 구 가옥일세. 관리로는 매복(梅福)의 은거함이 마땅하고, 의약은 갈홍(葛洪)의 단사(丹砂)가 있음직 하다네. 살금살금 오동에 내리는 비며, 곱고 고운 연꽃도 피어나네. 아침 내내 맑은 경치에 앉았으니, 마음 가는 대로 검은 건을 뉘여 쓴다오."

도씨(都氏). 관적 성주(星州).

■도희령(都希齡). 자는 자수(子壽)다. 소시에 재주와 명망이 있었다. 조식(曺植)을 사사하였다. 22세에 장원으로 발탁되어 홍문 저작이 되고 얼마지 않아 봉상시 봉사가 되었다. 을축 9월에 사임하고 고향으로 돌아왔다. 정랑 오건(吳健)에게 준 환향시(還鄕詩)에, "이 몸이 길게 멀리 노는 벗을 짝하려 하였는데, 고국의 황화를 감상하지 못하는구나. 락위(絡緯)가 침상에 가까워 가을이 늦어지려 하니, 열번이나 돌아갈 생각 밤마다 일어난다. 나이 28에 졸하였다. 호는 양성헌(養性軒)이다." 아들 경효(敬孝)의 자는 일원(一源)이다. 어려서 부친을 잃고 외조부에게 자랐다. 보는 이 들은 특수한 봉모(鳳毛)가 있다고들 하였다. 장성하니 문사를 크게 완상하며 시를 더욱 잘하였다. 가령, "창밖의 빗소리는 푸른 대를 두드리고, 돌 사이 황화는 가을빛을 독차지한다. 물새가 날아오니 허백(虛白)이 움직이니, 문득 의심나니 몸이 신선 집에 있는 것인가. 청초 쇄락하여 사람에게 자신을 망각하게 한다." 임진왜란에 경효는 가정(家丁)을 이끌고 곽재우(郭再祐) 진으로 달려가니 재우가 장하게 여기고 중하게 의지하였다. 난이 평정된 3년에 조정에서 군오에게 강하라고 명하였는데 당시의 도사 정(鄭)이 뇌물을 탐하여 많은 명사를 도태하니 군중이 경효를 강수(講首)로 청하여 제생을 이끌고 들어가 먼저 강하고 거짓으로 굴하니 정이 과연 내치려 하니 주쉬(主倅)가 도모는 영남 선비의 표솔인데 모욕을 하면 사람들이 반듯이 이끌고 나갈 것이다. 하니 정이 부끄러워 그만두었다. 후에 유일로 영릉 참봉

에 제수되었으나 나가지 않았다. 병은집(病隱集)이 간행되었다.

■도성흠(都聖欽). 자는 신재(臣哉)다. 정흔(鄭昕)을 사사하여 독실하게 학문을 하였고 관직은 군자감 정이었다.

■도성유(都聖兪). 자는 인재(隣哉)다. 모습이 예스러웠고 주역 읽기를 좋아하였으며 은거하여 세상을 구경하였다. 친구 이시분(李時馪)이 일찍이 방문하여 인하여 묻기를 자네의 학문은 무엇에서부터 하는가 하니, 도는 하늘에 근본하고 이치는 사람에게 갖추어져 있다. 복희의 그림이 나오고 우왕의 구주(九疇)가 행하고부터 천지 만물의 변화가 모두 남김없이 알려졌으니 진실로 그 미묘함을 이해한다면 오직 나의 가슴에서 구할 뿐이다 라고 하였다.

■도영(都穎). 자는 대보(大甫) 호는 모재(慕齋)다. 문장으로 드러났다. 형제 5인이 힘써 공부하여 자립하니 당시에 오악(五岳)이라 칭하였다. 도욱(都頊). 자는 근보(謹甫) 호는 승훈당(承訓堂)이다. 도송(都頌). 자는 광보(匡甫). 호는 인재(認齋)다. 도위상(都衛商). 자는 탕경(湯卿)이다. 관직은 장원서 별제다. 도위주(都衛周). 자는 문경(文卿)이며 별제다.

■도길모(都吉模). 자는 내현(乃顯)이다. 이광정(李光靖)을 사사하였다. 학행으로 드러났다. 호는 죽천(竹泉)이다. 권위(權煒)의 시에, "동지에 매화 곁에서 주역 이치를 살피고, 가을이면 백로를 따라 갈대 물가에 섰다. 인간 영귀를 굳이 말할 것이 있나, 비구름 번복하는 세상사 유유하다."

■도유서(都有恕). 자는 사문(士文) 호는 삼산(三山)이다. 성품이 엄하고 뜻이 굳은 것으로 알려졌다.

■도석중(都錫中). 자는 주경(周敬)이다. 사람됨이 질박하고 높아서 용렬한 것에 끼이는 것을 수치로 여기었다. 일찍이 시재에게 곤욕을 당하는 바가 되어 문득 뜰에서 모욕을 주니 시재가 부끄러워 굴하였고 당시의 의론이 액액하게 스스로 가지고 강한 것에 먹히지 않는다고 하였다.

■도병우(都炳瑀). 자는 우옥(禹玉)이다. 성품이 첨예하여 사람과 부드럽게 친하는 것을 즐기지 않았고 술을 좋아하여 취할수록 더 사나워졌다. 김진호(金鎭祜)의 시에, "말 만한 집에 금서(琴書)로 책상 하나 대하니, 그대 마음 가장 깊고 먼 것을 알겠네. 의춘의 밤비와 방호의 달빛 아래, 곳마다 함께 읊으

니 잎조차 향기롭다."

■도석정(都錫禎). 이방검(李邦儉)을 애도한 시에, "주옥같은 시 일천 편으로, 강호에 명아주 지팡이 하나일세. 주계(朱溪)의 왕래하던 땅에, 슬픈 운치 모옥에 가득하다."

심씨(沈氏). 관적 청송(靑松).

■심진(沈縝). 자는 여율(汝栗)이다. 영상 온(溫)의 후로 세족으로 즐거이 벼슬하지 않고 남으로 내려왔다. 이보다 앞서 온의 아들 모가 관직은 참의로 녹사 이철(李喆)의 딸과 혼인하여 한수 위에 거하였는데 진이 선인의 기업이라며 다시 와서 살았다. 성품이 탁락하고 얽매이지 않았다. 의롭지 못한 부귀를 보면 뜬구름처럼 여겼다. 의암정사(倚巖精舍)를 짓고 십영시(十詠詩)가 있는데 그 하나가 도산욱일(都山旭日)로, "도산의 동쪽에 가시 사립 닫고서, 초옥이 흡연하게 푸른 벽 사이일세. 속에 한가로운 늙은이 항상 늦게 일어나, 뚫어진 창문에 그나마 아침 햇살 비친다." 진이 죽자 문태(文台)의 뒷산에 장례하니 술사가 이 땅은 깊이 내려가는 것은 마땅치 않다고 하였다. 그러나 역부의 잘못으로 일 척을 더 파니 아래 석상(石像) 세 사람이 있는데 각각 말 한 마리씩을 타고 구덩이 속에 나열하여 있어서 들어내고 장례하였다. 그 후 자손이 현달한 이가 적고 오직 의규(宜奎)만이 명경과에 올랐다.

■심함(沈涵). 나이 약관에 서울로 올라가려는데 충청도를 지나며 나무 아래 혼자 쉬고 있는데 한 사람이 상복을 입고 다가와 옷을 벗어 나뭇가지에 걸고 매우 섧게 곡을 했다. 함이 이상하여 그 까닭을 물으니 내게 친구 한 사람이 있는데 지금 고을의 읍재인데 내가 부친이 죽고 장례를 못하여 찾아가 도움을 청하였으나 지금 빈손으로 돌아가니 장례를 어떻게 하느냐고 하여 함이 곡식 주머니를 기울여 나누어 주고 성명도 밝히지 않고 떠났다. 후에 그 사람이 물어서 누구인지를 알고 멀리 찾아와 감사하다고 하고 인하여 십 일을 가르쳐 주었다. 이로서 함이 아우 준(浚)과 함께 모두 진사에 올랐다. 함의 모친은 한씨(韓氏)인데 한씨가 궁중과 혼인이 있어 임금이 열읍의 노비를 하

사한 것이 있어서 인하여 그의 딸에게 나누어 주었기 때문에 심씨가 세공을 거둘 수 있었다. 이때 함이 안동 예안 의성 남원에 있는 문권을 불 살랐다. 나이 31에 졸하였다.

■심준(沈浚). 풍채가 준일하고 일찍 문사의 명성이 있었다. 일찍이 하표정(霞標亭)을 강상에 세우고 소영하며 자적하였다. 하루는 소응천(蘇凝天)이란 자가 해인사에서 두루 돌아 남으로 내려와서 준의 정자를 방문하였다. 소가 문에 들어오니 준이 한훤(寒暄)도 묻지 않고 즉시 부르기를, "산 객이 문에 드니 강 객이 맞이하여, 강산의 풍미로 어초(漁樵)를 이야기하네. 옷에 묻은 자하는 짙어 방울지려 하니, 그대가 무릉교에서 온 줄을 알겠구나." 하니 소가 한 구절도 화답하지 못하고 물러갔다고 한다.

■심석주(沈錫疇). 호는 완화자(玩化子). 17세에 문장을 이루고 경사에 가서 유람하였는데 당시 도중의 재자 8명이 석주의 명성을 듣고 사륙문(四六文)으로 재주를 겨루는데 판서 오광운(吳光運)에게 살펴보게 하니 광운이 석주의 글을 두고 손을 대지 못하며 말하기를 이는 나의 스승이라 하였다. 이보다 앞서 석주의 전장(田庄)이 개성에 있는데 난후에 개성 사람들이 투매를 하였다. 석주가 표장(表壯)을 갖추어 유수에게 올려 일일이 추환하였다. 한성시에 나갔으나 실지를 하고 돌아가려 하는데 광운이 듣고 말하기를 이가 어찌 포의로 죽을 사람이냐 하고 곧 그 글을 찾아서 당홍사(唐紅絲)에 꿰어 상의 앞에 들어가 아뢰어 장원 회시에 부쳤으나 끝내 맞추지 못하고 얼마 되지 않아 두질(痘疾)로 여관에서 죽으니 이때 나이 20여 세였다. 저술로 의대초(擬大招) 속적벽부(續赤壁賦) 등이 있는데 광세의 기재라고 칭하였다. 어떤 이의 만장에, "문장 가사 장원랑이, 일편의 단정은 단지 학생이네. 천고 청산의 긴 밤 빛도, 공의 뼈는 묻어도 이름이야 묻을 수 없으리라."

■심석초(沈錫初). 성품이 맑고 간결하였다. 사는 곳은 암석 위에 초가를 지어 거하면서 가화 이초를 나열하여 심으니 일시의 애모하는 것이 되었다. 하루는 객이 와서 화전을 청하니 집안에 마침 떨어졌으니 식기를 팔아 갚았다. 때로는 문을 나서면 종족과 친한 이들이 비록 하등의 무리라도 반드시 집집이 몸소 나가 남녀를 모아서 효제와 예양을 가르치며 어루만지고 사랑하기

를 균일하게 하였다.

■심일응(沈一膺). 경학에 정밀하였다. 교류하는 것을 좋아하지 않았고 자변록(自辨錄)과 경자(警子) 등의 책을 저술하여 후손에게 주었다. 필법이 주경(遒勁)하여 사람을 움직였다. 손자 계한(繼漢) 역시 글씨를 잘 썼다. 일찍이 밤에 도적이 들어 장물(藏物)을 취하니 계한이 알고도 말하지 않고 그 아들에게 '나는 네가 남의 숨은 일을 발설할까 두려우니 이른 것은 우선 지나가는 것이 아름다운 것이다.'고 하였다.

■심성권(沈聖權). 자는 평원(平原)이다. 소시에 이인을 따르며 임갑(壬甲)의 비결을 배워 이미 통하자 은거하고 스스로 자랑하지 않았다. 일찍이 밤에 여러 소년들과 함께 강가에 나와 노는데 여러 소년들이 한번 시험하여 보라고 청하자 성권이 버들가지 하나를 꺾어 잎을 긴 파도에 흩으니 갑자기 손을 따라 꽃 배가 이루어지며 사람마다 한 척씩 흐름을 거슬러 올라가고 내려가기를 한동안 하였다. 여러 소년이 절을 하면서 선생은 아마도 천인(天人)일 것이다고 하였다. 성권이 집이 가난하여 간혹 끼니를 거르는데 하루는 처가 죽을 한솥 끓이며 탄식하기를 바다가 멀어서 소반에 소금이 떨어졌으니 어쩌나 하나 성권이 웃으며 집 뒤에 많이 쌓아 놓은 것을 가리키며 가서 조금만 가져오라 하였으나 처가 매우 기뻐하며 치마로 서 되를 취하여 돌아오니 성권이 후회하며 내 평생에 일찍이 털끝만큼도 함부로 취한 것이 없다. 하였다. 끝내 불우하게 죽었다.

■심의규(沈宜奎). 자는 계원(啓源)이다. 소시에 명경과를 공부하였다. 하루는 서숙에서 저물게 돌아오면서 손으로 닭 문을 가렸는데 부친이 불러 매를 치며 내가 너에게 가축을 기르라 하였느냐 하였다. 고종 때 등제하여 관직이 교리였다. 의규는 한양에 오래 놀면서 삶의 일은 알지 못하였다. 일찍이 맥황(麥蝗)이 들어 인정이 흉흉한데 의규가 묻기를 저 황이 들어 누른 것은 스스로 누른 것만 못한 것이냐 하였다.

■심운택(沈雲澤). 자는 윤명(允明)이다. 집에 있었는데 부친의 성품이 엄격하고 법도가 있었다. 나이 이미 50여 세인데 누차 국궁하여 매 맞기를 마치 어린아이처럼 하였다. 유현수(柳絢秀)의 시에, "지난해 궁한 섣달은 즉 천고

인데, 가까운 친척중에 자네 같은 이는 많지 않았다네. 꿈속에 매강(梅岡)의 달그림자 따르니, 의희하게 마치 칠 푼의 진영을 보는 것 같았다오."

■심천택(沈千澤). 자는 성원(性源) 호는 취산(醉汕)이다. 남교송객(南橋送客)이란 시에. "이월의 남교는 봄물이 생기는데, 눈앞의 연경은 새로 개일 때일세. 방초에 무단히 가는 말을 세우니, 강상의 이별을 연연하는 것 같네."

■심자춘(沈自春). 자는 원재(元哉)다. 임진에 가동을 이끌고 진주로 가다가 적을 만나 굴하지 않고 죽었다.

곽씨(郭氏). 관적 현풍(玄風).

■곽수익(郭守翊). 자는 탁지(卓之)다. 청백리 안방(安邦)의 후다. 7세에 증사(曾史: 史略)를 읽는데 복희씨가 용사(龍師)가 되었다는 것에서 문기를 사는 사람을 가르치는 것인데 사람은 가르치질 않고 용을 가르치는 것은 어찌 된 것이냐고 하니 글방 선생이 기이하게 여겼다. 소학에 들어가서는 곧장 힘써 행하니 장중하고 공경하며 모양새가 있어 사람들이 냉호(冷虎)라고 지목하였다. 세심정(洗心亭) 시에, "만약 마음을 씻을 수 있다면, 마음의 형체는 본래 오염된 것인가. 이 이치를 내가 어디서 보았냐고, 때를 씻으려면 반드시 형체를 씻어야 하는 것이다." 고종 때 비서원 승에 추증되었다.

■곽원조(郭源兆). 자는 달선(達善)이다. 소시에 과장에 들어가니 당구(堂舅) 이현묵(李賢默)이 시원(試院)을 감찰하며 부탁하기를 날자가 되면 내가 당연히 별도로 너의 시권을 찾으리라. 하였다. 시험 보는 마당에 임하여 일찍 시권을 주고 돌아오며 이렇게 하나의 이름을 받는 것은 수치이다 하였다. 일찍이 여름날 동리의 이계빈(李啓贇)이 원조가 지금 끼니가 떨어졌는데 책을 읽는 것을 보고 쌀되를 가져다주니 원조가 이것은 자여(子輿)의 밥이니 감히 받지 않을 수 있나 했는데 이 때 삼일을 굶고 있었다. 밤에 앉아 읊기를, "죽창의 명월이 차움이 서로 마땅한데, 다시 빈창자가 있어 마주 비치니 기이하다. 매우 피 소진하고 진성(眞性)만 남았으니, 밥 지을 수 없는 것이 도리어 밥 짓는 때 보다 좋구나." 사람됨이 후하고 맑게 사나워 궁함을 참고 곧음을

이행하니 일사(逸士)의 지조가 있었다. 나이 63에 졸하니 의정부 참찬에 추증되었다. 호는 도암(道菴)이다.

■곽순조(郭淳兆). 이방검(李邦儉)을 애도한 시에, "아까운 뱃속의 통발과 겸하여 붓이 있는데, 어째서 베옷에다 또 양식도 없느냐. 지금부터 쇠한 꿈 궁촌의 밤에, 어쩌랴 비윤(氷輪)이 옥량에 오르는 것을."

■곽동석(郭東錫). 자는 진유(眞儒)이다. 망해봉 아래 거하였다. 몸 다스리기를 맑고 곧게 하였다. 한 언덕 한 계곡이 마치 자연이 향기 나는 듯하였다. 종제 종석(鍾錫)이 일찍 부름에 나가니 이르기를 이는 두려운 길이다. 두려운 길이다 하였다. 만년에 대나무 아래 길을 열고 날마다 조금씩 마시어 미미하게 취하면 그쳤다. 행년 팔십에 얼굴에 붉은빛이 있고 바라보면 마치 그림 속 사람 같았다. 수전으로 중대부가 되어 졸하였다.

■곽종석(郭鍾錫). 자는 명원(鳴遠)이다. 후에 도(鋾)로 개명하였다. 부친 원조(源兆)는 일사의 행동이 있었다. 모친 수양 정씨(鄭氏)의 꿈에 천선이 문금(文錦)으로 몸을 싸자 임신을 하여 헌종 십이년 병오에 종석을 단성의 사월(沙月)에서 낳았다. 어려서 신동이라고 지목하였다. 5세에 대지음(大地吟)이 있다. 8,9세에 경사를 관통하고 12세에 부친을 잃고 명경업을 폐하고 인하여 성역 풍수 병지 산수 등의 유를 범람하게 보고 오랫동안 침음했다. 다시 육경으로 돌아와서 학문에 뜻을 두고 문득 성현으로 스스로 기대하였다. 23세에 이진상(李震相)을 성주로 찾아뵈니 진상이 그 재주를 크게 기이하게 여기며 이결(理訣)을 모조리 일일이 대면하여 명하니 종석이 말을 듣자 곧 이해하였다. 이에 위로는 복희 문왕과 아래로는 주정장주(周程張朱)의 여러 서적을 반복 출입하여 진장(眞臟)을 찾아내었고 첨사 방유(尖斜尨綵)한 밖을 손쓰니 배운 바가 나날이 더욱 순수하여졌다. 이치가 주재가 되는 것을 논하기를 하늘에 있어서는 상제가 되고 사람에게 있어서는 마음이 된다. 마음에 있어서는 정을 주로 삼고 동을 제재한다. 또는 태극은 혼연한데 일만 이치는 찬연한 것은 이치가 이치를 갖춤이며 천도는 선을 계승하여 성품을 이루고 인심은 성품을 검색하여 인정에 요약하는 것이 이치의 묘리이다. 후천 괘를 말하기를, 지극하다. 천지의 용도여. 하늘 가운데 텅 빈 것이 불이 걸린 것이니

건(乾)이 중간에 열린 것이 이(離)가 되고 땅의 중간에 관통한 것이 물이 되니 곤(坤)이 중간이 연결된 것이 감(坎)이 된다. 감과 이는 물과 불의 주재로서 천지의 중간 기운이다. 말하는 것이 모두가 앞선 설명을 따른 것이 아니고 자득한 것이 많았다. 이보다 앞서 기학(畿學)은 주가 거꾸로 되고 기를 종주로 삼고 영학(嶺學)은 횡을 주장하여 양단(兩袒)하니 이기가 분연하게 서로 싸웠다. 이때 종석이 이씨의 서론을 이어 수법을 내놓으니 천하 만사만물을 요약하여 모두 이치의 구덩이로 안정하게 하여 하나의 근본으로 거두고 기의 위치를 아래로 두었다. 이 말이 한번 나오자 뭇 찟음이 사나웠으나 그래도 강하게 맞서 조금도 꺾이지 않고 입이 부르트도록 괴롭게 변론하여 일천 성인의 삼매(三昧)를 되돌리기에 흘흘하여 그만두지 않았다. 갑신에 처를 끌고 태백 산중으로 들어가 소초와 벗을 삼고 몸소 도토리와 감자를 캐며 은일에 생활하는 취지를 이루고 시대의 문달을 구하지 않았다. 고종 을미에 조정이 그가 어짐을 듣고 비안 현령에 제수하였으나 일어나지 않았다. 광무 3년에 조서로 부르니 상소하여 사양하였다. 7년에 또 중추원 의관 비서원 승에 제수하고 나아가서 의정부 참찬까지 이르렀고 누차 사양하여도 윤허하지 않았다. 이때 상이 특명으로 야복으로 등대하게 하니 종석이 부득이 한양으로 나가서 함녕전에 입대하여 요순이래 서로 전하는 심물(心物)을 의론하고 인하여 시무에 언급하여 정학을 높일 것 인심을 맺을 것 군제를 정할 것 재용을 절약할 것 등의 네 가지 일을 말하고 또한 말은 도로 접하고 음사와 요탄한 설을 사총에 가까이하지 말며 일은 성의로 시행하고 구차한 누수를 막는 생각은 가슴에 싹트지 못하게 하라고 하니 상이 아름답다고 하였으나 제대로 사용하지 못하였다. 마침내 돌아감을 고하고 산으로 돌아왔다. 8년에 부름이 있었고 2월에 종석이 시의(時宜) 수천언을 봉하였으나 살피지 않았다. 시월에 순명비(純明妃)의 복제를 상소하여 논의하였다. 을사에 일본과 체약(締約)이 이루어지니 토송소(討送疏)를 싸고 대궐에 나갔으나 들어갈 수 없었다. 물러나 군관에서 조서를 기다렸으나 보답이 없어서 인하여 통곡하고 건즐(巾櫛)을 폐하고 두문불출하였다. 하루는 각국이 파리에서 공회를 연다는 것을 듣고 서신을 갖추어 사람을 보내어 본국의 정형을 알렸는데 도리어 일인의 구금하는 바가 되어 수개월 후에 다산(茶山) 자택으로 돌아와 졸하니 실로 기미 8월 21일이며 나이 74이다. 처음 거창가남(加南)의 강현(江峴)에 장례하였다가 국중 인사의 조문하는 이가 칠천 인이었다. 후에 가서유원(加西酉原)으로 이장하였다. 종석은 신장이 7척이며 눈은 마치 샛별 같았고 매번 심은 듯이 앉아 종일을 풀지 않았고 상을 거하며 3년을 죽을 먹었으며 사람을 접할 때는 오직 화기가 발로하였고 만약 같잖으면 반드시 그 공경함을 크게 하여 멀리하였다. 제생을 사방에서 가르치며 그릇에 따라 부어 주고 마시는 자들이 각기 그 배를 채웠으며 경내의 문학하는 영재로 마치 하겸진(河謙鎭) 송호완(宋鎬完) 이후(李垕)같은 이들이 당시 가장 저명하였다. 종석이 판탕의 시대를 만나 뭇 비방이 산처럼 쌓였으나 만나는 대로 안정하여 인을 돈독하게 하여 사물을 체하여 엉기지 않는 묘미가 있었다. 논자는 십년을 근사록을 읽는 것이 곽징군을 한번 보는 것만 못하다고 하였다. 우리 한국이 조종이래로 유술(儒術)과 백성을 다스리며 선비는 도덕을 단련하여 인주에게 달한 자가 선후에 서로 바라보이는데 만약 뛰어나게 영수하고 초연히 도를 깨달아 진정한 총명으로 귀신을 놀라게하고 큰 그릇으로 만류를 포용하며 올바른 정서로 일월을 대하여 회회하게 묘당과 경악의 재주를 갖춘 자는 아마도 동방 진고에 드물게 보는 자일 것이다. 혹자는 사공은 관안(管晏)에 미치지 못하고 문장은 한구(漢歐)를 따르지 못한다고 가볍게 비방하는 것은 얕고 얕은 것이다. 스스로 호하기를 면우(俛宇)라하고 또는 유석(幼石)이라고도 한다. 문집 63책이 간행되었다.

한씨(韓氏). 관적 면천(沔川).

■한순경(韓舜卿). 자는 극필(克必). 판서 숭덕(崇德)의 후로 학문에 뜻을 두고 순한 자식으로 알려졌다. 내형 생원 김극용(金克用)이 인척의 존장이라고 만나면 반드시 예모를 하였다. 을유에 효렴으로 추천되어 소격서 참봉으로 제수되었으나 나가지 않았고 또 광능의 영으로 제수하였으나 어버이가 늙었다고 사양하였다. 강명하고 정직하며 풍채가 영상하여 당시에 감복하였다.

한대기(韓大器). 자는 중용(仲容)이다. 성품이 간략하고 높아 함께하는 이가 적었고 교교하게 고인을 찾았다. 동군 김준(金浚)등이 문장과 행의로 일시의 사표이니 대기가 즐거이 종유하였다. 임진에 상이 용만으로 피란을 가고 능침이 변을 만나니 대기가 통곡하고 산으로 들어가 기우록(奇遇錄) 수양왕전(首陽王傳) 등을 지어 뜻을 보이니 보는 이들은 송나라의 호방형(胡邦衡)에 비하였다. 대기의 종질 진(璡)은 임진에 창의하여 곡식을 모으기를 열읍에 앞서니 계문하여 군자감 정으로 추증하였다. 한대립(韓大岦). 진사.

최씨(崔氏). 관적 전주(全州).

■최종모(崔從模). 처 이씨(李氏)는 파산(巴山) 사람이다. 18세에 혼인을 하고 시집을 가지도 않아서 종모가 죽으니 이씨가 분상하여 피를 토하고 서신을 지어 친정에 결별하고 성복하는 날 머리를 감고 빈궁에 들어가 향화로 맹세하고 곡을 그치고 들보에 목매 죽었다. 이때 친가는 십여리를 격하여 있는데 물이 불어 통할 수가 없었고 혼수짐이 작은 방에 있는데 열쇠도 없이 문이 열리며 소리가 방을 진동하였다. 부모가 깜짝 놀라 이상히 여기며 사람에게 살펴보라하니 부고 사자가 이미 강 건너에서 부르고 있었다. 고종 갑진에 일이 알려져 정려를 내렸다.

최씨(崔氏). 관적 경주(慶州).

■최호연(崔浩然). 진사. 최진종(崔振宗). 자는 효백(孝伯)다. 상의원 별좌다.
■최기종(崔起宗). 자는 효보(孝甫)다. 사람됨이 영민하고 위대하여 형 진종(振宗)과 명성을 나란히 하니 사람들이 최씨의 쌍벽이라 칭하였다. 소시에 부친을 잃고 모부인을 지성으로 받들었다. 명유 성운(成運)이 보고 기이하여 연비어약(鳶飛魚躍)을 써서 주며 격려하였다. 선조 때 생원에 등제하고 광해의 정치가 문란하니 기종이 상소하여 북당을 참하라고 청하였다. 정축에 두 왕자가 북행을 하니 기종이 안남시(雁南詩)를 지었다. "거리 아이야 안남가를

부르지 마라, 한 곡을 들으면 한이 더욱 깊어진다. 사막 북쪽에 봉가(鳳駕)를 되돌릴 사람 없으니, 공연히 사물을 보고 눈물만 짓는구나."

■최경(崔絅). 자는 상지(尙之)다. 박인(朴絪)을 사사하였다. 인조 때 진사가 되고 얼마지 않아 향리로 돌아왔다. 옛 살던 곳에 삼청(三淸)이라고 쓰고 날마다 강우의 여러 명사와 도의를 강마하며 즐겨 게으름을 잊었다. 시에, "바위에 깃들임 깊고 조용하니, 빗소리 많음은 견디기 어렵구나. 자연이 외물 구함이 없으니, 경전에 배불러 머리가 온통 희었네." 저술로 모학재 강의(慕學齋講義) 원조 오잠(元朝五箴) 등의 책이 있다.

■최신(崔紳). 자는 계지(悸之)다. 효종 때 선무랑에 제수하였으나 나가지 않았다. 명산수에 유람하기를 좋아하고 자호를 백결(百結)선생이라 하였다. 시가 있다. "뼈가 바뀌었는데 무슨 병이더냐, 몸은 굶주려도 또한 스스로 즐긴다네. 백년을 이로서 족하니, 굳이 궁도를 원망할 것 있나요." 황준(黃俊) 심진(沈縝) 석성해(釋性海)등이 가장 친우로 잘 지냈다.

황씨(黃氏). 관적 장수(長水).

■황맹헌(黃孟獻). 판관.

■황탁(黃倬). 자는 언명(彦明). 맹헌(孟獻)의 증손으로 진사이며 호는 조암(槽岩)이다. 사람됨이 척당하고 가산을 달갑잖게 여겼다. 글을 잘 지어 구군양모부(求郡養母賦)를 지어 향시에 장원하고 서울로 가는데 마포원(馬包院)에 도착하여 노승 한 사람을 보니 눈썹은 길어 눈을 지나고 가부좌로 앉았는데 탁이 예로 공경하니 중이 묻기를 공은 지금 어디 가느냐 하니 탁이 과거 보려 경사에 들어간다 하니 중이 손을 흔들며 지금이 어찌 출사할 때이냐. 남산에 송백이 말라 죽고 경인년에는 도성에 큰물이 있으니 한양의 지기가 쇠하였다. 먼저 도로가 변하고 이어서 왜란이 있으니 공이 어찌 면할 수 있겠느냐. 노승은 지금 묘향산으로 들어간다 하였다. 탁이 노복에게 밥을 지으라고 하니 중이 만류하며 나는 벽곡을 한지 이미 20년이 지났다고 하였다. 인하여 같이 자고 일찍 일어나 보니 보이지 않았다. 후 임진에 탁이 지리산

에 은거하였는데 적에게 죽으니 중의 말이 과연 증험이 있었다.

■황숙(黃俶). 향리에 은거하고 벼슬하지 않았다. 이곤섭(李鯤燮)이 시 한 구절을 썼는데 숙의 계사(溪舍)를 조롱한 것이었다. "니악(尼岳)은 그 악이 아니며, 계명(鷄鳴)은 봉명(鳳鳴)이 아니다."

■황태원(黃泰源). 자는 석원(碩元)이다. 술수에 정하였다. 동방 산중에 거하면서 밭 갈고 소 먹이는 것으로 스스로 생활하였다. 하루는 객이 자식이 앓는 자가 와서 점을 쳐 주기를 청하니 이에 한 구절을 썼는데, "검은 하늘 긴 골짝이니, 자식은 앞으로 반드시 죽는다."하였다. 객이 깜짝 놀라며 내 자식을 어떻게 할까 하니 태원이 해의 간지가 자(子)니 쥐에 속하고 쥐의 장수는 바로 고양이다. 집에 돌아가 구둘 밑을 조사하면 반듯이 고양이가 죽어 있어 재앙이 된 것이다 했는데 조사하니 과연 그러했다. 태원의 힘이 능히 두어 길 되는 담장을 뛰어넘을 수 있었고 장기나 바둑은 주군을 기울이며 가장 복서로 알려졌다. 고종 때 운봉 오씨의 딸 집에서 졸하였다. 덕산골(德山洞).

조씨(趙氏) 관적 함안(咸安).

■조선도(趙善道). 정절공 려(旅)의 후다. 관직은 어모다. 송객정(送客亭) 시가 있다. "용천을 던져 버리고 고기 잡는 도구 손질하니, 사직 붙들고 돌아오니 이미 머리가 희구나. 폐려를 수리하며 도리어 즐거운 것은, 만강 명월에 한 척의 외로운 배일세."

■조상인(趙相藺). 효성으로 모친 섬기는 것으로 알려졌으니 그 하나는 꿩이 품속으로 날아든 것이며 두 번째는 잉어 한 쌍이 다리에서 나온 것이다. 무신 내란에 의진(義陣)에 나가 병사를 맞아 크게 호궤(犒饋)하니 연역을 제하여 주었다.

조씨(趙氏). 관적 임천(林川).

■조명유(趙明有). 진사다. 시를 잘한다고 알려졌다. 친우 유증서(柳增瑞)를

애도한 시에, "고을이 막혀 옛꿈을 허비하였는데, 마을을 함께하니 이미 정이 많았다. 배 뜨냐고 강은 꽃물이 넘치고, 시는 남아서 산에 햇살이 맑다."

손씨(孫氏).

- 손난계(孫蘭桂). 선전.
- 손경종(孫敬宗). 군기시 판관. 아들 하(厦)는 선행을 알려졌다. 스승의 상 3년을 입었다.

안씨(安氏).

- 안희(安憙). 관직은 장단 현령이다. 부정 남전(南㙉)과 함께 남천상에 새로 복거하였다. 을사 원조에 도경효(都敬孝)가 여러 친우와 이 마을에 모여 경효가 먼저 쓰기를, "신촌에 신년을 만나, 문태에 문장이 모였다. 집현산(集賢山)은 만고이며, 오리죽(悟理竹)은 천년이다."하니 희가 흔연이 일어나 사례하기를 신촌 즉사가 상구에 다하였고 단구 고사가 하구에 다하였다. 하고 마침내 붓을 던졌다.

단구성원 권2 종.

택재공 행장(澤齋公 行狀).

공의 휘는 잠(潛)이다. 초휘는 해엽(海曄)이며 자는 회부(晦敷)다. 유씨(柳氏)의 계통은 진주(晉州)에서 나왔다. 시조의 휘는 정(挺)으로 고려 상장군이다. 세 번 전하여 휘 홍림(洪林)은 운정 광록대부 추밀원 부사 호부 상서이며 또 세 번 전하여 휘 번(藩)은 봉익대부 동지 밀직사사로 고려가 망하자 두문동에 들어가 망복의 절개를 지켰다. 이이가 벽은(僻隱)선생이니 합천 노봉원(魯峰院)에 배향되었다. 조선에 들어와 휘 연(淵)이 인조 때 벼슬하여 관직이 경기 수사이며 아들 만정(萬禎)은 무략으로 장기 영산 두 읍재를 지냈는데 공에게는 7대의 사이이다. 고조의 휘는 효민(孝民)이며 본생 고조의 휘는 정탁(正鐸) 호는 목헌(木軒)이다. 증조의 휘는 의문(宜文) 호는 서계(西溪)이고 조부의 휘는 원휘(遠輝) 호는 식호당(式好堂)이고 고(考)의 휘는 현수(絢秀) 호는 우천(愚川)이니 모두 문학이 있었다. 비(妣)는 남원 양씨(梁氏)로 치국(致國)의 딸이다. 고종 경진 11월 4일에 공을 도천 자택에서 낳았다. 어려서부터 침중하고 간묵하여 또래를 따라 유희하지 않고 장자의 훈계를 귀담아 들었다. 8세에 마을의 글방에 나가 통감 소학 등의 여러 서책을 배워 글에 임하여 뜻을 해석하니 제배가 따라가지 못하였다. 나이 18에 물천(勿川) 김선생에게 취학하였고 신축에 또 면우(俛宇) 곽선생에게 집지(執贄)하여 사사하였다. 가는 곳마다 모두 장허를 받았다. 당시 경내에 유서강(柳西岡) 하회봉(河晦峰) 권송산(權松山) 하백촌(河栢村) 남이천(南伊川) 조복재(趙復齋) 허도촌(許陶村) 윤강려(尹康旅) 제공이 모두 일시의 명석인데 공이 함께 서로 친하여 오가며 문질하니 소득이 더욱 많았다. 경신에 우천공의 상을 당하여 곡읍이 예를 넘었고 잠자는 곳에 항상 눈물자국이 있었고 삭망에 반드시 성묘하고 3년을 폐하지 않았다. 기일을 당하면 기일에 앞서 재목하여 그 성의를 바치니 향리가 모두 그 효성을 칭하였다고 한다. 신유에 선조 괴헌(槐軒)공 실기(實記) 청천사세(菁川四世) 연방록(聯芳錄) 청천가고(菁川家稿)를 간행하여 세상에 전포하였다. 후에 또 종사(宗史)를 창작하니 그 중에 선대의 분묘 제전(祭田)과 역대 종중의 현인 행적을 자세히 실어 후세의 고증에 대비하니 이 모두가 공의 적년을 고생한 성의로 이루어진 것이다. 병인에 내간(內艱)을 당하고 이어 가화가 계속되니 마침내 집을 옮겨 진양성의 북쪽으로 옮기고 그 거처에 혼돈암(混沌菴)이라고 썼다. 우거한 지 얼마 안 돼서 책을 지고 배우기를 청하는 자가 매우 많으니 공이 재능에 따라 교육하여 각기 양을 채워 주니 한 지방이 꽤 흥기하였다. 갑술에 또 단성의 백마산 아래로 옮겨서 삼벽당(三璧堂)을 건립하고 정원에 송죽매국 등 여러 화수를 나란히 심고 조석으로 거닐며 산보하여 마음과 눈을 즐기었다. 틈틈이 천왕봉 가야산 금산 등의 여러 승지를 유람하니 가는 곳마다 모두 제영이 있고 일찍이 도정절의 고상한 취미를 사모하여 화도(和陶)라는 여러 작품이 있고 인하여 잠(潛)으로 개명하였다. 대개는 세도(世道)의 망극함을 상하여 이름과 자취로 스스로 나타내고 싶지 않아서 일 것이다. 아우 우당공(嵎堂公) 식(湜)과 우애가 독실하여 거처는 비록 집이 다르지만 있고 없는 것을 함께하며 그 이해를 사사로이 하지 않았다. 우당공이 병으로 눕자 거처가 큰 고개가 하나 사이에 있는데도 날마다 가서 보기를 빠트리지 않았고 죽자 크게 애통하며 매번 지팡이를 끌고 부묘앞 암석에 배회하며 오랜 후에 돌아가니 사람들이 그 바위를 간운대(看雲坮)라 칭하였다. 본 고을이 운창(雲窓) 이공의 후로 이어서 향토사를 하는 자가 없으니 무릇 고을의 명현 달사의 행적이 민멸하여 상고할 수 없었다. 공이 이를 개탄하여 책 하나를 지어 단구성원(丹邱姓苑)이라 이름하고 수년을 허비하여 마치니 그 고심 역시 볼만하다. 만년에 우연히 풍비증(風痺症)으로 수개월을 신음하다가 끝내 신묘 8월14일에 침실에서 고종하니 춘추가 72이다. 집의 뒷산에 장례하니 만뢰(挽誄)를 가지고 모인 자가 수백인이었다. 후 27년 무오에 부인의 묘좌에 부장하니 묘는 단성 신안면 소이촌 남쪽 을좌의 언덕이다. 부인 구씨(具氏)는 능주(綾州)사람으로 부친은 연주(然疇)다. 아들은 없고 딸 셋이 있는데 우당공의 아들 기형(基馨)으로 사자(嗣子)를 삼았다. 딸은 진양 하광환(河光煥) 재령 이수찬(李壽贊) 신창 노기만(盧箕萬)이다. 기형의 아들은 승우(承宇) 승주(承宙) 영두(永斗)이며 하의 아들은 만수(萬壽) 이의 아들은 문석(文錫) 노의 아들은 정두(正斗) 원두(元斗) 현두(現斗) 승두(勝斗) 찬두(贊斗)이다. 공은 몸이 둥굴고 수염은 성글며 몸은 약하나 뜻은 강하다. 혜포는 활달하여 소절에 구애하지 않았고 덕성은 온후하고 가박하지 않았다. 통민한 재주가 있고 스스로 가지기를 겸허하였다. 초직한 기운이 있으나 그 끝이 보이지 않았으니 대개는 타고난 재질이 아름다워 본래 이미 크게 여느 사람과 달랐는데 또 가정의 교육이 보충하고 사우의 자익이 있으므로 그 행동에 나타난 것이 사친에 그 효성을 다하고 아우와 우애가 지극하며 미루어 자질의 교육과 종족에 처함이나 붕우를 접함에 역시 은의(恩義)에 은탁(隱度)함이 없이 각기 그 적의함을 얻었다. 평소에 가정에는 검소하고 자신의 고봉은 박하게 하며 의리에 당연히 하여야 할 것은 가령 보본(報本) 위현(衛賢) 주궁(周窮) 휼빈(恤貧)같은 일은 천금 보기를 초개같이 하며 사용을 아끼지 않았다. 그 학문의 공정을 말한다면 오경 사자를 근간으로 삼고 곁으로 백가 군서를 통하여 일념으로 자자하여 늙도록 멈추지 않고 음아(吟哦)하였다. 일찍이 말하기를 의리의 정심한 것은 오직 생각하고 찾으면 스스로 투철하게 되는 것이니 그렇지 않으면 결코 이루어질 이치는 없다고 하였다. 매번 독서에 난해한 곳에 이르면 곧 찾고 생각하여 생각하고 또 생각하여 반드시 관통한 후에 그만두었다. 함으로 그 학문이 허다히 깊이 나아가고 독특한 견해는 다른 사람이 따를 수 없었다. 공은 이미 경술에 깊고 또 일찍이 옛 작자에 뜻이 있어 역대 명가의 글을 탐구하여 보지 않은 것이 없으며 더욱이 유자후(柳子厚)의 글을 혹독하게 좋아하여 행하며 외우고 누어서 생각한 지 몇 년에 괘나 그 신수(神髓)를 얻어 매번 지음이 있으면 보는 이 들이 모두 탄상하고 귀중히 여기었다. 돌아보면 평일 저술이 많지 않아 지금 단지 8권 4책이 가정에 비축되어 있어 지금 인쇄하려 한다고 한다. 희라. 대저 공의 인품의 고매함과 행위의 독실함과 함께 학술 문장의 성대함을 불행하게 판탕의 세상을 만나 하나도 세상에 쓰지 못하고 그 베푼 것이 겨우 가정과 고을에 그치니 도를 걱정하는 자의 애석함이 되지 않겠느냐. 전에 기형이 가장을 자술하여 내게 와서 기선문(紀善文)을 청하니 내가 응낙하고 즉시 답하지 못하였는데 이윽고 기형이 문득 천고가 되고 지금 그 아들 승주군이 두 번을 와서 전일의 요청을 심히 간절하게 하니 내 이미 군의 선대를 기술하는 성의를 느끼고 또 죽은 친우의 말을 차마 끝내 저버릴 수 없어 마침내 그 본장을 근거로 우와 같이 은괄하니 세상의 입언 군자는 이를 상고할 것이로다.

임술 8월 추분절에 이헌주(李憲柱)는 찬하다.

유택재선생 묘갈명 병서(柳澤齋先生 墓碣銘 幷序).

택재 유공(澤齋 柳公)선생의 휘는 해엽(海曄) 휘는 잠(潛) 자는 회부(晦敷)이다. 그 선대는 진주사람이다. 고려 상장군 정(挺)이 시조이며 손자 홍림(洪林)은 은청 광록대부 호부상서이다. 3번 전하여 번(藩)은 봉익대부 동지 밀밀직사사로 고려가 망하자 절개를 가지고 두문동의 제현에 참여하니 호가 벽은(僻隱)이며 합천의 노봉원(魯峰院)에 배향되었다. 조선에 들어와서는 휘 연(淵)이 인조 명종 연간에 벼슬하여 경기수사까지 올랐으며 아들 만정(萬禎)은 무과에 올라 장기 영산 두 고을의 군수를 지냈다. 이로부터 유업으로 세대를 전하였다. 증조는 서계 의문(西溪宜文)이며 조부는 식호당(式好堂) 원휘(遠輝)이며 선고 현수(絢秀)는 호가 우천(愚川)으로 문행이 있었다. 선비 남원 양씨(梁氏)는 치국(致國)의 딸로 고종 경진 11월 초 4일에 공을 단성의 정태(丁台) 자택에서 낳았다. 공은 몸체가 중인을 넘지 않았고 풍채가 단정하고 무거우며 정령이 눈썹에 발하여 사람들이 바라보면 공경할만 하고 도량이 편이하고 넓어 욕심이 싹트지 않았으며 입으로 구역을 설치하지 않았으며 일상 담론이 소상하고 높은 취지가 있었고 도의와 문예 외에 시속의 세세한 것은 하나도 언급하지 않았다. 8세에 취학하니 문리가 일찍 이루어졌으며 18세에 물천(勿川) 김약천(金約川)선생에게 질의를 청하니 높은 재주 밝은 식견으로 추장을 받았다. 22세에 면우(俛宇) 곽징군 선생에게 집지하니 선생이 그 조예를 살펴보고 매우 사랑하고 원대하게 기대하였다. 돌아와서는 더욱 분발하여 경사 백가와 진한 당송에 크게 힘을 써 점점 작가의 구역에 들어가 무릇 저술하는 것이 사우의 칭송하고 부러워하는 바가 되었다. 부모를 섬기는데 생사에 모두 효도를 다하였다. 일찍이 부친의 장례를 하면서 집이 별로 넉넉하지도 못하면서 만금으로 명지를 구하니 사람이 모두 혀를 내둘렀고 선대에 추급하여 누대 문적의 침민하던 것을 몇 년을 두고 인가의 묵은 묶음 고첩 속에서 찾아내어 일일이 인쇄하여 세상에 공포하니 괴헌실기(槐軒實記) 청천사세 연방록(聯芳錄) 청천가고(菁川家稿)등이 모두 이것이다. 병인에 공이 진양의 대봉산 아래로 이거하여 혼돈암(混沌菴)이라는 편액을 거니 시장에 은거하여 잠긴다는 뜻을 부쳤다. 후 몇 년에 나 역시 진양에 우거하니 혼돈암의 곁이었다. 처음으로 공을 책상 아래 절하니 공의 아들 기형(基馨) 군이 곁에 모시고 있었다. 내가 공을 보니 엄연한 옛 군자이며 군은 단정하고 공손한 새로운 수사(秀士)였다. 마음속으로 공의 부자를 따라 사우로 삼는다면 나그네의 행운이라고 여기었다. 이로부터 나는 공을 모시지 않는 날이 없었고 조용히 아름다운 교훈을 들었고 또 기형과 함께 한방에 거처하며 책상을 대하고 서책을 강하니 계발되는 도움과 절차하는 낙이 서로 나라가 망한 때에 우로가 되었다. 하루는 지구의 서간첩을 보이며 우리가 낙척하여 매우 궁하지만 동류를 서로 구하는 것은 단지 그만둘 수 없다 하였다. 그 서첩을 열람하니 오가며 주고받은 것이 하회봉(河晦峰) 조심재(曺深齋) 김창강(金滄江) 이경재(李耕齋) 4공이 가장 많고 모두 도의와 기개로 서로 추중하니 4공의 석학과 맑은 지조는 당시의 으뜸이었고 그 간담을 서로 통함이 이러하니 어찌 까닭이 없겠느냐. 또한 공을 다소나마 증명할 수 있다. 갑술년 겨울에 단성의 백마산성으로 복거하고 그 당의 편액을 삼벽당(三璧堂)이라 하고 날마다 산 위에 소요하며 읊기를 '흰 돌 일천 머리에 날마다 옷깃 떨치니, 신변에 구름 나와 떨어졌다 다시 나는구나.' 하였다. 아우 우당(嵎堂)공과 평소 우애가 절륜하였는데 이때되어 더욱 즐겨 서로 떨어지지 못하였으나 불행히 우당이 먼저 죽으니 공이 크게 통상하였다. 살던 뒤 언덕에 장례하고 때로는 묘 앞의 암석 위에 올라 쓸쓸해하며 그 바위를 간운대(看雲臺)라고 이름하니 천륜의 측달한 정이 이러하였다. 단구향지(丹邱鄉志)의 수선함을 폐한지 오래되어 영현이 민몰한지 오래되니 고이 자취를 수집하여 편차하고 이름을 단구성원(丹邱姓苑)이라 하고 범례는 홍사(鴻史)를 인용하니 이 고을의 인사가 더욱 경중하였다. 평일에 공의 문하에서 수업한 이가 공을 위하여 몰래 계 하나를 만들어 계금을 기형에게 부탁하여 경리하게 하였는데 끌어 모은 지 몇 년이 되었다. 어느 날 공이 그것을 탐지하고 즉시 기형을 불러 고인이 말하기를 사람이 실속이 없으면 상서롭지 못하다고 하였는데 내가 사람에게 추망(推望)하는 실속이 없는데 이처럼 상서롭지 못한 일을 하느냐 너는 물리쳐 돌려주어 내 마음을 편하게 하라. 하니 기형이 그 명을 따랐다. 세속이 숭상하는 하찮은 것에서 벗어남이 또한 이러하였다. 향년 72세되는 신묘 8월 14일에 삼벽당에서 고종하니 달을 넘기고 집 뒷산 유좌(酉坐)에 장례하였다가 무오 2월 24일에 신안 소이촌 남쪽 언덕으로 이장하였다. 배위는 능주 구씨(具氏) 연주(然疇)의 딸이다. 공보다 2년 앞서 졸하니 공의 묘에 부장하였다. 아들이 없어서 우당의 아들 기형으로 사자를 삼았다. 세 딸은 하광환(河光煥) 이수찬(李壽贊) 노기만(盧基萬)이다. 손자는 승우(承宇) 승주(承宙) 영두(永斗)이고 외손은 하만수(河萬壽) 이문석(李文錫) 노정두(盧正斗) 원두(元斗) 현두(現斗) 승두(勝斗) 찬두(贊斗)다. 지난 기미년에 기형군이 나의 분양우사를 찾아와 공의 분묘 가의 명을 청하며 내 부친을 깊이 아는 자는 자네만 한 이가 없으니 자네는 사양말게 하였다. 내 그 청을 중하게 여기고 그 응함이 어려워 2년을 보냈는데 군이 문득 죽었다. 금년 임술 여름에 승주가 나를 방문하여 또 그 부친의 청을 거듭하니 애상하다 무슨 말을 하겠나. 내 근래에 들으니 이 집에 향기가 말할 수 없이 매워 승우군은 지금 세관장(稅關長)을 맡아있고 영두군은 또 대학교수로 있으며 문학박사를 받았고 승주는 지금 대학교수로 있으면서 문학박사에 뽑혀 계술의 명망이 사우 간에 자자하니 그 조부 그 부친 지하의 혼령이 위로되고 기뻐할 것이다. 내가 이에 또한 희비가 속에 교차함을 깨닫지 못하고 오랜 후에 심정이 안정되어 마침내 가장을 살피고 내가 평소에 느꼈던 바를 참고하여 우와 같이 찬차하고 이어 명을 한다.

"선비의 귀한 바는, 그 그릇과 앎을 먼저 한다. 진실로 이것이 없다면, 녹녹한 것으로 끝난다. 위대하다 선생이여, 가슴속이 넓도다. 먼 옛에 뜻이 높으니, 범루함과 아득히 멀도다. 오직 그 평소의 행함이, 충신과 효우였다. 탄탄한 큰 길에, 근심도 두려움도 없었다. 문장으로 발현하니, 사통한 거리에 활보하였도다. 구구한 조각 같음은, 원래 마음에 두지 않았도다. 그 귀결

된 취지를 요약한다면, 호악(灝噩)의 남은 물결이로다. 외람되게 지기로 대해 주니, 감히 사사로운 마음을 펴서, 참된 감상을 기다림은, 백세의 양웅(揚雄) 이로다. 임술 중추에 분성 허형(許泂)은 삼가 찬하다."

嵎東逸稿

우동일고

우동일고 서(嶇東逸稿 序).

　금년에 내가 진양 의곡산방(義谷山房)에 우거하는데 이때 유옹 택재가 70의 나이에 단성의 백마산장에서 겨울 날씨에 먼 길을 겁도 없이 수레도 버리고 도보로 고생하며 찾아와서는 소매 속에서 시 한편을 보이며 오래도록 이야기 하였다. 내가 그 사람을 보니 훤칠하고 덩치가 있었으나 그 시는 조용하고 깊이가 있었다. 그 말하는 것을 들으니 크게 그러한 바를 죄다 측량할 수 없는 것이 있었다. 간간이 그 죽은 아우 우동의 일고 일에 언급함이 많았는데 그 문장이 장한 것이 아니라 그 재주가 아까우며 그 재주뿐 아니라 겸하여 그 뜻을 귀중히 여겼다며 한 마디에 한번씩 목메어 소리와 눈물을 함께 흘렸다. 대체로 옹이 우애가 돈독하여 한결같이 정이 깊어 늙을수록 더욱 심하여 잠시도 가슴에서 떠날 수 없어 하니 그 뜻이 절실히 슬펐다. 마침내는 일고의 서문을 내게 부탁하고 돌아갔다. 이윽고 우동이 길러서 옹이 거느린 기형이 인하여 유고를 가지고 내게 와서 옹의 뜻을 거듭 당부하는데 그 슬프고 박절한 사정을 완연히 움킬 수 있었다. 나는 그 책임을 사양할 수 없게 되었다. 그러나 마침 여장을 꾸려 바다를 둘러 북상하는 일이 있어 어수선함이 만단이라 진실로 붓을 잡을 겨를이 없었는데 지금 김군 민신(金旻臣)편에 장차 그 유고를 돌려주려 하면서 책을 어루만지며 세 번을 탄식하였다. 차호라. 지금 세상에 불행이 조세하는 자가 누가 이 형 같으며 누가 이 아들 같은 이가 있겠느냐. 형과 아들이 있다 한들 누가 이 재주와 뜻이 있으며 재주와 뜻이 있다 한들 누가 이처럼 밝게 표현할 것이며 밝게 표현한다 한들 누가 능히 형과 아들로 안고 울음을 그치지 못하게 하겠으며 또한 차례로 나의 중도에 서로 요구하여 천양하는 것을 이렇게 할 수 있겠느냐. 이 두어가지 일에서 우동 같은 이는 진실로 길이 눈 감아도 유감이나 여한이 없으리라. 그 시문과 필찰에 있어서는 진실로 평범한 밖을 뛰어난 것이 많으나 이는 자연히 우동을 경중하지 못하리라. 또한 그 득실 공졸을 전문으로 언론하려고 하면 비단 나의 솜씨가 아니라 아울러 노소 두 회포에 모두 하나도 합당함이 없을 것이므로 나 역시 내는 것을 신중히 하여 함부로 그사이에 논평하지 않는다.
　기축년에 삼청산인 변영만(卞榮晩)[24]은 서하다.

우동일고(嵎東逸稿).

시(詩).

〈중추보월(中秋步月).〉
"어쩌자고 가을 달은 사람을 슬프게 하는가, 조용하고 넓게 예를 조문하게 한다. 뭇 벌레는 점점 날개가 자라고, 긴 잣나무는 둥글둥글 푸르게 향랑을 채운다. 흥은 생각을 일으키니 소옥국(蘇玉局) 같고, 시가 이루어지니 깊이 두원랑(杜員郞)에게 부끄럽다. 유연하게 더위 걱정은 돈연히 없어지니, 발을 씻는 청강은 만 리처럼 길도다."

〈심경칠(沈景七) 상근(相勤) 만장.〉
"세상살이 굳이 낙을 구하랴, 삶의 휴식 무너지니 죽음이 오히려 넉넉하다. 무수한 인간 난혜(蘭蕙)의 밭에, 광풍 호우(狂風豪雨)가 바로 앞길일세."

〈유춘숙(柳春淑) 익수(益秀) 만장.〉
"선비와 문학이 옛날에 분분하여, 단계 문중에 둘째가지 않았다네. 백 년에 봉황은 떠나도 깃은 오히려 남았는데, 상서로운 빛 표홀하게 눈앞에 비쳤다네." "도서 상자 하나 거문고 상자 하나를, 어루만지니 어느새 눈물이 옷깃 적신다. 유독 상심함은 외로운 학이 있으니, 서풍에 오히려 양연하게 읊조린다."

〈이남강(李南岡) 정섭(廷燮) 만사.〉
"수레바퀴도 크다 할 수 없고, 바늘구멍도 작다 할 수 없다. 일가도 사해와 같으니, 극에 나가면 모두가 같은 과이다. 아자는 지금의 문도(文度)이며,

---

24 변영만(卞榮晩, 1889~1954) : 일제강점기에 변호사로 활동. 광복 후 성균관대학교 교수, 반민특위재판관등 역임한 법조인이자 학자.

문중은 노망(魯望)의 최고이다. 때로는 맹광(孟光)의 밥상을 대하며, 누워서 평천(平泉)의 전장을 본다. 차호라 다시 슬프다, 노소가 어려움 만났다네. 이 우리 세상 광복하는데, 어찌 몸이 먼저 죽느냐."

북유 기행(北遊紀行). 기미.

⟨칠원(柒原)을 지나며.⟩
"긴 연하 끝난 곳이 이게 어디인가, 하늘 끝 석양에 가락촌일세. 수륙을 어렵게 이백리 길에, 조각 돛 내일 아침이면 칠원을 출발하리."

⟨월영대(月影臺).⟩
"호호한 장강의 물은, 오경에 서창을 흔든다. 꿈을 깨니 어느 세상인가, 지는 달에 거제의 마을인가. 점점이 도서가 나오고, 옹옹하는 오리소리 들린다. 오래도록 고향 서신 없으니, 나그네 심정 통할 길 없구나."

⟨면우(俛宇) 곽선생 만사.⟩
"봉황 기린은 삼대의 상서인데, 어느 사람이 보지 않겠나 좋은 것은 동일한데. 문장은 고정자를 참고하였고, 일절은 팽택옹으로 돌아갔다. 도가 있는데 옛날이 멀다고 어찌 근심하며, 시대가 위험하니 기영이 없는 것이 애석하다. 몽영(夢楹)에도 자신의 계획은 말이 없고, 위궐(魏闕)만 강호에서 무궁하게 연련하네." 모진 눈속 교육 바람 오래도록 열지 못하니, 사림이 끝내 싸늘하게 식은 잿더미 같구나. 사해에 누가 원철(元哲)을 일어나게 할 것이며, 천추에 내가 중생을 위하여 슬퍼한다. 구슬이 적수(赤水)에 잠겨도 이상 할 것 없는 시대에, 해가 우연(虞淵)에 떨어지고 하늘에 돌아오지 못한다. 문을 닫고 한번 외치니 산하가 저문데, 문득 솔소리 들으니 눈물과 함께 무너진다."

⟨경주(慶州).⟩
"뭇 산이 말머리에 당하니, 눈에 가득한 계림일세. 해는 저물고 강 흐름

급한데, 파도의 숨소리 들리는 듯하구나."

〈낙동강 배 위에서 하목정(霞鶩亭)을 바라본다.〉

"배를 매수하여 낙동강을 깨며 가는데, 일렁이는 누각 뿌리 물에 비쳐 맑구나. 어부의 노젓는 소리에 산은 저물어가고, 농부의 모옥은 나무가 성벽 같다. 넓게 보니 별도로 구름을 능멸하는 기운이 있고, 큰 웃음이 오히려 옛을 조문하는 심정이다. 어필(御筆)이 휘황한 하목(霞鶩)의 빛은, 큰 은혜 천고에 푸른 비단 채롱일세."

〈정대(丁臺)에 조심재(曺深齋) 긍섭(兢燮)을 방문하다.〉

"도곡(陶谷)을 찾는 천번이나 험한 길에, 물 잎 파도 꽃은 불어서 무성하다. 우습다 유랑(劉郎)은 일 많은 자라, 연기 파도에 무슨 일로 문옹(文翁)을 방문하나."

〈현풍(玄風).〉

"서로 현풍에 이르러 고향을 바라보니, 재 머리 구름과 나무가 새벽길에 빗겼다. 산은 희수를 따라 겹겹이 이르고 물은 의춘에 들려 출렁대며 길다. 유람길 멀수록 고향 떠난 생각 많고, 등고하니 도리어 문에 기다리는 정이 기억난다. 나올 때 손수 심은 파초와 난초들은, 잎마다 봄바람에 몇 촉이나 자랐는지."

〈족형 수졸옹(守拙翁) 치우(致佑) 만사.〉

"황사가 막막한 옛 단성 고을에, 새벽에 만리의 조도전을 열었다. 분정은 펄이며 서리에 젖었고, 부로는 애달프게 언덕길에 우는구나. 위개(衛介)의 풍류는 다시 이을 수 없는지, 자산(子山)의 소슬함은 말할 수 없구나. 십년을 겁화에 상심한 일은, 달려가 옥제 앞에 정녕하게 호소하세요."

〈지리산 운상원(雲上院)의 옛터를 지나다.〉

"풍류객 신라시대 옥고보(玉高寶)가, 요금(瑤琴)을 탄 지 오십 년일세. 송계(松桂)만 소소하고 사람은 보이지 않는데, 낭랑하다 현학만 밝은 달 앞에."

〈육십령(六十嶺).〉

"영호남 경계 굽어보니, 산천만 가로이며 또 세로일세. 수목 깊어 논개의 집인가, 해 저문 곽공의 진영인가. 출렁이는 유수가 슬프고, 분분한 남은 생애 우습다. 부질없이 허리의 붓을 풀어, 서풍에 먼 심정 기록한다."

〈호남에서 황매천(黃梅泉)[25] 선생을 추억하다.〉

"갑자기 구례 황열사(黃烈士)가 생각나, 산천이 눈에 가득 눈물만 흐른다. 영빈(穎濱)은 늙어가고 동파(東坡)는 죽었으니, 계수나무만 서호(西湖)에 또 일 년일세."

〈대유령(大庾嶺)을 넘다.〉

"용담(龍潭)의 대불계에 발길 미치니, 산은 악하고 사람은 사나워 사람 살 곳 아니다. 기울여 내닫는 급한 형세는 물결이 절구질하듯 가고, 고공에 솟아오르는 돌 기폭 푸르다. 몇 번이나 강남에 왔나 유신(庾信)이 슬프고, 매번 절판에 당하면 왕양(王陽)이 생각난다. 반생을 부질없이 천 권의 책을 꿰었으나, 세월만 길가에서 허비하였구나."

〈서해를 바라보며.〉

"호남의 일곱 고을 다 지나고, 또 기이하고 장함을 찾아 서쪽 바다를 묻는다. 인간의 악한 감정 삭여 흘러버리는 곳에, 만 리의 큰 파도 눈 밑에 생긴다." "인간 어느 곳인들 기이한 장관 없으랴만, 이것은 장강 절도의 그림일세. 비고 망망한 안개 낀 바다는 석양 밖인데, 완연히 팽랑(彭郎)이 소고(小

---

25 황현(黃玹 1855~1910) : 자는 운경(雲卿). 호는 매천(梅泉).조선 후기의 우국지사인 학자. 1910년 일제에 의해 국권피탈이 되자 국치를 통분하며 절명시(絶命詩) 4편을 남기고 음독 순국하였다. 『매천야록(梅泉野錄)』은 한국 최근세사 연구에 귀중한 사료가 된다. 건국훈장 독립장 추서됨.

姁)를 마주한 듯하다." "사해의 공명은 김유신(金庾信)인데, 지금은 지난 일 흰기러기에게 묻노라. 영웅은 예로부터 모두 같은 것인가, 자식 낳기를 누가 손중모(孫仲謀)와 같기를 생각하리."

〈계룡산(鷄龍山).〉

"우리나라 가장 명성있는 구역의 으뜸인 곳, 신령한 빛 상서로운 광채 눈앞에 비친다. 봉마다 닭이 쪼아 구슬같이 연결하고, 물마다 용이 다투며 계곡으로 내닫는다. 비옥한 땅은 멀리 천리의 들에 통하고, 신비한 웅덩이는 감돌아 만년의 샘이 되었다. 산하는 끝내 주인 없다 하기 어려우니, 전조(前朝)의 늙은 법사의 말이다."

〈공주(公州).〉

"유행가 한 곡조에 금강은 가을인데, 지난 자취는 성동에 전쟁하던 고을일세. 영웅은 나고 죽어 산하는 늙어가고, 조정의 계산은 소조한데 세월은 흐른다. 황첩은 높다랗고 붉은 나무는 가을인데, 잔패한 빗돌 범범한 저문 언덕 시작이네. 이것이 흥망은 하늘이 정한 것인가, 전일의 역사를 유유하게 보지 말지어다."

〈연호사(烟湖寺).〉

"남정포 밖에 총사(叢寺)를 바라보니, 낙조가 붉게 그림 벽 앞에 오른다. 보탑은 예사로 행객의 쉼터며, 강천은 드넓은데 괴이한 새가 조는구나. 영지는 오랜 세월에 뿌리가 옥 같은데, 요초는 봄이 깊어 기운이 연기 같다. 유독 솔잎 같은 수염의 한 늙은 부처가, 적요하게 앉아 몇 천년을 보았느냐."

〈산음(山陰)을 지나다.〉

"이른 새벽 내가 단성을 출발하니, 천 번이나 남긴 자국 펼쳐가는 길이다. 구름가에 우는 쇠북 외로운 탑 정결하고, 해돋이 곁에 지는 노을 몇 울타리 밝구나. 명산은 정말 기적을 갈무리하기 좋은데, 문서 나부랭이에 어쩌자고 반생을 괴롭히나. 주막 여인은 노자 떨어진 줄 알지 못하고, 탁주를 눌러 담아 추운 심정 위로한다."

〈난초꽃을 보고 기쁨을 부하다.〉
"단단한 이슬은 서쪽 후원에 가득한데, 여덟 조각 랑간(琅玕)이 눈에 비쳐 밝다. 완연히 서왕모의 금문 밖 인양, 섬세한 구슬 꽃 토하여 옥경에 흩었다." "매화는 지난해 눈에 매몰되었고, 작약은 오늘 저녁연기에 시들었다. 별난 모습은 시문 곁의 소슬한 느낌은, 가을 머리 총국이 피기 전일세."

〈환아정(喚鵝亭)〉
"많은 생각 망설이며 난간에 올라, 객자는 선연하게 웃으며 본다. 황우에 소소한 전조의 빗돌이며, 사양에 점점이 마역의 산일세. 긴 생각은 무단히 천지 밖이며, 나그네 장행 나부낌은 영호남일세. 눈 닿는 경호루 아래 물은, 높은 물결 번득이며 둥근 달을 희롱한다."

〈세모에 회포를 기록하다.〉
"모옥 등잔 엉성한 한가로운 강마을에, 소슬한 글로 높은 자리에 옛 유람을 기록한다. 맑은 은하 쳐다보니 소식은 멀고, 다시 어여쁜 빠른 세월은 머리 드는 사이 흐른다. 예로부터 작은 배는 죽는 법이 많고, 지금도 책가방은 좋은 계책을 계산한다. 우습게도 영웅을 한가한 곳에서 보니, 높은 건으로 옛 고향에서 놀이에 취하였네."

〈사운정(思雲亭). #최문창(崔文昌)의 유허.〉
"새 서리 율율하니 나무는 가지를 붙들고 남쪽 객이 정자에 오르니 눈이 갑자기 돌아간다. 지금도 화각(畫閣) 청산이란 구절은, 처량한 선악(仙樂)이 꿈속에 슬프다."

탁연정(濯然亭) 잡영 이절.

〈오동〉
"세상 벗어나 정정하게 누구와 있느냐. 어쩌면 물과 나의 친소를 물을 수 있을까. 백아 종기 이미 죽고 성연(成連)은 아득히 머니, 지금 사람이 아궁이에 태우고 남긴 것 없음을 한스러워 여기지 말게나."

〈장미.〉
"그윽한 꽃 이슬방울 긴 언덕에 가득한데, 사물을 관람하니 회포가 고르지 않음을 많이 느낀다. 한(漢)나라 병력이 전성시대라면, 왕장(王嬙)의 붉은 볼을 울게 하였겠느냐."

〈시든 난초로 하자회(河自晦)를 곡하다.〉
"하룻밤 된서리에 구원(九畹)이 슬프니, 낭간(琅玕)이 다 꺾여져 사람을 탄식하게 한다. 유독 어여쁜 것은 붉은 마음이 남아, 눈길 끝나는 빈 숲에 돌아갈 것을 잃었다."

〈정묘년 제석(除夕) 유감.〉
"백수의 궁한 겨울에 해도 저무는데, 맑은 새벽 화로 곁에서 술을 데운다. 임 처로의 얼굴에 척척한 기색 없고, 몸과 가정이 완전히 계상(季常)과 같구나. 해 저문 천애에 기러기 그림자 드물고, 높이 올라 짙은 구름머리 바라본다. 천추에 별난 모습 심정을 울리는 붓인데, 단연하게 여릉의 구씨(歐氏)일 뿐일세. 무릎 아래 임랑 같은 하나의 어린 것이, 머리 흔들며 밤낮으로 시를 외운다. 누워 진중한 도산의 글귀를 들으니, 최선(崔仙)의 월영대를 끌어 움직이는 것 같다."#.가아가 퇴계 월영대 시를 애송하였다.

〈이자응(李子應) 종순(鍾純) 만사.〉
"강마을에 아는 이도 많은데, 오직 자네만은 가장 현명하였다. 패옥은 부용처럼 깨끗하였고, 모습은 대나무같이 맑았지. 황황한 문채는 비단처럼 아름다웠고, 욱욱한 봄꽃은 피었다. 갑자기 지하로 들어가니, 황혼이 옛 집에 가득하다."

〈이질재 인언(李質齋仁彦) 지원(志元)이 회포를 지어 보임을 차운하다.〉
"삼영의 꿈 끊어지니 일이 이미 소략한데, 망망한 인간 세상에 나는 어디로 가야 하나. 들으니 금릉은 천하에 좋다 하니, 봄이 오면 내 수레에 기름을 발라야지." "거슬러 돌아 자네는 수중의 고을에 있으니, 하필이면 갈대에 흰 이슬 내리는 가을인가. 섣달 매화는 봄이 또 돌아와서, 사람을 무수한 깊은 시름 일게 하네." "강호에 외로운 꿈 높은 자취에 묻고 싶어, 집을 격하여 때로는 송아송(宋我松)을 초대한다. 눈은 모옥 처마를 누르고 등불은 벽에 매달렸는데, 수염을 서로 대하며 조용히 이야기한다."

〈이옹 백언(李翁伯彦) 규효(圭孝)의 만사.〉
"향리에 옹 같은 이가, 지금 몇 사람인지 묻고 싶다. 부처의 보답은 원래 이치가 있고, 백수에 첫 일이 새롭다. 높다랗게 선정(先亭)을 세우고, 분위기 있게 선비를 모았다. 붉은 여자와 누른 파초로, 아득히 익옹(益翁)의 신을 부른다. 기쁨은 인천(人天)에 극하고, 현가는 사린(四隣)을 채운다. 대나무는 엉키어 푸르고, 난초와 옥은 섞여 향기롭다. 이러한데 옹은 무슨 유감있나, 조화를 타고 요신(瑤宸)에 드는구려."

〈송아송(宋我松) 빈문(彬文)을 차운하다.〉
"몸소 밭갈이하는 것을 시기에 성걸마라, 뒤늦은 우리 생애 갈 곳이 아득하잖아. 남은 해를 다스려 보낼 계책은, 명산 대택에 배와 수레에 맡겨야지." "낚시하는 첨지가 언제 동주에 내려왔나, 동적(銅狄) 같은 인간에 가을 가고 다시 가을일세. 일례로 종전에 영락한 한은, 강바람 강 달이 모두가 시름일세. 강호에 유락하여 거만한 종적이, 평소의 재주는 장송의 그림일세. 지금 다시 시험한 인간의 안목은, 복사꽃 시세의 용모에 부합하지 않다네."

〈족숙 진수(晉秀)의 만사.〉

"새벽 서리 밟고서 달을 띠고 행하니, 개울 남쪽 북쪽에 벼 이랑 길기도 하다. 때로는 푸른 도롱이로 비를 맞았고, 질펀히 취하여 한 밤이 되었지."
"남은 해 보내기 어둡지 않아, 오동꽃 아래 초옥을 두었지. 이미 문묵에 깊은 뜻 없는 줄 알고, 시험 삼아 바둑판의 강론을 탐하였다네."

〈천려(川黎) 능재(能齋) 기당(畸堂) 이질재(李質齋)와 함께 하다.〉

"일백 꽃에 그나마 사랑하는 뿌리 하나 남아, 정으로 피는 것이 누가 질재만큼 돈독하였나. 날리는 수염은 볼수록 흰 것이 많고, 반듯한 풍골은 늙을수록 존귀하다. 이미 한껏 웃고 마시고 하였으니, 요는 서신으로라도 어두움 깨우쳐 주게나. 강남의 노숙이 많이 모였으니, 문묵을 아낌없이 옛 흔적 기록하세."

〈탁연정에서 천려 능재 이인경(李仁景) 제공과 모여 이야기하다.〉

"술은 구유에 방울지고 시 이야기는 섬세한데, 친한 친구 아름다운 인척이 기쁨을 더한다. 황운은 보리에 발생하니 도리깨소리 요란하고, 푸른 옥 같은 죽순 향기는 손맛을 겸한다. 이미 만난 마당에 간담을 실었고, 지는 해가 누대 주렴에 비친들 무어 해로우냐. 풍진에 신발 끌고 만난 시대 꾸짖으니, 늙어가는 우리 생애 굳이 혐오할 것 없다오."

〈독우(督郵) 족장 태현(泰賢) 만사.〉

"옛날 공이 전성하던 때, 남군의 반이 이름을 알았지. 말은 봄꽃을 밟아 빨랐고, 어깨엔 붉은 인끈이 영화로웠다. 군중이 둘러서 규규하다 칭하였고, 즉석에 일백 잔을 기울였다. 동년배의 나머지들은, 파리한 나귀가 어찌 천리 마를 따를 수 있나. 지금도 늙은이 눈썹에, 영기 발하여 은은하게 비낀다네."

〈권오강(權梧岡) 봉현(鳳鉉) 만사.〉

"오강(梧岡) 노거사는, 한 고을에 앞설 자가 없었다. 옥설처럼 피부는 깨끗하고, 빙호(氷壺)처럼 넓은 씻은 듯하였다. 입에서 곡조가 갖추어졌고 담소에 웅비(熊羆)도 엎어졌다. 사해에 왕언방(王彦邦)이니, 누가 그 현명함 칭하지 않았나. 지금 땅속에 묻히니, 암학이 처연하여진다."

〈기아가 생남하였단 말을 듣고 기뻐 즉시 쓰다.〉
"삼대를 이부궁(尼父宮)에 정성이 깊었고, 십년을 여래옹에게 머리 조아렸다. 이제야 실중이 포효하는 망아지가, 앙연이 악와 중에서 날아온다." "손에 상봉(桑蓬)을 잡고 오주를 굽어보니, 문장 부귀를 나는 바라지 않는다. 강동 기업이 심이 한스러우니, 바람은 손중모 같은 영웅이 되는 것이다."

〈기당(畸堂) 옹이 여러 해를 병으로 신음하여 스스로 관대할 수 없으니 시 두수를 써서 웃으며 준다.〉
"들으니 단풍 숲이 향기를 토하려 한다니, 아마 하룻밤에 콧구멍이 트일 줄 안다. 방호(方壺)에 한번 오르는 것이 진정 장하니, 몇 번을 맹세하였나 이 첨지야." #.옹이 코 막힘 병을 앓고 있다. "시사는 원래 성정의 꽃을 묘사하는 것이니, 지나친 것은 섞이지 않고 자신에게서 나오는 것이다. 나는 기옹은 몸이 백번 죽어도, 날렵하고 굳센 시사는 여유가 있을 줄 안다."

〈병중에 읊다. 칠수.〉
"나와 매화가 함께 눈에 누웠는데, 날이 지나자 매화는 결실을 맺었다. 지금 내 몸의 일을 묻는다면, 약탕기 불이 때때로 옛 휘장에 비친다." "거문고와 책은 깊은 세월에 자연히 정돈되지 못하였고, 거미줄 파리똥이 망가진 집에 요란하다. 비록 아이에게 때로 분부하지만, 천 번을 다스려도 다시 그러함을 어찌겠나." "도리깨 전쟁 쟁기 달림 온 이웃에 움직이니, 농가의 오월은 이때가 가장 바쁘다. 때로는 아내가 하동(下同)의 외침을 하는 것은, 사랑채에 졸음에 목마른 사람 때문이란다." "뾰족뾰족 뜰 끝에 작은 꽃이 있는데, 노병에 때로는 눈의 사치를 빌린다. 다시 겸하여 연한 나비가 사람 뜻을 따라, 처마 끝을 스쳐서 개울 언덕을 지난다." "내 생애 오십에 알려진 것 없으니, 인간에 존몰(存沒)을 증명할 길 없다. 생각은 황정을 캐어 힘을 돋아서,

제나라가 동쪽 밭을 다 차지함을 보고 싶다." "병에 누어 이미 죽은 사람이 생각나니, 창공과 아울러 질재도 죽었다지. 더구나 강옹도 지하에 묻혔으니, 남은 해를 보낼 계책이 없구나." "유훈은 창황하여 어찌 입으로 다할소냐, 지금 극히 생각하니 눈물만 흐른다. 하늘에서 온 하나의 일은 마음을 담으라는 말은, 아손에 부끄러워 부질없이 스스로 태연한 듯 한다네."

#. 선공이 죽을 때 존심(存心)이란 두 자를 경계로 남겼다.

〈권수약(權壽若) 재기(載祺) 만사.〉

"자네가 떠나니 어찌 다시 보겠느냐, 누대는 깊고 밤 조용하니 발걸음 소리 들리는 듯하구나. 북풍에 우설은 천지에 가득한데, 굽어본 인간은 눈물이 따름이 있으리라. 하늘을 꾸짖는 입을 누가 부딪지 않겠으며, 분노한 갈기 독한 이빨은 서로 종횡한다. 다행히 그대는 이를 모면하고 먼 길을 떠나니, 먼 공간에 옷을 떨치며 도산(道山)을 묻는다. 그러나 자정과 사랑을 자르고 떠나니, 저 포로에 비하면 응당 편안하리라. 이를 가지고 노래를 마치며 하늘가에 부치니, 고인이 알아보고 얼굴 한번 펼는지."

〈권응선(權應善) 태정(泰珽)에게 부친다.〉

"꿈속에 일찍이 바다 언덕 마을을 찾으니, 땅에 닿는 모첨(茅簷)이 그대 문 인줄 알겠다. 생을 꾀함이 세상 사람과 달라, 온 집안의 처로가 요초(瑤草)를 먹는구나." "망망한 인간 세상에 서로 나뒹굴며, 촛불 어루만진들 어찌 날마다 참됨 얻으리오. 누가 청서(靑西)에 성인 비결 전한다 하였나, 앞으로 횃불 하나로 전일 인연 쓸어버리리라." "잔챙이가 쉽사리 금강(金剛)을 품으니, 누워 동남의 산수향을 추억한다. 풍의(風誼)가 가득한 인정이 싫지 않으니, 몇 번이나 마음을 달려 하양을 지났는지."

〈선친기일 유감.〉

"노쇠하니 풍수(風樹)가 내 몸을 흔드는데, 어느 사이 세월 흘러 스무 한 해의 봄이라오. 입으로 유언을 읽으니 마음이 찢어지고, 눈에는 맑은 모습

달려 눈물이 수건 적신다. 유유하게 전해오던 업은 쉽게 떨어지고, 막막하게 골육의 친을 붙들기 어렵다. 소망을 이루지 못하고 몸은 병드니, 구원 어느 곳에 가서 호소할거나."

⟨우음(偶吟).⟩
"스스로 우습다 지리한 나무도 아닌 몸이, 춥게 살다 보니 한밤중의 꿈을 이루기 어렵군. 십 년을 눈물 흘린 농천(瀧阡)의 길이며, 두 귀가 놀란 완수(浣水)의 물소리일세. 마각 오두(馬角烏頭)는 기약이나 있는지, 천황지로(天荒地老) 하도록 한은 오히려 남는다. 일 백번 태어나도 바람은 이 땅에 태어나서, 금생에 못다한 정을 보상받고 싶다네."

⟨베개 위에서.⟩
"인간으로 귀양 온 지 오십 년에, 천형이 우습게도 두 어깨를 누른다. 허공에 부질없는 환상이 낙의 경지이며, 마갈(磨蝎)과 긴 인연 맺음을 사양치 않는다. 유유한 고해(苦海)에 머리 돌리면 저 언덕이며, 드넓은 희미한 곳이 신선이 사는 곳인 줄 알겠다. 누가 문원(文園)이 그나마 저술을 한다고 하였나, 때로는 아름다운 글귀를 약탕기 가에서 거둔다네."

⟨수형(壽馨)의 임오제석운을 차하여 하회봉(河晦峰) 겸진(謙鎭)선생에게 드린다. 두 절구.⟩
"풍설이 분분하게 하늘 가득 부는데, 화로를 끼고 무료하여 쓸쓸히 앉았다. 귀에 하자장(河子杖)의 글 소리 들리니, 찡그린 눈썹 일체 쓸고 새해를 맞는다." "내 몸이 자연 내 하늘 지킨다니, 때로는 그러함을 믿지 않는데 정말 그러하다. 혹시 존헌(尊軒)께서 묻는다면, 하나의 이치를 굳게 잡고 남은 해를 보존하리라."

⟨제야.⟩
"내 몸이 끝내 여기를 떠나지 못하고, 일곱 번 강호의 해가 또 바뀜을 보는구나. 이제부터 녹음이 두루 땅에 가득할 것이며, 혹여 가벼운 차림에 울타리를 나갈 수 있으려나. 짧은 머리를 비로(毘盧)의 새벽에 한 번 말리고, 또한 진영(塵纓)을 총석의 벼랑에 씻으리라. 세상 지남은 그렇다지만 유업(遺業)이 원통하니, 묵묵히 전일의 인과로 새 의식에 절한다."

〈김매서(金梅西) 극영(克永) 만사. 두수.〉
"순진(荀陳)의 문호는 세상에 모범이니, 문자 문손이 날마다 뜰을 지난다. 알 수 없구나 남방에 공이 떠난 후로, 누가 붓을 들어 성정(星亭)을 지을지." "가을 하늘 서리 수리는 형세가 높다랗고, 동강 늙은이 도풍(道風)은 대대로 돈독하여 새롭다. 신고당 앞 천 길 나무는, 한 가지가 차라리 동린(東鄰)을 향하려 한다."

〈유서강(柳西岡) 원중(遠重) 만사.〉
"삼산의 선비 하나가 사람을 슬프게 하니, 도를 안고 잘못되어 혼자 자연 빛났다. 자리 누운 지 오래되어 인의 교화 멈추었고, 의관의 길 막히니 눈물이 글썽인다. 전운(戰雲)이 바다에 솟아 땅은 먹빛이며, 단비〈甘雨〉가 철없으니 봄에 꽃도 없구나. 이번 가면 이제야 발 펼 곳이 있으리니, 동병(東兵)은 다시 내 몸에 더할 수 없으리라."

〈서병(西兵)이 동경(東京)에 진입함을 듣다.〉
"백일이 잠기려는 정국이 오래더니, 서풍이 처음으로 용각주(龍角洲)에 움직인다. 병부의 귀에 들기니 기뻐 잠들 수 없으니, 이 일을 돌아가 옥제루에 전하리라."

〈망실(亡室)을 애도하다. 오수.〉
"강계(薑桂)는 그대의 마음인데, 포류(蒲柳)는 나의 성품일세. 비록 완전함에는 모자라지만, 한번 웃으면 기쁜 경지를 이루었다. 가을 볕에 보리 절구질 소리 들리고, 새벽달에 방직 물레를 돌렸지. 나를 한가하여 일없이 하고, 재주 동산에 그나마 참됨을 캐게 하였지." "내가 호미로 밭을 다스리는 날은,

그대는 광주리에 점심을 이고 나온 때였다. 늦은 계획은 오릉(於陵)에 물 주는 것인데, 풍진 역시 자연 기이하였다." "내 늙어 정질에 걸리니, 시름겨운 얼굴에 항상 두려움을 품었다. 한 잔의 가물에 자양하는 것은, 그대의 폐혈을 담았구나." "슬프고 다시 척척하니, 몇 번을 우의(牛衣;가난)에 울었나. 동쪽 집은 백세라고 들리는데, 육순도 못되어 돌아가는구나."

〈유천려(柳川黎) 만형(萬馨) 만사.〉
"공처럼 세상에 선할 수 있나, 가난을 마치 지키는 듯하였다. 배고픔은 몰아도 가지 않고, 배를 만지며 스스로 욕심내지 않았다. 대나무 사이 작은 집을 쓸고, 떨어진 책을 항상 간직하였다. 시를 좋아하니 시름겨운 간장이며, 술을 먹으면 성곽을 압도하였다. 일찍이 인덕으로 알려졌고, 구 년간 중형을 모시었다. 정질을 끝내 구하지 못하니, 유학을 오래 할 수 없었다. 지난해 영박(瀛博)의 사이에, 쇠함을 끄니 사린이 슬퍼하였다. 오호라 칠십 네 살이니, 공을 하늘 한편에 전송한다. 이 세상은 진실로 괴로우니, 쾌하다고 하려니 망망하구나."

〈묘갈을 세운 감회.〉
"오르다가 문득 깊은 마음 있음을 깨달으니, 분옥(墳屋)은 높다랗게 한 성의 수림이다. 포의라 비록 운대의 반열은 없으나, 빈조(蘋藻)는 기쁘게 보개(寶蓋)가 임하였다. 머리 위 별은 흘러 삼백 년인데, 손 속의 돌은 칠천 금을 실었다. 풍진이 유씨 선산에 미치지 않아, 아손들이 소영(嘯詠)하며 세월 보낸다."

제문(祭文).

권씨(權氏)누나의 제문.
오직 우리 누나가 세상에 태어날 때, 두 사람의 장년이었다. 아! 가업의 냉둔(冷屯)함이여, 타상을 경작하며 생존하였다네. 봄가을에 노력함이여, 실로 몸을 가리기에 겨를이 없었다네. 아침에는 간소(澗沼)에서 마름을 캐고,

저녁이면 절구질하여 밥을 지었다오. 슬프게도 타고난 자질이 청약(淸弱)함이여, 노고를 극복하여 해를 마쳤도다. 우리 모친의 돈독한 사랑이여, 자애를 엄함으로 바꾸어 더욱 격려하였네. 아우는 어리고 무지하여, 시시로 내달려 우리 누나를 교만하게 꾸짖었지. 누나는 나를 보고 웃으며 어루만지고, 무릎에 앉히거나 등에 업기도 하였다. 나이 계년(筓年)이 되어 남에게 감이여, 어쩌랴! 처음은 어려움을 벗어날 수 없음을. 마침내 집을 옮겨 동으로 건넘이여, 마침내 이웃이 되고 울이 연결되었지. 남편의 서책 친함을 즐거워함이여, 베 짜는 소리가 공중에 들렸다네. 자식을 길러 마을을 채움이여, 남몰래 실올을 계산하고 쌀알을 셈하였다오. 오랜 절약으로 윤택함이 옴이여, 이제 가옥도 풍성하고 전답도 비옥하였지. 어찌하여 이 기쁨을 오래 즐기지 못하고, 세월 저물어 나무에 들어가느냐. 많은 자애 단절하고 멀리 감이여, 옥 같은 모습 영원히 막힘이 애통하도다. 누나의 행신 아름다움을 생각하니, 남편이 밝은 기록 맡으리라. 그 한평생 신고함을 진술하여, 나의 생질들에게 알려 서로 본받게 하리라. 아! 지난날 어린 아우가, 쇠하고 병들어 조문하지 못하고, 빈 글을 부쳐 대신 고하니, 기막힘을 품고 멀리 생각하도다.

망실 이씨(李氏) 제문.

갑신년 2월 정축에 병든 남편 유식(柳湜)은 사람을 대신하여 망실 유인 56세의 영전에 애통함을 고합니다. 오호라 내일이면 유인의 상기가 끝나고 집 북쪽의 명수(明水)를 이미 철거하고 집 남쪽의 약 달이는 불은 아직 붉은데 인간 세상 가는 성좌(星座)의 걸음은 아마 7주기일 것입니다. 내가 어찌 독하겠습니까. 이 하늘의 원대함이 차라리 내가 죽고 남편의 삶을 척촌이라도 연장하려는 것이 실로 부인의 평일에 은근히 나를 깊이 생각한 것이니 소위 산다고 하는 것이 이 누연한 나무등걸 같은 시체일 뿐이고 또한 유인은 타고난 정덕(貞德)이 밤낮으로 상하신지(上下神祇)에게 생각하는 것이 오늘에 이르러 의심스러운 것은 그 벌을 중하게 하여 죽여서 나에게 원망을 많이 하지 못하게 함이니 우리 유인의 현명함이 어찌 그뿐이겠습니까. 그러나 유인은 갑자기 이 괴로움이 없어졌고 갑자기 영원히 이 괴로움이 없어졌으니 나는 은애하는 자를 위하여 하나의 통쾌함이라 아니할 수 없습니다. 매번 스스로 생각하길 내가 유인에게 남편이라 칭하는 것은 건의 도리는 건강한 것이며 유인이 나에게 부인이 된 것은 곤의 덕은 후한 것이었으니 여러 상서로움이 함께 건강하면 반드시 일백 욕됨이 따라 후하게 집중할 것이며 반드시 우리 하늘이 그 궤적을 순행하여 어긋나지 않음과 멀어지는 것이었냐? 차호라, 나와 경이 함께 생활한 40년간에 국계(國計)는 나날이 잘못되고 가난(家難)은 시시로 급하여 나는 슬픔이 많고 경은 그 씨줄을 염려하며 나는 미치게 되고 경은 그 끼니를 걱정하고 나는 간략하고 경은 치밀하며 사물을 두루 하는 것은 경이 하였고 나는 완고하고 경은 지혜로워 가정이 연면하는 것은 경의 뜻이 다스림이었다. 인간 세상의 부귀와 아들 많음과 강녕과 수고(壽考)란 것을 후대에 끌어와서 사람이 다 같이 바라는 것을 다하니 경의 욕심이 매우 거대하여 털끝만큼도 양보하지 않고 밤낮으로 연연하여 충정에 잊지 않은 것이다. 나는 수염이 세어지고 경은 이가 빠지도록 비 오는 등잔이나 달뜨는 밤이면 서로 마주하여 늙어가는 그림자를 어루만지며 다가오는 경지를 계산하면 신상에 무한한 일백 맵고 쓴 것이 좌우에 떨어지지 않아도 대괴(大塊)는 장차 나를 쉬게 할 것이다. 차호라, 나와 경이 결코 이 우주 간에 두 번 없을 것이니 오늘 구구하게 얻은 것은 스스로 우스운 것이 몸을 가리는 단갈(短褐)과 대신 경작하는 박전(薄田)이며 두 아들은 과방(過房)에 나누고 천한 몸뚱이는 정질에 걸리고 경 역시 나를 버리고 먼저 가니 지금 이후는 지난날 소년의 장예(壯銳)할 때 서로 기약하며 날을 꼽아 기리는 것이 진실로 어떠하냐. 차호라, 나와 경이 과연 건곤의 건강하고 후한 도리에 맞지 않아서 천명의 보답이 마침내 여기까지 라면 다시 무슨 말을 하겠는가. 하늘 높고 들은 넓은데 찬바람만 삽삽하니 개연하게 우리 유인의 희고 커다란 것을 생각하며 사방을 둘러보아도 사람이 없으니 목메어 울고 싶은데 경은 아는지 모르는지. 오호애재라.

이질재(李質齋) 제문.
슬프다 우리는, 인척 친구로 서로 믿었다. 너와 나에 이르러서, 남다른 일반 친구였다. 교제 맺음은 비로 얕으나, 오직 마음으로 서로 비쳤다. 도문(道文)을 서로 논하고, 산수를 서로 즐겼다. 그 낙을 의지하였는데, 어쩌면 조물이 시기하였는지, 집이나 국가가 모두 슬퍼했다. 은산(銀山)에 점하니, 서로 생각하여 슬펐다. 삼백리에 서신을 보내니, 진진한 보타(寶唾)였다. 전해오는 문무를 낮에는 경작하고 밤이면 공부하였다. 가풍(家風)이 이에 총괄되니 양중 구중(羊仲裘仲)이었다. 삼경(三逕)이 이미 성취되니 친구의 도리도 역시 정결하였다. 어쩌다 하룻밤에, 이를 버리고 떠나느냐. 나를 믿을 곳 없게 하니, 궁상(宮商)이 음절을 벗어났다. 암뇌(岩雷)같은 눈동자와 아름다운 수염이었지. 역력하게 생각나니, 마치 꿈에 만났던 것 같구나. 가을 산 찬 잎새에, 있고 없음을 어찌 정하랴. 달한 자의 말이 있으니, 헛되게 내 비애만 달리도다.

명(銘).

탁연정(濯然亭) 명.

계해년 맹춘에 우리 종중에서 기둥 네 개를 살고 있는 타천의 위에 건립하고 선조 괴헌공(槐軒公)의 묘명(墓銘) 중의 말을 취하여 탁연정(濯然亭)이라 이름하였다. 후손 해성(海性)이 삼가 명을 하다. "선비의 자신을 세움은, 먼저 그 마음을 씻어야 한다. 무엇으로 법을 삼아야 하나, 외부의 제어에 이 임무이다. 보는 것은 색을 경계하고, 듣는 것은 음악을 경계하여야 한다. 오직 언동은, 모두 공경함을 두어야 한다. 표리가 함께 엄숙하여야 하니, 상제가 친히 임한 듯이. 오직 우리 선공이, 이를 밝혀 영구히 맹세하였다. 곧게 앞으로 나가고 물러섬이 없어야, 옛과 함께 아름다울 수 있다. 살아서는 덕을 쌓고, 죽어서는 복을 남긴다. 빛나는 옥 같은 가르침은, 광휘가 부쳐져 있다. 누가 그 막힘을 비애하나, 함에 담아두고 팔지 않는다. 생각을 부칠 곳이 있으니, 정우(精宇: 탁연정)가 앞에 있다. 명언(名言)도 여기 있고, 구천(九泉)도 가까이 있다. 순순하게 마치 가르치는 것 같으니, 아침저녁으로 빙연(氷淵)에 임하듯 하라. 일삼아 속으로 본받아, 백 세에 밝게 전하라."

후면에 쓰다.

경성공(鏡城公) 사략(事略)의 후면에 쓰다.

숙조 경성공(鏡城公)의 탐라에서 한번 승전한 것은 역사에 전하는 것이 없고 오직 단천공(端川公)이 누구에게 준 서신에 "가아쾌첩서적(家兒快捷西賊)"이란 여섯 글자뿐이다. 〈집의 아이가 서적을 쾌하게 승리하였다.〉 내가 일찍이 이 서신을 가지고 집안 부로중에 당시에 계획을 사용하여 적을 포획한 상태를 구술한 시말을 자세히 진술함이 이와 같다. 한유(韓愈)가 장중승(張中丞)의 전기 후면에 쓸 때 배 위의 사람들이 서로 이야기하는 말을 사용하여 실록을 보충하였는데 단천공의 수서(手書) 같은 것은 어찌 중승전의 방증(傍證) 뿐이겠느냐.

조고 구씨(祖姑具氏)부인의 전기 후면에 쓰다.

우편은 나의 조고구씨부전(祖姑具氏婦傳)이며 전의 끝에 열부의 일 몇 줄을 서술하고 또한 작자의 성명도 없이 고지의 틈에 섞여 있는데 이는 당시 사대부가 우리 두 조고를 익히 듣고 지은 것이다. 대개 부녀가 후세에 이름을 날리는 것은 옛날이다. 가령 우리 구한국의 허씨 신씨(許氏申氏)같은 이의 현명함은 모두 시화(詩畵)를 잘하여 지금도 사람의 이목에 비치고 있는데 어찌 천하에 여사(女士)가 없다는 것을 믿겠느냐. 더구나 이씨 할머니의 쟁쟁한 아름다운 절개이랴. 지금 나란히 연방(聯芳)의 후면에 나열하여 우리 집안의 고사로 갖추었다.

사세 연방록(四世聯芳錄) 후에 쓰다.

신유년 봄에 불초가 백형을 모시고 우리 집 사세 연반록을 편찬하였다. 대체로 선군의 후세에 가르친 부지런한 명을 이루기 위함이었다. 형상의 설비가 당에 있으니 비감이 날마다 진지하였다. 4월 15일 밤 꿈에 선군이 이 기록을 상세히 검토하는데 곁에 문사 몇 사람이 있어 높은 관으로 자리에 나열하여 문지를 고정하는데 질편한 담소로 즐기었다. 이윽고 깜짝 놀라 일어나 보니 단지 찬바람이 불고 문정은 조용히 적적하였다. 어쩌면 선군이 평소 자식 가르침이 매우 자상하여 혼기(魂氣)를 곁에 모신 사이에서 한 말씀을 얻을 수 있을 것 같았는데 마침내 혼미한 잠꼬대로 돌아가고 분명하게 받들지 못하게 되었으니 애통하지 않겠느냐. 또 한 선군은 행동에 성하고 일찍이 문사로 스스로 기뻐하지 않았으니 저술한 바를 드날리는 것은 어찌 선군의 뜻이겠느냐. 살아서는 몸으로 선정에 친하고 싶어하고 죽어서는 몸을 선역에 의탁하고 싶어한 것이 우리 선군이 일찍이 스스로 바쳤던 바이다. 이 책을 편찬하여 선군을 제조 제부의 후에 부치는 것이 불초가 본 것을 본받고 약간은 신전 신후를 선정선역에 친하고 싶음을 부치는 작은 뜻이다. 지금 원고중에 시서 이외의 잡저 약간은 혹간 백형이 명을 받아 대신 찬한 것이 있으나 일이 덕을 기록하는 것에 관계됨으로 역시 편차에 들어갔다. 이는 사사로 전인의 의사를 기술하는 유를 모방하여 아울러 써서 내세에 보인다. 차남 해성은 눈물을 훔치며 공경히 쓰다.

찬(贊).

역대찬(歷代贊).
예를 고찰하니 아득한 세대에, 중원에서부터였다.
혁혁한 대승(大丞)이, 동방에 처음으로 나타났다.
큰 가지가 울창하니, 신라 천 년에 실렸다네.
단서를 고찰할 수 없으니, 각기 밝은 바를 종주로 삼았다지.
상장(上將)이 고려에 있어서, 교백(喬柏)이 정씨(程氏)와 같았다지.
그 후가 더욱 커져, 성한 덕이 이에 행하였지.
한 기운이 모인 바이니, 용호의 풍운이었다.
여러 철인을 돈독하게 탄생하니, 무도하고 문도 하였다.
감문(監門)의 열열함은, 금교(金郊)에서 맹세하였다.
호부(戶部)의 치사(致仕)함은, 돌에 맑은 이름 새겼다네.

굽히고 펴임이 서로 느낌은, 인간 세대에 역시 깊었다.
 역사는 어찌 빠짐이 많은지, 물은 흘러가고 연기는 소멸되었다.
송사(松社)가 마침을 알리니, 작자(作者)가 칠십이었다.
오래되었도다 청천(菁川)이여, 큰 것을 꼽아보자.
외외한 보봉(寶鳳)은, 여러 구릉보다 클 수 없었다.
사향(祠香)이 오래도록 없었으니, 후예의 심정이 차갑다.
평후(平侯)가 남으로 건너니, 그 전통을 빠트렸다네.
포의로 서로 전하여, 누겁(累劫)에 막히었다.
헌사(軒駟)와는 융화하지 못하였으나, 시서는 대대로 빛났다네.
그나마 충효를 남기어, 함께 갈무리하였지요.
지금에 이르러 하늘이 없으니, 선혼(先魂)을 상실한 지 오랜지라.
측측하게 서로 슬퍼하고, 표표히 보존하지 못하였다오.
오호라 선조의 교훈이, 태양이 위에 임한 듯하다.
대신 아름다운 명을 거듭하니, 오는 후일은 더욱 영원하리.

부록(附錄).

증시(贈詩).

유선부(柳善夫)군이 절구 4수를 보내오니 감탄하고 받들어 화답하다. 회봉 하겸진(晦峯 河謙鎭).
 "막혀 이별함이 항상 아득한 한쪽 하늘 같았는데, 미루어 생각하면 얼굴 모습이 매번 의연하였다. 소조하게 나는 이미 분백함에 놀라는데, 자네인들 능히 지난날과 다름이 없겠느냐. 어느 곳 복사꽃이 별천지이더냐, 새 정자에 눈을 떠니 문득 망연하구나, 노양공(魯陽公)이 해 되돌릴 수 있음은 믿을 수 없으니, 굴자(屈子)는 헛수고이다 세월가기 바람은. 봄바람에 물에 뜬 붉은 단은 하늘에 달렸는데, 한마당 꿈에 그대 찾으니 뜻이 암연하다. 지난날 매화를 나귀 등에서 보던 것을 생각하니, 아마도 해마다 잘 지내고 있을 줄을 안다."

창강 김택영(滄江 金澤榮).
"아득히 떨어져 기구한 이 늙은이를, 어찌 맹교(孟郊)의 용으로 보는 것이오 두 번이나 시로 형의 서신을 보낸 뜻은, 벽해 청산이 일만 겹일세."

만장(輓章).

회봉 하겸진(晦峯 河謙鎭).
"내가 아는 양진(楊津)의 가세가 좋은데, 육운(陸雲)은 당초에 역시 형으로 알게 되었지. 붉은 꽃 형수(荊樹)는 봄이 무진장인데, 풍우에 어쩌다 한 가지가 손상되느냐. 평생을 나를 좋아함이 천성인 듯하였는데, 병중에 지은 시는 글자마다 생각일세. 황하 맑기 고대하다 군은 이미 가버리니, 지리한 후사(後死)는 이것이 매우 슬프다오."

송산 권재규(松山 權載奎).
"겉 후하고 속 밝으니 나름 쓸만한데, 어쩌다 한 질병으로 이렇게 되었나. 택재 늙은 백씨는 누굴 믿으라고, 돌아가는 길에 군도 응당 탄식하리라. 늙은 나를 민망하여 혹 찾아오면, 집 지키던 이목이 군에 의해 밝아졌다. 5년을 보지 못하였는데 그대로 천고가 되니, 한밤의 생각에 혼몽도 놀란다네."

입암 박헌수(立巖 朴憲脩).
"우리 무리에 우당자는, 영특한 자질 진실로 괴오(魁梧)하였지. 재주는 높아 기능이 곁으로 달하였고, 지식은 해박하여도 묵묵히 어리석은 것 같았다오. 삶은 부쳐 있는 것이며, 없어지니 명이로다. 차마 한 움큼 눈물로, 도천(道川)가에 뿌리노라."

박용화(朴容和).

"강명한 자질을 타고나서, 어찌 끝내 베풀지 못하였나. 중니(仲尼)가 명이라 칭하니, 고금에 이런 사람이 있구나. 효우는 천성에 뿌리하고, 시행함은 사리에 달하였다. 백미(白眉)에 무진한 눈물은, 위로하려 하나 무슨 말을 할까."

김재수(金在洙).

"시서에 기능이 있어 천 가지 용도에 해당하고, 효우는 마음에 근거하여 백 가지 능력이 있다. 하나의 질병으로 십 년을 앓다가 지금 먼 이별하니, 봄 강 눈으로 보내며 홀로 가슴을 적신다."

허철(許喆).

"넓고 큰 기량으로 엄연한 몸이, 우리 무리 중 하나의 장부였지. 뜻은 통쾌하여 조금도 일에 구애함 없었으니, 예사로 하는 설계도 규모에 알맞았지."

이교우(李敎宇).

"겉은 호탕하여도 속은 치밀하니, 시기는 늦으나 행함은 신실하였다오. 격은 사람 많지 않은 것이 아니나, 아득히 군의 필적은 드물었다네."

심상복(沈相福).

"서로 생각함이 유달리 눈 속에 달 밝을 때니, 동에서 온 흉보는 꿈에도 의심스럽다네. 외로운 모자란 세상 누굴 반겨 따르리, 구천에서도 응당 이 세상을 비애하겠지."

이호영(李澔榮).

"호탕한 기개 당년에 구주를 좁다 하였는데, 해묵은 책에 머리 숙이고 무엇 찾으려 했나. 평피(平陂)는 곳마다 몸소 모두 겪었고, 고금은 상자 가득 남김없이 배웠다네. 세상일 차질 되어 오히려 질병에 누우니, 세월은 그렇게 흘러 다시 시름겹도다. 애석하다 군의 가슴에 서린 계책이, 이날 부질없이 한 줌의 구릉에 갈무리됨이."

김황(金榥).
"높은 재주 준일한 기백으로 담변도 잘하니, 낙락한 궁한 세상에 이러한 사람이 있었다. 산 동편에 한 번 누어 슬프다 세월이 늦어지니, 어찌 흙 속에 보배를 묻으리오. 명이로다 이 사람 이지경이 되는 것이, 평상 자리 말을 하려니 암연히 정이 막히네. 상심하다 해내의 동지가 몇이나 되드냐, 더구나 백발의 동야(東野)의 형이랴."

이병교(李炳敎).
"군을 한번 보고 구양(裘羊)을 허락하고, 몇 번을 한묵(翰墨)의 마당에 따랐었다. 한스럽다 근래에 인사 변하여, 중간 소식은 둘이 서로 잊었다네."

정환표(鄭煥杓).
"찬란한 단산(丹山)의 깃은, 원래 평범한 산물과 같지 않았다. 경륜은 우주를 포용하고, 사업은 팽조(彭祖)를 이었지. 박애는 현인이 심복하였고, 말 없이 물리에 통달하였다. 당당하게 조화를 타고 가니, 옛 친구는 모두 헛것이 되었네."

이병화(李炳和).
"하늘의 도리 재배하니 망연히 기한이 없는데, 눈이 쪼고 바람에 시달림은 어쩔 수 없다. 마음속에 거둔 셈은 끝내 펴지 못하였는데, 단지 신의 시기로 진정하고 따를 수 밖에."

김학수(金學洙).
"물리에 밝고 재주가 민첩하여, 뱃속 가득한 운뢰(雲雷)는 진실로 현묘하였네. 일만 단서 흔들려도 긍긴한 곳은, 두 눈을 가지고 뚫어 보았다네."

이동석(李東錫).

"가슴속 당우를 생각하여, 일생에 깊은 한은 시기를 같이 못함일세. 창자 가득 요리한 경륜의 계책은, 등용할 만한데 끝내 들녘에 버렸구나. 재기는 초범하고 의사는 밝아, 젊은 나이에 일찍이 월단 평이 있었다. 하는 말 행하는 일 남의 모범 되니, 마을에 의지하여 사는 이가 많다. 정질로 많은 해를 적적하게 문을 닫았는데, 상자 가득한 삼출(蔘朮)도 모두 좋은 게 없었다. 지금 사람과 거문고 모두 변하였으니, 단지 빈 들보에 새벽달만 황량하다."

권구환(權球煥).

"고인이 한번 가고 영원히 인연 없으니, 백발에 소식 듣자 눈물이 난다. 강개한 높은 회포 누가 다시 알겠나, 척령(鶺鴒)은 밤마다 잠들지 못하리라."

이병래(李炳來).

"살아온 의기는 호걸다운 사람으로, 사우와 즐겁게 탐구함도 새로웠다. 병을 안고 당세의 뜻 차질되고, 행년은 오순을 넘겼다. 마을 사람은 모두 만리장성을 의지하였고, 종족은 자문을 구하는 하나의 거울이었다. 우리의 지금 무한한 애통은, 황천이 명막하여 새벽이 없음이다."

심진택(沈鎭澤).

"고인이 이른 병이 있으니, 아! 하늘에라도 물어볼까나. 효제는 마음으로 돈독하였고, 시서는 대대로 전하였다. 큰 재주는 유자후 같았으며, 아름다운 모범은 유공권이다. 백미의 무한한 애통은, 어떻게 남은 세월을 위로하나."

족질 정형(正馨).

"오직 하늘도 신시로 믿기 어려우니, 어찌하여 이 늙은이를 빌려주지 않느냐. 일찍이 뜻은 대붕(大鵬)의 계획이 원대하였고, 기이한 재주는 서리(犀利)에 통하였다. 치안책(治安策) 이루지 못하고, 부질없는 사부(詞賦)의 웅장함만 남겠다. 등선(登仙)함이 이 날이니, 광감(曠感)이 영원히 무궁하다."

박휴곤(朴烋坤).

"군은 병들고 나는 궁하여 세상에 부쳐 있는데, 서로 가여운 명수는 박하고도 차웠다. 우주를 직간하니 모두 진적(塵跡)인데, 혼탁이 싫어 지금의 떠남이 자네는 한가롭구나."

박길화(朴吉和).

"연꽃이 마르니 난초도 시들고, 강이 마르니 철인도 떨어진다. 묵은 병은 비록 명수라지만, 영명함은 특이한 자질이었다. 시대를 어루만지니 먼저 혜택과 사랑을 하고, 사물에 처함은 편벽된 사정은 단절하였다. 저력(樗櫟)은 헛된 명만 기니, 다시 볼 날 언제인가."

박도화(朴道和).

"개사(介士)가 지금 어디로 가느냐, 도천(道川)이 목메어 흐르지 못하구나. 거리의 아동은 다투어 덕을 외고, 촌락의 수목도 역시 시름을 머금었다. 오직 남을 주선함이 급하니, 어찌 나를 위한 꾀함을 먼저하리. 아름다운 아가위나무의 즐거움을 차마 잊으랴, 땅에 들어도 한은 응당 유유하리라."

생질 권영구(權永璆).

"오직 공은 타고난 분수 청진하여, 자신을 망각하고 남을 먼저 급하게 하였다. 보아라 잔을 올리며 소리 먹음은 곡을, 인간에 남긴 사랑 어찌 한이 있으리. 앓는 자리 십 년이 한바탕 꿈으로 지나가고, 오호라 어느덧 옥경선이 되었구나. 얼마간 가슴속 많은 인술(仁術)은, 하늘은 응당 사람이 전할 것을 알아라."

족질 선형(璿馨).

"쇠한 문중의 기덕(耆德)은 공을 먼저 꼽는데, 기우는 헌헌하고 의사는 활연하였다. 가슴에 작은 바다 삼천리를 품고, 요리할 시기 없어 한바탕 웃음으로 전한다."

허혁(許赫).

"명성은 체악(棣萼)에 연하였고, 경제는 숲 언덕에 그쳤다. 뜻을 완상함은 산을 경작하는 날이며, 담론을 펼침은 친우가 방문할 때였다. 소나무는 세한의 빛 갈무리하고, 천리마는 멀리 갈 기약을 기다렸다. 질병 하나를 끝내 극복하지 못하니, 이 사람이 이러함 있으니 어찌하랴."

이완기(李完基).

"내가 택재자를 따라, 비로소 군이 어려운 아우임을 알았다. 단지 내가 일찍 알지 못하여, 사람들이 군의 재예를 말하였다. 군은 결결한 논설이 있어서, 불만하여 일세를 가볍게 보았다. 불만함이 어찌 군의 뜻이겠나, 실로 지금 세상의 폐단이었다. 혼탁을 함께 하고 싶지 않아서, 죽도록 문을 닫아걸었다. 이로써 장수가에 병으로 누우니, 단지 공부의 조예가 있었다. 군의 포부 이미 부유하니, 마침내 다름없는 경지에 응하였다. 어찌 조금도 머물지 않고, 액궁으로 죽음에 이르렀다네. 예로부터 뜻있는 선비는, 명수 기이하여 막힘이 많다지. 하늘의 수가 자연히 이러하니, 어찌 단지 군을 위한 눈물이랴. 택재는 문장을 잘하니, 군의 시는 당연히 정리함이 있으리라. 내 인연은 지기의 느낌으로, 슬픔에 겨워 하늘가를 바라본다."

심상봉(沈相鳳).

"애석하게 경륜을 안고 좋지 못한 때를 만나, 궁한 산의 풍우에 홀로 읊었다네. 도도히 가는 세속 아래 끝내 외롭게 가버리니, 건곤에 머리 숙여 누구와 이웃하나."

정낙시(鄭樂時).

"삼십 년 전에 세 번 서로 보았는데, 중간의 세월은 너무나 망연하였다. 창생은 오래 병들고 나라의 혼도 사라졌는데, 초야에 침명한 옛 현인이 있었다네."

박태곤(朴泰坤).

"창천이 궁액을 더욱 어진 이에게 내리니, 이 일은 천추의 한이 유연하다네. 장생의 제물론을 가지고, 공의 혼을 향하여 한번 길게 노래하고 싶다네."

권주석(權疇錫).

"젊을 땐 재예로 쌍벽을 이루었는데, 반 세상 농맹(聾盲)으로 일만 인연 단절하였다. 침명이나 선양이 수가 있는 줄 응당 알았으니, 군의 가슴에 우리의 하늘을 보존 한 줄 알았노라."

허형(許炯).

"내 지난날 공을 형제의 자리에 절하니, 문장과 경제가 연방하여 빛났다네. 어려운 건국을 이야기할 인연이 없어, 묵은 풀에 그나마 만 줄기 눈물을 적신다."

척질 양보윤(梁寶允).

"몸을 던져 집 아래 의지하고, 다년간 인의 보호를 믿었다. 다행히 부지런한 취허(吹噓)를 입어, 체두(杕杜)가 생기를 얻었다. 비록 연애(涓埃)도 보답 못하였으나, 감사함이야 어찌 다함 있으랴. 일이 어려우면 의론하고, 예가 의심나면 질문하였지. 일일이 주선함을 받아, 혹여나 실추함이 없었다. 이제는 어디에 의지하나, 지난날 생각하니 마음이 맺힌다."

이도원(李道源).

"생각하면 지난날 내 어릴 때, 당신 서재에서 함께 책을 열람하였지. 때론 밝은 가르침도 받고, 세월 가도 정다운 돌봄 연하였다. 일천 무리 귀 기울여, 높은 정을 한번 듣기를 의론하였다. 신중하게 평복하기를 기다렸는데, 비보는 어찌하여서이냐."

박근재(朴瑾在).

"강성에 있는 하나의 선비는, 솔직하여 매번 지금에 달하였다. 사업은 선대의 뜻을 키우는 것이며, 경영은 후세를 여유롭게 하는 것이었다. 사람 놀라게 하는 강개한 담론이며, 시속을 단절하는 청신한 읊음이었다. 현자가 늙어가지를 않으니, 바람에 임하여 눈물을 금할 수 없다."

재종제 해정(海貞).

"세속에 달하여 몸도 또한 늙었으나, 기이한 기운은 산처럼 솟았다. 경륜을 시험할 곳이 없으니, 한번 웃으니 남은 한가로움이 있었다."

제문(祭文).

정태(丁泰) 동중에서.

오호라! 우리 공이, 어찌 갑자기 이렇게 되었나. 공이 젊었을 때, 오직 쉽게 노쇠할까 두려워하였고, 공이 노쇠하니, 오직 혹시라도 질병이 있을까 두려워하였다. 어쩌다 질병 하나로, 끝내 일어나지 못하였요. 일을 마쳤나 하면, 가정사가 어렵고, 나이가 되었나 하면, 나이 육순도 아니잖소. 이는 공이 하는 것이 아니고, 자연이 주재가 있었다. 인자는 반드시 수 한다 함은, 비록 성인의 말씀이나, 선을 닦고 명성을 떨침은, 조물이 시기하는 바이다. 공이 어찌 간여하랴, 명수가 존재할 뿐인 것을. 세속의 어리석음은, 족히 경중할 것 없다. 공은 우리 마을에 있어서, 마을 사람들의 보는 바이다. 이미 윤기에 돈독하고, 넓이 군중을 사랑하였다. 더구나 우리 동사(洞社)는, 공이 경영하던 바이다. 풍속을 후하게 함과 가난을 구제함이, 규모를 이미 설립하였다. 대략 이미 단서가 성취되었는데, 공은 질병으로 자리에 누웠다. 뒤에 일어나지 못하고, 일이 시대와 변하였다. 세월이 비록 오래되어도, 아름다운 혜택은 사람에게 남았다. 어찌 알았나 하루아침에, 갑자기 버리고 떠날 줄을. 의문은 누구에게 질문하며, 어려움은 누구와 논의하나. 지금부터 우리는, 장님이 지팡이를 잃었다. 지난 일 감사함 많으니, 어찌 잊을 수 있나. 같은 사람들을 인솔하고, 공경히 한 잔을 올린다오. 여러 곡성 우레인가, 여러 눈물 하수인가. 삼가 오직 존령은, 이 성의를 보소서.

족질 수형(壽馨).

오직 을유년에 고 우당(嵎堂)선생 영궤가 천상(川上)의 구거에서 석마(石馬) 산중으로 옮겨 받들고 수개월을 지난 4월 13일이 마침 기년의 상기인지라. 하루 앞선 신묘의 저녁에 종당의 질아 수형(壽馨)이 삼가 청작 포과(淸酌脯果)의 전으로 영궤 아래 와서 제를 올리며 글로 권유합니다. 슬프다! 공은, 어려운 시기를 만났도다. 창생은 침윤되고, 나라도 인멸되었다. 오직 이 때 우리 공은, 분발하여도 제대로 날 수가 없었다. 한 손으로 할 것이 없으니, 쌓인 것을 베풀기 어려웠다. 도검의 물결과 산마루에, 길은 막히고도 멀었다. 눈이 닿는 것마다 가슴에 멍드니, 어디인들 병 되지 않으랴. 궁산에 한 번 누우니, 시대도 바뀌고 세월도 흘렀다. 선을 하여도 재앙이 되니, 하늘도 알 수 없었다. 평소에 품은 뜻은, 끝내 역시 본받기 어려웠다. 어찌 알았겠나 이곳에, 영원히 잠들고 깨지 않을 것을. 부귀나 문장은, 공은 일찍이 바라지 않았다. 피고 짐이 서로 양보하니, 일백 미련이 모두 잿더미이다. 단지 폐간이 있어, 기이한 기운이 이에 남았다. 서대(西臺)의 저문 날에, 한을 마신들 어찌하랴. 내가 믿는 하나의 이치는, 고금이 예가 같았다. 좋게 돌아올 날이 있으며, 긴 밤도 역시 새벽이 있다. 구차하나마 살고 고생하며 지난 것이, 그 끝을 보려고 함이었다. 우리가 복이 없어, 마침내 잠시도 머물지 못하였다. 누가 관해(官骸)를 들어, 깊은 구덩이에 갈무리하나. 오직 밝은 것이 남아 있으니, 어찌 따라서 민몰 할 수 있나. 위로는 창창하니, 일성의 정기이며, 아래로는 욱욱하니, 지란의 꽃이로다. 인간을 굽어보니, 구름 뒤집히고 비가 뿌린다. 강개하게 회포를 논함이, 어찌 생시와 다르랴. 현궁(玄宮)이 빛을 발하니, 오르고 내리는 듯하다. 공은 이미 호연한데, 나는 어찌 측측하나. 인정에 느낌 있으니, 단지 나의 사정을 곡함이로다. 생각하면 내 어릴 때, 고단하여 의지할 곳 없었다. 공을 믿고 좌우하여, 밤도 낮도 없었다. 취미가 같으니, 물이 젖이 되는 것 같았다. 때때로 나를 어루만지며, 사랑으로 타이름을 게을리하지 않았다. 네가 태어남이 우연이 아니니, 내 바람이 크다. 내가 항상 어리석어, 비록 부응하여 이루지 못하였으나, 가슴에 담았으니, 새게 기억하지 않을 수 있나. 의심나고 어려운 질문은, 공을 대하면 풀렸다. 걱정하던 생각 괴로운 병도, 공을 보면 풀어졌다. 행하고 멈춤을 오직 공을 의지하였고, 지난 것이나 오는 것을, 오직 공을 믿었다. 지금은 끝났으니, 어찌 슬프지 않으리오. 건곤은 망탕하데, 이때가 어떤 시기이며, 고택은 빈터인데, 산수는 예와 같다. 생각은 누굴 따라 놀지, 아득하여 만나지 못하였다. 하늘에 호통하니, 피가 나고 몸이 꺾인다. 단지 마음의 향을 태우니, 눈물이 볼을 적신다.

사형 잠(潛).

오호라! 오래되었다, 내 몸의 반이 가버린지. 한 손 한 발로 들고 행하지 못함은 산 사람의 괴로운 바이니 마치 형체를 인솔하여 세상에 붙어 있고 세상도 역시 그 이루어짐을 따라 사람으로 여기는 것이다. 그러나 스스로 살펴보면 나의 남은 것이 얼마 없고 존재하는 바는 오직 의식이 속에 소멸되지 않고 애락이 무상할 뿐이다. 평범한 사물의 정이 즐거움에 돌아가고자 하고 슬픔에 들기는 바라지 않는 것은 모든 사람이 다 그러하니 어쩌랴. 내 아우가 있을 때는 한 집에서 의복을 함께하며 시서와 산수의 즐거움이 이처럼 성대하였는데 내 아우가 죽고 다시 이을 수 없으니 뻔한 산자의 슬픔이 죽음보다 심하다. 가령 생을 사와 바꾸자고 한다면 사자는 반듯이 찡그리며 사양할 것이다. 어쩌면 사람의 생이란 것이 슬픔에 싸여 세상을 지내야 한다면 차라리 형체를 거두고 지각을 없애서 명허(冥虛)함과 혼합하는 것이 그나마 지루하게 살아 숨 쉬는 것보다 낫지 않겠나. 생각하면 내 나이 이미 칠십에 가까우니 이 어찌 이 세상에 오래 머물 자이겠나. 오호라! 내 아우의 현명함을 나열하려고 한다. 하수는 9리를 적시고 혜택은 3족에 미친다고 하니 타상의 사람들은 인을 사모하여 말하면 반드시 눈물을 흘리니 내가 거론할 것은 없고 나는 아우의 뜻을 밝히려 한다. 음양이 교차하여 행하고 일성이 허물어지고 패하니 아득한 팔황이 함께 진동하며 적아가 강개하는 것은 내가 거론할 것은 없고 나는 아우의 스스로 기대하고 스스로 잡아서 방소없이 기대한 것을 갖춘다면 옛날에 성웅 현달 문장 공업의 선비가 있어 상하가 서로 바라고 방책에 빛나게 비치는 것을 아우는 하나의 포의로 죽도록 봉적(蓬荻) 몇 길 아래에서 부앙하고 음소하며 그 노는 것을 다하지 못하였으니 내가 어찌 말을 하겠나. 옛날에 수고 강녕하고 부귀가 일시를 기우리며 자손이 좌우에 나열하고 많은 복을 누리며 후세에 실려 있는데 아우는 인이 하늘에 통하지 못하여 도리어 후한 벌을 먹여 촉박하고 외로운 아들은 북으로 포로되어 아직 돌아올 기약이 없으니 이것이 가장 슬프니 내 어찌 말을 하겠나. 오호라! 천추가 앞에 있고 만세가 뒤에 있으니 바람은 형해를 국중의 큰 아름다운 구역으로 돌아가 큰 산을 등지고 거대한 계곡에 임하는 것이 아우가 일찍이 뜻이 여기에 없지 않았으니 내 어찌 지난날 지극히 사랑하는 바의 쌓인 것을 생각하여 뜻한 일을 이루기에 힘쓰지 않을 수 있나. 그러나 내가 아우를 비호하고 싶은 것은 어찌 여기서 그친다고 하겠느냐. 내가 가령 본다면 앞에 남은 이월은 매우 짧으나 죽은 후의 천지는 아직 크니 나의 정신도 역시 유구하게 길이 존재한다고 본다면 오늘 나와 아우가 크게 회포를 전개하고 큰 소리로 탄식하는 것이 이 밖에 실로 지적할 것이 없어 이것이 매우 통쾌하니 내 어찌 말하지 않겠느냐. 아우가 스스로 얻는 것을 기뻐하여 내부에서 자신을 구하고 시기에 게으르지 않으며 그 소유한 것이 견고하며 그 거처함이 평범하며 그 발현됨이 빛나고 그 그친 바의 선함에 있어서는 비록 오래도록 아우와 익숙한 자라도 일찍이 그 쌓임의 천심 후박을 다하지 못하였을 것이다. 그 의론을 들으면 곧장 소준(疎俊)한 기사(奇士)에 비할 수 있고 그 풍도를 바라보면 구고한 누유(陋儒)와 나란히 하기 수치로 여기니 한 기운의 행함이 가슴속이 자연이 통태하여 밝음을 일찍이 폐하지 않았다. 마침 내가 미도(迷途)에 막혀 스스로 분별함이 없을 때 아우가 일찍이 좌우에 있지 않을 때가 없었고 간혹 열어서 네 밝음을 들라 하였고 간혹은 인도하여 나의 돛을 돌리게 하여 거의 혼미함을 배척하고 미약함을 부지하여 망망한 가없는 험함을 잘도 건너게 하여 하늘의 해를 한번 보게 하였으니 이것이 나와 아우의 밤낮으로 앞으로 바라던 바이니 돌아보면 어떠하냐. 지금에 와서 먹게 되는 욕은 아우가 나누는 바가 없이 혼자 이러한 지통(至痛)을 배 불리니 내 어떻게 유만(幽幔)을 대하여 길이 애상하지 않을 수 있겠나. 오호라! 이 모두가 순천(順天)의 말이 아니니 아우는 응당 내게 지극한 이치로 개유하고 나의 막힘을 변화케 할 것인데 아우는 막연히 응함이 없으니 헛되이 애상할 뿐이다. 내 다시 무슨 말을 하겠느냐.

뇌사(誄詞). 권의현(權宜鉉).

지난 오년(午年)의 해에 내가 부인을 천우 유공(川愚柳公)의 생관(甥館)에서 맞으니 이때 부인에게 두 아우가 있었는데 장자는 택재(澤齋)이며 그 막내는 즉 선부(善夫)다. 선부는 나보다 열한 살이 적었고 그때 숫자와 방위의 이름을 익히고 있었다. 그후 내가 또 와서 이웃이 되니 때로는 간혹 나에게 배우기도 하였다. 그 재질을 보면 안으론 영리하고 연구를 많이 하며 문장에 힘썼으나 골똘하게 하지는 않았다. 이사(里社)에 거하면서 이익을 일으키니 사람들이 그 혜택에 의지하였다. 또한 간릉이 있어 일에 임하면 그 방법을 곡진하게 얻어 꽤나 제대로 완성하였다. 급기야 세변의 가없음을 만나니 세상을 포기하는 의사가 많았고 간혹 소란하고 일울함을 견디지 못하면 때때로 시가에 발현하니 운취가 고간(高簡)하고 비개(悲慨)하여 읽으면 사람을 감흥 시켰다. 형 택재와 함께 마음에서 우러난 우애가 있어 비록 집이 다르지만 그 산업을 같이 한지 수십 년이나 가정에 간언이 없었다. 이것이 내가 선부에게 평일에 일찍이 염복(艷服)한 바인데 지금 불행이 죽었다. 아! 선부가 내게 말하기를 "나이는 구천에 가는 것이 자네가 먼저이고 내가 뒤이니 다른 날 내가 반드시 자네를 전송하여 땅에 들어가 편안하게 하리라."하였는데 비록 농담이었으나 나는 실로 이로써 선부에게 바랐는데 지금 이 말을 실천하지 않고 갑자기 나보다 먼저 가버리니 내 어찌 선부에게 유감이 없겠느냐. 이에 글을 지어 택재의 슬픈 생각을 관대하게 한다.

운명의 길 어긋나고 무상함이여, 진실로 천리도 질정하기 어렵구나. 어찌하여 길인이 선을 수행하는데, 도리어 복은 어긋나고 재앙에 걸리느냐. 조화는 대개 양전(兩全)하지 못하여, 뿔을 주면 치아가 없다네. 영문을 베풀어 덕을 포식하니, 본래 그 몸은 추위에 굶주렸다. 앞 세상에서도 그러하였으니, 어찌 특히 지금이라고 다르겠나. 슬프다! 군의 근본 힘씀이, 더욱이 천륜에 돈독하였다. 또한 미루어 타인에게 미침이, 한 마을을 뭉쳐 약속하였다. 앞으로 궁함을 구제하고 풍속을 교정하는데, 군은 병으로 자리에 누웠다. 십년의 광음을 허비하여도, 끝내 치료를 하지 못하였다. 선한 이름 몸에 있음을 미워함인지, 저 이수(二竪)가 독을 더하였다. 오직 좋게 닦음을 자신하니, 거의 죽도록 바꾸지 않았다. 내 이로써 군을 알겠으니, 군은 반드시 듣고 인정하리라. 여생의 유체 됨은 부끄럽지 않으나, 양양하게 가는 자는 부럽다.

우당서전(嵎堂敍傳). 가형 잠(潛).

내 아우 해성(海性)의 자는 선부(善夫)인데 후에 식(湜)으로 개명하고 자호를 우당(嵎堂)이라 하였다. 청천군(菁川君) 휘 번(藩)의 후이다. 내 부친의 휘는 현수(絢秀)니 남원(南原) 사람 양씨(梁氏)의 여식과 혼인하여 고종 기축 9월 24일에 아우를 강성 정태(丁台)의 마을에서 낳았다. 어려서 솔직 준상(俊爽)하였다. 사숙에 취학하여 뜻에 심하게 구애하지 않고 대지만 영략할 뿐이었다. 매번 한판을 배우면 읽기를 불과 서너 번 하고는 곧 마을 밖으로 나가 강을 따라 오르내리고 오랜 뒤에 돌아왔다. 내가 시시로 꾸중하면 이에 "내가 고인의 의사를 이해 못하는 것은 아니나 단지 걱정되는 것은 고인의 자취를 제대로 이행하지 못하는 것이다."하였다. 장성하니 경세의 재략을 읽기 좋아하여 동서의 사지(史志)를 넓게 보았고 선민이 공적이나 사업을 세워 고금에 빛나는 것에 이르면 어깨를 돋우며 크게 감탄하며 "배움은 실용이 귀한 것이니 아니면 한낱 지게미를 씹을 뿐이다."하였다. 일찍이 중외의 여지도(輿地圖)를 논하는데 해륙의 힘이(險夷) 생치(生齒)의 번소(繁疎) 풍속의 순리(淳漓)를 때때로 몸이 지나고 눈으로 보는 듯하였다.

하루는 이사(里社)의 군중을 불러 의론하기를 "과경(課經) 과적(課績)은 옛 제도인데 두 과정이 해이하고부터 백성이 흩어지게 되고 백성이 흩어지고부터 오륜(五倫)이란 선한 것이 우리 사람을 위하지 않음이 오래되었다. 어찌 힘쓰지 않겠느냐."하였다. 이에 서로 돈을 갹출하여 사창(社倉)의 제도를 설립하니 대개는 고정(考亭)의 유범을 모방하되 약간의 출입이 있고 혹 시대에 따라 서로 변경하여 반드시 알맞게 하고 일을 상고하여 규정을 고쳐서 그 부지런 하거나 게으름을 인솔하였다. 처음에는 이사 중에 비루하여 떼를 나누어 서로 헐뜯기를 좋아하며 겉으로는 호응하나 속으로는 비방하는 자가 서로 이어 나오더니 오래되니 흡연이 의론을 따르고 감히 스스로 다르게 못하고 말하기를 "누가 수고를 하느냐, 편함을 주리라. 공에서 인의 골자를 체득하였다."고 하였다.

처음 타상의 사람들이 허탄함을 숭상하여 집마다 신방(神房)을 두고 사시 가절이면 먹고 마시며 즐겼는데 아우는 그 까닭 없음을 싫어하여 하루는 향나(鄕儺)를 인솔하고 밖으로 몰아내었다. 나는 이것을 듣고 바람을 향하여 옷깃을 열었다.

동천(東川) 심재(深齋) 두 공은 우리 가문의 현덕인데 죽고 자손이 없으니 구묘가 황폐하였다. 아우가 여러 종족에게 말하기를 "옛날 주자(朱子)가 남강(南康)에 있을 때 유서간(劉西澗) 부자의 묘를 서문(西門)의 황초중에서 찾아 수리하라 명하고 향화(香火)를 연장하게 하였다. 우리가 두 공의 일에 정이 적은 것은 옳지 않다."하고 인하여 그 유해를 살던 북쪽의 산에 반장하고 해마다 요전(澆奠)을 끊이지 않게 하였으며 아울러 선배의 명적(名蹟)이 인가에 산출된 것을 공졸을 가리지 않고 일일이 간책에 실으며 "이게 비록 짧은 종이지만 선배의 정신을 전하는 그림자가 오늘날까지 비치는 것은 이것이 있기 때문이다."하고 계속하여 우리 종족 삼백 년의 영적(零跡)이나 쇄언(瑣言)의 옛 문서 사이에 있는 것을 수집하여 종사(宗史)를 편성하니 대저 구묘 사각(祀閣) 비갈의 등속에 불과하나 누누이 해를 연하였고 반드시 참여하여 사무를 관여하는 자는 시서와 궁마(弓馬)로 벼슬을 하는 사람이 해마다 약간씩 나왔으며 일찍이 당시에 명망이 있는 자는 사책에 반드시 졸(卒)을 써서 후대에 의표가 되게 하였다. 이 밖에도 친목계나 석의(石儀)의 류도 모두 아우가 속으로 창출하였으나 미처 성취를 보지 못한 것이었다.

아우가 부친 상을 거할 때 권송산 재규(權松山載奎)가 조문을 오니 아우가 "지금 천지의 운세가 동에 있으니 어떻게 가르칠 것이냐."고 하니 송산은

"동중에 정이 있다."고 하니 아우는 "잡은 방법이 진선하지 못하다."고 하였다. 하회봉 겸진(河晦峯謙鎭)이 시 4수를 주었는데 노양(魯陽)이 해를 되돌리고 굴자(屈子)가 해를 지난다고 하며 깊이 애상하였다. 아우가 시를 읽고 한동안 있다가 "오늘날의 일은 오직 어쩔거나〈如之何〉하는 세 글자뿐이다."고 하였다. 나는 일찍이 세상에 빈척된 지 오래이라 외로워 돌아갈 곳이 없으니 아우가 "우리 형은 마땅히 자미(紫薇)산중을 찾아 동지와 결사(結社)하고 남은 해를 보냄이 좋으리라." 하였다. 아우는 물리와 시상(時象)에 추구(推究)를 잘하여 간혹 사람이 보지 못하는 것을 보았고 현혹됨을 분별하는 밝음이 마치 좌계(左契)를 잡은 듯하였다. 세상이 변한 이래로부터 시대와 함께 부앙하는 것을 즐기지 않아 날마다 침명(浸溟)하는 것을 일삼고 의리에 불가한 것이 있으면 곧장 두건을 벗고 누어 해학(諧謔)을 섞어 개유하였다. 마을의 자제 중에 자성(資性)이 어느 정도 가한 자를 만나면 미미하게 선언을 이야기하여 남김없이 기울여 주었다. 이로써 하인의 미천함이나 고부끼리 다투는 무리가 찾아와 질정하는 이가 많았다. 우리 땅이 천교(天驕)에 합병하고부터는 항상 분참(憤慙)함을 품고 나와 이야기하기를 "나라가 흑치(黑齒)의 부족과 이웃하여 성취(腥臭)가 나날이 들리니 차라리 양자강으로 달아나 후세의 자손이 다시는 동민(東民)이 되지 않기를 바란다."고 하니 내가 깊이 그렇다고 하였다.

아우는 중세에 역내에 떠돌면서 북으로는 한강 위로 웅진(熊津)에서 계룡(雞龍)과 낙강(洛江)의 장함을 관람하고 서로는 호남을 건너 마한(馬韓)의 고도 봉산(鳳山)과 덕유(德裕)의 안팎을 다하였다. 강남으로 돌아와서 지리(智理) 청학(青鶴) 와룡(臥龍) 제산을 다하였다. 그 제영(題詠)이 기장(奇壯)하고 소량(蕭凉)한 것에서 나온 것이 한번 가서 정이 있다고 할 수 있다. 내가 처음 사방을 유람할 때 선군이 아우에게 명하여 미염(米鹽)의 자잘한 일을 감수하라 명하면서 "타상은 흙이 척박하여 힘쓰지 않으면 굶주린다. 굶주림이 어찌 장부의 일이겠느냐." 하였다. 이로써 아우는 학문에 크게 힘썼으나 그 재주를 채우지 못하였다. 타고난 재질이 매우 준일하여 어려서부터 시를 배웠는데 말이 막히어 속된 것에 가까워서 될 수 없고 뜻은 충분하나 기운이 짧아 안되는 것이 곧 이 때문이다. 하여 그 입에서 나온 것이 혹은 고삽하여 난해하면 내가 곁에서 약간 다독이면 아우는 "이는 어리석음을 지키는 자가 그 성품이 동일하지 아니함이니 어쩔 수 없다."고 하였다. 일찍이 아이들과 말하기를 나는 글을 훔쳐 세상에 아첨하는 자를 미워한다고 하였다. 어느 날 집에 있는 초고를 거두니 간혹 사랑스러워 차마 할 수 없는 것도 있고 내게서 나온 것만 일삼고 내게서 나온 것이 아니면 일삼지 않아서 나의 본질을 밝히는 것이 가하다고 하였다. 한가할 때면 반드시 나와 예능을 이야기하였는데 이르기를 형은 두소(杜蘇)를 배워 이루지 못하였고 아우는 고금 제가의 뛰어난 말을 합하였으니 요는 한 사람의 각하(脚下)에 들어가지 않는 것이니 시는 선부일 뿐이라고 하여 나도 모르게 아연 일소하였다. 인하여 아우에게 이르기를 당연히 어맹(語孟)을 숙독하여 풍능(風稜)을 소진하는 것이 아름답다하니 아우는 "성인의 학은 정성뿐이다. 성리의 선비는 문의에 흩어져 마음이 함께하지 못하고 문사의 선비는 장구에 빠져 몸이 함께하지 못하니 도가 어찌 여기에 그치겠느냐." 인하여 탄식하기를 세사의 학이 나날이 잘못되고 국계(國計)가 길이 없으니 단연코 당금의 제일 무는 인화(人和)에 있다. 조국의 순수함이 유학으로 종주를 삼는데 그 단서가 떨치지 못함이 이러하니 만일 나에게 국중의 정치를 하게 한다면 차라리 시정(市井)을 몰아서 그 마음을 하나로 할지언정 경생(經生)은 불가하다 하니, 유서강 원중(柳西岡遠重)이 듣고 지언(知言)이라 하였다. 하루는 동서 일치론(東西一治論) 수 백여언을 직접 지었는데 알알하여 뜻을 달하게 하기 어려움을 고심하여 누차 그 초고를 바꾸다가 이윽고 소용없다며 찢어 버렸다. 항상 말하기를 경륜은 작은 것에 시험하여 그 큰 것을 논의하고 도덕은 예에 돈독하여 그 쓰임을 넓혀야 한다. 입으로 손경(孫經)을 말하는 자가 궁시(弓矢)를 굳게 잡을 줄 모르고 날마다 여약(呂約)을 외우는 자가 스스로 의식(衣食)을 감손하는 자는 드물다. 인가의 비부(鄙夫)가 몸을 바쳐 삶을 다스려서 후일의 이익을 준비하여도 몸이 관속에 들기도 전에 남아 있는 것이 없다. 천하에 작고 큰일을 굳이 휴구(休咎)나 이쇠(利衰)를 택할 것이 없이 하나의 직자(直字)만 믿으면 족하다. 소인은 먼저 멀리하는 것이 묘하니 나에게 변화하게 하려다가 도리어 속이는 것이 된다. 나라나 거실(巨室)을 다스리는 것에 있어서 군중을 부리는 것은 예가 같으니 그 장자로서 쓰임에 알맞은 자를 뽑으면 만기(萬機)가 행하여진다 하였다. 어쩌면 이런 이론은 아우가 세상을 겪으며 스스로 탐구한 것으로 매우 정채(精彩)가 있다.

아우는 만년에 정질(貞疾)을 얻어 7년이나 침음하였는데 문밖에는 일찍이 여러 신발이 없지를 않았는데 질의하여 배우는 이도 있었고 혹은 의약이나 시문을 논하는 유로 응수하기를 게을리하지 않으니 각기 그 환심을 다하였다. 병이 위독할 때는 동서의 전화(戰禍)가 한참 다급한데 아우는 오히려 기운을 내어 내게 이르기를 "바람은 조금 연장하여 천교가 반드시 망하는 것을 보는 것이다."하였다. 또 한 구절을 쓰기를 "재생에 원함은 이 강토에 태어나, 지금 몸의 다하지 못한 정을 보상받고 싶다.〈再生願得隨玆土, 欲償今身未了情〉"고 하였다. 이때 한 노구(老嫗)가 산곡중에서 말하기를 "가령 모공(某公)을 되돌릴 수 있다면 내는 반드시 북신(北辰)에 머리를 조아릴 것이다."고 하였고 또 두 노농(老農)이 서로 말하기를 "내가 모의 명을 속환할 수 있다면 나는 백번이라도 하리라."하였다. 갑신 4월 13일에 졸하여 모지(某地)에 장례하니 나이 56세다. 이사의 군중에 제문을 가지고 와서 전을 올리니 하수 같은 눈물이며 우레같은 곡성이 사방의 거리에 가득했다. 차부라! 나의 아우는 한낱 향리간의 포의인데 저들에게 무슨 사랑이 있다고 슬퍼하기를 이렇게까지 하는 것인가.

아우의 지기 이산인(李山人)은 시로 곡하기를 "호기는 당년에 구주가 좁았는데, 진편에 머리 숙여 무엇을 구하려는가. 애석하다 군의 얼마간 가슴에 서린 계책은, 이날 헛되이 한 줌 구릉에 갈무리하는구나." 하였다. 아우의 부인 이씨(李氏)는 합천 사람으로 두 아들을 두었었는데 장자 기형(基馨)은 나가 나의 후사가 되었고 다음 창형(昌馨)은 천교의 포로가 되었다가 경성에서 새로 돌아왔다. 이씨는 아우가 병든 지 6년 만에 죽으니 아우가 도망시(悼亡詩) 5편을 지어 곡을 대신하였다.

아우의 성품은 헌헌하고 기이한 기백이 있었고 일을 보면 바람이 사나웠다. 매번 뇌락하고 강개한 선비를 만나면 주식(酒食)을 베푸는데 누백금을 소비하여도 아까워하지 않았으며 아는 자가 궁핍하고 막힌 사람이 있으면 역시 그 고난을 생각지 않고 "완급은 사람에게 때로 있는 것이다."하고 흔연히 주선하여 빠트리지 않았다. 일찍이 웃으며 강상의 죽림(竹林)을 가르치며 "저 울울한 것이 내 경제를 기억할까. 내가 죽은 후에 정령이 항상 이 사이를 왕래할 것이다."고 하였다.

내가 옛날에 석문사의(石門私議)를 지으면서 아우의 일을 한둘 실었는데 사창(社倉)을 설립하여 노는 백성이 업을 즐거워하였고, 현인의 구묘를 수리하여 하등의 선비가 권장됨을 알았으며, 음사(淫祀)를 폐지하여 천한 부인네가 간사함을 놓은 것 등이다. 아우는 정치하는 것을 이해하였으니 어떤 이는 아우를 칭하기를 당연히 백리의 재릉이 되고도 남을 것이라고 하였는데 그러나 할 수 있고 없고는 아우가 스스로 알 것이고 내가 슬퍼하는 것은 단지 아우가 이 명이 없어서 영원히 가버린 것이 애석할 뿐이다. 내가 연로하여 날마다 기다리는 것은 아우의 몸이 건강하고 일이 적어서 사방의 뜻을 한번 보상받는 것인데 지금은 죽었으니 나는 앞으로 어떻게 할까. 아우는 비축하는 것을 좋아하지 않아서 지은 시문을 옛 상자를 열어 그나마 오륙십 판을 얻으니 이것이 말한 사랑함이 많아 차마하지 못한다는 것이다. 내가 편차하여 한권으로 만들고 전기 약간을 붙여 타일에 걸문(乞文)하는 자료로 삼으려는 것이다.

행장의 대략(行略).

내 친구 우동(嵎東) 유군(柳君)은 소시에 기발한 기개가 있어서 독서를 하면 장구유(章句儒)가 되는 것을 즐기지 않고 동서(東西)의 사지(史誌)나 여지도(輿地圖) 등을 구하는 것을 기뻐하여 종람하였다. 항상 이르기를 "배움은 쓰임새가 있는 것이 중요하고 그렇지 않으면 지게미일 뿐이다"고 하였다. 매번 고인이 사공(事功)을 세워서 이택(利澤)이 사람에게 미친 곳에 언급하면 곧장 턱이 열리고 어깨가 솟으며 이어 위연이 탄식하였다. 그는 시상을 잘 추구하여 때로는 남들이 보지 못하는 것을 보기도 하였다. 세상이 변하고부터 항상 낙락하여 먹혀들지 못하는 감정을 품었다.

하루는 이사(里社)에 나가 말하기를 "사람이 그 생활을 보장받지 못하면 윤강이나 도의는 돌아보고 생각할 겨를이 없는 것은 예로부터 그러하였으나 지금은 더욱 심하다. 이것을 구제하려는 자는 반드시 나를 따르라. 가까운 것을 먼저 시험하리라." 하고 이에 서로 갹금 취속(醵金聚粟)하여 때에 따라 출납하여 그 모자람을 의지하게 하였다. 또 업을 부지런히 하기를 독려하여 해마다 그 잉여를 비축하였다. 시행한 지 몇 년이 되자 농사짓는 자는 양식이 자족하고 길쌈하는 이는 면표(綿布)가 여유 있게 되어 길흉의 대사에 모두 쓰임새가 있게 되니 처음 보고 의심하고 욕하던 이들이 오히려 흡연이 그 성취된 효험을 바라게 되었다. 이에 예교(禮敎)로 인도하고 위신(威信)으로 맺으니 다툼이 종식되고 음사(淫祀)를 내치니 마을의 남녀가 누구도 그의 지시를 따르지 않는 이가 없고 풍속이 그로 인하여 한차례 변하였다. 그러나 군의 뜻은 이것으로 능하다고 여기지 않았다.

항상 말하기를 "내가 불행히 태어나기를 빠져드는 날을 만나 코는 성취(腥臭)를 싫어하고 발은 펼 땅이 없으니 차라리 양자강 가로 달려가 죽으면 다행히 자성(子姓)이 있다면 이로(夷虜)의 백성이 되는 것을 바라지 않는다." 하였다. 사사로 거처함은 날마다 침명(沉冥) 함을 일삼았고 혹 산수 간을 유람하며 사람을 만나 담화하기도 하였는데 뜻에 불가한 것이 있으면 건을 벗고 비스듬히 누워 함께 호응하여 변론하지 않고 간혹 해학을 섞어 가르쳤으니 대개는 참마 시속을 따라 부앙(俯仰)할 수 없어서이다. 또 말하기를 "우리나라가 유학을 종주로 삼았는데 그 끝은 입담만 다투고 권리에 삐걱거리는 데 이르렀고 속임수만 성하고 진리는 어두워졌다. 이러고도 다시 떨치기를 바랄 수 있느냐. 지금 국중에 정치를 하려고 한다면 차라리 시정을 몰아서 그 마음이 하나로 될 것이지만 유생은 합동하기 어렵다."고 하였다. 일찍이 동서 일치론(東西一治論) 수백언을 지었는데 누차 초고를 바꾸다가 이루지 못하고 그 초고를 찢으며 "소용없이 헛되게 심사만 어지럽혔다." 하였다. 군은 그 형 동야자(東野子)와 함께 시에 솜씨가 있어서 서로 지기로 삼았는데 동야자는 풍조(風調)가 좋았고 군은 의취(意趣)에 독실하였다. 동야자가 때로는 고삽(苦澁)하다고 지적하면 군도 즐거이 수긍하지 않고 "또한 각기 그 성정을 따를 뿐이다."하고 인하여 "형은 두소(杜蘇)를 배워 이루지 못한 것이고 아우는 고금의 뛰어난 언어를 합하려고 하니 요는 한 사람의 각하(脚下)에 들지 않고 스스로 유선부의 시가 되는 것에 족하다."고 하니 동야도 역시 웃으며 그렇다고 하였다. 듣는 이들은 옛 진씨(陳氏)의 형과 아우되기 어렵다는 것에 비하였다.

나는 군과 안 지 오래되어 매번 군의 기격과 사령(辭令)이 쇠계인의 유가 아님이 부러웠고 군은 나의 고체(固滯)함을 민망하게 여겨 항상 부르기를 학자 생원이라고 하였다. 그러나 상대하여 이야기하면 곧장 망형(忘形)하고 시간이 지나도록 쉬지 않았으니 그 잘못 나를 취한 것을 알 수 있다. 슬프다! 세상은 또 한 번 옮기어 우리 유학이 보존하지 못함이 더욱 심하니 쓸데가 없기 때문이다. 군이 있다면 그 지조를 채워 썩은 것을 떨쳐 신선하게 할는지는 알 수 없지만 장차 바람을 향하여 외쳐서 민중을 스스로 책임진다고 하여 진(秦)나라에 사람이 없다고 하지 못하게 하는 것이 어찌 군에게 있지 않겠나. 군의 휘는 식(湜)이고 선부는 그의 자다. 군이 중세에 정질에 오래 곤경을 치르다가 지난해 갑신년에 졸하니 나이 56이다.

문소 김황(聞韶 金榥, 1896~1978)이 찬하다.

묘갈명(墓碣銘).

내 아우의 이름은 식(湜), 자는 선부(善夫)다. 한말에 태어나 기이한 기운을 가지고 강개하여 스스로 팔지 못하고 오래도록 여항에 가리어 있고 경영함이 적으니 아는 이가 드물었다. 항상 말하기를 "내 비록 사사로운 덕을 잘 닦지 못하였으나 감싸고 있는 것은 오직 하나 사물을 사랑하는 마음뿐이다."하였다. 예술에 놀면서 시에 가장 성하였으나 일찍이 예사로 읊기를 좋아하지는 않았다. 사는 곳에 일찍이 사창(社倉)을 세우고 현인의 분묘를 수리하며 음방(淫房)을 철훼하여 마을의 다스림을 시험삼아 정리하니 사람들이 정자산(鄭子産)에 비하였으나 이에 포의로 세상을 떠났다. 만년에 정질(貞疾)을 얻어 56세인 갑신 4월 13일에 졸하였다. 우동 려옹(嵎東旅翁)은 그의 자호이다. 백마산(白馬山)아래 석전 유좌(石田酉坐)의 언덕은 나와 아우가 함께 점한 곳으로 여기에 갈무리하였다. 명은, "현미(儇媚)한 자는 하늘은 죽이나 사람은 알맞고, 탁락(卓落)한 자는 시대와는 어긋나지만 스스로 기이하다. 아! 우주 간에 왕래하여, 사람에게 하나의 슬픔에 따라 생각을 부치게 하느냐." 가형 잠(潛)은 쓰다.

유우동 선부 묘명 후에 쓰다.

우인 유택재 회부가 그 아우 선부의 분묘에 명을 한 것을 보니 내가 읽어보고 감개하여 자칫 눈물을 흘릴 뻔하였다. 그 글은 많지 않으나 선부의 일생 지개(志槪)나 그릇이 모두 여기 실려 있었다. 이원빈(李元賓)의 묘명이 매우 짧으나 원빈의 위인이 천고에 빛나니 나는 선부도 그러하니 굳이 많게 하겠느냐. 우선 생각하면 천지의 기수가 도도히 마치 물이 더욱 아래로 내려가듯이 한데 그사이에 태어난 자가 동류로 모두 용악(庸惡) 누열(陋劣)하며 구천(苟賤)하거나 한비(汗卑)하여 스스로 사리사욕만 하는 사람들인데 만일 탁락(卓犖) 기위(奇偉)하거나 개활 측달(開豁惻怛)하여 애연하게 사람을 구제하고 사물에 혜택을 주는 마음이 있는 자는 절무하거나 겨우 있다. 혹 있더라도 세상에 시험하지 못하고 들어는 궁액과 질병의 곤욕을 치루고 또 그 수명도 얻지 못하니 이는 누가 그렇게 하는 것인가. 이것이 인심이 나날이 더욱 함몰되고 세상 도리가 나날이 망극한 것에 나가게 되는 것이다. 오호라! 상천(上天)의 지극한 인이 어찌 차마 이렇게 하는 것이냐. 어쩌면 그 주재하는 자가 끝내는 기수(氣數)의 창궐을 어찌 못하는 것이더냐. 나는 매번 하늘에게 물어보려고 하여도 어찌 못하였다. 지금 선부의 일에 속에 느낌이 있어 이렇게 쓴다. 안동 권재규(安東權載奎)는 쓰다.

우동일고(嵎東逸稿) 종.

中山遺稿
중산유고

중산유고 서(中山遺稿序).

　진주(晉州)의 고을 됨이 지역이 넓고 땅이 후하여 인물의 출산이 남방에서 웅장함을 독점하였다. 그 서북으로 단성 지역에 도천(道川)이란 곳이 있는데 백마산이 그 좌편에 솟아있고 적벽강이 그 우편으로 흐르니 형세의 모임에 잉태한 자질이 진실로 다름이 있다. 진주 유씨(柳氏)는 진양의 명망있는 씨족으로 단성에 있는 이는 사직공(司直公)을 시조로 삼았고 덕교(德敎)가 남아 인도한 것이 마땅히 관감하여 유염(揉染)된 것이 있어 대대로 문학의 유풍이 있어서 일찍이 사라지지 않았다. 대저 진주 고을은 인물로 웅장하고 단성은 또한 형세가 모인 곳이니 유씨가 고을의 명망 있는 종족으로 선대의 문학을 충분히 이어받아 그 사이에 나와서 수를 꼽는 사람이 결코 적막하지 않은 것을 내가 중산유고 한 권을 얻어 읽고는 거의 증명할 수 있다.
　공은 문학적 재능이 있었으나 하는 일에 빼앗기고 성취하는 것에 제대로 다하지 못하였으나 효우가 친척에 믿어지고 덕의 베풂이 향리에 흡족하여 교화가 내외에 흥하고 사공이 상하에 다스려져 자제에 열어주고 문족에 모범이 되며 향당의 존장이나 붕우와 혼인에 서로 그 풍의(風儀)를 원하고 사모하니 땅의 잉태한 바에 부끄러움을 끼치지 않았다. 가만히 보니 공은 문사나 변박(辨博)으로 지극함을 삼는 이가 아니었다. 단지 그 가정의 사우나 혼인의 사이에 오가며 보고 경계하는 즈음에 은혜와 의리가 두루 흡족하니 소위 몸을 닦아서 남에게 믿음 주는 것이 또한 언어문자의 밖에 있으니 부조(父祖)가 남겨 인도한 것에 더럽힘이 없는 것을 알 수 있으니 이 유고의 적요(寂寥)함도 마치 심하게 유한 됨은 없다. 공의 차자 박사 승주(承宙)가 이에 시문 지은 것을 모아서 한 책을 만들어 보이며 책머리에 한마디를 청하였다. 내 미처 공을 알지 못하였으나 그 아들과 향인을 많이 따라 놀면서 공의 일을 매우 익숙하게 들었는지라 감히 못한다고 사양하지 못하고 특히 속에 느낀 것을 써서 후일 논평하는 군자에게 맡긴다. 임술 청화절에 안동 권희철[1](權熙哲)은 서하다.

1　권희철(權熙哲) : 중재(重齋) 김황(金榥) 선생의 제자.

중산유고(中山遺稿).

시(詩).

〈용문정(龍門亭) 화수회에서 족장 호원(浩源) 원재(遠載) 제인과 함께 회포를 기록하다.〉

"일만 나무 일천 바위 가운데 하늘이 있는데, 용문 정자는 차가운 강 위에 떠있다. 남북의 빈객이 모두 뼈가 연결되어 있으니, 한 할아버지의 분신으로 오백 년 일세."

〈용문정 판상운(板上韻).〉

"이러한 강산이 있고 이 정자가 있으니, 해옹(海翁)이 당일에 지팡이를 멈추었구나. 기암은 일천 부처가 다투어 기교를 드러내고, 내닫는 물은 미친 용이 강가를 성나 외치는 것 같다. 화목을 강하는 자리에 동이 술도 맑고, 옷깃 연한 등촉 아래 눈빛도 반갑다. 하교(河橋)의 황엽은 가을빛도 많은데, 이별 뜻깊어 취하고 다시 깨는구나."

〈이측재(李則齋) 공승(孔承)의 환독실(還讀室)에 쓰다.〉

"마을 소리 고요한 곳에 초당 하나 짓고, 손님 맞는 바위 사립 세속 정서 아니로다. 박꽃은 텃밭을 둘러 한가한 땅이 없고, 등나무 줄기 울을 덮어 스스로 성을 호위한다. 열 식구 생애는 새 벼가 익어가고, 삼동에 책상은 접시 등잔 밝았다. 누가 이 늙은이 낙을 알겠나, 단지 마음을 배양하고 명성은 가까이 않음을."

〈양산(梁山) 전교 안석헌(安石軒) 종석(鍾石)의 쉬운(晬韻)에 차하다.〉

"양산을 위하여 이 늙은이 태어나, 다년간 성묘를 호위한 노력이 많았다. 간사함 물리치고 정도를 부양하여 유도를 밝혔고, 지난 것을 계승하고 오는 것을 열어 중한 명성 담당하였다. 채무(彩舞)는 빈분하여 무릎을 둘러 즐겁고, 가빈(嘉賓)은 역락하니 문을 열어 맞는다. 천리에 소식 듣고 사람을 부러워하게 하니, 멀리 남해(南陔)를 향하여 귀를 기울인다."

〈근암(近菴) 권장(權丈) 붕용(鵬容)의 만장. 두수.〉
"굳은 성곽 혼자 지키니 시대의 그러함을 미워하였고, 부귀영화는 눈앞에 공허하였다. 가장 흉중에 무한한 계책을, 저 하늘은 어찌하여 나이를 연장하지 않는지." "강사(江舍)에 오가며 십 년을 지나면서, 자리 끝에 예사로 가르침의 말씀 연하였다. 만사가 지금은 한마당 꿈같은데, 슬픔을 쓰는데 다시는 전일의 인연 이을 수 없구나."

〈양성남(梁聖南) 종환(宗煥)의 만사.〉
"늦갈이도 이미 풀이 묵었는데, 미로(嵋老)가 선뜻 따라갔다. 성남(聖南)이 또 천고가 되니, 나를 이끌 이는 지금부터 누구일까."

〈법계사(法界寺)에서 하재수(河再壽) 이병덕(李炳德)과 함께 자다.〉
"만학 천암에 길이 미세하게 열렸는데, 천왕봉 위를 간신히 올랐다. 사랑스런 저 법계암 머리의 달이, 한밤에 눈썹같이 내 잔에 들어온다."

〈천왕봉에 오르다.〉
"몇 년을 꿈속에서 천왕봉에 왔던가, 이제야 진연(眞緣)을 얻어 한 길이 열렸다. 우내(宇內)의 여러 군읍이 머리를 숙이는 것 같고, 해중(海中)의 여러 섬이 술잔을 올리는 것 같다. 옮긴 것은 비록 전조(前朝)의 한이나, #. 변환(變幻)은 갑자기 고국이 재가봄이 슬프다. 걸음마다 홍설(鴻雪)의 감을 금하기 어려우니, 몇 사람이나 언약을 남기고 가고 돌아오지 않았나."
#.이 산은 이조(李朝)에 불복하는 산이라고 하여 전라도의 경계로 좌천됐다고 하는 전설이 있다.

〈홍제암(弘濟庵)에서 장석강(張石崗) 석희(錫熙) 노기만(盧箕萬)과 함께 밤을 지나며 입으로 부르다.〉

"같은 세상에 살면서 친불친을 논할 것 있나, 감실의 등불 하룻밤에 인을 많이 이야기한다. 내일 아침에 서로 이별한다고 눈물 흘리지 말라, 천리도 마치 지척 같은 이웃이다."

〈을묘 2월 보름에 이수찬(李壽贊)이 방문하였다.〉

"늙은 매화 비에 젖어 창을 향해 피었는데, 일 년 만에 고인이 지팡이 끌고 왔구나. 가장 한 됨은 고금을 싫도록 이야기하는 자리에, 황로(黃壚)는 멀리 있어 잔을 나누지 못함일세."

〈권수용(權壽容)의 관수대(觀水臺) 운을 차하다.〉

"석대산 아래 밝은 모래 가람 가에, 하늘이 이 노인에게 명승지를 점하게 하였다. 집은 산허리에 있으니 구름이 자연 둘러있고, 달은 개울 가에 와서 물에 헛되게 떠있다. 엄광(嚴光)고기와 약속한 계책이 아닌데, 소부(巢父)가 어찌 세상 시름을 어기랴. 물도 보고 산도 보니 곧 이치를 얻었으니, 인간의 즐거운 일 많이 구하지 않는다."

〈완서 이장(浣西 李丈) 동석(東錫)만사.〉

"옥 같은 모습 선선함은 늙을수록 새로운데, 사람과 담소하니 자리에 봄이 생긴다. 갑자기 진세의 신을 벗고 떠나니, 향리가 탄식하며 인인을 잃었다 하네."

〈을미 7월 16일에 적벽강 위에 밤에 놀다.〉

"일 년 만에 만나니 눈이 갑자기 새로운데, 옷깃 나란히 또다시 앞 강가를 내려간다. 길을 낀 도랑(稻粱)은 들일이 이루었고, 하늘 가득 은하수는 가을을 알려온다. 소반에 올은 좋은 맛은 개울의 고기가 있고, 한밤의 맑고 담담함은 귤을 이웃하였다. 지난 진사년의 액운을 차마 말할 수 있나, 세 벗이 나란히 구원 사람 되었다."

#.염재(念齋) 청려(靑藜) 숭재(崇齋) 세 형이 동년에 죽었기 때문이다.

〈이병덕(李炳德)에게 주다.〉

"만권의 책 중에 하나의 이익이란 글자는, 고금의 성현이 원수처럼 미워하였다. 장강 대택에 양양한 잉어도, 작은 미끼에 몸이 감기어 도마에 오른다."

〈병신 제야의 술회.〉

"세색이 저문 물가에, 산가 한 두어 구역일세. 마을 머니 인적이 적막하고, 숲 깊으니 새 소리 뜬다. 마음 작으니 모두 병이 되고, 기운 높으니 혼연히 시름 잊었다. 사랑으로 드는 산처의 잔은, 즐거운 일을 밭이랑에서 구한다."

〈효자 정일옥(鄭一玉)을 찬송하는 운을 차하다.〉

"옛길은 연내에 더욱 떨어졌는데, 누가 알았나 이런 날에 이러한 사람 있을 줄을. 쌓아온 가법이 아니라면, 갑자기 국진(國眞)이 나올 수 있나. 영초 진금은 지극한 효성에 응하고, 유림 사회는 정민(貞珉)에 새긴다. 시를 써서 운산 길에 부치니, 유풍이 나날이 새롭기를 축원한다."

〈도용암(都龍菴) 현규(炫圭)의 갑연(甲燕) 운을 차하다.〉

"온 세상 도도한데 누가 진자냐. 용암처사 혼자 진에 놀았다. 의관은 순아하여 옛보던 것이며, 성정은 안정되어 진에 합당하다. 수성을 굳이 바닷가에서 구할 것이 아니니, 원래 단약은 마음의 진에 있는 것을. 방장산 남쪽에 한가하게 자적하니, 하늘도 이 노인 위하여 진을 지키게 허락하였다."

〈탁연정에서 자다.〉

#.이월은(李月隱) 미은(嵋隱) 두산(斗山) 숭재(崇齋) 양만경(梁晩耕) 도월파(都月波) 함께 읊으며 만당(晩堂) 재종숙 권담헌(權澹軒)영현(永鉉) 청려(靑藜)를 모셨다.〉

"억지로 옷소매 잡고 잠시 헤어짐을 멈추니, 유서는 공중에 날아 자리에 들어 분분하다. 오래도록 떨어졌다 서로 만나 회포는 만 길인데, 술 단지 앞에 담소가 구름처럼 흩어지다니."

〈권청려 재문(權青藜載文) 도월파 채규(都月波採圭)와 강상에 앉아 함께 부하다.〉

"지팡이 끌고 늦은 걸음 적벽강 언덕에, 일대의 청강이 저문 연기에 잠겼어라. 무슨 일로 군을 만나 헤어지기 어려우냐, 부질없는 시흥(詩興)으로 졸면서 서로 전한다."

〈한천재(寒泉齋)에서 양만경 주호(梁晚耕柱鎬) 양성남 종환(梁聖南宗煥) 이미은 판석(李嵋隱判石) 이숭재 한영(李崇齋漢纓) 도월파 재홍(都月波再弘)제익과 같이 자다. 4절.〉

"미산 오목진 고에 한 초당이 깊은데, 몇 구비 맑은 개울 십여 나무숲일세. 부럽다 자네는 긴 봄을 병 없이 누어, 글 읽는 소리 속에 마음의 참됨 배양함이. #. #.성남이 지금 거접(居椄)을 맡았기 때문이다." "한가로운 지팡이 아득히 정한 기약 없는데, 여기서 우연히 묵은 인연 이음이 기이하다. 백발이 당세의 일에 무슨 상관이더냐, 질펀한 이야기는 원래 시를 쓰는 것보다 좋다네." " 지금 사람이 곧 옛사람이니, 기러기 자국 망연하니 뜻이 더욱 새롭다. 손을 벗어난 광음은 당할 수 없으니, 어떡하면 술 항아리로 매번 서로 친할 수 있나." "기나긴 석양은 찬 성곽 비추는데, 헤어지려다 갈라서기 어려워 물소리에 앉았다. 밤새 토론하여도 회포는 어제 같으니, 부질없이 주인 늙은이 은근한 정만 번잡게 하였다."

〈이두산 두석(李斗山斗錫) 집에서 만경(晚耕)에게 주다.〉

"비온 후 봄이 깊은 백마산 양지에, 그대 만난 생각 속에 잠시 나를 잊었다. 술 단지 앞에 이별 슬퍼함을 사람들아 웃지마라, 해를 넘긴 정회가 담장처럼 쌓였다."

〈권근암 붕용(權近菴鵬容) 권심재 창현(權心齋昌鉉) 박소당 태곤(朴笑堂泰坤) 제장과 봉황대에 올라 작은 연회를 함께 하다.〉

"봉황은 가고 대는 비었는데 풀만 스스로 자란다. 궁한 산의 원학(猿鶴)은 서로 화답하며 운다. 풍진이 세상에 가득하니 나는 어디로 가나. 차라리 야금(野禽)을 벗 삼아 마음 가는 데로 놀리라."

〈임계 김장 종호(臨溪 金丈 鍾晧)의 만사.〉

"이택당에서 절하고 뵌 지 어제 같은데, 난음(蘭音)이 갑자기 따를 줄 어찌 알았겠나. 운삽(雲翣) 단정은 옛 마을 사양하고, 처연한 바람 찬비가 긴 물가에 뿌린다. 상여줄 잡은 까닭없는 눈물을 보라, 모두가 서림(西林)에 지난날 놀던 이들일세."

〈선유동(仙遊洞)의 회음(會飮).〉

"산 구름이 나를 산문에 들게 허락하니, 고목 기암에 여기가 별난 마을일세. 유수는 졸졸 옛 음악 담았고, 그윽한 꽃은 반이나 떨어져 모춘의 넋일런가. 좋은 술 손에 드니 시흥이 움직이고, 시원한 바람 낯을 스치니 세상일을 잊는다. 일찍이 이곳이 이처럼 좋은 줄 알았으니, 야사(野事)의 한망(閑忙)은 거론하지 말자."

〈후산당(後山堂)에 앉아 부르다.〉

"선생은 어디 갔느냐, 고요하게 산당만 남았다. 무량하게 금서만 남았으니, 행여 당일의 빛을 보는 듯하다."

〈원천정(源泉亭)에서 자다.〉

"연못 가 고옥은 임천도 아름다운데, 길손이 한가로이 와서 잠시 신선이 되었다. 시주를 주고받으니 산 밤은 조용한데, 강 가득 명월은 사람 향해 전한다."

〈문태(文台) 도중에 입으로 부르다.〉
 "강 구름 떨어지려 하고 서동쪽이 개이니, 취하여 치마도 걷지 않고 들로 내려간다. 진대(晉代)의 유운이 지금은 적막한데, 내 행차 흡사 고풍(高風)을 이은 것 같다."

〈모원재(慕遠齋)에서 비에 막히다.〉
 "외로운 정자 적요하게 강 머리에 부쳤는데, 주인을 기다려도 오지 않고 비만 종일 내린다. 다행히 이웃 할멈이 객의 뜻을 알고서, 연기 불어 밥을 지어 쉼 없이 권한다."

〈정취암(淨趣庵).〉
 "일찍이 삼십 년 전에 이 문에 왔었는데, 뜰 매화 이미 늙었고 길가 대나무 그윽하다. 엉성한 숲의 낮 그림자는 선탑에 비치고, 대통을 통하는 작은 샘은 돌 언덕을 둘렀다. 두 눈은 점차 돌아가는 새를 따라 멀어지는데, 한가한 마음은 흰 구름 따라 뜨려 하였다. 신선 분수 수가 있어 용이한 일 아니니, 알지 못한다 어느 때에 이 놀이 이을 지."

〈북사(北社)의 제우와 함께 모원재(慕遠齋)에서 비에 막혀 서로 헤어지다.〉
 "날마다 시주(詩酒)를 일삼고 지팡이에 맞게 행하니, 강동 도처에 내 소리 사랑한다. 외롭게 석양에 돌아가기 늦은데, 한 길에 장마 흔적 다 개지는 못하였나."

〈심재 권장(心齋 權丈)의 장마 끝에 해를 본 운을 차하다.〉
 "구름 쌓인 새 해가 천도(天都)에 오르니, 포곡새 바삐 울어 농부에게 알린다. 병골이 다시 깨어나 시의 힘 건장한데, 손님 없는 빈 자리에 술마저 없으니 한스럽구나."

〈삼가 이종형 허만계 대관(許晩溪 大寬)의 61 생조운(生朝韻)에 차하다.〉

"사람도 선비도 좋아함은 천성으로부터니, 선한 일이 감싸온 수복을 이루었다. 무릎을 두른 청의는 차례로 잔을 올리고, 고당(高堂)의 백발은 춤추는 소매 가볍다. 청매실 빚은 술은 천인이 취하고, 화려한 시문 자리 가득하니 세상을 참은 정이다. 자리 끝의 이생(姨生)의 무한한 축송은, 그 덕 더욱 닦아 명성이 영원하기를."

〈3월 보름에 북사(北社) 제우와 한천재(寒泉齋)에 모이다.〉

"흩어진 옛벗의 인연으로 이 당에 드니, 정오의 갠 창에 술이 두어 순 행하였다. 술 단지 앞에 많은 선비 있음이 사랑스럽고, 단지 자리 위에 한 사람 빈 것이 시름겹다. #.고목에 푸름 더하니 괴조가 보이고, 비 그친 언덕은 요란하게 바람 보낸다. 청담은 밤을 새워 간담을 헤치고, 어쩌랴 갈음 길에 임하여 흥이 다하지 않음을."

#.성남(聖南)이 없기 때문에.

〈이명옥(李鳴玉 甲生) 만사.〉

"손에 난음(蘭音)을 잡고 다시 경을 생각하니, 수염 흔들며 웃는 모습 눈가에 선연하다. 일생의 감고는 나모(螺毛)처럼 요란하고, 만리 떨어지니 학우(鶴羽)처럼 가볍다. 문에서 기다리는 지독(舐犢)의 사랑 차마 놓을 수 있나, 마을 어귀 기다리는 포오(哺烏)의 정성 잊기 어렵다. 청산에 옥을 묻으니 산이 옥 같은데, 걸음마다 돌아보며 정을 견디지 못하겠다."

명륜당에서 비에 막혀 죽운 이장 병석(竹雲 李丈炳碩) 권구당 정환(權求堂 正煥) 청려(靑藜) 월파(月波) 제형과 함께 읊다. "도롱이로 모이니 뜻은 새로 맑은데, 이 일은 나른 해에 각기 표함 있으리라. 비 젖은 처마에 한가로운 물방울 떨어지고, 바람 가벼운 언덕에 요란한 버들 실 기울인다. 고시는 어려워 마음에 비추어 검토하고, 새 역사는 갈래 길 많아 망령 된 논란 생기네. 봄 풀 뜰에 가득하니 길게 옛날 같은데, 가련한 대도는 어느 때나 편하려나."

〈매은 노장 병연(梅隱 盧丈幷淵) 만사.〉

"정심하고 독실하여 혼연히 천진인데, 황매산에 한 몸 둘 곳을 점하였다. 전원을 연달아 손질하니 한가히 앉았다 일어나고, 서사가 창에 가득하니 날마다 서로 친하다. 나와 간곡하니 어찌 인척의 정의뿐이냐, 병풍에 임하면 매번 덕용이 새로이 우러렀다. 팔순 큰 나이에 나는 듯 가버리니, 여생에 철인 잃음이 한 된다네."

〈윤후 종한(尹侯宗漢)이 명륜당 후원에 나무를 심고 회음(會飮)하다.〉

"어디서 온 태수가 좋은 마음 생겨서, 손수 명화(名花) 심어 서원 일을 이루었다. 향로(鄕老)가 술을 불러 다투어 하례하고, 촌동(村童)이 뛰노니 두 발이 가볍다. 앵두꽃 찬란하니 작은 향기 나고, 늘어진 버들 새싹은 물에 맑게 비친다. 푸른 대 소리 속에 산 해가 저무니, 돌아가는 일산 가만히 보니 새로이 정이 가네."

〈명륜당에서 권장 심재(權丈心齋) 척와 택용(惕窩宅容) 도용암(都龍菴)및 여러 향우(鄕友)와 같이 읊다.〉

"삼복더위 달을 가니 산이 불타는데, 고각(古閣)에 숲이 깊어 작은 시원함 보낸다. 긴 대나무 바람 따라 강파(江波)를 뒤집고, 뜨락 매화 가뭄에 상하여 반은 청황(靑黃)하다. 손잡으며 먼저 삼복에 막혔음 탄식하고, 붓 휘둘러 능히 하루의 긴 시간 보낸다. 늙어가도 시력(詩力)의 쇠함을 알지 못하는데, 가장 미운 것은 백발이 연못에 비침이다."

〈7월 16일에 제우와 신안의 다리 위에 앉아 적벽(赤壁)을 바라보았다.〉

"강 하늘 옥으로 씻은 듯 새 개임 띠었는데, 진두에 둘러앉아 술이 두어 순배 행하였다. 사객(詞客)은 지팡이로 한가히 학을 벗하고, 가아(歌兒)의 혀는 다투어 꾀꼬리를 본받는다. 불어 미친 물결은 부질없이 모였다 흩어지고, 산마루 구름 조각 스스로 보내고 맞는다. 진솔한 풍류 곳마다 있는데, 어찌 주즙(舟楫)을 번거롭게 수중에 띄우랴."

〈이측재 도원(李則齋道源)장과 술을 갖고 백마산에 올라 적벽을 바라보다.〉
"강산은 씻은 듯 새 가을에 드는데, 다리 아래 청황은 한번 바라봄을 거둔다. 야립(野笠)으로 술병 들고 옛일을 찾으니, 소선(蘇仙)은 간곳없고 물만 흐른다."

〈양만경(梁晩耕)이 보낸 시에 차하다. 두 절구.〉
"하늘가 돌아가는 기러기 석양을 띠었는데, 경거(瓊琚)를 내게 보낸 정의 잊기 어려워라. 어여뻐라 종이에 가득한 승두(蠅頭)의 먹이, 글자마다 담장을 마주한 나를 흥기한다. 바람에 임하여 머리 돌린 성산의 남쪽에, 학골 난표(鶴骨鸞標)를 잠신들 잊지 못한다. 생각하니 푸른 등불 되박 만한 방 속에, 자리에 늘린 서사(書史)는 담장을 이루리라."

〈신안 강상에 권염재 응중(權念齋 應重)이 술을 가져오니 권구당(權求堂) 청려(靑藜) 이월은 병영(李月隱 炳榮) 두산 석상(斗山碩相) 도월파 재홍(都月波再弘)과 함께 수작하다.〉
"봄이 깊으니 어찌 지팡이에 맞게 놀기를 아끼랴. 백발에 적벽강 가에서 옷깃 여민다. 이는 염옹 술병의 힘에 의한 것이니, 바위 머리에 해가 지도록 맑은 흐름 농락하세나."

〈권처려 재문(權靑藜載文) 만사.〉
"군의 난보(蘭報) 듣고 회상하니, 만사가 지금은 꿈인 듯 희미하다. 한묵의 옛 인연 화축이 남았고, 강산의 가약은 백구가 알리라. 서공(徐公)의 자리 위에 헛된 흔적 남겼고, 황로(黃老)의 책 속엔 누가 읊은 시인가. 지하에 만날 날 분명히 있을 것이니, 늦거나 이르거나 역시 무엇 슬프겠나."
#.황매천 시를 애독하였기 때문이다.

〈허진암 형(許振菴泂)이 성삼(聖三) 형과 함께 방문하였다.〉
"바위의 집 깊고 깊으며 산은 다시 산인데, 어디서 온 가객이 구름 사이 떨어졌나. 술 단지 앞에 손잡고 초연히 말수 없으나, 눈을 드니 은근한 정이 오간다."

〈이남계 인술(李南溪仁述)의 회갑 운에 차하다.〉
"남성(南星)이 근일에 서광이 새롭더니, 계옹 61회의 봄이 돌아왔구나. 노인 봉양 근심 없으니 효성 다함 알겠고, 빈객 맞이 간곡하니 또한 인을 따름일세. 경륜은 전답 재산 선업(先業)을 회복하였고, 이어온 가풍이 후인에게 열었다. 원근에 친한 벗이 가지런히 찾아와, 분분한 화축(華祝)이 진정을 다한다."

〈삼천포 차 속에서. 이하 6수는 금산 도중에서 지은 것이다. 동반자는 죽운 이병석(竹雲李炳碩) 권학수(權學洙) 두 어른과, 주상순(周相順) 권청려 재문(權靑藜載文) 권학우 태근(權學愚泰根) 도월파 채규(都月波採圭) 이계당 오상(李溪堂五相) 이병선(李炳善) 김청계 천수(金聽溪千洙)다.〉
"차에 올라 눈을 돌리니 좋은 벗도 많은데, 소매 가득 가을바람에 한 곡의 노래일세. 금산은 어디에 있는지 알지 못하지만, 삼천포 위 만경창파일세."

〈미조항(彌助項)에 정박하다.〉
"미조 폭포 머리 해문이 열리니, 고주는 점점이 눈앞에 분산된다. 금산의 천 길 암석에 돌아가려고, 돌아보니 단산(丹山)은 만 겹의 구름일세. 술상에 고기 오르니 포구 풍속 후하고, 귤 가지 바람에 흔들리니 자리에 향기 난다. 이 모임 계획한지 몇 년이던가, 응당 학옹(學翁)은 이 저물녘에 춤추리라."

〈금산에 오르다.〉
"조화옹은 원래 일이 어려움 없어, 영산을 높이 쌓아 바다 관문 삼았다. 안개 갠 조수머리는 일천 섬 밖이며, 배는 하늘끝 일만 파도 속에 행한다. 소객은 이름 남길 글귀 찾기 고심하고, 승려는 속이 싫어 냉정히 서로 본다. 기괴함이 시 주머니의 포식을 사양치 않으니, 가을 볕에 배를 만지며 돌 끝에 걸어본다."

⟨노량의 배 속에서.⟩
"용도 수달도 아닌 이게 무슨 몸뚱이냐. 길게 강남의 물 위 사람이 되었구나. 뜨고 잠기고 나부껴 흘러 다니며 돌아갈 길 아득하니, 한밤에 또 통영 나루에 정박하였다."

⟨통영에 닿다.⟩
"남국에 가을 깊어 잎이 반이나 붉은데, 해천은 아득하고 조용히 바람도 없다. 세병관은 전조의 물색 띠어있고, 제승당은 백일 속에 높다. 외로운 학은 한가히 돌아가는 돛을 따라 멀어지고, 겹 봉우리는 다투어 공중을 둘러 웅장하다. 정령은 만고에 표충사의 초상이니, 여기에 어느 사람이 느낌이 같지 않으리."

⟨제승당.⟩
"숲 깊어 사당은 자연 조용하고, 창밖은 푸른 파도가 높다. 살생이 성인의 뜻이 아니나, 우국에 차마 칼을 감추랴."

⟨횡당(黌堂)에 모여 중수기(重修記)를 게시한 후 작은 잔치.⟩
"초초한 의관 늦은 계모임 깊은데, 찬 술 단지 종일을 맑은 그늘에 앉았다. 뜨락 가득 봄풀은 계절 물색 생각나고, 헌우(軒宇)는 씻은 듯하여 한번 읊기 족하다."

⟨이씨 월성재(月城齋) 운에 차하다.⟩
"높은 정자 깔끔하게 성곽 동쪽에 있는데, 한낮에 마루 깊이 대나무 속이다. 바위는 길게 병풍에 그림처럼 둘러있고, 산마루는 유수를 감추어 음악을 연주한다. 규모는 의구하여 가풍을 전하고, 효우는 지금도 세대 연하여 통한다. 자리 가득한 의관은 모두가 노석(老碩)인데, 시를 논하고 예를 설하는 순박한 풍습이다."

〈권청려(權青藜)와 함께 강상에 거닐며 입으로 부르다.〉
"맑은 강 정오에 자연 편안히 흐르는데, 대취하여 돌아와 푸른 물가를 바라본다. 암석은 의연히 천고의 모습인데, 몇 사람이 여기서 티끌 시름 씻었나."

〈이종형 허만계 대관(許晩溪大寬) 만사.〉
"백 겁을 싸워도 기운은 오히려 새로운데, 만년엔 황매 남쪽 복록 인이라 하였다. 효성에 몸을 바치니 계도에 부합하였고, 빈객 애호가 성품이 되니 간난을 헤아리지 않았다. 오늘날 까닭 없는 눈물을 보라, 모두가 당년 교제의 참됨이다. 돌아보면 공 같은 이 어찌 다시 보랴, 봄 산에 상여 줄 잡으니 배나 상심하다."

〈정취사(淨趣寺).〉
"남풍에 노는 지팡이 여래를 방문하니, 고목에 등나무 엉킨 작은 길 열렸다. 이끼 먹은 세심대는 응당 만고이니, #. 몇 사람이 여기에서 감탄하고 돌아갔나." #. 세심대(洗心臺)가 있다.

〈외구 이시재 병래(李是齋炳來) 벽상에 쓰다.〉
"검소한 작은 누대 골짝 동편에 있는데, 대나무 사이 국화는 상풍에 피었구나. 백 년의 옛 업적 차갑고 적막한데, 한 노인이 만권의 속에 한가롭다."

〈중추절에 백마산을 오르다.〉
"황량한 성곽에 가을 드니 고색이 처량한데, 일천 산 칼처럼 서서 수심을 자른다. 잠긴 듯 종일을 혼연히 나를 지적하니, 취하여 돌아 집으로 오니 달이 이미 찾았다."

〈세모 술회(歲暮述懷).〉

"평생에 가장 순진의 배양을 사랑하였는데, 부질없이 명산을 다니며 이 몸을 기탁했다. 문전의 한가한 객은 웃으며 사양하고, 책 속의 성현을 좋게 맞았다. 아침이면 여러 축산이 찬 먹이를 기다리고, 저물면 가벼운 숲에 들어 검은 두건을 적신다. 부귀공명을 군은 설하지 말고, 땔감으로 밥 짓고 돌을 양치하는 청빈을 자랑하라."

〈허소재 철(許素齋喆)장이 가대인을 삼벽당(三壁堂)으로 방문하여 운자를 불렀다.〉

"흰 달은 산을 내려가 서리 기운 맑은데, 솔바람 삽삽하게 창을 치며 운다. 깊은 거처에 가을 등불 밝음을 져버릴 수 없으니, 다시 시서를 점검하며 내 소리에 돌아온다."

〈이경무공 제(李景武公濟)[2]의 세묘(世廟) 봉안 운에 차하다.〉

"보배 수레 남으로 옮겨 화당으로 들어가니, 니산(尼山)의 초목도 점차 빛이 난다. 두어 쌍 녹죽은 새벽달에 움직이고, 한 수레 맑은 술은 석양에 닿았다. 성조를 전해오니 국사에 분명하고, 천손(千孫)이 차례로 서서 향기로운 술을 올린다. 가엽다 망한 나라에 전날 공렬 생각하니, 자연이 있는 유풍은 사방에 교훈 되리라."

〈망춘대(望春臺)에 쓰다.〉

"명산이 나를 일백 꽃 하늘로 이끌어, 위험한 바위 제일 가에 왔다. 두 구덩이엔 응당 천년의 물이 남았을 것이며, 삼산은 아직 옛 풍연을 띠었으리라. 새 날개는 객의 옷 지남에 떨치려 하고, 솔 운취는 길게 사람 그림자 따라 이어진다. 혼자 휘파람 불며 돌아와 돌문에 닿으니, 창에 가득한 명월이

---

2 이제(李濟) : 조선 전기 의흥친군위절제사, 우군절제 등을 역임한 문신. 이성계의 세째 사위. 이태조 우대로 개국공신 1등에 책록되고 흥안군에 봉해졌으나 제1차 왕자의 난 때 이방원에 의하여 살해됨.

정말 처량하다."

〈여름밤에 진암과 함께 촉석루(矗石樓)에 오르다.〉
"남풍이 나를 끌어 높은 누각에 오르니, 어등(漁燈) 몇 점이 먼 물가에 떨어진다. 한 자리의 청담이 무한히 좋았고, 돌아오니 잔월이 가을처럼 차구나."

〈구장 은산 연주(具隱山 然疇) 만사.〉
"동진의 명사로 공을 먼저 꼽으니, 학골이 수연하고 덕표도 온전하였다. 진우(塵宇) 어찌 삼대의 뜻을 선포하랴, 방장산에 팔순의 나이를 길이 의탁하였다. 차가운 부엌 연기도 차니 학의 사료가 없고, 고각에 달이 비추니 손님은 자리도 없다. 사생은 이치에 비추면 둘로 나눌 수 없으니, 응당 후생은 한을 어깨에 맡으리라."

〈유로당(遺老堂) 재종조 만사.〉
"우리 가문 좋은 물건은 이 청빈인데, 갈포로 금자의 몸을 가벼이 본다. 단지 이 공이 있어 영탈(穎脫)이라 칭하였는데, 손속에 천경(千頃)을 호숫가에 두었다. 책상 앞에 유예(遊藝)하는 아우와 아들은, 당년의 검소함을 의지하였다. 분명 광화는 신후에 있으니, 구원에 돌아가는 길 의중이 어떠한지요."

〈내형 권계방(權季方) 양인부(梁仁夫)와 강상을 걸으며 운자를 나누다.〉
"4월의 강머리 객장이 가벼운데, 미풍이 보내는 녹음도 맑다. 시를 읊는데 가장 한 됨은 술병이 빈 것이니, 다시 갈매기 벗 삼아 물소리나 들어야지."

〈제석.〉
"이불을 끼고 보내고 맞는 시를 쓰려고 하니, 만겹이 가슴을 막아 한밤이구나. 약한 아우는 군인에 꺾이니 마음은 점점 위축되고, 늙은 어버이 병을 지키니 귀신은 어떡하나. 한가한 거처에 막힌 이웃은 닭 울음 멀고, 붉은 촛불에 졸음 도망가고 시간은 더디다. 가소롭다 평생에 바란 바는 비었으니,

몸마저 내 것이 아니니 역시 무엇을 기대하리."

〈종숙 성엽 해영(聖曄海映)에게 주어 이별하다.〉
"잔설은 날로 녹아 앞으로는 모춘인데, 숲은 뚫고 찾아온 이는 어떤 사람인가. 모습은 희미하게 옛꿈 같은데, 시대를 상심함은 나와 같으니 기운은 더욱 새롭다."

〈저문 해에 회포를 기록하다.〉
"이마 찡그린 건곤에 거취가 아득하니, 마음을 넓히니 됫박 같은 집도 자연 여유롭다. 인간의 우락은 흐르는 물에 부치고, 한밤 추운 등잔에 고서를 점검한다."

〈계묘 가을 7월 16일에 적벽강 아래 배를 띄우고 이죽운 병석(李竹雲炳碩) 이대천 동한(李大川東翰) 권근암(權近菴) 심재(心齋) 은재(隱齋) 여러 어른과 권담헌 연현(權詹軒永鉉) 구당(求堂) 청려(靑藜) 학우(學愚) 성정헌 재기(成靜軒在祺) 김청계 천수(金聽溪千洙) 권물재 복근(權勿齋復根)과 함께 부하다.〉
"한가롭게 조각 배는 스스로 흐르게 맡기고, 바람에 부들이 나풀대는 강의 그윽한 곳이다. 남북의 명사가 모인 곳에, 천재의 소선을 짝하여 노는 듯하다. 두어 점 게잡이 등불 곡구에 나뉘고, 처량한 사죽(絲竹)은 저문 성 머리일세. 두건을 잡고 한밤에야 배를 돌리니, 하늘 가에 아득히 숨은 달만 남는다."

〈족형 태형(泰馨)의 61수연을 하례하다.〉
"궁달은 원래 하늘에 있는 것, 그 땅에 나지 않으면 사람이 그 사람이 아니다. 애석하다 공은 일찍 장군의 명망을 지고도, 산간에 헛되이 늙는 수복의 몸이로다."

〈을묘 16일에 계를 같이 하는 제익과 인곡(仁谷) 서당에 앉다.〉
"이날 해마다 이 당에 앉으니, 다가오는 고사의 의미 장장하다. 일천 길

긴 절벽은 고금이 없고, 한 시대 노는 사람은 사생이 다르다. 옥같이 썬 백어(白魚)는 규각 한쌍이며, 시를 쓴 속순(束筍)은 만장한 향기일세. 가만 보니 반이나 해를 격한 안면이니, 한스럽다 밤을 연장할 계책이 궁함이.”

〈밤에 신안교(新安橋)를 걸으며 입으로 부르다.〉
"다리 머리 걸음 멈추니 달이 한 하늘인데, 옷깃 헤치고 둘러앉으니 기쁘기만 하다. 처음은 오랜 외로움에 말이 다투어 나오더니, 대취하니 몸이 하늘에 뜨는 듯하다.”

〈문대(文坮) 도중에 우연히 허진암 형(許振菴泂) 이남계 환규(李南溪煥奎) 하석정 용문(河石汀龍雯) 김복암 석희(金復菴錫熙) 송파 기순(松波驥洵)을 만나 하표정(霞標亭)에서 함께 자다.〉
"외로운 정자 우뚝 선 저문 강 머리에, 대나무 청청하고 물은 스스로 흐른다. 의외로 군을 만나 회포 풀어 만족하나, 가장 미운 건 빈발이 가을을 이기지 못함이다.”

〈도월파 채규(都月波采圭) 서암 태서(西菴太瑞) 도은 동균(桃隱東均)이 삼송정(三松亭)으로 방문하다.〉
"서로 나란히 골짜기에 살면서 한번 보기 어려우니, 삼하나 삼추를 날마다 옮긴다. 먼저 안부를 묻고 다시 묵묵히 앉았으니, 북어(北魚)와 동주(東酒)로 나를 막았다.”

〈농은 정공(農隱鄭公)이 방문하여 운자를 불였다.〉
"적요한 산문에 이제야 봄 돌아오니, 높은 지팡이 임석하니 뜻이 약간 새롭다. 뜰 매화 겨우 삼사 송이 피었고, 들불은 상하 강가에 피었다 잠긴다. 가르치는 말씀 진전이 있어 감명하고, 지나친 칭찬 부끄럽게 조금도 펴지 못한다. 나이는 반백을 넘는데 몸에 도리 없으니, 건곤의 객사에 나그네 됨이 한스럽다.”

〈천정(天政)이 갑자기 변하여 봄이 다시 겨울이 되는지 혹한이 심히 사나워 농사일을 잠시 쉬고 다시 떨어진 덧옷을 입고 화로를 끼고 앉으니 무료하여 농은 회갑 전의 운자를 차하여 보낸다.〉

"율율한 찬바람이 사납게 봄을 쓸어버리니, 울 가의 난국이 새로워지지 못한다. 흑운이 집을 누르니 문풍지가 울고, 낙엽은 공간을 날아 들결 물가에 뒹군다. 들녘의 늙은 농부 심신이 긴축되어, 이불 끼고 글귀를 찾아 괴로운 회포 편다. 때로는 천정(天政)도 능히 이러하니, 인사(人事)야 어찌 빈주 잃는 것을 의심하겠나."

〈농은이 잠시 동린(東鄰)에 우거하며 내 집의 정매(庭梅)를 읊어 보내니 그 운을 차하다.〉

"너니 내니 서로 같이한 40년에, 세상 사람 지나며 물음 새로울 것 있나. 그윽한 향기 의미 있게 베개 위에 오고, 잔엽은 무심히 돌밭 물가로 내린다. 개울가 노옹은 시필(詩筆)이 건장하고, 산중의 우물은 구용(癯容)을 편다. 원함은 옹은 늙지 말고 매화는 항상 젊어서, 부자는 일찍이 먼 손님이 즐겁다 하였다."

〈수 십여 여러 종족과 사우정(四友亭)에서 자고 하빈(河濱)을 가는 도중에 종인 양래(陽來)가 운자를 불러 입으로 화답하다.〉

"좋구나 봄바람 삼월에, 진양의 화수회 길이 멀기도 하다. 팔방 소식 서로 나누는 곳에, 문득 한 됨은 이별이 또 기약됨이다."

〈이죽운 병석(李竹雲炳碩) 만사.〉

"횡당(黌堂) 십년에 묵은 인연 깊은데, 촛불 태우며 계산함에 밤이 깊었다. 문득 생각은 춘초에 헤어질 때, 향연(香煙)을 주며 이별한 정이 깊었다."

〈심재 권장 창현(心齋 權丈昌鉉) 만사.〉

"예사 담소에도 덕은 유연하니, 숙계의 문형(文衡)은 두 세대에 전한다.

우리 도는 지금 믿을 곳이 없는데, 후생은 상여 줄 잡고 눈물 흘린다."

⟨소계 이장 보영(小溪 李丈寶榮) 만사.⟩
"옛 모발 옛 의복으로 구십 년을, 한 고을 중한 명망 높은 나이 우러렀다. 한가한 중에 높이 누운 소계의 집에, 날마다 잠서(箴書)를 만지며 모년을 보냈다. 과갈(瓜葛)의 깊은 인연 오십 년에, 춘추로 배알 한 지 몇십 년인가. 남극성 빛이 하룻밤에 잠기니, 다시 원로를 신년에 절할 곳 없구나."

서(書).

유춘계 성형(柳春溪 誠馨)에게 답하다.
보첩의 일은 본래 일이 많고 노역이 번거로움으로 소장의 무리가 아니면 제대로 담당할 수 없으니 지금 세상은 쇠하고 글은 어두워서 이런 무리중에 별로 담당할 사람이 없고 또 성의가 없어서 한 가족으로 방간하고 지나며 날마다 해산하니 걱정한 것이 간혹 오래되었습니다. 족형은 많은 나이의 근력으로 염천의 더위도 생각지 않고 용감하게 착수하여 밤낮으로 고생하니 문생의 입장인 기형(基馨) 같은 자는 당연히 방조하여야 할 것인데 더욱이 본가의 단자도 누차 부탁을 받았으니 어찌 미안하지 않겠습니까. 양친의 행록이 혹간 망발이 있다면 바로잡아 기록함이 어떠합니까. 나머지는 도를 호위하여 만강하기를 빕니다.

양만경(梁晚耕)에게 답하다.
기형은 본래 성격이 어리석고 게을러 단지 밭 갈고 땔나무나 할 줄 알았지 감히 경내의 현달한 사우와 노는 것은 함부로 바라지 못하고 스스로 포기한 지 오래되었습니다. 그런데 집사는 유독 더럽다 않고 돌아보는 사랑이 편벽되게 후하여 매번 만절에 서로 믿는 정의로 뜻이 간곡하니 일찍이 감동됨이 그치지 않았습니다. 또다시 의외로 은혜롭게 서신과 시문의 주심을 받으니 종이에 가득한 견권함이 모두가 평일의 후한 사랑을 쏟음이니 재삼 마사하여 황공하고 황공하오며 감사할 겨를이 없어 인순 구차한 즈음에 지난번 황산(黃山)의 모임 자리에서 잠시 청범을 접하였으나 그때 입으로 우러러 감사하려 하였으나 자리가 요란하여 실행하지 못하고 게으름이 여기에 이르렀으니 포만함을 스스로 꾸중합니다.

삼가 경체(經體)는 또다시 청목(淸穆) 하온지요. 아득히 선장(仙莊)을 생각하니 산 깊고 물은 굽이돌며 숲은 아름답고 돌은 깨끗하니 고사(高士)의 장수(藏修)함에 적합하니 매번 갈고 읽는 틈으로 발을 씻고 띠를 풀며 술을 들고 바위에 걸터앉아 서성이며 음영한다면 청풍명월 녹음방초와 산금야접(山禽野蝶)이 모두 자가(自家) 경제의 물건에 들어올 것이니 그 부유함이 당연 어떠합니까. 부럽고 부럽습니다. 다하지 못합니다.

유해영(柳海映)에게 답하다.

앙모한 나머지 고헌에 한번 나아가 가르침을 듣는 것이 나에게는 성대한 일인데 요양하는 중에 한번 신음하고 한번 말씀하는 것이 정리 표함이 정성스러우며 간간이 세상 근심을 발하면서 논의하는 것이 높다랗고 깨끗하여 그 음성과 동작이 지금도 귀와 눈에 남아 있습니다. 일찍이 한 폭의 거친 글로 많이 받은 혜택을 사례하고 싶었으나 의외로 성함(盛函)이 먼지 책상에 날아 떨어지니 황공합니다. 보내온 언론에 질병과 이웃하였다 함은 듣기 측연하여 민망합니다. 생각하면 이웃이란 반드시 서로 친한 정리가 있으니 미워하는 마음을 줄이고 서로 친한다면 반드시 마음을 태우는 일은 없을 것이니 마음을 태우지 않는다면 심혈이 자연 양생되고 사체가 왕성하여져 자연히 좋은 경지를 얻는 날이 있을 것이니 내 장차 수레를 몰아 하례할 계획입니다.

신씨(愼氏) 혼사라는 것은 돌아보면 이 궁핍하고 무상한 것이 백도에 하나도 없는데 그 집에서 낭설을 잘못 듣고 사람을 보내 권한 것이 삼사인 이며 주혼 역시 와서 탐문하고 갔다고 하니 스스로 헤아려 과분합니다. 그러나 비가(卑家)의 형편으로 경제를 논한다면 여러 아이들을 위하여 수십 년을 양식을 싸들고 다닌 후 남은 피곤이 가시지도 않았고 그 당혼한 아이도 학원을 수료하기 전에는 전혀 성혼할 의사가 없답니다. 사정이 이러하니 묵묵히 헤아려 주시기 바랍니다.

이자의 종홍(李子毅鍾弘)에게 답하다.

기형이 스스로 헤아려 보니 어리석음에 세상을 포기한 지 오래인데 족하는 유독 더럽다 않고 서신을 보내 멀리 궁산 난석(亂石)의 사이를 물어오니 생각하면 족하는 곧 나를 사랑하는 자이다. 참으로 사랑하는가 아니면 나를 긍휼히 여기는 것인가. 사랑한다면 반드시 사랑할 수 있는 실속이 있을 것이며 실속이 여기에 미치지 못하면 반드시 이는 나를 긍휼히 여겨 그러한 것이다. 오호라. 스스로 우내(宇內)를 둘러보면 나를 긍휼히 여기는 자인들 역시 몇 사람이나 있겠나. 서신을 만지며 사사로 기뻐한다. 그러나 즉시 답을 보내지 못하고 해가 이미 넘어가니 포만함을 어찌 말하겠나. 대체로 포만한 것은 교만한 사람의 단서이니 돌아보면 이 무상한 것은 본래 교만한 사람의 입장에 있지 않고 족하 역시 남에게 교만을 받지 않을 것이 분명하니 이는 진실로 무슨 마음인가. 나는 알 수 있으니 성의의 부담이 과중하여 마음이 풀어지고 붓이 움츠려 심사를 형용할 수 없어서 그런대로 세월을 지낸 소치이니 족하는 용서하기 바란다. 보내온 말에 선집(先集)의 인쇄를 걱정하였는데 기형 역시 밤낮으로 마음 썩이는 것인데 또 성촉(盛囑)을 받으니 황한(惶汗)함을 어찌 말하겠나. 내 그 사정을 들어 말하리다. 집에 세 아이가 있는데 지금 연차로 진학하는 중이며 인하여 선사(先事)를 생각하면 혹 늦더라도 이룰 수 있지만 진학은 시기를 놓칠 수 없기 때문에 잘못 계산하여 이렇게 된 것이고 지금은 재력도 점차 소모되어 갑자기 거사(擧事)하기 어려우니 송구하기 한이 없다. 근암 권장(近菴權丈)이 강상에 우거한지 오래되어 매번 가르침 듣기를 좋아하였는데 이번 달 23일에 대성산중으로 이사하여 적벽강 맑은 놀이의 낙이 거의 반감하였다. 나머지는 다하지 못한다.

이시재(李是齋)에게 답하다. 가대인을 대신하여.

한번 이별이 점점 멀어져 모습이 나날이 막연해집니다. 더구나 풍수의 즈음에 천지가 변역하여 산이 모습이 달라지니 서로 생각하는 회포가 간혹 어떠하겠습니까. 남으로 산하를 바라보니 슬프게 우러르지 않는 날이 없었는데 의외에 은혜로운 서신이 책상에 도착하여 바쁘게 펼쳐 읽어보니 글의 뜻은 온화하고 정리가 흘러 떨치는데 더구나 몸이 복되다니 감사하고 위안됩니다. 모는 산에 들어온 이래 소조한 모옥에 오가는 친구도 없고 날마다 손자 안는 것으로 낙을 삼을 뿐입니다. 그러나 홍수의 변이 몇백 년 이래 처음 있는 일이라 온 나라의 통환인데 유독 귀지만은 별로 침해가 없다 하니 이제야 이명(理明) 산중이 우리나라의 특별한 땅인 줄 깨달았습니다. 이 속의 광경은 형언할 수 없고 다만 비가(鄙家)의 요란함은 더욱 심한 것 같습니다. 농작물 같은 것은 살년(殺年)에 가깝고 내 아우의 외사(外舍) 두 동은 또 수마의 해를 받아 노두(老杜)의 추우탄(秋雨嘆)이 진정 이를 말함인 듯합니다. 무섭군요. 나머지는 남기어 만나서 이야기하고 못다 합니다.

조용운 운제(趙用芸 雲濟)에게 답하다.

기형은 평소 성품이 필연에 게을러 일방의 제현에게 한 번도 한흔으로 사귀지 않아 항상 자신을 책망하여도 할 수 없으니 마음의 병 된 지 오래인데 뜻밖에 혜교를 받아 재삼 받들어 읽으니 감사와 부끄러움이 무한합니다. 또한 다시 즉시 답하지 못하고 이리저리 날을 보내니 근만의 다름이 이처럼 현격한 것인가. 다시 삼가 이때 모시고 살핀 나머지 경체도 신이 도와 백복하온지요. 기형은 친후는 대략 전일의 모양을 보존하니 이것이 사사의 경행이며 단지 사는 곳이 매우 궁벽하여 근처에 서로 탁마할 친구가 없고 올올하게 초목이나 조수와 벗을 삼으니 매우 한적함을 깨달을 뿐입니다. 성교의 존당 수사(壽辭)는 구구하여 감히 받아 감당할 수 없으나 어쩌면 지난 십 년에 분주(汾州)에서 이웃을 접하여 밤낮으로 오가며 기형이 집사 공경하기를 친형 같이하였고 집사 역시 기형을 사랑하여 어린 아우와 같이하였는데 지금 성촉을 받으니 도의에 감히 고사할 수 없어 이에 감이 옹졸함을 잊고 구성하여 드려 먼 찬송에 이바지하니 근정하여 주시기를 사사로 바랍니다.

이종형 허대관(許大寬)에게 답하다.

기형이 평소 필연에 게으르고 겸하여 친우(親憂)에 이끌린 것이 되어 지정한 곳에도 한흔을 묻지 못하는데 형은 지금 비단 먼저 베풀 뿐 아니라 물어옴이 매우 후하니 황공합니다. 받아보니 성여(省餘)의 체체는 담중하니 매우 다행입니다. 이제(姨弟)는 친환이 여전하니 하나같이 황송합니다. 말씀하신 이숙장의 초도 경사는 매우 성대한 일이고 아우는 의친의 정리에 더하여 있으니 당연히 즉시 달려가 하례하여야 하겠으나 몸에 우환이 얽혀 성의를 이루지 못합니다. 그리고 하인을 보내는 것도 궐하니 부끄러워 땀이 납니다. 수운(壽韻)은 옹졸함을 잊고 읽어 드리니 바로잡기를 바랍니다. 다하지 못하고 올립니다.

이가호(李佳鎬)에게 답하다.

잠시 작별한 것으로 인하여 먼 이별로 이루어지니 생각은 항시 미정하였는데 의외의 서신을 받아 읽기를 두세번하니 손에 놓고 싶지 않습니다. 이럭저럭 지금까지 답을 하지 못하였으니 못내 부끄럽습니다. 서신 후에 해가 또 바뀌었으니 삼가 신정에 시양(侍養) 여가의 배움은 중함을 더하는지요. 기형은 온 가족이 여전합니다. 제야에 공경이 옥황상제를 향하여 무량한 좋은 일을 축원하였으니 반드시 나를 저버리지는 않을 것입니다. 부탁한 단자는 적어 드리니 귀보(貴譜)의 범례에 의하여 기입함이 어떨지요. 한번 만나는 것은 언제쯤일지 편지를 대하니 망망합니다.

운정(雲汀)종족에게 주다.

봄에 고헌을 한번 찾아가 화수의 정을 후하게 입고 돌아와 생각하니 마음이 항상 매여 있습니다. 삼가 묻노니 여러분은 한결같이 편안하온지요. 우러러 살피고 또 축원합니다. 족말 등은 그때 경향의 제족을 차례로 방문하여 보사(譜事)를 논급하니 모두 듣기를 즐기고 같이 호응하였으나 단지 대동보는 일이 크고 힘은 미세하니 중도에 난감한 걱정이 있을 것 같으므로 벽은(僻隱)선조를 한계로 파보를 하기로 의론이 통합되어 지금 수단을 행하고 있는데 알 수 없는 것은 귀파(貴派)는 그간에 의론이 어떤 경지에 있습니까. 대체로 귀파의 사정은 내가 이미 알고 있으니 그 하나는 한 고을에 함께 아는 것으로 선대의 세계를 일조에 정정한다면 의혹이 고을의 웃음을 당할 것이 염려되고 그 두 번째는 선대의 누대나 묘명 중에 선대의 휘자를 변경하는 것이 걱정이나 이러한 일은 조금도 염려가 없으니 단지 수단할 때 선대 휘자를 세주란에 기입하여 초휘 모모라고 한다면 한 글자도 고치지 않아도 무방할 것이니 존의에 어떠한지 알 수 없습니다. 대체로 국가나 가정의 역사는 일반이니 현재 각계의 사학 전문가가 혹 몇천년 전의 들어 나지 않은 사적을 발견하여 증거가 명확하면 문교부 편찬회에 알려 개정하는 것이 한 문중의 가사(家史)이겠습니까. 사람의 자손이 되어 몇백 년 전 자신의 가문에 분명히 보첩에 실려 있는 것을 발견한 것을 눈으로 보고도 다른 일시 향인의 잠깐 웃음을 두려워하여 그냥 묻어두고 지난다면 그 이치에 거역되고 윤리에 어긋나는 죄를 어떻게 감당하겠으며 조선의 땅 밑의 원한은 어떠하며 자손의 식식(食息)에 뼈아픔은 역시 어떻겠습니까. 그리고 비록 묻고 지나더라도 필경은 스스로 드러날 날이 있을 것입니다. 여기서 귀지까지가 어찌 멀다고 하겠습니까. 옛날이라면 비록 삼일 길이라 하여도 지금은 당일에 오갈 길입니다. 지금 세상에 일반 백성의 생활은 한 지역에 국한되지 않아서 동에 있는 자가 서로 옮기고 서에 있는 자가 동으로 옮기어 언어도 서로 전합니다. 또 경성의 제족 중에서 운정일파는 끝내 고집하여 통하지 않는다고 한다면 장차 밀양 제유에게 통문을 발하여 이 일의 이야기를 밝힐 것입니다. 그렇게 되면 이 이야기는 끝내 한 고을의 이목에 흘러들 것이니 일찌감치 조처하여 계통을 찾고 윤리를 밝히는 것만 못할 것입니다. 옷깃을 잡고 권하는 자는 어느 사람이며 근거하여 행하지 않는 자는 무슨 마음입니까. 모두가 화수회 중의 동실(同室) 사람이니 깊이 생각하고 일찍 도모하소서. 오직 첨위의 해량을 바랍니다.

서문(序文).

치일재(致一齋) 중건 연의록(捐義錄) 서.

우리 선조 사직(司直) 부군이 처음 고을 북쪽 단계리(丹溪里)에 복거하였는데 이미 십여 세대가 지나 자손이 번연하여 여러 고을로 흩어져 사는 수가 천여 호이며 명환 거학(巨學)이 세대를 연이어 떨어지지 않아 아득히 남향의 명망있는 종족이 되었다. 치일재는 사실 부군을 추모하여 지은 것인데 자손이 가장 성하고 여기서 산소까지 거리가 가까움으로 재실이 여기에 있다고 한다. 창건이 숭정(崇禎) 경오년이니까 지금 60여 년이 되었다. 이때 안목이 소활하고 물정이 탄솔하여 원장과 섬돌 밑 문간 행랑 등 여러 형식이 미비하였다. 유독 높다랗게 마치 난후의 영광(靈光) 같아 온자하고 그윽한 취향이 없었고 또 다시 풍마우세에 누차 전난(戰亂)을 겪어 비가 새고 썩어 거의 전복할 지경에 이르렀으나 종용(宗用)이 모자라고 떨어져 보수할 계책이 없어 서로 돌아보고 마음 상한지 오래되었다. 이에 연의로 수금하기를 의론하려 정하고 종중 유사 경형 해석(敬馨 海錫)씨를 산해 성시에 흩어져 있는 제종을 두루 방문하게 하니 나 역시 따랐다. 비록 봉호 와려(蝸廬)에 몸이 어초(漁樵)나 판축(販築)에 빠진 자라도 모두 역시 즐거이 맞고 은근한 정이 있으며 성의를 보임이 본래 예상보다 과하니 무릇 한 바퀴 돌아오니 어느덧 큰 액수를 갹출하였다. 이에 그 삼분 일을 잘라 새로 묘소의 고사 일동을 건립하고 그 나머지를 거두어 재목을 모으고 덮는 공역을 독려하니 전일에 미비하였던 형식과 새고 썩은 모습이 모두 새로워졌다. 도배를 마치고 좋은 날을 택하여 일문의 노소가 제제히 당에 올라 술을 내어 마시고 즐기니 모두 흔흔히 서로 주고 받았다. 인하여 제종의 성의에 감사하고 그것이 소멸되고 증거가 없어지면 안되므로 가장 힘을 쓴 자를 선발하여 현판에 각하여 올려 특이한 볼거리에 갖추고 또 정밀하게 기록하여 후일에 길이 보존할 계획이며 서사가 없으면 사유를 분별하기 어렵고 또한 타인이 넓게 보는 것이 아니므로 굳이 병필가를 번거롭게 할 것 없이 불녕이 옹졸함을 잊고 간략하게 사실를 기록한다.

기문(記文).

종 선조비 현풍 곽씨 정려(玄風 郭氏旌閭) 중수 사실기.

종 선조비 열부 현풍 곽씨는 유공 문호(柳文虎)[3]의 처로 존재(存齋) 선생 준(䞭)의 여식이다. 선생이 안음(安陰)에 위임되니 열부 내외가 모두 따랐다. 정유 왜란에 적이 황석(黃石)산성을 포위하니 선생은 두 아들 한 사위와 적을 항거하다가 모두 동일에 충을 이루었다. 열부는 집에 있다가 변을 듣고 즉석에서 자액(自縊)하여 순절하였다. 다음 해 무술 4월에 정려(旌閭)가 내려지니 지금 3백여 년이 되었다. 그간에 정려가 무너짐에 보수함은 한 모서리의 다스림에 불과하였으나 지금은 거의 전복될 지경이니 족숙 해석(海錫)씨가 종중의 노소에게 고하고 각처 제종을 역방하여 약간의 금전을 갹출하여 대종의 계금을 합쳐 공사를 독려하여 공역을 마쳤다. 대체로 구품(舊品)을 사용한 것은 오직 주춧돌 기둥 기와 몇 장뿐이다. 포제(褒題)를 각하여 내건 것은 전일에는 목판이었는데 석비(石碑)로 고쳐 사용하였다. 운반하는 모든 비용은 상모(尙模) 군이 전담하니 그 성의도 아울러 기록할 만하다. 이를 모범으로 속속들이 뒤를 이어서 무궁하게 한다면 비단 열부의 다행뿐 아니라 어쩌면 역시 우리 종족의 영광이리라.

논설(論說).

미친 돼지 설.

돼지는 본래 습성이 음침하고 질퍽하여 따뜻하게 거처하고 포식함을 좋아하여 그 욕심이 차면 무녀지듯 누어 엎드리니 그 상성이 그러하다. 우리 집에 흑돼지 하나를 기르는데 온 집안이 모두 사랑하고 아꼈다. 그 출생을

---

3 유문호(柳文虎) : 임진란때 안음현 황석산성에서 장인인 곽준(郭䞭)과 함계 전투하다가 사망했음.

꼽아보면 7, 8개월에 불과하나 골격이 장대하여 거의 작은 송아지에 비하고 검은 갈기가 고와서 칠을 바른 것 같으며 흰 배는 발굽을 지나니 매우 가관이다. 오래지 않아 따시고 폭식함을 일삼지 않고 낮이면 밥그릇에 나아가 포호하고 밤이면 우리를 벗어나 노숙하니 상로 우설(霜露雨雪)이 내리고 풍사주석(風沙走石)이 담장을 걷어 들어와도 저는 끝내 고치지 않고 창광 자자(猖狂自恣)하니 이 어찌 본성이겠느냐. 기운과 습성의 변함이 이렇게 된 것이다. 내 생각은 사람 역시 조선의 유업을 불고하고 하루아침에 창가 주점(娼家酒店)에 진탕하여 그 부모 처자를 교외에 동뇌(凍餒)하게 하여도 돌아보지 않는 자는 도도하게 모두 이러하니 어찌 돼지가 그 밥그릇을 스스로 차버리고 우리에서 스스로 벗어나 그 몸을 스스로 헐뜯는 것과 무엇이 다르겠느냐. 내가 이에 느낌이 있어 기록한다.

발문(跋文).

암려집(岩廬集) 발.

암려(岩廬) 옹은 내 재종조의 사위이다. 내 선자와 나이가 서로 제배이고 기미 역시 서로 같았다. 그러므로 매번 타상에 손님으로 오면 몇일을 유련하는데 반은 우리 집에서 날을 보냈다. 내가 글을 읽는 것을 보면 반드시 머리를 만지며 권장하니 그 참된 속 인자한 기운이 애연하게 유동하여 마음으로 항상 공경한 지 오래다. 이미 죽은 지 십여 년에 그 아들 주호(胄鎬) 군이 시문 밑 부록 약간을 수집하여 한 책으로 합하고 책 끝에 한마디 쓰기를 청하였다. 받들어 읽어보니 완연이 평일의 모습을 대하는 것 같았다. 선대의 관계를 미루어 생각하면 사양할 수 없었다.

아! 지금 세상의 풍습이 문자를 번잡하게 간행하는 것을 병으로 여긴다. 그러나 대체로 문자라는 것은 소리를 전하는 기구이다. 성현의 서는 세상 교육에 이롭고 문장가의 글은 풍조를 일으키는데 이롭고 경세가의 책은 그 부문에 따라 후덕한 삶에 이용되는데 오직 여항에 응수한 글은 비록 마치 세상에 응수하는 쓰임에 관계없는 것 같다. 그러나 그 일생의 동정과 모범이 책 속에 밝게 실려 있어 보는 자를 감동하게 하니 또한 어찌 자손의 가정에 전하는 보배가 아니겠느냐. 나는 주호군의 성효를 어질게 여기며 인하여 이 옹의 평일에 머리를 어루만진 정이 있어 그나마 한 마디 부쳐 보내어 암려집의 발을 삼는다.

제문(祭文).

내형 권영규(權永規)의 제문.

오호라! 형은, 내 조부의 외손이다. 이 인연으로 인하여, 타촌에 와서 우거하였다. 한 동산에 집을 나누어, 왕래하기 번거로움이 없었다. 나이는 십여 세 더하나, 서로 제배이니 무엇을 논하랴. 내가 어릴 때, 어린 동생으로 무마하였다. 나이 장성하여지니, 뜻이 합하고 정은 따스하였다. 밤낮으로 자리를 같이하며, 날이 아침저녁을 잊었다. 간혹 고사를 논의하고, 인하여 나라의 원통함에 언급하였다. 책상 치며 왜를 욕하니, 간혹 신혼이 움직였다. 오호라! 이합은 수가 있고, 일생은 헤아리기 어렵다. 한 산마루가 서로 막히니, 방앗간이 막힌 것 같았다. 타상의 옛 마을은, 내가 항상 많이 행하였다. 다현의 연못 서쪽은, 형의 연못이 바라보였다. 대나무 아래 서로 다니는 길은, 나를 기다리는 장소였다. 내 옷이 잠시 나타나면, 미친 듯이 손을 들었다. 날을 격하여 서로 대하면, 일백 바쁨이 이에 펼쳐졌다. 오호라! 형의 외모는, 늙은 농부의 모습이었다. 급기야 그 가슴을 쏟아 놓으면, 숙도(叔度)의 높은 도량이었다. 맑으면서도 흔들림 없이, 일만 물결이 양양하였다. 형의 오랜 병은 몇 날도 몇 해도 아니었다. 사생에 바꾸지 않으니, 예언이 앞에 있다. 그러나 민망함은 부친 앞이니, 그 마음은 옮기지 않았다. 염라 사자 재촉하니, 어찌 힘으로 돌리랴. 오호라! 능옹 노숙(能翁老叔)은, 우리 유림의 현자이다. 평생 공부한 업을, 누굴 의지하여 전할까. 심혼이 꺾이고 날으니, 수염과 눈썹이 서로 연한다. 곡이 형에게가 아니고, 옹 때문에 눈물 줄줄하다. 오늘 서로 막힘이, 어찌 산천이겠나. 유명이 서로 막히니, 힘으로 오갈 수 없다. 흉중에 쌓인 것은, 바다 같고 연못 같다. 지필로 다할 수 없으니, 한 둘 만 약간 펼친다. 후에 구천에 만나면, 쌓인 날이 천만일 터지. 오호애재 상향.

이공 찬수(李纘洙)의 제문.

오호라! 오직 공은, 진실을 스스로 가졌다. 도검의 물결이나 고개에도, 분수에 따라 편한 언덕이었다. 암석 사이 모옥이며, 소나무 오솔길 대나무 울이었다. 식은 밥 산채국에, 기운과 맛을 사랑 삼았다. 배에 가득한 경륜은, 마을 정치에 잠시 시험하였다. 의리에 밝고 본질을 지키니, 땅은 송곳 꽂을 곳도 없었다. 복은 선한 대로 화는 악한 대로니, 천도의 일상이다. 자식 잃은 아픔은, 그 이치가 의심스럽다. 남풍이 선한 물체이니, 혹간 한 가지를 손상한다. 이로써 하늘을 의심한다면, 일만 이치가 문란하여진다. 응당 남은 가지는, 창성할 것을 반드시 기약하리라. 오호라! 내가 공의 이웃으로 와서, 이십여 년이 되었다. 추우나 더우나 아침저녁으로, 무시로 왕래하였다. 옛을 토론하고 오는 것을 예측하니, 의사가 다르지 않았다. 나이나 덕은 서로 넘어서, 나를 사랑하여 놓지 않았다. 이날의 통곡은, 내가 시구(蓍龜)를 잃어서이다. 일찍이 모자라는 붓으로, 폐비를 털어놓으려 하였다. 붓을 만지며 망설이는데, 세월은 문득 재기가 되었다. 만약 수일을 지나면, 씻을 곳이 없다. 붓도 정을 다하지 못하고, 가슴에 슬픔만 남았다. 글도 짧고 술도 섭하니, 일만 단서가 부담된다. 삼가 존령은, 흠격하옵소서.

내구(內舅) 이우산(李牛山)의 제문.

오호라! 구씨는, 성품이 강직하였다. 물건의 처리에 규정이 있으니, 선을 종지로 의혹을 분별하였다. 내는 것이 당당하니, 곧 여러 간특함이 감복하였다. 산이 무너지는 기세로, 마치 나라를 재단하는 것 같았다. 저 전족(纏足)을 위하여, 명을 구혁(溝洫)에 버렸다. 가시 사립 홀로 닫으니, 사귀는 선비의 수레가 베 짜듯 하였다. 이때 문묘(文廟)가, 황초에 오래 묻혔다. 십 년을 몸으로 호위하니, 한결같은 성의가 정성스러웠다. 어버이가 죽는 날, 손가락의 피가 줄줄 흘렸다. 상복을 끌고 분주하니, 현인의 문에 글을 실었다. 이 모든 미덕이, 당시에 감탄함이 되었다. 백세가 앞에 있으니, 향토사에 남으리라. 내가 부병을 모신 지, 지금 5년이다. 한 달에 세 번 와서 보니, 무시로 눈썹을 찡그렸다. 공은 항상 손을 잡고, 어쩜 그리도 지루하냐. 부친은 내가 일어나면, 명산에 놀이 가자 하셨다. 이 약속 실천하지 않고, 공은 지금 어디 가느냐. 부고군 문에 드니, 천지가 어둡도다. 산 자만 헛되게 슬퍼하지, 구천에야 어찌 알겠나. 영혼의 비침은 무한하니, 천한 생각을 살피소서.

비(碑).

죽재(竹齋) 처사 유공 묘비문.

고을 동쪽 정태(丁台)마을 입구의 서목(徐木) 고개 해좌(亥坐)의 언덕은 처사 진주 유공(柳公) 휘 현탁(顯鐸) 자 현백(顯伯) 호 죽재(竹齋)의 의구(衣屨)를 갈무리한 것이며 배위 유인 경주 최씨(崔氏)가 부장되었다. 내가 매번 고향을 가는 길에 뜰 아래로 지나는데 항상 석의(石儀)를 갖추지 못함을 마음으로 혐의스럽게 여기었다. 하루는 그 후손 운형(雲馨) 족형이 나를 찾아 말하기를 "죽재공 묘의를 갖추려고 계획하니 사적을 기록하는 글은 자네가 도모하라." 하였다. 또 "공은 일찍 부친을 여의고 또한 다시 장수하지도 못하였다. 단지 가사(家史)에 전하는 것은 편모를 효성으로 봉양하고 백형과 우애가 더욱 독실하였으며 자식을 힘써 가르쳐 이름이 반궁(泮宮)에 천거되었다고 하니 이것으로 공을 전하면 된다. 무엇하러 굳이 부연하여 과장할 것이냐." 하니 내가 공경히 허락하고 서하기를 공은 벽은 선생 휘 번(藩)의 15대 손이다. 조부는 성화(聖和)이며 부친은 증태(增泰)이고 모친은 거창(居昌) 신원성(愼元成)의 딸이다. 공은 영조 경술에 출생하여 정조 경신에 죽었다. 유인의 부친은 덕령(德齡)이다. 세 아들을 낳았는데 의옥(宜沃) 의범(宜範)은 출계하고 의화(宜華)는 생원이다. 일방의 아들은 덕현(德賢)이고 삼방의 남자는 수현(洙賢) 치현(致賢)이다. 이하는 번거로워 기록하지 않는다. 오호라! 공의 사행은 가

전(家傳) 외에 한자도 더하지 않았다. 효성과 우애 자식 교육의 성취함을 누가 작다고 하겠나.

려산 유공(黎山柳公) 묘표.

공의 휘는 지형(之馨) 자는 덕오(德五)니 자호를 려산(黎山)이라 하였다. 유씨(柳氏)는 진주 사람이다. 고려 좌우위 상장군 진강(晉康) 부원군 휘 정(挺)이 윗대 조상이다. 팔대를 전하여 휘 번(藩)이 봉상대부 행 밀직사사로 고려 사직이 망하자 동두문(東杜門)에 들어가 절의를 온전히 하였고 노봉원(魯峰院)에 배향되니 세상에서 말하는 벽은(僻隱)선생이다. 이조(李朝)에 들어와 간혹 드러난 자가 있었다. 증조의 휘는 원현(元賢) 조부의 휘는 관문(寬文) 고위의 휘는 해붕(海鵬)이며 비위는 상산 김씨 성원(聲遠)의 여식으로 대하재(大瑕齋)선생의 후손이다. 공은 정태(丁台) 촌가에서 출생하여 겨우 열 살에 부친을 잃고 편모슬하에 자랐다. 모부인이 성품이 본래 엄하여 약관이 되도록 태형을 면할 수 없었으나 조금도 원망하는 기색이 없었고 도리어 모부인의 기운이 손상되는 것을 걱정하였다. 모친이 일찍이 병으로 한달 여를 누웠는데 죽순나물을 먹고 싶어 하나 이때가 아직 첫봄이라 빙설이 녹지 않아서 망연히 구할 방법이 없었다. 이에 북으로 강상의 대숲으로 가니 눈물을 머금고 방황하다가 문득 두 뿔의 죽순을 찾아 캐어서 바치니 모부인이 크게 기뻐하고 사람들은 모두 이상하게 여겼다. 공이 6대의 종손으로 제사가 없는 달이 없었다. 몸소 제품을 검사하여 애써 풍성하고 깨끗하게 하였다. 모든 선대를 위한 전곡은 사사의 궁곤으로 조금도 손상하지 않으니 종족이 공경하여 우러르지 않는 이가 없었다. 모습은 단정하고 성행은 청렴하고 곧아서 그 도리가 아니면 한 걸음도 따르지 않았다. 산수간에 소요하며 늙어갔다. 고종 갑자에 출생하여 계해 9월 20일에 졸하니 향년이 60이다. 한천곡(寒泉谷) 묘좌(卯坐)에 장례하였다. 배위 안동 권씨(權氏) 상홍(相弘)의 여식이 부덕이 있었다. 고종 병인에 출생하여 임오 2월 초 8일에 졸하니 장지는 평지등(平地嶝) 계좌(癸坐)다. 두 아들을 낳았는데 승종(承宗) 승탁(承卓)이다. 승종의 남아는 상모(尙模) 딸은 이판성(李判成) 강봉조(姜鳳祚)에게 출가하였으며 승탁의 남아는 무림(武林) 딸은 문경호(文庚鎬)에게 출가하였다. 상모의 남아는 병효(炳孝) 병충(炳忠)이다. 나머지는 어려 기록하지 않는다. 오호라! 공이 죽은 지 홀홀하게 지금 오십여 년이다. 모습과 행동이 완연이 눈 속에 있어서 매번 바라보고 생각함이 동동하여 금할 수 없는데 그 사손 상모군이 지금 돌을 다듬어 현각을 꾀하며 그 글을 불녕에게 청하니 지난 날을 생각하여 글이 졸하다고 사양할 수 없으므로 전일의 견문을 대략 엮어 우와 같이 써서 효성의 만일을 채우는 것이니 어찌 감히 공의 유명에 들리려 하겠느냐.

종 오대조 신계(新溪)부군 묘표.

봄 정월 1일에 내가 고향을 지나는데 족생 태림 상정(相廷) 군이 와서 절하고 말하기를 "선조 신계(新溪) 부군 묘비를 여러 해 경영한 나머지 겨우 갖추었는데 비문은 집에 전해오는 문자가 없어 자손 된 마음에 부끄러워 당세 병필하는 군자를 번거롭게 할 수 없으므로 감히 앙청하니 족장은 서운하게 하지 말라."하였다. 내 비록 글을 못하나 도의에 굳이 사양할 수 없어 공경히 허락하고 와서 세보를 고찰하여 쓰기를 공의 휘는 원봉(元鋒) 자는 응백(應伯) 호는 신계(新溪) 성은 유씨(柳氏)로 진주 사람이다. 고려 상장군 휘 정(挺)이 시조가 되고 그 후 여러 대를 잠수(簪綏)로 크게 나타났다. 말엽에 와서 공조전서 휘 번(藩)이 절의를 온전히 하여 노봉원(魯峯院)에 배향되니 세상에서 칭하는 벽은(僻隱)선생이다. 5대를 전하여 휘 지(池)는 충찬위 전력부위이며 4대의 휘 관(爟)은 훈련원 봉사로 공의 5대조이다. 휘 진창(晉昌) 호 림은(林隱)이 하겸재(河謙齋) 선생을 사사하여 비로소 도천(道川)에 거하였다. 휘 광년(光年) 호 괴헌(槐軒) 휘 천화(天和) 호 서천(西川) 삼대가 향안(鄕案)에 나타나니 공의 고조 증조와 조부이다. 선고의 휘는 증항(增恒)이고 선비 순흥 안씨(安氏)는 담(璮)의 딸이며 웅천 주씨(朱氏)는 성서(聖緖)의 딸인데 공은 안씨의 소생이다. 영조 정미에 출생하여 정종 기미 정월 24일에 졸하니 진주 명석면 오미리 아지촌 동쪽 산록 자좌(子坐)의 언덕에 장례하였다. 배위 현풍 곽씨(郭氏)는 만후(萬厔)의 딸이다. 묘소는 공의 묘 우록(右麓) 간좌(艮坐)다. 아들 하나는 의성(宜星) 딸 하나는 해주 오재강(吳載綱)의 처다. 손남은 임현

(林賢) 하현(下賢) 흥현(興賢) 극현(極賢) 득현(得賢)이다. 증손 현손은 기록하지 못한다. 아! 공의 당시 가세를 생각하면 여러 대를 선비 행세한 가정에 태어나서 시공(緦功)의 친척으로 괴천(槐泉) 심재(深齋) 동천(東川) 제공이 덕행과 문학으로 남쪽 지방에 떨쳤고 이어서 남와(南窩) 예와(豫窩) 사와(思窩) 만초(晩樵)는 사환과 충효로 한 문중에 휘황하고 더구나 아우 목헌(木軒)옹의 문학이겠느냐. 그렇다면 공의 의행 잠덕은 마땅히 전할만 한 것이 한둘이 아닐 것인데 문헌의 증거가 없어서 적요하게 지금에 이르니 이것이 못내 한스럽다.

명(銘).

6대 조고 처사부군 묘갈명.

공의 성은 유 휘는 증욱(柳增郁) 자는 사문(士文)으로 진주인이다. 숙종 갑오에 출생하여 영조 갑진에 졸하니 다복동(多福洞) 갑좌(甲坐)의 언덕에 장례하였다. 배위 임천조씨(林川趙氏)와 쌍분이다. 오호라! 문헌이 증거 없어 언행이 소멸되니 후손의 통한이다. 부친은 천화(天和) 모친은 강씨(姜氏) 정씨(鄭氏)니 공은 정씨에게서 낳았다. 벽은선생 휘 번(藩)의 14대 손이다. 자녀가 없어 백형 증항(增恒)의 네째 아들 정탁(正鐸)을 후사로 하여 두 손자 의기(宜起) 의문(宜文)이 있는데 의문은 출후하였다. 증손 현손 이하는 번잡하여 기록하지 못한다. 명(銘)은,"살아서 색동옷의 놀이를 보지 못하였으니,슬하가 상심하였고, 죽어서 언행이 남김이 없으니, 후손이 상심하고, 오직 다행히 후사가 날로 번창하니, 이는 가히 상할 것이 없구나."

지(誌).

족형 경형(敬馨) 생광지(生壙誌).

족형의 이름은 경형(敬馨) 자는 정선(正善)이다. 모습은 풍성하고 기운은 순박하며 편하고 담담하여 명성이 마을 밖으로 들리지 않았다. 대체로 세상과 함께 추축하지 않고 혼자 그 몸을 선하게 하는 자이다. 고려 청천군(菁川君) 휘 번(藩)의 19대 손으로 농와(農窩) 휘 치경(致慶)의 아들로 선비는 풍산홍씨(豊山洪氏)다. 고종 병신에 타상 세제에서 출생하였는데 형제 5인에 공은 셋째다. 하동 정태선(鄭泰善)의 딸과 혼인하여 아들 하나 딸 셋을 두었는데 아들은 승렬(承烈)이며 딸은 누구누구에게 출가하였고 딸 하나는 아직 어리다. 승렬군은 젊은 나이에 문망이 있어 한 나라에 추천되어 경성에 유람하였는데 마침 남북의 난으로 인하여 부자가 서로 헤어진 지 이미 많은 해가 지났다. 이로부터 공은 세상살이에 의미가 없어 한 구덩이를 마을 뒤 한천골(寒泉谷) 모좌(某坐)의 언덕에 점하여 석축을 쌓고 나무를 심어 공역을 끝내고 나에게 명을 부탁하니 정리에 사양할 수 없어 명을 새긴다. "한천의 산령이여, 신선과 함께 날아다니고 싶다. 의관을 거두고 돌아감이여, 당연히 만년을 잘 보존하리라."

가장(家狀).

선고 가장(先考家狀)

부군의 휘는 잠(潛)이다. 초휘는 해엽(海曄) 자는 회부(晦敷)이며 성은 유씨(柳氏)로 관향은 진주다. 고려 상장군 휘 정(挺)이 시조가 된다. 2대의 휘는 돈식(敦植)이니 통의대부 감문위 섭 상장군으로 고종 4년 정축에 후군 병마사로 거란의 후예 금산(金山) 금시(金始) 두 왕자를 토벌하였다. 아들의 휘는 홍림(洪林)이니 은청 광록대부 추밀부사 호부상서. 3세대를 전하여 휘 번(藩)은 봉익대부 동지 추밀원사로 고려가 망하자 동두문으로 들어가 절의를 온전히 하니 호는 벽은(僻隱)으로 합천 노봉원(魯峯院)에 배향되었다. 아조 인종 명종 때 휘 연(淵)은 관직이 경기 수사이며 아들 휘 만정(萬禎)은 무략(武略)으로 장기와 영산 두 고을을 역임하니 부군에게 12대 조다. 고조의 휘는 효민(孝民)이며 본생 고조의 휘는 정탁(正鐸) 호는 목헌(木軒)이니 문행이 있었다. 증조의 휘는 의문(宜文)이니 호는 서계(西溪)이며 조부의 휘는 원휘(遠輝) 호는 식호당(式好堂)이며 선고의 휘는 현수(絢秀) 호는 천우(川愚)이며 선비는 남원 양씨(梁氏)휘 치국(致國)의 딸이다. 고종 경술 11월 초 4일에 부군을 정태 세제에서 낳았다. 성품이 침중하고 과묵하여 어린아이의 놀이를 좋아하지 않았다. 나이 8세에 비로소 마을 글방에 들어가서 통감 소학 등의 책을 배우니 명성이 출중하였다. 18세에 물천(勿川) 김선생에게 수업하여 중용 대학을 읽었는데 많은 장려를 받았다. 신축년에 면우(俛宇) 곽선생을 다전(茶田)에서 지알(贄謁)하니 선생은 평소 인척의 정의가 있어 매우 사랑하고 받아들여 남다르게 가르쳤다. 경신년 봄에 천우공이 이질을 얻어 여러 달을 신고하니 부군이 밤낮으로 곁에 모시며 약이나 먹을 것을 남을 기다리지 않았고 눈 붙일 겨를이 없었다. 병이 위독하자 정신이 황망하여 신 벗을 틈이 없이 개울을 건너 약을 구하였으나 끝내 7월 초십일에 별세하였다. 상제와 장례는 주문공의 가례를 전용하니 신혼(晨昏)의 곡읍에 애통함이 예를 넘었다. 삭망을 폐하지 않고 성묘를 3년을 처음같이 하였다. 묘지가 불리하다고 만금으로 새 자리를 삼가 덕진촌(三嘉德津村)에 구매하였으나 시금(時禁)으로 이장하지 못하고 몇 년을 지난 경오년에 이장하였다. 신유년에 선조 괴헌공 실기와 청천4대연방록 청천가고를 발간하니 그 문자의 수집은 모두 부군의 노심초사 중에서 나온 것이다. 병인에 내간(內艱)을 당하고 이어 가화(家禍)가 연달아서 집안에 일찍 죽은 자가 4인이다. 부군은 인하여 혈이병(血痢病)을 얻어 백약이 효험이 없으니 부득이 집을 옮겨 진양성의 북쪽에 이사하고 그 집에 편액을 혼돈암(混沌菴)이라 하고 자취를 숨기고 살았다. 얼마 안되어 와서 배움을 청하는 이가 매우 많았다. 날마다 따르는 자는 남이천 창희(南伊川昌熙) 조복재 형규(趙復齋顯珪) 허도촌 혁(許陶村赫) 윤강려 재현(尹康旅在鉉) 제현이었다. 후에 철귀하니 서로 신장(贐章)을 주며 석별하였다. 갑술 12월 그믐에 단성의 백마산성 아래로 점하여 거하니 정원에 송죽과 매국을 많이 심고 그 집의 편액을 삼벽당(三壁堂)이라하니 대체로 황태사(黃太史)의 한 조각의 광음을 당연히 셋으로 나누어 하나는 삶을 다스리고 하나는 독서하고 하나는 바둑을 둔다는 뜻을 취한 것이나 부군은 바둑 두는 것을 산을 보는 것으로 바꾸고 명을 지어 그 끝에 부쳤다. 인하여 잠(潛)으로 개명하니 도정절(陶靖節)의 고상한 취미를 사모한 것이며 저술에 화도(和陶)라는 여러 작품이 있다. 때로는 산도 보고 물에 임하기도 하는 것으로 일을 삼았다. 천왕봉 가야산 금산 등의 여러 명승지에 모두 회포를 서술한 시가 있다. 평일에 문하에 수업한 이들이 모금하여 하나의 계를 만들어 불초에게 주어 경리하게 하였는데 부군이 탐지하고 불초를 불러 흩어 주라고 하면서 "나는 여러 사람에게 존경받을 실속이 없으니 이 일은 매우 부당하다." 하여 불초는 명에 따라 행하였다.

　아우 우당(嵎堂)공과 우애가 매우 돈독하였다. 일찍부터 비록 각살림을 나누었지만 전곡은 분별없이 서로 도왔다. 자고 처하는 곳도 반드시 서로 같고 말하면 서로 믿으니 췌객 정암려 환봉(鄭岩廬煥奉)씨가 매번 사람을 향하여 말하기를 "이 집안의 형제는 사람이 이간하는 말을 할 수 없다. 형이 말하면 아우가 믿고 아우가 말하면 형이 반드시 믿는다."고 하였다. 우당공이 질병으로 길게 자리에 있으니 사는 곳이 큰 산마루를 사이에 두고 있으나 날마다 왕래하며 조섭의 방법을 살피었고 죽어 장례하고는 집 뒤의 산 안으로 이장하여 매번 슬픈 생각이 일어나면 지팡이를 끌고 무덤 앞의 바위 위에 거닐다 돌아가니 사람들이 그 바위를 간운대(看雲臺)라고 칭하였다. 부군이 산 아래 점하여 거한 이래로 당시의 노숙 유서강 원중(柳西岡遠重) 하회봉 겸진(河晦峯謙鎭) 권송산 재규(權松山載奎) 하백촌 봉수(河栢村鳳壽)등 여러 어른들이 선후로 내방하여 시를 쓰고 음영하며 돌아갔다. 본 고을은 이운창(李雲牕)의 읍지 이후로 향토사가 없어 고을의 현덕과 영달이 소연히 상고할 곳이 없었으므로 부군이 개탄하고 책 하나를 지어 단구성원(丹邱姓苑)이라 이름하고 범례는 홍사(鴻史)에 의하여 사용하여 성별로 편찬하였다. 기축에 부인 능주 구씨(具氏)가 별세하니 부군은 시문을 지어 평소의 감정을 서술하였다. 부인 부친의 휘는 연주(然疇)다. 불초가 슬하를 떠나 마산에 우거하는데 인하여 남북의 변이 일어나 천지가 암흑하고 강산이 변역되었다. 수개월이 지나 집으로 돌아와 배알하니 부군의 정신이 약간 미완한 듯하였고 조금 후에 중풍의 증상에 걸리어 여러 개월을 신고하다가 신묘 8월 14일에 세상을 버리니 태어난 경진년까지는 춘추가 72였다. 9월 2일 갑진에 집 뒷산 유좌(酉坐)에의 언덕에 장례하니 만제(挽祭)를 가져와 곡하는 이가 2,3백인 이었다. 후 27년 무오 2월 24일에 신안면 소이촌 남쪽 부인 묘소에 합장하였다. 부군에게 아들이 없고 딸만 셋인데 아우 우당공 식(湜)의 아들 기형(基馨)으로 후사를 삼으니 즉 불초이다. 딸은 하광환(河光煥) 이수찬(李壽贊) 노기만(盧箕萬)의 처이다. 기형의 아들은 승우(承宇) 승주(承宙) 영두(永斗)다. 광환의 아들은 만수(萬壽) 수찬의 아들은 문석(文錫) 기만의 아들은 정두(正斗) 원두(元斗) 현두(現斗) 승두(勝斗) 찬두(贊斗)다.

　오호라! 부군은 몸체는 둥글고 수염은 희소하며 몸은 약하나 속 기운은 강건하였다. 회포는 쇄락 활달하고 또 평탄하고 예스러워 작은 절차에 구구하지 않았고 세미한 일에 구구하게 관심 가지려 하지 않았다. 그러나 무릇 한 문중의 대사는 창작한 것이 매우 많았다. 제생들을 가르칠 때 대의를 인도하였고 세세하게 가르치지 않으며 "학문은 반드시 자력으로 터득하여야 함을 명념하여야 한다." 하였다. 부군은 위로 십대의 종손을 계승하여 제사가 빈 달이 없었는데 제사 때는 반드시 재계하고 수일 전에 근엄하였고 별을 살펴 시기를 기다렸다. 부군은 평소 술을 좋아하였으나 많이 마시지는 않았다. 조석으로 공궤하는 것을 후한 맛을 좋아하지 않았고 매번 물밥으로 주림을 채우며 "장부는 혀의 낙을 마음에 두면 안된다."하였다. 부군이 사람을 사귈 때 그 사람의 부귀에 관심을 두지 않고 의기가 서로 합하면 폐간을 담아 종일 이야기하여도 싫어하지 않았고 만약 부합하지 않으면 공경히 후하게 하여 보내었다. 불초는 문학이 졸렬하여 부군의 진면목을 만에 하나도 표현하여 내지 못함으로 붓을 만지며 탄식한 것이 여러 해이다. 지금은 해가 서산에 넘어가려 하니 남은 날이 많지 않고 백병이 몸에 감기어 정신도 혼미하니 부득이 전일에 견문한 것을 위와 같이 써내니 해내의 붓을 잡는 군자는 다행히 채택하기 바란다. 무오 2월 일에 불초자 기형은 울며 삼가 기술한다.

부록(附錄)

중산천표명(中山阡表銘).

 군의 휘는 기형(基馨) 자는 자필(子弼) 호는 중산(中山)이다. 유씨(柳氏) 성은 관향이 진주다. 고려 상장군 진강(晉康)부원군 정(挺)이 윗대 조상이다. 세 번 전하여 홍림(洪林)이 은청 광록대부 호부 상서이며 또 세 번 전하여 번(藩)이 봉익 대부 밀직사사인데 나라가 바뀌었으나 의리를 잡아 자정하니 세상에서 벽은(僻隱)선생이라 칭한다. 3현이 모두 고려사에 나와 있으니 유씨가 마침내 동방의 알려진 성씨가 되었다. 이조(李朝)에 들어 휘 연(淵)이 경기 수사였고 휘 만정(萬禎)을 낳아 장기와 영산 두 군의 읍재로 치적을 남겼다. 이후부터 비록 현달은 없으나 문덕으로 세대를 이었다. 고조는 세계(西溪) 의문(宜文), 증조는 식호당(式好堂) 원휘(遠輝), 조부는 천우(川愚) 현수(絢秀)를 모두 아담한 선비로 칭한다. 택재(澤齋) 휘 해엽(海曄)은 그가 후사를 이은 선고이다. 선비 능주 구씨(具氏)는 연주(然疇)의 딸이다. 우당(嵎堂) 휘 식(湜)은 그의 본생 선고다. 선비 함천 이씨(李氏)의 부친은 홍주(弘柱)다. 한말(韓末) 고종 갑인에 군이 하정(下丁) 세제에서 출생하였다. 13세인 병인에 대인공을 따라 분양(汾陽) 대봉산(大鳳山) 아래 이사하여 7년이 지난 임신에 나 역시 분양으로 우거하니 비로소 군과 서로 사귀었다. 한번 보고 지기로 허락하고 이웃에 접하여 살면서 조석으로 서로 따르니 기미가 서로 부합하여 마치 창려(昌黎)의 동야(東野)와 동파(東坡)의 산곡(山谷)과 같았다. 그러나 나는 군의 지기(志氣)가 고항(高亢)한 것을 경외하여 일언 일동을 일찍이 설만(褻慢)하여 상대하지 못하였다. 대체로 군은 얼굴이 방저하고 의표가 아담하고 아름다우며 언론이 상량하여 진세의 속인 같지 않았다. 좋아하는 것은 시서 육례의 글이며 향하는 것은 유강 의리의 일상이었다. 효우의 지성이 있어 돈독하고 신용 있다고 종족과 향당이 칭하였다. 사람을 가려 사귀며 권귀를 가까이 하지 않았다. 모든 일의 처리에 시작이 신중하여 가함을 본 이후에 나아가니 좌절하거나 패망하는 걱정이 없었다. 사장(詞章)에 있어서는 숭상하는 것이 아니었으나 역시 겨를이 없었다. 하여 대체로 약간의 저술한 것이 있으나 비록 순숙하여 볼만한 것이 아니더라도 일언일구가 모두 외롭게 나가는 독특한 조예이고 전인의 투식을 쓰지 않으니 본성에서 나온 것이 그러하였다. 갑술 겨울에 군이 단성 백마산 아래 거처를 정하고 나 역시 황매산의 옛 골짜기로 돌아가니 이로부터 이후 수십 년 이래로 세상에 휘둘려 낙락하게 쉽사리 만나지 못하였다. 무오 여름에 군이 봉림(鳳林) 우거로 나를 방문하여 택재옹의 묘문(墓文)을 청하니 내가 공경히 허락하고 상별하였다. 그럭저럭 부응하지 못하고 3년이 지난 경신 정월 초 4일에 군이 병으로 한성(漢城)의 우사에서 죽어 8일이 지나 집 뒤의 백마산 아래 유좌(酉坐)의 언덕에 장례하였다. 배위 합천 이씨(李氏)는 병래(炳來)의 딸로 3남을 두었는데 승우(承宇) 승주(承宙) 영두(永斗)가 모두 매우 닮아 군의 지업(志業)을 계술하였다. 손자는 녹상(祿相) 인상(仁相) 현상(賢相) 택상(宅相)이다. 그해 임술 여름에 승주 군이 천리에 방문하여 그 양세대의 유명에 새길 글을 울며 청하기를 "내 조부와 선고를 백 세에 천양하는 것을 우리 어른을 두고 어디로 가겠느냐." 하였다. 오호라! 내가 군의 집에 3대를 이 세상에서 사귀었으니 어찌 석씨(釋氏)가 말하는 숙연(宿緣)이 아니겠느냐. 지난 날을 생각하며 이에 붓을 들어 눈물을 뿌리고 위와 같이 쓴다. 명을 달아서, "그 마음 정정함이여, 그 행동 높디높도다. 우리 당의 보배이었고, 기대어 바람도 많았구나. 말지어다 중산이여, 마침내 어찌하리 마침내 어찌하랴." 분성(盆城) 허형(許炯)[4]은 찬하다.

---

4 허형(許炯) : 중재(重齋) 김황(金榥) 선생의 제자. 한문학자.

택재집 발문.

　　유박사 승주군이 그 선왕고 택재공의 유집 한 부를 가져와 후면에 일언을 청하였다. 내가 약관 때 한 두번 공을 배알하였고 자주 성광(聲光)을 친하지는 못하였으나 덕과 문이 있는 군자인인 것은 알 수 있었다.

　　공은 곽징군 선생을 사사하여 주리(主理)의 종지를 들었고 또 일시의 명석 하회봉 김창강 이경재 제공과 서로 징축(徵逐)하며 갈고 닦음을 이바지하였으니 공의 실속을 여기서 역시 개괄할 수 있고 공은 준재로 태어나 또 능히 궁구하고 힘써 공부하여 조예가 더욱더욱 깊었으며 그 학문은 윤리에 돈독하고 의리에 힘썼으며 효친과 우제의 행실은 행리에 알려졌고 또 선대 여러 세대의 남긴 글을 찬집하고 고을의 현행을 갖추어 서술하여 후인의 볼거리를 삼게 하니 이 모두가 덕을 숭상하는 실제이고 문학의 성대함 뿐만 아니다.

　　그러나 태어나 종국이 멸망하고 성현의 도가 어려운 때를 만나 우수에 불편하여 산수 사이에 회포를 풀어 음영하여 그 정서를 쏟았다. 후배를 응접하여 옛 도의를 강론하며 이야기하니 대체로 그 뜻하는 것이 역시 깊다고 하겠다.

　　공은 나의 선사 중재(重齋) 김 선생과 동문으로 교제가 깊어 중옹이 공의 글에 서를 하면서 그 호 동야택재(東野澤齋)를 들어서 처음은 맹동야(孟東野)의 불평으로 우는 것을 시작으로 대역(大易)의 택목의 상(象)으로 마감하면서 독립하여 두려워하지 않고 세상을 은둔하여 민망함이 없다고 하였음은 공의 평생을 잘 말하였다고 할 수 있다. 시문은 청명하고 순후하여 자연 준영(雋永)한 맛이 있으니 덕 있는 자의 말임을 잃지 않았다.

책 끝에 우동(嵎東), 중산(中山) 두 공의 유고를 부쳤는데 두 공은 공의 아우와 아들이다. 공의 남긴 교훈이 있다는 것을 알 수 있다.

계해 유화절(流火節)에 일선(一善) 김병수(金丙秀)는 삼가 쓰다.

- 감수 유승주(고려대학교 명예교수)
- 번역 조창래(고전번역원 번역위원)
- 편집 유호선(국립한글박물관 연구교육과장)
- 교정 윤희찬(홍익대 역사교육과 수석졸업)

國譯 澤齋集

초판 인쇄 2025년 8월 05일
초판 발행 2025년 8월 15일

펴낸이 신학태
펴낸곳 도서출판 온샘

등 록 제2018-000042호
주 소 서울시 용산구 한강대로62다길 30, 트라이곤 204호
전 화 (02) 6338-1608   팩스 (02) 6455-1601
이메일 book1608@naver.com

ISBN 979 - 11 - 92062 - 55 - 6   93910
값 25,000원

ⓒ2025, Onsaem, Printed in Korea